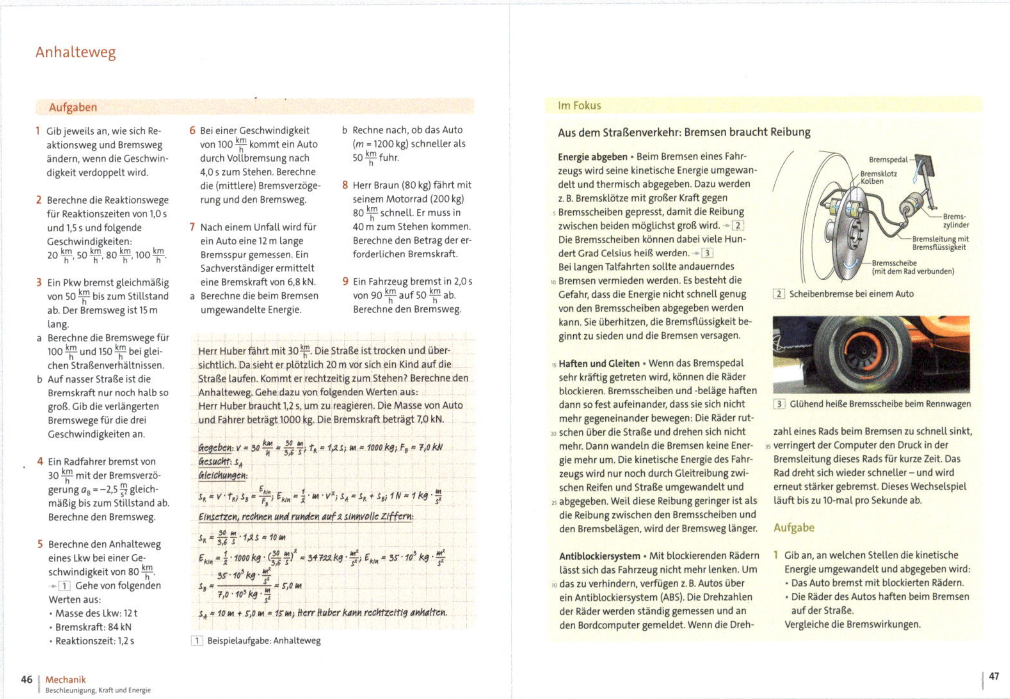

Anhalteweg

Aufgaben

1 Gib jeweils an, wie sich Reaktionsweg und Bremsweg ändern, wenn die Geschwindigkeit verdoppelt wird.

2 Berechne die Reaktionswege für Reaktionszeiten von 1,0 s und 1,5 s und folgende Geschwindigkeiten: $20\,\frac{km}{h}$, $50\,\frac{km}{h}$, $80\,\frac{km}{h}$, $100\,\frac{km}{h}$.

3 Ein Pkw bremst gleichmäßig von $50\,\frac{km}{h}$ bis zum Stillstand ab. Der Bremsweg ist 15 m lang.
a Berechne die Bremswege für $100\,\frac{km}{h}$ und $150\,\frac{km}{h}$ bei gleichen Straßenverhältnissen.
b Auf nasser Straße ist die Bremskraft nur noch halb so groß. Gib die verlängerten Bremswege für die drei Geschwindigkeiten an.

4 Ein Radfahrer bremst von $30\,\frac{km}{h}$ mit der Bremsverzögerung $a_B = -2{,}5\,\frac{m}{s^2}$ gleichmäßig bis zum Stillstand ab. Berechne den Bremsweg.

5 Berechne den Anhalteweg eines Lkw bei einer Geschwindigkeit von $80\,\frac{km}{h}$. → 1 Gehe von folgenden Werten aus:
- Masse des Lkw: 12 t
- Bremskraft: 84 kN
- Reaktionszeit: 1,2 s

6 Bei einer Geschwindigkeit von $100\,\frac{km}{h}$ kommt ein Auto durch Vollbremsung nach 4,0 s zum Stehen. Berechne die (mittlere) Bremsverzögerung und den Bremsweg.

7 Nach einem Unfall wird für ein Auto eine 12 m lange Bremsspur gemessen. Ein Sachverständiger ermittelt eine Bremskraft von 6,8 kN.
a Berechne die beim Bremsen umgewandelte Energie.
b Rechne nach, ob das Auto (m = 1200 kg) schneller als $50\,\frac{km}{h}$ fuhr.

8 Herr Braun (80 kg) fährt mit seinem Motorrad (200 kg) $80\,\frac{km}{h}$ schnell. Er muss in 40 m zum Stehen kommen. Berechne den Betrag der erforderlichen Bremskraft.

9 Ein Fahrzeug bremst in 2,0 s von $90\,\frac{km}{h}$ auf $50\,\frac{km}{h}$ ab. Berechne den Bremsweg.

Herr Huber fährt mit $30\,\frac{km}{h}$. Die Straße ist trocken und übersichtlich. Da sieht er plötzlich 20 m vor sich ein Kind auf die Straße laufen. Kommt er rechtzeitig zum Stehen? Berechne den Anhalteweg. Gehe dazu von folgenden Werten aus:
Herr Huber braucht 1,2 s, um zu reagieren. Die Masse von Auto und Fahrer beträgt 1000 kg. Die Bremskraft beträgt 7,0 kN.

Gegeben: $v = 30\,\frac{km}{h} = \frac{30}{3{,}6}\,\frac{m}{s}$; $t_R = 1{,}2\,s$; $m = 1000\,kg$; $F_B = 7{,}0\,kN$
Gesucht: s_A
Gleichungen:
$s_R = v \cdot t_R$; $s_B = \frac{E_{kin}}{F_B}$; $E_{kin} = \frac{1}{2} \cdot m \cdot v^2$; $s_A = s_R + s_B$; $1\,N = 1\,kg \cdot \frac{m}{s^2}$
Einsetzen, rechnen und runden auf 2 sinnvolle Ziffern:
$s_R = \frac{30}{3{,}6}\,\frac{m}{s} \cdot 1{,}2\,s = 10\,m$
$E_{kin} = \frac{1}{2} \cdot 1000\,kg \cdot \left(\frac{30}{3{,}6}\,\frac{m}{s}\right)^2 = 34\,722\,kg \cdot \frac{m^2}{s^2}$; $E_{kin} = 35 \cdot 10^3\,kg \cdot \frac{m^2}{s^2}$
$s_B = \frac{35 \cdot 10^3\,kg \cdot \frac{m^2}{s^2}}{7{,}0 \cdot 10^3\,kg \cdot \frac{m}{s^2}} = 5{,}0\,m$
$s_A = 10\,m + 5{,}0\,m = 15\,m$; Herr Huber kann rechtzeitig anhalten.

1 Beispielaufgabe: Anhalteweg

46 | Mechanik
Beschleunigung, Kraft und Energie

Im Fokus

Aus dem Straßenverkehr: Bremsen braucht Reibung

Energie abgeben • Beim Bremsen eines Fahrzeugs wird seine kinetische Energie umgewandelt und thermisch abgegeben. Dazu werden z. B. Bremsklötze mit großer Kraft gegen Bremsscheiben gepresst, damit die Reibung zwischen beiden möglichst groß wird. → 2 Die Bremsscheiben können dabei viele Hundert Grad Celsius heiß werden. → 3
Bei langen Talfahrten sollte andauerndes Bremsen vermieden werden. Es besteht die Gefahr, dass die Energie nicht schnell genug von den Bremsscheiben abgegeben werden kann. Sie überhitzen, die Bremsflüssigkeit beginnt zu sieden und die Bremsen versagen.

Haften und Gleiten • Wenn das Bremspedal sehr kräftig getreten wird, können die Räder blockieren. Bremsscheiben und -beläge haften dann so fest aufeinander, dass sie sich nicht mehr gegeneinander bewegen: Die Räder rutschen über die Straße und drehen sich nicht mehr. Dann wandeln die Bremsen keine Energie mehr um. Die kinetische Energie des Fahrzeugs wird nur noch durch Gleitreibung zwischen Reifen und Straße umgewandelt und abgegeben. Weil diese Reibung geringer ist als die Reibung zwischen den Bremsscheiben und den Bremsbelägen, wird der Bremsweg länger.

Antiblockiersystem • Mit blockierenden Rädern lässt sich das Fahrzeug nicht mehr lenken. Um das zu verhindern, verfügen z. B. Autos über ein Antiblockiersystem (ABS). Die Drehzahlen der Räder werden ständig gemessen und an den Bordcomputer gemeldet. Wenn die Drehzahl eines Rads beim Bremsen zu schnell sinkt, verringert der Computer den Druck in der Bremsleitung dieses Rads für kurze Zeit. Das Rad dreht sich wieder schneller – und wird erneut stärker gebremst. Dieses Wechselspiel läuft bis zu 10-mal pro Sekunde ab.

Bremspedal
Bremsklotz
Kolben
Bremszylinder
Bremsleitung mit Bremsflüssigkeit
Bremsscheibe (mit dem Rad verbunden)

2 Scheibenbremse bei einem Auto

3 Glühend heiße Bremsscheibe beim Rennwagen

Aufgabe

1 Gib an, an welchen Stellen die kinetische Energie umgewandelt und abgegeben wird:
- Das Auto bremst mit blockierten Rädern.
- Die Räder des Autos haften beim Bremsen auf der Straße.

Vergleiche die Bremswirkungen.

47

Aufgaben schließen die Grundlagen ab. Dann können weitere Aufgaben, Methoden und Anwendungen folgen.

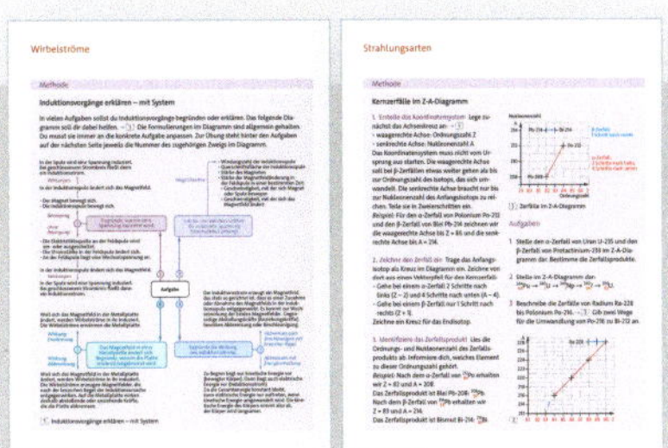

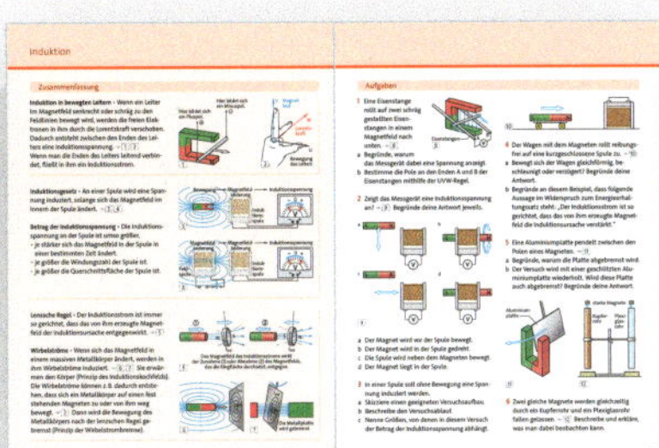

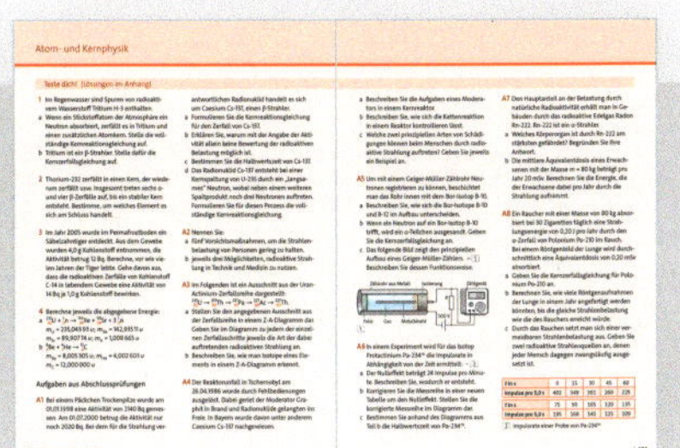

Methoden leiten dich Schritt für Schritt an: Wie erkläre ich Induktionsvorgänge? Wie stelle ich Kernzerfälle im Diagramm dar?

Zusammenfassungen geben einen Überblick über das Fachwissen mehrerer Themen. Zur Übung gibt es Aufgaben dazu.

Teste dich! steht für Aufgaben ganz am Kapitelende. Schätze dein Fachwissen selbst ein – die Lösungen stehen im Anhang.

Chris

NATUR UND TECHNIK

PHYSIK

REALSCHULE BAYERN

10 I

erarbeitet von:

Viola Bauer (Abensberg)
Nico Hirschbolz (Bobingen)
Christian Hörter (Weilheim)
Peter Kiener (Roding)
Sven Ungelenk (Zusmarshausen)

Cornelsen

NATUR UND TECHNIK
PHYSIK REALSCHULE BAYERN 10 I

Autorinnen und Autoren: Viola Bauer (Abensberg), Nico Hirschbolz (Bobingen), Christian Hörter (Weilheim), Peter Kiener (Roding), Sven Ungelenk (Zusmarshausen)

Mit Beiträgen von: Dr. Jochim Lichtenberger

Redaktion: Stephan Möhrle

Grafik und Illustration: Rainer Götze, Matthias Pflügner

Umschlaggestaltung: SOFAROBOTNIK GbR, Augsburg & München

Layoutkonzept: Typo Concept GmbH, Hannover

Technische Umsetzung: Straive

www.cornelsen.de

Dieses Werk enthält Vorschläge und Anleitungen für Untersuchungen und Experimente.
Vor jedem Experiment sind mögliche Gefahrenquellen zu besprechen.
Beim Experimentieren sind die Richtlinien zur Sicherheit im Unterricht einzuhalten.

1. Auflage, 1. Druck 2022

Alle Drucke dieser Auflage sind inhaltlich unverändert und können im Unterricht nebeneinander verwendet werden.

Druck und Bindung: Firmengruppe APPL, aprinta Druck, Wemding

ISBN 978-3-06-014675-8

PEFC
PEFC/04-32-0928

PEFC zertifiziert
Dieses Produkt stammt aus nachhaltig bewirtschafteten Wäldern und kontrollierten Quellen.

www.pefc.de

Inhaltsverzeichnis

Mechanik 14

Elektrizitätslehre 70

Atom- und Kernphysik 140

Energieversorgung 196

Anhang 244

Wiederholung

Mechanik und Energie

Grundlagen	Beispiele und Beispielaufgaben
Physikalische Größen Länge, Zeit, Geschwindigkeit und andere messbare Eigenschaften sind physikalische Größen. Sie werden immer als Produkt von Maßzahl und Einheit angegeben. Grundgrößen (Basisgrößen) können nicht aus anderen Größen abgeleitet werden. Abgeleitete Größen werden aus anderen Größen gebildet. Sie sind sowohl berechenbar als auch messbar.	• Grundgrößen: Weg: $s = 12\,\text{m}$ Zeit: $t = 23{,}5\,\text{s}$ • Abgeleitete Größen: Geschwindigkeit: $v = \frac{s}{t}$; $v = 25\,\frac{\text{km}}{\text{h}}$ Volumen: $V = l_1 \cdot l_2 \cdot l_3$; $V = 12\,\text{cm}^3$ Energie: $E = F \cdot s$; $E = 60\,\text{Nm} = 60\,\text{J}$ Leistung: $P = \frac{E}{t}$; $P = \frac{60\,\text{J}}{2{,}0\,\text{s}} = 30\,\text{W}$
Gleichförmige Bewegung – Geschwindigkeit Bei gleichförmiger Bewegung legt ein Körper in gleichen Zeiten gleich lange Wege zurück. Der zurückgelegte Weg ist direkt proportional zur Zeit. Der konstante Quotient aus Weg und Zeit gibt die Geschwindigkeit an: $v = \frac{s}{t}$. Die Einheit der Geschwindigkeit ist $1\,\frac{\text{m}}{\text{s}}$. Umrechnung: $1\,\frac{\text{m}}{\text{s}} = \frac{1\,\text{m}}{1\,\text{s}} = \frac{60\,\text{m}}{1\,\text{min}} = \frac{3600\,\text{m}}{1\,\text{h}} = \frac{3{,}6\,\text{km}}{1\,\text{h}} = 3{,}6\,\frac{\text{km}}{\text{h}}$	Ein Radfahrer legt in 20 s eine Strecke von 150 m zurück. Berechne seine Geschwindigkeit in $\frac{\text{km}}{\text{h}}$. Lösung: $v = \frac{s}{t}$; $v = \frac{150\,\text{m}}{20\,\text{s}} = 7{,}5\,\frac{\text{m}}{\text{s}} = 7{,}5 \cdot 3{,}6\,\frac{\text{km}}{\text{h}} = 27\,\frac{\text{km}}{\text{h}}$
Kraft Kräfte erkennt man daran, dass der Bewegungszustand oder die Form eines Körpers verändert wird. Damit Kräfte entstehen können, müssen (mindestens) zwei Körper aufeinander einwirken. Die Einheit der Kraft ist 1 Newton (1 N). Jede Kraft wird durch Angriffspunkt, Betrag und Richtung bestimmt. Das Symbol für die Kraft ist $\vec{F}$, für den Betrag der Kraft schreibt man einfach F. **Wechselwirkungsgesetz** Wenn zwei Körper aufeinander einwirken, entsteht immer ein Kräftepaar. Die beiden Kräfte sind gleich groß, aber entgegengesetzt gerichtet. **Gravitation und Gewichtskraft** Alle Körper ziehen sich aufgrund ihrer Masse gegenseitig an, diese Eigenschaft nennt man Gravitation. Die Gravitationskraft der Erde auf Körper in ihrer Nähe bezeichnet man als Gewichtskraft $\vec{F_G}$. 1,0 N ist ungefähr der Betrag der Gewichtskraft auf einen Körper mit einer Masse von 100 g auf der Erde. Die Gewichtskraft ist keine Körpereigenschaft. **Trägheitsgesetz** Alle Körper sind träge. Ihre Geschwindigkeit oder Bewegungsrichtung – also ihr Bewegungszustand – ändert sich nur, wenn eine Kraft auf sie wirkt (Trägheitsgesetz).	• Gummiband dehnen: elastische Verformung Teig kneten: plastische Verformung • Wagen anschieben: Änderung der Geschwindigkeit • Ball ablenken: Änderung der Bewegungsrichtung 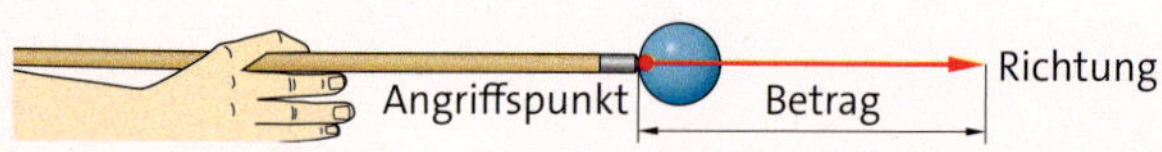 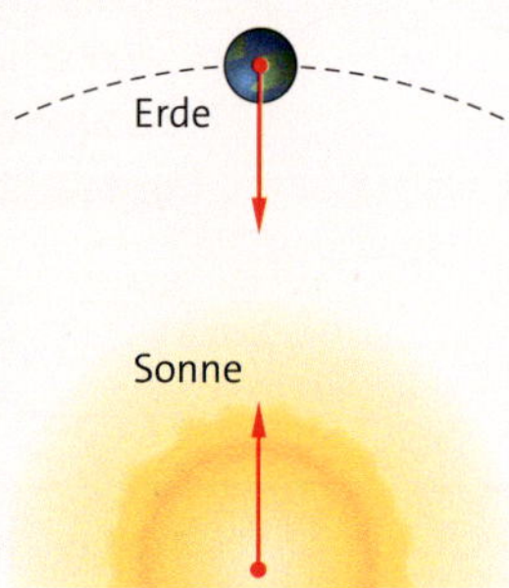 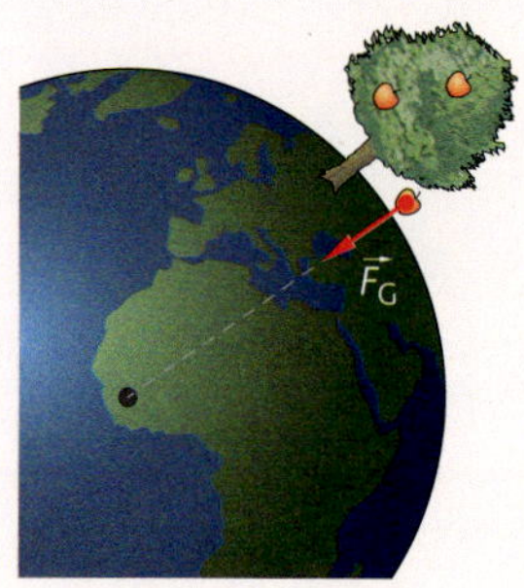 • Wenn du im Bus stehst und dich nicht festhältst, fällst du nach vorn, wenn er plötzlich abbremst. Du setzt deine Bewegung zunächst ungebremst fort.

Grundlagen	Beispiele und Beispielaufgaben
Masse und Gewichtskraft Die Masse gibt an, wie schwer und träge ein Körper ist (Körpereigenschaft). Ihre Einheit ist 1 Kilogramm (1 kg). Masse und Gewichtskraft sind an jedem Ort direkt proportional zueinander. Der Quotient heißt Ortsfaktor: $g = \frac{F_G}{m}$. Für die Gewichtskraft auf einen Körper gilt: $F_G = m \cdot g$.	• In Mitteleuropa gilt: $g = 9{,}81\,\frac{\text{N}}{\text{kg}}$ (genähert: $g \approx 10\,\frac{\text{N}}{\text{kg}}$). Berechne die Gewichtskraft, die in Mitteleuropa auf eine Person mit einer Masse von 75,0 kg wirkt. Lösung: $F_G = m \cdot g$; $F_G = 75{,}0\,\text{kg} \cdot 9{,}81\,\frac{\text{N}}{\text{kg}} = 736\,\text{N}$
Druck Je größer der Druck p in einem eingeschlossenen Gas (bzw. einer Flüssigkeit) ist, desto größer ist der Betrag F der Kraft, die das Gas (bzw. die Flüssigkeit) senkrecht auf eine Begrenzungsfläche A ausübt. Es gilt: $p = \frac{F}{A}$.	Die Luft im Fahrradreifen übt eine Kraft von 72 N senkrecht auf 2,0 cm² des Reifens aus. Berechne den Druck. Lösung: $p = \frac{F}{A}$; $p = \frac{72\,\text{N}}{2{,}0\,\text{cm}^2} = 36\,\frac{\text{N}}{\text{cm}^2} = 3{,}6 \cdot 10\,\frac{\text{N}}{\text{cm}^2} = 3{,}6\,\text{bar}$
Energieformen Energie begegnet uns in verschiedenen Formen: • potenzielle Energie (Lageenergie und Spannenergie) • kinetische Energie (Bewegungsenergie) • Rotationsenergie • innere Energie • chemische Energie • elektrische Energie • Strahlungsenergie **Energieerhaltungssatz und Energieentwertung** Energie kann umgewandelt, übertragen und gespeichert werden. Sie nimmt dabei insgesamt weder zu noch ab. Bei jedem Vorgang wird aber Energie entwertet. Sie wird oft ungenutzt an die Umgebung thermisch abgegeben. **Energieberechnung** Wenn auf einen Körper eine konstante Kraft in Bewegungsrichtung wirkt, beträgt die zugeführte Energie: $E = F \cdot s$. Einheit der Energie: 1 Joule (1 J), 1 J = 1 Nm **Arbeit** Die Arbeit W gibt an, wie viel Energie gerade mechanisch übertragen wird: $W = F \cdot s$ (Einheit: 1 J = 1 Nm).	Energieträger: • angehobene Tasche, gespannte Feder • fallender Stein, fahrendes Auto • rotierendes Windrad • warmes Wasser • Benzin, Nahrung • geschlossener Stromkreis mit Glühlampe • Sonnenstrahlung 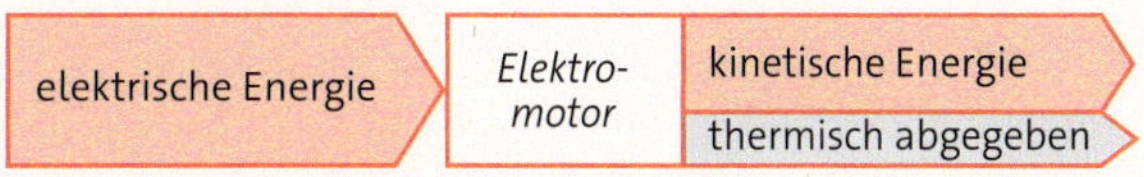 Berechne die Arbeit W beim Hochschieben des Wagens und die Zunahme seiner potenziellen Energie E_{pot}. 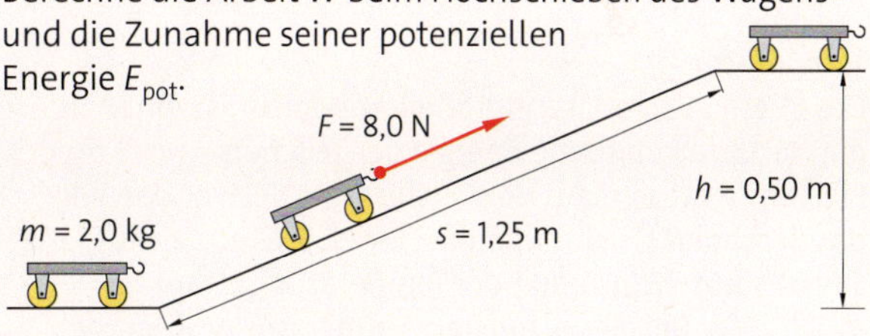 Lösung: $W = F \cdot s$; $W = 8{,}0\,\text{N} \cdot 1{,}25\,\text{m} = 10\,\text{Nm} = 10\,\text{J}$ $E_{pot} = F_G \cdot h = m \cdot g \cdot h$; $E_{pot} = 2{,}0\,\text{kg} \cdot 9{,}81\,\frac{\text{N}}{\text{kg}} \cdot 0{,}50\,\text{m} = 9{,}8\,\text{J}$
Leistung und Wirkungsgrad Die Leistung gibt an, wie viel Energie pro Sekunde übertragen wird: $P = \frac{E}{t}$ bzw. $P = \frac{W}{t}$. Einheit der Leistung: 1 Watt (1 W), $1\,\text{W} = 1\,\frac{\text{J}}{\text{s}} = 1\,\frac{\text{Nm}}{\text{s}}$ Der Wirkungsgrad gibt an, welcher Anteil der zugeführten Energie in Nutzenergie umgewandelt wird: $\eta = \frac{E_{nutz}}{E_{zu}}$ oder $\eta = \frac{P_{nutz}}{P_{zu}}$.	Ein Farbeimer (m = 25 kg) wird von einem Elektromotor (P_{el} = 300 W) in 10 s um 6,0 m angehoben. Berechne: • die Zunahme der potenziellen Energie des Eimers • die zugeführte elektrische Energie • den Wirkungsgrad des Elektromotors Lösung: • $E_{pot} = F_G \cdot h = m \cdot g \cdot h$; $E_{pot} = 25\,\text{kg} \cdot 9{,}81\,\frac{\text{N}}{\text{kg}} \cdot 6{,}0\,\text{m} = 1{,}5\,\text{kJ}$ • $E_{el} = P_{el} \cdot t$; $E_{el} = 300\,\text{W} \cdot 10\,\text{s} = 3{,}0\,\text{kJ}$ • $\eta = \frac{E_{nutz}}{E_{zu}} = \frac{E_{pot}}{E_{el}}$; $\eta = \frac{1{,}5\,\text{kJ}}{3{,}0\,\text{kJ}} = 50\,\%$

Wiederholung

Wärmelehre

Grundlagen	Beispiele und Beispielaufgaben
Teilchenmodell Wir stellen uns vor, dass jeder Stoff aus kleinsten Teilchen aufgebaut ist. Die Teilchen verschiedener Stoffe unterscheiden sich in Größe und Masse. Zwischen den Teilchen fester oder flüssiger Stoffe wirken Anziehungskräfte. Zwischen den Teilchen von Gasen bestehen fast keine Anziehungskräfte. Die Teilchen befinden sich in ständiger Bewegung: • In Festkörpern sind die Teilchen regelmäßig angeordnet und bewegen sich an ihren Plätzen ein wenig hin und her. • In Flüssigkeiten haben die Teilchen keine festen Plätze und bewegen sich aneinander vorbei. • In Gasen bewegen sich die Teilchen frei im ganzen Raum, der ihnen zur Verfügung steht.	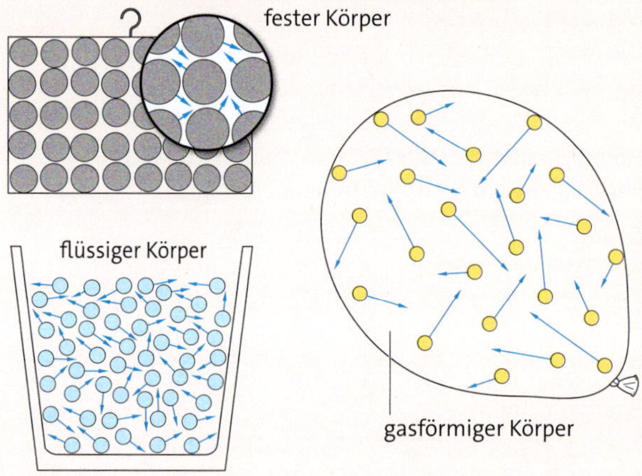
Wärme Die Wärme W_{th} gibt an, wie viel Energie thermisch von einem Körper auf einen anderen Körper oder seine Umgebung übertragen wird. Die übertragene Energie erhöht die innere Energie des aufnehmenden Körpers. Einheit der Wärme: 1 Joule (1 J)	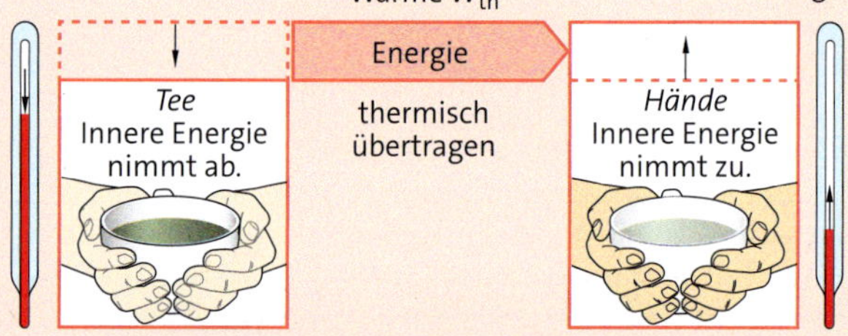 *Erwärmen der Hände durch Berühren*
Temperatur Die physikalische Grundgröße Temperatur ist ein Maß für die mittlere kinetische Energie der Teilchen eines Körpers. Für Temperaturen auf der Celsiusskala verwenden wir das Symbol ϑ (Theta) und die Einheit 1 Grad Celsius (1 °C). Der absolute Nullpunkt der Temperatur beträgt −273,15 °C. Bei dieser tiefsten Temperatur würden sich die Teilchen nicht mehr bewegen. Die absolute Temperatur T hat die Einheit 1 Kelvin (1 K).	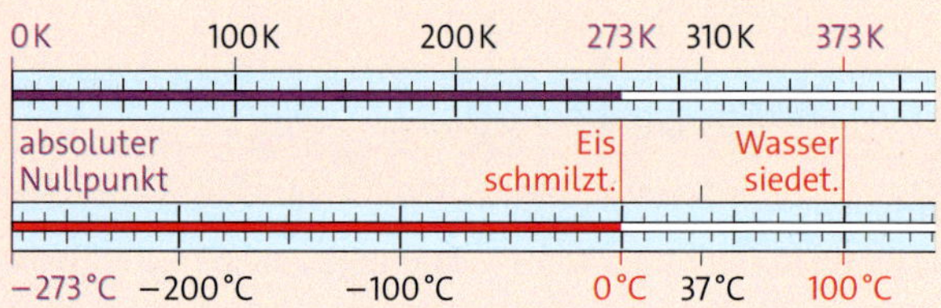
Leistung einer Wärmequelle Die thermische Leistung P_{th} gibt an, wie viel Energie eine Wärmequelle pro Sekunde thermisch abgibt: $P_{th} = \frac{W_{th}}{t}$.	Ein Wasserkocher hat eine thermische Leistung von 2,2 kW. Berechne, wie viel Wärme er in 60 s abgibt. Lösung: $W_{th} = P \cdot t$; $W_{th} = 2{,}2\,\frac{kJ}{s} \cdot 60\,s = 1{,}3 \cdot 10^2\,kJ$
Heizwert Der spezifische Heizwert H gibt an, wie viel Wärme beim Verbrennen eines Stoffs pro kg abgegeben wird: $H = \frac{W_{th}}{m}$.	Berechne, wie viel Wärme beim Verbrennen von 2,5 kg Holz ($H = 15\,\frac{MJ}{kg}$) abgegeben wird. Lösung: $W_{th} = H \cdot m$; $W_{th} = 15\,\frac{MJ}{kg} \cdot 2{,}5\,kg = 38\,MJ$

Grundlagen	Beispiele und Beispielaufgaben
Erwärmungsgesetz Die Energie zum Erwärmen eines Stoffs ist direkt proportional zu seiner Masse und zur Temperaturänderung: $W_{th} = c \cdot m \cdot \Delta\vartheta$ (Erwärmungsgesetz). Die spezifische Wärmekapazität c gibt an, wie viel Energie thermisch zugeführt werden muss, damit die Temperatur von 1 kg eines Stoffs um 1 °C steigt.	Berechne, wie viel Wärme man 0,75 l Wasser zuführen muss, um seine Temperatur von 17 °C auf 98 °C zu erhöhen. Lösung: $W_{th} = c \cdot m \cdot \Delta\vartheta$; $W_{th} = 4{,}2 \, \frac{kJ}{kg \cdot °C} \cdot 0{,}75 \, kg \cdot 81 \, °C = 26 \cdot 10 \, kJ$
Wärmekraftwerke Wärmekraftwerke wandeln die zugeführte Energie zuerst in innere Energie von heißem Wasserdampf (oder Gas) mit hohem Druck um. Diese Energie wird in der Turbine in Rotationsenergie umgewandelt und zuletzt vom Generator in elektrische Energie. Die Abgase von Wärmekraftwerken, die Brennstoffe verbrennen, können Umwelt und Gesundheit schädigen sowie das Klima verändern. Die Nutzung regenerativer Energieträger verringert diese schädlichen Wirkungen.	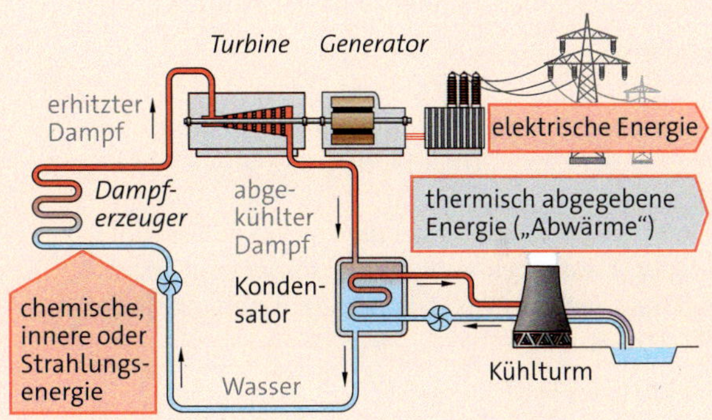

Magnetismus

Grundlagen	Beispiele und Beispielaufgaben
Magnetismus Magnete und Körper aus ferromagnetischen Stoffen ziehen sich gegenseitig an. Jeder Magnet hat (mindestens) einen Nordpol und einen Südpol. Gleichnamige Pole zweier Magnete stoßen sich gegenseitig ab, ungleichnamige Pole ziehen sich gegenseitig an. Modellvorstellung: Wir stellen uns vor, dass jeder ferromagnetische Stoff aus kleinsten Elementarmagneten besteht. Beim Magnetisieren werden sie einheitlich ausgerichtet, sodass ein Magnet mit zwei Polen entsteht.	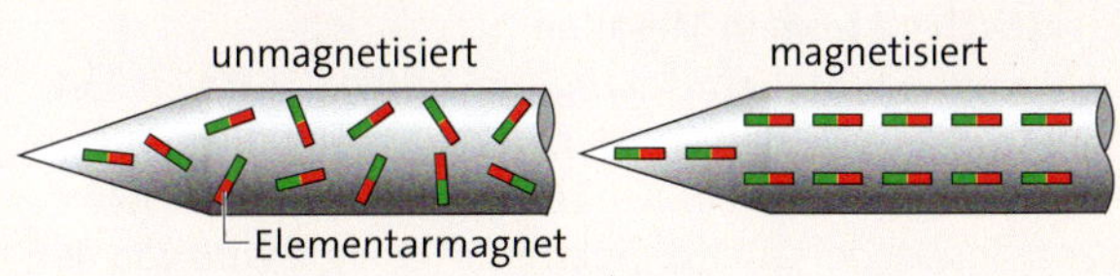
Magnetfelder Ein Magnet erzeugt in seiner Umgebung ein Magnetfeld. Darin wirken Kräfte auf andere Magnete und ferromagnetische Körper. Magnetfelder kann man mit Feldlinien veranschaulichen. Diese verlaufen außerhalb des Magneten immer vom Nord- zum Südpol eines Magneten. Je größer die magnetische Kraft an einem Ort ist, desto dichter zeichnet man dort die Feldlinien.	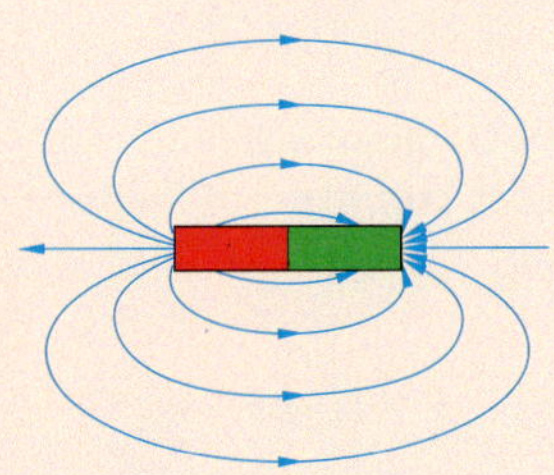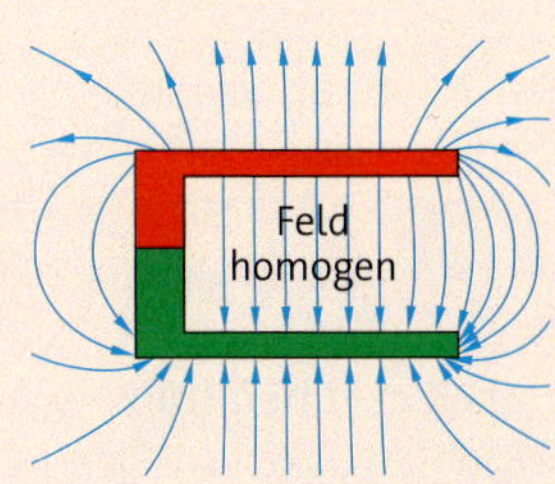

Wiederholung

Elektrizitätslehre

Grundlagen	Beispiele und Beispielaufgaben
Atommodell Atome haben immer gleich viele positiv geladene Protonen wie negativ geladene Elektronen. Sie sind nach außen hin elektrisch ungeladen (neutral). Ein Atom, das Elektronen aufgenommen oder abgegeben hat, bezeichnet man oft als negatives Ion oder als positives Ion. Ortsfeste Atome, die (mindestens) ein Elektron abgegeben haben, nennen wir auch Atomrümpfe.	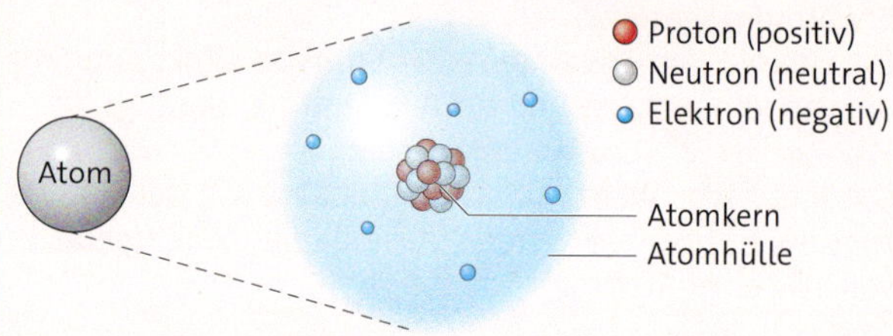
Elektrische Ladung Die elektrische Ladung Q eines Körpers beträgt stets ein ganzzahliges Vielfaches der Elementarladung e: $Q = n \cdot e$. Einheit der elektrischen Ladung: 1 Coulomb (1 C) Beziehung: $1\,\text{C} = 6{,}242 \cdot 10^{18}\,e$ Ein Körper wird positiv geladen, wenn er Elektronen abgibt (Elektronenmangel). Ein Körper wird negativ geladen, wenn er zusätzliche Elektronen aufnimmt (Elektronenüberschuss).	• Ladung eines Protons: $1 \cdot e = 1{,}602 \cdot 10^{-19}\,\text{C}$ • Ladung eines Elektrons: $-1 \cdot e$ Ein negativ geladener Kunststoffstab hat eine Ladung von $-7{,}2 \cdot 10^{-9}$ C. Berechne, wie viele Elektronen auf ihm im Überschuss sind. Lösung: $Q = -n \cdot e$; $n = \frac{-Q}{e}$; $n = \frac{7{,}2 \cdot 10^{-9}\,\text{C}}{1{,}602 \cdot 10^{-19}\,\text{C}} = 45 \cdot 10^9$
Elektrisches Feld Jeder elektrisch geladene Körper erzeugt in seiner Umgebung ein elektrisches Feld, das abstoßende oder anziehende Kräfte auf andere geladene Körper oder Teilchen bewirkt. Feldlinien stellen die Struktur des elektrischen Felds dar. Sie verlaufen vom positiv zum negativ geladenen Körper. Sie sind so gerichtet wie die elektrische Kraft auf einen kleinen positiv geladenen Körper.	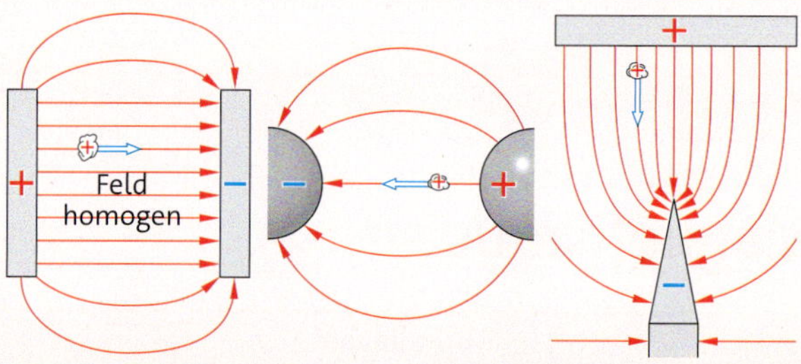
Reihen- und Parallelschaltung Bei einer Reihenschaltung werden z. B. zwei Lampen in einer Reihe hintereinander geschaltet. Bei einer Parallelschaltung werden die beiden Lampen parallel zueinander geschaltet.	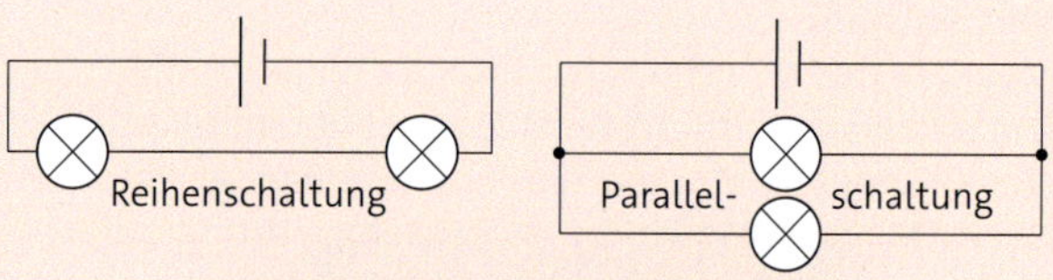
Elektrischer Strom in Metallen In Metallen bestehen elektrische Ströme aus freien Elektronen. Diese werden von der Elektrizitätsquelle angetrieben und strömen in den Leitungen vom Minuspol zum Pluspol der Quelle. Elektrische Energie wird von der Elektrizitätsquelle zum elektrischen Gerät übertragen.	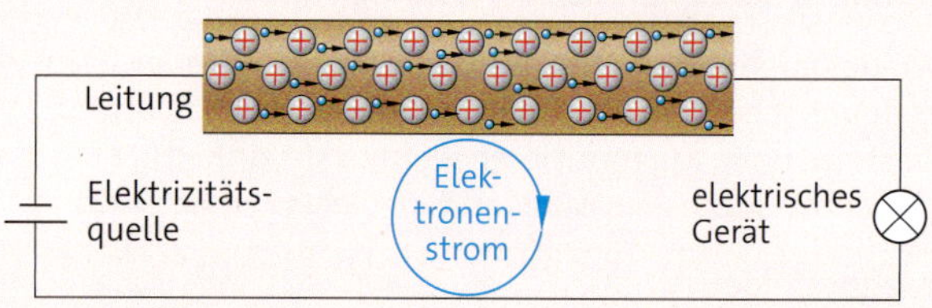
Elektrische Stromstärke Die Stromstärke I ist definiert als Quotient aus der Ladung Q, die durch eine Stelle des Stromkreises fließt, und der dabei vergehenden Zeit t: $I = \frac{Q}{t} = \frac{n \cdot e}{t}$. Einheit der Stromstärke: 1 Ampere (1 A) Beziehung: $1\,\text{A} = 1\,\frac{\text{C}}{\text{s}}$ bzw. $1\,\text{C} = 1\,\text{A} \cdot \text{s}$	Der Akku einer LED-Lampe hat eine Ladung von 900 mAh. Berechne, wie lange die Lampe bei einer Stromstärke von 20 mA leuchtet. Lösung: $I = \frac{Q}{t}$; $t = \frac{Q}{I}$; $t = \frac{900\,\text{mAh}}{20\,\text{mA}} = 45\,\text{h}$

Grundlagen	Beispiele und Beispielaufgaben
Elektrische Leistung und Energie Die elektrische Leistung eines Elektrogeräts gibt an, wie viel elektrische Energie es pro Sekunde umwandelt: $P_{el} = \frac{E_{el}}{t}$. Elektrische Energie: $E_{el} = P_{el} \cdot t$ Einheit elektrischer Energie: 1 Kilowattstunde (1 kWh) Beziehung: 1 kWh = 3,6 MJ	Ein Haartrockner mit einer elektrischen Leistung von 2200 W ist 5,0 min in Betrieb. Berechne die elektrische Energie (in kWh), die in dieser Zeit umgewandelt wird. Lösung: $E_{el} = P_{el} \cdot t$; $E_{el} = 2200\,\text{W} \cdot \frac{5,0}{60}\,\text{h} = 18 \cdot 10\,\text{Wh} = 0,18\,\text{kWh}$
Elektrische Spannung Die Spannung an einem elektrischen Gerät ist gleich dem Quotienten aus elektrischer Leistung und Stromstärke: $U = \frac{P_{el}}{I}$. Einheit der elektrischen Spannung: 1 Volt (1 V) Beziehung: $1\,\text{V} = 1\,\frac{\text{W}}{\text{A}}$ Je größer die Spannung ist, desto stärker treibt die Elektrizitätsquelle den Elektronenstrom an. Er überträgt dann mehr Energie pro Ladung: $U = \frac{E_{el}}{Q}$.	• Spannung am Fahrraddynamo: 6 V • Spannung an der Steckdose: 230 V Achtung, Lebensgefahr: Führt niemals Versuche an Steckdosen durch! Experimentiert nur mit Spannungen unter 25 V! Auf einer LED-Lampe steht „8,5 W; 230 V“ Berechne die Stromstärke. Lösung: $P_{el} = U \cdot I$; $I = \frac{P_{el}}{U}$; $I = \frac{8,5\,\text{V} \cdot \text{A}}{230\,\text{V}} = 0,037\,\text{A}$
Elektrischer Widerstand Je kleiner die Stromstärke ist, die ein Leiter bei einer bestimmten Spannung zulässt, desto größer ist sein elektrischer Widerstand: $R = \frac{U}{I}$. Einheit des elektrischen Widerstands: 1 Ohm (1 Ω) Beziehung: $1\,\Omega = 1\,\frac{\text{V}}{\text{A}}$ Der Widerstand eines Metalldrahts nimmt mit steigender Temperatur in der Regel zu. Er hängt von der Länge, der Querschnittsfläche und dem Material des Drahts ab. Widerstandsgesetz: $R = \varrho \cdot \frac{l}{A}$ (ϱ: spezifischer Widerstand)	Für eine Spule wurden folgende Größen gemessen: $U = 12\,\text{V}$ und $I = 1,25\,\text{A}$. Berechne den Widerstand. Lösung: $R = \frac{U}{I}$; $R = \frac{12\,\text{V}}{1,25\,\text{A}} = 9,6\,\frac{\text{V}}{\text{A}} = 9,6\,\Omega$ Eine Spule besteht aus einem 115 m langen Kupferdraht mit einem Durchmesser von 1,0 mm. Berechne den Widerstand. Lösung: $A = \pi \cdot r^2$; $A = \pi \cdot 0,50^2\,\text{mm}^2 = 0,79\,\text{mm}^2$ $R = \varrho \cdot \frac{l}{A}$; $R = 0,0172\,\frac{\Omega \cdot \text{mm}^2}{\text{m}} \cdot \frac{115\,\text{m}}{0,79\,\text{mm}^2} = 2,5\,\Omega$
Magnetfeld stromdurchflossener Spulen Das Feldlinienbild einer Spule entspricht außerhalb der Spule dem Feldlinienbild eines Stabmagneten. Im Inneren der Spule ist das Magnetfeld fast homogen, die Feldlinien verlaufen dort vom Südpol zum Nordpol. Eine stromdurchflossene Spule mit Weicheisenkern bildet einen Elektromagneten. Die magnetische Wirkung nimmt mit der Stromstärke und der Windungszahl zu.	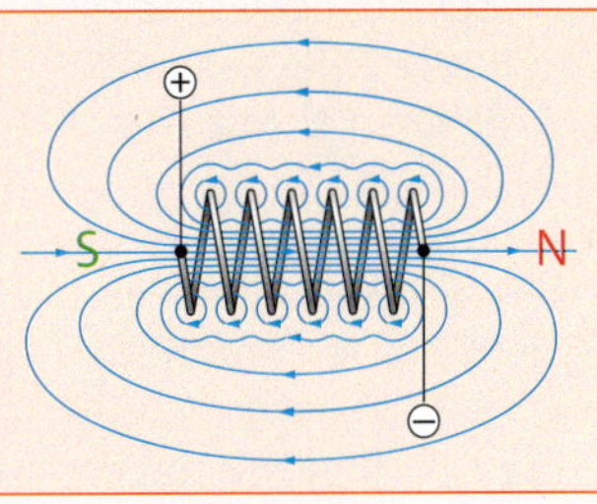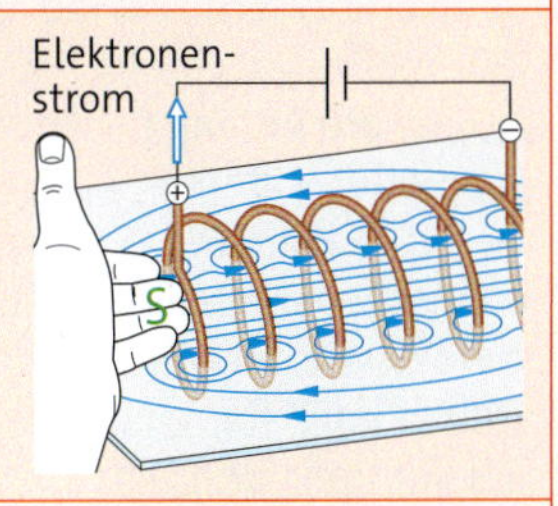
Lorentzkraft Auf Elektronen, die sich in einem Magnetfeld bewegen, wirkt die Lorentzkraft. Sie ist von der Richtung des Magnetfelds und der Bewegungsrichtung der Elektronen abhängig. Ihre Richtung kann man mithilfe der UVW-Regel der linken Hand bestimmen.	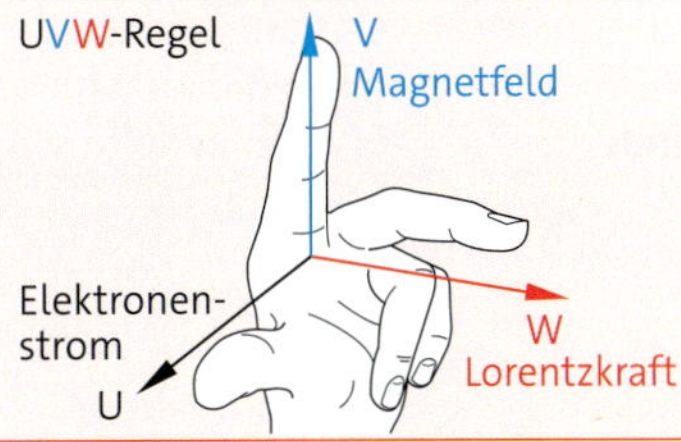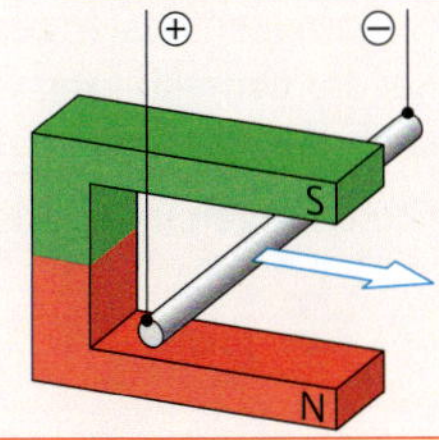

Wiederholung

Methoden

Grundlagen	Beispiele und Beispielaufgaben
Spannung und Stromstärke messen 1. Messgerät vorbereiten: Stelle den größten Messbereich für die Spannung bzw. die Stromstärke ein. Stecke ein Kabel (schwarz) in die COM-Buchse und das andere Kabel (rot) für die Spannungsmessung in die Buchse „V“ bzw. für die Stromstärkemessung in die Buchse „10 A“ oder „mA“. 2. Messgerät anschließen: Zur Spannungsmessung muss das Messgerät parallel zum Bauteil geschaltet werden und für die Stromstärkemessung in Reihe zum Bauteil. 3. Messbereich anpassen: Passt der Messwert in den nächstkleineren Messbereich, so wechsle den Messbereich. Ist der Messwert doch zu groß, erscheint im Display eine Fehlermeldung.	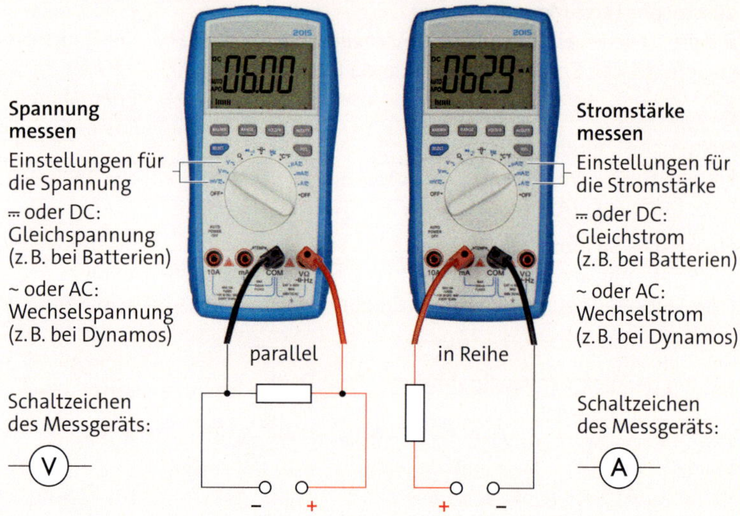
Physikalische Rechenaufgaben schrittweise lösen 1. Schreibe die gegebenen Größen mit ihren Einheiten sowie die gesuchten Größen auf. 2. Schreibe die Größengleichung(en) auf. 3. Stelle nach der gesuchten Größe um. 4. Setze Maßzahlen und Einheiten der gegebenen Größen ein. Rechne Einheiten um, falls notwendig. 5. Kürze Einheiten, wenn es möglich ist. 6. Berechne die gesuchte Maßzahl. Runde sinnvoll. 7. Gib das Ergebnis mit Maßzahl und Einheit an.	Ein Auto fährt mit einer Geschwindigkeit von $90\,\frac{km}{h}$. Berechne die Strecke, die es in 1,5 s zurücklegt. Gegeben: $v = 90\,\frac{km}{h}$; $t = 1{,}5\,s$ Gesucht: s Lösung: $v = \frac{s}{t} \quad \vert \cdot t$ $s = v \cdot t$ $s = 90\,\frac{km}{h} \cdot 1{,}5\,s$ Nebenrechnung: $90\,\frac{km}{h} = 25\,\frac{m}{s}$ $s = 25\,\frac{m}{s} \cdot 1{,}5\,s = 37{,}5\,m$ $s = 38\,m$ (gerundet auf 2 sinnvolle Ziffern)
Messwerte und Rechenergebnisse sinnvoll angeben Sinnvolle Ziffern sind die am Messgerät abgelesenen Ziffern. Die letzte Ziffer wird unsichere Ziffer genannt. Nullen am Anfang („Vornullen“) gehören nicht zu den sinnvollen Ziffern. Bei Produkten und Quotienten von Messwerten werden die Rechenergebnisse auf so viele sinnvolle Ziffern gerundet, wie der Messwert mit der kleinsten Anzahl von sinnvollen Ziffern hat. Bei Summen und Differenzen wird das Ergebnis mit der Genauigkeit des ungenauesten Messwerts angegeben. Bei der Umrechnung von Einheiten darf sich die Anzahl sinnvoller Ziffern nicht ändern.	• $s = 150\,m$ Die Maßzahl hat 3 sinnvolle Ziffern. • $t = 24\,s$ Die Maßzahl hat 2 sinnvolle Ziffern. • $t = 0{,}25\,h$ Die Maßzahl hat 2 sinnvolle Ziffern. • $v = \frac{150\,m}{24\,s} = 6{,}3\,\frac{m}{s}$ (gerundet auf 2 sinnvolle Ziffern) • $l_1 = 11{,}7\,cm$ Genauigkeit: 0,1 cm $l_2 = 14\,cm$ Genauigkeit: 1 cm $l_1 + l_2 = 11{,}7\,cm + 14\,cm = 26\,cm$ Genauigkeit: 1 cm
Gleichungen umstellen $a = \frac{b}{c} \quad \vert \cdot c$ $a \cdot c = b \quad \vert : a$ $c = \frac{b}{a}$	• Geschwindigkeit $v = \frac{s}{t} \quad \vert \cdot t$ $v \cdot t = s \quad \vert : v$ $t = \frac{s}{v}$

Grundlagen

Auswertung von Messreihen

In der Physik sind zwei Größen häufig direkt oder indirekt proportional zueinander. Durch rechnerische oder grafische Auswertung einer Messwerttabelle kann man einen proportionalen Zusammenhang nachweisen.
Vor der Auswertung betrachtet man die Messwerte und stellt eine Vermutung auf, ob eine direkte oder indirekte Proportionalität vorliegen könnte.

Direkte Proportionalität

- Vermutung: Wenn beide Größen im Verlauf des Versuchs größer werden („Je größer, desto größer"), kann eine direkte Proportionalität vorliegen.
- Rechnerische Auswertung: Berechne jeweils den Quotienten der beiden Größen. Wenn er im Rahmen der Messgenauigkeit konstant ist, sind beide Größen direkt proportional zueinander.
- Grafische Auswertung: Wenn die Messwertpaare im Rahmen der Messgenauigkeit auf einer Ursprungshalbgeraden liegen, sind beide Größen direkt proportional zueinander.
- Der konstante Quotient der beiden Größen kann eine eigene physikalische Größe sein.

Indirekte Proportionalität

- Vermutung: Wenn die eine Größe größer wird und die andere Größe kleiner („Je größer, desto kleiner"), kann eine indirekte Proportionalität vorliegen.
- Rechnerische Auswertung: Berechne jeweils das Produkt der beiden Größen: Wenn es im Rahmen der Messgenauigkeit konstant ist, sind beide Größen indirekt proportional zueinander.
- Grafische Auswertung: Wenn die Messwertpaare im Rahmen der Messgenauigkeit auf einem Hyperbelast liegen, der nie die Achsen berührt, sind beide Größen indirekt proportional zueinander.
- Das konstante Produkt der beiden Größen kann eine eigene physikalische Größe sein.

Beispiele und Beispielaufgaben

- Eine Schülerin ist mit dem Fahrrad auf ebener Strecke gefahren. Die Zeit wurde abhängig vom Weg gemessen.

s in m	10,0	20,0	30,0	40,0	50,0
t in s	1,3	2,5	3,8	4,9	6,4
$\frac{s}{t}$ in $\frac{\text{m}}{\text{s}}$	7,7	8,0	7,9	8,2	7,8

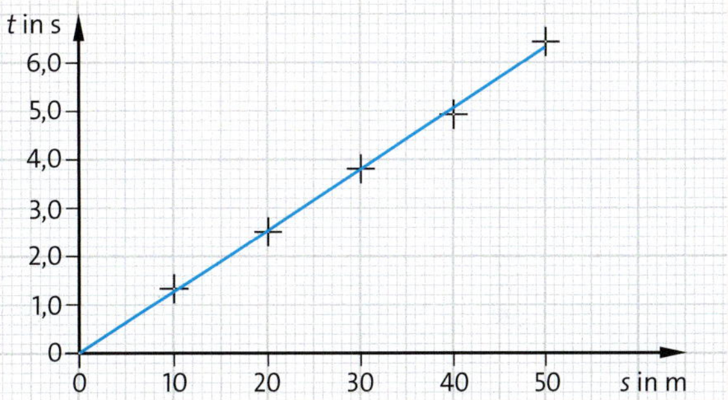

Der Quotient ist im Rahmen der Messgenauigkeit konstant, die Messwertpaare liegen auf einer Ursprungshalbgeraden – Weg und Zeit sind direkt proportional zueinander. Der konstante Quotient aus Weg und Zeit ist die Geschwindigkeit: $v = \frac{s}{t}$; $v \approx 7{,}9\ \frac{\text{m}}{\text{s}}$.

- Ein Körper wurde auf unterschiedlich langen Rampen immer auf dieselbe Höhe nach oben gezogen. Die Zugkraft wurde abhängig von der Rampenlänge gemessen.

s in m	0,30	0,40	0,50	0,60	0,80
F in N	1,25	0,93	0,75	0,63	0,47
$F \cdot s$ in Nm	0,38	0,37	0,38	0,38	0,38

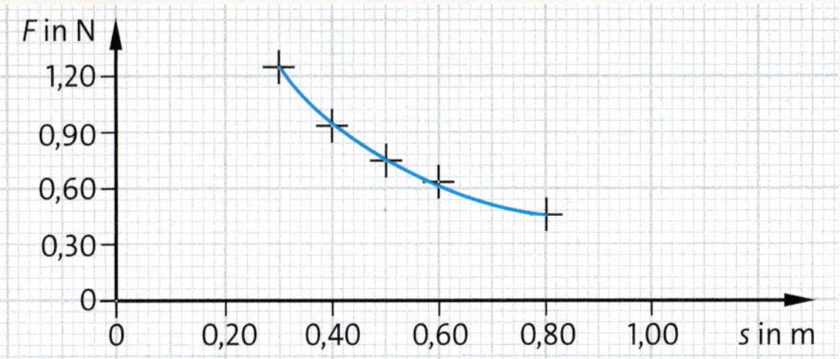

Das Produkt ist im Rahmen der Messgenauigkeit konstant, die Messwertpaare liegen auf einem Hyperbelast – Rampenlänge und Zugkraft sind indirekt proportional zueinander. Das konstante Produkt aus Rampenlänge und Zugkraft ist die aufgewendete Energie (die verrichtete Arbeit): $E = F \cdot s$; $E = 0{,}38\ \text{Nm} = 0{,}38\ \text{J}$.

Mechanik

Beim Achterbahnfahren spielen Geschwindigkeit, Beschleunigung und Kräfte eine große Rolle. Was bedeuten diese Größen und wie hängen sie zusammen?

Schnell reagieren, bremsen und rechtzeitig anhalten – auch darauf kommt es im Straßenverkehr an. Wovon hängt der Bremsweg ab? Wie lang ist der Anhalteweg?

Startende Raketen stoßen heiße Gase mit großer Geschwindigkeit aus. Wie werden die Raketen dadurch beschleunigt? Wovon hängt die Beschleunigung ab?

Geschwindigkeit

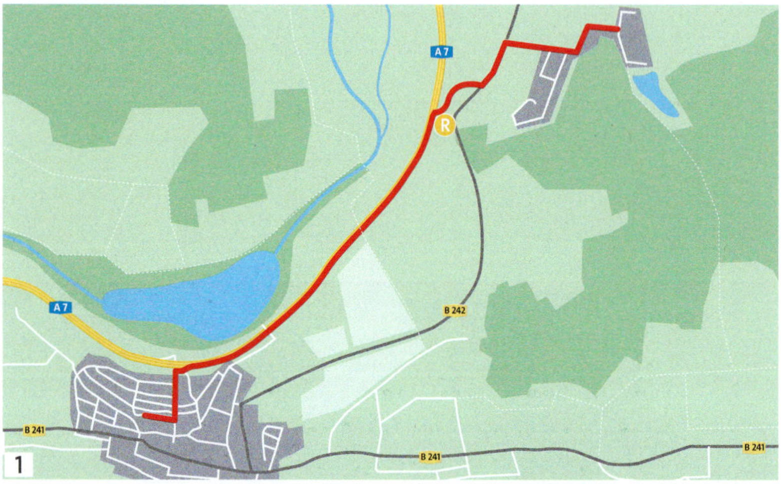

1

Familie Schmieder besucht die Großeltern. Ihre Fahrt ist abwechslungsreich: Die Landschaft ändert sich und die Straßen sind verschieden. Wie hoch ist die Geschwindigkeit im Durchschnitt – mehr als 80 $\frac{km}{h}$?

A Aufgaben

Die Fahrt der Schmieders

1 Die Fahrt hat vier Abschnitte:

a In der Stadt werden 10 km in 20 min ($\frac{1}{3}$ h) zurückgelegt. Berechnet die durchschnittliche Geschwindigkeit in der Stadt.

b Auf der Autobahn fährt die Familie 80 km mit 130 $\frac{km}{h}$ weiter. Berechnet die Fahrtdauer auf der Autobahn.

c An einer Raststätte wird eine Pause von 40 min eingelegt. Die restliche Stecke auf Landstraßen wird bei 80 $\frac{km}{h}$ in 30 min zurückgelegt. Berechnet die Strecke auf den Landstraßen.

2 Stellt die Fahrt in einem Zeit-Weg-Diagramm dar:
- Zeitachse: 1,0 cm ≙ 10 min
- Wegachse: 1,0 cm ≙ 20 km

B Aufgabe

Wettschwimmen

1 Anna und Paul sind im Hallenbad 100 m um die Wette geschwommen.

a Lest aus dem Diagramm ab, welche Strecken die beiden in 30 s, 50 s, 90 s und 120 s zurückgelegt haben. → 2

b Lest die Zeiten ab, wie lange Anna und Paul für 50 m und für 80 m gebraucht haben.

c Wer war schneller? Begründet eure Antwort.

d Berechnet jeweils die Geschwindigkeit von Anna und Paul. Beschreibt und begründet, wie ihr vorgeht.

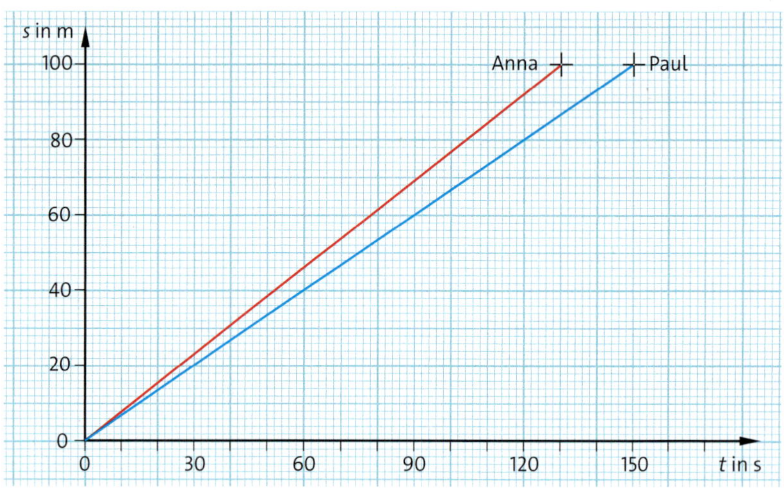

2 Wettschwimmen von Anna und Paul

die Geschwindigkeit
die Durchschnittsgeschwindigkeit
die Momentangeschwindigkeit

Grundlagen

Geschwindigkeit • Um zu erfassen, wie schnell eine Bewegung ist, hast du die Geschwindigkeit kennengelernt.
Bei einer gleichförmigen Bewegung (z. B. auf einer Rolltreppe) gilt:
- doppelte Zeit → doppelter Weg
- dreifache Zeit → dreifacher Weg

Im Zeit-Weg-Diagramm ergibt sich eine Ursprungshalbgerade. → 3 Der Weg ist direkt proportional zur Zeit. Der Quotient $\frac{\Delta s}{\Delta t}$ aus zurückgelegter Strecke $\Delta s = s_2 - s_1$ und benötigter Zeitspanne $\Delta t = t_2 - t_1$ ist bei derselben gleichförmigen Bewegung immer gleich groß.

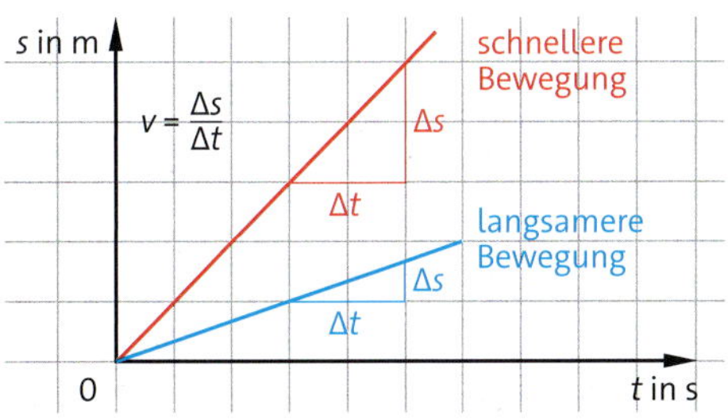

3 Definition der Geschwindigkeit

Bei einer schnelleren gleichförmigen Bewegung wird in der gleichen Zeitspanne Δt eine längere Strecke Δs zurückgelegt. → 3 Also ist die Steigung der Ursprungshalbgeraden größer. Der Quotient $\frac{\Delta s}{\Delta t}$ ist somit ein Maß für die Geschwindigkeit (lat. *velocitas*).

Geschwindigkeit: $v = \frac{\Delta s}{\Delta t}$
Einheit der Geschwindigkeit: $1\,\frac{\text{m}}{\text{s}}$

Für $s_1 = 0$ m bei $t_1 = 0$ s vereinfacht sich die Gleichung zu:
$v = \frac{s}{t}$.

Durchschnittsgeschwindigkeit • Bei ungleichförmigen Bewegungen ändert sich die Geschwindigkeit. → 4 Die Durchschnittsgeschwindigkeit ist der Quotient aus Gesamtstrecke und -zeit:

$$v_D = \frac{\Delta s_{ges}}{\Delta t_{ges}}.$$

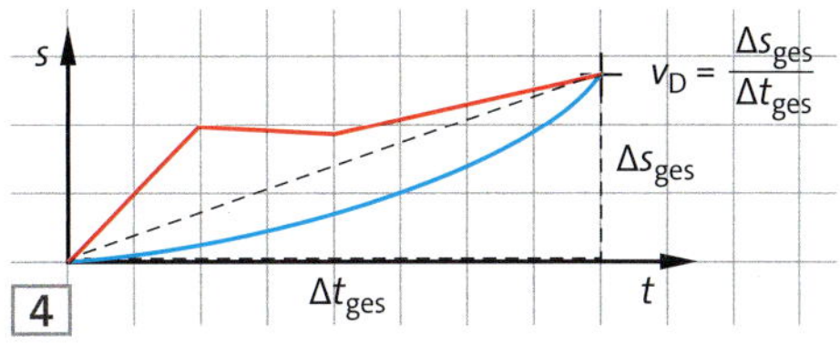

Momentangeschwindigkeit • In einer winzigen Zeitspanne Δt_{klein} (z. B. 1 µs), ändert sich auch bei einer ungleichförmigen Bewegung die Geschwindigkeit praktisch nicht. Diese Momentangeschwindigkeit v_M zeigt der Tacho an:

$$v_M = \frac{\Delta s_{klein}}{\Delta t_{klein}}.$$

Aufgabe

1 Eine Fahrt mit dem Fahrrad → 5
a Gib den Zeitabschnitt mit der größten Geschwindigkeit an. Begründe ohne Rechnung.
b Berechne die Durchschnittsgeschwindigkeit v_D des Radfahrers.
c Ermittle die Geschwindigkeiten in den einzelnen Abschnitten.

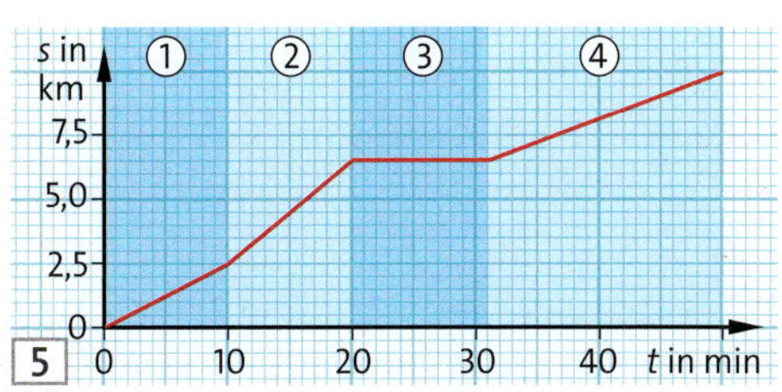

$\frac{\text{m}}{\text{s}} \rightarrow \frac{\text{km}}{\text{h}}$
$1\,\frac{\text{m}}{\text{s}} = \frac{3600\,\text{m}}{3600\,\text{s}} = \frac{3{,}6\,\text{km}}{1\,\text{h}}$
$1\,\frac{\text{m}}{\text{s}} = 3{,}6\,\frac{\text{km}}{\text{h}}$
(Zahlenwert mit 3,6 multiplizieren)

$\frac{\text{km}}{\text{h}} \rightarrow \frac{\text{m}}{\text{s}}$
$1\,\frac{\text{km}}{\text{h}} = \frac{1000\,\text{m}}{3600\,\text{s}} = \frac{1}{3{,}6}\,\frac{\text{m}}{\text{s}}$
(Zahlenwert durch 3,6 dividieren)

Umrechnungen

Geschwindigkeit

C Aufgaben

Verschiedene Geschwindigkeiten

1 Ergänze die folgenden Sätze:
a Ein Tacho zeigt die ...geschwindigkeit an.
b Peter fährt auf seinem Fahrrad die 20 km von A-Dorf nach B-Stadt mit einer ...geschwindigkeit von 18 $\frac{km}{h}$.

2 Berechne die Durchschnittsgeschwindigkeiten ($\frac{m}{s}$, $\frac{km}{h}$):
a 100-m-Lauf: 9,58 s
b 500-m-Eisschnellauf: 36,36 s
c 1000-m-Zeitfahren (Radrennen): 56,303 s
d 3312 m Skiabfahrt: 1:51,58 min

3 Die Erde dreht sich in rund 24 h einmal um ihre Achse. Berechne die Geschwindigkeit von Menschen am Äquator (Umfang: 40 000 km) infolge der Erddrehung.

4 Der Schall braucht in Luft bei einer Messung 2,94 s für 1000 m.
a Berechne die Schallgeschwindigkeit in Luft (in $\frac{m}{s}$ und in $\frac{km}{h}$).
b Du siehst einen Blitz und hörst den Donner 8,10 s später. Berechne, wie weit der Blitz entfernt war. (Annahme: Du siehst den Blitz ohne Zeitverzögerung.)

5 Angaben auf dem Navi → 1
a Nenne die Art von Geschwindigkeit, die angezeigt wird.
b Berechne, wie weit das Auto mit der angezeigten Geschwindigkeit bis 13.40 Uhr käme.
c Tatsächlich ist das Ziel 240 km entfernt. Berechne die Durchschnittsgeschwindigkeit, mit der das Navi rechnet.
d Vergleiche diese Durchschnittsgeschwindigkeit mit der Momentangeschwindigkeit. Was folgerst du daraus für die restliche Fahrt?

6 Das Diagramm stellt eine Motorradfahrt dar. → 2
Auf der senkrechten Achse ist diesmal nicht die zurückgelegte Strecke *s* aufgetragen, sondern die Distanz *d* zum Startpunkt.
a Beschreibe die Fahrt in den drei Bereichen.
b Berechne die Geschwindigkeit (in $\frac{m}{s}$) des Motorrads im Bereich 1 und im Bereich 3. Was bedeutet es, dass die Geschwindigkeit im Bereich 3 ein negatives Vorzeichen hat?
c Berechne die Strecke, die das Motorrad nach 15 min zurückgelegt hat.

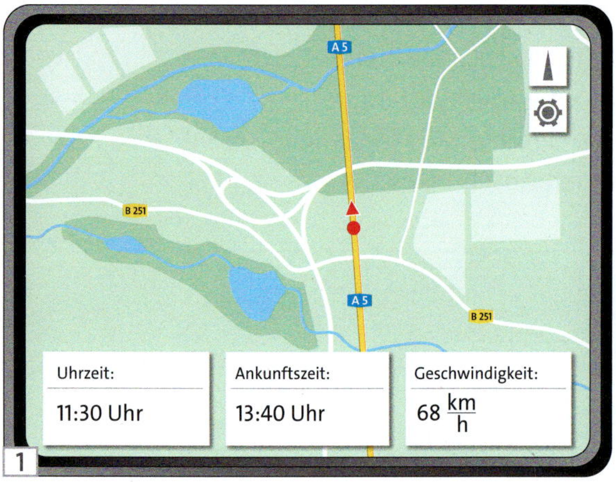

1

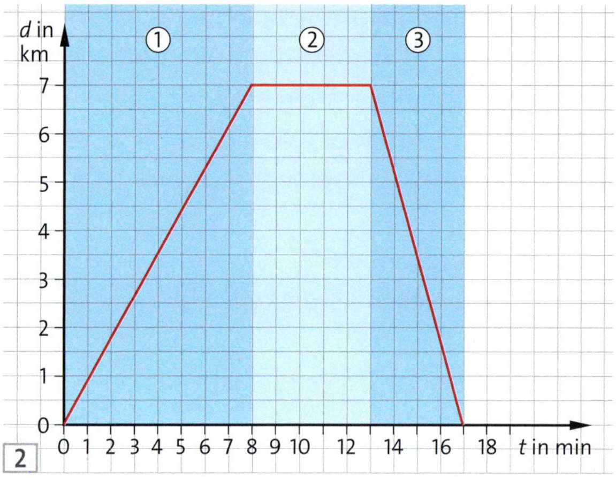

2

Methode

Liniendiagramme interpretieren

In der Physik werden viele Zusammenhänge zwischen zwei Größen mithilfe von Liniendiagrammen dargestellt. → 3 Beim Interpretieren kommt es darauf an, den Zusammenhang zwischen den beiden Größen zu erfassen. Gehe in folgenden Schritten vor:

1. Größen angeben Nenne die physikalischen Größen, die auf den beiden Achsen abgetragen sind. Erinnere dich an ihre Definition.
Beispiel: Auf der waagerechten Achse ist die Zeit aufgetragen, auf der senkrechten Achse die zurückgelegte Strecke. → 3

2. Graphen studieren Der Graph stellt den Zusammenhang zwischen den beiden Größen dar, die auf den Achsen abgetragen sind:
- Ursprungshalbgeraden zeigen einen direkt proportionalen Zusammenhang an.
- Ein Hyperbelast kann auf eine indirekt proportionale Zuordnung hinweisen.
- Andere Graphen beschreiben andere Zusammenhänge.

Beispiel: Der Graph ist keine gerade Linie. Der Weg ist nicht direkt proportional zur Zeit.

3. Werte ablesen und nutzen Mithilfe des Graphen lassen sich Werte ablesen (auch wenn diese nicht gemessen wurden). Damit lassen sich oft neue Größen berechnen.
Beispiel: Zu $t_1 = 5{,}0\,\text{s}$ gehört $s_1 = 1{,}6\,\text{m}$ und zu $t_2 = 8{,}0\,\text{s}$ gehört $s_2 = 4{,}0\,\text{m}$. Die Durchschnittsgeschwindigkeit im Zeitintervall beträgt:

$$v_D = \frac{\Delta s}{\Delta t};\; v_D = \frac{4{,}0\,\text{m} - 1{,}6\,\text{m}}{8{,}0\,\text{s} - 5{,}0\,\text{s}} = \frac{2{,}4\,\text{m}}{3{,}0\,\text{s}} = 0{,}80\,\frac{\text{m}}{\text{s}}.$$

3

Aufgabe

1 In einem Versuch wurde die Fahrt von zwei Modellautos untersucht. → 4

a Nenne die gemessenen Größen.

b Studiere die beiden Graphen. Gib jeweils an, ob die Größen proportional zueinander sind. Begründe deine Angabe.

c Welches Auto war insgesamt schneller? Begründe deine Antwort (ohne Rechnung).

d Bestimme die Durchschnittsgeschwindigkeiten zwischen $t_1 = 2{,}0\,\text{s}$ und $t_2 = 4{,}0\,\text{s}$.

e Mache jeweils Aussagen zur Momentangeschwindigkeit der beiden Autos.

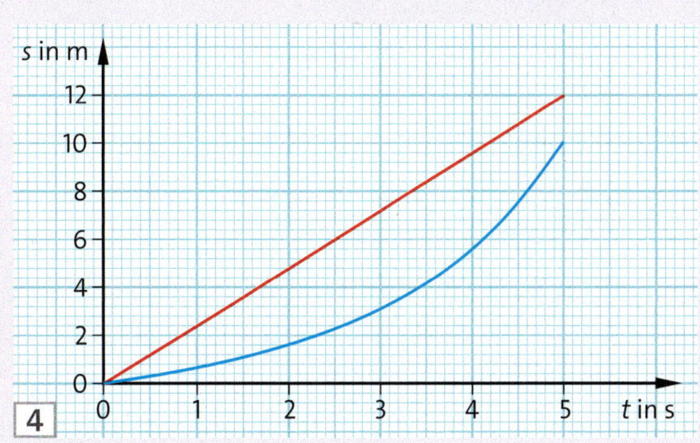

4

Beschleunigung

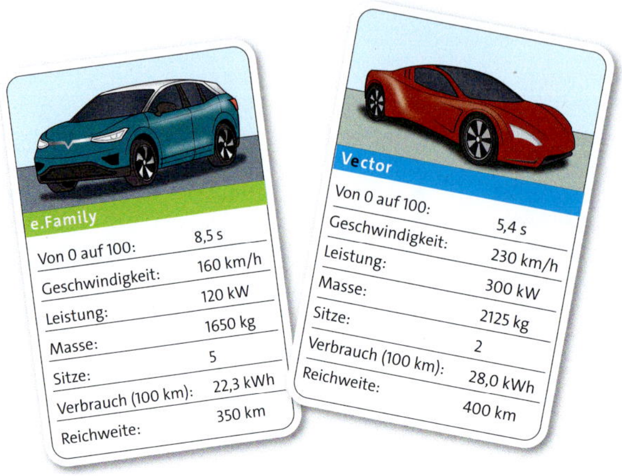

1

Das schnellste Rennauto der Welt braucht nicht einmal 1,7 s, um von 0 auf 100 $\frac{km}{h}$ zu beschleunigen. „Normale" Autos haben eine viel kleinere Beschleunigung. Was bedeutet Beschleunigung und wie kann man sie messen?

A Aufgabe

Beschleunigen und bremsen

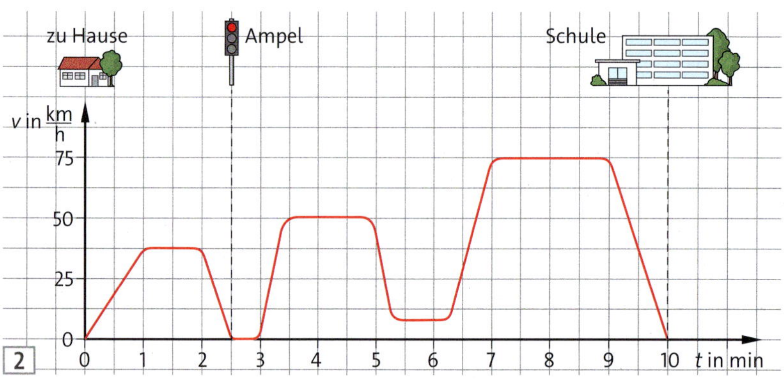

2

1 Frau Bauer fährt mit dem Pkw zur Schule. Die Momentangeschwindigkeit, die der Tacho anzeigt, ändert sich immer wieder. → 2

a Beschreibt in einer kleinen Geschichte, wie die Fahrt abläuft.

b Gebt an, in welchen Zeitabschnitten Frau Bauer das Auto beschleunigt hat und wann sie gebremst hat.

B Aufgabe

Wer beschleunigt am schnellsten?

1 Wer erreicht mit dem Fahrrad aus dem Stand heraus am schnellsten eine Geschwindigkeit von 20 $\frac{km}{h}$?

a Plant einen Wettkampf. Gebt an, was ihr dafür braucht. Skizziert und beschreibt die Durchführung.

b Vielleicht könnt ihr den Wettkampf durchführen.
Achtung • Übertreibt nicht, damit ihr euch nicht verletzt und das Fahrrad nicht beschädigt wird! Sichert die Strecke ab.

3

C Versuch

Beschleunigte Kugel

Material: Kugel, lange Rinne (mindestens 3,0 m), Klötzchen, Markierungen, 5 Stoppuhren (oder Handys), langes Lineal

1 Bringt an der Rinne alle 50 cm Markierungen an und stellt die Rinne leicht geneigt auf. → 4

a Fünf Zeitnehmer messen die Zeit, die die Kugel für 0,50 m, 1,00 m usw. braucht. Bildet jeweils den Mittelwert und notiert ihn. → 5

b Erstellt ein *t*-*s*-Diagramm. Zeichnet den Graphen ein.

c Vermutet einen mathematischen Zusammenhang zwischen zurückgelegtem Weg und benötigter Zeit.

d Berechnet auch das Quadrat der Zeiten. Erstellt ein t^2-s-Diagramm und zeichnet den Graphen. Formuliert das Ergebnis.

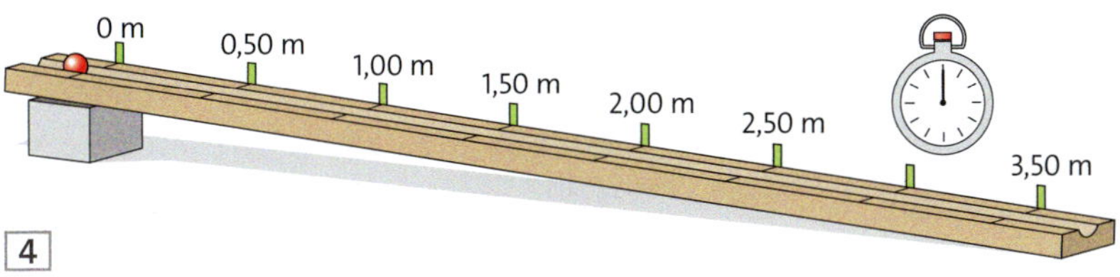

4

s in m	0	0,50	1,00	...
***t* in s**	0	?	?	...
t^2 in s^2	0	?	?	...

5 Beispieltabelle

D Versuch

Beschleunigter Wagen

Material: Fahrbahn, Wagen, 2 kleine Wägestücke, Lichtschranke, Speichenrad, Faden, Mess- und Anzeigegerät

1 Stellt die Fahrbahn so auf, dass der Wagen nach dem Anstoßen mit konstanter Geschwindigkeit weiterrollt.

2 Das absinkende Wägestück beschleunigt den Wagen. → 6 Die Drehgeschwindigkeit des Speichenrads ist ein Maß für die (Momentan-)Geschwindigkeit *v* des Wagens.

a Messt *v* in Abhängigkeit von der Zeit *t*. Zeichnet und interpretiert das Diagramm.

b Wiederholt den Versuch mit 2 Wägestücken. Vergleicht.

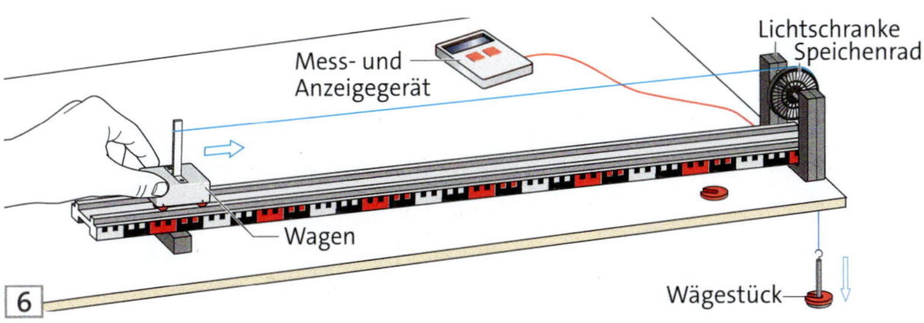

6

E Aufgabe

Abbremsen

1 Ein Auto bremst ab. → 7

a Erstellt und interpretiert das *t*-*v*-Diagramm.

b Beschreibt, wie ihr am Graphen erkennt, dass es sich um ein Abbremsen handelt.

t in s	*v* in $\frac{km}{h}$
0	100
10,0	86
20,0	72
30,0	60
40,0	45
50,0	32
60,0	20

7 Abbremsen eines Autos

Beschleunigung

Grundlagen

Kraft und Bewegungsänderung • Um mit dem Fahrrad zu beschleunigen, musst du Kräfte auf die Pedale ausüben. Auch zum Bremsen übst du Kräfte aus. Allgemein gilt:
Wenn ein Körper schneller oder langsamer wird oder seine Bewegungsrichtung ändert, sind Kräfte die Ursache.

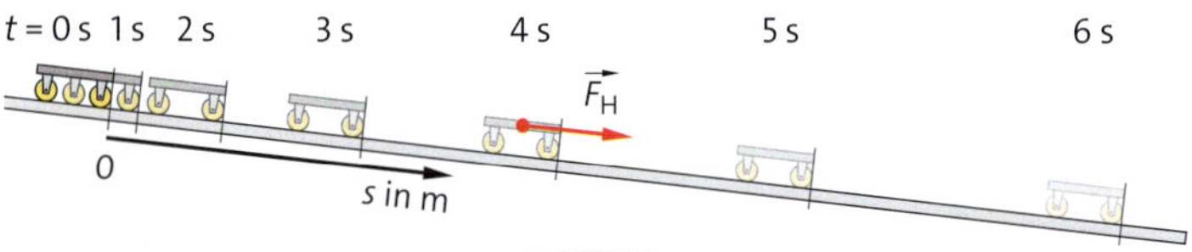

t in s	0	1,00	2,00	3,00	4,00	5,00	6,00
s in m	0	0,054	0,218	0,489	0,870	1,359	1,958
t^2 in s^2	0	1,00	4,00	9,00	16,0	25,0	36,0

·4 ca. · 16 ·16

1 Gleichmäßig beschleunigte Bewegung eines Wagens

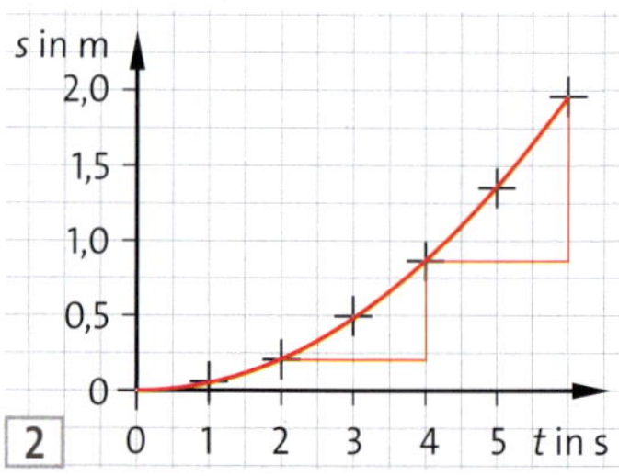

2

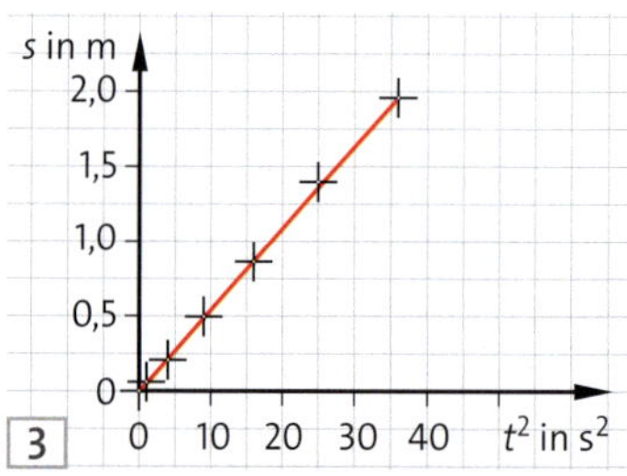

3

t in s	0	1,00	2,00	3,00	4,00	5,00	6,00
v in $\frac{m}{s}$	0	0,109	0,218	0,326	0,435	0,544	0,653

·4 ca. · 4

4

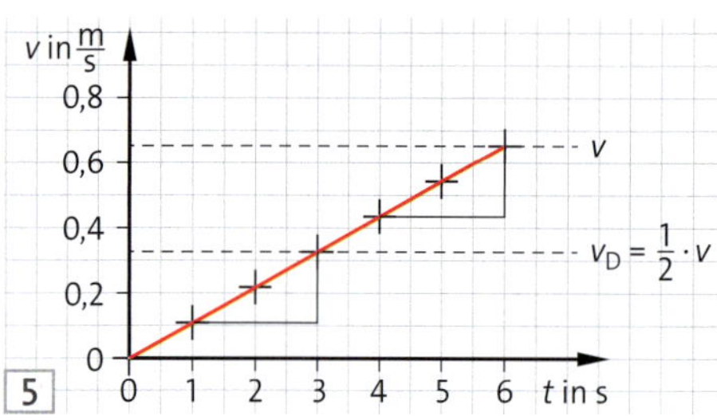

5

Gleichmäßig beschleunigte Bewegung • Auf einer schräg gestellten Fahrbahn wird ein Wagen unter dem Einfluss der konstanten Hangabtriebskraft $\vec{F}_H$ immer schneller. → 1
Der Graph im t-s-Diagramm erinnert an eine Parabel. → 2 In gleich großen Zeitspannen Δt werden immer größere Strecken Δs zurückgelegt.
Aufgrund der Parabelform vermuten wir, dass der Weg direkt proportional zum Quadrat der Zeit ist. Diese Vermutung lässt sich im t^2-s-Diagramm überprüfen. → 3 Da sich hier eine Ursprungshalbgerade ergibt, gilt: $s \sim t^2$.
Bewegungen mit diesem quadratischen Zusammenhang heißen gleichmäßig beschleunigt. Ihre Ursache ist eine konstante Kraft.

Bei gleichmäßig beschleunigten Bewegungen nimmt der Weg mit dem Quadrat der Zeit zu: $s \sim t^2$.

Es gilt also:
- doppelte Zeit → vierfacher Weg
- dreifache Zeit → neunfacher Weg

Beschleunigung • Wenn man die Geschwindigkeit in Abhängigkeit von der Zeit ermittelt, erhält man einen einfachen Zusammenhang: → 4 5

Bei gleichmäßig beschleunigten Bewegungen aus dem Stand ist die Geschwindigkeit direkt proportional zur Zeit: $v \sim t$.

die gleichmäßig beschleunigte Bewegung
die Beschleunigung
das Weg-Zeit-Gesetz
die Verzögerung

In gleich großen Zeitspannen Δt ist die Geschwindigkeitsänderung Δv immer gleich groß.
Die Durchschnittsgeschwindigkeit v_D ist halb so groß wie die zum Schluss erreichte Geschwindigkeit v: → 5
$v_D = \frac{1}{2} \cdot v$.
Bei einer steileren Fahrbahn ist die konstante Hangabtriebskraft größer, der Wagen wird stärker beschleunigt. Im t-v-Diagramm ergibt sich eine steilere Ursprungshalbgerade. → 6 Ihre Steigung ist also ein Maß für die Beschleunigung (lat. *acceleratio*).

Die Beschleunigung a ist definiert als Quotient aus der Geschwindigkeitsänderung Δv und der zugehörigen Zeitspanne Δt: → 7

$$a = \frac{\Delta v}{\Delta t}.$$

Für gleichmäßig beschleunigte Bewegungen (aus dem Stand) gilt:

$$a = \frac{v}{t}.$$

Die Beschleunigung gibt also an, um wie viele Meter pro Sekunde sich die Geschwindigkeit pro Sekunde ändert.

Die Einheit der Beschleunigung ist:

$$\frac{1\,\frac{\text{m}}{\text{s}}}{1\,\text{s}} = 1\,\frac{\text{m}}{\text{s}^2}.$$

Weg-Zeit-Gesetz • Ein Körper wird aus dem Stand gleichmäßig beschleunigt. Wie lässt sich der Weg s vorausberechnen, den er in der Zeit t zurücklegt? Um eine Gleichung zu entwickeln, starten wir mit der folgenden Überlegung:

Wenn du mit dem Fahrrad gleichmäßig beschleunigst, ist deine Geschwindigkeit in den ersten Sekunden sehr gering und wird immer größer – bis zur Endgeschwindigkeit v. Dabei kommst du ebenso weit, als wärst du die ganze Zeit mit der konstanten Durchschnittsgeschwindigkeit $v_D = \frac{1}{2} \cdot v$ gefahren.
Dafür würde gelten:
$s = v_D \cdot t$.
Als Erstes setzen wir $v_D = \frac{1}{2} \cdot v$ ein:
$s = \frac{1}{2} \cdot v \cdot t$.
Als Zweites setzen wir $v = a \cdot t$ ein:
$s = \frac{1}{2} \cdot a \cdot t \cdot t = \frac{1}{2} \cdot a \cdot t^2$.

Für gleichmäßig beschleunigte Bewegungen aus dem Stand gilt das folgende Weg-Zeit-Gesetz:

$$s = \frac{1}{2} \cdot a \cdot t^2.$$

Abbremsen • Wenn ein Körper durch eine konstante Kraft abgebremst wird, nimmt seine Geschwindigkeit gleichmäßig mit der Zeit ab. → 8 Der Quotient $\frac{\Delta v}{\Delta t}$ ist dann negativ. Man spricht von einer negativen Beschleunigung oder Verzögerung a_B (B: Bremsen).

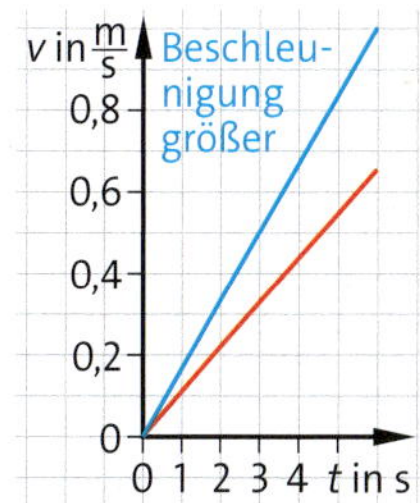

6

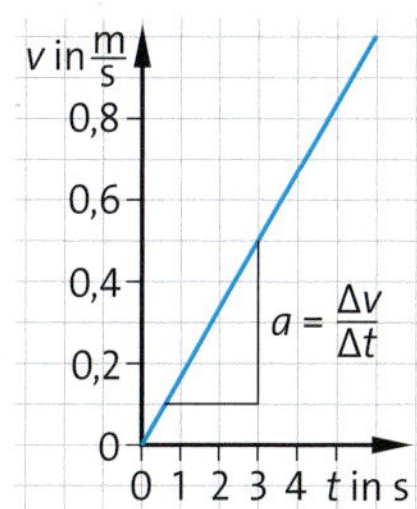

7

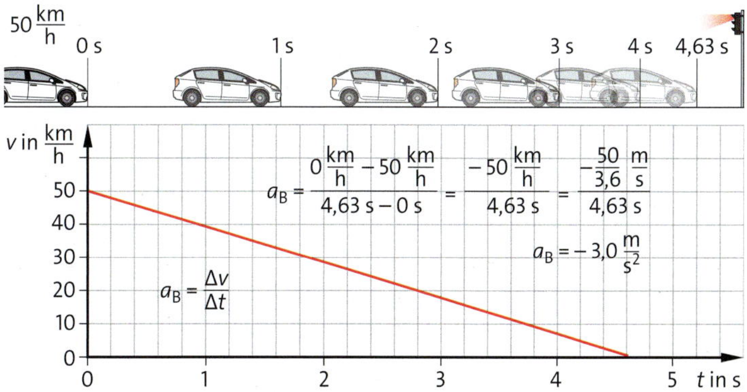

8 Gleichmäßig verzögerte Bewegung

Beschleunigung

1 Anna beschleunigt mit dem Fahrrad in 8,0 s aus dem Stand auf 20,0 $\frac{km}{h}$. Berechne ihre Beschleunigung.

Gegeben: $t = 8{,}0\,s$, $v = 20{,}0\,\frac{km}{h} = 5{,}56\,\frac{m}{s}$ Gesucht: a

Gleichung: $a = \frac{v}{t}$

Einsetzen und rechnen: $a = \frac{5{,}56\,\frac{m}{s}}{8{,}0\,s} = 0{,}695\,\frac{m}{s^2}$

Runden: Die Zeit ist mit 2 sinnvollen Ziffern angegeben.

Ergebnis: $a = 0{,}70\,\frac{m}{s^2}$

2 Paul beschleunigt mit dem Fahrrad 6,0 s lang mit $a = 1{,}2\,\frac{m}{s^2}$. Berechne den zurückgelegten Weg.

Gegeben: $a = 1{,}2\,\frac{m}{s^2}$, $t = 6{,}0\,s$ Gesucht: s

Gleichung: $s = \frac{1}{2} \cdot a \cdot t^2$

Einsetzen und rechnen: $s = \frac{1}{2} \cdot 1{,}2\,\frac{m}{s^2} \cdot (6{,}0\,s)^2 = 21{,}6\,m$

Runden: Alle Größen sind mit 2 sinnvollen Ziffern angegeben.

Ergebnis: $s = 22\,m$

3 Ein Auto beschleunigt aus dem Stand 4,0 s lang mit $a = 3{,}0\,\frac{m}{s^2}$. Berechne die erreichte Geschwindigkeit.

Gegeben: $a = 3{,}0\,\frac{m}{s^2}$, $t = 4{,}0\,s$ Gesucht: v

Gleichung: $v = a \cdot t$

Einsetzen und rechnen: $v = 3{,}0\,\frac{m}{s^2} \cdot 4{,}0\,s = 12\,\frac{m}{s}$

Runden: Alle Größen sind mit 2 sinnvollen Ziffern angegeben.

Ergebnis: $v = 12\,\frac{m}{s} = 43\,\frac{km}{h}$

4 Ein Flugzeug wird mit $a = 2{,}0\,\frac{m}{s^2}$ beschleunigt. Bis zum Abheben legt es 1200 m zurück. Berechne die Zeit bis zum Abheben.

Gegeben: $a = 2{,}0\,\frac{m}{s^2}$, $s = 1200\,m$ Gesucht: t

Gleichung: $s = \frac{1}{2} \cdot a \cdot t^2$; $t = \sqrt{\frac{2 \cdot s}{a}}$

Einsetzen und rechnen: $t = \sqrt{\frac{2 \cdot 1200\,m}{2{,}0\,\frac{m}{s^2}}} = 34{,}6410\,s$

Runden: Die Beschleunigung ist mit 2 sinnvollen Ziffern angegeben.

Ergebnis: $t = 35\,s$

1 Gleichmäßig beschleunigte Bewegungen aus dem Stand heraus

Aufgaben

1 Ordne den verschiedenen Wagen im Diagramm die Bewegungen gleichförmig, beschleunigt und abgebremst zu. → 2
Begründe die Zuordnungen.

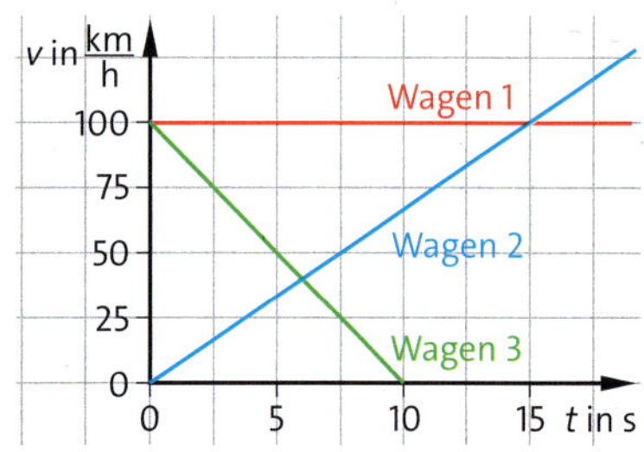

2

2 Entscheide jeweils, ob es sich um eine gleichmäßig beschleunigte Bewegung handelt. → 3 – 5
Begründe die Entscheidungen.

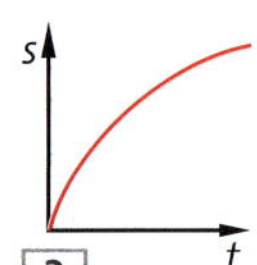

3

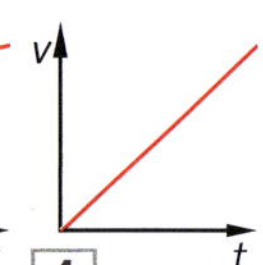

4

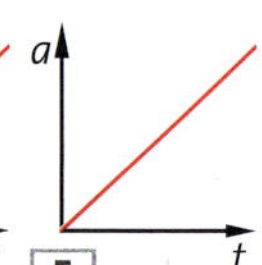

5

3 Das schnellste Rennauto der Welt kann in 1,69 s aus dem Stand heraus auf 100 $\frac{km}{h}$ beschleunigen.

a Berechne seine Beschleunigung.

b Berechne den zurückgelegten Weg nach 1,69 s.

c Skizziere das *t*-*s*-Diagramm und das *t*-*v*-Diagramm.

4 Ein Sportwagen startet mit konstanter Beschleunigung: $a = 9{,}0\,\frac{\text{m}}{\text{s}^2}$.

a Berechne seine Geschwindigkeit (in $\frac{\text{km}}{\text{h}}$) nach 6,0 s.

b Berechne die zurückgelegte Strecke nach 6,0 s.

c Berechne die Zeit, die der Sportwagen während der Beschleunigung für die ersten 100 m braucht.

5 Das Diagramm zeigt die Flughöhe h einer Höhenfeuerwerksrakete in Abhängigkeit von der Flugzeit t. → 6 Die Rakete wird bis zu ihrer Explosion in 280 m Höhe gleichmäßig beschleunigt.

a Zeige rechnerisch, dass die Rakete mit $a_1 = 1{,}1 \cdot 10^2\,\frac{\text{m}}{\text{s}^2}$ beschleunigt.

b Berechne die Geschwindigkeit (in $\frac{\text{km}}{\text{h}}$) der Rakete direkt vor der Explosion.

c Übertrage das Diagramm ins Heft. Ergänze den Graphen einer zweiten Rakete mit $a_2 = 50\,\frac{\text{m}}{\text{s}^2}$, die nach 3,0 s explodiert.

6 Ein Auto fährt mit $50\,\frac{\text{km}}{\text{h}}$. Dann wird es mit einer Verzögerung von $-3{,}0\,\frac{\text{m}}{\text{s}^2}$ gleichmäßig bis zum Stillstand abgebremst. Kommt es vor der roten Ampel in 35 m Abstand zum Stehen?

a Berechne die Bremsdauer.

b Berechne den Bremsweg.

c Beantworte die Frage.

7 Auf einer Achterbahn fährt der Wagen mit $25\,\frac{\text{km}}{\text{h}}$ in eine Gefällstrecke ein. → 7 Bei der Abfahrt beschleunigt der Wagen gleichmäßig in 3,0 s auf $100\,\frac{\text{km}}{\text{h}}$. Berechne:

a die Beschleunigung

b die Länge der Gefällstrecke

8 Auf einer geraden Teststrecke wird die Beschleunigung von Motorrädern miteinander verglichen: → 8

- Motorrad M1 erreicht nach 5,0 s eine Geschwindigkeit von $130\,\frac{\text{km}}{\text{h}}$.
- Motorrad M2 benötigt 6,0 s, um einen Weg von 120 m zurückzulegen.

a Vergleiche die Beschleunigungen beider Motorräder rechnerisch. Gehe jeweils von einer gleichmäßig beschleunigten Bewegung aus dem Stand aus.

b Ein drittes Motorrad M3 besitzt laut Datenblatt die maximale Beschleunigung $a_{max} = 5{,}8\,\frac{\text{m}}{\text{s}^2}$. M3 beschleunigt aus dem Stand 5,0 s lang mit a_{max}. Zeichne das t-s-Diagramm.

c Entnimm diesem Diagramm:

- den zurückgelegten Weg nach 1,5 s
- die Zeit, die M3 für einen Weg von 55 m benötigt

d Überprüfe die beiden abgelesenen Werte rechnerisch.

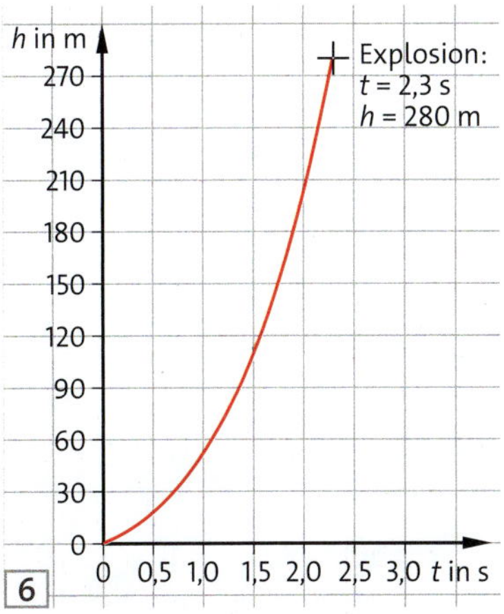

6

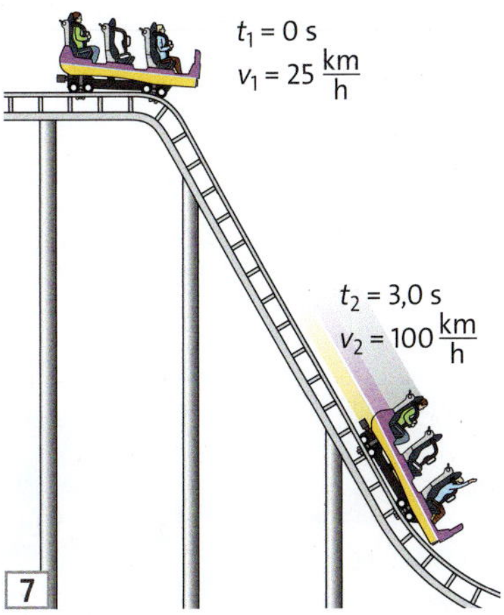

7

8

Beschleunigung

F Aufgabe

1

Beschleunigtes Fahrrad

1 Das Anfahren eines Radfahrers wurde aufgezeichnet. → 1 Der Ort der Vorderachse wurde alle 0,40 s markiert.

a Bestimme anhand der Punkte im Bild jeweils den zurückgelegten Weg s_{Bild}. Trage deine Werte in die zweite Zeile einer Tabelle ein. → 2

b Berechne und notiere die real zurückgelegten Wege *s* mithilfe des Maßstabs 1:50.

c Stelle die Werte in einem *t*-*s*-Diagramm dar und zeichne den Graphen.

d Stelle eine Vermutung auf, wie *s* und *t* mathematisch zusammenhängen.

e Überprüfe deine Vermutung mit einem Diagramm. Berechne dazu t^2 und erstelle eine neue Tabelle. → 3

f Berechne die Beschleunigung des Radfahrers.
Tipp: Weg-Zeit-Gesetz

g Berechne die Geschwindigkeit des Radfahrers zu den verschiedenen Zeitpunkten. Trage die Werte in eine weitere Tabelle ein und erstelle das *t*-*v*-Diagramm.

t in s	0	0,40	0,80	1,20	1,60	2,00	2,40	2,80	3,20
s_{Bild} in mm	0	?	?	?	?	?	?	?	?
s in m	0	?	?	?	?	?	?	?	?

2 Beispieltabelle: *t* und *s*

t^2 in s^2	0	0,16	0,64	...
s in m	0	?	?	?
?	–	?	?	?

3 Beispieltabelle: t^2 und *s*

G Aufgabe

Beschleunigte Kugel

1 Bestimme die Beschleunigung der Kugel. → 4

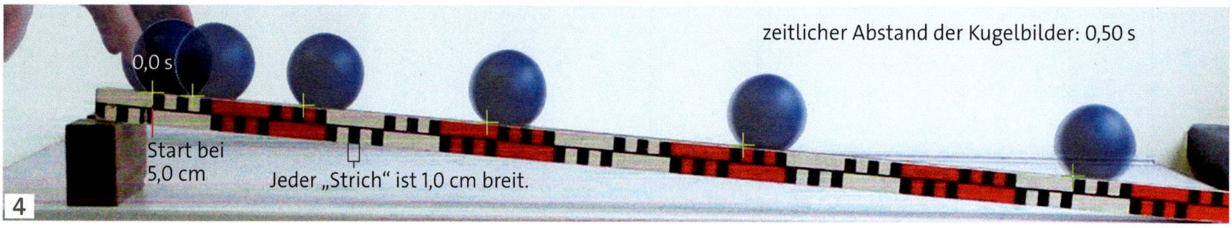

4

H Aufgabe

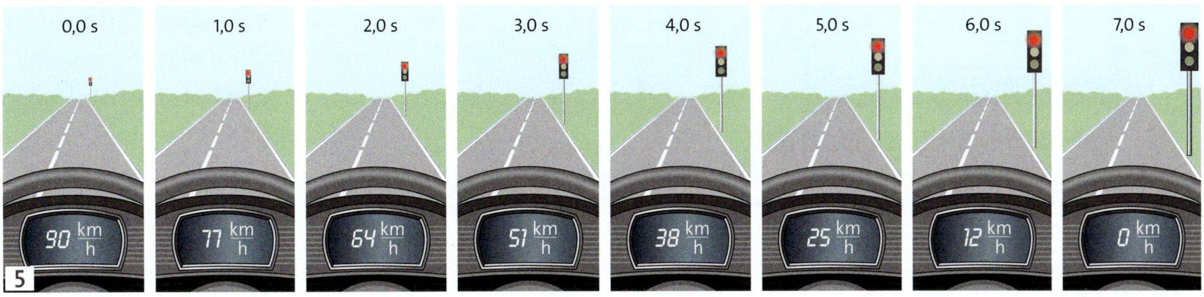

5

Abbremsen eines Autos

1 Die Bildfolge zeigt Einzelbilder aus einem Video, das beim Abbremsen eines Autos aufgenommen wurde. → 5 Die Einzelbilder haben jeweils einen Zeitabstand von 1,0 s.

a Erstelle eine Messwerttabelle mit Zeit und Geschwindigkeit. → 6 Rechne die Geschwindigkeit in $\frac{m}{s}$ um.

b Zeichne das *t*-*v*-Diagramm.

c Beschreibe den Unterschied zum *t*-*v*-Diagramm eines Autos, das aus dem Stand gleichmäßig beschleunigt.

d Berechne die (negative) Beschleunigung beim Abbremsen.

t in s	0	1,0	...
v in $\frac{km}{h}$	90	?	...
v in $\frac{m}{s}$	?	?	...

6 Beispieltabelle: *t* und *v*

I Aufgaben

Nicht immer Full Speed!

Ein Rennwagen fährt während einer Runde unterschiedlich schnell. → 7

1 Lies aus dem Weg-Geschwindigkeit-Diagramm ab:

a Wo wurde die geringste Geschwindigkeit gefahren und wo die höchste? Gib die Geschwindigkeiten jeweils an.

b Wo war die Geschwindigkeit (annähernd) konstant?

c In welchen Abschnitten der Rennstrecke beschleunigte der Rennwagen, wo bremste er ab? Begründe jeweils.

d Gib an, welche Messwerte fehlen, um die Beschleunigung zu berechnen.

2 Finde die passende Rennstrecke und begründe. → 8

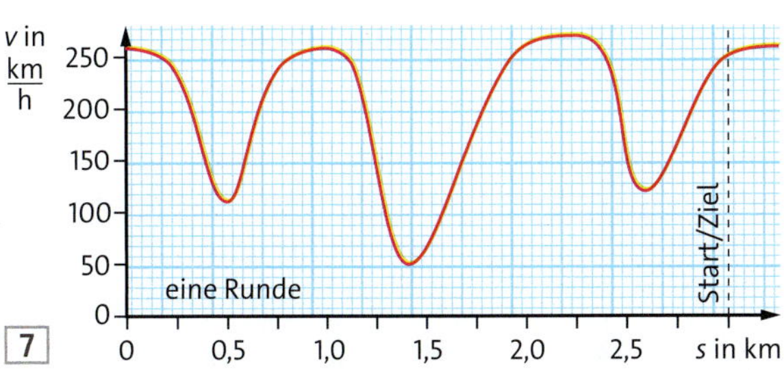

7

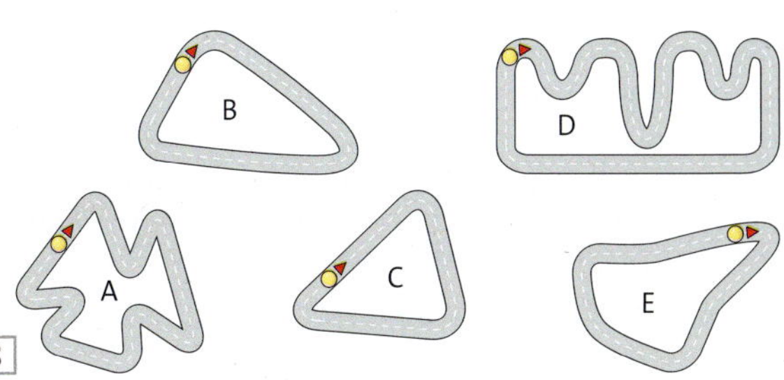

8

Grundgleichung der Mechanik

1

Beim Beschleunigen fährt der Roller dem Transporter leicht davon, obwohl der Roller einen viel kleineren Motor mit weniger Leistung hat. Wie ist das möglich?

A Versuche

Beschleunigter Wagen (1)

Material: Wagen, Wägestücke, Kraftmesser

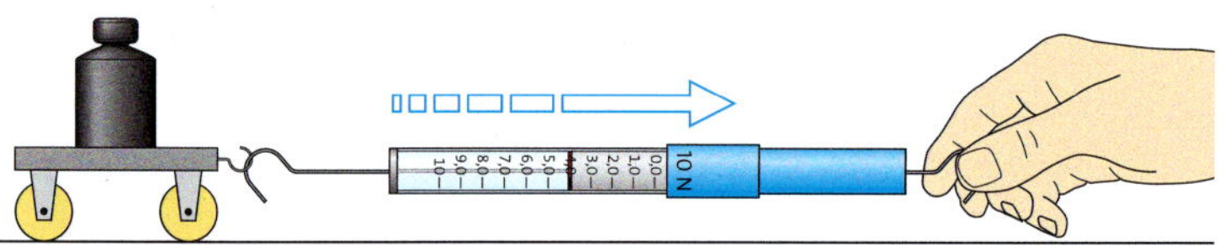

2

1 Beladet den Wagen mit einem Wägestück. → 2 Beschleunigt ihn einmal mit geringer Kraft, einmal mit großer Kraft. Beschreibt, wie Beschleunigung und Kraft zusammenhängen.

2 Beschwert den Wagen mit weiteren Wägestücken und beschleunigt ihn wieder unterschiedlich stark. Vergleicht mit Versuch 1.

B Versuche

Beschleunigter Wagen (2)

Material: Fahrbahn, Wagen, kleine und große Wägestücke, 2 Lichtschranken, Speichenrad, Faden, Mess- und Anzeigegerät

Stellt die Fahrbahn so auf, dass der Wagen nach dem Anstoßen mit konstanter Geschwindigkeit weiterrollt.
Wenn das kleine Wägestück absinkt, wird der Wagen durch die konstante Gewichtskraft beschleunigt, die auf das Wägestück wirkt. → 3 Messt die Geschwindigkeit des Wagens in Abhängigkeit von der Zeit. Berechnet die Beschleunigung.

1 Wie hängt die Beschleunigung von der beschleunigenden Kraft ab?
a Stellt eine Vermutung auf.
b Überprüft die Vermutung mit einer Versuchsreihe. Erstellt ein *F*-*a*-Diagramm.

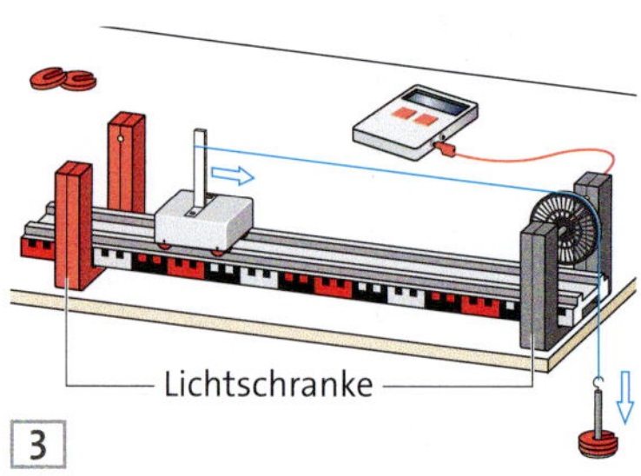

3

2 Wie hängt die Beschleunigung bei konstanter Kraft von der Wagenmasse ab?
a Stellt eine Vermutung auf.
b Überprüft sie mit einer Versuchsreihe: Beladet den Wagen nacheinander mit mehreren großen Wägestücken. Erstellt ein *m*-*a*-Diagramm.
c Vermutet einen mathematischen Zusammenhang. Bestätigt ihn rechnerisch.

die Grundgleichung der Mechanik

Grundlagen

Beschleunigung und Kraft • Ein Wagen wird gleichmäßig beschleunigt. → 4 Je größer die beschleunigende Kraft ist, desto größer ist die Beschleunigung. Genaue Messungen ergeben: $a \sim F$ (bei konstanter Masse).

Beschleunigung und Masse • Zwei unterschiedlich beladene Wagen werden mit gleich großer Kraft beschleunigt. → 5 Je größer die beschleunigte Masse ist, desto kleiner ist die Beschleunigung. Genaue Messungen ergeben: $a \sim \frac{1}{m}$ (bei konstanter Kraft).

Beschleunigung, Kraft und Masse • Die beiden Proportionalitäten lassen sich mathematisch zusammenfassen: $a \sim \frac{F}{m}$.

Grundgleichung der Mechanik • Auf einer Fahrbahn wird ein Wagen (500 g) von einem absinkenden Wägestück (50 g; $F_G = 0{,}49$ N) beschleunigt. → 3 Es gilt also:

$$\frac{F}{m} = \frac{0{,}49\ \text{N}}{0{,}550\ \text{kg}} = 0{,}89\ \frac{\text{N}}{\text{kg}}.$$

Für die Beschleunigung bestimmt man dieselbe Maßzahl: $a = 0{,}89\ \frac{\text{m}}{\text{s}^2}$. → 6 Auch bei allen anderen Massen und Kräften sind die Maßzahlen von a und $\frac{F}{m}$ gleich groß.

t in s	0	0,20	0,40	0,60	0,80	1,00
v in $\frac{\text{m}}{\text{s}}$	0	0,18	0,35	0,53	0,72	0,89
a in $\frac{\text{m}}{\text{s}^2}$	–	0,90	0,88	0,88	0,90	0,89

6 Beschleunigung auf der Fahrbahn

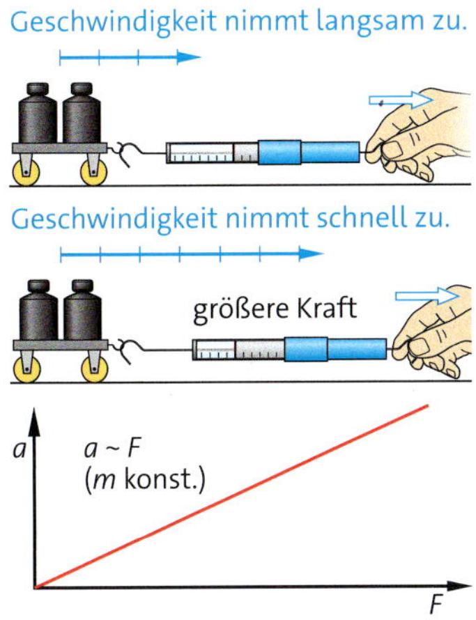

4 Doppelte Kraft → doppelte Beschleunigung

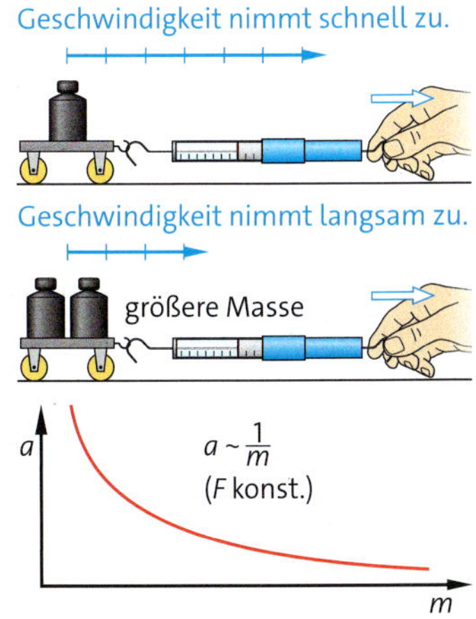

5 Doppelte Masse → halbe Beschleunigung

Wir legen daher fest:

$$a = \frac{F}{m} \text{ mit } 1\,\frac{\text{m}}{\text{s}^2} = 1\,\frac{\text{N}}{\text{kg}}.$$

Auflösen nach F ergibt:

$F = m \cdot a$
Grundgleichung der Mechanik

Für die Krafteinheit 1 N folgt daraus:

$$1\ \text{N} = 1\ \text{kg} \cdot \frac{\text{m}}{\text{s}^2} = 1\ \text{kg} \cdot \frac{\frac{\text{m}}{\text{s}}}{\text{s}}.$$

Die Kraft 1 N beschleunigt einen Körper der Masse 1 kg um 1 $\frac{\text{m}}{\text{s}}$ pro Sekunde.

Aufgaben

1 Der Roller ($m = 170$ kg, $F = 225$ N) fährt dem Lkw ($m = 20$ t, $F = 3{,}0$ kN) davon. → 1 Erkläre dies.

2 Ergänze im Heft: „Je größer die ... auf einen Körper der Masse m ist, desto größer ist seine ...“ Formuliere weitere Je-desto-Zusammenhänge für Kraft, Masse und Beschleunigung.

Grundgleichung der Mechanik

Aufgaben (Fortsetzung)

3 Rechne mit Kraft, Masse und Beschleunigung. Übertrage dazu die Tabelle ins Heft. → 1 Berechne dann die fehlenden Werte mit der Grundgleichung der Mechanik und ergänze die Tabelle.

F in N	*m* in kg	*a* in $\frac{m}{s^2}$
1,0	?	1,0
?	1,0	3,0
3,0	3,0	?
?	5,0	2,0

1

4 Mit ihrem Rennmotorrad (180 kg) beschleunigt eine Frau (70 kg) in 2,8 s aus dem Stand heraus gleichmäßig auf 100 $\frac{km}{h}$.
Berechne: → 2

a die Beschleunigung

b den Betrag der beschleunigenden Kraft

5 Ein Auto (m_{Auto} = 1200 kg) wird durch seinen Motor mit einer Kraft von 3,0 kN beschleunigt.
Berechne:

a die Beschleunigung des Autos

b die Geschwindigkeit in $\frac{km}{h}$ nach 10,0 s

c die Durchschnittsgeschwindigkeit des Autos in diesen 10,0 s

d die Strecke, die in diesen 10,0 s zurückgelegt wird

6 Ein sehr großes Passagierflugzeug hat eine Startmasse von 569 t. Es beschleunigt gleichmäßig aus dem Stand heraus. Dabei beträgt die beschleunigende Kraft 666 kN.

a Berechne die Beschleunigung des Flugzeugs.

b Das Flugzeug hebt bei einer Geschwindigkeit von 300 $\frac{km}{h}$ von der Startbahn ab. Berechne, wie lang die Startbahn mindestens sein muss, um diese Geschwindigkeit zu erreichen.

7 Das *t*-*v*-Diagramm zeigt die Fahrt eines U-Bahn-Zugs zwischen zwei Bahnhöfen. → 3

a Beschreibe die Fahrt des U-Bahn-Zugs.

b Berechne den Betrag der beschleunigenden Kraft und der bremsenden Kraft. Rechne mit *m* = 50,0 t.

c Zeichne das zugehörige *t*-*F*-Diagramm.

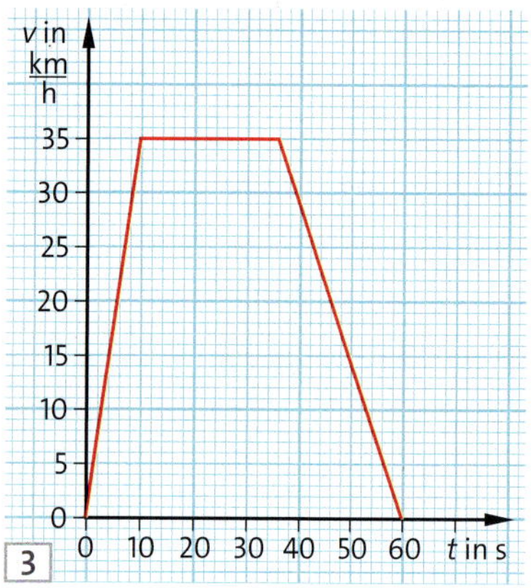

3

Ein Pkw (*m* = 1000 kg) beschleunigt gleichmäßig in 10,0 s aus dem Stand auf 100 $\frac{km}{h}$. Berechne die Beschleunigung und den Betrag der beschleunigenden Kraft.

Gegeben: $m = 1000\ kg$; $\Delta t = 10{,}0\ s$; $\Delta v = 100\ \frac{km}{h} = \frac{100}{3{,}6}\ \frac{m}{s}$

Gesucht: *a*, *F*

Gleichungen: $a = \frac{\Delta v}{\Delta t}$ und $F = m \cdot a$

Einsetzen, rechnen und runden auf 3 sinnvolle Ziffern:

$a = \frac{\frac{100}{3{,}6}\ \frac{m}{s}}{10{,}0\ s} = 2{,}77777\ \frac{m}{s^2}$; $a = 2{,}78\ \frac{m}{s^2}$

$F = 1000\ kg \cdot 2{,}78\ \frac{m}{s^2} = 2780\ N$; $F = 2{,}78\ kN$

2

Im Fokus

Aus dem Alltag: Beschleunigungen und Kräfte

Erdbeschleunigung und Gravitationskraft • Die Grundgleichung der Mechanik drückt den direkten Zusammenhang zwischen der Kraft auf einen Körper und seiner Beschleunigung aus: $F = m \cdot a$.

Eine Kraft, die unser Leben auf der Erde bestimmt, ist die Gravitationskraft $\vec{F_G}$ (Gewichtskraft). Sie bewirkt bei frei fallenden Körpern eine Beschleunigung, die man als Fall- oder Erdbeschleunigung g bezeichnet. Es gilt:

$F_G = m \cdot g$. → 4

In Mitteleuropa gilt im Durchschnitt:

$g = 9{,}81\,\frac{\text{m}}{\text{s}^2}$.

Bei dieser Beschleunigung wächst die Geschwindigkeit eines Körpers pro Sekunde um rund $10\,\frac{\text{m}}{\text{s}} = 36\,\frac{\text{km}}{\text{h}}$. Die beschleunigende Kraft beträgt fast 10 N pro kg des Körpers.

Große Beschleunigungen • Wenn wir uns Beschleunigungen aussetzen, die deutlich größer sind als 1 g, reagiert unser Körper. So spürt man in der Achterbahn „Dodonpa" beim Katapultstart riesige Kräfte, die eine Beschleunigungen von nahezu 3,3 g bewirken. → 5

Bei Beschleunigungen ab 3 g nach oben wird es fast unmöglich aufzustehen. Das Blut versackt infolge der Trägheit in den Beinen. Bei 2–4 g entstehen nach einigen Sekunden Sehstörungen, bei 5–6 g setzt Bewusstlosigkeit infolge eingeschränkter Hirndurchblutung ein. Sobald die Beschleunigung aufhört, normalisiert sich die Durchblutung wieder.

Eine Flohkäferart ist nicht so empfindlich wie wir: Ihre Beschleunigung beim Absprung beträgt bis zu $8650\,\frac{\text{m}}{\text{s}^2} \approx 880\,g$! → 6

Aufgaben

1 Berechne die beschleunigende Kraft beim Absprung des Flohkäfers (m = 1,6 mg). → 6

2 Eine S-Bahn beschleunigt mit $1{,}0\,\frac{\text{m}}{\text{s}^2}$. Vergleiche mit der Erdbeschleunigung.

3 Ein Auto (1200 kg) bremst gleichmäßig in 6,0 s von $100\,\frac{\text{km}}{\text{h}}$ auf $0\,\frac{\text{km}}{\text{h}}$. Berechne die Verzögerung a_B und den Betrag F_B der Bremskraft. Vergleiche mit g und F_G.

4 Freier Fall $g = 9{,}81\,\frac{\text{m}}{\text{s}^2}$

5 Katapultstart $a \approx 3{,}3\,g$ (vor der ersten Steigung)

6 Flohkäfer $a_{max} \approx 880\,g$

Geschwindigkeit, Beschleunigung und Kraft

Zusammenfassung

Geschwindigkeit • Die Geschwindigkeit eines bewegten Körpers ist definiert als Quotient aus der zurückgelegten Strecke und der dafür benötigten Zeitspanne: → 1
$v = \frac{\Delta s}{\Delta t}$.
Die Einheit der Geschwindigkeit ist $1\,\frac{\text{m}}{\text{s}}$. Es gilt:
$1{,}0\,\frac{\text{m}}{\text{s}} = 3{,}6\,\frac{\text{km}}{\text{h}}$.

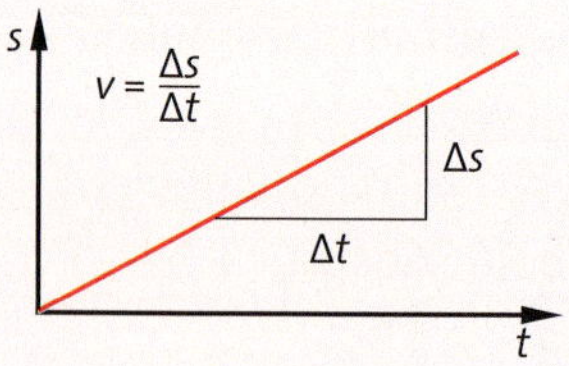

1

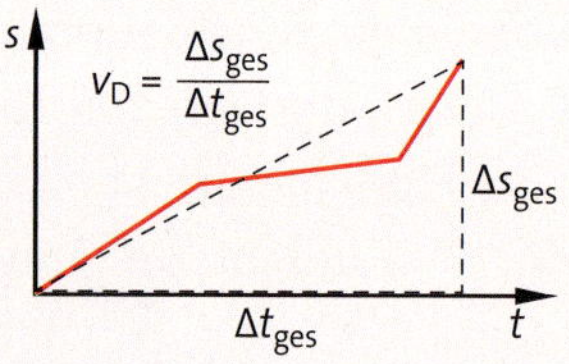

2

Bei einer gleichförmigen Bewegung ist die Geschwindigkeit konstant. Wenn die Bewegung zur Zeit $t_1 = 0\,\text{s}$ am Ort $s_1 = 0\,\text{m}$ beginnt, gilt:
$v = \frac{s}{t}$.
Bei einer ungleichförmigen Bewegung ändert sich die Geschwindigkeit. Für die Durchschnittsgeschwindigkeit gilt: → 2
$v_D = \frac{\Delta s_{ges}}{\Delta t_{ges}}$.
In einem sehr kleinen Zeitintervall Δt_{klein} ändert sich die Geschwindigkeit praktisch nicht. Diese Momentangeschwindigkeit zeigt der Tacho an:
$v_M = \frac{\Delta s_{klein}}{\Delta t_{klein}}$.

Beschleunigung • Die Beschleunigung eines Körpers ist definiert als Quotient aus seiner Geschwindigkeitsänderung und der dafür benötigten Zeitspanne: → 3
$a = \frac{\Delta v}{\Delta t}$.
Die Einheit der Beschleunigung ist $1\,\frac{\text{m}}{\text{s}^2}$.

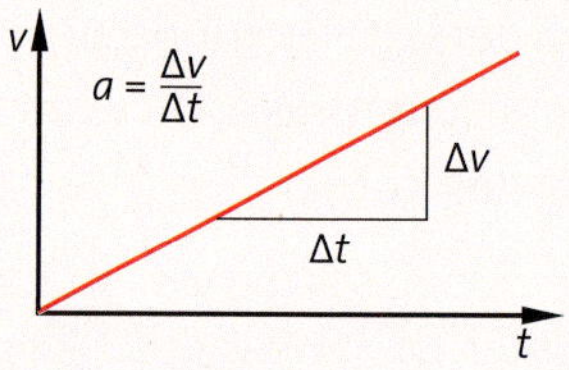

3

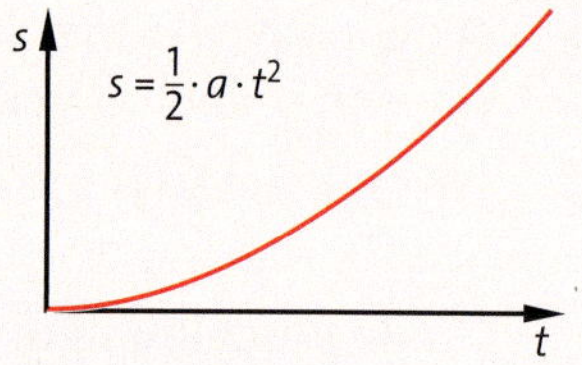

4

Gleichmäßig beschleunigte Bewegungen • Wenn ein Körper durch eine konstante Kraft beschleunigt wird, ist auch seine Beschleunigung konstant. Beim Beschleunigen aus dem Stand gilt:
$a = \frac{v}{t}$ bzw. $v = a \cdot t$.

Weg-Zeit-Gesetz • Bei gleichmäßig beschleunigten Bewegungen aus dem Stand nimmt der Weg mit dem Quadrat der Zeit zu. Es gilt das folgende Weg-Zeit-Gesetz: → 4
$s = \frac{1}{2} \cdot a \cdot t^2$.

Grundgleichung der Mechanik • Je größer die beschleunigende Kraft auf einen Körper ist, desto größer ist seine Beschleunigung. → 5
Je größer die Masse eines Körpers ist, desto kleiner ist seine Beschleunigung (wenn die beschleunigende Kraft jeweils gleich groß ist). → 6
Es gilt die Grundgleichung der Mechanik:
$F = m \cdot a$ (Einheiten: $1\,\text{N} = 1\,\text{kg} \cdot \frac{\text{m}}{\text{s}^2}$).

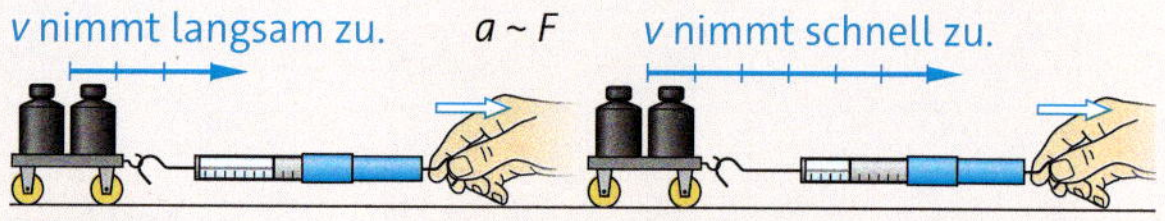

5

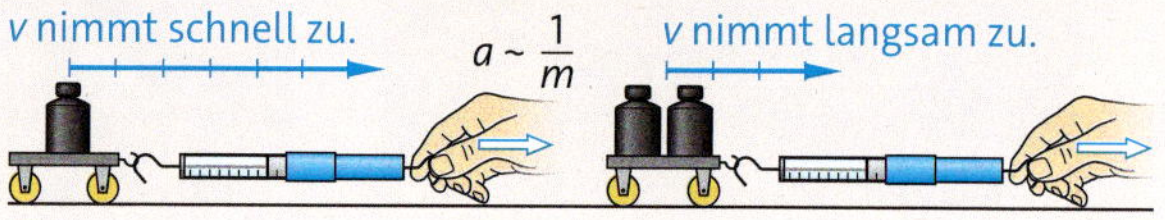

6

Aufgaben

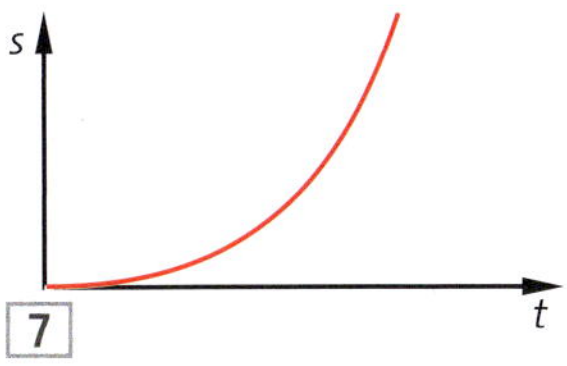

7

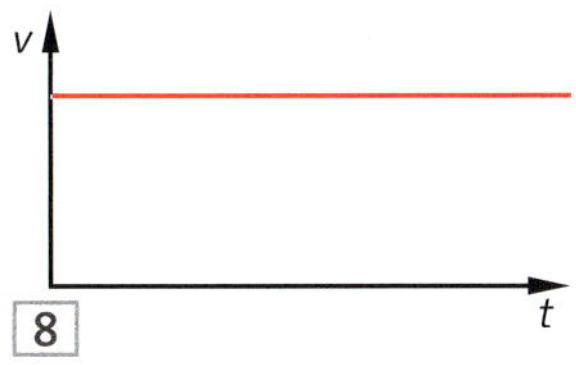

8

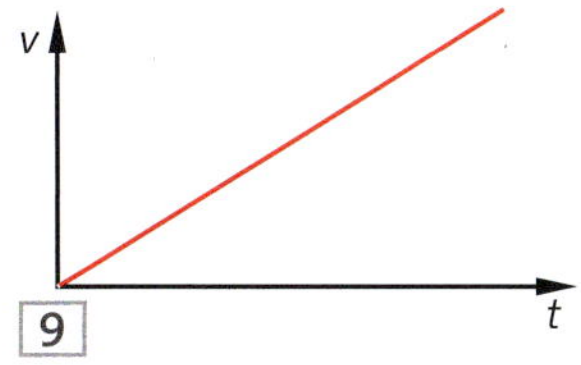

9

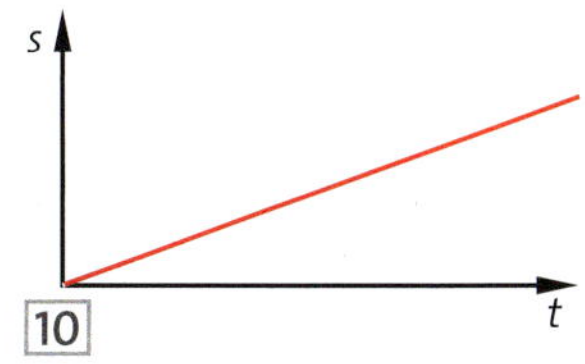

10

1 Ordne den Graphen folgende Aussagen zu:
$v \sim t$ | $s \sim t$ | $s \sim t^2$ | $v = \text{konstant}$ → 7 – 10
Beschreibe die jeweiligen Bewegungsarten.

2 Das *t-d*-Diagramm zeigt die Fahrten zweier Züge zwischen München und Augsburg. → 11
Auf der Hochwertachse ist die Distanz *d* zum Hauptbahnhof in München aufgetragen.

a Gib an, welcher Zug in München abfährt und welcher Zug in Augsburg.

b Lies aus dem Diagramm ab, welche Strecken die Züge in 10 min, 20 min zurücklegen.

c Lies ab, welche Zeiten die Züge jeweils für 20 km brauchen.

d Ordne die Züge 1 und 2 zu:
schneller ICE, langsamere Regionalbahn.

e Berechne jeweils die Durchschnittsgeschwindigkeit.

f Lies ab, wann und wo die Züge aneinander vorbeifahren.

g Für Anspruchsvolle: Löse Teil e rechnerisch.

3 Ein Rennwagen beschleunigt gleichmäßig mit $7{,}50\,\frac{\text{m}}{\text{s}^2}$ aus dem Stand. Berechne:

a die Zeit bis zur Geschwindigkeit $100\,\frac{\text{km}}{\text{h}}$

b die zurückgelegte Strecke in dieser Zeit

c Zeit und Strecke, die ein Pkw mit der Beschleunigung $2{,}0\,\frac{\text{m}}{\text{s}^2}$ benötigt, um $100\,\frac{\text{km}}{\text{h}}$ zu erreichen

4 Beim Tennis wird ein Ball ($m = 57\,\text{g}$) in 3,0 ms gleichmäßig auf $150\,\frac{\text{km}}{\text{h}}$ beschleunigt. Berechne den Betrag der beschleunigenden Kraft.

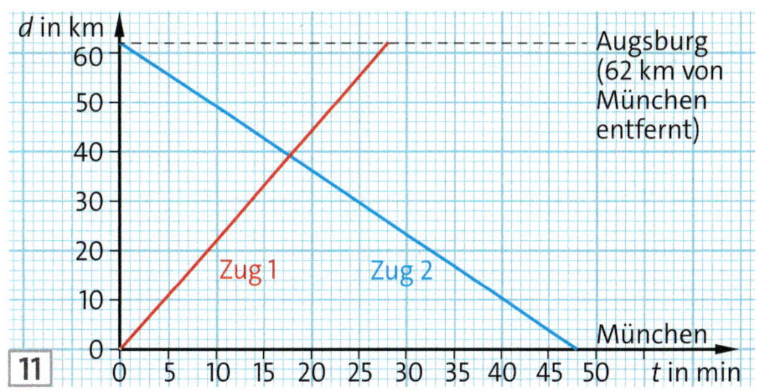

11

5 Die über 60 m hohe und 800 t schwere Rakete Ariane 64 bringt Satelliten ins All. Am Start erzeugen die Triebwerke eine Kraft von $F = 15\,\text{MN}$.

a Berechne den Betrag F_b der Kraft, mit der die Rakete am Start beschleunigt wird:
$F_b = F - F_G$ (F_G: Gewichtskraft auf die Rakete).

b Berechne, mit welcher Beschleunigung *a* die Rakete abhebt.

c Trotz gleichbleibender Kraft *F* nimmt die Beschleunigung der startenden Rakete immer mehr zu. Erkläre diese Beobachtung.

6 Auf einem Flugzeugträger wird ein Flugzeug ($m = 36\,\text{t}$) von einem Katapult gestartet. Dabei wird es auf einer Strecke von 76 m auf eine Geschwindigkeit von $260\,\frac{\text{km}}{\text{h}}$ gebracht.

a Berechne die Beschleunigung *a*, die der Pilot aushalten muss. Leite dazu her: $a = \frac{v^2}{2\,s}$.
Tipp: $s = \frac{1}{2}\,a \cdot t^2$; $a = \frac{v}{t}$

b Vergleiche *a* mit der Erdbeschleunigung *g*.

c Berechne den Betrag *F* der Kraft, die das Katapult ausübt. Vergleiche mit dem Betrag F_G der Gewichtskraft auf das Flugzeug.

Kinetische Energie

1

Schaukeln macht Spaß und ist auch physikalisch interessant. Man startet mit potenzieller Energie und dann ...

A Aufgaben

Mit dem Pendel schaukeln

1 Das Pendel wird ausgelenkt und losgelassen. → 2

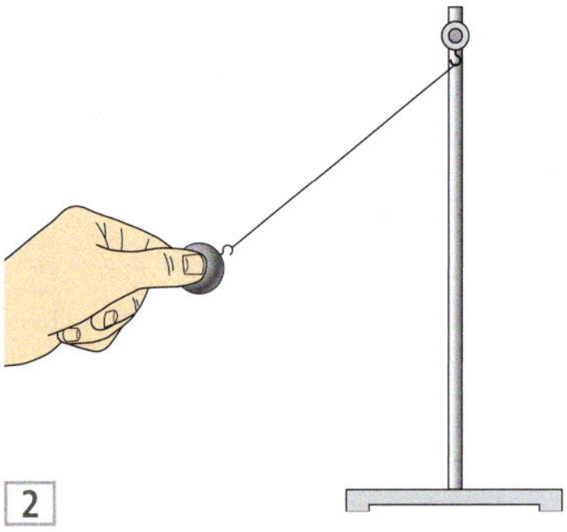

2

a Beschreibt die Energieumwandlungen bei einer vollständigen Schwingung (hin und wieder zurück).

b Erklärt mit dem Energieerhaltungssatz: „Die kinetische Energie beim Durchlaufen des tiefsten Punkts ist (fast) genauso groß wie die potenzielle Energie beim Start."

2 Je höher die Kugel startet, desto größer ist ihre kinetische Energie im tiefsten Punkt der Bahn. Gehört zur doppelten kinetischen Energie auch die doppelte Geschwindigkeit?

Ein Versuch soll diese Frage beantworten: → 3 4 Die Kugel wurde aus verschiedenen Höhen h losgelassen und hat die Lichtschranke im tiefsten Punkt für eine kurze Zeitspanne Δt verdunkelt.

a Berechnet jeweils die potenzielle Energie der Kugel beim Start (3. Tabellenzeile).

b Berechnet mithilfe der Verdunklungszeit die Geschwindigkeit der Kugel im tiefsten Punkt (4. Tabellenzeile): $v = \frac{d}{\Delta t}$.
Überprüft, ob gilt: $v \sim E_{kin}$.

c Überprüft, ob gilt: $v^2 \sim E_{kin}$ (5. Tabellenzeile).

Der Mittelpunkt der Kugel muss im tiefsten Punkt genau vor der Lichtschranke sein.

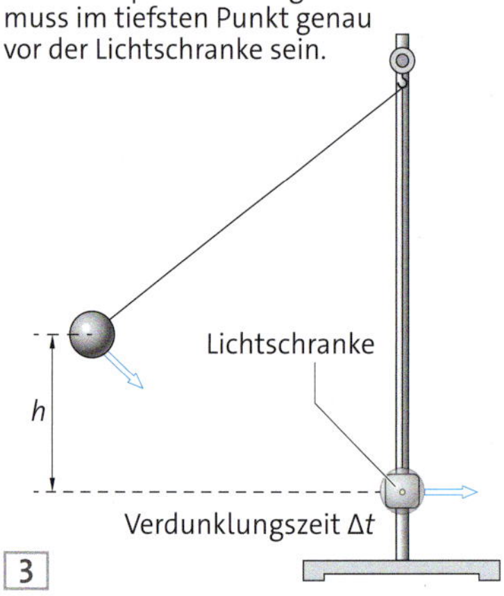

3

h in cm	5,0	10,0	15,0	20,0	25,0
Δt in 10^{-3} s	25,9	18,0	14,8	12,6	11,5
E_{pot} (Startpunkt) = E_{kin} (tiefster Punkt)	? J	? J	? J	? J	? J
v in $\frac{m}{s}$	?	?	?	?	?
v^2 in $\frac{m^2}{s^2}$	?	?	?	?	?

4 Pendeln einer Kugel (m = 72,0 g; Durchmesser $d = 25{,}2 \cdot 10^{-3}$ m)

Grundlagen

Energie beim Pendeln • Beim Schaukeln oder Pendeln wandeln sich potenzielle Energie und kinetische Energie immer wieder ineinander um. → 5 Durch Reibung gibt das schwingende Pendel zudem ständig ein wenig Energie thermisch an die Umgebung ab. Für die folgenden mathematischen Überlegungen gehen wir aber zur Vereinfachung davon aus, dass keine Reibung auftritt.

Kinetische Energie • Im höchsten Punkt der Pendelbewegung liegt nur potenzielle Energie vor. Bei der Höhe h gilt:
$E_{pot} = m \cdot g \cdot h$.
Im tiefsten Punkt der Pendelbewegung liegt nur kinetische Energie vor. Sie ist genauso groß wie die potenzielle Energie im höchsten Punkt:
$E_{kin} = E_{pot}$ (Energieerhaltung).
Die potenzielle Energie im höchsten Punkt ist direkt proportional zur Masse der Pendelkugel – und damit auch die kinetische Energie im tiefsten Punkt:
$E_{kin} \sim m$.
Wie die potenzielle Energie im höchsten Punkt mit der Geschwindigkeit im tiefsten Punkt zusammenhängt, lässt sich im Experiment untersuchen. → 3
Die rechnerische Auswertung von Messwerten ergibt: → 6
$E_{pot} \sim v^2$
und damit auch
$E_{kin} \sim v^2$.
Die beiden Proportionalitäten für die kinetische Energie lassen sich mathematisch zusammenfassen:
$E_{kin} \sim m \cdot v^2$.

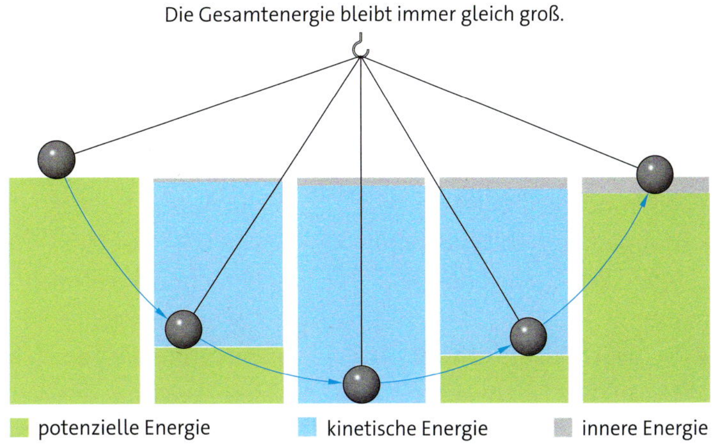

5 Energie beim Pendeln

Die Messwerte zeigen, dass E_{kin} im Rahmen der Messgenauigkeit stets halb so groß ist wie $m \cdot v^2$: → 6
$E_{kin} = \frac{1}{2} \cdot m \cdot v^2$.
Dieser Zusammenhang gilt nicht nur beim Pendeln, sondern für jeden bewegten Körper. Er lässt sich mathematisch herleiten. → S. 37, D

Ein Körper der Masse m, der sich mit der Geschwindigkeit v bewegt, besitzt folgende kinetische Energie:

$$E_{kin} = \frac{1}{2} \cdot m \cdot v^2.$$

Für die Einheit der Energie gilt damit:
$1\,\text{J} = 1\,\text{kg} \cdot \frac{\text{m}^2}{\text{s}^2}$.

E_{pot} in J	0,035	0,071	0,106	0,141	0,176
E_{kin} in J	0,035	0,071	0,106	0,141	0,176
v in $\frac{\text{m}}{\text{s}}$	0,97	1,40	1,69	2,00	2,19
v^2 in $\frac{\text{m}^2}{\text{s}^2}$	0,94	1,96	2,86	4,00	4,80
$m \cdot v^2$ in kg $\cdot \frac{\text{m}^2}{\text{s}^2}$	0,068	0,141	0,206	0,288	0,346

6 Energie und Geschwindigkeit einer Pendelkugel (m = 72,0 g)

Kinetische Energie

Aufgaben

Kinetische Energie

1 Ergänze: Wenn die Geschwindigkeit eines Körpers doppelt so groß wird, wird seine kinetische Energie ...

2 Beim Schaukeln startet Lena (42 kg) aus 1,20 m Höhe. Berechne ihre kinetische Energie und Geschwindigkeit im tiefsten Punkt (0,60 m).

3 Viola (64,8 kg) fährt mit dem Fahrrad (15,2 kg) zur Schule, ihre Geschwindigkeit beträgt 20,0 $\frac{km}{h}$. Berechne die kinetische Energie von Viola und ihrem Fahrrad.

4 Im Eisstadion verlässt ein Curlingstein (18,0 kg) die Hand des Spielers mit einer kinetischen Energie von 150 J. Berechne die Geschwindigkeit des Steins.

5 Ein fallender Stein hat bei einer Geschwindigkeit von 10,0 $\frac{m}{s}$ eine kinetische Energie von 200 J. Berechne die Masse des Steins.

6 Ein Auto (1,6 t) beschleunigt von 0 $\frac{km}{h}$ auf 100 $\frac{km}{h}$ in 12 s.
a Berechne die erreichte kinetische Energie.
b Berechne die genutzte (mittlere) Leistung des Motors.

7 Bei Viererbob-Rennen hängt viel vom „explosiven" Start ab. → 1 Bob und Mannschaft dürfen bei Herrenwettbewerben eine Masse von 630 kg haben.
Ein Team mit dieser Maximalmasse erreicht beim gleichmäßig beschleunigten Anschieben auf der 50,0 m langen Beschleunigungsstrecke eine Startzeit von 7,20 s. Berechne:
a die Durchschnitts- und die Endgeschwindigkeit in $\frac{m}{s}$ und in $\frac{km}{h}$.
b die Beschleunigung in $\frac{m}{s^2}$
c die kinetische Energie in kJ am Ende der Beschleunigungsstrecke

Energieerhaltungssatz

8 Sven (50 kg) springt aus dem Stand 30 cm hoch.
a Berechne Svens potenzielle Energie in 30 cm Höhe.
b Berechne die Geschwindigkeit, mit der Sven vom Boden abspringt.

9 Evi (40,5 kg) sitzt mit ihrem Schlitten (10,2 kg) auf einem kleinen Hügel. → 2
a Berechne die potenzielle Energie, die Evi und der Schlitten zusammen in 5,1 m Höhe besitzen.
b Evi erreicht am Fuß des Hügels die Höchstgeschwindigkeit: 6,0 $\frac{m}{s}$. Berechne die kinetische Energie.
c Vergleiche die potenzielle Energie oben auf dem Hügel mit der maximalen kinetischen Energie. Erkläre den Unterschied.
d Berechne, wie groß Evis maximale Geschwindigkeit wäre, wenn es keine Reibungsverluste gäbe.

1

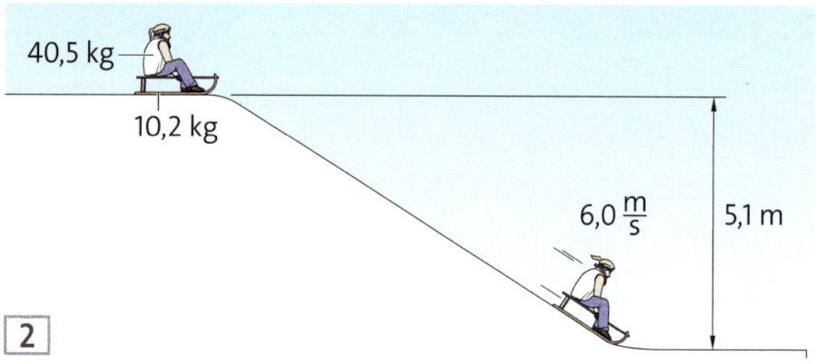

2

B Aufgabe

Berg-und-Talbahn

1 Kay (60,0 kg) fährt mit dem Skateboard. → 3 Er nimmt Anlauf und erreicht am Punkt A 4,0 $\frac{m}{s}$. Danach rollt er weiter, ohne neuen Schwung zu holen. Gehe zur Vereinfachung bei den Aufgabenteilen a–c davon aus, dass die Reibung keine Rolle spielt.

a Berechne Kays Gesamtenergie am Punkt A: $E_{ges} = E_{kin} + E_{pot}$.

b Berechne die Geschwindigkeit im Punkt B in $\frac{m}{s}$ und $\frac{km}{h}$.

c Berechne die Geschwindigkeit von Kay im Punkt C.

d In Wirklichkeit „verliert" Kay 20 % der kinetischen Energie durch Reibung. Berechne, wie schnell er im Punkt C tatsächlich ist.

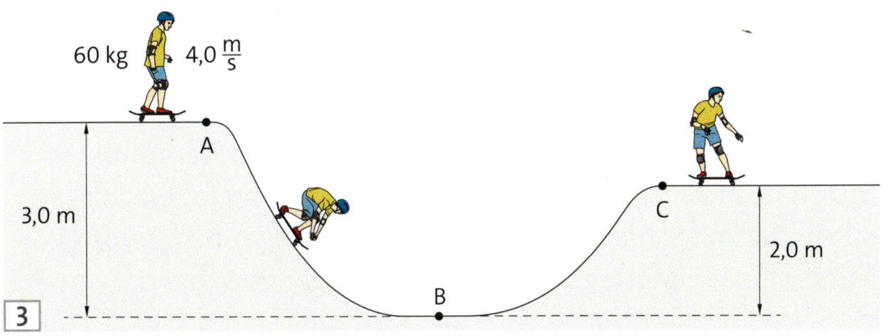

3

C Versuch

Münzen hochschleudern

Material: 2 gleiche Münzen, stabiles Lineal, zylindrischer Stift

1 Schlage mit einem Finger auf die Nullmarke des Lineals. → 4

a Münze 2 ist doppelt so weit vom Drehpunkt entfernt wie Münze 1. Fliegt sie auch doppelt so hoch?

b Erkläre deine Beobachtung. Leite zunächst her, dass die „Abschussgeschwindigkeit" von Münze 2 doppelt so groß ist wie die von Münze 1.

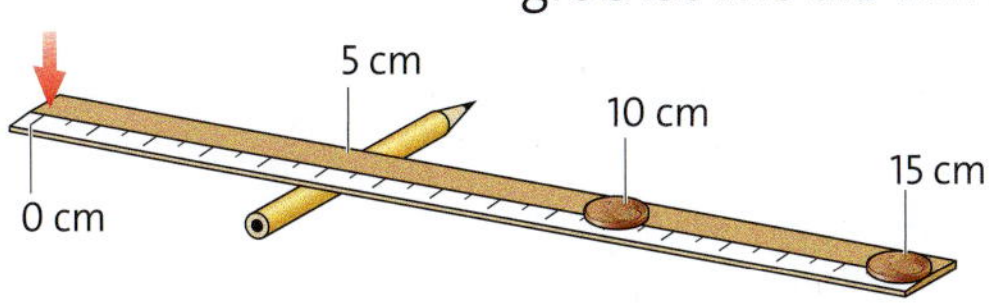

4

D Aufgabe

Kinetische Energie – selbst hergeleitet

1 Stelle dir vor, du stehst an einem See und wirfst einen Stein weit weg ins Wasser. Leite mithilfe der Gleichungen im grauen Kasten die Gleichung für die kinetische Energie des Steins beim Abwurf her: → 5
$E_{kin} = \frac{1}{2} \cdot m \cdot v^2$.

Der Stein wird mit einer Kraft vom Betrag F beschleunigt. Auf dem Weg s führt deine Hand dem Stein folgende Energie E zu:
$E = F \cdot s$.
Sie wird als kinetische Energie E_{kin} im Stein gespeichert:
$E_{kin} = F \cdot s$.
Für den Betrag F der Kraft, die Masse m des Steins und die Beschleunigung a gilt die Grundgleichung der Mechanik:
$F = m \cdot a$.
Beim gleichmäßigen Beschleunigen legen Hand und Stein diese Strecke zurück:
$s = \frac{1}{2} \cdot a \cdot t^2$.
Nach der Beschleunigungsdauer t hat der Stein folgende Geschwindigkeit v:
$v = a \cdot t$.

5

Freier Fall

1

Auf dem Volksfest an einem Turm 80 Meter tief ungebremst fallen – das ist für viele ein aufregendes Vergnügen. Erreicht man dabei mehr als „Tempo 100"?

A Demoversuch

Freier Fall einer Kugel

Material (Beispiel): Stahlkugel, Elektromagnet, Schalter, Kabel, Netzgerät, Kontaktplatte, Meterstab, Zeitmessgerät

1 Die Kugel fällt aus verschiedenen Höhen. → 2 Fallzeiten und Fallstrecken werden gemessen.

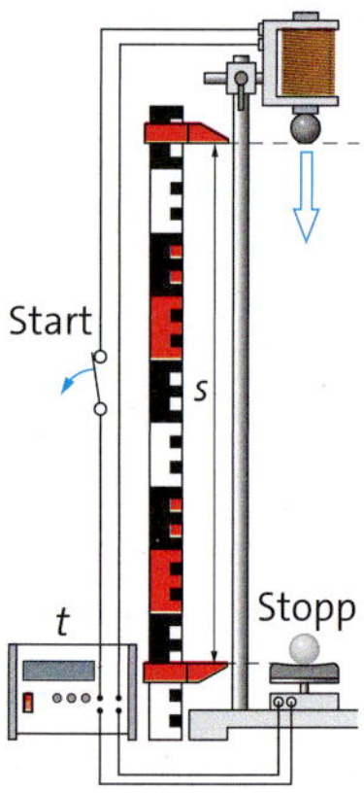

2

a Überprüft: $s \sim t^2$.

b Ermittelt die Beschleunigung der Kugel: $a = \frac{v}{t}$. Berechnet v jeweils mithilfe von v_D.

B Versuch

Fällt die schwere Dose schneller als die leichte?

Material: 2 gleiche Dosen aus Kunststoff mit Schraubdeckel, Sand, weiche Unterlage

1 Füllt die Dosen mit unterschiedlich viel Sand. Lasst sie aus gleicher Höhe gleichzeitig fallen (auf die Unterlage). Beantwortet die Ausgangsfrage.

C Demoversuch

Fällt die Stahlkugel schneller als die Feder?

Material: evakuierbare Glasröhre mit Kugel und Feder, Vakuumpumpe

1 In einer Glasröhre befinden sich eine Stahlkugel und eine Flaumfeder. → 3 Kugel und Feder werden durch eine Drehung der Glasröhre an das obere Ende der Röhre gebracht.

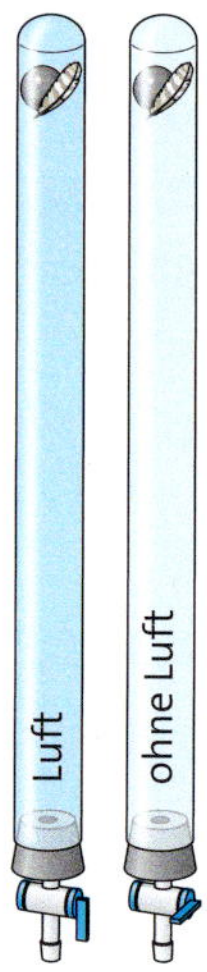

3

Von dort lässt man sie fallen:
- einmal in Luft
- einmal im luftleeren Raum

Vergleicht, was ihr bei den beiden Fällen beobachtet. Erklärt den Unterschied. Beantwortet die Ausgangsfrage.

der freie Fall
die Erdbeschleunigung
die Fallbeschleunigung

Grundlagen

Freier Fall • Die Passagiere des Freifallturms fallen praktisch nur unter dem Einfluss der Gewichtskraft. → 1 Die Luftreibung bremst sie nur ganz wenig.

Ein freier Fall liegt vor, wenn ein Körper nur unter dem Einfluss der Gewichtskraft fällt.

Erdbeschleunigung • Das Zeit-Weg-Diagramm einer frei fallenden Stahlkugel lässt vermuten, dass die Fallstrecke direkt proportional zum Quadrat der Falldauer ist: $s \sim t^2$. → 4
Tatsächlich ist der Quotient $\frac{s}{t^2}$ im Rahmen der Messgenauigkeit konstant.
Der freie Fall ist also eine gleichmäßig beschleunigte Bewegung. Damit gilt:
$s = \frac{1}{2} \cdot a \cdot t^2$ bzw. $a = \frac{2 \cdot s}{t^2}$.
Aus den Messwerten berechnet man:
$\overline{a} = 9{,}81\,\frac{\text{m}}{\text{s}^2}$ ($\overline{a}$: Mittelwert).
Man bezeichnet diese Beschleunigung als Fall- oder Erdbeschleunigung g.

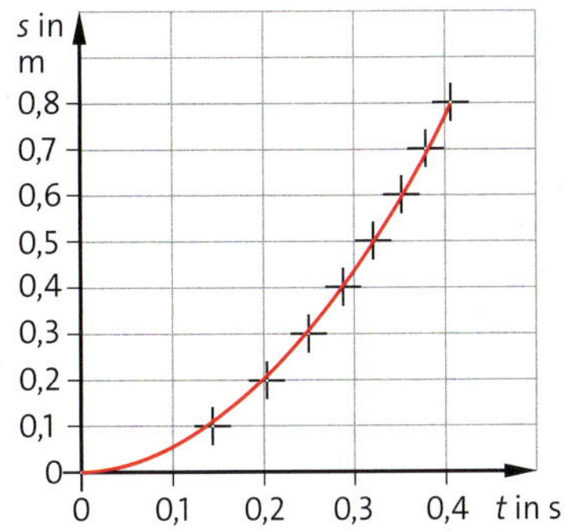

s in m	t in s	t^2 in s^2	$\frac{s}{t^2}$ in $\frac{\text{m}}{\text{s}^2}$	$\frac{2s}{t^2}$ in $\frac{\text{m}}{\text{s}^2}$
0	0	0	–	–
0,100	0,143	0,0204	4,90	9,80
0,200	0,202	0,0408	4,90	9,80
0,300	0,248	0,0615	4,88	9,76
0,400	0,286	0,0818	4,89	9,78
0,500	0,319	0,102	4,90	9,80
0,600	0,350	0,123	4,88	9,76
0,700	0,377	0,142	4,93	9,86
0,800	0,404	0,163	4,91	9,82

4 Freier Fall einer Stahlkugel

Der freie Fall ist eine gleichmäßig beschleunigte Bewegung. In Mitteleuropa beträgt die Erdbeschleunigung: $g = 9{,}81\,\frac{\text{m}}{\text{s}^2}$ (genähert: $g = 10\,\frac{\text{m}}{\text{s}^2}$).

Die Gewichtskraft $\vec{F_G}$ ist die beschleunigende Kraft beim freien Fall. Nach der Grundgleichung der Mechanik gilt:

$F_G = m \cdot g$ bzw. $g = \frac{F_G}{m}$.

Wir können g also auch in $\frac{\text{N}}{\text{kg}}$ angeben:
$g = 9{,}81\,\frac{\text{N}}{\text{kg}}$.
Diese Angabe kennst du bereits als Ortsfaktor für die Gewichtskraft.

Fällt die Kugel schneller als die Feder?
Eine Stahlkugel und eine Flaumfeder befinden sich in einer Glasröhre. → 5 Wenn die Röhre mit Luft gefüllt ist, fällt die Kugel schneller als die Feder. In der luftleeren Glasröhre fallen Kugel und Feder dagegen gleich schnell. Das gleich schnelle Fallen lässt sich mit dem Energieerhaltungssatz erklären:

- Ein Körper mit der Masse m hat in der Höhe h folgende potenzielle Energie: $E_{pot} = m \cdot g \cdot h$.
- Im Aufschlagpunkt hat der Körper nur noch kinetische Energie: $E_{kin} = \frac{1}{2} \cdot m \cdot v^2$.
- Im luftleeren Raum wird keine Energie durch Reibung umgewandelt, es gibt keinen Luftwiderstand. Nach dem Energieerhaltungssatz gilt:
  $E_{pot} = E_{kin}$
  $m \cdot g \cdot h = \frac{1}{2} \cdot m \cdot v^2$
- Die Masse kürzt sich heraus:
  $g \cdot h = \frac{1}{2} \cdot v^2$.
  Die Geschwindigkeit hängt nur von der Fallhöhe ab, nicht von der Masse:
  $v = \sqrt{2 \cdot g \cdot h}$.

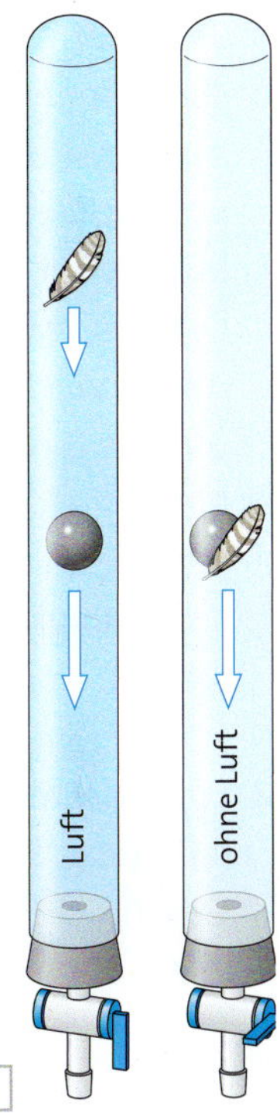

5

Im luftleeren Raum fallen alle Körper gleich schnell.

Freier Fall

Aufgaben

Gehe bei den folgenden Aufgaben zur Vereinfachung jeweils von einem freien Fall (also ohne Reibungskräfte) aus.

1 Wähle aus den Aussagen a–d die richtige für die Bewegung des frei fallenden Apfels aus.

a Beschleunigung und Geschwindigkeit des Apfels verändern sich nicht.

b Die Beschleunigung des Apfels wird immer größer und die Geschwindigkeit bleibt gleich groß.

c Die Geschwindigkeit des Apfels wird immer größer und die Beschleunigung bleibt gleich groß.

d Beschleunigung und Geschwindigkeit des Apfels werden immer größer.

2 Ein Fallschirmspringer fällt 4,0 s lang. Berechne seine Geschwindigkeit zu dieser Zeit.

3 Ein Handy fällt aus 1,50 m Höhe zu Boden. Berechne die Geschwindigkeit, mit der es aufschlägt.

4 Auf dem Volksfest fällt eine Gondel an einem Turm 80 m nach unten. → S. 38
Berechne die Geschwindigkeit (in $\frac{m}{s}$ und in $\frac{km}{h}$), die die Gondel erreicht.

5 Ein Auto prallt im Crashtest frontal mit 50 $\frac{km}{h}$ gegen eine Mauer. Berechne, aus welcher Höhe es fallen müsste, um die gleiche Aufprallgeschwindigkeit zu erreichen.

6 Ein Körper fällt aus großer Höhe zur Erde. Berechne die Fallstrecke nach 10,0 s.

7 Lena wirft einen Ball senkrecht nach oben. → 1

a Beschreibe die Energieumwandlungen des Balls nach dem Abwurf.

b Berechne den Höhenunterschied Δh, wenn der Ball mit $v = 12{,}0\ \frac{m}{s}$ startet.

c Berechne Δh für ein Hochwerfen auf dem Mond statt auf der Erde. Rechne mit $g_{Mond} = 1{,}62\ \frac{m}{s^2}$.

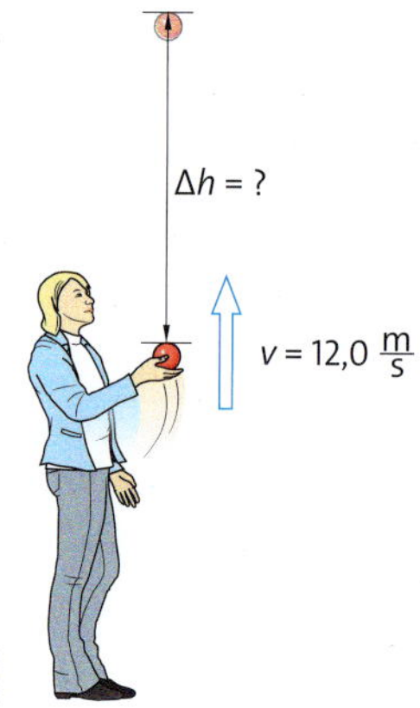

1

D Aufgabe

Fall einer Kugel

1 Eine fallende Kugel wurde im zeitlichen Abstand von jeweils 0,025 s immer wieder belichtet. → 2 Daneben ist ein Meterstab eingeblendet.

a Bei einer Fallstrecke von 50 cm wurde die Kugel nach dem Start 13-mal belichtet. Berechne aus diesen Werten die Fallbeschleunigung a für diesen Versuch.

b Vermute, wieso dein Ergebnis ein wenig kleiner ist als die Erdbeschleunigung $g = 9{,}81\ \frac{m}{s^2}$.

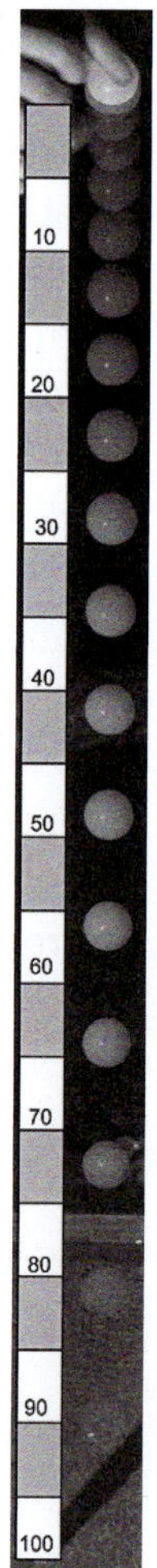

2

Im Fokus

Aus Sport und Freizeit: Fallschirmspringen

Die Luft macht's möglich • Die Luft sorgt dafür, dass man beim Fallschirmspringen nicht immer schneller wird. → 3 Die Reibungskraft zwischen der Luft und dem fallenden Springer wirkt entgegengesetzt zur Gewichtskraft auf den Springer, sie wächst mit der Geschwindigkeit. ① Rund 10 s nach dem Absprung sind Gewichtskraft und Reibungskraft gleich groß. ② Es herrscht Kräftegleichgewicht, die Bewegung ist gleichförmig. Die Geschwindigkeit beträgt konstant etwa 200 $\frac{\text{km}}{\text{h}}$. Je nach Fallhöhe und Körperhaltung liegt die Höchstgeschwindigkeit zwischen 180 $\frac{\text{km}}{\text{h}}$ und 280 $\frac{\text{km}}{\text{h}}$. Richtung und Geschwindigkeit lassen sich durch Änderungen der Körperhaltung verändern.
Beim Öffnen des Schirms wird der Fall stark gebremst. ③ Die Geschwindigkeit sinkt in kurzer Zeit von 200 $\frac{\text{km}}{\text{h}}$ auf etwa 15 $\frac{\text{km}}{\text{h}}$. Die bremsende Kraft ist etwa fünfmal so groß wie die Gewichtskraft. Bald stellt sich ein neues Gleichgewicht zwischen der Luftreibungskraft auf den Schirm und der Gewichtskraft ein. ④ Der Springer sinkt mit konstanter Geschwindigkeit von weniger als 15 $\frac{\text{km}}{\text{h}}$ zur Erde.

3

①
Absprung (0 s)
Der Fallschirmspringer verlässt das Flugzeug. Die Gewichtskraft beschleunigt ihn. Die Reibungskraft bremst ihn. Sie wird mit wachsender Fallgeschwindigkeit größer.

②
nach 10 s; $v \approx 200\ \frac{\text{km}}{\text{h}}$
Die Reibungskraft ist so groß wie die Gewichtskraft. Es besteht ein Kräftegleichgewicht.

③
Öffnen des Fallschirms
Wenn der Fallschirmspringer seinen Fallschirm öffnet, wird die Reibungskraft plötzlich sehr groß. Der Springer wird stark abgebremst.

④
ca. 2 s später; $v < 15\ \frac{\text{km}}{\text{h}}$
Jetzt herrscht wieder ein Kräftegleichgewicht zwischen der Reibungskraft und der Gewichtskraft.

Aufgabe

1 Fallschirmspringen – näher betrachtet

a Beschreibe die Bewegung vom Absprung bis zur Landung. → 3 Wann ist sie beschleunigt, gebremst, gleichförmig?

b Stelle die Geschwindigkeit in Abhängigkeit von der Zeit in einem Diagramm dar.

c Wie verändern sich die Kräfte auf den Springer? Beschreibe und erkläre.

Im Fokus

Aus der Wissenschaft: Schwerelosigkeit trotz Schwerkraft

1 Alexander Gerst an Bord der ISS ...

2 ... und bei einem Parabelflug im Flugzeug

ISS und Parabelflug • An Bord der Internationalen Raumstation ISS scheint alles schwerelos zu sein. → 1 Die gleiche Erfahrung kann man für kurze Zeit bei einem Parabelflug in einem speziell ausgerüsteten Flugzeug machen. → 2 Wie kommt es zur Schwerelosigkeit? Die Gewichtskraft ist jedenfalls nicht gleich null: Selbst an Bord der Raumstation in rund 400 km Höhe ist die Gewichtskraft kaum geringer als an der Erdoberfläche. → 3

Schwereloser Apfel • Um die Schwerelosigkeit zu erklären, starten wir mit einem Versuch. → 4 In einer durchsichtigen Kiste steht eine bruchsichere Waage. Ein Apfel ist auf ihr locker befestigt. Darüber liegt ein Handy auf der Kiste, das die Anzeige der Waage filmt. Wenn man die Kiste (auf eine weiche Matte) fallen lässt, zeigt das Video etwas Erstaunliches: Die fallende Waage misst für den Apfel eine viel geringere Masse als zuvor – der Apfel ist fast schwerelos!

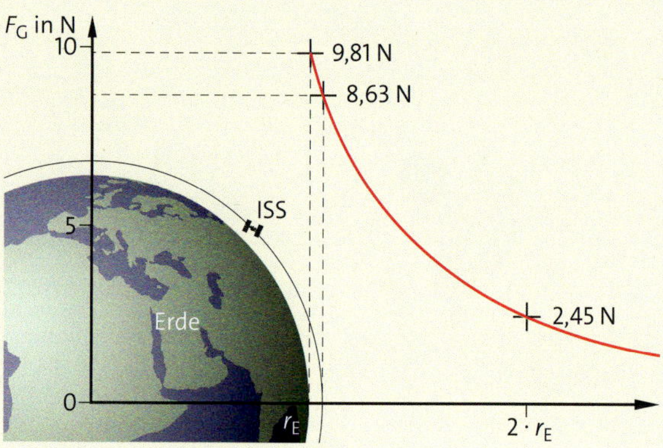

3 Abnahme der Gewichtskraft

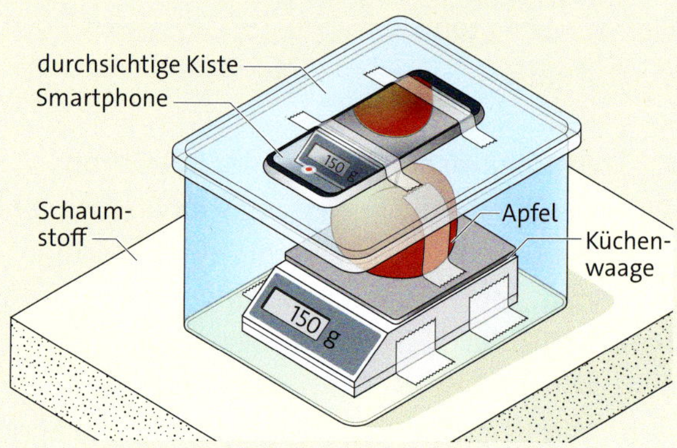

4 Versuch zur Schwerelosigkeit

Natürlich ändert sich die Masse des Apfels beim Fallen nicht wirklich, sie ist ja eine Körpereigenschaft. Aber der Apfel kann im freien Fall keine Kraft mehr auf die Waage ausüben! Sie fällt nämlich andauernd unter ihm weg – mit derselben Geschwindigkeit wie der Apfel. Etwas Ähnliches kennst du vielleicht vom Fahrstuhl (oder vom Freifallturm auf dem Volksfest): Wenn der Fahrstuhl schnell nach unten losfährt, fühlst du dich leichter. Er „fällt" jetzt gemeinsam mit dir, du übst kaum noch eine Kraft auf ihn aus – und er auch nicht auf dich.

Schwerelosigkeit im Flugzeug • Beim Parabelflug wird das Flugzeug erst steil nach oben gezogen. → 5 Dann werden die Triebwerke stark gedrosselt, sodass sich das Flugzeug für rund 22 s praktisch nur unter dem Einfluss der Gewichtskraft bewegt. In dieser Zeit befindet sich das Flugzeug im freien Fall, an Bord herrscht Schwerelosigkeit. Sie wird z. B. dazu genutzt, um Astronauten zu trainieren.
Das Flugzeug fällt aber nicht senkrecht nach unten zur Erde, sondern auf einer parabelförmig gekrümmten Bahn – ähnlich wie ein schräg nach oben geworfener Stein.

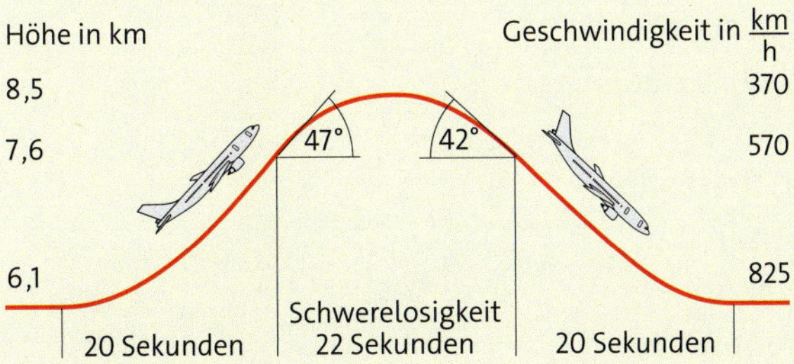

5 Parabelflug

Schwerelosigkeit an Bord der ISS • Die Raumstation wurde mit Raketen in eine Höhe von rund 400 km gebracht, ihre Geschwindigkeit beträgt fast 29 000 $\frac{km}{h}$! Seitdem wirkt nur noch die Gewichtskraft auf die ISS: Sie befindet sich im freien Fall, an Bord herrscht Schwerelosigkeit.
Die ISS stürzt nicht ab, weil sie ständig zwei Bewegungen gleichzeitig macht: eine Vorwärtsbewegung mit fast 29 000 $\frac{km}{h}$ infolge der Trägheit und eine Abwärtsbewegung in Richtung Erdmittelpunkt wegen der Gewichtskraft. → 6 Zusammen ergeben sie die Erdumlaufbahn der ISS.

6 Zwei Bewegungen – eine Umlaufbahn

Aufgaben

1 Lasst den Versuch zur Schwerelosigkeit vorführen. → 4 Erklärt, was die Waage anzeigt.

2 „Auf der ISS ist alles schwerelos, weil keine Gewichtskraft wirkt." Nimm Stellung dazu.

3 Der Fallturm der Uni Bremen ermöglicht Versuche bei Schwerelosigkeit. Informiere dich!

Anhalteweg

1

Der Fahrer erschrickt: Plötzlich rennt ein Kind vor ihm über die Straße!
Wird das Auto rechtzeitig zum Stillstand kommen? Wovon hängt das ab?

A Versuch

Bremsweg messen

Material: Fahrrad mit Tacho, Maßband

1 Steckt eine 30 m lange, gerade Strecke auf dem trockenen Schulhof ab. Zieht eine Startlinie am Anfang der Strecke.

Einer von euch fährt auf dem Fahrrad mit möglichst genau 8 (16, 24) $\frac{\text{km}}{\text{h}}$ bis zur Startlinie. Dann bremst er das Fahrrad immer gleich stark ab.

Achtung • Nur das Hinterrad bremsen!

a Messt den Bremsweg jeweils dreimal. Bildet den Mittelwert und notiert ihn zusammen mit der Geschwindigkeit.

b Überprüft rechnerisch, ob der Bremsweg direkt proportional zur Geschwindigkeit ist.

c Stellt eine Vermutung auf, wie der Bremsweg von der Geschwindigkeit abhängt.

B Versuch

Reaktionszeit messen

Material: lange Leiste (mehr als 60 cm) ohne Splitter

1 Zeichnet auf der Leiste die Markierungen für die Reaktionszeiten an. → 2

a Eine Person hält die Leiste so hoch, dass ihre Unterkante 20 cm neben der Hand einer zweiten Person ist.

b Dann lässt die erste Person die Leiste ohne „Vorwarnung" fallen – und die zweite Person versucht, sie so schnell wie möglich zu fassen.

c Dort, wo sich die Oberkante der Hand der zweiten Person an der Leiste befindet, wird die Reaktionszeit abgelesen. Wer reagiert am schnellsten?

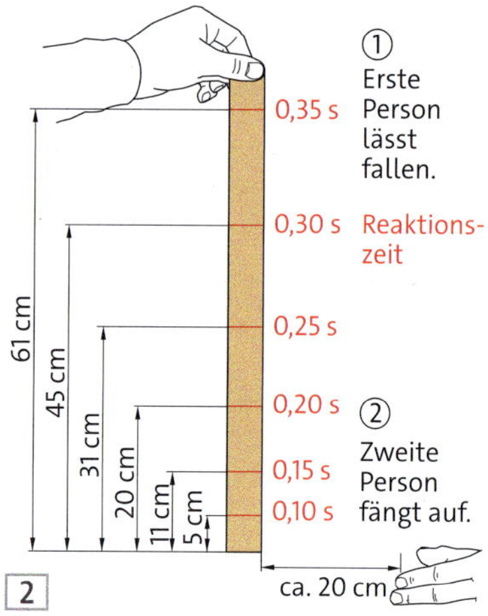

2

der Anhalteweg
der Reaktionsweg
der Bremsweg
die Reaktionszeit
die Bremsverzögerung
die Bremskraft

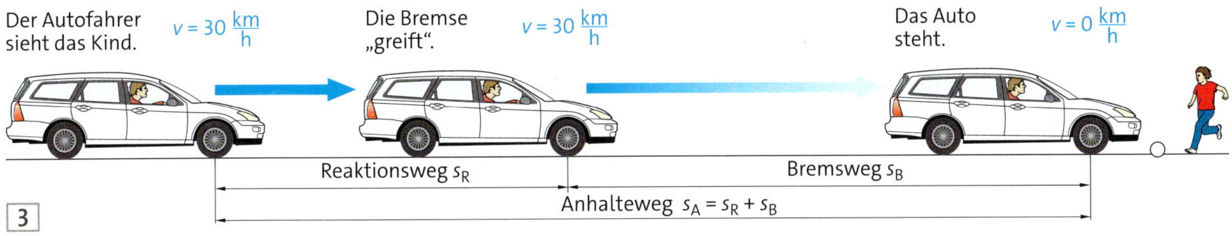

3

Grundlagen

Anhalteweg • Der Fahrer braucht zunächst einen Moment zum Reagieren und bremst erst danach ab: → 3

Anhalteweg = Reaktionsweg + Bremsweg
$s_A = s_R + s_B$

Reaktionsweg • Die Reaktionszeit t_R beträgt je nach Fahrer zwischen 0,50 s und 2,0 s. In dieser Zeit fährt das Fahrzeug mit unverminderter Geschwindigkeit v geradeaus weiter. Dabei legt es den Reaktionsweg s_R zurück:

Reaktionsweg: $s_R = v \cdot t_R$.

Bremsweg • Vom Ansprechen der Bremsen bis zum Stillstand legt das Fahrzeug den Bremsweg zurück. Dabei ist der Quotient $\frac{\Delta v}{\Delta t}$ negativ. Man bezeichnet ihn als Bremsverzögerung a_B. Bei gleichmäßigem Abbremsen von der Geschwindigkeit v zum Stillstand gilt:
$s_B = -\frac{1}{2} \cdot a_B \cdot t_B^2$ und $t_B = -\frac{v}{a_B}$.
Einsetzen von t_B in s_B ergibt:

Bremsweg: $s_B = -\frac{1}{2} \cdot \frac{v^2}{a_B}$.

Es gilt also: $s_B \sim v^2$. Doppelte Geschwindigkeit → vierfacher Bremsweg!

Bremsweg und Energie • Beim Bremsen wird kinetische Energie des Fahrzeugs durch Reibung in innere Energie umgewandelt und thermisch abgegeben. Das Fahrzeug kommt zum Stillstand, wenn es keine kinetische Energie mehr hat. Je mehr kinetische Energie E_{kin} umgewandelt werden muss, desto länger ist der Bremsweg s_B. Wenn die Bremskraft $\vec{F_B}$ konstant ist, gilt:
$E_{kin} = F_B \cdot s_B$.
Auflösen nach dem Bremsweg ergibt:

Bremsweg: $s_B = \frac{E_{kin}}{F_B}$.

Beispiel: Viola fährt mit dem Fahrrad. Bei 10 $\frac{km}{h}$ hat sie eine kinetische Energie von 0,25 kJ, bei 20 $\frac{km}{h}$ sind es 1,0 kJ. Sie bremst nun jeweils mit 150 N ab:

- 10 $\frac{km}{h}$: Bremsweg $s_B = \frac{0{,}25\ kJ}{150\ N} = 1{,}7\ m$
- 20 $\frac{km}{h}$: Bremsweg $s_B = \frac{1{,}0\ kJ}{150\ N} = 6{,}7\ m$

Der Bremsweg ist bei doppelter Geschwindigkeit viermal so lang, weil viermal so viel kinetische Energie abgegeben werden muss.
Bei trockener Straße ist die maximal mögliche Bremskraft eines Autos oft etwas größer als die Gewichtskraft: $F_{B,\,max} \approx 1{,}2 \cdot F_G$. → 4
Bei Nässe und Eis ist $F_{B,\,max}$ kleiner, sodass der Bremsweg entsprechend länger wird. → 5

Straße	$F_{B,\,max}$
trocken	0,65 bis $1{,}2 \cdot F_G$
nass	0,40 bis $0{,}65 \cdot F_G$
Eis	0,10 bis $0{,}15 \cdot F_G$

4 Maximale Bremskraft (Pkw mit Sommerreifen)

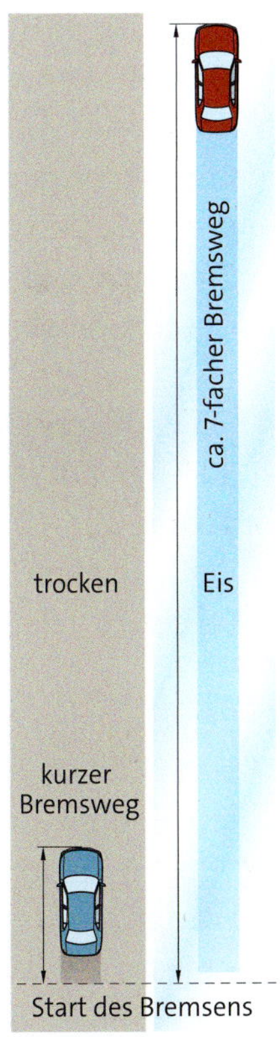

5 Bremswege

Anhalteweg

Aufgaben

1 Gib jeweils an, wie sich Reaktionsweg und Bremsweg ändern, wenn die Geschwindigkeit verdoppelt wird.

2 Berechne die Reaktionswege für Reaktionszeiten von 1,0 s und 1,5 s und folgende Geschwindigkeiten: $20\,\frac{km}{h}$, $50\,\frac{km}{h}$, $80\,\frac{km}{h}$, $100\,\frac{km}{h}$.

3 Ein Pkw bremst gleichmäßig von $50\,\frac{km}{h}$ bis zum Stillstand ab. Der Bremsweg ist 15 m lang.

a Berechne die Bremswege für $100\,\frac{km}{h}$ und $150\,\frac{km}{h}$ bei gleichen Straßenverhältnissen.

b Auf nasser Straße ist die Bremskraft nur noch halb so groß. Gib die verlängerten Bremswege für die drei Geschwindigkeiten an.

4 Ein Radfahrer bremst von $30\,\frac{km}{h}$ mit der Bremsverzögerung $a_B = -2{,}5\,\frac{m}{s^2}$ gleichmäßig bis zum Stillstand ab. Berechne den Bremsweg.

5 Berechne den Anhalteweg eines Lkw bei einer Geschwindigkeit von $80\,\frac{km}{h}$. → 1 Gehe von folgenden Werten aus:

- Masse des Lkw: 12 t
- Bremskraft: 84 kN
- Reaktionszeit: 1,2 s

6 Bei einer Geschwindigkeit von $100\,\frac{km}{h}$ kommt ein Auto durch Vollbremsung nach 4,0 s zum Stehen. Berechne die (mittlere) Bremsverzögerung und den Bremsweg.

7 Nach einem Unfall wird für ein Auto eine 12 m lange Bremsspur gemessen. Ein Sachverständiger ermittelt eine Bremskraft von 6,8 kN.

a Berechne die beim Bremsen umgewandelte Energie.

b Rechne nach, ob das Auto (m = 1200 kg) schneller als $50\,\frac{km}{h}$ fuhr.

8 Herr Braun (80 kg) fährt mit seinem Motorrad (200 kg) $80\,\frac{km}{h}$ schnell. Er muss in 40 m zum Stehen kommen. Berechne den Betrag der erforderlichen Bremskraft.

9 Ein Fahrzeug bremst in 2,0 s von $90\,\frac{km}{h}$ auf $50\,\frac{km}{h}$ ab. Berechne den Bremsweg.

Herr Huber fährt mit $30\,\frac{km}{h}$. Die Straße ist trocken und übersichtlich. Da sieht er plötzlich 20 m vor sich ein Kind auf die Straße laufen. Kommt er rechtzeitig zum Stehen? Berechne den Anhalteweg. Gehe dazu von folgenden Werten aus:
Herr Huber braucht 1,2 s, um zu reagieren. Die Masse von Auto und Fahrer beträgt 1000 kg. Die Bremskraft beträgt 7,0 kN.

Gegeben: $v = 30\,\frac{km}{h} = \frac{30}{3{,}6}\,\frac{m}{s}$; $t_R = 1{,}2\,s$; $m = 1000\,kg$; $F_B = 7{,}0\,kN$

Gesucht: s_A

Gleichungen:

$s_R = v \cdot t_R$; $s_B = \frac{E_{kin}}{F_B}$; $E_{kin} = \frac{1}{2} \cdot m \cdot v^2$; $s_A = s_R + s_B$; $1\,N = 1\,kg \cdot \frac{m}{s^2}$

Einsetzen, rechnen und runden auf 2 sinnvolle Ziffern:

$$s_R = \frac{30}{3{,}6}\,\frac{m}{s} \cdot 1{,}2\,s = 10\,m$$

$$E_{kin} = \frac{1}{2} \cdot 1000\,kg \cdot \left(\frac{30}{3{,}6}\,\frac{m}{s}\right)^2 = 34\,722\,kg \cdot \frac{m^2}{s^2};\ E_{kin} = 35 \cdot 10^3\,kg \cdot \frac{m^2}{s^2}$$

$$s_B = \frac{35 \cdot 10^3\,kg \cdot \frac{m^2}{s^2}}{7{,}0 \cdot 10^3\,kg \cdot \frac{m}{s^2}} = 5{,}0\,m$$

$s_A = 10\,m + 5{,}0\,m = 15\,m$; Herr Huber kann rechtzeitig anhalten.

1 Beispielaufgabe: Anhalteweg

Im Fokus

Aus dem Straßenverkehr: Bremsen braucht Reibung

Energie abgeben • Beim Bremsen eines Fahrzeugs wird seine kinetische Energie umgewandelt und thermisch abgegeben. Dazu werden z. B. Bremsklötze mit großer Kraft gegen Bremsscheiben gepresst, damit die Reibung zwischen beiden möglichst groß wird. → 2 Die Bremsscheiben können dabei viele Hundert Grad Celsius heiß werden. → 3 Bei langen Talfahrten sollte andauerndes Bremsen vermieden werden. Es besteht die Gefahr, dass die Energie nicht schnell genug von den Bremsscheiben abgegeben werden kann. Sie überhitzen, die Bremsflüssigkeit beginnt zu sieden und die Bremsen versagen.

Haften und Gleiten • Wenn das Bremspedal sehr kräftig getreten wird, können die Räder blockieren. Bremsscheiben und -beläge haften dann so fest aufeinander, dass sie sich nicht mehr gegeneinander bewegen: Die Räder rutschen über die Straße und drehen sich nicht mehr. Dann wandeln die Bremsen keine Energie mehr um. Die kinetische Energie des Fahrzeugs wird nur noch durch Gleitreibung zwischen Reifen und Straße umgewandelt und abgegeben. Weil diese Reibung geringer ist als die Reibung zwischen den Bremsscheiben und den Bremsbelägen, wird der Bremsweg länger.

Antiblockiersystem • Mit blockierenden Rädern lässt sich das Fahrzeug nicht mehr lenken. Um das zu verhindern, verfügen z. B. Autos über ein Antiblockiersystem (ABS). Die Drehzahlen der Räder werden ständig gemessen und an den Bordcomputer gemeldet. Wenn die Drehzahl eines Rads beim Bremsen zu schnell sinkt, verringert der Computer den Druck in der Bremsleitung dieses Rads für kurze Zeit. Das Rad dreht sich wieder schneller – und wird erneut stärker gebremst. Dieses Wechselspiel läuft bis zu 10-mal pro Sekunde ab.

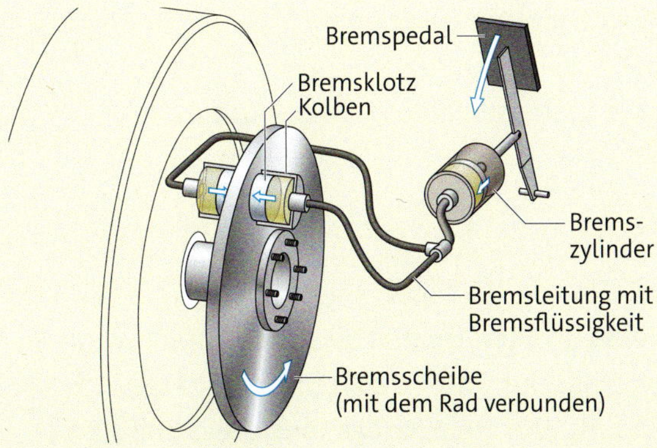

2 Scheibenbremse bei einem Auto

3 Glühend heiße Bremsscheibe beim Rennwagen

Aufgabe

1 Gib an, an welchen Stellen die kinetische Energie umgewandelt und abgegeben wird:
- Das Auto bremst mit blockierten Rädern.
- Die Räder des Autos haften beim Bremsen auf der Straße.

Vergleiche die Bremswirkungen.

Beschleunigung, Kraft und Energie

Zusammenfassung

Kinetische Energie • Ein Körper der Masse m, der sich mit der Geschwindigkeit v bewegt, besitzt folgende kinetische Energie:
$E_{kin} = \frac{1}{2} \cdot m \cdot v^2$. → 1
Für die Einheiten gilt die Beziehung:
$1\,J = 1\,kg \cdot \frac{m^2}{s^2}$.

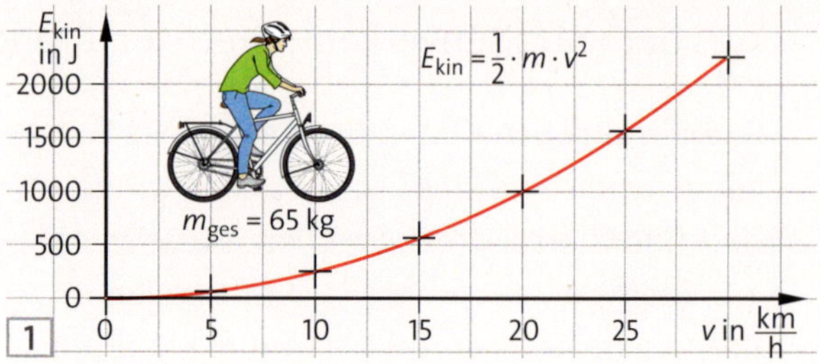

1

Freier Fall • Vom freien Fall spricht man, wenn ein Körper nur unter dem Einfluss der Gewichtskraft fällt. Der freie Fall ist eine gleichmäßig beschleunigte Bewegung. An der Erdoberfläche gilt für die Fall- oder Erdbeschleunigung:
$g = 9{,}81\,\frac{m}{s^2}$. → 2
Im luftleeren Raum fallen alle Körper gleich schnell. → 3 In Luft werden sie durch Reibung unterschiedlich stark abgebremst.
Wenn ein Körper aus der Höhe h frei fällt, gilt für seine Geschwindigkeit beim Aufprall:
$v = \sqrt{2 \cdot g \cdot h}$.

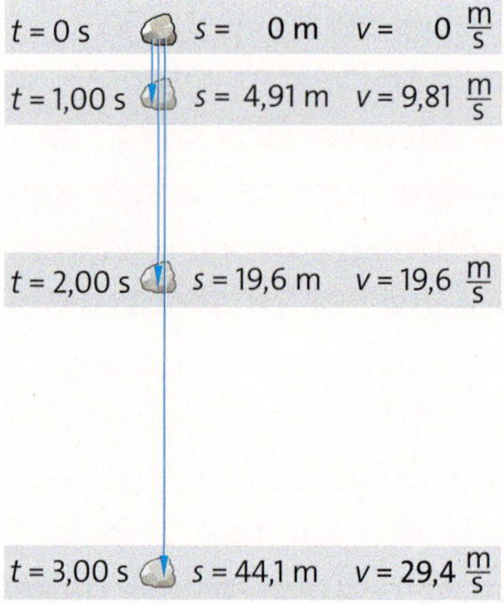

2 Erdbeschleunigung $9{,}81\,\frac{m}{s^2}$

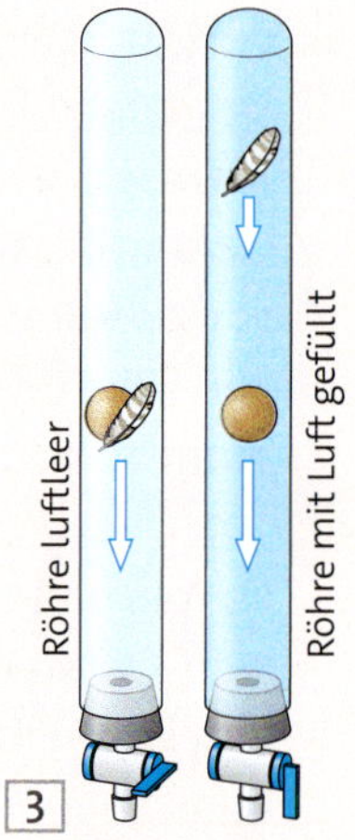

3

Anhalteweg • Der Fahrer braucht einen Moment zum Reagieren und bremst erst danach ab: → 4
Anhalteweg = Reaktionsweg + Bremsweg,
$s_A = s_R + s_B$.
In der Reaktionszeit t_R fährt das Fahrzeug mit unverminderter Geschwindigkeit v geradeaus weiter und legt dabei den Reaktionsweg s_R zurück:
$s_R = v \cdot t_R$.

Vom Ansprechen der Bremsen bis zum Stillstand legt das Fahrzeug den Bremsweg s_B zurück:

$s_B = -\frac{1}{2} \cdot \frac{v^2}{a_B}$ bzw. $s_B = \frac{E_{kin}}{F_B}$.

Der Bremsweg ist direkt proportional zum Quadrat der Geschwindigkeit: Doppelte Geschwindigkeit → vierfacher Bremsweg! Er ist umso länger, je geringer die Bremskraft ist.

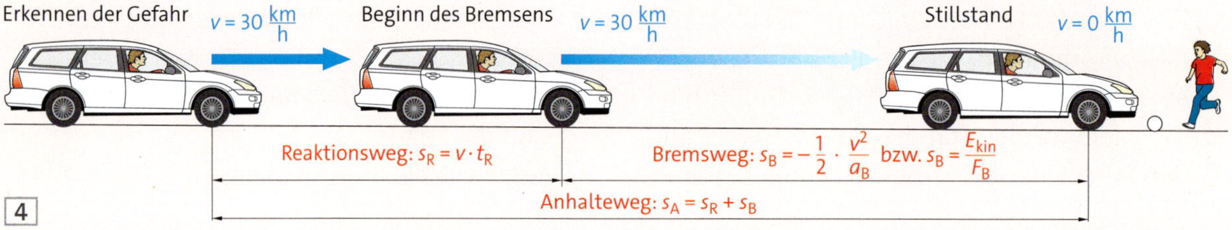

4

Aufgaben

1 Das Schiff Queen Mary 2 hat eine Masse von 79 300 t und fährt bis zu 56 $\frac{km}{h}$ schnell. → 5
Das größte Passagierflugzeug der Welt fliegt in einer Höhe von 11,0 km mit 940 $\frac{km}{h}$, seine Masse beträgt z. B. 520 t. → 6
Berechne, wer mehr kinetische Energie besitzt: die Queen Mary 2 bei 56 $\frac{km}{h}$ oder das Flugzeug bei 940 $\frac{km}{h}$.

5

6

2 Ein Lkw hat eine Masse von 38 t. Berechne, wie viel Dieselöl verbrannt werden muss, damit er eine Geschwindigkeit von 80 $\frac{km}{h}$ erreicht. Gehe davon aus, dass der Motor beim Verbrennen von 1,0 l Dieselöl eine Energie von 7,2 MJ zum Beschleunigen bereitstellt.

3 Der Wagen einer Achterbahn hat mit Fahrgästen eine Masse von 1,50 t. Er wird zu Beginn der Fahrt auf eine Höhe von 27 m gezogen.

a Berechne die potenzielle Energie des Wagens.

b Berechne, welche Geschwindigkeit der Wagen bei der Talfahrt maximal erreichen kann.

4 Wenn ein Auto bei einem Crashtest mit 50 $\frac{km}{h}$ frontal gegen eine Mauer fährt, ist das ungefähr so wie ein Aufprall aus 10 m Höhe. → 7

a Begründe diese Aussage durch eine Rechnung.

b Ist ein Crash bei 100 $\frac{km}{h}$ wie ein Aufprall aus 20 m oder 40 m Höhe? Begründe die Antwort.

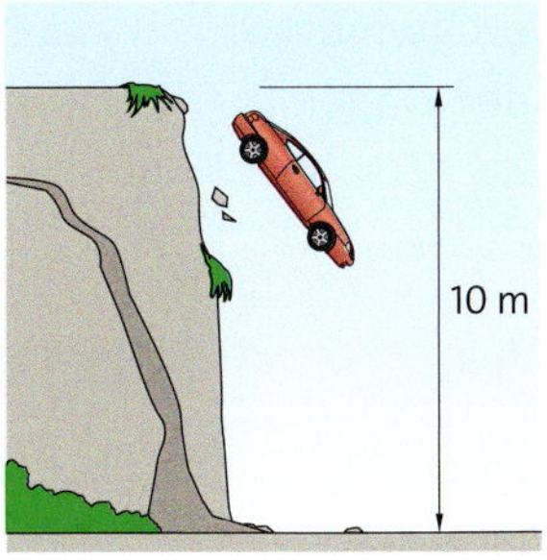

7

5 Maria wirft einen Ball senkrecht nach oben. Er verlässt ihre Hand in 1,80 m Höhe mit einer Geschwindigkeit von 50 $\frac{km}{h}$. Berechne, welche Höhe der Ball maximal erreichen kann.

6 Ein Auto bremst von 60 $\frac{km}{h}$ mit $a_B = -3{,}0\ \frac{m}{s^2}$ gleichmäßig bis zum Stillstand ab. Berechne die Bremsdauer und den Bremsweg.

7 Auf einer Teststrecke wurde der Bremsweg s_B eines Autos in Abhängigkeit von der Anfangsgeschwindigkeit v gemessen. → 8

a Überprüfe, ob der Bremsweg direkt proportional zum Quadrat der Geschwindigkeit ist.

b Berechne jeweils die Bremsdauer t_B. Leite dazu folgende Gleichung her: $s_B = \frac{1}{2} \cdot v \cdot t_B$.

c Berechne die Bremsverzögerung.

v in $\frac{km}{h}$	35	50	75	100
s_B in m	6,0	12,4	27,8	49,5

8

Impuls und Impulserhaltung

1

Peter will an Land springen, um sein Boot zu befestigen. Was sollte er dabei alles bedenken?

A Versuche

Abstoßen

Material: Skateboard, kleiner Medizinball

Achtung • Führt die Versuche mit dem Skateboard vorsichtig durch, damit ihr weder euch noch andere verletzt. Tragt Schutzkleidung!

1 Eine Person rollt mit dem Skateboard. Dann springt sie ab:
- einmal in Rollrichtung
- einmal gegen Rollrichtung

Beobachtet und beschreibt, was mit der Person und dem Skateboard passiert.

2 Eine Person steht auf dem Skateboard und hält den Medizinball vor dem Brustkorb. Dann stößt sie den Ball nach vorne weg. Beschreibt und erklärt, was ihr beobachtet.

B Versuch

Gespannte Wagen

Material: Fahrbahn, 2 Wagen, Wägestücke, Waage, Feder, Faden, 2 Lichtschranken, Kurzzeitmessgerät

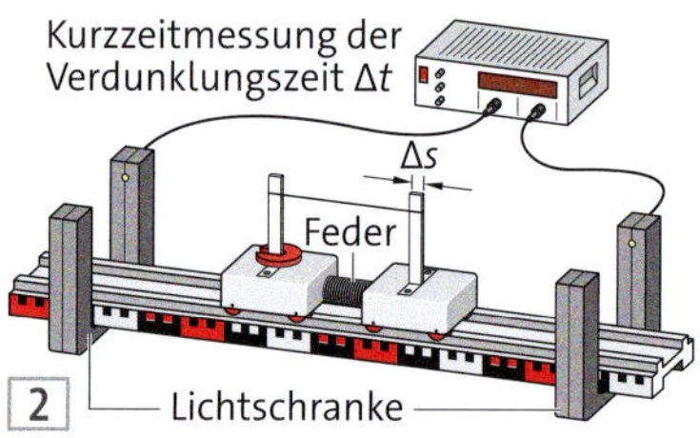

2

1 Zwischen zwei Wagen ist eine zusammengepresste Feder. → 2 Ein Faden hält die Wagen zusammen.

a Messt (vor dem Versuch) die Masse der Wagen und die Breite Δs der Stifte. Notiert eure Messwerte. → 3 4

b Schneidet den Faden durch. Messt die Zeiten Δt_1 und Δt_2, während der die Stifte die Lichtschranken verdunkeln.

c Berechnet die Geschwindigkeiten v_1 und v_2 der Wagen. Vervollständigt den Zusammenhang: Je größer die Masse ist, desto ... ist die Geschwindigkeit.

d Wiederholt den Versuch mit anders beladenen Wagen.

e Wie hängen die Massen und Geschwindigkeiten der Wagen mathematisch zusammen? Überprüft eure Vermutung rechnerisch (letzte Tabellenspalten).

f Überprüft eure Vermutung auch an diesen Messwerten:
- $m_1 = 0{,}100$ kg; $v_1 = 0{,}245\ \frac{m}{s}$
- $m_2 = 0{,}150$ kg; $v_2 = 0{,}163\ \frac{m}{s}$

Δs_1 in m	m_1 in kg	Δt_1 in s	v_1 in $\frac{m}{s}$	?
?	?	?	?	?

Δs_2 in m	m_2 in kg	Δt_2 in s	v_2 in $\frac{m}{s}$	?
?	?	?	?	?

3 4 Beispieltabellen

C Versuch

Ballantrieb

Material: großes Rollbrett, mehrere kleine Medizinbälle, großer Karton ohne Deckel; lange, ebene Strecke zum Rollen

1 Die Versuchsperson sitzt in Ruhe auf dem Rollbrett, die Bälle liegen im Karton vor ihr. Dann stößt sie einen Ball nach dem anderen in derselben Richtung von sich weg. → 5 Beschreibt die Bewegung der Person genau.

5

D Versuch

Luftballonrakete

Material: länglicher Luftballon, lange Nylonschnur, nicht knickbarer Strohhalm, Klebeband, Wäscheklammer

1 Blast den Luftballon prall auf. Verschließt die Öffnung dicht mit der Wäscheklammer. Fädelt die Schnur durch den Strohhalm und spannt sie möglichst lang. Klebt den Ballon mit zwei langen Streifen Klebeband am Strohhalm fest. Zieht den Ballon zu einem Ende der Schnur hin, die Seite mit der Wäscheklammer soll am Ende der Schnur sein. → 6

2 Entfernt nun die Wäscheklammer vom Luftballon.
a Beobachtet und beschreibt, was geschieht.
b Erklärt eure Beobachtungen mit diesen Begriffen: Druck, innere Energie, kinetische Energie, Geschwindigkeit, Wechselwirkungsprinzip.

6

E Demoversuch

Wasserrakete

Material: PET-Flasche, Wasser, Luftpumpe, Korken mit Loch, Fahrradventil, standsichere Startvorrichtung

1 Steckt das Ventil durch den vorgebohrten Korken. Es muss dicht sitzen. Füllt etwas Wasser in die Flasche und verschließt sie mit dem Korken. Befestigt die Flasche umgedreht an der Startvorrichtung. → 7
Geht ins Freie. Eure Lehrkraft pumpt Luft in die Flasche, bis diese senkrecht nach oben startet.
Erklärt, was ihr beobachtet.

7

Impuls und Impulserhaltung

Grundlagen

Impuls • Peter übt beim Absprung auf das ruhende Boot eine Kraft $\vec{F}_{Bo}$ aus, die das Boot nach hinten beschleunigt. → 1 Das Boot übt nach dem Wechselwirkungsgesetz auf Peter eine gleich große Kraft $\vec{F}_{Pe}$ aus, die Peter nach vorne beschleunigt. Er muss also damit rechnen, dass das Boot hinter ihm weggleitet, wenn er sich abstößt.

Die Kräfte auf Peter und das Boot sind gleich groß. Durch ein Minuszeichen am Betrag zeigen wir an, dass $\vec{F}_{Bo}$ entgegengesetzt zu $\vec{F}_{Pe}$ gerichtet ist: $F_{Pe} = -F_{Bo}$.

Diese Kräfte bewirken an Peter (m_{Pe}) und dem Boot (m_{Bo}) Beschleunigungen. Wegen der Grundgleichung der Mechanik können wir schreiben:
$m_{Pe} \cdot a_{Pe} = -m_{Bo} \cdot a_{Bo}$.

Die Gleichheit der Produkte bedeutet: Weil Peters Masse kleiner ist als die des Boots, muss Peters Beschleunigung größer sein als die des Boots. In der Stoßdauer Δt führen die verschiedenen Beschleunigungen zu unterschiedlichen Geschwindigkeiten. → 2 Es gilt:

$$m_{Pe} \cdot \frac{v_{Pe}}{\Delta t} = -m_{Bo} \cdot \frac{v_{Bo}}{\Delta t}.$$

Das Kürzen der Stoßdauer Δt ergibt:
$m_{Pe} \cdot v_{Pe} = -m_{Bo} \cdot v_{Bo}$.

1

Bei der Wechselwirkung zwischen Peter und dem Boot entstehen also nicht nur zwei gleich große Kräfte, sondern auch zwei gleich große Produkte $m \cdot v$. Dieses Produkt wird als eigene physikalische Größe definiert:

Der Impuls p eines Körpers ist das Produkt aus seiner Masse m und seiner Geschwindigkeit v:
$p = m \cdot v$.
Die Einheit des Impulses ist $1\,\text{kg} \cdot \frac{\text{m}}{\text{s}}$.

Impulserhaltung • Aus der Gleichung $m_{Pe} \cdot v_{Pe} = -m_{Bo} \cdot v_{Bo}$ folgt:
$m_{Pe} \cdot v_{Pe} + m_{Bo} \cdot v_{Bo} = 0\,\text{kg} \cdot \frac{\text{m}}{\text{s}}$.
Die Impulse von Peter und vom Boot nach dem Absprung ergeben also in der Summe null. Vor dem Absprung war die Summe der Impulse ebenfalls gleich null – es bewegte sich ja nichts. Durch die Wechselwirkung hat sich die Summe der Impulse somit nicht geändert. Dies gilt nicht nur bei Peter und dem Boot, sondern allgemein.

Impulserhaltungssatz: In einem abgeschlossenen System bleibt die Summe der Impulse aller Körper immer konstant:
$m_1 \cdot v_1 + m_2 \cdot v_2 = m_1 \cdot u_1 + m_2 \cdot u_2$
(v: Geschwindigkeiten am Anfang; u: Geschwindigkeiten am Ende).

2

der Impuls
der Impulserhaltungssatz

„Abgeschlossen“ heißt, dass nichts (auch keine Energie) in das System hinein- oder aus ihm herausströmt und es nicht mit anderen Systemen wechselwirkt. Beim Absprung betrachten wir Peter und das Boot zur Vereinfachung als abgeschlossenes System.

Kraft und Energie • Beim Werfen eines Balls beschleunigt dein Arm den Ball mit der Kraft $\vec{F}$ auf der Strecke Δs bis zum Abwurf. Die kinetische Energie des Balls ändert sich dabei:
$\Delta E_{kin} = F \cdot \Delta s$ (bei F konstant).

Kraft und Impulsänderung • Beim Werfen eines Balls beschleunigt dein Arm den Ball mit der Kraft $\vec{F}$ in der Zeitdauer Δt. Aus der Grundgleichung der Mechanik und der Definition der Beschleunigung ergibt sich:
$F = m \cdot a = m \cdot \frac{\Delta v}{\Delta t}$.
Wir formen das Produkt $m \cdot \Delta v$ um:
$m \cdot \Delta v = m \cdot (v_2 - v_1) = m \cdot v_2 - m \cdot v_1$
$m \cdot \Delta v = p_2 - p_1 = \Delta p$
Damit erhalten wir schließlich:
$F = \frac{\Delta p}{\Delta t}$ bzw. $\Delta p = F \cdot \Delta t$.

Die Impulsänderung eines Körpers ist umso größer, je größer die beschleunigende Kraft ist und je länger diese Kraft auf den Körper einwirkt:
$\Delta p = F \cdot \Delta t$ (bei F konstant).

Für die Einheiten gilt: $1\,\text{kg} \cdot \frac{\text{m}}{\text{s}} = 1\,\text{N} \cdot \text{s}$. Bei einer Beschleunigung aus dem Stand, die zum Zeitpunkt $t_1 = 0\,\text{s}$ beginnt, schreiben wir vereinfacht:
$p = F \cdot t$ (bei F konstant).

Raketenantrieb • Wenn die Öffnung des prall aufgeblasenen Ballons freigegeben wird, strömt das komprimierte Gas (Luft) der Masse Δm mit hoher Geschwindigkeit v_{Gas} nach draußen. → 3 Bei konstanter Ausströmgeschwindigkeit gilt für den Betrag F_{schub} der Schubkraft auf den Ballon:

$$F_{schub} = \frac{\Delta p}{\Delta t} = \frac{\Delta(m \cdot v_{Gas})}{\Delta t} = \frac{\Delta m \cdot v_{Gas}}{\Delta t}$$

$$F_{schub} = \frac{\Delta m}{\Delta t} \cdot v_{Gas}$$

Die Schubkraft ist also umso größer,
- je mehr Masse an Gas in der gleichen Zeitdauer ausgestoßen wird und
- je höher die Ausströmgeschwindigkeit des Gases ist.

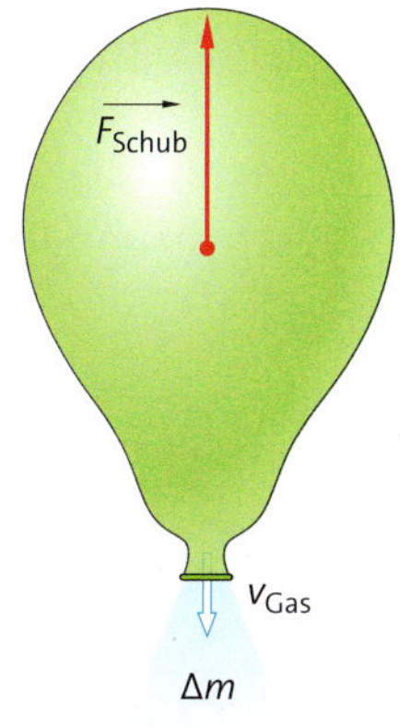

$F_{Schub} = \frac{\Delta m}{\Delta t} \cdot v_{Gas}$

3

Aufgaben

1 Ergänze jeweils für den Impuls und die kinetische Energie:
doppelte Geschwindigkeit → ?

2 Sven sitzt auf einem Skateboard und stößt einen Ball weg. → 4
a Berechne den Impuls des Balls.
b Berechne Svens Geschwindigkeit.
c Wie könnte Sven eine höhere Geschwindigkeit durch das Wegstoßen eines Balls erreichen? Nenne zwei Möglichkeiten und begründe sie.

4

Impuls und Impulserhaltung

Aufgaben

3 Berechne die fehlenden Werte in den Tabellen. → 1 2

p in $\mathrm{kg}\cdot\frac{\mathrm{m}}{\mathrm{s}}$	m in kg	v in $\frac{\mathrm{m}}{\mathrm{s}}$	E_{kin} in $\mathrm{kg}\cdot\frac{\mathrm{m}^2}{\mathrm{s}^2}$
?	7,0	10	?
100	5,0	?	?
100	?	25	?
?	25	?	350

1

Δp in N · s	F in N	Δt in s
?	500,0	0,020
1200	?	0,0030
20,0	1000	?

2

4 Ein Haus soll abgerissen werden. → 3 Die Abrisskugel (m = 3,0 t) prallt mit einer Geschwindigkeit von 5,0 $\frac{\mathrm{m}}{\mathrm{s}}$ gegen die Betonwand.

a Berechne den Impuls der Abrisskugel.

b Die Kugel berührt die Wand für 0,10 s. Berechne die Kraft auf die Wand.

c Wie könnte man den Impuls der Abrisskugel erhöhen? Nenne und begründe verschiedene Möglichkeiten.

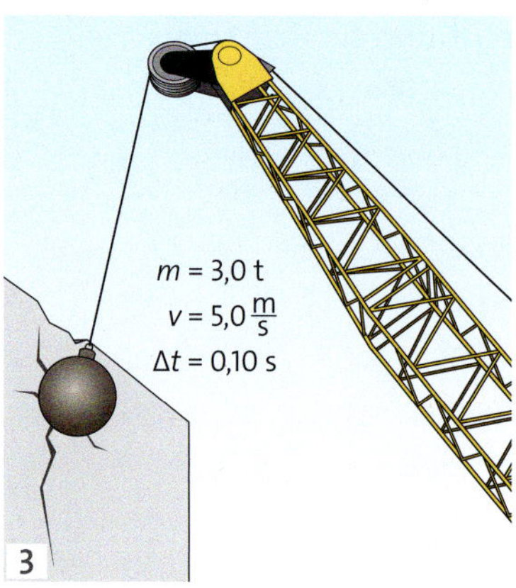

3

5 Ein Golfball (m = 45 g) verlässt den Schläger nach dem Abschlag mit 250 $\frac{\mathrm{km}}{\mathrm{h}}$. Die Beschleunigungsdauer beträgt nur 0,000 50 s! Berechne die Kraft auf den Golfball beim Abschlag.

5

6 Stephan steht mit einem Medizinball in den Händen auf Inlineskates. → 4 Dann stößt er den Ball nach links von sich weg.

a Was passiert nun? Erkläre es mit dem Impuls bzw. der Impulsänderung.

b Der Ball (5,0 kg) fliegt mit −5,0 $\frac{\mathrm{m}}{\mathrm{s}}$ weg. Stephan hat zusammen mit seinen Inlinern eine Masse von 80 kg. Berechne seine Geschwindigkeit direkt nach Abwurf des Balls.

4

7 Aus dem Triebwerk einer Rakete werden pro Sekunde 2,8 t Verbrennungsgase mit einer Geschwindigkeit von 1,8 $\frac{\mathrm{km}}{\mathrm{s}}$ ausgestoßen. → 5

a Berechne die Ausstoßgeschwindigkeit in $\frac{\mathrm{km}}{\mathrm{h}}$.

b Berechne den Betrag der Schubkraft auf die Rakete.

8 Bei frei zugänglichen Luftgewehren darf die kinetische Energie der Geschosse 7,5 J nicht übersteigen. Ein Hersteller bietet Munition mit verschiedenen Massen an: 0,20 g, 0,40 g und 0,60 g. Berechne und vergleiche jeweils die Geschwindigkeiten und die Impulse der Geschosse, wenn die maximal erlaubte kinetische Energie ausgenutzt wird.

Aus der Geschichte: Zwei Erhaltungsgrößen entwickeln sich

Impuls • Die moderne Physik beginnt mit ersten mathematischen Beschreibungen von Bewegungen. Dazu gehören der freie Fall durch Galileo Galilei (1564–1642) und die Planetenbahnen durch Johannes Kepler (1571–1630). Zu Beginn des 17. Jahrhunderts kam man auf die Idee, bei Bewegungen nach Größen zu suchen, die erhalten bleiben. Bei Stoßversuchen mit Kugeln fand man heraus, dass das Produkt aus Masse und Geschwindigkeit eine Rolle spielt. Isaac Newton (1643–1727) erkannte, dass man dieses Produkt – also den Impuls – nur durch eine Kraft von außen ändern kann. Seine Überlegungen lassen sich so formulieren: Die zeitliche Änderung des Impulses ist genauso groß wie der Betrag der Kraft, die auf den Körper wirkt. Mathematisch ausgedrückt:

$$F = \frac{\Delta p}{\Delta t} = \frac{\Delta(m \cdot v)}{\Delta t}.$$

Bei konstanter Masse m folgt daraus die Grundgleichung der Mechanik:

$$F = m \cdot \frac{\Delta v}{\Delta t} = m \cdot a.$$

Newton formulierte auch die Impulserhaltung für Stöße zweier Körper:

$$m_1 \cdot \Delta v_1 + m_2 \cdot \Delta v_2 = 0 \text{ kg} \cdot \frac{\text{m}}{\text{s}}.$$

Durch Umformen ergibt sich daraus das Wechselwirkungsgesetz („actio = reactio“):

$$m_1 \cdot \Delta v_1 = - m_2 \cdot \Delta v_2 \quad | : \Delta t$$

$$m_1 \cdot \frac{\Delta v_1}{\Delta t} = - m_2 \cdot \frac{\Delta v_2}{\Delta t} \quad \text{bzw.} \quad m_1 \cdot a_1 = - m_2 \cdot a_2$$

$$F_1 = - F_2$$

Die Richtigkeit seiner Gleichungen bewies Newton, indem er damit z. B. die Planetenbewegungen sehr genau berechnete. Für ihn spielte das Konzept der Kraft als Ursache von Impulsänderungen eine zentrale Rolle.

Energie • In späteren Versuchen ließ man Körper mit verschiedenen Geschwindigkeiten in eine weiche Masse dringen. Die Eindringtiefe nahm nicht direkt proportional zur Geschwindigkeit bzw. zum Impuls zu, sondern zum Quadrat der Geschwindigkeit. Gottfried Wilhelm Leibnitz (1646–1716) bezeichnete das Produkt $m \cdot v^2$ als „lebendige Kraft“. Bis auf den Faktor $\frac{1}{2}$ entspricht es bereits der kinetischen Energie. Die vielleicht berühmteste Gleichung der Physik, die 1905 von Albert Einstein (1879–1955) aufgestellt wurde, hat dieselbe Struktur: $E = m \cdot c^2$. → S. 184
Obwohl hier die Lichtgeschwindigkeit c auftritt, geht es um die „Ruheenergie“, die in der Masse eines ruhenden Körpers gespeichert ist. Der Energiebegriff im heutigen Sinn nahm um 1850 herum Gestalt an. Man wollte Wärme nutzen, um Arbeit zu verrichten. Das führte zur Erfindung der Wärmekraftmaschinen. Dabei kam man zu der Überzeugung, dass es eine Größe gibt, die bei diesen Umwandlungen erhalten bleibt – so „erfand“ man die Energie. Beteiligt daran waren der deutsche Arzt Robert Mayer (1814–1878) und der englische Brauer James Prescott Joule (1818–1889), dessen Namen die Energieeinheit heute trägt.

Aufgabe

1 Fertige einen Zeitstrahl mit den genannten Personen und ihren Erkenntnissen an.

Im Fokus

Aus der Technik: Fortbewegung in Wasser, Luft und im Weltraum

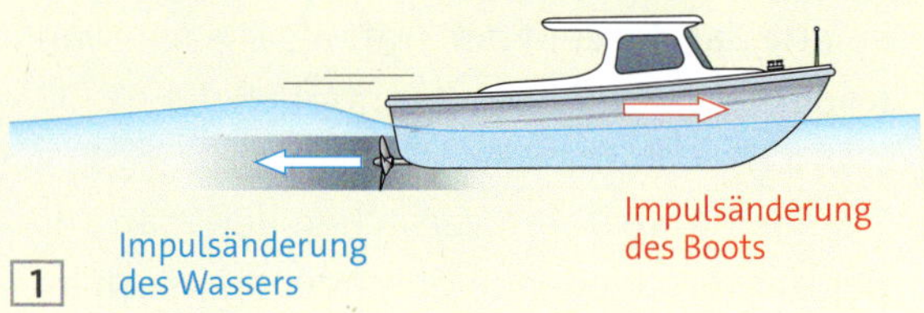

1

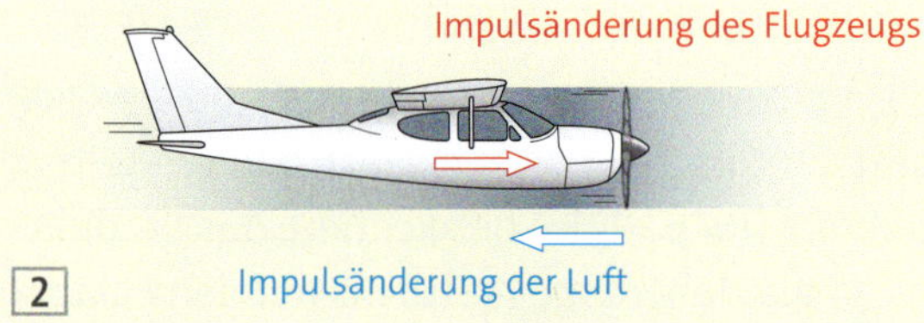

2

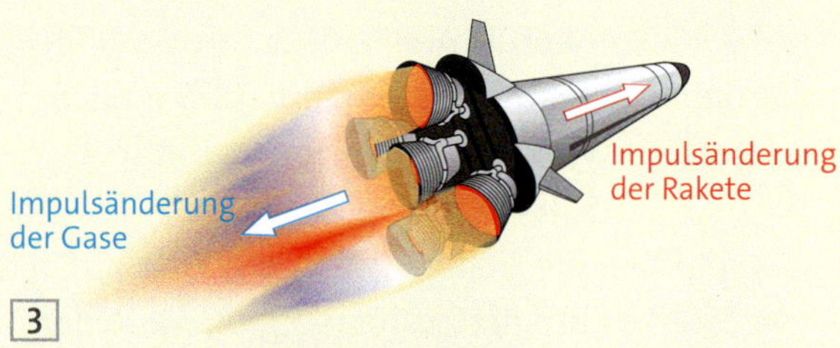

3

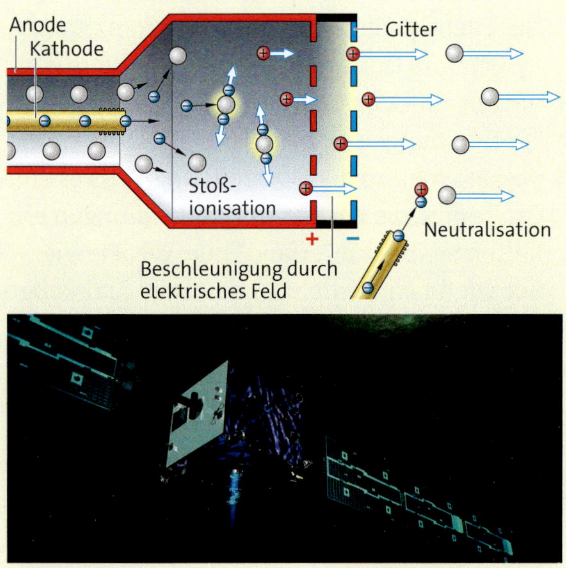

4 Raumsonde Smart 1 mit Ionentriebwerk

Schiffe und Flugzeuge • Die Schiffsschraube eines Motorboots schleudert Wasser nach hinten weg, damit das Boot nach vorne beschleunigt wird (Wechselwirkungsgesetz). → 1 Die Impulsänderung des Wassers ist dabei genauso groß wie die Impulsänderung des Motorboots: $\Delta p_{\text{Boot}} = -\Delta p_{\text{Wasser}}$.
Für eine große Impulsänderung wird viel Wasser mit großer Geschwindigkeit ausgestoßen: $\Delta p_{\text{Wasser}} = \Delta m_{\text{Wasser}} \cdot v_{\text{Wasser}}$.
Ein Motorflugzeug beschleunigt auf ähnliche Weise. → 2 Um trotz der geringen Masse der Luft eine große Impulsänderung zu bewirken, schleudert der Propeller die Luft mit sehr großer Geschwindigkeit nach hinten.

Raketen • Im Weltraum ist kein Stoff vorhanden, den das Raketentriebwerk nach hinten schleudern könnte. Die Raketen müssen diesen Stoff daher selbst produzieren. Dazu führen sie Treibstoff mit, der verbrannt wird. Die heißen Verbrennungsgase werden dann vom Triebwerk nach hinten ausgestoßen. → 3 Bei Sauerstoff und Wasserstoff als Treibstoff beträgt die Ausströmgeschwindigkeit z. B. $5{,}2\,\frac{\text{km}}{\text{s}} \approx 19\,000\,\frac{\text{km}}{\text{h}}$! Große Raketen für bemannte Weltraummissionen können beim Start mehrere Tonnen Treibstoff pro Sekunde verbrennen.
Bei Ionentriebwerken wird das mitgeführte Gas nicht verbrannt, sondern ionisiert und mithilfe eines elektrischen Felds ausgestoßen. → 4 Die Ausströmgeschwindigkeit der Gasionen kann mehr als $100\,\frac{\text{km}}{\text{s}}$ betragen! Allerdings wird nur sehr wenig Masse pro Sekunde ausgestoßen, sodass der Betrag der Schubkraft klein ist.

Damit die Raumsonden trotz geringer Schubkraft eine große Geschwindigkeit erreichen, bleiben die Ionentriebwerke zum Teil länger als ein Jahr lang eingeschaltet:

$\Delta p_{\text{Rakete}} = F_{\text{schub}} \cdot \Delta t.$

Wenn die Geschwindigkeit der Raumsonde genügend groß ist, wird das Ionentriebwerk abgeschaltet – und die Raumsonde setzt ihre Bewegung unverändert bis in alle Ewigkeit fort, solange keine neue Kraft auf sie wirkt.

Zunehmende Beschleunigung • Bei eingeschalteten Raketentriebwerken ist die Impulsänderung der Verbrennungsgase pro Sekunde nahezu konstant. Also ist auch die Impulsänderung der Rakete pro Sekunde konstant. Die Beschleunigung der Rakete wird aber immer größer! Den Grund dafür zeigt ein Versuch: → 5 Die Person auf dem Rollbrett wirft einen Ball nach dem anderen fort. Bei jedem Wurf gilt:

$$m_{\text{Rakete}} \cdot \frac{\Delta v_{\text{Rakete}}}{\Delta t} = -m_{\text{Ball}} \cdot \frac{\Delta v_{\text{Ball}}}{\Delta t}.$$

Dabei steht „Rakete“ für die Person plus Rollbrett plus Bälle auf dem Rollbrett.

5

Das Produkt auf der rechten Seite der Gleichung ist bei jedem Wurf gleich groß – also gilt das auch für das Produkt auf der linken Seite:

$$m_{\text{Rakete}} \cdot \frac{\Delta v_{\text{Rakete}}}{\Delta t} = \text{konstant}.$$

Mit jedem Wurf eines Balls wird die Masse der „Rakete“ kleiner – und die Änderung der Geschwindigkeit pro Sekunde muss entsprechend größer werden, damit das Produkt konstant bleibt. Der Quotient $\frac{\Delta v_{\text{Rakete}}}{\Delta t}$ beschreibt die Beschleunigung der „Rakete“. Zusammenfassend ergibt sich also: Die Beschleunigung wird bei gleicher Schubkraft immer größer, weil die beschleunigte Masse immer kleiner wird.

Aufgaben

1 Mit einem Propellerflugzeug kann man nicht im Weltraum fliegen.

a Begründe die Aussage mit dem Wechselwirkungsprinzip.

b Gib weitere Gründe an.

2 Apollo 11, die erste bemannte Mondlandemission, wurde mit einer Saturn-V-Rakete gestartet. Informiere dich über diese Rakete und ihr Antriebssystem: Wie groß war die Rakete? Welche Treibstoffe wurden verwendet? Wie groß waren die Ausströmgeschwindigkeiten der Verbrennungsgase? Wie lange beschleunigten die Triebwerke? Wie groß waren die Schubkräfte?

3 Informiere dich über die Raumsonden Deep Space 1 oder Smart 1 und ihre Missionen.

Verschiedene Stöße

1

Gleich prallen die Widder in der Luft zusammen. Wie wird die Bewegung unmittelbar danach weitergehen?

A Versuch

Stoßpendel

Material: Doppelpendel mit 2 gleichen Sandsäckchen bzw. 2 gleichen Stahlkugeln → 2

1 Beschreibt jeweils die Bewegungen nach dem Stoß:
a Lenkt ein Sandsäckchen / eine Kugel aus und lasst los.
b Lenkt beide Sandsäckchen / Kugeln entgegengesetzt aus.

2 Vergleicht die Beobachtungen. Gebt an, welche Stöße elastisch bzw. inelastisch (Körper bleiben aneinander) waren. Beschreibt jeweils die Energieumwandlungen.

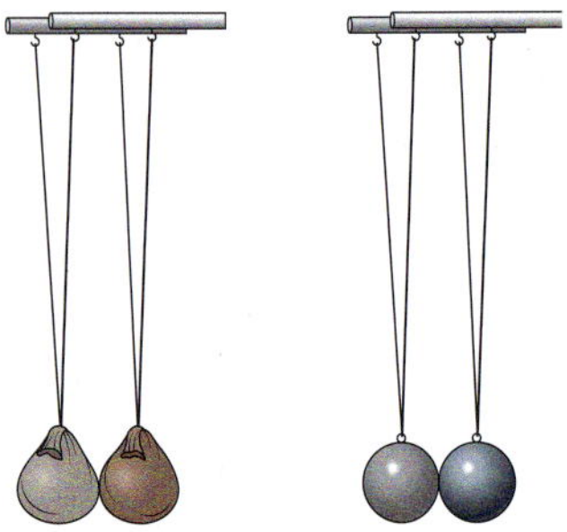
2

B Versuch

Inelastische Stoßwagen

Material: Fahrbahn, 2 Wagen, Haftpaste, Wägestücke, 2 Lichtschranken, Kurzzeitmesser

v_1 in $\frac{m}{s}$	v_2 in $\frac{m}{s}$	$u_1 = u_2$ in $\frac{m}{s}$
0,59	0,00	0,39
?	?	?

4 Beispieltabelle

1 Beladet den Wagen 1 mit 200 g und den Wagen 2 mit 100 g. → 3 Bringt an beiden Wagen z. B. ein Stück Haftpaste an, sodass sie nach dem Stoß aneinanderhaften.
a Lasst den Wagen 1 gegen den ruhenden Wagen 2 fahren. Messt die Verdunklungszeit:
- Δt_1, wenn Wagen 1 die linke Lichtschranke durchfährt
- Δt_2, wenn Wagen 2 die rechte Lichtschranke durchfährt

Berechnet die Geschwindigkeiten der Wagen: → 4
- v_1 vor dem Stoß
- $u_1 = u_2$ nach dem Stoß

b Startet mit unterschiedlichen Geschwindigkeiten v_1.
c Vergleicht die Geschwindigkeiten vor und nach dem Stoß. Erklärt den Unterschied mit dem Impulserhaltungssatz.
d Berechnet u_2 mit dem Impulserhaltungssatz.

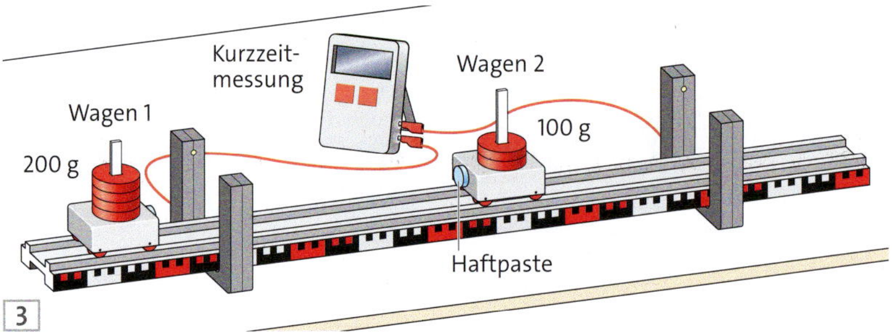

3

C Versuche

Elastische Stoßwagen

Material: Fahrbahn, 2 Wagen, Federn, Wägestücke, Lichtschranken, Kurzzeitmesser

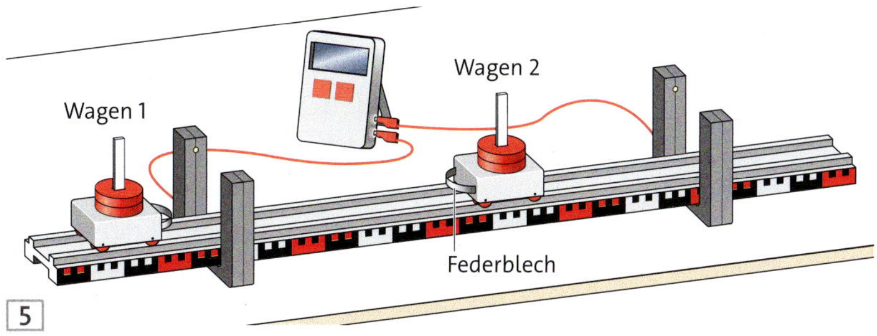

5

1 Stellt zwei Wagen mit gleicher Masse auf die Fahrbahn. → 5 Stoßt den Wagen 1 an, sodass er gegen den ruhenden Wagen 2 fährt. Beobachtet die Bewegungen der beiden Wagen ohne eingeschaltete Messgeräte.

a Beschreibt, wie sich die Wagen nach dem Zusammenstoß verhalten.

b Beschreibt, was daraus für den Impuls und die kinetische Energie des angestoßenen Wagens folgt.

2 Beschwert den Wagen 2 diesmal mit Wägestücken, sodass das Massenverhältnis 1 : 2 beträgt, also z. B.: $m_1 = 100$ g und $m_2 = 200$ g. Lasst den Wagen 1 jetzt wieder gegen den ruhenden Wagen 2 fahren.

a Beschreibt eure Beobachtungen. Vergleicht sie mit denen von Versuch 1.

b Messt die Verdunklungszeiten der Lichtschranken. Bestimmt daraus die Geschwindigkeiten und tragt sie in eine Tabelle ein. → 6 Geschwindigkeiten gegen die Anfangsrichtung von Wagen 1 erhalten ein Minuszeichen.

c Wiederholt den Versuch mit verschiedenen Geschwindigkeiten für den Wagen 1.

d Beschreibt eure Beobachtungen in Bezug auf die Geschwindigkeiten bei den Versuchen.

e Stellt eine Vermutung auf, wie die Geschwindigkeiten der beiden Wagen mathematisch zusammenhängen.

v_1	v_2	u_1	u_2
0,58 $\frac{m}{s}$	0,00 $\frac{m}{s}$	−0,20 $\frac{m}{s}$	0,42 $\frac{m}{s}$
?	?	?	?

6 Beispieltabelle

D Versuch

Pendelkette

7

Material: Newtonpendel

1 Eines der bekanntesten Spielzeuge, bei dem Impulse eine Rolle spielen, ist das Newtonpendel. → 7

a Lenkt eine Kugel aus und lasst sie auf die übrigen Kugeln prallen. Beschreibt und erklärt, was passiert.

b Lenkt zwei, drei ... Kugeln aus. Lasst auch von beiden Seiten ein, zwei ... Kugeln auf die restlichen Kugeln prallen. Sagt jeweils voraus, was passieren wird.

Verschiedene Stöße

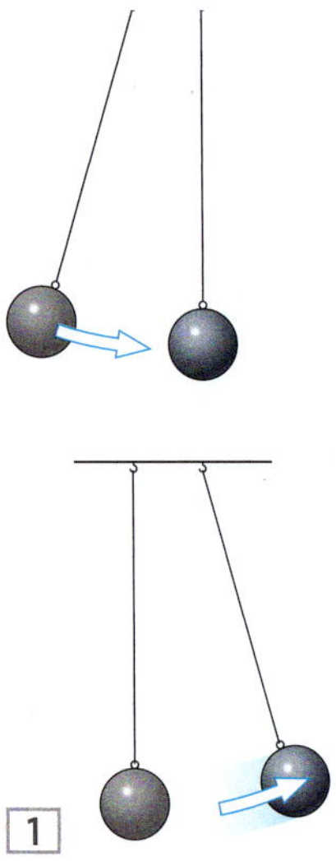

1 Elastischer Stoß

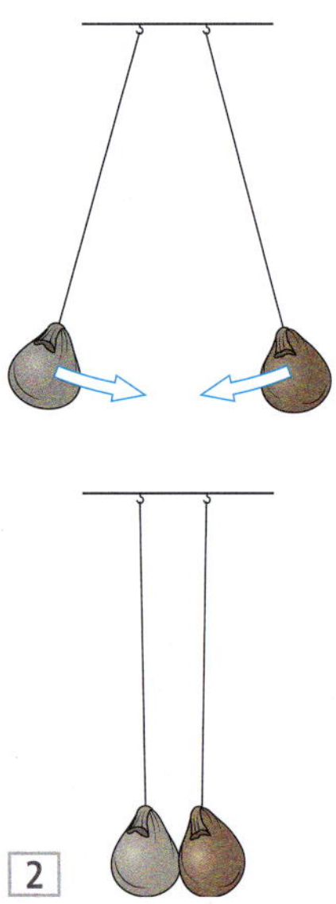

2 Inelastischer Stoß

Grundlagen

Verschiedene Stoßarten • Wenn zwei Stahlkugeln zusammenstoßen, trennen sie sich nach dem Stoß sofort wieder, ohne sich zu verformen. → 1 Wir sprechen von einem elastischen Stoß, wenn die Summe der kinetischen Energien der Stoßpartner erhalten bleibt. Wenn dagegen zwei Sandsäcke zusammenstoßen, verformen sie sich und bewegen sich danach zusammen weiter (teilelastischer Stoß) oder kommen zur Ruhe (inelastischer Stoß). → 2 Beim inelastischen Stoß wird die kinetische Energie über Verformung und Erwärmung komplett in innere Energie der Sandsäcke umgewandelt.

Bei einem elastischen Stoß von zwei oder mehr Körpern bleibt sowohl die Summe der Impulse als auch die Summe der kinetischen Energien erhalten.
Bei einem inelastischen Stoß bleibt nur die Summe der Impulse erhalten. Die kinetischen Energien werden vollständig in innere Energie umgewandelt.
Reale Stöße liegen zwischen diesen beiden Stoßarten. Man spricht auch von teilelastischen Stößen.

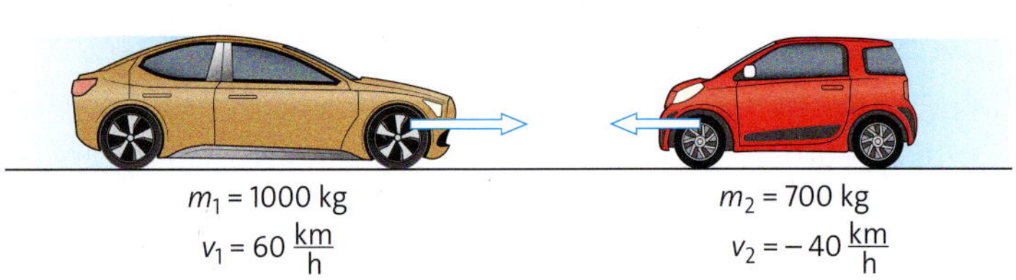

3 Crashtest – auf dem Weg zum teilelastischen Stoß

Als Beispiele für verschiedene Stoßarten betrachten wir die Stöße zweier Stahlkugeln und zweier Autos.

Stoß gleicher Stahlkugeln • Vor dem Stoß bewegt sich nur die linke Kugel 1, nach dem Stoß nur die rechte Kugel 2. → 1 Wie groß ist die Geschwindigkeit der Kugel 2? Zur Berechnung gehen wir von einem elastischen Stoß aus.
Die Summe der Impulse ist vor dem Stoß genauso groß wie nach dem Stoß:
$m_1 \cdot v_1 + m_2 \cdot v_2 = m_1 \cdot u_1 + m_2 \cdot u_2$.
Dabei bezeichnet v jeweils die Geschwindigkeit vor dem Stoß und u die Geschwindigkeit nach dem Stoß.
Außerdem gilt:
$m_1 = m_2$; $v_2 = 0\ \frac{m}{s}$ und $u_1 = 0\ \frac{m}{s}$.
Einsetzen und umformen ergibt:

$m_1 \cdot v_1 = m_2 \cdot u_2 = m_1 \cdot u_2$

$m_1 \cdot v_1 = m_1 \cdot u_2$

$v_1 = u_2$

Die Kugel 2 hat nach dem Stoß die gleiche Geschwindigkeit wie die Kugel 1 vor dem Stoß.
Für die Summen der kinetischen Energien vor und nach dem Stoß gilt:

$\frac{1}{2} \cdot m_1 \cdot v_1^2 = \frac{1}{2} \cdot m_2 \cdot u_2^2$

$m_1 \cdot v_1^2 = m_1 \cdot u_2^2$

$v_1^2 = u_2^2$

$v_1 = u_2$ oder $v_1 = -u_2$

Da sich die Kugel 2 nach dem Stoß in die gleiche Richtung bewegt wie die Kugel 1 vor dem Stoß, gilt:
$v_1 = u_2$.

Stoß zweier Autos • Bei diesem Crashtest prallen zwei Autos mit verschiedenen Geschwindigkeiten frontal aufeinander. → 3 Wie geht es nun weiter?

der elastische Stoß
der inelastische Stoß
der teilelastische Stoß

Wir gehen von einem teilelastischen Stoß aus, bei dem sich beide Autos nicht mehr voneinander lösen. Um die gemeinsame Geschwindigkeit nach dem Stoß zu berechnen, beginnen wir wieder mit der Gleichung für die Impulserhaltung. → 4 Wenn dann alle Geschwindigkeiten bekannt oder berechnet sind, lassen sich die kinetischen Energien vor und nach dem Stoß miteinander vergleichen.

Aufgaben

1 Gib an, welche Summen (Impulse, kinetische Energien) jeweils bei elastischen bzw. bei inelastischen Stößen erhalten bleiben.

2 Bei einem frontalen Zusammenstoß kommt Auto 1 (2,0 t) von links mit $120\,\frac{\text{km}}{\text{h}}$ und Auto 2 (1,2 t) von rechts mit $80\,\frac{\text{km}}{\text{h}}$.

a Berechne die gemeinsame Geschwindigkeit der Autos nach dem teilelastischen Stoß. → 4

b Berechne und vergleiche die kinetischen Energien vor und nach dem Zusammenstoß. Gib an, wie viel kinetische Energie (in %) beim Stoß „verloren" geht. → 4

3 Auto 1 (1000 kg) fährt mit einer Geschwindigkeit von $60\,\frac{\text{km}}{\text{h}}$ auf das stehende Auto 2 (700 kg) auf. Es kommt zu einem teilelastischen Stoß. Berechne die gemeinsame Geschwindigkeit der Autos nach dem Zusammenstoß. → 4

1 Auto 1 (1000 kg) fährt mit $60\,\frac{\text{km}}{\text{h}}$ und Auto 2 (700 kg) kommt ihm mit $40\,\frac{\text{km}}{\text{h}}$ entgegen. → 3 Es kommt zu einem teilelastischen Stoß.
Berechne die gemeinsame Geschwindigkeit der Autos nach dem Zusammenstoß.

Gegeben: $m_1 = 1000\,\text{kg};\ v_1 = 60\,\frac{\text{km}}{\text{h}};\ m_2 = 700\,\text{kg};\ v_2 = -40\,\frac{\text{km}}{\text{h}}$

Gesucht: $u_1 = u_2$

Gleichung: $m_1 \cdot v_1 + m_2 \cdot v_2 = m_1 \cdot u_1 + m_2 \cdot u_2$

Umformen und auflösen nach der gesuchten Größe:

$m_1 \cdot v_1 + m_2 \cdot v_2 = m_1 \cdot u_1 + m_2 \cdot u_1$ | u_1 ausklammern

$m_1 \cdot v_1 + m_2 \cdot v_2 = u_1 \cdot (m_1 + m_2)$ | durch $(m_1 + m_2)$ teilen

$$u_1 = \frac{m_1 \cdot v_1 + m_2 \cdot v_2}{m_1 + m_2}$$

Einsetzen:

$$u_1 = \frac{1000\,\text{kg} \cdot 60\,\frac{\text{km}}{\text{h}} - 700\,\text{kg} \cdot 40\,\frac{\text{km}}{\text{h}}}{1000\,\text{kg} + 700\,\text{kg}} = 18{,}823\,529\,\frac{\text{km}}{\text{h}}$$

Runden: v_1 und v_2 sind mit 2 sinnvollen Ziffern angegeben.

Ergebnis: $u_1 = u_2 = 19\,\frac{\text{km}}{\text{h}}$

2 Berechne die kinetischen Energien vor und nach dem Zusammenstoß in Aufgabe 1. Gib in Prozent an, wie viel kinetische Energie beim Stoß „verloren" geht.

Gesucht: E_{kin} vor und nach dem Stoß, „Energieverlust" in %

Gleichungen:

$$E_{kin,\,vor} = \frac{1}{2} \cdot m_1 \cdot v_1^2 + \frac{1}{2} \cdot m_2 \cdot v_2^2$$

$$E_{kin,\,nach} = \frac{1}{2} \cdot m_1 \cdot u_1^2 + \frac{1}{2} \cdot m_2 \cdot u_1^2$$

$$\frac{E_{kin,\,vor} - E_{kin,\,nach}}{E_{kin,\,vor}} \cdot 100\,\%$$

Einsetzen und auf 2 sinnvolle Ziffern runden:

$$E_{kin,\,vor} = \frac{1}{2} \cdot 1000\,\text{kg} \cdot \left(\frac{60}{3{,}6}\,\frac{\text{m}}{\text{s}}\right)^2 + \frac{1}{2} \cdot 700\,\text{kg} \cdot \left(\frac{40}{3{,}6}\,\frac{\text{m}}{\text{s}}\right)^2 = 1{,}8 \cdot 10^5\,\text{J}$$

$$E_{kin,\,nach} = \frac{1}{2} \cdot 1000\,\text{kg} \cdot \left(\frac{19}{3{,}6}\,\frac{\text{m}}{\text{s}}\right)^2 + \frac{1}{2} \cdot 700\,\text{kg} \cdot \left(\frac{19}{3{,}6}\,\frac{\text{m}}{\text{s}}\right)^2 = 0{,}24 \cdot 10^5\,\text{J}$$

$$\frac{1{,}8 \cdot 10^5\,\text{J} - 0{,}24 \cdot 10^5\,\text{J}}{1{,}8 \cdot 10^5\,\text{J}} \cdot 100\,\% = 87\,\%$$

4 Beispielaufgaben: teilelastischer Stoß von Bild 3

Verschiedene Stöße

E Aufgaben

Weitere Rechnungen mit Zusammenstößen

1 Überprüfe jeweils mit dem Impulserhaltungssatz, ob die Werte zu Stoßvorgängen passen. → 1

	a	b
m_1	7,0 kg	0,20 g
v_1	$5{,}0\ \frac{m}{s}$	$-15\ \frac{m}{s}$
u_1	$1{,}0\ \frac{m}{s}$	$5{,}0\ \frac{m}{s}$
m_2	28 kg	0,20 g
v_2	$-1{,}0\ \frac{m}{s}$	$6{,}0\ \frac{m}{s}$
u_2	$1{,}0\ \frac{m}{s}$	$-14\ \frac{m}{s}$

1

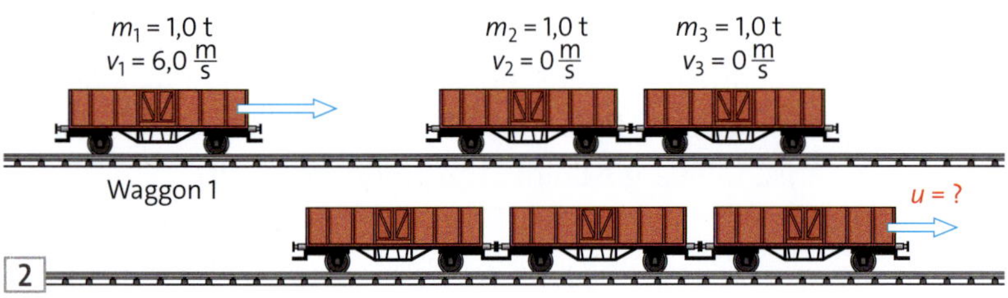

2

2 Jonas (60 kg) springt aus vollem Lauf ($5{,}0\ \frac{m}{s}$) auf sein stehendes Skateboard (3,0 kg).

a Berechne die gemeinsame Geschwindigkeit von Jonas und dem Skateboard nach dem Aufspringen.

b Berechne, wie viel kinetische Energie beim Vorgang umgewandelt wird.

3 Eine Stuntfrau (70 kg) läuft mit einer Geschwindigkeit von $15{,}0\ \frac{km}{h}$ und holt einen rollenden Wagen (100 kg) ein, der eine Geschwindigkeit von $5{,}0\ \frac{km}{h}$ hat. Die Frau springt auf den Wagen auf.

a Berechne die gemeinsame Geschwindigkeit nach dem Aufspringen.

b Die Stuntfrau läuft diesmal auf den rollenden Wagen zu und springt auf. Berechne wieder die gemeinsame Geschwindigkeit nach dem Aufspringen.

4 Waggon 1 ($v_1 = 6{,}0\ \frac{m}{s}$) prallt auf zwei stehende, gekoppelte Waggons. → 2 Jeder Wagen hat die Masse 1,0 t. Nach dem Stoß bewegen sich alle gemeinsam weiter.

a Berechne die Geschwindigkeit u der Waggons nach dem Stoß.

b Berechne die Summen der kinetischen Energien vor und nach dem Stoß.

c Gib an, wie viel Prozent der kinetischen Energie beim Stoß „verloren“ gehen.

F Aufgabe

Newtonpendel

1 Die linke Kugel wird ausgelenkt und losgelassen. → 3 Nach dem Aufprall bewegt sich nur die rechte Kugel weiter – mit der gleichen Geschwindigkeit, die die linke Kugel vorher hatte. Nach dem Impulserhaltungssatz könnten sich auch die mittlere und die rechte Kugel nach dem Stoß gemeinsam mit der halben Geschwindigkeit fortbewegen. Warum geschieht das nicht? Begründe es rechnerisch mit der kinetischen Energie.

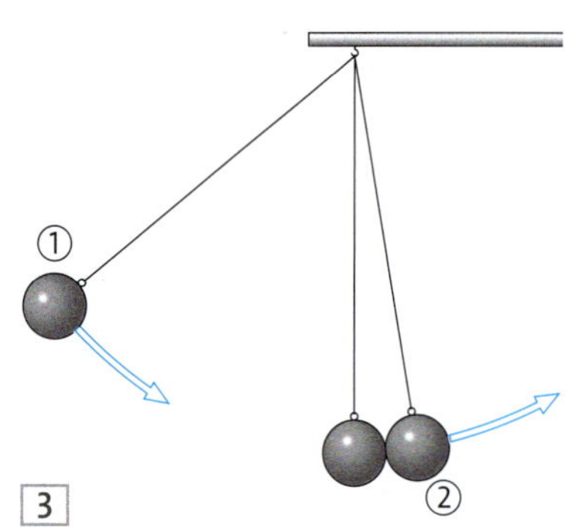

3

Im Fokus

Aus der Technik: Crashtest für Dummys

Ein Crashtestdummy erzählt von der Arbeit: „Ich bin schon oft mit 64 $\frac{km}{h}$ gegen eine Wand gefahren, war aber immer angeschnallt. Da müssen bei meiner Masse immerhin 12 kJ an kinetischer Energie umgewandelt werden. Das Auto wird durch das Verformen der Knautschzone in rund 80 ms bis zum Stillstand abgebremst. Der Gurt verlängert meine eigene Bremszeit etwas, sodass es je nach Knautschzone „nur" mit mittelschweren bis schweren Verletzungen ausgeht.
Am Montag stand nun zum ersten Mal der Frontalcrash ohne Gurt und Airbag auf meinem Programm. Du kannst dir nicht vorstellen, wie das abgeht! Ich sehe den Aufprall kommen, da kracht es auch schon und das Auto wird abgebremst – nur ich erst mal nicht! An Festhalten ist nicht zu denken, sodass ich mit voller Geschwindigkeit gegen den Dachrahmen und das Armaturenbrett krache und von ihnen in nur 50 ms abgebremst werde. Meine Sensoren zeigten dabei Verzögerungen von bis zu 36 g an! Die Bremskräfte waren enorm. So haben die Kraftsensoren für den Einbauort „Neck" über 2000 N gemessen, das haben die Halswirbel nicht ausgehalten. Als Mensch wäre ich sofort tot gewesen! Wie kommen bloß Leute auf die Idee, ohne Gurt zu fahren – der Airbag rettet doch nicht alles. Selbst mit 30 $\frac{km}{h}$ kann es schon Tote geben. Für mich konnten dagegen nach Analyse aller Daten aus meinen 200 Sensoren Ersatzteile geliefert werden. Jetzt bin ich runderneuert und darf mich vor meinem nächsten Einsatz noch ein bisschen schonen."

4

Aufgaben

1 Gegen die Wand

a Gib begründet an, welche Stoßart bei den beschriebenen Crashtests auftritt.

b Vor dem Aufprall bewegt sich das Auto und die Wand steht, nach dem Aufprall stehen beide. Vermute, wo der „fehlende" Impuls bleibt. *Tipp:* Was wäre, wenn die Wand nicht fest in der Erde verankert wäre?

2 Crashtest ohne Gurt und Airbag. Berechne:

a die Masse des Dummys; *Tipp:* $E_{kin} = \frac{1}{2} \cdot m \cdot v^2$

b den Impuls des Dummys vor dem Aufprall

c die Verzögerung des Dummys

d die Bremskraft auf den Dummy (m = 76 kg)

3 Erkläre die schützende Wirkung des Gurts auf zwei verschiedene Weisen:

a Der Bremsweg des Dummys wird verlängert.

Tipp: $F_B = \frac{E_{kin}}{s_B}$

b Die Bremszeit des Dummys wird verlängert.

Tipp: $F = \frac{\Delta p}{\Delta t}$

Impuls und Stöße

Zusammenfassung

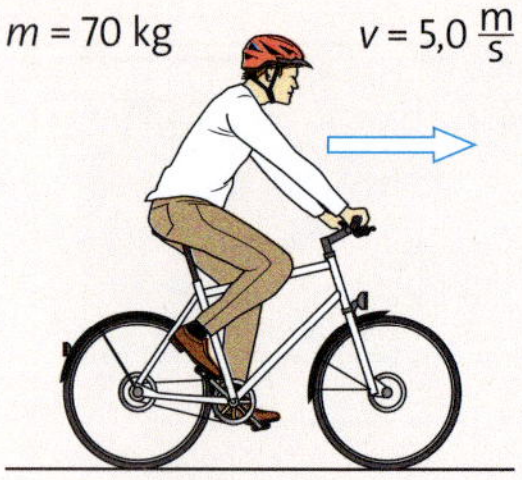

$p = m \cdot v$

1 $p = 3{,}5 \cdot 10^2\ \text{kg} \cdot \frac{\text{m}}{\text{s}}$

Impuls • Der Impuls p eines Körpers ist das Produkt aus seiner Masse m und seiner Geschwindigkeit v: $p = m \cdot v$. → 1
Die Einheit des Impulses ist $1\ \text{kg} \cdot \frac{\text{m}}{\text{s}}$.

Impulserhaltung • Im abgeschlossenen System bleibt die Summe aller Impulse stets konstant:
$m_1 \cdot v_1 + m_2 \cdot v_2 + \ldots = m_1 \cdot u_1 + m_2 \cdot u_2 + \ldots$ → 2

Impulsänderung • Der Impuls eines Körpers ändert sich umso mehr, je größer die beschleunigende Kraft ist und je länger sie auf den Körper einwirkt: $\Delta p = F \cdot \Delta t$ (bei F konstant). → 3

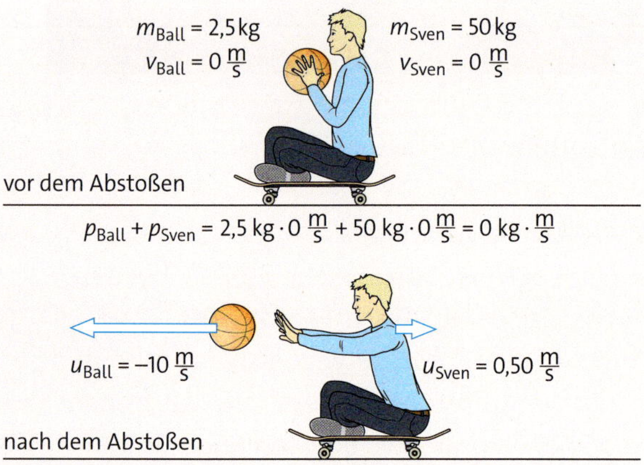

$p_{\text{Ball}} + p_{\text{Sven}} = 2{,}5\ \text{kg} \cdot 0\ \frac{\text{m}}{\text{s}} + 50\ \text{kg} \cdot 0\ \frac{\text{m}}{\text{s}} = 0\ \text{kg} \cdot \frac{\text{m}}{\text{s}}$

2 $p_{\text{Ball}} + p_{\text{Sven}} = -2{,}5\ \text{kg} \cdot 10\ \frac{\text{m}}{\text{s}} + 50\ \text{kg} \cdot 0{,}50\ \frac{\text{m}}{\text{s}} = 0\ \text{kg} \cdot \frac{\text{m}}{\text{s}}$

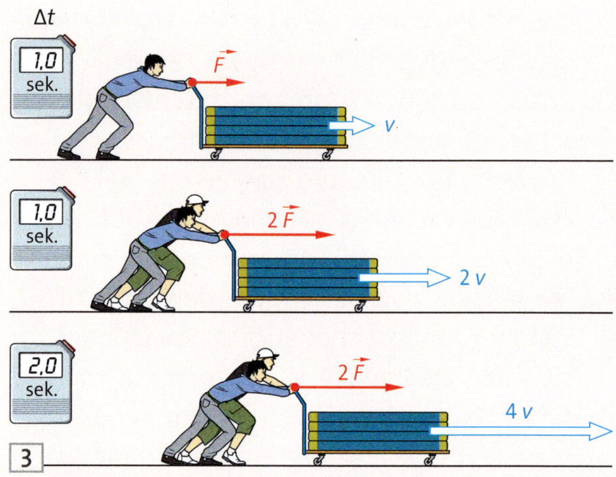

3

Elastische Stöße • Bei einem elastischen Stoß bleibt sowohl die Summe aller Impulse als auch die Summe aller kinetischen Energien stets erhalten: → 4

$m_1 \cdot v_1 + m_2 \cdot v_2 = m_1 \cdot u_1 + m_2 \cdot u_2$

$\frac{1}{2} \cdot m_1 \cdot v_1^2 + \frac{1}{2} \cdot m_2 \cdot v_2^2 = \frac{1}{2} \cdot m_1 \cdot u_1^2 + \frac{1}{2} \cdot m_2 \cdot u_2^2$

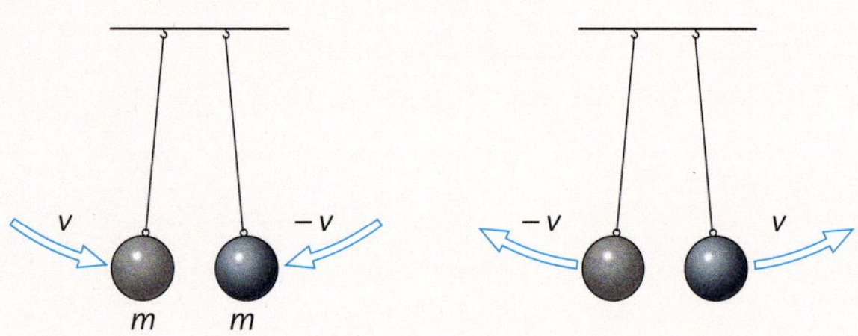

$p_{\text{vor}} = m \cdot v - m \cdot v = -m \cdot v + m \cdot v = p_{\text{nach}}$

4 $E_{\text{kin, vor}} = \frac{1}{2}\, m \cdot v^2 + \frac{1}{2}\, m \cdot v^2 = \frac{1}{2}\, m \cdot v^2 + \frac{1}{2}\, m \cdot v^2 = E_{\text{kin, nach}}$

Inelastische Stöße • Bei einem inelastischen Stoß bleibt nur die Summe der Impulse erhalten. Die kinetischen Energien werden vollständig in innere Energie umgewandelt: → 5

$m_1 \cdot v_1 + m_2 \cdot v_2 = m_1 \cdot u_1 + m_2 \cdot u_2$

$\frac{1}{2} \cdot m_1 \cdot v_1^2 + \frac{1}{2} \cdot m_2 \cdot v_2^2 = \Delta E_{\text{i}}$

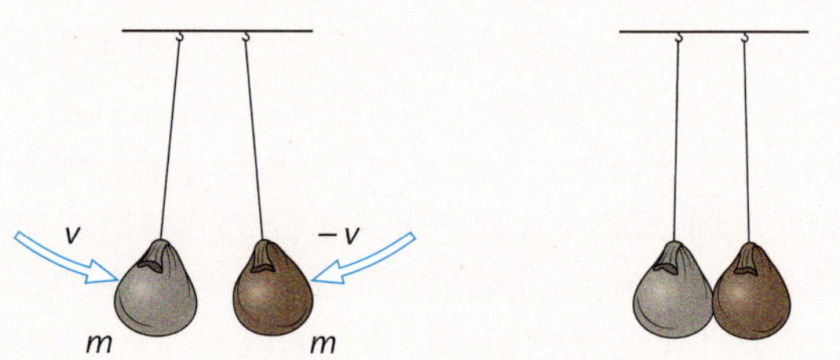

$p_{\text{vor}} = m \cdot v - m \cdot v = 0\ \text{kg} \cdot \frac{\text{m}}{\text{s}} = p_{\text{nach}}$

5 $E_{\text{kin, vor}} = \frac{1}{2}\, m \cdot v^2 + \frac{1}{2}\, m \cdot v^2 > 0\ \text{J} = E_{\text{kin, nach}}$ $\quad \Delta E_{\text{kin}} = \Delta E_{\text{i}}$

Aufgaben

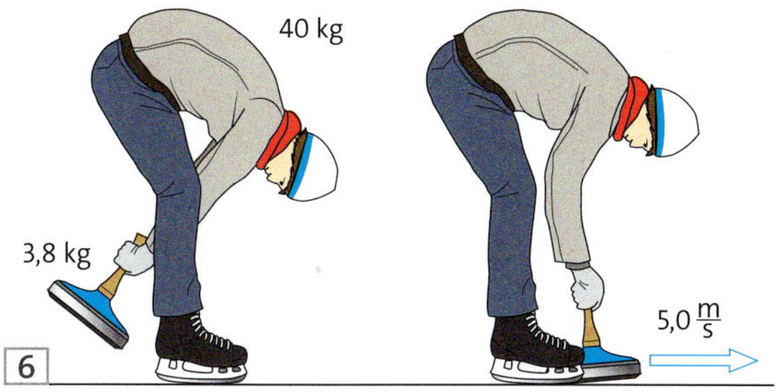

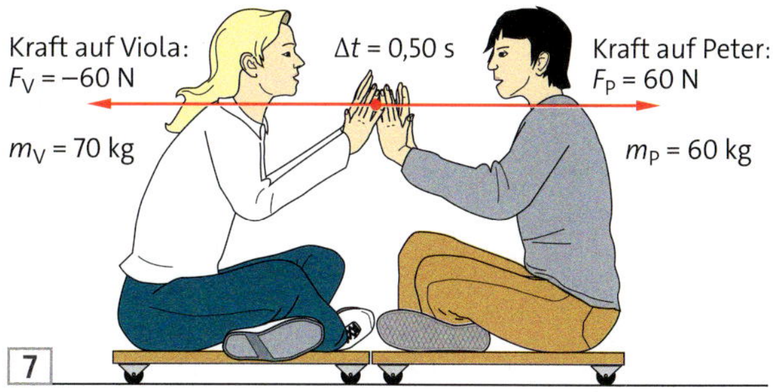

1 Der übermütige Jonas (40 kg) steht mit seinen Schlittschuhen auf dem spiegelglatten Eis und schleudert einen Eisstock (3,8 kg) von sich weg. → 6 Der Eisstock erhält dadurch eine Geschwindigkeit von 5,0 $\frac{m}{s}$.

a Berechne die kinetische Energie und den Impuls des Eisstocks.

b Durch das Wegschleudern des Eisstocks bewegt sich Jonas in die entgegengesetzte Richtung. Berechne seine Geschwindigkeit und kinetische Energie.

2 Sarah (40 kg) steht auf ihrem Skateboard (1,5 kg) und steigt nach hinten ab. Das Skateboard rollt daraufhin mit einer kinetischen Energie von 150 J fort.

a Berechne die Geschwindigkeit und den Impuls des Skateboards.

b Diesmal rollt Sarah mit ihrem Skateboard mit einer Geschwindigkeit von 10 $\frac{km}{h}$ auf einem glatten Weg. Als kleines Kunststück möchte sie so vom Skateboard abspringen, dass dieses auf der Stelle stehen bleibt (0 $\frac{km}{h}$):

- In welche Richtung muss Sarah abspringen? Begründe deine Antwort.
- Fertige eine beschriftete Skizze an – vor dem Absprung und danach.
- Berechne den zusätzlichen Impuls, den Sarah durch ihren Sprung erhält.

3 Viola (70 kg) und Peter (60 kg) stoßen sich voneinander ab. → 7 Viola übt eine Kraft von 60 N auf Peter aus und Peter eine gleich große, entgegengesetzt gerichtete Kraft auf Viola. Die Stoßdauer beträgt 0,50 s.

a Berechne die Impulse von Peter und Viola nach dem Abstoßen.

b Berechne die kinetischen Energien der beiden nach dem Abstoßen.

4 Billardkugel 1 rollt gegen die ruhende Billardkugel 2: Kugel 1 kommt zum Stillstand und Kugel 2 rollt mit der Geschwindigkeit weiter, die Kugel 1 vor dem Stoß hatte. Um welche Stoßart handelt es sich? Begründe deine Antwort.

5 Ein Kleinlaster ($m_1 = 2{,}1 \cdot 10^3$ kg) stößt teilelastisch gegen einen ruhenden Pkw. Vor dem Zusammenstoß beträgt die Geschwindigkeit des Kleinlasters $v_1 = 30{,}0\ \frac{m}{s}$. Nach dem Aufprall bewegen sich die verkeilten Fahrzeuge weiter mit $u_1 = u_2 = 20{,}5\ \frac{m}{s}$.

a Fertige eine beschriftete Skizze des Vorgangs an – vor dem Zusammenstoß und danach.

b Zeige rechnerisch, dass für die Masse des Pkw gilt: $m_2 = 0{,}97 \cdot 10^3$ kg.

c Bestätige rechnerisch, dass 34 % der anfänglichen kinetischen Energie beim Zusammenstoß in innere Energie umgewandelt werden.

Teste dich! (Lösungen im Anhang)

Geschwindigkeit, Beschleunigung und Kraft

1 Beschreibe jeweils, wie sich der Körper bewegt.
a Auf den Körper wirkt keine Kraft.
b Auf den Körper wirkt eine Kraft in Bewegungsrichtung.
c Auf den Körper wirkt eine Kraft entgegengesetzt zur Bewegungsrichtung.

2 Wähle den richtigen Merksatz aus und formuliere die falschen Merksätze richtig:
a Ohne Kraft keine Bewegung.
b Bei gleicher Kraft wird der Körper mit der größeren Masse stärker beschleunigt.
c Bei gleicher Kraft ist die Beschleunigung umso größer, je schneller der Körper ist.
d Beschleunigung gleich Kraft durch Masse.

3 Ein Auto wird aus dem Stand gleichmäßig beschleunigt. Gib jeweils an, welcher Zusammenhang zutrifft, und begründe mithilfe einer Gleichung:
a Der in 3 s zurückgelegte Weg ist genauso groß, 2-mal so groß, 3-mal so groß, 4-mal so groß, 9-mal so groß wie der Weg, den das Auto in 1 s zurücklegt.
b Die in 3 s erreichte Geschwindigkeit ist genauso groß, 2-mal so groß, 3-mal so groß, 4-mal so groß, 9-mal so groß wie die Geschwindigkeit, die das Auto in 1 s erreicht.

4 Steffi schlägt mit ihrem Tennisschläger den Ball (58 g) auf, seine Geschwindigkeit erreicht 180 $\frac{km}{h}$. Dabei wird der Ball vom Schläger über eine Strecke von 10 cm gleichmäßig beschleunigt. Berechne den Betrag der beschleunigenden Kraft.

5 Schnelles Motorrad
a Ein Motorrad beschleunigt bei gleicher Antriebskraft schneller als ein Auto. Begründe den Unterschied.
b Das Motorrad beschleunigt in 3,0 s gleichmäßig von 0 $\frac{km}{h}$ auf 100 $\frac{km}{h}$. Berechne die Beschleunigung und die zurückgelegte Strecke.

6 Ein Flugzeug beschleunigt beim Starten gleichmäßig mit 5,0 $\frac{m}{s^2}$, bis es nach 20 s abhebt.
a Wie lang muss die Startbahn dafür sein: 800 m, 1600 m oder mehr? Begründe deine Antwort rechnerisch.
b Berechne, mit welcher Geschwindigkeit (in $\frac{km}{h}$) das Flugzeug abhebt.
c Zeichne das *t*-*s*-Diagramm und das *t*-*v*-Diagramm (*v* in $\frac{m}{s}$) für den Start bis zum Abheben.

7 Was verrät das Diagramm? → 1
a Beschreibe die dargestellte Bewegung mit Worten.
b Berechne die insgesamt zurückgelegte Strecke und die Durchschnittsgeschwindigkeit. *Tipp:* Berechne die Strecken abschnittsweise und setze die Teilstrecken zum Schluss zusammen.
c Berechne die Beschleunigung bzw. die Bremsverzögerung für die Abschnitte, in denen sich die Geschwindigkeit ändert.

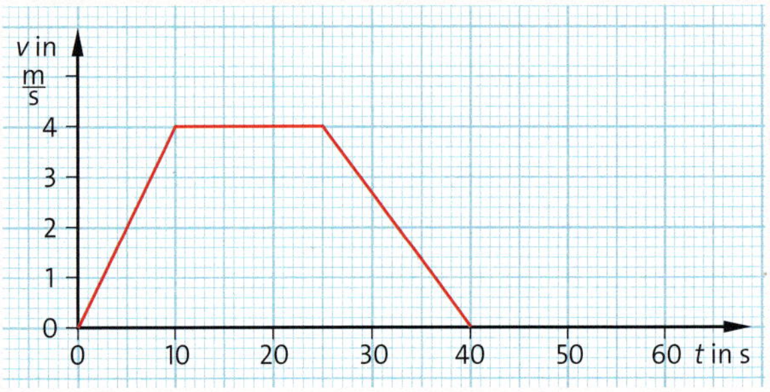

1

d Beschreibe jeweils, was die Beschleunigung über die Änderung der Geschwindigkeit des Körpers aussagt:
- $a = 3{,}0\,\frac{\text{m}}{\text{s}^2}$
- $a_B = -5{,}0\,\frac{\text{m}}{\text{s}^2}$

8 Ein Motorradfahrer wartet an einer Startlinie, bis ein Rennradfahrer diese Linie mit einer Geschwindigkeit von $40\,\frac{\text{km}}{\text{h}}$ passiert. → 2
Jetzt startet auch der Motorradfahrer und beschleunigt gleichmäßig mit $4{,}8\,\frac{\text{m}}{\text{s}^2}$. Der Rennradfahrer behält seine Geschwindigkeit bei.

a Gib mit Begründung an, welches Diagramm das Rennen richtig darstellt. → 3

b Begründe bei den anderen Diagrammen jeweils, warum sie nicht zum Rennen passen.

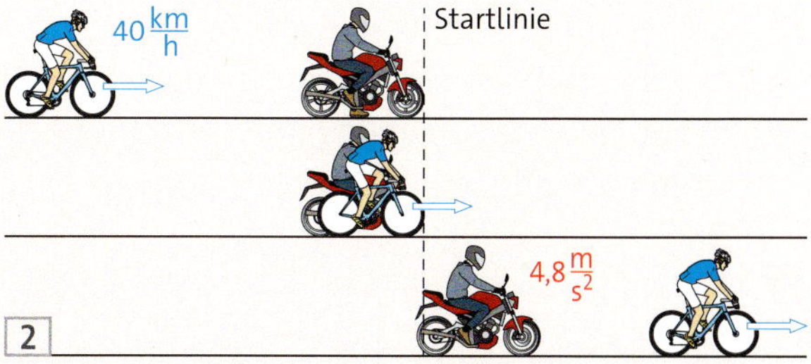

2

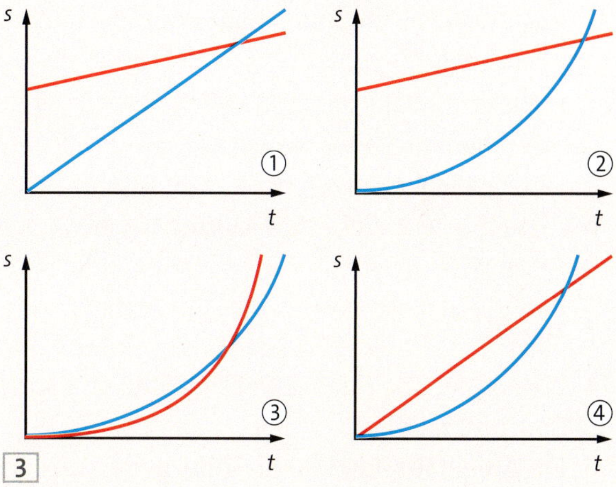

3

Beschleunigung, Kraft und Energie

9 Kevin (70 kg) testet ein Auto (1,2 t). Von $0\,\frac{\text{km}}{\text{h}}$ auf $50\,\frac{\text{km}}{\text{h}}$ beschleunigt er gleichmäßig in 1,9 s.

a Berechne die erreichte kinetische Energie und die genutzte Leistung des Motors.

b Berechne, wie groß die beschleunigende Gesamtkraft ist.

10 Bei einem Wettbewerb sollten 1000 Personen ein großes Schiff (23 000 t) in maximal 300 s 20 m weit ziehen. Ist das zu schaffen?

a Berechne die Endgeschwindigkeit, auf die das Schiff gebracht werden muss. Gehe von einer gleichmäßig beschleunigten Bewegung aus.

b Berechne die Energie, die auf das Schiff übertragen werden muss, damit es die Endgeschwindigkeit erreicht.

c Berechne den Betrag der Gesamtkraft, um die in Teil b berechnete Energie auf der Strecke von 20 m auf das Schiff zu übertragen. Gehe zur Vereinfachung davon aus, dass das Schiff nicht durch Reibung gebremst wird.

d Gib den Betrag der Kraft an, mit der jeder der 1000 Menschen ziehen müsste. Schätze ab, ob ein normal kräftiger Mensch eine so große Kraft ausüben kann.

11 Ein Pkw fährt mit $130\,\frac{\text{km}}{\text{h}}$ auf der Autobahn, als das Ende eines Staus sichtbar wird. Der Fahrer beginnt nach einer Reaktionszeit von $t_R = 0{,}80$ s zu bremsen. Mit einer Bremsverzögerung von $a_B = -6{,}0\,\frac{\text{m}}{\text{s}^2}$ wird das Auto bis zum Stand abgebremst. Berechne:

a den Reaktionsweg

b die Bremszeit

c den Bremsweg

d den Anhalteweg

Teste dich! (Lösungen im Anhang)

12 Fallschirmspringer landen mit einer Geschwindigkeit von 15 $\frac{\text{km}}{\text{h}}$. Berechne, aus welcher Höhe sie im Training ohne Fallschirm fallen müssen, um die Landung zu üben.

13 Herr Müller behauptet, bei einem Sturz vom Gerüst 2,0 s lang gefallen zu sein.
- a Beantworte jeweils rechnerisch:
  - Mit welcher Geschwindigkeit v wäre Herr Müller aufgeprallt?
  - Wie groß wäre seine Durchschnittsgeschwindigkeit v_D gewesen?
  - Aus welcher Höhe h wäre er gefallen?
- b Tatsächlich landete Herr Müller mit einer Geschwindigkeit von 4,5 $\frac{\text{m}}{\text{s}}$. Berechne die Falldauer und Fallhöhe.

14 Zwei Äpfel beginnen jeweils gleichzeitig vom Baum zu fallen.
- a Ein Apfel fällt aus 3,40 m Höhe, der andere von 1,30 m darüber. Berechne die Zeitspanne zwischen dem ersten und zweiten Aufprall.
- b Diesmal hängt ein Apfel 2,80 m hoch und schlägt 0,12 s vor dem anderen auf. Berechne, wie hoch der zweite Apfel hing.

Impuls und Stöße

15 Eine Kugel wird von einem Gewehr mit einer hohen Geschwindigkeit von 3564 $\frac{\text{km}}{\text{h}}$ abgeschossen. → 1

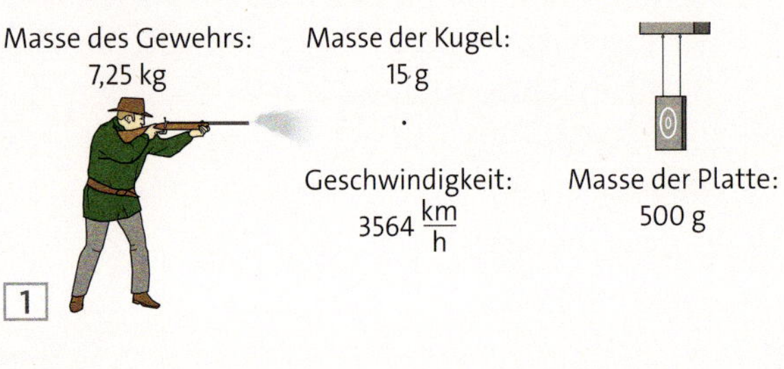

1

- a Berechne die Geschwindigkeit, mit der das Gewehr beim Abschuss zurückgestoßen wird. Verwende den Impulserhaltungssatz.
- b Berechne den Betrag der Kraft auf den Schützen, der den Rückstoß des Gewehrs in 0,10 s abfängt.
- c Die Kugel trifft auf die frei aufgehängte Holzplatte (500 g) und dringt in sie ein. Berechne:
  - die Geschwindigkeit u von Platte und Kugel direkt nach dem Eindringen
  - die Höhe h_{max}, um die die Platte beim Pendeln nach rechts maximal ansteigt

16 Kugel 1 (3,0 kg) stößt mit 10 $\frac{\text{m}}{\text{s}}$ zentral gegen die ruhende Kugel 2. Nach dem elastischen Stoß bewegen sich beide Kugeln mit jeweils 5,0 $\frac{\text{m}}{\text{s}}$ in entgegengesetzte Richtungen. Berechne die Masse der Kugel 2.

17 Beim Autoscooter stoßen zwei Wagen frontal zusammen. → 2
- a Berechne die Impulsänderungen sowie die Geschwindigkeiten nach dem Stoß.
- b Ist der Stoß elastisch? Beantworte die Frage mithilfe einer Rechnung.

2

Aufgaben aus Abschlussprüfungen

A1 Für eine Holzlokomotive wurde der Weg *s* in Abhängigkeit von der Zeit *t* gemessen. → 3

a Begründen Sie, dass es sich um eine gleichförmige Bewegung handelt.

b Berechnen Sie die Zeit, die die Lokomotive für eine Strecke von 7,0 m benötigt (*v* konstant).

c Eine zweite Holzlokomotive bewegt sich gleichförmig mit der halben Geschwindigkeit. Übertragen Sie das Diagramm ins Heft und zeichnen Sie die Fahrt der Lok ein. → 3

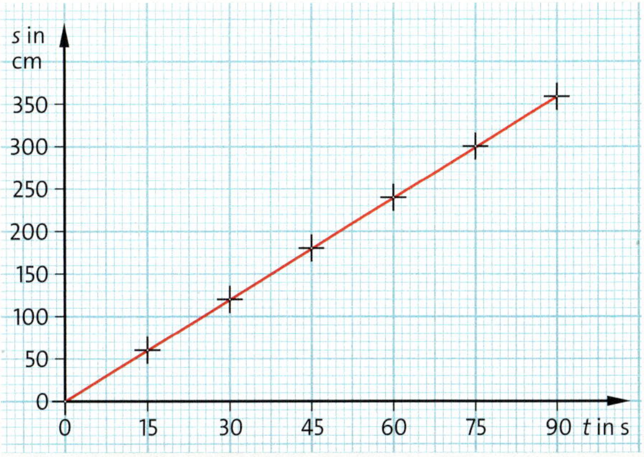

3 Anfahrende Holzlokomotive

A2 Beim Anfahren eines Zugs wurde seine Geschwindigkeit *v* in Abhängigkeit von der Zeit *t* gemessen. → 4

a Werten Sie die Tabelle grafisch und rechnerisch aus.

b Geben Sie begründet an, ob die Bewegung gleichmäßig beschleunigt ist.

c Berechnen Sie die Beschleunigung *a* des Zugs.

d Lesen Sie im Diagramm die Zeit *t* ab, bei der $v = 60\,\frac{\text{km}}{\text{h}}$ gilt. *Tipp:* $60\,\frac{\text{km}}{\text{h}}$ in $\frac{\text{m}}{\text{s}}$ umrechnen.

e Bestätigen Sie die abgelesene Zeit durch eine Rechnung. Verwenden Sie dafür: $v = a \cdot t$.

f Berechnen Sie die Strecke, die der Zug zurückgelegt hat, wenn er $60\,\frac{\text{km}}{\text{h}}$ erreicht.

g Berechnen Sie den Betrag der beschleunigenden Kraft auf den Zug ($m = 120\,\text{t}$).

h Berechnen Sie die kinetische Energie des Zugs bei $60\,\frac{\text{km}}{\text{h}}$.

i Berechnen Sie die Leistung des Zugmotors, die für die Beschleunigung genutzt wird.

A3 Auto A ($m_A = 880\,\text{kg}$) stößt mit $v_A = 50\,\frac{\text{km}}{\text{h}}$ gegen das stehende Auto B ($m_B = 1{,}12\,\text{t}$). Beide Autos sind im Leerlauf. Sie verhaken sich und rollen unmittelbar nach dem Zusammenstoß gemeinsam mit der Geschwindigkeit u_{AB} fort.

a Skizzieren Sie den Zusammenstoß und tragen Sie die gegebenen Größen ein.

b Zeigen Sie, dass direkt nach dem Stoß gilt:

$$u_{AB} = \frac{m_A \cdot v_A}{m_A + m_B}.$$

c Berechnen Sie die Geschwindigkeit u_{AB}.

d Beim Aufprall wird der Fahrer ($m = 70\,\text{kg}$) von Auto A durch die Gurte innerhalb von 0,40 s gleichmäßig von $50\,\frac{\text{km}}{\text{h}}$ auf $22\,\frac{\text{km}}{\text{h}}$ gebremst. Berechnen Sie den Betrag der Kraft, mit der die Gurte den Fahrer zurückhalten.

e Die Autos rollen einen Hang hinauf. Berechnen Sie die maximal erreichbare Höhe. Gehen Sie zur Vereinfachung davon aus, dass Reibung keine Rolle spielt.

t in s	0	2,0	4,0	6,0	8,0	10	12	14	16	18	20
v in $\frac{\text{m}}{\text{s}}$	0	2,2	4,4	6,6	9,4	12	15	17	20	22	24

4 Anfahrender Zug

Elektrizitätslehre

Elektrische Energie wird mit mehr als hunderttausend Volt zu uns transportiert. Wie werden so hohe Spannungen erzeugt – und warum reichen nicht 230 Volt?

In der Radnabe steckt ein kleines Kraftwerk. Wie funktioniert es und aus welchen Teilen besteht es?

Widerstände werden für verschiedene Zwecke unterschiedlich zusammengeschaltet. Die Wirkung der Schaltungen lässt sich genau berechnen.

Unverzweigte Stromkreise

1

Die Spannung an jeder Lampe der Lichterkette darf maximal 12 V betragen. Trotzdem wird die Lichterkette an 230 V angeschlossen – und die Lampen gehen nicht kaputt!
Wie sind die Lampen in der Lichterkette geschaltet?

A Versuch

Gesetze der Reihenschaltung

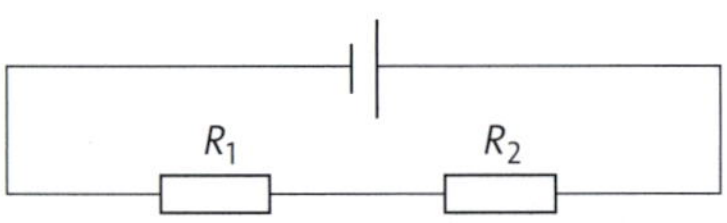

2

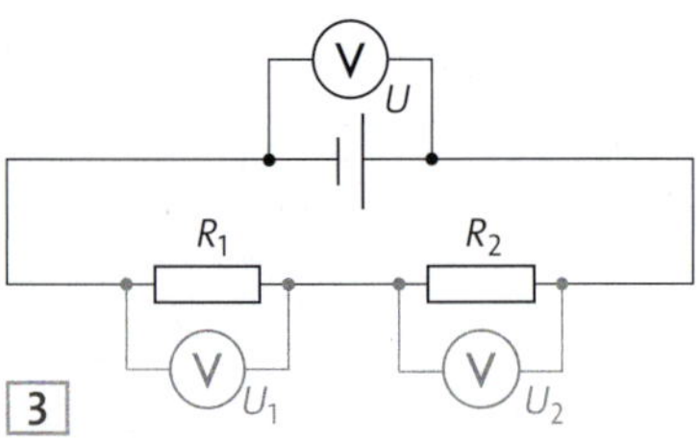

3

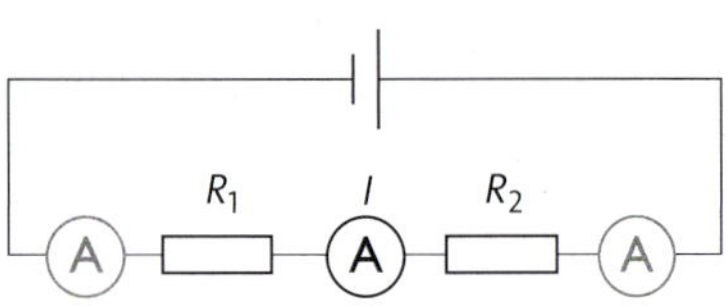

4

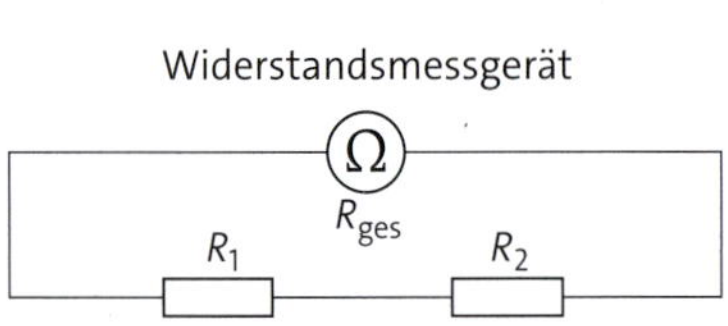

5

Material: Batterie (9 V), 2 verschiedene Festwiderstände (z. B. $R_1 = 150\ \Omega$, $R_2 = 300\ \Omega$), Vielfachmessgerät, Kabel

1 Um die Schaltung der Lampen in der Lichterkette zu verstehen, untersuchen wir eine Reihenschaltung von zwei Festwiderständen.

a Baut aus den Widerständen und der Batterie eine Reihenschaltung auf. → 2

b Messt die Spannung U an der Batterie sowie die Spannungen U_1 und U_2 an den beiden Widerständen. → 3 Beschreibt, was euch auffällt.

c Messt die Stromstärke I an verschiedenen Stellen des Stromkreises. → 4 Vergleicht: Hängt das Ergebnis davon ab, an welcher Stelle des Stromkreises die Stromstärke gemessen wird?

d Messt den Gesamtwiderstand R_{ges} der beiden Widerstände. → 5

e Vergleicht den Gesamtwiderstand mit den beiden Einzelwiderständen. Gebt einen mathematischen Zusammenhang zwischen den Widerstandswerten an.

2 Bei einer Reihenschaltung von drei Festwiderständen wurden die Widerstandswerte in der folgenden Tabelle gemessen. → 6 Stellt einen mathematischen Zusammenhang zwischen den Widerstandswerten auf.

Messung	a	b	c
R_1 in Ω	200	100	150
R_2 in Ω	300	400	150
R_3 in Ω	200	100	150
R_{ges} in Ω	700	600	450

6 Reihenschaltung

B Versuch

Vorwiderstand

Material: Batterie (9 V), Glühlämpchen (6,0 V; 2,0 A), Schiebewiderstand (100 Ω), Vielfachmessgerät, Kabel

1 Das 6-V-Glühlämpchen würde durchbrennen, wenn man es direkt an die 9-V-Batterie anschließt. Daher wird es in Reihe mit dem Schiebewiderstand an die Batterie angeschlossen. → 7 Der Schiebewiderstand ist auf seinen Höchstwert von 100 Ω eingestellt.

a Begründet, warum das Lämpchen noch nicht leuchtet. → 7

b Beschreibt und begründet, durch welche Veränderung ihr das Lämpchen zum Leuchten bringen könnt.

c Verringert den Wert des Schiebewiderstands, bis die Lampe zu leuchten beginnt. Messt jetzt die Spannung an der Glühlampe, am Schiebewiderstand und an der Batterie. → 8 Was fällt euch auf?

d Erklärt die Aussage: „Die Spannung der Batterie teilt sich auf das Lämpchen und den Schiebewiderstand auf."

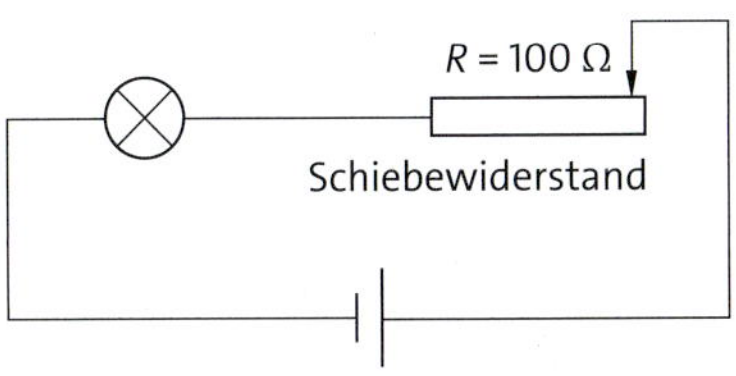

7

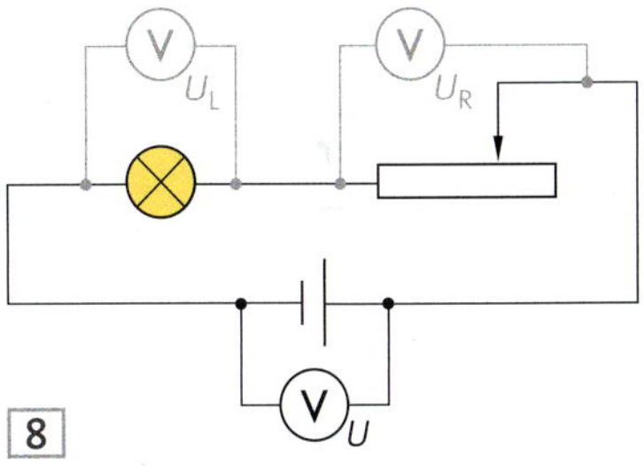

8

C Versuch

Innenwiderstand (Batterie)

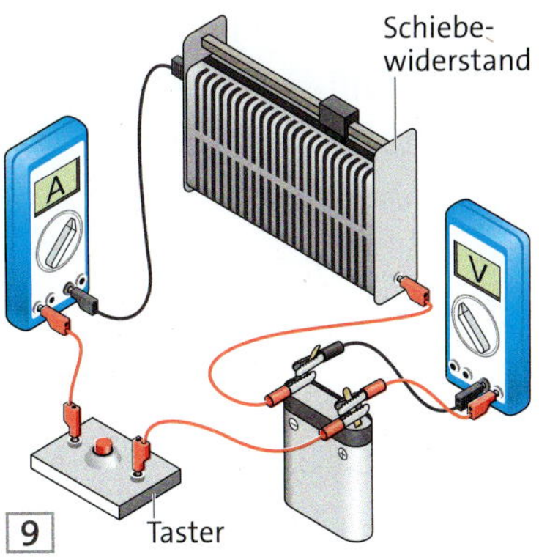

9

Material: Batterie (4,5 V), Schiebewiderstand, 2 Vielfachmessgeräte, Taster, Kabel

1 Bleibt die Batteriespannung konstant, wenn die Stromstärke zunimmt? → 9

a Baut die Schaltung auf.

b Zeichnet die Schaltskizze.

c Stellt den Schiebewiderstand auf seinen größten Wert ein. Drückt den Taster kurzzeitig und messt dabei die Stromstärke und die Batteriespannung. → 10

d Verkleinert den Widerstand in mehreren Schritten und messt jeweils I und U_B. Beantwortet die Eingangsfrage.

2 Eine Schülergruppe hat diese Messreihe erhalten. → 11

a Zeichnet das I-U_B-Diagramm.

b Interpretiert den Graphen.

I in A	?	?	...
U_B in V	?	?	...

10 Beispieltabelle

I in A	0,00	0,80	1,60	2,00	3,00	4,30	5,10
U_B in V	4,5	4,0	3,5	3,3	2,7	1,8	1,4

11 Messreihe einer Schülergruppe

Unverzweigte Stromkreise

Grundlagen

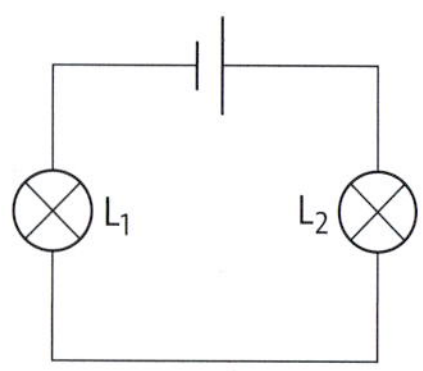

1 Reihenschaltung von Lampen

Stromstärke • Bei einer Lichterkette sind die Lampen in Reihe geschaltet. → 1 Der Stromkreis verzweigt sich nicht. Wenn eine Lampe aus der Kette herausgeschraubt wird, erlöschen auch alle anderen Lampen.
Der Elektronenstrom ist überall im unverzweigten Stromkreis gleich groß. Deshalb ist es egal, ob du die Stromstärke vor, zwischen oder nach den Lampen misst – sie ist überall gleich groß. Dasselbe gilt bei einer Reihenschaltung von Widerständen. → 2

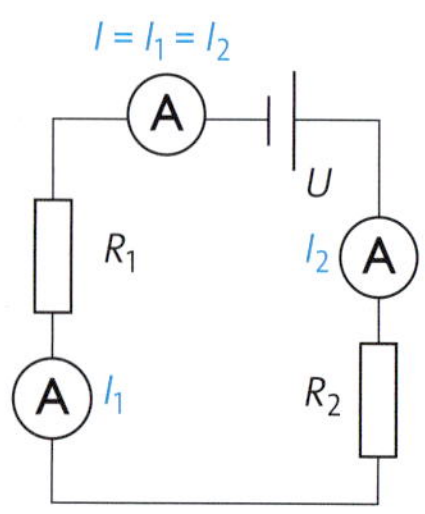

2 Stromstärken

In einer Reihenschaltung ist die Stromstärke überall gleich groß: $I_1 = I_2 = ... = I$.

Gesamtwiderstand • Je mehr Widerstände in Reihe geschaltet sind, desto stärker wird der Elektronenstrom behindert und desto kleiner wird folglich die Stromstärke. Für den Gesamtwiderstand der Schaltung gilt: → 3

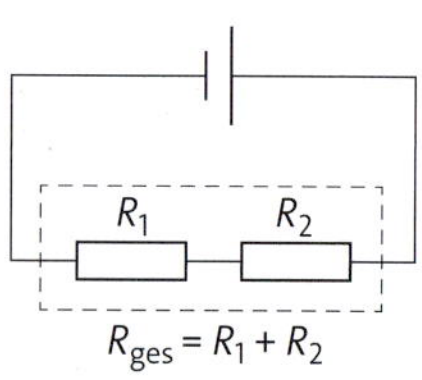

3 Widerstände

In einer Reihenschaltung ist der Gesamtwiderstand gleich der Summe der einzelnen Widerstände: $R_{ges} = R_1 + R_2 + ...$

Der Gesamtwiderstand ist also immer größer als der größte Einzelwiderstand.

Spannung • Wenn man die Spannungen an den einzelnen Widerständen mit der Spannung der elektrischen Energiequelle vergleicht, erkennt man: → 4

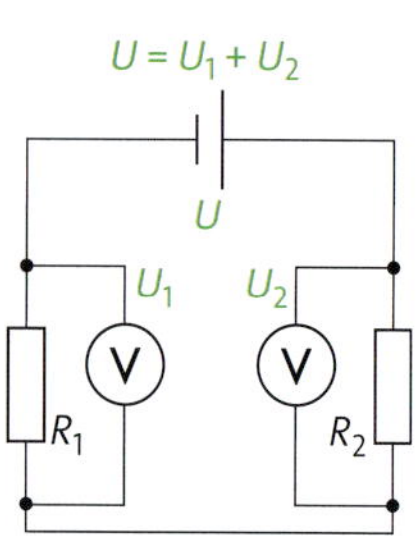

4 Spannungen

In einer Reihenschaltung ist die Spannung der elektrischen Energiequelle gleich der Summe der Spannungen an den einzelnen Bauteilen: $U = U_1 + U_2 + ...$

Man sagt: Die Spannung der elektrischen Energiequelle teilt sich auf die angeschlossenen Bauteile auf. Die Aufteilung hängt davon ab, wie groß die Widerstände der einzelnen Bauteile sind: → 4

- Die Spannung U gibt an, wie stark die elektrische Energiequelle den Elektronenstrom insgesamt antreibt.
- Wenn z. B. Bauteil 1 einen großen Widerstand R_1 hat, ist ein großer Teil des Antriebs nötig, um den Elektronenstrom durch Bauteil 1 zu schieben. Die Teilspannung U_1 ist also groß.
- Wenn z. B. Bauteil 2 einen kleinen Widerstand R_2 hat, ist ein kleiner Teil des Antriebs nötig, um den Elektronenstrom durch Bauteil 2 zu schieben. Die Teilspannung U_2 ist also klein.
- Die Summe der beiden Teilantriebe ergibt den Gesamtantrieb.

Diese Aufteilung des Antriebs sorgt beispielsweise dafür, dass die Glühlampen der Lichterkette nicht durchbrennen. → S. 72

**Für die Teilspannungen im unverzweigten Stromkreis gilt: $U_1 = R_1 \cdot I$; $U_2 = R_2 \cdot I$ ...
Am Bauteil mit dem größeren Widerstand liegt auch die größere Teilspannung an, weil ein größerer Antrieb nötig ist, um den Elektronenstrom hindurchzuschieben.**

Die Stromstärke ist in allen Bauteilen gleich groß: $I = I_1 = I_2$. Also gilt:

$$I = \frac{U_1}{R_1} = \frac{U_2}{R_2} \text{ und folglich } \frac{U_1}{U_2} = \frac{R_1}{R_2}.$$

Man sagt: Die Teilspannungen verhalten sich wie die Widerstände.

Elektrische Energie und Leistung • Für die Energie, die die elektrische Energiequelle in der Zeit t abgibt, gilt:

$E = U \cdot I \cdot t$.

Diese Energie wird von den elektrischen Geräten umgewandelt und abgegeben. Bei Reihenschaltungen gilt:

$U = U_1 + U_2 + \ldots$ Daraus folgt:

$E = (U_1 + U_2 + \ldots) \cdot I \cdot t$

$E = U_1 \cdot I \cdot t + U_2 \cdot I \cdot t + \ldots$

$E = E_1 + E_2 + \ldots$

Die von der elektrischen Energiequelle abgegebene Energie ist gleich der Summe der von den Geräten umgewandelten Energien:
$E = E_1 + E_2 + \ldots$ mit $E_1 = U_1 \cdot I \cdot t$ usw.
Die Leistung der elektrischen Energiequelle ist gleich der Summe der Geräteleistungen:
$P = P_1 + P_2 + \ldots$ mit $P_1 = U_1 \cdot I$ usw.

Zwei Widerstände sind in Reihe an ein Netzgerät angeschlossen. Berechne:
a den Gesamtwiderstand
b die Stromstärke
c die Teilspannungen
d die Leistungen der Widerstände

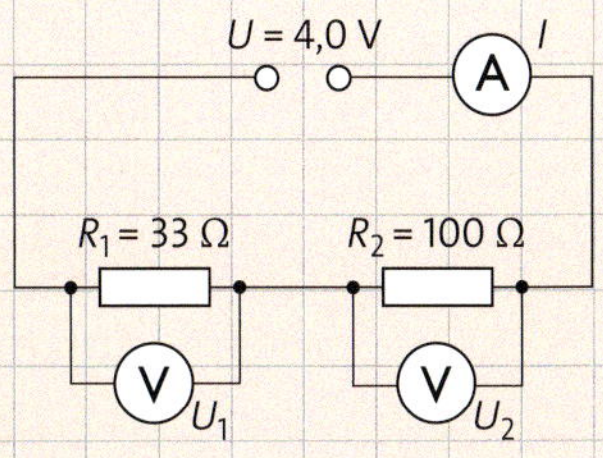

Gegeben: $U = 4{,}0\,V$; $R_1 = 33\,\Omega$; $R_2 = 100\,\Omega$

Gesucht: R_{ges} in Ω, I in A, U_1 und U_2 in V, P_1 und P_2 in W

Gleichungen:

a $R_{ges} = R_1 + R_2$

b Aus $R_{ges} = \frac{U}{I}$ folgt: $I = \frac{U}{R_{ges}}$

c $U_1 = R_1 \cdot I$; $U_2 = R_2 \cdot I$

d $P_1 = U_1 \cdot I$; $P_2 = U_2 \cdot I$

Einsetzen und gemäß der sinnvollen Ziffern runden:

a $R_{ges} = 33\,\Omega + 100\,\Omega = 133\,\Omega$

b $I = \frac{4{,}0\,V}{133\,\Omega} = 0{,}030\,A$

c $U_1 = 33\,\Omega \cdot 0{,}030\,A = 0{,}99\,V$; $U_2 = 100\,\Omega \cdot 0{,}030\,A = 3{,}0\,V$

d $P_1 = 0{,}99\,V \cdot 0{,}030\,A = 0{,}030\,W$; $P_2 = 3{,}0\,V \cdot 0{,}030\,A = 0{,}090\,W$

5 Beispielaufgabe: Reihenschaltung

Aufgaben

1 Zwei Widerstände ($R_1 = 100\,\Omega$ und $R_2 = 200\,\Omega$) sind in Reihe an eine Batterie ($U = 12{,}0\,V$) angeschlossen.

a Ordne jeweils der Größe nach:
- R_1, R_2, R_{ges}
- I_1, I_2 und I
- U_1, U_2 und U

b Berechne R_{ges}, I, U_1 und U_2. → 5

2 An ein Netzgerät ($U = 24\,V$) sind drei Widerstände ($R_1 = 100\,\Omega$, $R_2 = 200\,\Omega$, $R_3 = 300\,\Omega$) in Reihe angeschlossen. Berechne für diese Reihenschaltung den Gesamtwiderstand, die Stromstärke, die Teilspannungen und die Leistungen der Widerstände.

3 An eine Batterie ($U = 9{,}0\,V$) sind drei Widerstände ($R_1 = 100\,\Omega$, $R_2 = 200\,\Omega$) in Reihe angeschlossen. Am Widerstand R_3 wird $U_3 = 6{,}0\,V$ gemessen. Berechne für diese Reihenschaltung den Widerstand R_3 und die Stromstärke I.

Unverzweigte Stromkreise

Grundlagen

Vorwiderstand • Wenn man ein Glühlämpchen (6,0 V; 0,20 A) direkt an eine 9-V-Batterie anschließt, brennt es durch. Um es zu schützen, schaltet man einen Vorwiderstand in Reihe vor oder hinter das Lämpchen. → 1
An ihm muss die überschüssige Teilspannung $U_{vor} = 3{,}0\ \text{V}$ „abfallen“:
$U_{vor} = U - U_L$; $U_{vor} = 9{,}0\ \text{V} - 6{,}0\ \text{V} = 3{,}0\ \text{V}$.
Dann bleibt am Lämpchen die erforderliche Spannung von 6,0 V „übrig“. Der Vorwiderstand lässt sich berechnen. Auch durch ihn fließt der Betriebsstrom $I = 0{,}20\ \text{A}$ des Lämpchens:

$$R_{vor} = \frac{U_{vor}}{I};\ R_{vor} = \frac{3{,}0\ \text{V}}{0{,}20\ \text{A}} = 15\ \Omega.$$

Um die Spannung an einem Bauteil zu senken, kann man einen Vorwiderstand in Reihe dazuschalten.

Eine LED (2,4 V; 1,0 W) soll mit einem Netzgerät (6,0 V) betrieben werden. Berechne den geeigneten Vorwiderstand. Bestimme auch den Wirkungsgrad dieser Schaltung.

Gegeben: $U = 6{,}0\ \text{V}$; $U_{LED} = 2{,}4\ \text{V}$; $P_{LED} = 1{,}0\ \text{W} = 1{,}0\ \text{V} \cdot \text{A}$
Gesucht: R_{vor} in Ω, η in %
Rechnen und runden auf 2 sinnvolle Ziffern:

Betriebsstromstärke der LED: $I = \frac{P}{U}$; $I = \frac{1{,}0\ \text{V} \cdot \text{A}}{2{,}5\ \text{V}} = 0{,}40\ \text{A}$

Teilspannung am Vorwiderstand:
$U_{vor} = U - U_{LED}$; $U_{vor} = 6{,}0\ \text{V} - 2{,}4\ \text{V} = 3{,}6\ \text{V}$

Vorwiderstand: $R_{vor} = \frac{U_{vor}}{I}$; $R_{vor} = \frac{3{,}6\ \text{V}}{0{,}40\ \text{A}} = 9{,}0\ \Omega$

Wirkungsgrad: $\eta = \frac{P_{nutz}}{P_{zu}} = \frac{U_{LED} \cdot I}{U \cdot I} = \frac{U_{LED}}{U}$; $\eta = \frac{2{,}4\ \text{V}}{6{,}0\ \text{V}} = 0{,}40 = 40\ \%$

2 Beispielaufgabe: Vorwiderstand

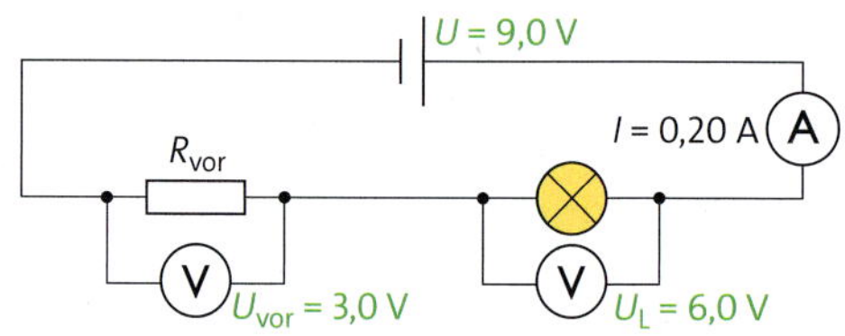

1 „Spannungsteiler“ Vorwiderstand

Aufgaben

1 Eine Glühlampe (12 V; 60 W) soll mithilfe eines Vorwiderstands mit Netzspannung (230 V) betrieben werden.
a Erstelle eine Schaltskizze.
b Berechne den Vorwiderstand. → 2
c Ermittle die elektrische Leistung des Vorwiderstands sowie den Wirkungsgrad der Schaltung. → 2

2 Eine Leuchtdiode hat eine Durchlassspannung von 1,9 V, bei $I = 0{,}015\ \text{A}$ ist die Leuchtstärke optimal. Zum Betrieb steht eine Batterie mit 12 V zur Verfügung. Berechne den Vorwiderstand und seine Leistung. → 2

3 Mit Widerstandsrechnern für LEDs kann man im Internet einfach und schnell den passenden Vorwiderstand errechnen lassen.
a Finde einen Widerstandsrechner im Internet. Gib folgende Werte ein:
- $U = 12\ \text{V}$ („Spannungsquelle“)
- $U_{LED} = 3{,}2\ \text{V}$ (Durchlassspannung)
- $I = 20\ \text{mA}$ („LED-Strom“)

b Überprüfe das Ergebnis durch eigene Rechnungen. → 2
c Recherchiere, warum statt des errechneten Widerstands oft ein anderer Widerstand empfohlen wird.

der Vorwiderstand
die Leerlaufspannung
die Betriebsspannung
der Innenwiderstand
die Kurzschlussstromstärke

Grundlagen

Belastete Batterie • Zwischen den Polen einer neuen Flachbatterie misst man eine Spannung U_0 von 4,5 V (Leerlauf-, Ruhe- oder Quellenspannung). Wir schließen einen veränderlichen Widerstand R_a (Außenwiderstand) an. → 3 Je höher die Stromstärke I wird, desto tiefer sinkt die Betriebsspannung U_B der belasteten Batterie! → 4 Wie lässt sich das erklären?

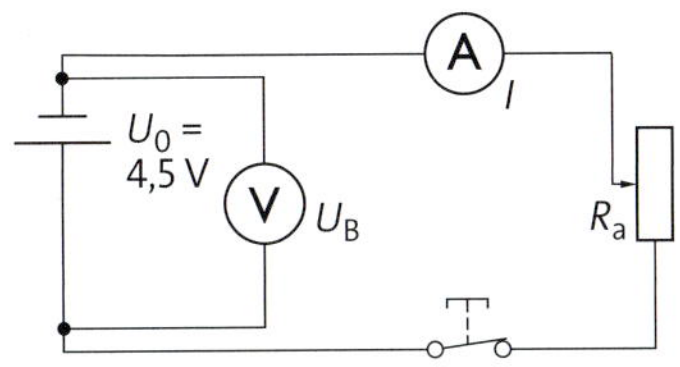

3

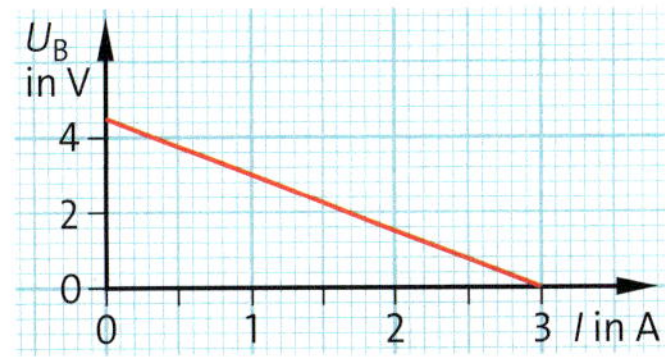

4

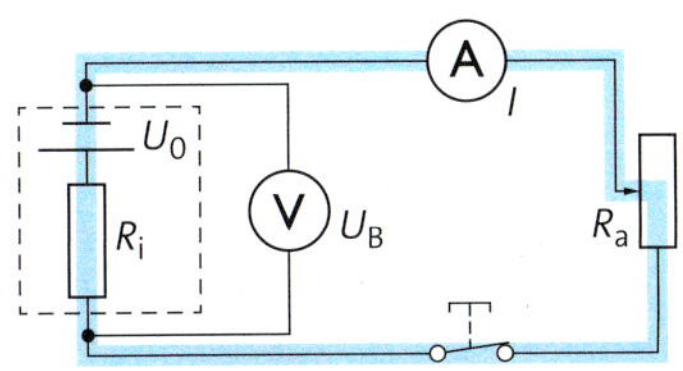

5 Innenwiderstand R_i

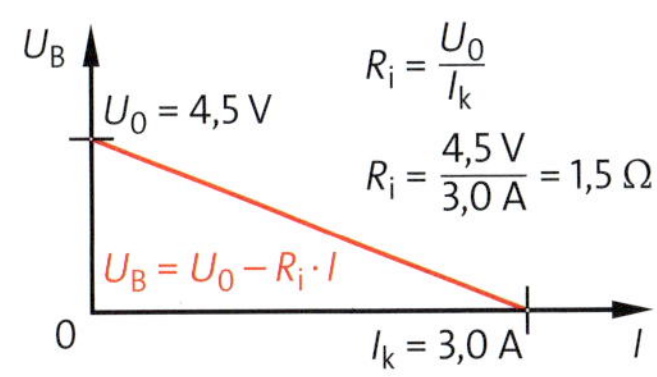

6 R_i, U_0 und I_k bestimmen

Betriebsspannung • Der elektrische Strom fließt durch die Kabel, den Außenwiderstand – und durch die Batterie! → 5 Die Batterie behindert den Strom, sie hat einen elektrischen Widerstand R_i (Innenwiderstand). Innen- und Außenwiderstand sind in Reihe geschaltet. Um den Strom durch den Innenwiderstand zu schieben, ist die Teilspannung U_i der Leerlaufspannung U_0 erforderlich:

$U_i = R_i \cdot I$.

Durch diesen „Spannungsabfall" am Innenwiderstand sinkt die Betriebsspannung unter die Leerlaufspannung:

$U_B = U_0 - U_i = U_0 - R_i \cdot I$.

Die Betriebsspannung der belasteten Batterie ist geringer als die Leerlaufspannung, weil eine Spannung am Innenwiderstand „abfällt": $U_B = U_0 - R_i \cdot I$. → 6

Die Betriebsspannung U_B ist umso kleiner, je größer der Innenwiderstand R_i der Batterie ist und je höher die Stromstärke I ist.

Bestimmung des Innenwiderstands • Wenn man die Batterie kurzschließt ($R_a \approx 0\,\Omega$), wird die Stromstärke I_k (Kurzschlussstromstärke) sehr groß und die Betriebsspannung U_B sinkt auf 0 V ab. → 6 Die ganze Spannung U_0 ist nötig, um den Strom durch den Innenwiderstand zu schieben. Es gilt:

$U_B = U_0 - R_i \cdot I_k = 0\,\text{V}$.

Daraus folgt: $U_0 = R_i \cdot I_k$.

R_i lässt sich daher so berechnen:

$$R_i = \frac{U_0}{I_k}.$$

Aufgabe

1 In einem Versuch wie in Bild 3 wurde U_B in Abhängigkeit von I gemessen. → 7 Werte die Messreihe grafisch aus. Ermittle U_0, I_k und R_i.

I in A	0,20	0,40	0,60	0,80	1,0	1,2	1,4
U_B in V	4,0	3,5	3,0	2,5	2,0	1,5	1,0

7

Verzweigte Stromkreise

1

Mit welcher Spannung werden unsere Haushaltsgeräte betrieben? Werden die Geräte in Reihe angeschlossen?

A Versuch

Gesetze der Parallelschaltung

Material: Batterie (4,5 V), 2 unterschiedliche Festwiderstände, Vielfachmessgerät, Kabel

1 Wie hängen Widerstände, Spannungen und Stromstärken bei einer Parallelschaltung zusammen?

a Schließt die Festwiderstände in einer Parallelschaltung an die Batterie an.

b Messt die Spannung U an der Batterie sowie die Spannungen U_1 und U_2 an den beiden Widerständen. Beschreibt, was euch auffällt.

c Messt die Stromstärke I_{ges} in einer Zuleitung zur Batterie sowie die Stromstärken I_1 und I_2 in den beiden Widerständen (Schaltskizzen anfertigen). Vermutet, wie die Stromstärken mathematisch zusammenhängen.

d Bestimmt den Gesamtwiderstand R_{ges} der Parallelschaltung. Wählt die richtige Beziehung aus: Der Gesamtwiderstand ist kleiner/größer als jeder Einzelwiderstand.

B Versuch

Drei Widerstände – verschiedene Schaltungen

Material: 3 Widerstände (jeweils 100 Ω), Batterie (4,5 V), Vielfachmessgerät, Kabel

1 Die drei Widerstände sollen in einem gemeinsamen Stromkreis verbaut werden.

a Zeichnet alle Möglichkeiten als Schaltskizzen.
Tipp: Es gibt vier verschiedene Schaltungen.

b Baut die Schaltungen auf und messt jeweils die Gesamtstromstärke I_{ges} direkt an der Batterie.

c Gebt an, bei welcher Schaltung I_{ges} am größten ist. Beschreibt diese Schaltung.

die Parallelschaltung

Grundlagen

Verzweigte Stromkreise • Die Haushaltsgeräte benötigen jeweils eine Spannung von 230 V. → 1 Jedes Gerät wird in der Mehrfachsteckdose parallel zu den anderen Geräten an das Stromnetz angeschlossen. → 2 Man spricht von einer Parallelschaltung, der Stromkreis verzweigt sich. Wenn ein Gerät aus der Mehrfachsteckdose herausgezogen wird, laufen die anderen parallel angeschlossenen Geräte weiter.

Spannung • Jedes Bauteil ist direkt an die elektrische Energiequelle (hier das Stromnetz) angeschlossen. Also gilt:

In einer Parallelschaltung liegt an jedem Bauteil dieselbe Spannung an: $U = U_1 = U_2 = \ldots$ → 3

Stromstärke • In jedem Bauteil fließt der Elektronenstrom, der für den Betrieb erforderlich ist. Die Summe der einzelnen Ströme ergibt den Gesamtstrom in der gemeinsamen Zuleitung:

Bei einer Parallelschaltung ist die Gesamtstromstärke genauso groß wie die Summe der Einzelstromstärken in den einzelnen Bauteilen: $I_{ges} = I_1 + I_2 + \ldots$ → 4

Widerstände • Da die Spannung an allen Bauteilen gleich ist, gilt z. B.:

$U = I_1 \cdot R_1 = I_2 \cdot R_2$. Daraus folgt: $\frac{I_1}{I_2} = \frac{R_2}{R_1}$.

Die Einzelstromstärken verhalten sich umgekehrt wie die Widerstände.

Bei einer Parallelschaltung fließt durch das Bauteil mit dem größeren Widerstand der kleinere Strom.

Mit jedem parallel geschalteten Bauteil steigt die Gesamtstromstärke, sodass der Gesamtwiderstand sinkt. Er lässt sich aus den Einzelwiderständen berechnen:

$I_{ges} = I_1 + I_2 + \ldots$

$\frac{U}{R_{ges}} = \frac{U}{R_1} + \frac{U}{R_2} + \ldots$

Kürzen durch U ergibt:

$\frac{1}{R_{ges}} = \frac{1}{R_1} + \frac{1}{R_2} + \ldots$ → 5

Der Kehrwert des Gesamtwiderstands ist gleich der Summe der Kehrwerte der Einzelwiderstände.

Der Gesamtwiderstand ist immer kleiner als der kleinste Einzelwiderstand.

Elektrische Leistung und Energie • Aus den beiden Gleichungen für Spannung und Stromstärke folgt für die Leistung der elektrischen Energiequelle:

$P = U \cdot I_{ges}$

$P = U \cdot (I_1 + I_2 + \ldots)$

$P = U \cdot I_1 + U \cdot I_2 + \ldots$

$P = U_1 \cdot I_1 + U_2 \cdot I_2 + \ldots = P_1 + P_2 + \ldots$

In einer Parallelschaltung ist die Leistung der elektrischen Energiequelle gleich der Summe der Leistungen der einzelnen Bauteile: $P = P_1 + P_2 + \ldots$ mit $P_1 = U \cdot I_1$ usw. Für die abgegebenen und umgewandelten elektrischen Energien folgt daraus: $E = E_1 + E_2 + \ldots$ mit $E_1 = U \cdot I_1 \cdot t$ usw.

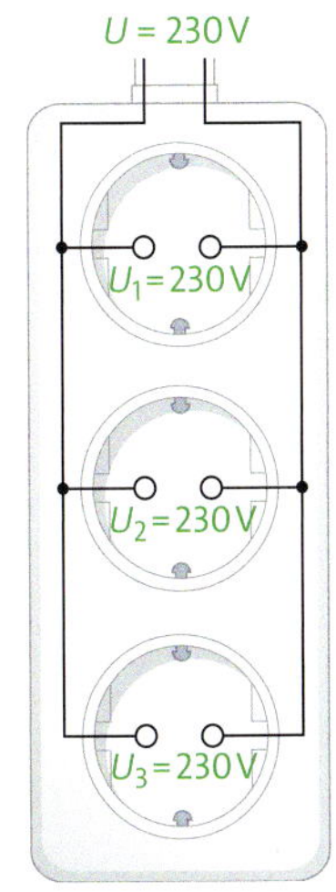

2 Spannungen

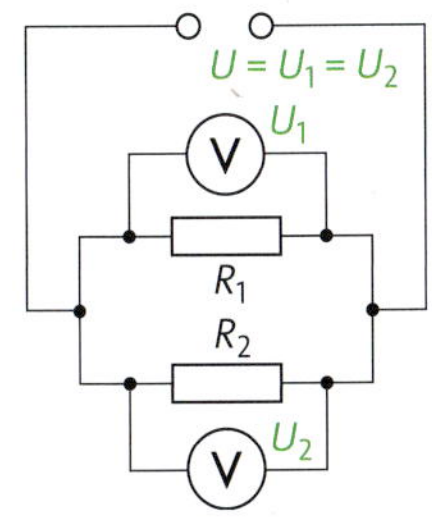

3 Spannungen

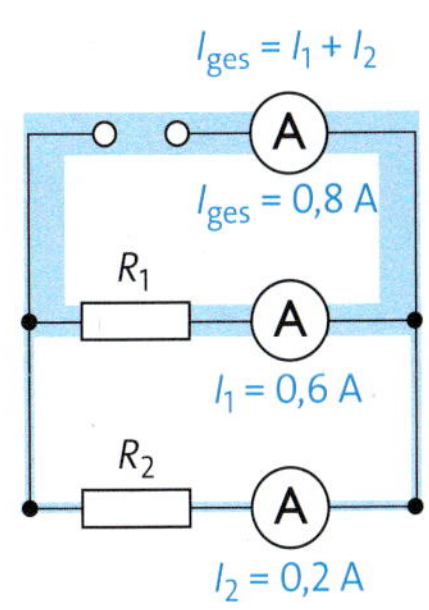

4 Stromstärken

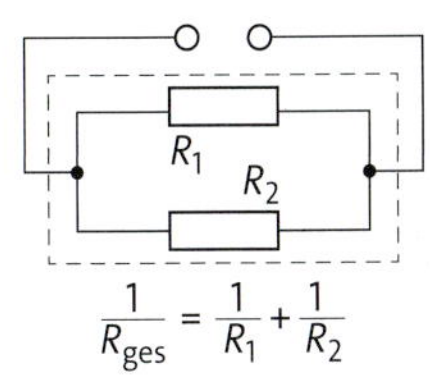

5 Widerstände

Verzweigte Stromkreise

Zwei Widerstände sind parallel an eine elektrische Energiequelle angeschlossen.

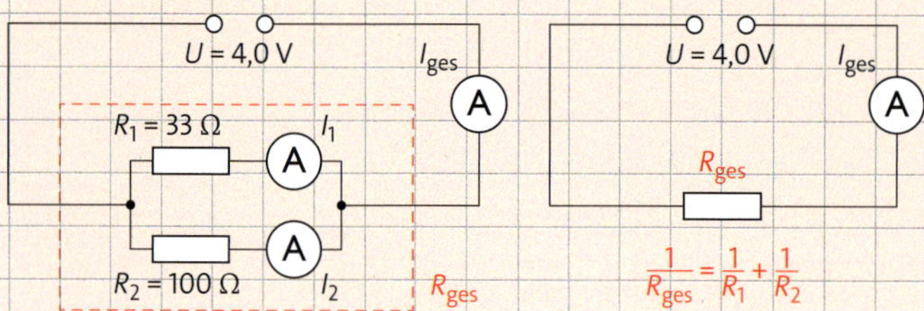

Berechne:

a den Gesamtwiderstand R_{ges} der Schaltung
b die Gesamtstromstärke I_{ges}
c die Einzelstromstärken I_1 und I_2
d die thermischen Leistungen P_1 und P_2 der Widerstände

Gegeben: $U = 4{,}0\,V;\ R_1 = 33\,\Omega;\ R_2 = 100\,\Omega$
Gesucht: R_{ges} in Ω; I_{ges}, I_1 und I_2 in A; P_1 und P_2 in W
Rechnen und runden auf 2 sinnvolle Ziffern:

a $\frac{1}{R_{ges}} = \frac{1}{R_1} + \frac{1}{R_2};\ \frac{1}{R_{ges}} = \frac{1}{33\,\Omega} + \frac{1}{100\,\Omega} = 0{,}040\,30\,\frac{1}{\Omega};\ R_{ges} = 25\,\Omega$
Tipp: Schrittfolge auf dem Taschenrechner:
33 x^{-1} + 100 x^{-1} = 0,040 30 x^{-1} Ergebnis: 24,812 03

b *Der Gesamtwiderstand bestimmt die Stromstärke bei der angelegten Spannung:*
$R_{ges} = \frac{U}{I_{ges}}$, also $I_{ges} = \frac{U}{R_{ges}};\ I_{ges} = \frac{4{,}0\,V}{25\,\Omega} = 0{,}16\,A$

c *Bei der Parallelschaltung liegt an beiden Widerständen dieselbe Spannung U an. Die Einzelströme werden durch die einzelnen Widerstände bestimmt:*
$I_1 = \frac{U}{R_1};\ I_1 = \frac{4{,}0\,V}{33\,\Omega} = 0{,}12\,A$
$I_2 = \frac{U}{R_2};\ I_2 = \frac{4{,}0\,V}{100\,\Omega} = 0{,}040\,A$

d *Aus den Einzelströmen lassen sich die thermischen Leistungen der einzelnen Widerstände berechnen:*
$P_1 = U \cdot I_1;\ P_1 = 4{,}0\,V \cdot 0{,}12\,A = 0{,}48\,W$
$P_2 = U \cdot I_2;\ P_2 = 4{,}0\,V \cdot 0{,}040\,A = 0{,}16\,W$

1 Beispielaufgabe: Parallelschaltung

Aufgaben

1 Zwei Widerstände ($R_1 = 100\,\Omega$ und $R_2 = 200\,\Omega$) sind parallel an eine Batterie ($U = 12{,}0\,V$) angeschlossen. Ordne jeweils der Größe nach:
a R_1, R_2, R_{ges}
b I_1, I_2 und I
c U_1, U_2 und U

2 Berechne die fehlenden Werte. → 2

R_1 in Ω	R_2 in Ω	R_{ges} in Ω (Reihe)	R_{ges} in Ω (parallel)
100	100	?	?
100	200	?	?
100	?	500	?
?	$R_2 = R_1$	?	$\frac{100}{6}$

2

3 Drei parallel geschaltete Widerstände ($R_1 = 100\,\Omega$, $R_2 = 200\,\Omega$, $R_3 = 300\,\Omega$) sind an ein Netzgerät mit $U = 24\,V$ angeschlossen. Berechne: → 1
a den Gesamtwiderstand R_{ges}
b die Gesamtstromstärke I_{ges}
c die Einzelstromstärken I_1, I_2 und I_3
d die thermischen Leistungen P_1, P_2 und P_3 der Widerstände

4 Diesmal sind nur $R_1 = 100\,\Omega$ und $R_2 = 200\,\Omega$ parallel geschaltet. $R_3 = 300\,\Omega$ ist in Reihe dazugeschaltet. Das Netzgerät hat wieder eine Spannung von 24 V. Berechne: → 3
a den Gesamtwiderstand R_{ges}
b die Gesamtstromstärke I_{ges}
c die Einzelstromstärken I_1, I_2 und I_3
d die thermischen Leistungen P_1, P_2 und P_3 der Widerstände

Zwei Widerstände sind parallel geschaltet, ein dritter Widerstand ist in Reihe dazugeschaltet. → A Berechne:

a den Gesamtwiderstand R_{ges} der Schaltung
b die Gesamtstromstärke I_{ges}
c die Einzelspannungen U_1, U_2 und U_3
d die Einzelstromstärken I_1, I_2 und I_3
e die thermischen Leistungen P_1, P_2, P_3 der Widerstände

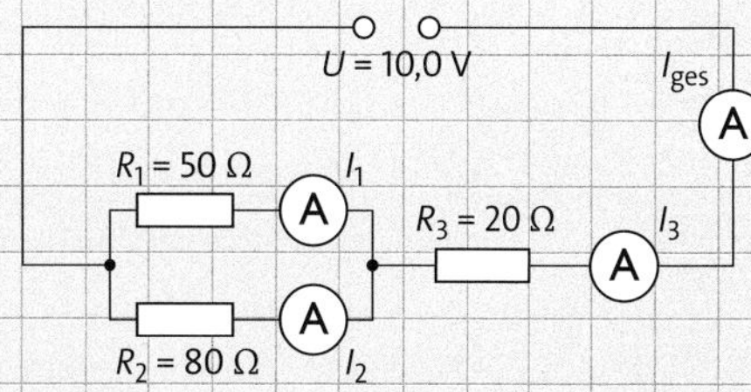

A

Gegeben: $U = 10{,}0\ V$; $R_1 = 50\ \Omega$; $R_2 = 80\ \Omega$, $R_3 = 20\ \Omega$

Gesucht: R_{ges} in Ω; I_{ges}, I_1, I_2, I_3 in A; U_1, U_2, U_3 in V; P_1, P_2, P_3 in W

Rechnen und runden auf 2 sinnvolle Ziffern:

a Ich bestimme den Gesamtwiderstand R_{ges} in 3 Schritten. Zunächst berechne ich den Widerstand R_{12} der Parallelschaltung aus R_1 und R_2: → B

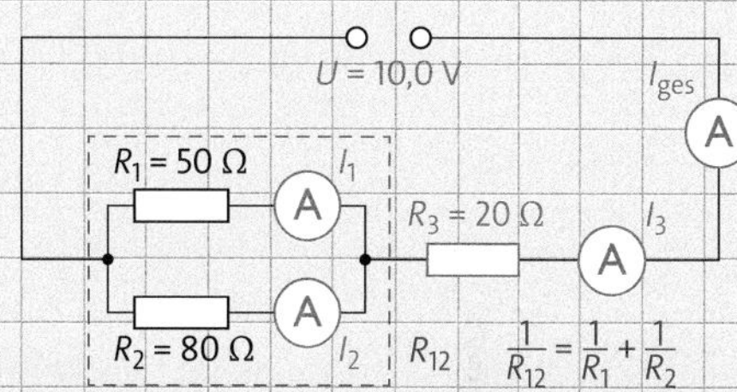

B

$\frac{1}{R_{12}} = \frac{1}{R_1} + \frac{1}{R_2}$; $\frac{1}{R_{12}} = \frac{1}{50\ \Omega} + \frac{1}{80\ \Omega} = 0{,}0325\ \frac{1}{\Omega}$; $R_{12} = 31\ \Omega$

Nun ersetze ich die Parallelschaltung aus R_1 und R_2 durch den Widerstand R_{12}. → C Damit erhalte ich eine Reihenschaltung aus R_{12} und R_3. Für ihren Gesamtwiderstand R_{ges} gilt: → D

$R_{ges} = R_{12} + R_3$; $R_{12} = 31\ \Omega + 20\ \Omega = 51\ \Omega$

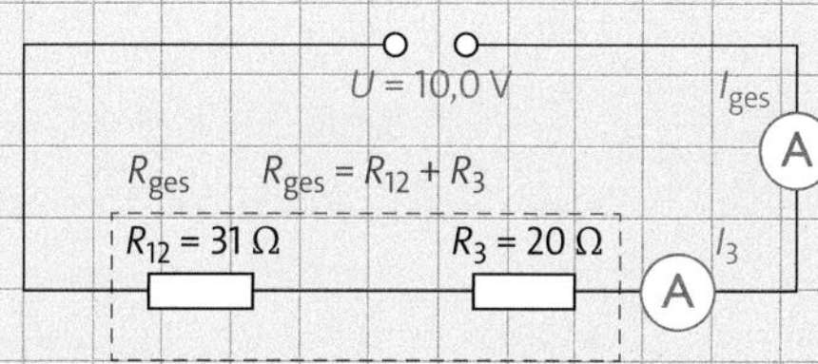

C

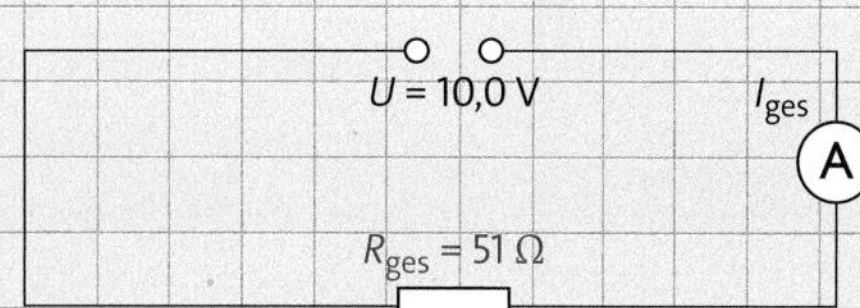

D

b $I_{ges} = \frac{U}{R_{ges}}$; $I_{ges} = \frac{10\ V}{51\ \Omega} = 0{,}20\ A$

c R_3 liegt im „Gesamtstromkreis". Also gilt: $I_3 = I_{ges} = 0{,}20\ A$.
Die Teilspannung U_3 am Widerstand R_3 wird vom Strom I_3 bestimmt:
$U_3 = R_3 \cdot I_3$; $U_3 = 20\ \Omega \cdot 0{,}20\ A = 4{,}0\ V$
Da R_1 und R_2 parallel geschaltet sind, liegt an ihnen eine gleich große Teilspannung an:
$U_1 = U_2 = U - U_3$; $U_1 = 10{,}0\ V - 4{,}0\ V = 6{,}0\ V = U_2$

d Die Einzelstromstärke I_1 im Widerstand R_1 wird durch die Teilspannung U_1 bestimmt:
$I_1 = \frac{U_1}{R_1}$; $I_1 = \frac{6{,}0\ V}{50\ \Omega} = 0{,}12\ A$
Die Einzelstromstärke I_2 im Widerstand R_2 lässt sich aus der Differenz $I_{ges} - I_1$ ermitteln:
$I_2 = 0{,}20\ A - 0{,}12\ A = 0{,}08\ A$
R_3 liegt im „Gesamtstromkreis". Also gilt: $I_3 = I_{ges} = 0{,}20\ A$.

e Aus den Einzelströmen und den Teilspannungen lassen sich die thermischen Leistungen der einzelnen Widerstände berechnen:
$P_1 = U_1 \cdot I_1$; $= 6{,}0\ V \cdot 0{,}12\ A = 0{,}72\ W$
$P_2 = U_2 \cdot I_2$; $= 6{,}0\ V \cdot 0{,}08\ A = 0{,}5\ W$
$P_3 = U_3 \cdot I_3$; $= 4{,}0\ V \cdot 0{,}20\ A = 0{,}80\ W$

3 Beispielaufgabe: Kombinierte Schaltung

Verzweigte Stromkreise

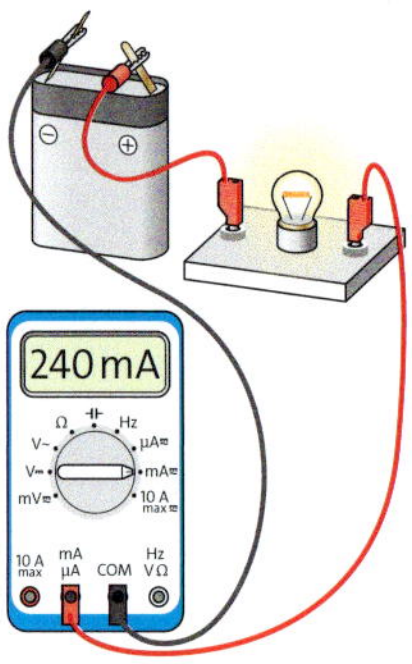

1 I messen

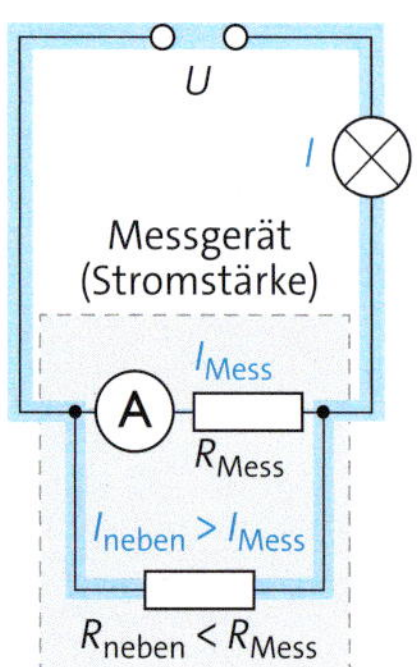

2 „Umleitung“ Nebenwiderstand

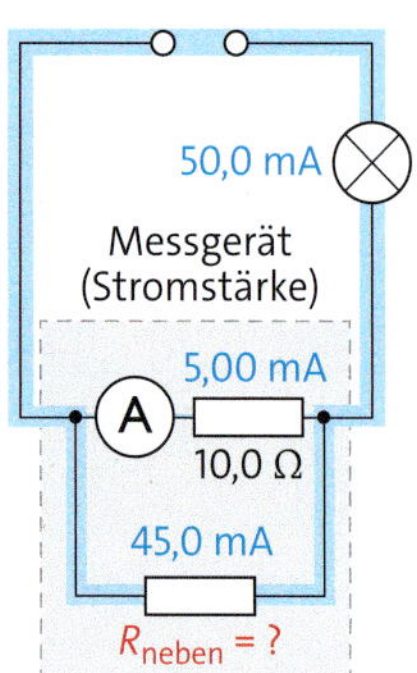

3 Beispiel 1

Grundlagen

Ein Messgerät – viele Messbereiche • Mit dem Vielfachmessgerät kann man z. B. sehr geringe und sehr hohe Stromstärken messen. → 1 Eine Drehung am Wählschalter genügt – und das Gerät, das gerade noch 0,01 mA anzeigte, misst Stromstärken bis zu 10 A. Übertragen auf die Längenmessung würde dies bedeuten: Man misst mit demselben Bandmaß Längen von 1 mm und 1 km! Dabei befindet sich im Vielfachmessgerät nur ein einziges Messwerk. Um es auf verschiedene Messbereiche einzustellen, werden Widerstände parallel oder in Reihe geschaltet.

Messbereich erweitern: Stromstärke • Das Vielfachmessgerät wird in Reihe zum Bauteil geschaltet, für das die Stromstärke gemessen werden soll. → 1 Dadurch fließt der Elektronenstrom vollständig durch das Messgerät. Zu hohe Ströme würden das Messwerk zerstören. Um trotzdem große Ströme messen zu können, leitet man den zu großen Anteil parallel zum Messwerk über einen Nebenwiderstand um. → 2

Der Messbereich der Stromstärke wird erweitert, indem man einen kleinen Nebenwiderstand parallel zum Messwerk schaltet.
Der Gesamtwiderstand des Messgeräts ist dabei stets kleiner als der Nebenwiderstand. Nach Erweiterung des Messbereichs gilt:

$$\frac{1}{R_{ges}} = \frac{1}{R_{neben}} + \frac{1}{R_{Mess}}.$$

Beispiel 1: Das Messwerk eines Messgeräts hat den Widerstand $R_{Mess} = 10{,}0\ \Omega$. Bei „Vollausschlag“ beträgt die Stromstärke $I_{Mess} = 5{,}00$ mA. → 3
Mit dem Messgerät soll nun die 10-fache Stromstärke gemessen werden: $I = 50{,}0$ mA. Über den Nebenwiderstand muss ein großer Strom I_{neben} umgeleitet werden:

$I_{neben} = I - I_{Mess}$

$I_{neben} = 50{,}0\text{ mA} - 5{,}00\text{ mA} = 45{,}0\text{ mA}$

Die Widerstände verhalten sich bei Parallelschaltungen umgekehrt wie die Einzelstromstärken:

$$\frac{R_{neben}}{R_{Mess}} = \frac{I_{Mess}}{I_{neben}}.$$

Auflösen nach R_{neben} ergibt:

$$R_{neben} = \frac{I_{Mess}}{I_{neben}} \cdot R_{Mess}$$

$$R_{neben} = \frac{5{,}00\text{ mA}}{45{,}0\text{ mA}} \cdot 10{,}0\ \Omega = 1{,}11\ \Omega$$

Um 90 % des Stroms umzuleiten, beträgt der Nebenwiderstand $\frac{1}{9}$ des Messwerkwiderstands. Allgemein gilt:

Je größer die Erweiterung des Stromstärkemessbereichs ist, desto kleiner ist der Nebenwiderstand.

Messbereich erweitern: Spannung • Das Vielfachmessgerät wird parallel zum Bauteil geschaltet, an dem die Spannung gemessen werden soll. → 4 Durch die Messung soll der Elektronenstrom im Bauteil möglichst wenig beeinflusst werden. Deshalb darf durch das Messgerät kaum Strom fließen. Der Gesamtwiderstand des Messgeräts muss also sehr groß sein. Da der Widerstand R_{Mess} des Messwerks klein ist,

die Messbereichs-
erweiterung
der Nebenwiderstand
der Vorwiderstand

schaltet man einen großen Vorwiderstand R_{vor} in Reihe dazu. → 5

Der Messbereich der Spannung wird erweitert, indem man einen großen Vorwiderstand in Reihe zum Messwerk schaltet. Der Gesamtwiderstand des Messgeräts ist dabei stets größer als der Vorwiderstand. Nach Erweiterung des Messbereichs gilt: $R_{ges} = R_{vor} + R_{Mess}$.

Beispiel 2: Am Messwerk mit 10,0 Ω Widerstand liegt bei „Vollausschlag" (I = 5,00 mA) nur eine kleine Spannung an: $U_{Mess} = 10{,}0\,\Omega \cdot 5{,}00\,\text{mA} = 50{,}0\,\text{mV}$. Mit dem Messgerät soll nun die 100-fache Spannung gemessen werden: $U = 5{,}00\,\text{V}$. → 6 Die Spannung wird so aufgeteilt, dass am Vorwiderstand der zu große Teil der Spannung „abfällt":

$U_{vor} = U - U_{Mess}$

$U_{vor} = 5{,}00\,\text{V} - 0{,}0500\,\text{V} = 4{,}95\,\text{V}$

Die Widerstände verhalten sich bei Reihenschaltungen wie die Teilspannungen:

$$\frac{R_{vor}}{R_{Mess}} = \frac{U_{vor}}{U_{Mess}}.$$

Auflösen nach R_{vor} ergibt:

$$R_{vor} = \frac{U_{vor}}{U_{Mess}} \cdot R_{Mess}$$

$$R_{vor} = \frac{4{,}95\,\text{V}}{0{,}0500\,\text{V}} \cdot 10{,}0\,\Omega = 990\,\Omega$$

Um den Messbereich 100-fach zu erweitern, ist der Vorwiderstand 99-mal so groß wie R_{Mess}. Allgemein gilt:

Je größer die Erweiterung des Spannungsmessbereichs ist, desto größer ist der Vorwiderstand.

Aufgaben

1 Berechne R_{ges} nach der Erweiterung des Messbereichs für die beiden Beispiele auf dieser Doppelseite.

2 Ein Messgerät hat bei $R_{Mess} = 50{,}0\,\Omega$ einen Messbereich von 2,00 mA.
a Erkläre anhand einer Schaltskizze, wie man den Messbereich auf 20,0 mA erweitert.
b Berechne R_{ges} des Messgeräts nach der Erweiterung.

3 Der Messbereich von 3,00 mA eines Messgeräts mit $R_{Mess} = 70{,}0\,\Omega$ soll erweitert werden.
a Wie muss ein Widerstand von 30,0 Ω dafür geschaltet werden? Fertige eine Schaltskizze an.
b Berechne die maximale Stromstärke nach Erweiterung des Messbereichs.

4 Ein Messgerät hat den Widerstand $R_{Mess} = 50{,}0\,\Omega$.
a Zeige rechnerisch, dass bei der maximalen Stromstärke von 1,00 mA eine Spannung von 50,0 mV anliegt.
b Das Messgerät soll Spannungen bis zu 1,00 V messen. Erkläre anhand einer Schaltskizze, wie das gelingt.
c Berechne R_{ges} nach der Erweiterung des Messbereichs.

5 Ein Messgerät mit $R_{Mess} = 50{,}0\,\Omega$ zeigt bei 3,00 mA „Vollausschlag" an.
a Erkläre, wie der Messbereich auf 300 mA erweitert wird (Schaltskizze).
b Das Messgerät soll bis zu U = 3,00 V messen. Erkläre, wie das gelingt.

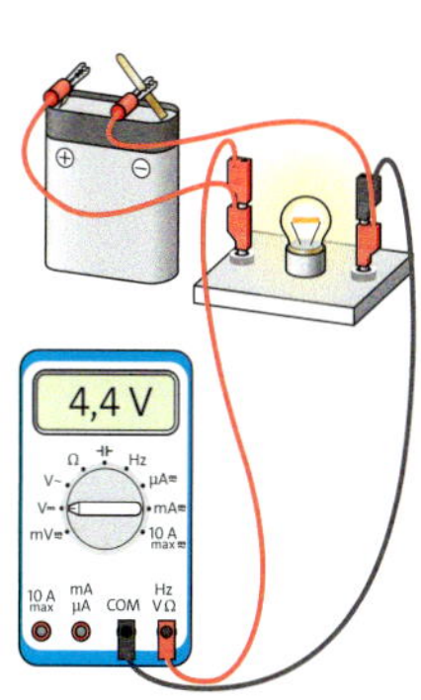

4 U messen

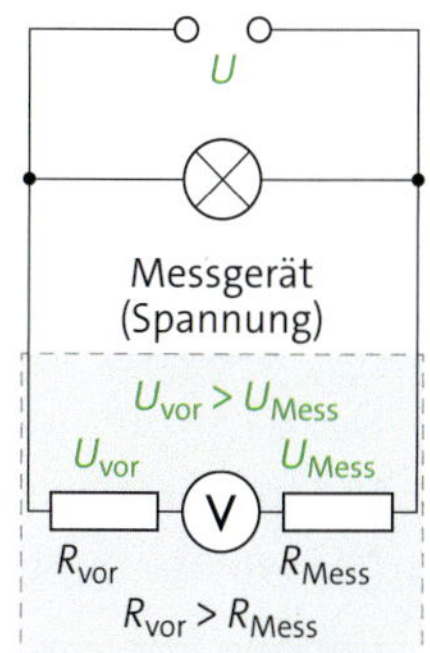

5 „Spannungsteiler" Vorwiderstand

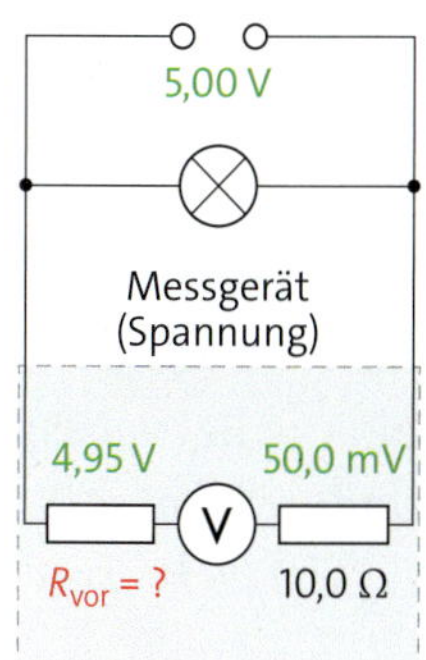

6 Beispiel 2

Gesetze der Reihen- und Parallelschaltungen

Zusammenfassung

Gesetze der Reihenschaltungen

- Die Spannung der elektrischen Energiequelle teilt sich auf die einzelnen Bauteile auf: → 1
  $U = U_1 + U_2 + ...$
  Für die Teilspannungen gilt:
  $U_1 = R_1 \cdot I;\ U_2 = R_2 \cdot I ...$
  Am größeren Widerstand liegt die größere Teilspannung an. Die Teilspannungen verhalten sich wie die Widerstände der Bauteile.
- Die Stromstärke ist überall gleich groß: → 1
  $I_1 = I_2 = ... = I$
- Der Gesamtwiderstand ist gleich der Summe der einzelnen Widerstände: → 2
  $R_{ges} = R_1 + R_2 + ...$
  Der Gesamtwiderstand ist größer als der größte Einzelwiderstand.
- Die von der elektrischen Energiequelle abgegebene Energie ist gleich der Summe der von den Bauteilen umgewandelten Energien:
  $E = E_1 + E_2 + ...$ mit $E_1 = U_1 \cdot I \cdot t$ usw.
  Für die Leistungen gilt entsprechend:
  $P = P_1 + P_2 + ...$ mit $P_1 = U_1 \cdot I$ usw.

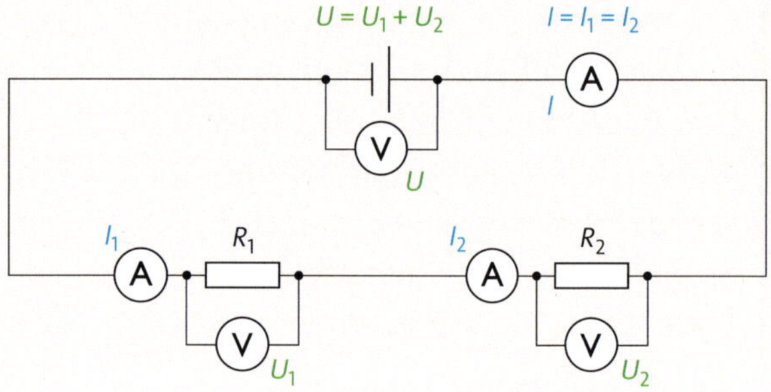

1 Reihenschaltung: Spannungen, Stromstärken

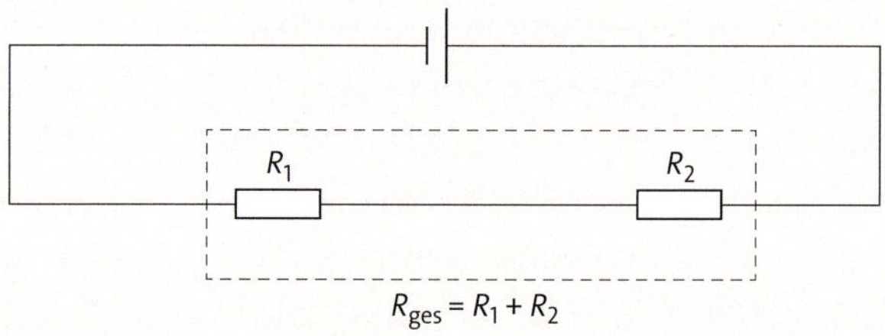

2 Reihenschaltung: Widerstände

Belastete Batterie • Bei einer belasteten Batterie fällt die Teilspannung U_i am Innenwiderstand R_i ab. Die Betriebsspannung U_B der Batterie sinkt dadurch unter die Leerlaufspannung U_0:
$U_B = U_0 - R_i \cdot I$. → 3 4

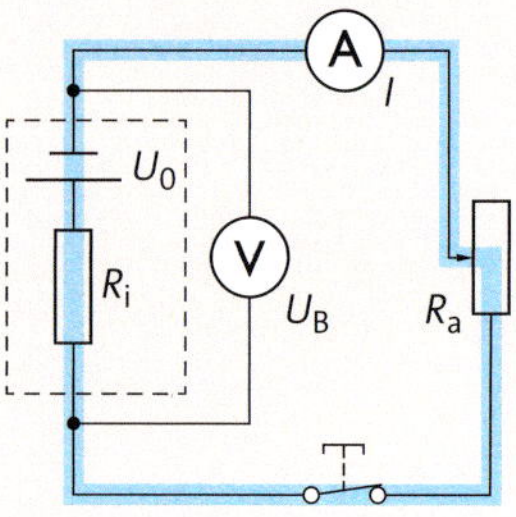

3 Innenwiderstand R_i

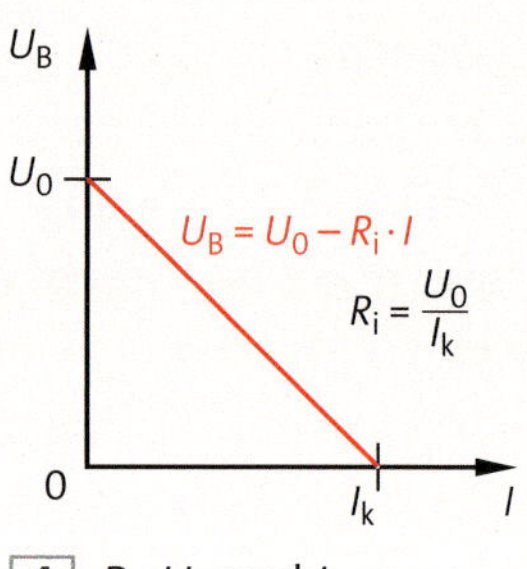

4 R_i, U_0 und I_k

Vorwiderstand • Um die Spannung an einem Bauteil zu senken, kann man einen Vorwiderstand in Reihe dazuschalten. Die Spannung der elektrischen Energiequelle wird dadurch aufgeteilt, der zu große Teil fällt am Vorwiderstand ab. → 5

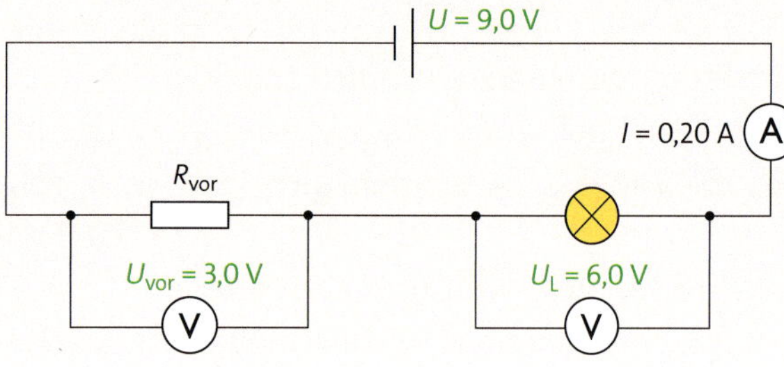

5 Vorwiderstand

Gesetze der Parallelschaltungen

- An jedem Bauteil liegt dieselbe Spannung an: $U = U_1 = U_2 = \ldots$ → 6
- Die Gesamtstromstärke ist genauso groß wie die Summe der Einzelstromstärken: → 6
  $I_{ges} = I_1 + I_2 + \ldots$
  Durch den größeren Widerstand fließt der kleinere Strom. Die Einzelströme verhalten sich umgekehrt wie die Widerstände der Bauteile.
- Der Kehrwert des Gesamtwiderstands ist gleich der Summe der Kehrwerte der Einzelwiderstände: → 7
  $\frac{1}{R_{ges}} = \frac{1}{R_1} + \frac{1}{R_2} + \ldots$
  Der Gesamtwiderstand ist kleiner als der kleinste Einzelwiderstand.
- Die von der elektrischen Energiequelle abgegebene Energie ist gleich der Summe der von den Bauteilen umgewandelten Energien:
  $E = E_1 + E_2 + \ldots$ mit $E_1 = U \cdot I_1 \cdot t$ usw.
  Für die Leistungen gilt entsprechend:
  $P = P_1 + P_2 + \ldots$ mit $P_1 = U \cdot I_1$ usw.

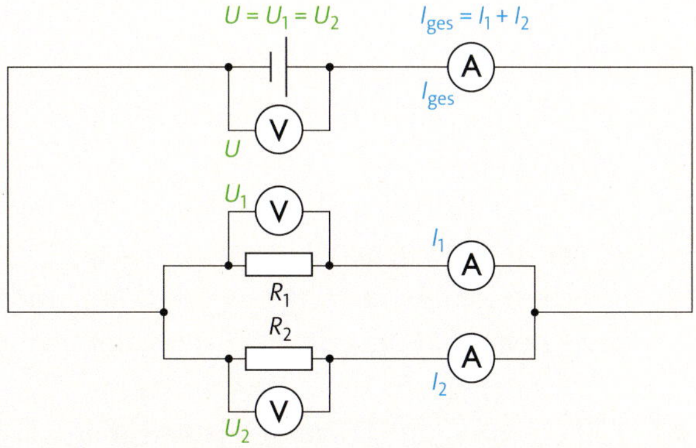

6 Parallelschaltung: Spannungen, Stromstärken

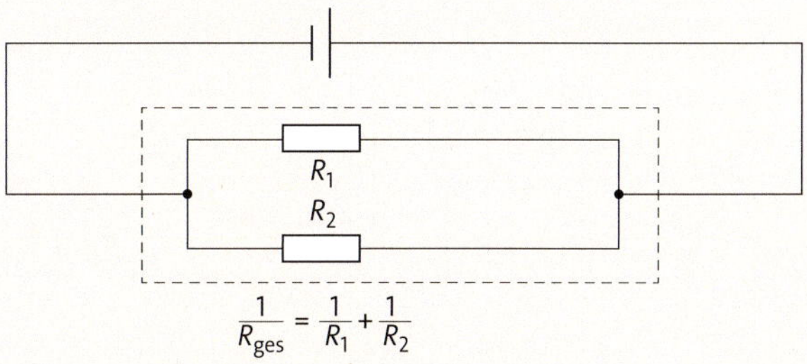

7 Parallelschaltung: Widerstände

Messbereich erweitern: Spannung • Der Messbereich der Spannung wird erweitert, indem man einen großen Vorwiderstand in Reihe zum Messwerk schaltet. → 8 Je größer die Erweiterung des Messbereichs ist, desto größer ist der Vorwiderstand. Der Gesamtwiderstand des Messgeräts ist dabei größer als der Vorwiderstand.
Nach der Erweiterung des Messbereichs gilt: $R_{ges} = R_{vor} + R_{Mess}$.

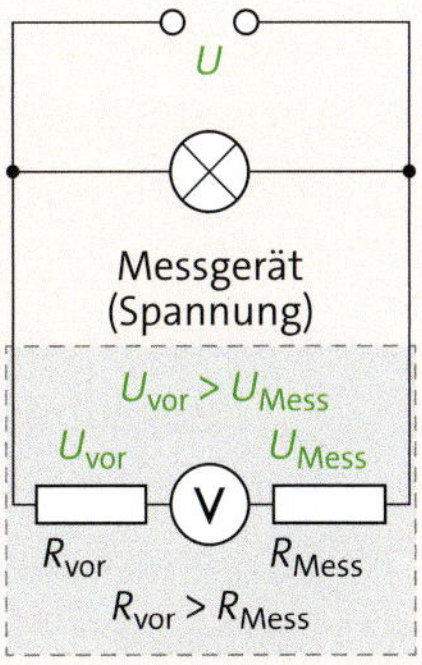

8

Messbereich erweitern: Stromstärke • Der Messbereich der Stromstärke wird erweitert, indem man einen kleinen Nebenwiderstand parallel zum Messwerk schaltet. → 9 Je größer die Erweiterung des Messbereichs ist, desto kleiner ist der Nebenwiderstand. Der Gesamtwiderstand des Messgeräts ist dabei kleiner als der Nebenwiderstand.
Nach der Erweiterung des Messbereichs gilt: $\frac{1}{R_{ges}} = \frac{1}{R_{neben}} + \frac{1}{R_{Mess}}$.

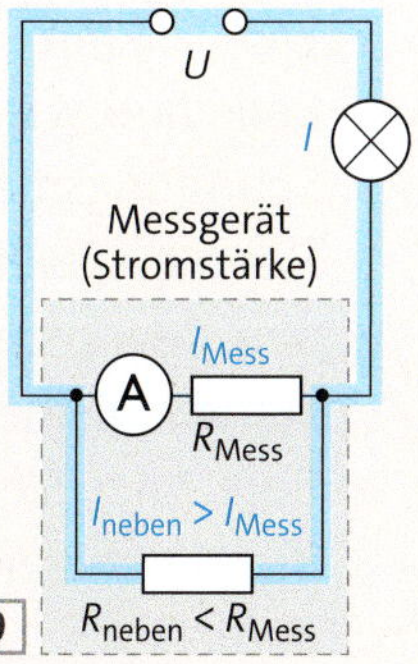

9

Gesetze der Reihen- und Parallelschaltungen

Aufgaben

Aufgaben aus Abschlussprüfungen

A1 Ein Elektromotor (24 V; 60 W) soll mithilfe eines Vorwiderstands mit 230 V betrieben werden.

a Erstellen Sie eine Schaltskizze und berechnen Sie den erforderlichen Vorwiderstand.

b Ermitteln Sie die Leistung des Vorwiderstands sowie den Wirkungsgrad der Schaltung.

A2 Die Lampen L_1 und L_2 werden jeweils bei Nennspannung betrieben. → 1

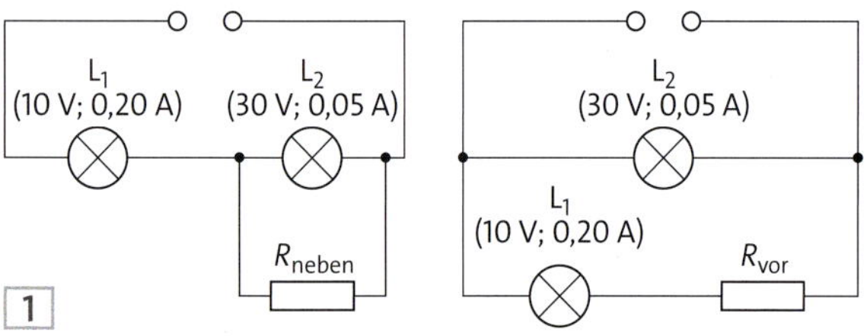

1

a Berechnen Sie die Leistungen der Lampen.

b Geben Sie für beide Schaltungen jeweils die Spannung der elektrischen Energiequelle an.

c Ermitteln Sie jeweils die Gesamtstromstärke.

d Berechnen Sie R_{neben} und R_{vor}.

A3 Ein Spannungsmessgerät mit dem Widerstand $R_{Mess} = 10\ k\Omega$ zeigt den maximalen Wert an, wenn der Strom durch das Messwerk 2,0 mA beträgt.

a Berechne, wie groß der Messbereich des Spannungsmessgeräts ist.

b Der Messbereich soll auf 100 V erweitert werden. Begründen Sie, warum dazu ein Widerstand in Reihe geschaltet werden muss.

c Berechnen Sie den Widerstand R_{vor}, der für die Messbereichserweiterung in Teil b erforderlich ist.

A4 Ein elektrischer Heizlüfter ($U = 230\ V$) mit zwei Heizstufen enthält zwei Heizspiralen mit einem Widerstand von jeweils 130 Ω.

a Fertigen Sie zwei Schaltskizzen an, in denen die Heizspiralen so geschaltet sind, dass der Heizlüfter:
- mit der größten Leistung betrieben wird.
- mit der kleinsten Leistung betrieben wird.

b Berechnen Sie die Leistung des Heizlüfters für die beiden Heizstufen aus Teil a.

c Die Konstantandrähte, aus denen die Heizspiralen gewickelt sind, haben die Querschnittsfläche $A = 0{,}20\ mm^2$. Berechnen Sie die Länge des Drahts, der zur Herstellung einer Heizspirale benötigt wird.
Tipp: spezifischer Widerstand → S. 263

A5 Das Netzgerät hat eine Spannung von 68 V. → 2 Die Widerstände haben diese Werte: $R_1 = 60\ \Omega$, $R_2 = 40\ \Omega$ und $R_3 = 10\ \Omega$.

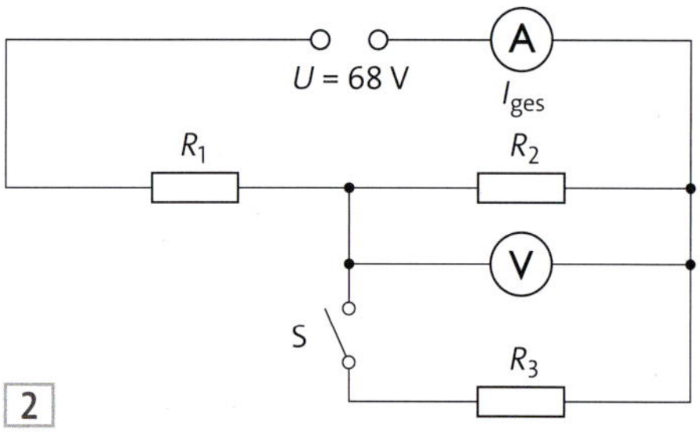

2

a Der Schalter S ist geöffnet. Berechnen Sie, wie groß die Spannung ist, die das Spannungsmessgerät anzeigt.

b Der Schalter S wird jetzt geschlossen. Wie ändert sich dadurch die Gesamtstromstärke I_{ges}? Begründen Sie Ihre Antwort.

c Berechnen Sie die Spannung, die das Spannungsmessgerät bei geschlossenem Schalter S anzeigt.

A6 Drei Widerstände haben folgende Werte:
$R_1 = 470\ \Omega$, $R_2 = 220\ \Omega$ und $R_3 = 50\ \Omega$.
Die Widerstände sollen so geschaltet werden, dass sich der Gesamtwiderstand $R_{ges} = 200\ \Omega$ ergibt. Entscheiden Sie, welche Schaltung verwendet werden muss. → 3 Begründen Sie Ihre Entscheidung.

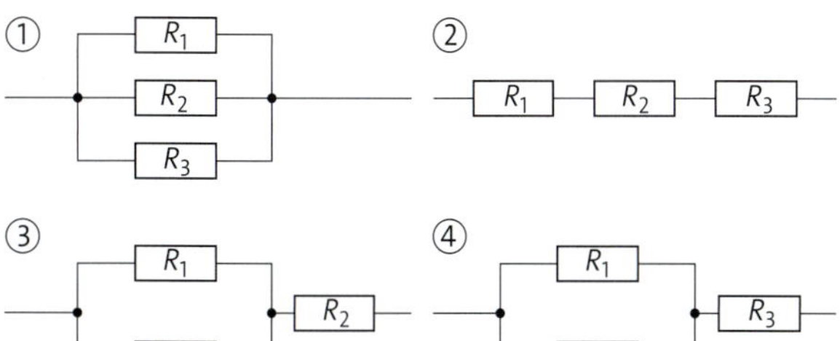

3

A7 Drei Widerstände sind in einer kombinierten Schaltung in einen Stromkreis eingebaut:
$R_1 = 20\ \Omega$, $R_2 = 40\ \Omega$ und $R_3 = 30\ \Omega$. → 4
Die elektrische Energiequelle besitzt eine konstante Spannung von $U = 6{,}0\ \text{V}$.

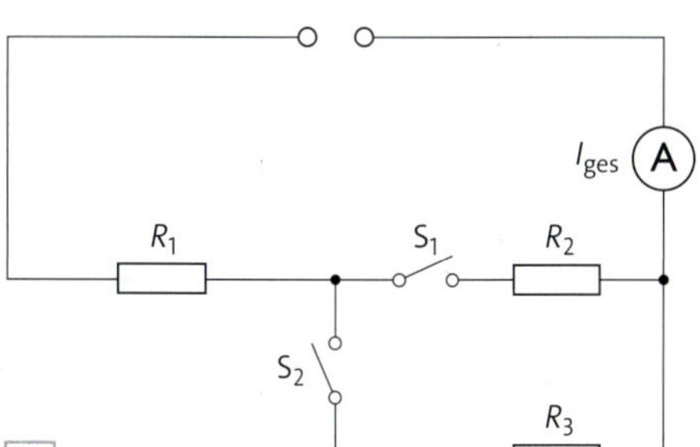

4

a Bei welcher Stellung der Schalter zeigt das Strommessgerät eine minimale Stromstärke ($I_{ges} > 0\ \text{A}$) an, bei welcher Stellung eine maximale Stromstärke? Begründen Sie Ihre Antworten jeweils.

b Berechnen Sie jeweils die Stromstärke für diese beiden Schalterstellungen.

A8 Das Spannungsmessgerät zeigt bei offenem Schalter S die Leerlaufspannung U_0 (Ruhespannung) der Batterie an. → 5

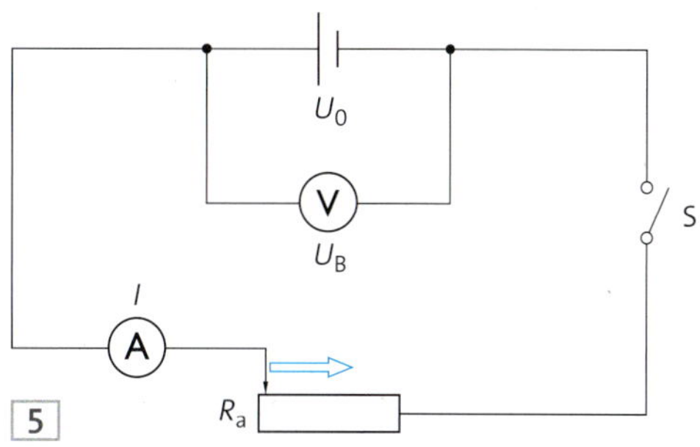

5

Nach Schließen des Schalters wird der Widerstand R_a schrittweise verringert. Die Betriebsspannung U_B wird in Abhängigkeit von der Stromstärke I gemessen: → 6

I in A	0,30	0,60	0,90	1,20	1,50	1,80	2,10
U_B in V	4,05	3,60	3,15	2,70	2,25	1,80	1,35

6

a Stellen Sie die Betriebsspannung U_B in Abhängigkeit von der Stromstärke I grafisch dar.

b Entnehmen Sie dem Diagramm zu Teil a die Leerlaufspannung U_0 und die Kurzschlussstromstärke I_K der Batterie.

c Bestimmen Sie rechnerisch den Innenwiderstand R_i der Batterie.

d Stellen Sie in einer Tabelle die Leistung P_R des Schiebewiderstands in Abhängigkeit von der Stromstärke I dar.
Werten Sie die Tabelle grafisch aus.

e Bestimmen Sie anhand des Diagramms aus Teil d die maximale Leistung des Widerstands sowie die dazugehörige Stromstärke.
Berechnen Sie für diese maximale Leistung den zugehörigen Widerstand R_a.

Induktion in bewegten Leitern

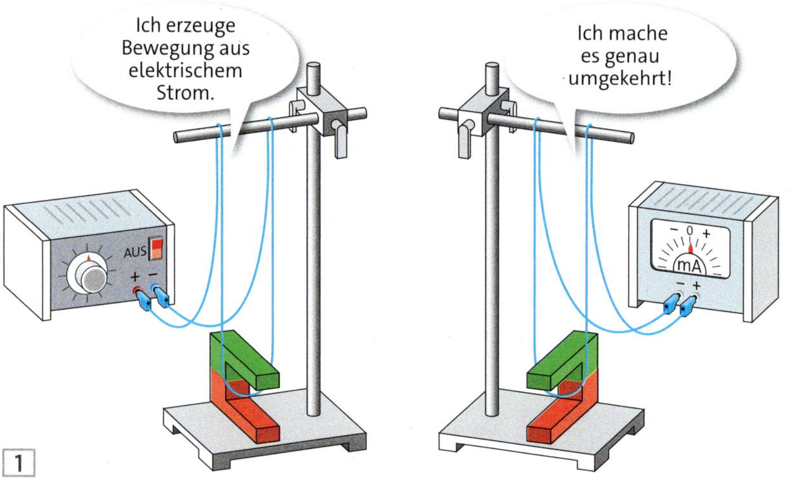

1

Mit einem Magneten und einem Kabel wird einmal Bewegung erzeugt und einmal elektrischer Strom.
Wie soll das funktionieren?

A Aufgabe

Leiterschaukel

1 Wenn man den Stromkreis mit dem Taster einschaltet, bewegt sich die Leiterschaukel. → 2

a Bestimmt die Bewegungsrichtung des Leiters mit der UVW-Regel.
Tipp: Wiederholung, S. 11

b Erklärt die Bewegung des Leiters mit der Lorentzkraft.

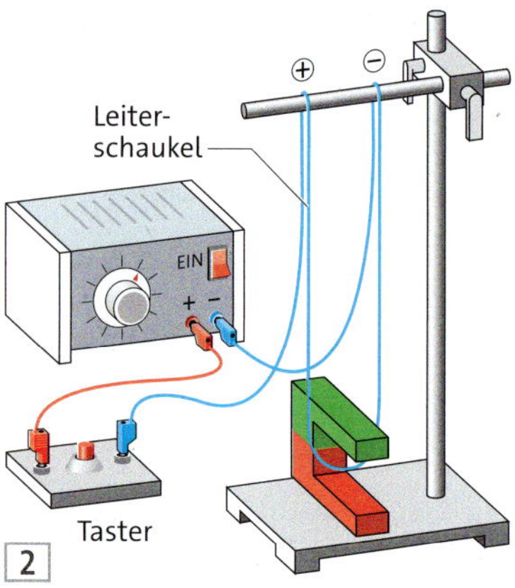

2

B Demoversuch

Spannung erzeugen

Material: 2 Bügelmagnete, empfindliches Spannungsmessgerät (mV; Zeiger in Mittelstellung), Kabel, Stativmaterial

1 Das Kabel oder der Magnet werden gegeneinander bewegt. → 3 Beschreibt jeweils eure Beobachtung und nennt Unterschiede.

a Das Kabel wird in Pfeilrichtung hin- und herbewegt.

b Das Kabel wird nach oben und unten bewegt.

c Jetzt wird der Magnet dem ruhenden Kabel genähert und anschließend wieder entfernt.

d Das Kabel wird wieder in Pfeilrichtung bewegt, aber unterschiedlich schnell.

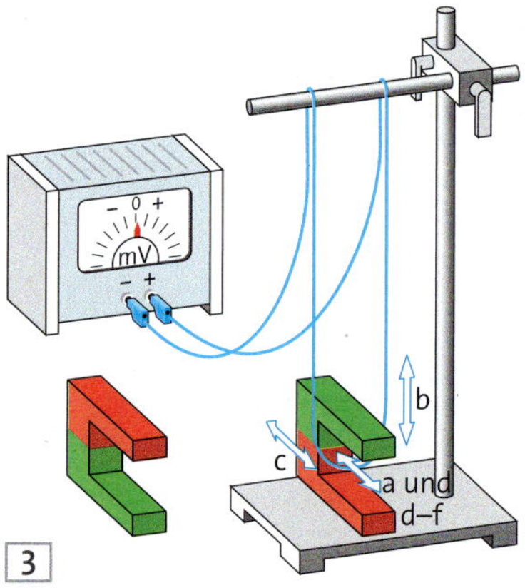

3

e Der Magnet wird umgedreht (Nordpol oben), dann wird das Kabel wieder in Pfeilrichtung bewegt.

f Das Magnetfeld wird durch den zweiten Magneten verstärkt und das Kabel wieder in Pfeilrichtung bewegt.

2 Gebt an, welche Energieumwandlung bei der Bewegung des Leiters auftritt.

die Induktion
die Induktionsspannung
der Induktionsstrom

Grundlagen

Induktion von Spannung • Wenn man einen Leiter im Magnetfeld senkrecht zu den Magnetfeldlinien bewegt, wird eine Spannung zwischen den Leiterenden verursacht. → 4 Dieser Vorgang heißt Induktion (lat. *inducere:* hineinführen, veranlassen). Bei geschlossenem Stromkreis fließt ein Induktionsstrom durch den Leiter. Wenn der Leiter schräg zu den Feldlinien bewegt wird, ist die Induktionsspannung (bei sonst gleichen Bedingungen) geringer als bei einer Bewegung senkrecht zur Magnetfeldrichtung. Auch wenn man den Magneten bewegt und den Leiter festhält, tritt eine Induktionsspannung auf.

Wenn ein Leiter im Magnetfeld senkrecht oder schräg zu den Feldlinien bewegt wird, entsteht zwischen seinen Enden eine Induktionsspannung. Sie ist umso größer, je stärker das Magnetfeld ist und je schneller der Leiter bewegt wird.

Richtung des Elektronenstroms • Wie lässt sich die Entstehung der Induktionsspannung erklären? Wir stellen uns vor, dass die freien Elektronen im Leiter zusammen mit ihm senkrecht zu den Feldlinien bewegt werden. → 5 Deshalb wirkt auf sie die Lorentzkraft, die sie zum einen Ende des Leiters hin verschiebt. An diesem Ende entsteht ein Elektronenüberschuss (Minuspol), am anderen Ende ein Elektronenmangel (Pluspol).

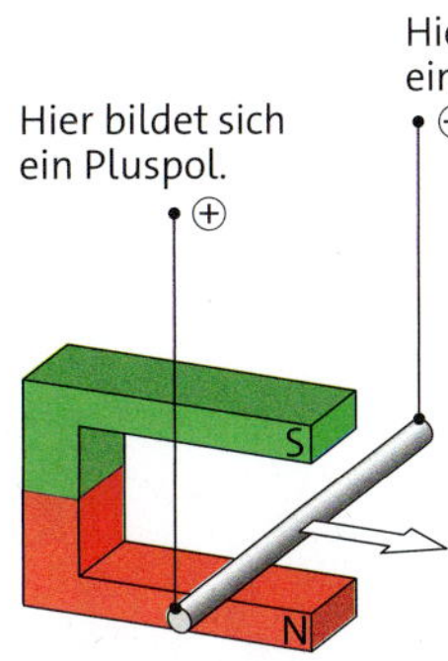

4 Induktionsspannung

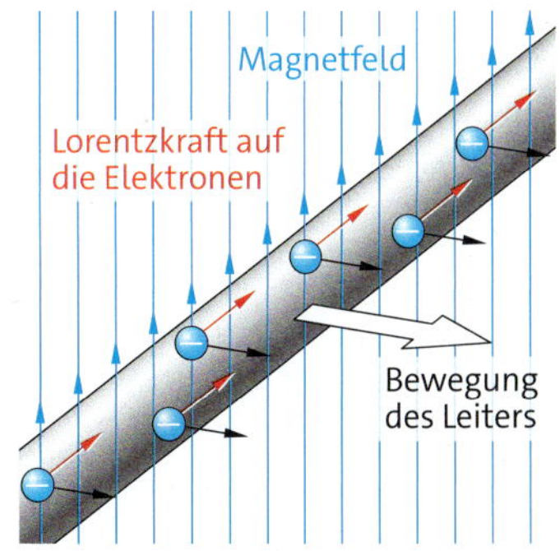

5 Modellvorstellung

Die Kraftrichtung auf die Elektronen kann man mit der UVW-Regel der linken Hand vorhersagen. → 6 Wenn man den Leiter in die entgegengesetzte Richtung bewegt, kehrt sich auch die Richtung der Lorentzkraft um. Deshalb werden die Elektronen in die entgegengesetzte Richtung verschoben und die Induktionsspannung hat die umgekehrte Polung.

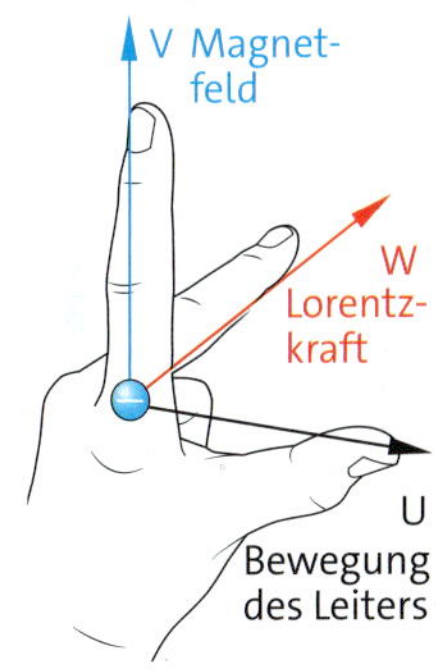

6 UVW-Regel

Wenn ein Leiter senkrecht oder schräg zu den Magnetfeldlinien bewegt wird, werden die freien Elektronen in ihm durch die Lorentzkraft verschoben.

Aufgaben

1 Gib an, unter welchen Voraussetzungen in einem Leiter eine Spannung induziert wird.

2 Nenne zwei Möglichkeiten, um die Induktionsspannung zwischen den Enden eines Leiters zu vergrößern.

3 Bestimme die Polung an den Leiterenden mit der UVW-Regel. → 7 8

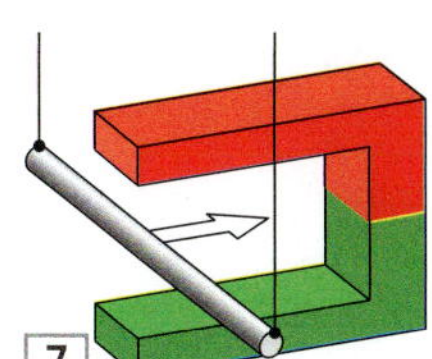

7

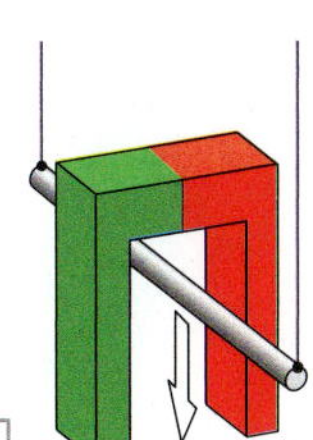

8

Induktion in Spulen

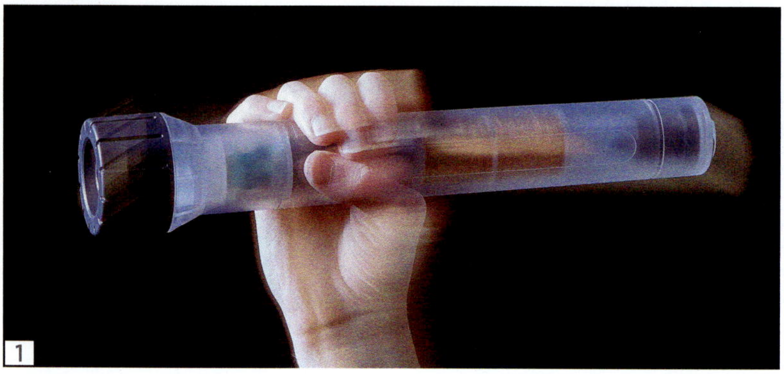
1

Diese Taschenlampe braucht keine Batterien. Beim Schütteln bewegen sich ein starker Magnet und eine Spule gegeneinander – und dabei entsteht eine elektrische Spannung!

A Demoversuch

Leiterschleifen im Magnetfeld

Material: Bügelmagnet, empfindliches Spannungsmessgerät (mV), Kabel, Stativmaterial

1 Das Kabel wird zur Leiterschleife mit drei Windungen gewickelt. → 2 Dann wird es auf einem Pol des Magneten hin- und herbewegt. Beschreibt eure Beobachtung. Der Versuch wird mit mehr Windungen wiederholt. Vergleicht.

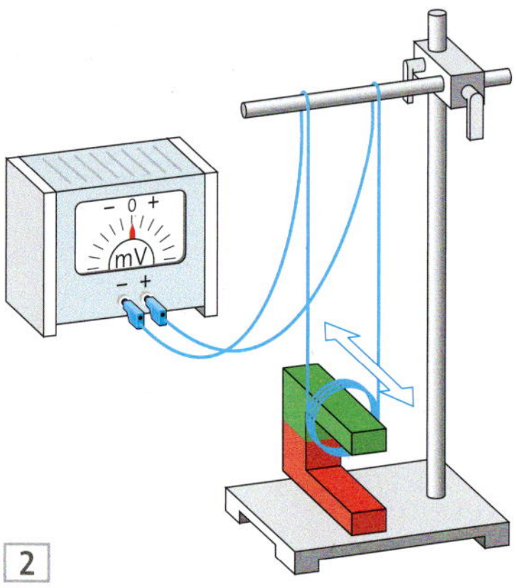

2

B Versuch

Spannung erzeugen – mit Spule und Magnet

Material: Spule, Stabmagnet, Spannungsmessgerät, Kabel, Solarmotor

1 Schließt das Spannungsmessgerät an die Spule an. → 3

a Bewegt den Magneten mit einem Pol schnell in die Spule hinein, lasst ihn kurz in der Spule liegen und zieht ihn dann schnell wieder heraus.
Beschreibt jeweils eure Beobachtungen am Spannungsmessgerät.

b Bewegt den Magneten jetzt mit dem anderen Pol zuerst in die Spule hinein.
Beschreibt, welchen Unterschied zu Teil a ihr beobachtet.

c Bewegt den Magneten vor der Spule in verschiedene Richtungen. Findet heraus, wann die angezeigte Spannung am größten ist.

d Haltet den Magneten ruhig in der Hand und bewegt die Spule schnell auf ihn zu und danach wieder schnell von ihm weg. Beschreibt, was ihr am Spannungsmessgerät beobachtet.

2 Ersetzt das Messgerät durch den Solarmotor. Versucht den Motor zum Drehen zu bringen.

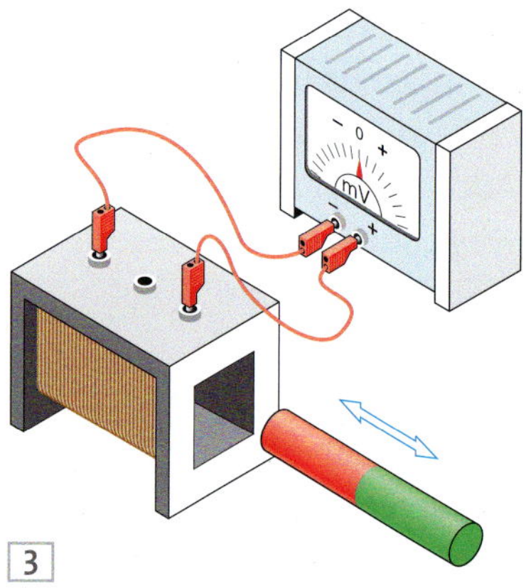

3

C Versuch

Möglichst große Spannungen erzeugen

Material: 2 Spulen mit verschiedenen Windungszahlen, 2 Stabmagnete, Spannungsmessgerät, Kabel

1 Wovon hängt die Größe der erzeugten Spannung ab?

a Bewegt einen Magneten unterschiedlich schnell in eine Spule hinein. → 3 Wann ist die Spannung am größten?

b Haltet die beiden Magnete mit gleichen Polen zusammen. → 4 Sie haben dann eine stärkere magnetische Wirkung als ein Magnet allein. Bewegt die Magnete zusammen in dieselbe Spule wie in Teil a hinein. Vergleicht die angezeigte Spannung mit der von Teil a.

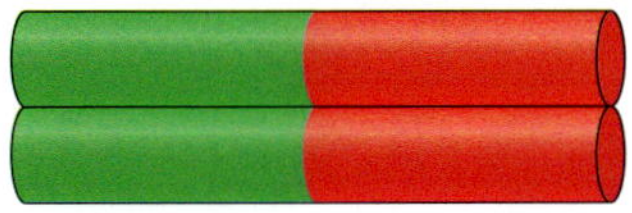

4

c Schaltet die Spulen in Reihe. → 5 Zieht einen Magneten gleich schnell nacheinander aus den Spulen heraus und messt die Spannung. Vergleicht die Messwerte.

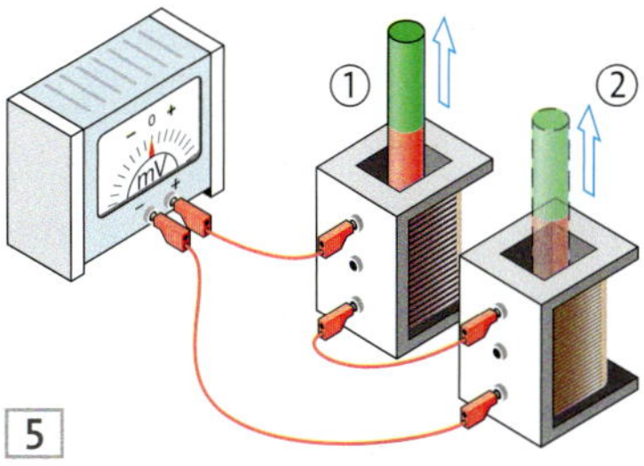

5

D Versuch

Spannung erzeugen – ohne Dauermagnet (1)

Material: 2 Spulen, Eisenkern, Batterie (4,5 V), Schalter, Spannungsmessgerät

1 Beschreibt, was ihr am Messgerät beobachtet: → 6

a Schließt den Schalter, wartet etwas und öffnet ihn wieder.

b Bewegt die Spulen bei geschlossenem Schalter.

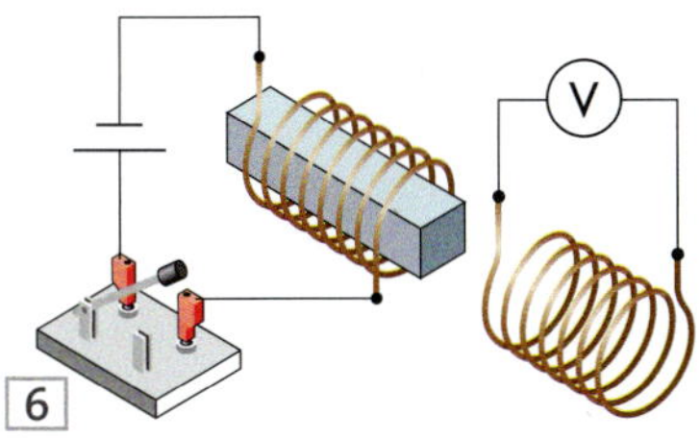

6

E Aufgabe

Spannung erzeugen – ohne Dauermagnet (2)

1 An einer großen Spule liegt eine Wechselspannung an. → 7 Dadurch ändert sich das magnetische Feld im Hohlraum der Spule ständig. In diesen Hohlraum werden nacheinander kleine Spulen mit unterschiedlicher Querschnittsfläche gelegt. Zwischen ihren Enden entsteht jeweils eine Spannung, die gemessen wird. → 8 Gebt an, welcher mathematische Zusammenhang zwischen der Querschnittsfläche und der erzeugten Spannung besteht. Begründet eure Aussage.

A in cm²	10	15	25
U in mV	100	151	254

8

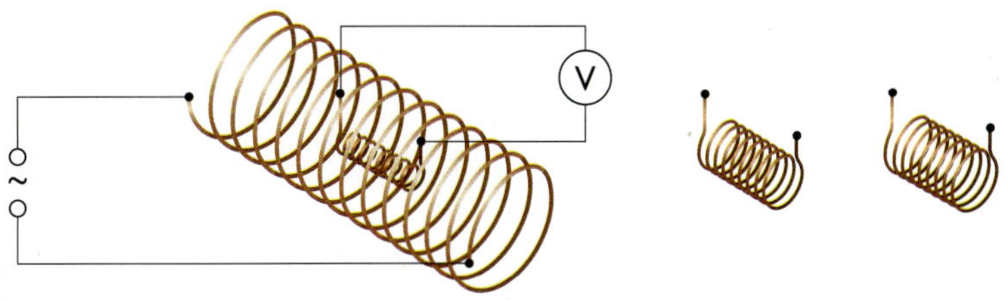

7

Induktion in Spulen

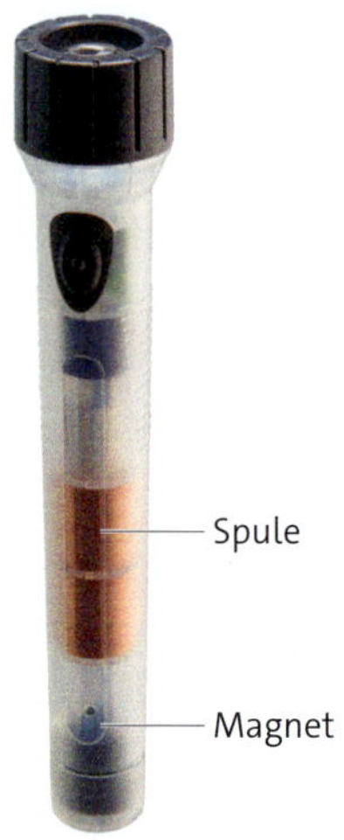

1 Schüttellampe

Grundlagen

Entstehung einer Induktionsspannung • Wenn man diese Lampe hin- und herschüttelt, bewegt sich ein Dauermagnet immer wieder durch eine Spule hindurch. → 1 Dabei wird kinetische Energie in elektrische Energie für die Lampe umgewandelt.
Beim Annähern des Stabmagneten an die Spule wird das Magnetfeld immer stärker, das die Spule durchsetzt. → 2 Diese Magnetfeldänderung hat zur Folge, dass auf die freien Elektronen im Spulendraht eine Kraft wirkt, die sie im Draht in eine Richtung verschiebt. Am einen Ende der Spule entsteht dadurch ein Elektronenüberschuss (Minuspol), am anderen Ende ein Elektronenmangel (Pluspol). Zwischen den Spulenanschlüssen entsteht also eine Induktionsspannung. Wir nennen die Spule daher Induktionsspule. Wenn sie Teil eines geschlossenen Stromkreises ist, bewirkt die Induktionsspannung einen elektrischen Strom.

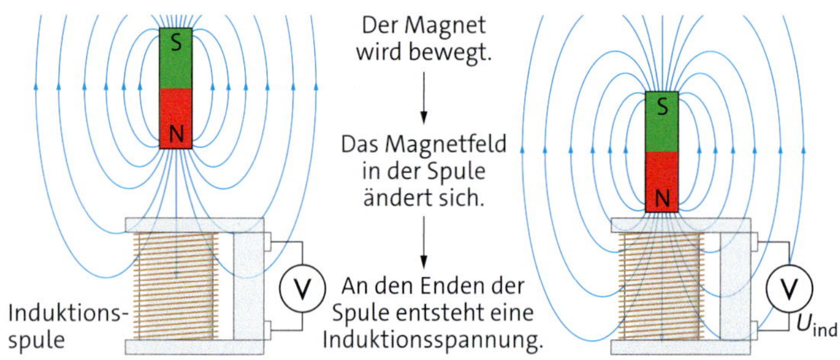

2

Induktionsgesetz: In einer Spule wird eine Spannung induziert, solange sich das Magnetfeld ändert, das die Spule durchsetzt.

Für die Entstehung der Induktionsspannung ist es unerheblich, ob der Magnet bewegt wird oder die Spule.

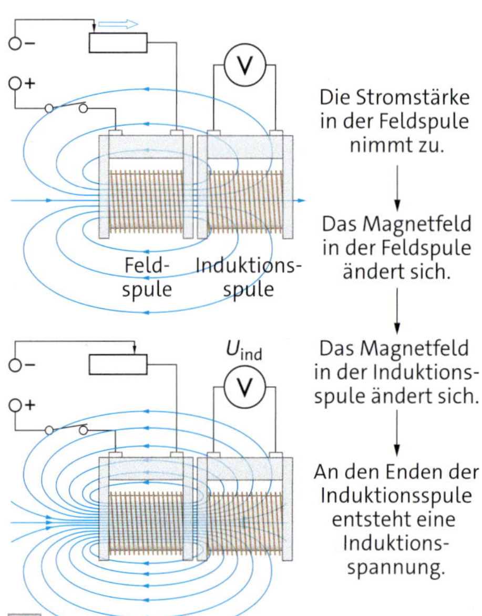

3

Induktion ohne Bewegung • Die Änderung des Magnetfelds in der Induktionsspule kann auch ohne Bewegung erfolgen. Dazu ersetzen wir den Dauermagneten durch eine stromdurchflossene Spule. → 3 Wir nennen sie Feldspule, weil sie das nötige Magnetfeld erzeugt. Wenn man die Stromstärke in der Feldspule ändert (z. B. durch den Schalter oder den Schiebewiderstand), ändert sich ihr Magnetfeld – und damit auch das Magnetfeld, das die Induktionsspule durchsetzt. Solange sich das Magnetfeld ändert, wird in der Induktionsspule eine Spannung induziert. Wenn ein Wechselstrom in der Feldspule fließt, wird eine Wechselspannung in der Induktionsspule induziert.

das Induktionsgesetz
die Feldspule
die Induktionsspule

Größe der Induktionsspannung • Je schneller ein Magnet in eine Spule hineinbewegt wird, desto größer ist die Magnetfeldänderung in der Spule in einer bestimmten Zeit: Es entsteht eine größere Induktionsspannung.
Wenn ein stärkerer Magnet verwendet wird, erreicht man jeweils eine größere Magnetfeldänderung.
Wird ein Magnet mit stets gleicher Geschwindigkeit nacheinander in Spulen mit immer größerer Windungszahl hineinbewegt, dann entsteht eine immer größere Induktionsspannung. → 4
Ein weiteres Experiment zeigt, dass bei größerer Querschnittsfläche der Spule ebenfalls eine größere Spannung induziert wird. → 5

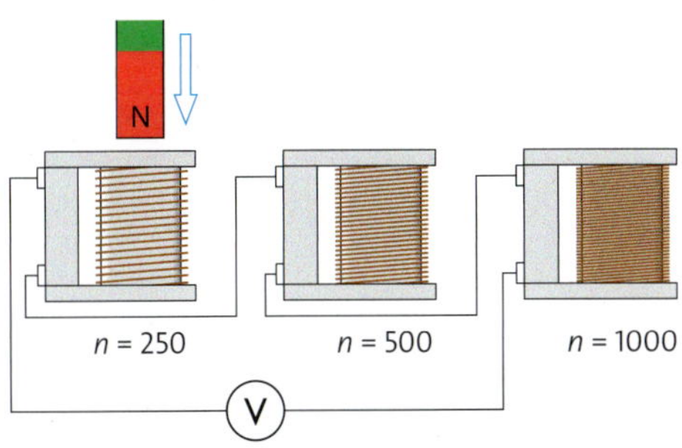

4 Je größer die Windungszahl, desto größer die Induktionsspannung.

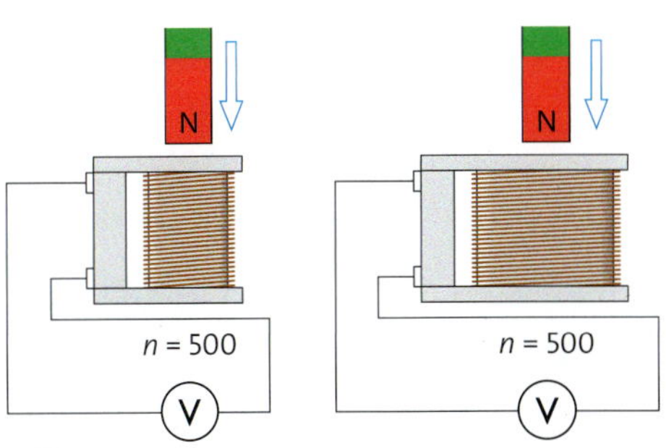

5 Je größer die Querschnittsfläche, desto größer die Induktionsspannung.

Die Induktionsspannung an einer Spule ist umso größer,
- je stärker sich das Magnetfeld in der Spule in einer bestimmten Zeit ändert.
- je größer die Windungszahl der Spule ist.
- je größer die Querschnittsfläche der Spule ist.

Wenn sich ein Eisenkern in der Spule befindet, wird eine größere Spannung induziert als ohne Eisenkern. Der Eisenkern verstärkt das Magnetfeld und damit auch die Änderungen des Magnetfelds in der Spule.

Aufgaben

1 In einer Spule soll eine Spannung induziert werden.
a Beschreibe mehrere Möglichkeiten.
b Beschreibe und erkläre jeweils, wie man eine möglichst große Induktionsspannung erreichen kann.

2 Um eine Spannung zu induzieren, reicht es nicht aus, dass ein Magnet in einer Spule liegt. Begründe diese Beobachtung.

3 Beschreibe die Funktionsweise der Schüttellampe. → 1

4 Die Anschlüsse einer Spule sind durch ein Kabel verbunden. → 6
Begründe, warum die Spule selbst zum Magneten wird, wenn sich der Stabmagnet auf sie zubewegt.

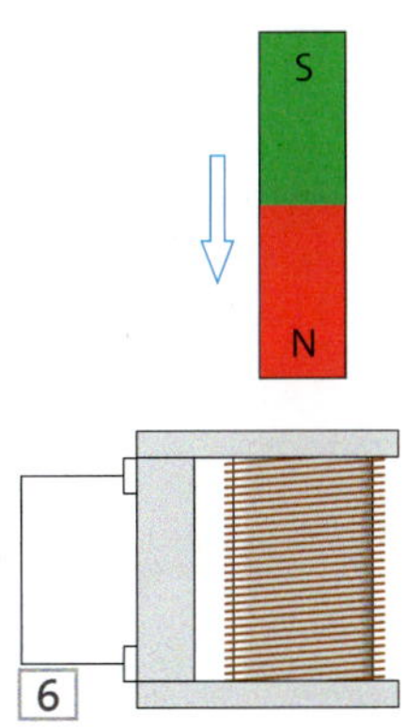

6

Induktion in Spulen

F Aufgabe

UVW-Regel und Induktionsspannung

1 Der Leiter wird jeweils in Pfeilrichtung bewegt. → 1
Bestimme, an welchem Anschluss des Leiters ein Minuspol/Pluspol entsteht.

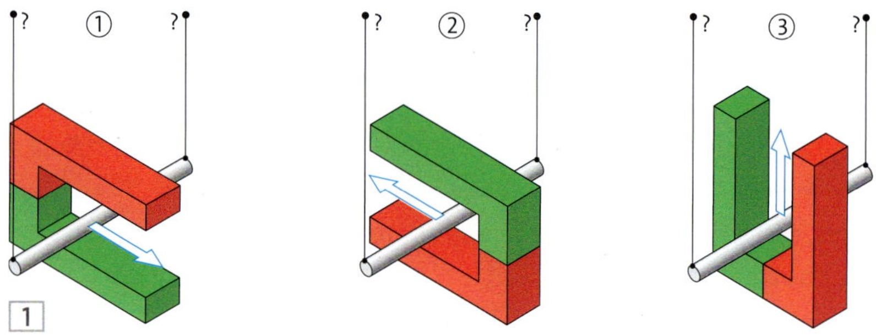

1

G Aufgaben

Induktionsgesetz

1 Eine Spule wird im Magnetfeld bewegt. → 2 – 5
Anfangs- und Endstellungen der Spule sind eingezeichnet. Begründe jeweils, ob das Messgerät eine Spannung anzeigt.

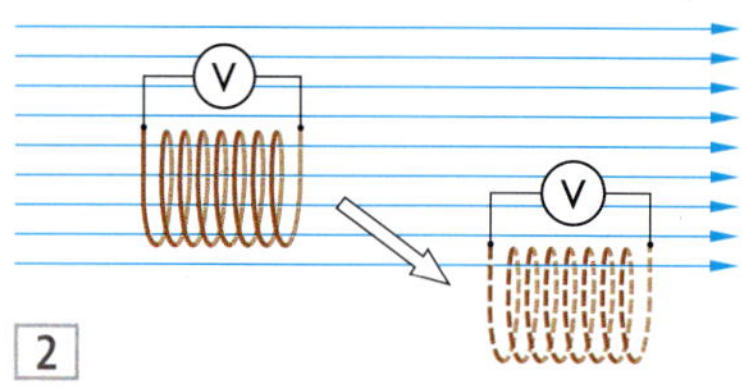

2

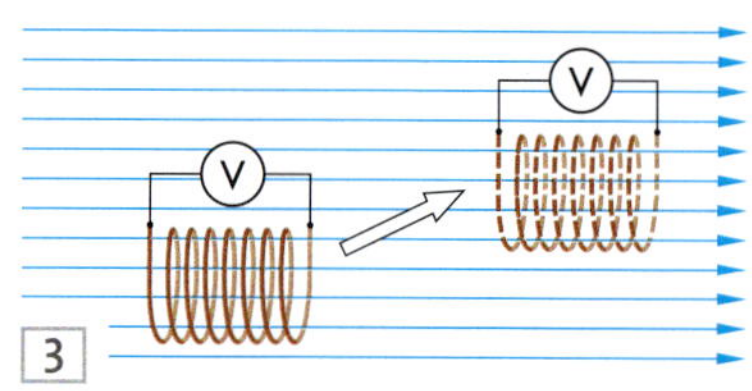

3

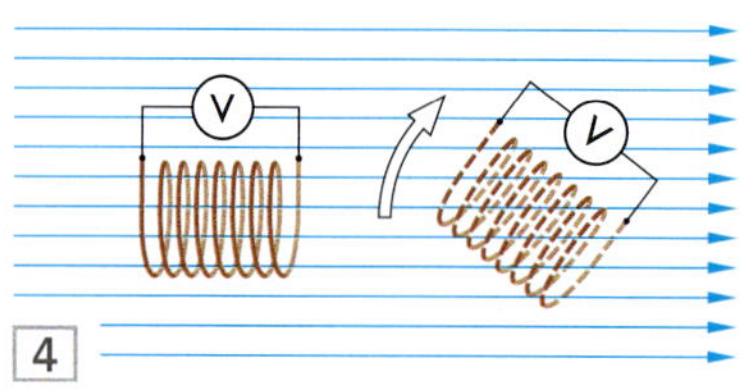

4

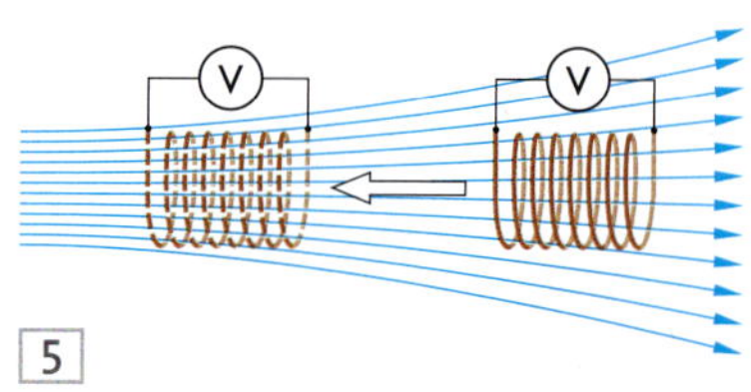

5

2 Ein Stabmagnet dreht sich neben einer Spule. → 6
a Beschreibe und begründe, was man dabei am Messgerät beobachten kann.
b Nenne Größen, von denen die Spannung abhängt.
c Gib an, welche Energieumwandlung stattfindet.

3 Induktion ohne Bewegung
a Begründe, warum das Messgerät 0 V anzeigt, obwohl ein Strom in der Feldspule fließt. → 7
b Nenne mehrere Möglichkeiten, wie man jetzt eine Induktionsspannung hervorrufen kann, ohne die Spulen zu bewegen.
c Nenne drei Größen, von denen der Betrag der Induktionsspannung an der Induktionsspule abhängt.

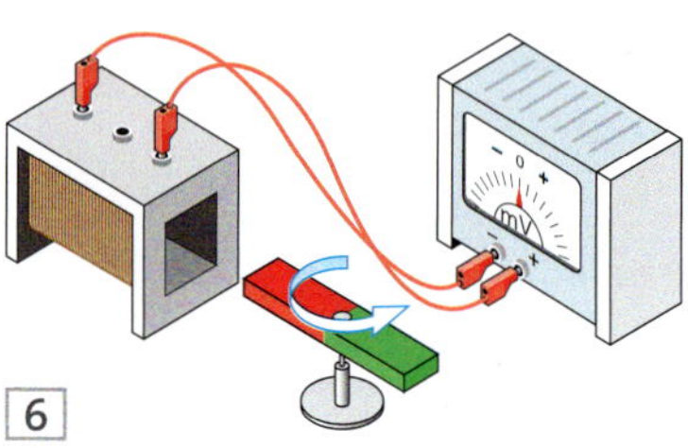

6

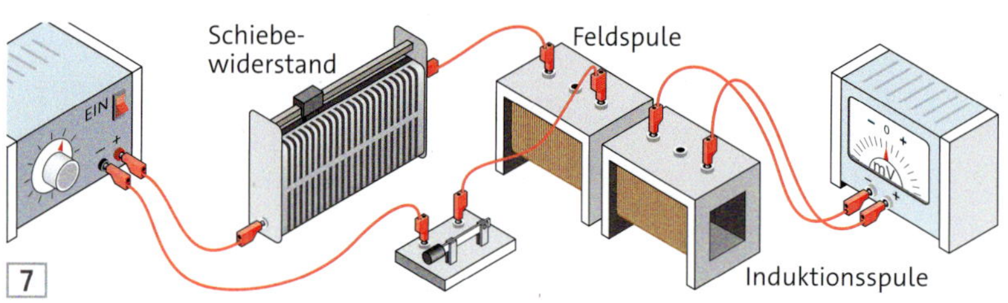

7

Aus der Geschichte: Faraday entdeckt die Induktion

Mit Oersted fing es an • Vor mehr als 180 Jahren beschäftigte sich der Brite Michael Faraday (1791–1867) mit den Zusammenhängen zwischen Elektrizität und Magnetismus. Der Däne Hans Christian Oersted (1777–1851) hatte 1820 gezeigt, dass eine Kompassnadel in der Nähe eines stromdurchflossenen Leiters abgelenkt wird: Elektrischer Strom kann also die Bewegung eines Magneten verursachen. Faraday entwickelte Oersteds Versuche weiter und konstruierte 1821 ein Gerät, bei dem ein stromdurchflossener Draht um einen fest stehenden Magneten rotiert. → 8 Damit hatte er das Prinzip eines Elektromotors entdeckt.

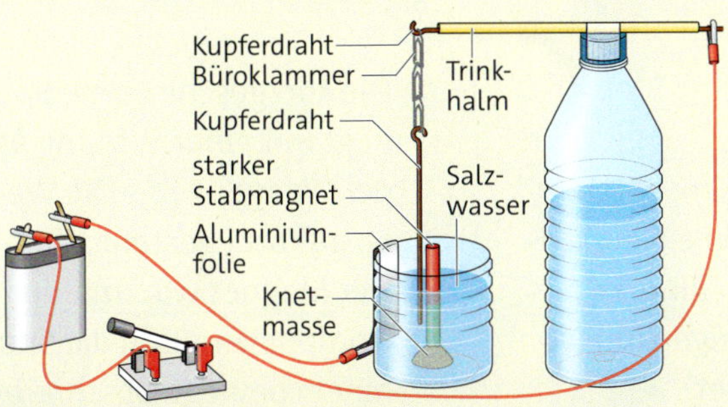

8 Faradaymotor (Prinzip)

Magnetismus in Elektrizität umwandeln • Faraday vermutete, dass die Umwandlung auch umgekehrt möglich sei: Ein bewegter Magnet sollte elektrischen Strom hervorrufen können. Um seiner Vermutung nachzugehen, musste Faraday große Schwierigkeiten überwinden: Seine Stahlmagnete waren sehr schwach und sein Strommessgerät war ein drahtumwickelter Kompass. 1831 stellte Faraday Versuche vor, die seine Vermutung bestätigten. Bei einem

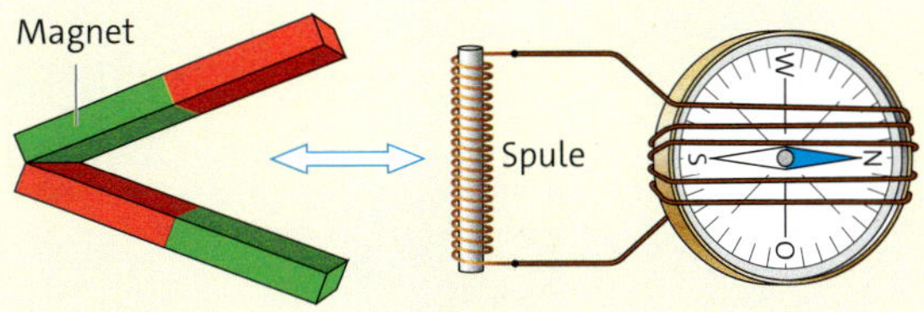

9 Faradays Induktionsversuch

Versuch fügte er zwei Stahlmagnete zusammen und näherte sie einer Spule. → 9 Beim Annähern zeigte das Strommessgerät einen Stromstoß in der Spule an. Solange Faraday den zusammengesetzten Magneten bewegungslos dicht an der Spule hielt, war kein Strom nachweisbar. Wenn er den Magneten wieder entfernte, kam es zu einem neuen Stromstoß. Damit hatte Faraday Magnetismus in Elektrizität umgewandelt.

Zwei berühmte Erfindungen • Die Suche nach einem Weg, Spannung dauerhaft zu induzieren, führte Faraday 1832 zur Entwicklung des ersten Generators. Bis heute ist aber eine andere seiner vielen Erfindungen mit seinem Namen verbunden: der Faradaykäfig.

Aufgaben

1 Beschreibe Oersteds Entdeckung von 1820. Nenne Faradays Vermutung nach seiner Beschäftigung mit Oersteds Versuch.

2 Beschreibe den Induktionsversuch Faradays.

3 Der Faradaymotor lässt sich nachbauen. → 8 Videos dazu findest du im Internet.

Lenzsche Regel

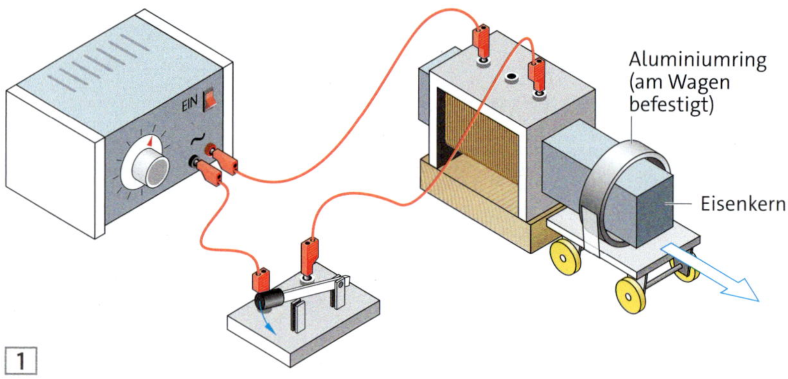

1

Der Wagen wird gleich mithilfe von Induktion angetrieben. Wie entsteht die Kraft, die den Wagen beschleunigt?

A Versuch

Ringversuch

Material: Stabmagnet, geschlossener Aluminiumring, offener Aluminiumring, Plastikring, Faden, Stativmaterial

1 Der geschlossene Aluminiumring hängt am dünnen Faden. → 2 Beschreibt jeweils eure Beobachtungen:

a Der Stabmagnet wird in den Ring hinein bewegt.

b Der Stabmagnet wird aus dem Ring herausgezogen.

2 Der Versuch wird mit den anderen Ringen wiederholt. Vergleicht eure Beobachtungen mit denen beim geschlossenen Aluminiumring.

3 Der geschlossene Aluminiumring ist im Prinzip eine Leiterschleife mit einer Windung. Wenn der Magnet mit dem Nordpol voraus zum Ring bewegt wird, entsteht durch Induktion ein elektrischer Strom im Ring. Er fließt im Uhrzeigersinn (von vorne betrachtet). → 2

a Der Strom im Ring bewirkt ein Magnetfeld. Bestimmt, auf welchen Seiten vom Ring Nord- und Südpol dieses Magnetfelds liegen.

b Begründet damit eure Beobachtung von Versuch 1a.

c Der Magnet wird aus dem Ring herausgezogen (1b). Stellt eine Vermutung über die Stromrichtung im Ring und die Pole des entstehenden Magnetfelds auf.

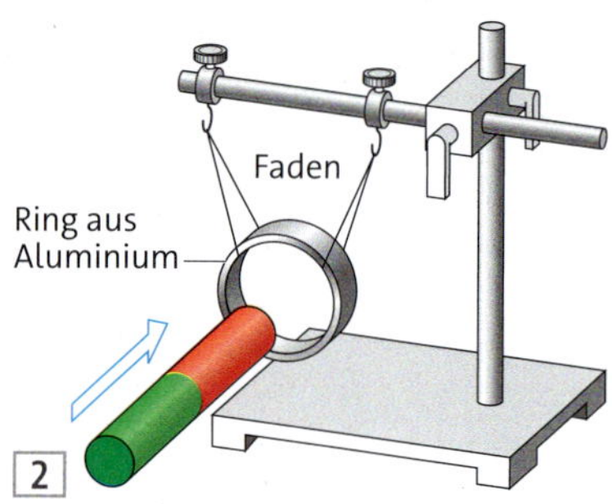

2

B Demoversuch

Kraft durch Induktion

Material: Stabmagnet, leichte Spule (z. B. 1200 Windungen), Kabel, Digitalwaage (auf 0,1 g genau)

1 Die kurzgeschlossene Spule liegt mit einer Öffnung auf der Waage. → 3 Die Waage ist auf null gestellt („Tara“).

a Der Magnet wird mit dem Nordpol voraus in die Spule hinein bewegt. Beschreibt, was ihr beobachtet.

b Stellt eine Vermutung auf, wie es zur Kraft auf die Spule kommt.

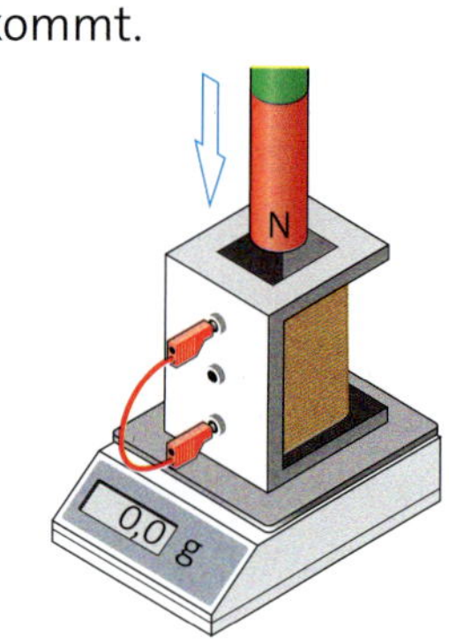

3

Grundlagen

Wirkung des Induktionsstroms • Der Wagen mit dem geschlossenen Aluminiumring wird beschleunigt, wenn der Strom in der Spule eingeschaltet wird. → 1 Wie entsteht die Kraft? Zur Vereinfachung betrachten wir einen Stabmagneten und einen Aluring: → 4

- Der Magnet wird z. B. mit dem Nordpol zum Ring bewegt. Die Stärke des Magnetfelds, das die Ringfläche durchsetzt, nimmt zu. (Das Gleiche geschieht, wenn man den Strom im Elektromagneten einschaltet.)
- Durch die Änderung des Magnetfelds wird ein Strom im Ring induziert.
- Der stromdurchflossene Ring erzeugt ein Magnetfeld, das der Annäherung des Magneten entgegenwirkt. Der Nordpol ist dem Nordpol des Stabmagneten zugewandt.
- Die Nordpole von Ring und Stabmagnet stoßen sich gegenseitig ab.

Wenn der Nordpol des Stabmagneten dagegen vom Ring weg bewegt wird, „folgt" ihm der Ring. → 5 Die Schwächung des Magnetfelds, das die Ringfläche durchsetzt, bewirkt diesmal einen Induktionsstrom, dessen Magnetfeld dem Entfernen des Magneten entgegenwirkt. Der Induktionsstrom fließt in umgekehrter Richtung als zuvor. Diesmal ist der Südpol des Magnetfelds dem Nordpol des Stabmagneten zugewandt, Ring und Magnet ziehen sich gegenseitig an.

Der Physiker Emil Lenz (1804–1865) erkannte, dass dem Verhalten des Rings eine allgemeine Regel zugrunde liegt:

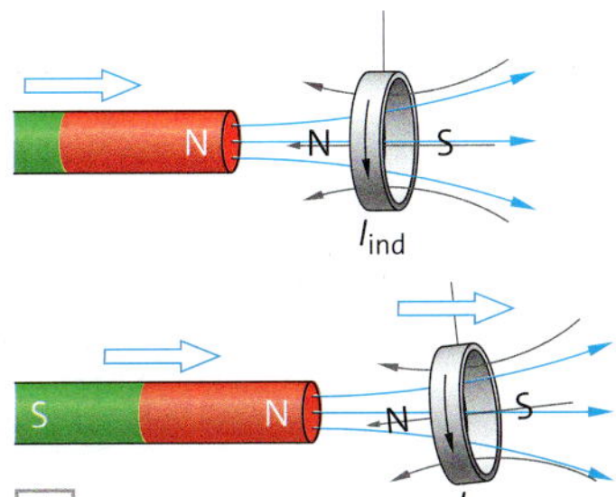

4

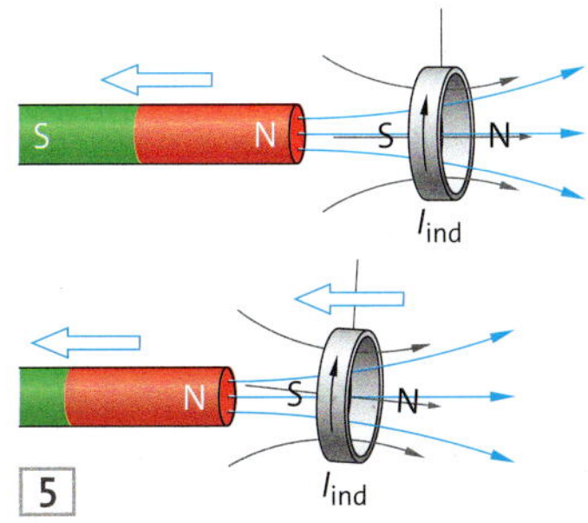

5

Lenzsche Regel: Ein Induktionsstrom ist immer so gerichtet, dass das von ihm erzeugte Magnetfeld der Induktionsursache entgegenwirkt (also der Änderung des Magnetfelds).

Energieumwandlungen • Der Stabmagnet schwingt in eine kurzgeschlossene Spule hinein. → 6 Der Induktionsstrom in der Spule bewirkt ein Magnetfeld, das den Stabmagneten abbremst. Kinetische Energie des Magneten wird in elektrische Energie des Induktionsstroms umgewandelt. Der Strom erwärmt den Spulendraht, elektrische wird in innere Energie umgewandelt. Wenn das Magnetfeld des Induktionsstroms dagegen den Stabmagneten beschleunigen würde, nähme die Gesamtenergie des Systems zu – im Widerspruch zum Energieerhaltungssatz.

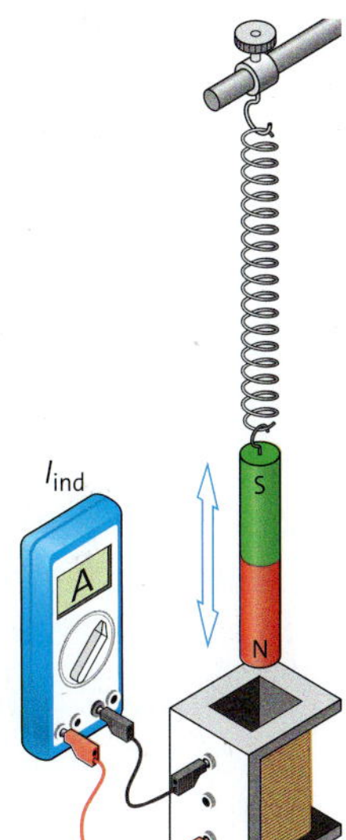

6

Aufgaben

1 Beschreibe und erkläre, was geschieht, wenn der Stabmagnet dem Ring aus Kupfer genähert wird. → 7

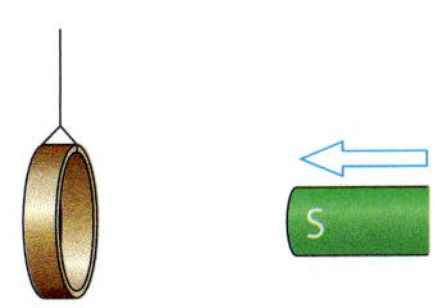

7

2 Erkläre: Der Magnet wird gebremst, wenn er die Spule verlässt. → 6

Wirbelströme

1

Auf vielen Achterbahnen werden die Wagen reibungslos abgebremst. Dazu dienen Platten aus Metall, Magnete – und die lenzsche Regel.

A Demoversuch

Gleitende Magnete

Material: 2 starke Magnete, schiefe Ebene mit einem Kupferblech und einer Plexiglasplatte → 2

1 Die beiden Magnete sollen gleichzeitig oben losgelassen werden.
a Werden die Magnete gleichzeitig unten ankommen? Stellt eine Vermutung auf.
b Nun gleiten die Magnete nach unten. Beschreibt, was ihr beobachtet. Versucht, eure Beobachtung zu erklären.

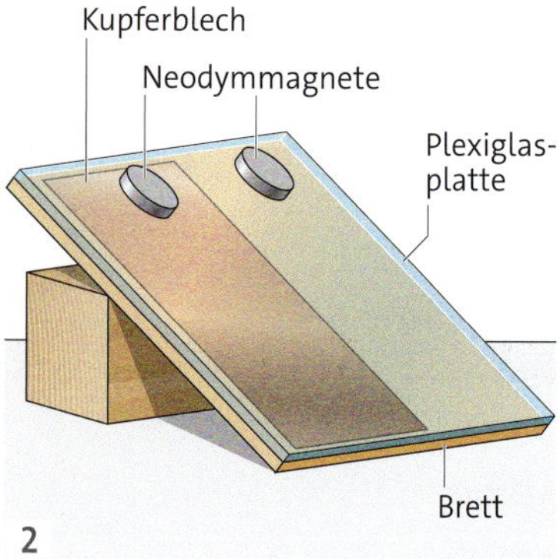

2

B Demoversuch

Waltenhofensches Pendel

Material: 2 Spulen (500 oder 600 Windungen), U-Kern, Polschuhe, waltenhofensches Pendel, Netzgerät, Schalter, Kabel, Stativmaterial

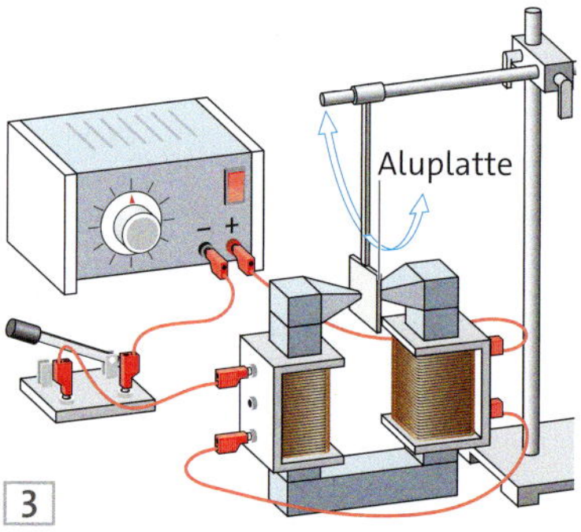

3

1 Eine Aluplatte pendelt zwischen den Polschuhen der ausgeschalteten Elektromagnete. → 3 Dann wird der Strom eingeschaltet. Beschreibt eure Beobachtung.

2 Der Versuch wird mit einer geschlitzten Aluminiumplatte wiederholt. Beobachtet und vergleicht.

C Versuch

Induktionsantrieb

Material: starker Magnet, flache Schale mit Wasser, Alufolie

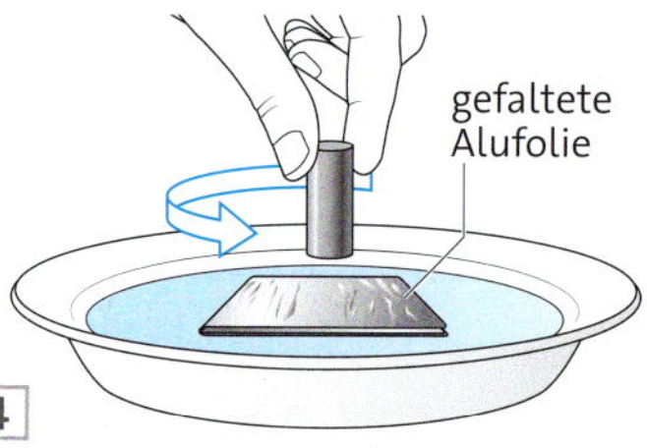

4

1 Faltet die Alufolie so, dass acht Lagen übereinanderliegen. Lasst die Folie auf dem Wasser schwimmen. → 4 Kreist mit dem Magneten ca. 1 cm über der Alufolie. Beschreibt, was ihr dabei beobachtet.

der **Wirbelstrom**

Grundlagen

Entstehung von Wirbelströmen • Um das Abbremsen der Achterbahnwagen zu erklären, bewegen wir zunächst einen Stabmagneten auf eine Metallplatte zu. → [5] Das Magnetfeld in der Platte ändert sich dadurch. Genau wie im Metallring entstehen in der Metallplatte kreisförmige Induktionsströme. → S. 97 Man nennt sie Wirbelströme. Das Gleiche würde geschehen, wenn man die Metallplatte auf den Stabmagneten zubewegt.

Wenn sich das Magnetfeld in einem massiven Metallkörper ändert, werden in ihm Wirbelströme induziert.

Bremsen mit Wirbelströmen • Nun lassen wir eine Metallplatte in den Raum zwischen zwei Magnetpolen pendeln. → [6] Man beobachtet, dass die Platte stark gebremst wird. Beim Hineinpendeln wird das Magnetfeld in der Platte stärker. In ihr werden daher Wirbelströme induziert. Sie erzeugen Magnetfelder, die nach der lenzschen Regel der Induktionsursache entgegenwirken – also der Zunahme des Magnetfelds in der Metallplatte. → [7] Aufgrund der gegenseitigen Abstoßung gleichnamiger Magnetpole wird die Platte beim Hineinpendeln abgebremst.
Beim Herauspendeln fließen die induzierten Wirbelströme in umgekehrter Richtung, sodass ihr Magnetfeld umgepolt ist. Auf die Platte wirken jetzt anziehende Kräfte, die das Herauspendeln abbremsen.

Wenn Wirbelströme durch die Relativbewegung zwischen Metallkörper und Magnet entstehen, wird die Bewegung nach der lenzschen Regel gebremst.

Eine Metallplatte mit Schlitzen wird dagegen kaum gebremst, weil Wirbelströme nur in den schmalen Bereichen zwischen Schlitzen entstehen. → [8]

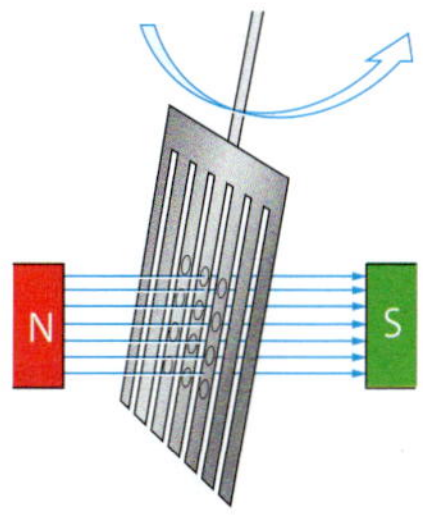

[8] Platte mit Schlitzen: schwache Wirbelströme

Aufgaben

1 Beschreibe einen einfachen Versuch zur Entstehung von Wirbelströmen in einer Metallplatte.

2 Skizziere und erkläre, wie man die Achterbahnwagen mithilfe von Wirbelströmen bremsen könnte. → [1]

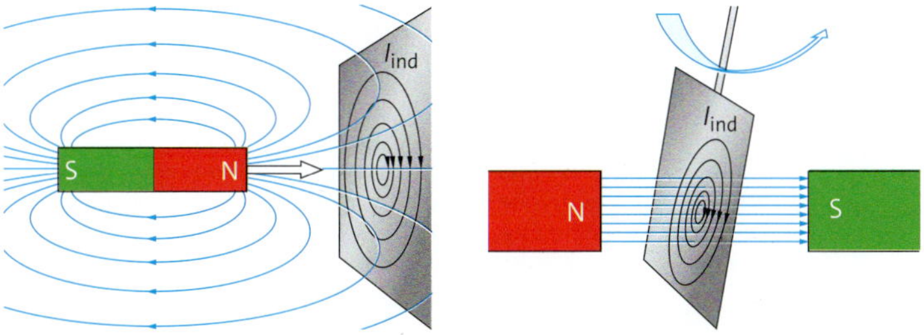

[5] [6] Wirbelströme durch Bewegungen von Magnet oder Platte

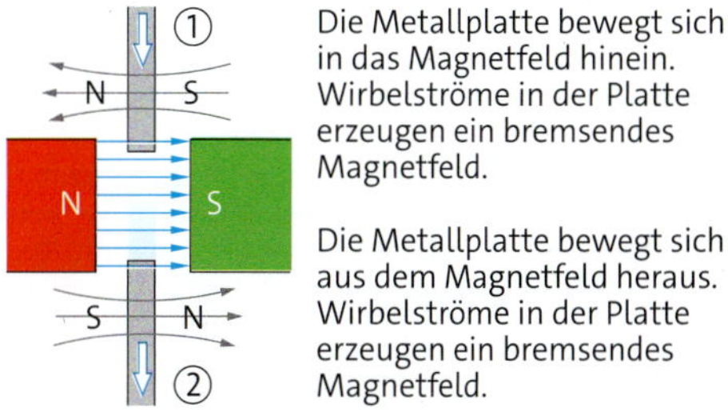

[7] Wirbelstrombremse (Blick von oben)

Wirbelströme

Methode

Induktionsvorgänge erklären – mit System

In vielen Aufgaben sollst du Induktionsvorgänge begründen oder erklären. Das folgende Diagramm soll dir dabei helfen. → [1] Die Formulierungen im Diagramm sind allgemein gehalten. Du musst sie immer an die konkrete Aufgabe anpassen. Zur Übung steht hinter den Aufgaben auf der nächsten Seite jeweils die Nummer des zugehörigen Zweigs im Diagramm.

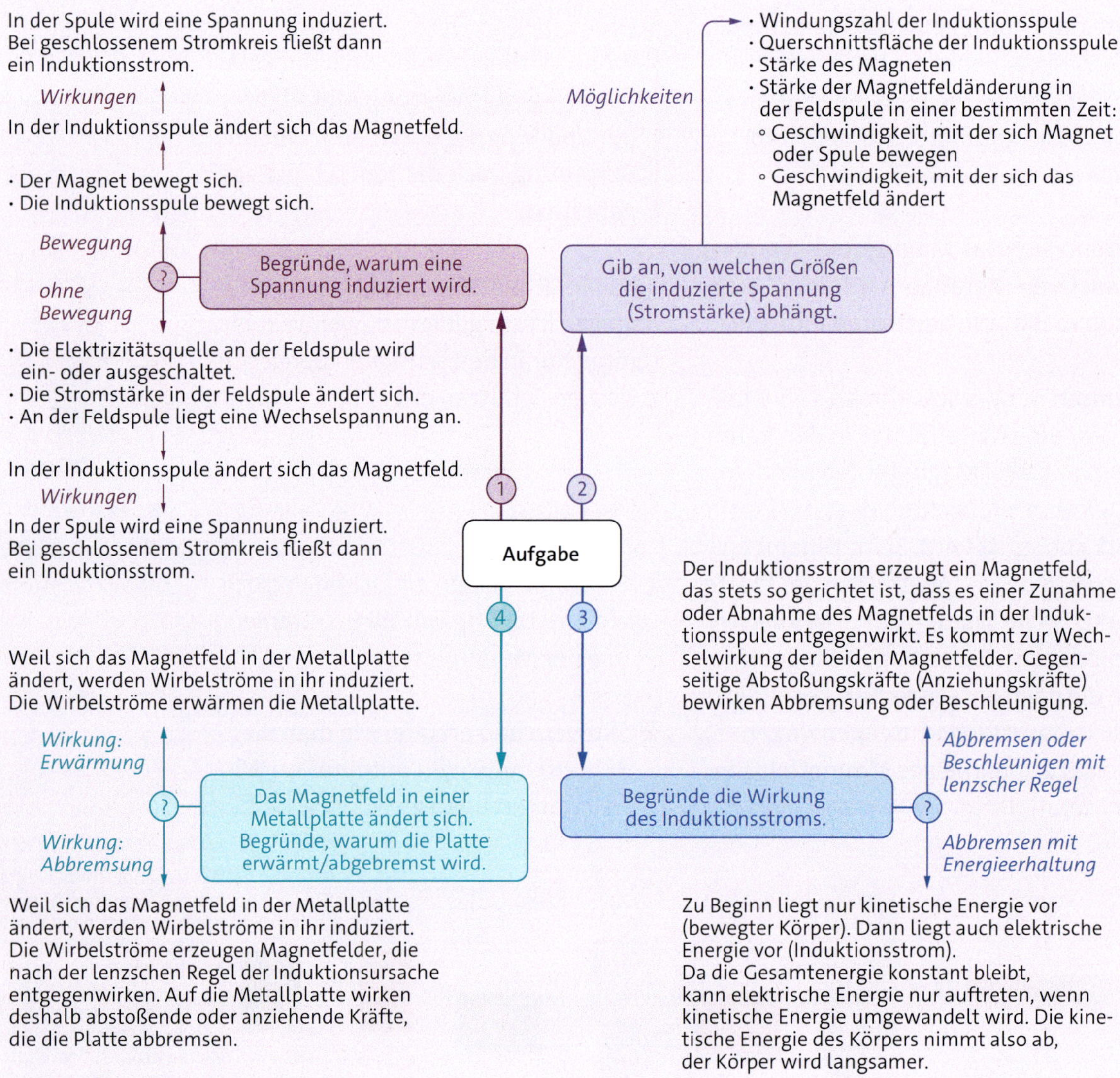

[1] Induktionsvorgänge erklären – mit System

Aufgaben

Lenzsche Regel

1 Ein Stabmagnet hängt an einem Faden und schwingt in eine kurzgeschlossene Spule hinein und wieder heraus. → 2 Die Stromstärke in der Spule wird gemessen.

a Begründe, warum das Messgerät beim Hineinpendeln kurzzeitig einen Strom anzeigt. ①

b Nenne vier Größen, von denen der Betrag der gemessenen Stromstärke abhängig ist. ②

c Begründe mit der lenzschen Regel, dass der Magnet bei seiner Pendelbewegung abgebremst wird. ③

d Begründe das Abbremsen des Magneten diesmal mit dem Energieerhaltungssatz. ③

2 Eine Spule mit Eisenkern ist über einen Schalter an 6 V Gleichspannung angeschlossen. → 3

a Begründe, warum der Aluminiumring auf dem Eisenkern der Spule beim Schließen des Schalters zur Seite weggestoßen wird. ① ③

b Beschreibe und begründe, was geschieht, wenn der Aluminiumring einen Spalt hat. → 4 ①

Die Ziffern ①–④ in den Aufgaben beziehen sich auf das Diagramm von S. 100.

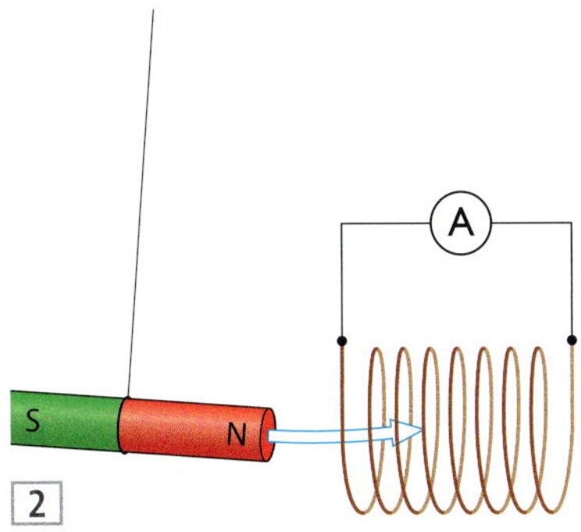

2

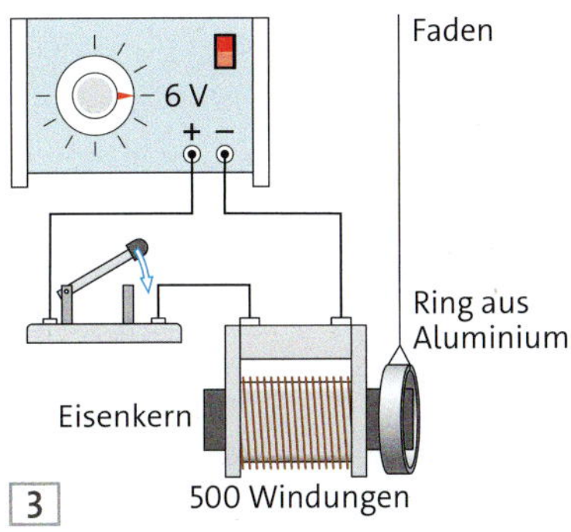

3

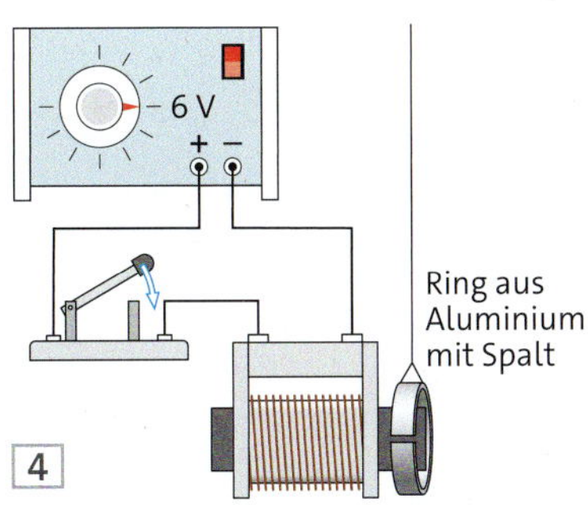

4

Wirbelströme

3 Auf einem Wagen aus Kunststoff ist eine Kupferplatte befestigt. → 5 Der Wagen fährt auf einen langen Magneten zu und geradeaus durch ihn hindurch.

a Begründe, warum bei der Einfahrt des Wagens in den Magneten Wirbelströme in der Kupferplatte induziert werden. ④

b Gib an, welche Wirkung die Wirbelströme in der Kupferplatte auf die Bewegung des Wagens bei der Einfahrt in den Magneten haben. Begründe deine Aussage mithilfe der lenzschen Regel. ④

c Begründe, warum in der Kupferplatte keine Wirbelströme entstehen, wenn sie sich vollständig im (homogenen) Magnetfeld befindet. ④

d Begründe mit dem Energieerhaltungssatz, dass die Geschwindigkeit des Wagens abnimmt, wenn er aus dem Magneten herausrollt. ③

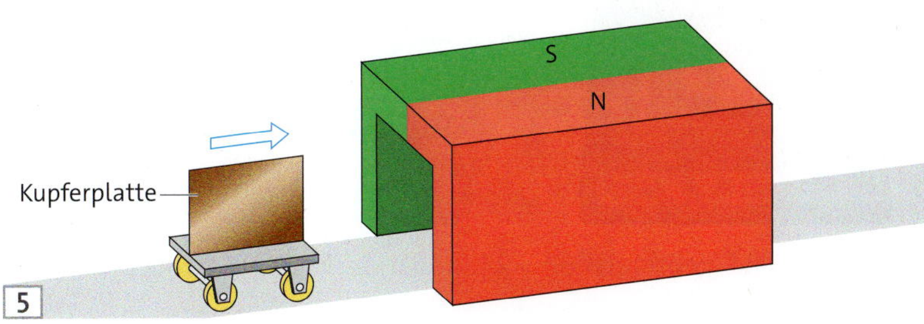

5

Wirbelströme

Im Fokus

Aus der Technik: Induktionsherd

Aufbau • Unter dem Kochfeld aus Glaskeramik befindet sich eine Spule, an der eine Wechselspannung anliegt. → 1 2 Der Umrichter erhöht die Frequenz der Wechselspannung von 50 Hz (Netzfrequenz) auf 25 kHz.

Funktionsweise • Wenn das Kochfeld eingeschaltet wird und ein Topf auf ihm steht, fließt in der Spule ein Wechselstrom mit einer Frequenz von 25 kHz. Der Wechselstrom erzeugt ein rasch veränderliches magnetisches Wechselfeld, das den Metallboden des Topfs durchsetzt und Wirbelströme induziert, die den Boden erhitzen. Die Magnetfeldänderungen sind in Stahlböden viel stärker als z. B. in Kupferböden. Daher sind auch die Wirbelströme und ihre Wärmewirkung in Stahlböden viel größer. Stahlböden werden noch zusätzlich erwärmt, da die Eisenteilchen beim ständigen Ummagnetisieren der Elementarmagnete in heftigere Hin-und-her-Bewegungen versetzt werden. Das Funktionsprinzip eines Induktionskochfelds lässt sich mit einem Modellversuch (Demoversuch) veranschaulichen. → 3

Vorteile • Induktionsherde haben einen höheren Wirkungsgrad als herkömmliche Elektroherde, weil nur der Topf erhitzt wird, nicht das Kochfeld. Dadurch verringert sich die Kochzeit und es wird Energie gespart. Wenn man das Kochfeld auf eine höhere oder niedrigere Stufe schaltet, wird der Topfboden sofort stärker oder schwächer erhitzt. Sobald man den Topf von der Kochstelle nimmt, wird die Wärmeentwicklung unterbrochen. Dies trägt zur Energieeinsparung bei und erhöht die Sicherheit.

Aufgaben

1 Beschreibe die Funktionsweise eines Induktionskochfelds.

2 Begründe, warum Induktionsherde einen höheren Wirkungsgrad haben als herkömmliche Elektroherde.

3 Erkläre, weshalb sich die Glaskeramikfläche eines Induktionsherds nur durch den heißen Topf erwärmt, aber nicht durch Induktion.

1 Kochfeld (geöffnet)

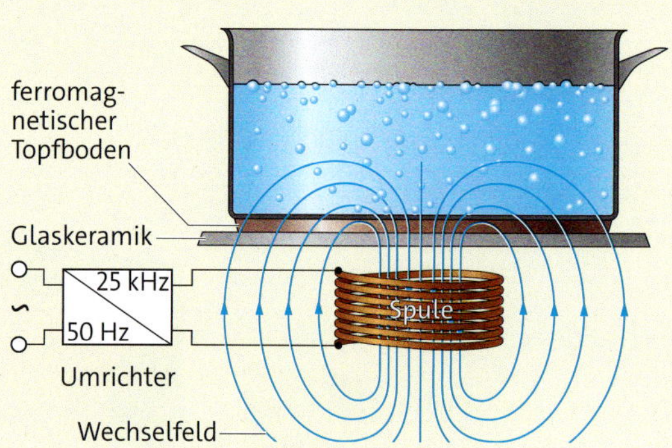

2 Induktionskochfeld (Prinzip)

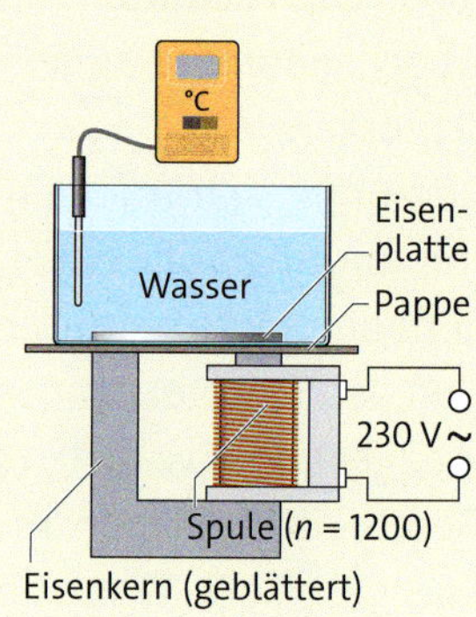

3 Modellversuch

Aus der Technik: Wirbelstrombremsen

Schnellzug • An der Unterseite des Zugs sind starke Elektromagnete angebracht. → 4 Zum Bremsen werden sie eingeschaltet und ganz nahe über die Eisenschienen gesenkt. Nun werden Wirbelströme in den Schienen induziert, deren Magnetfelder nach der lenzschen Regel der Induktionsursache entgegenwirken – also der Bewegung der Elektromagnete. Dadurch wird der Zug abgebremst. Die Wirbelstrombremse ist eines von mehreren Bremssystemen und wird erst ab 50 $\frac{km}{h}$ eingesetzt. Da sie nicht durch Reibung funktioniert, verschleißt sie nicht und bremst auch bei Nässe und Frost einwandfrei.

Achterbahn und Freifallturm • An der Unterseite vieler Achterbahnwagen „sitzen" starke Dauermagnete, zwischen denen ein Spalt ist. → 5 An Bremsstrecken stehen Metallplatten längs zur Fahrtrichtung auf der Fahrbahn, die in diesen Spalt passen. Beim „Überfahren" werden Wirbelströme in den Platten induziert. Ihre Magnetfelder bremsen die Wagen ab. Beim Freifallturm sind Dauermagnete an der Gondel befestigt und Metallplatten unten am Turm. → 6 Wenn die fallende Gondel die Platten erreicht, entstehen Wirbelströme, deren Magnetfelder die Gondel abbremsen.

Ergometer • Hochwertige Ergometer nutzen Wirbelstrombremsen zum Einstellen der Leistung. Beim Fahren rotiert eine Metallscheibe zwischen den Polen eines Elektromagneten. → 7 Die Magnetfelder der induzierten Wirbelströme bremsen die Scheibe ab.

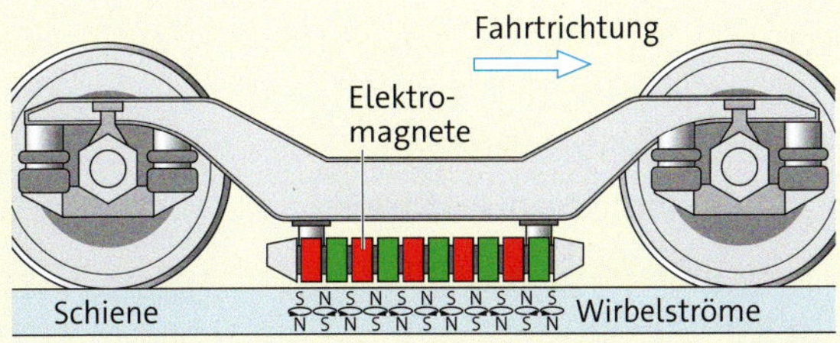

4 Wirbelstrombremse beim Schnellzug (Prinzip)

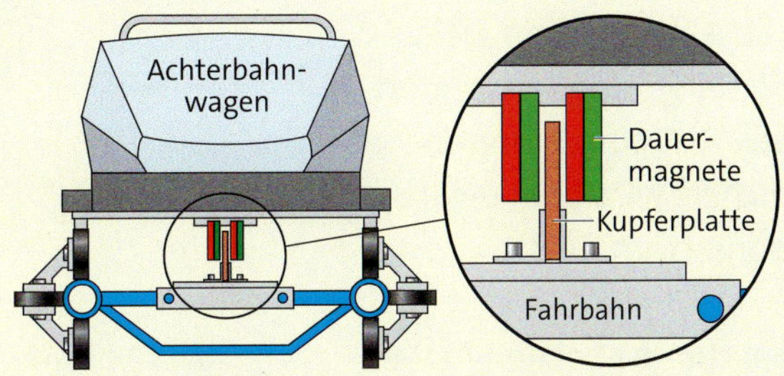

5 Achterbahn mit Wirbelstrombremse (Aufbau)

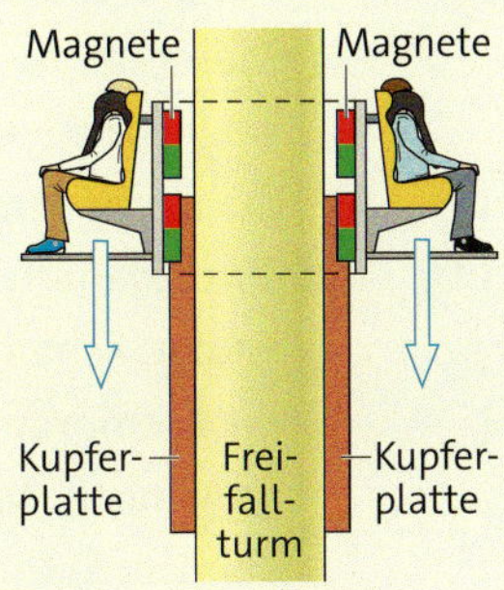

6 Free-Fall-Tower

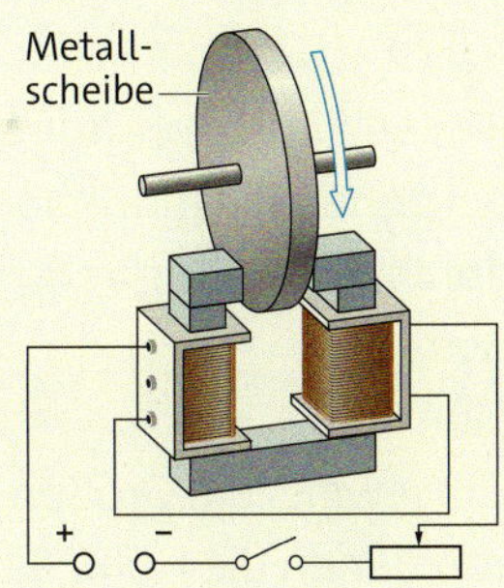

7 Im Ergometer

Aufgaben

1 Erkläre, wie die Wirbelstrombremse des Schnellzugs funktioniert. → 4 Nenne ihre Vorteile.

2 Erkläre, wie man beim Ergometer die Leistung einstellen kann. → 7

D Aufgaben

Weitere Anwendungen der Induktion

Die technischen Geräte auf dieser Doppelseite beruhen alle auf der Induktion. Erkläre ihre Funktionsweise anhand der folgenden Aufgaben und der Kästen A–E.

1 Gib jeweils an, an welcher Stelle bei den Anwendungen A–E eine Spannung induziert wird bzw. ein Induktionsstrom fließt.

2 Beschreibe bei den Anwendungen jeweils die Induktionsursache.

3 Nenne die Anwendungen, bei denen die Induktion durch Bewegung verursacht wird.

4 Gib jeweils die Größen an, von denen die Höhe der Induktionsspannung bzw. des Induktionsstroms abhängt.

5 Nenne die Anwendung, bei der Wirbelströme auftreten.

6 Beschreibe und erkläre die Funktionsweise der Anwendungen jeweils mit eigenen Worten.

Tauchspulmikrofon

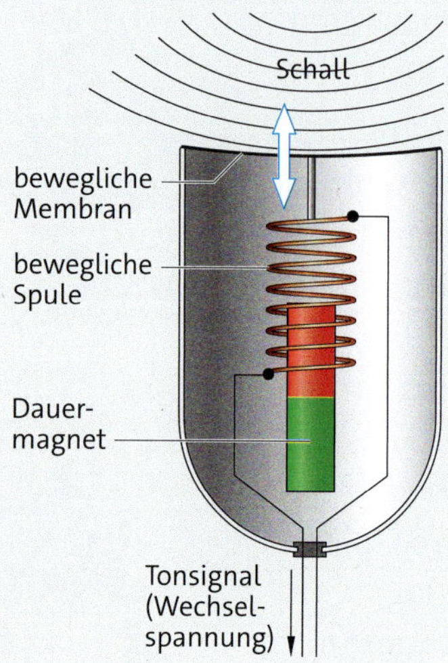

Das Mikrofon wandelt Schallwellen in Wechselspannung um. Eine bewegliche Membran ist mit einer beweglichen Spule verbunden, die in das inhomogene Feld eines Dauermagneten eintaucht. Schallwellen lassen die Membran hin- und herschwingen. Mit ihr schwingt dann auch die Spule im Magnetfeld, sodass an der Spule eine Wechselspannung induziert wird, die sich im Rhythmus des Schalls ändert.
Viele Lautsprecher sind ähnlich aufgebaut und funktionieren nach dem umgekehrten Prinzip: Sie wandeln den Wechselstrom in einer Spule in Schallwellen um.

A

Metalldetektor

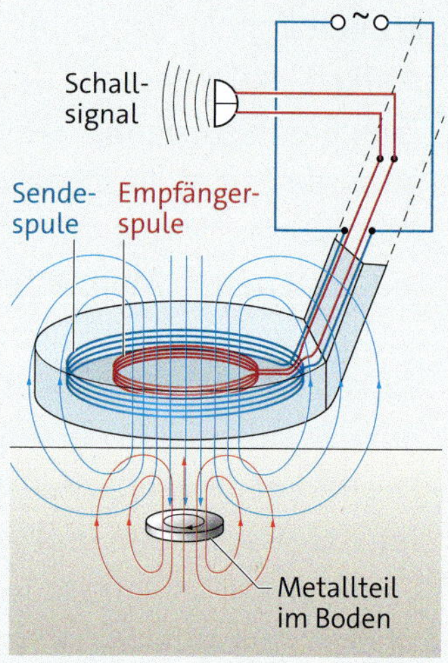

Mit diesem Gerät lassen sich Metallteile aufspüren.
Die Sendespule erzeugt ein hochfrequentes magnetisches Wechselfeld (blaue Feldlinien), das in der Empfängerspule eine Spannung induziert. Wenn das magnetische Wechselfeld ein Metallteil in der Nähe des Detektors durchdringt, werden Wirbelströme im Metallteil induziert. Sie erzeugen ihrerseits ein Magnetfeld (rote Feldlinien), das nach der lenzschen Regel dem Magnetfeld der Sendespule entgegengerichtet ist. Dadurch ändert sich die Induktionsspannung an der Empfängerspule – und der Detektor gibt ein Signal.

B

Tonabnehmer (Pick-up)

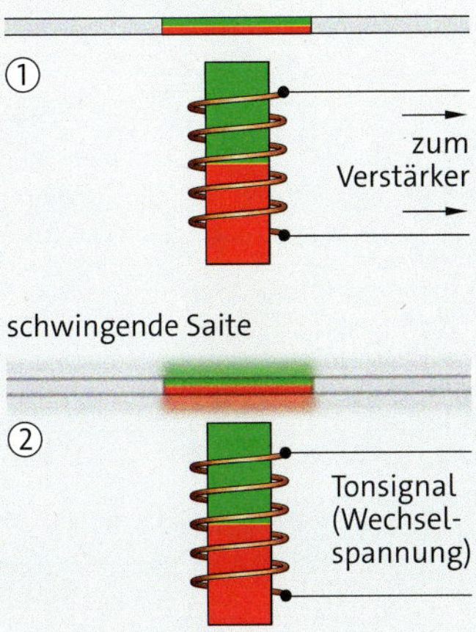

Der Tonabnehmer einer Elektrogitarre wandelt Schallwellen der schwingenden Saiten in Wechselspannungen um. Dazu befinden sich unter den ferromagnetischen Saiten Dauermagnete, um die jeweils eine Spule gewickelt ist. Der Teil einer Saite, der direkt über dem Magneten verläuft, ist magnetisiert. Wenn die Saite schwingt, ändert sich durch die Bewegung des magnetisierten Saitenabschnitts das Magnetfeld in der Spule. Dadurch wird an der Spule eine Wechselspannung mit der Frequenz der schwingenden Saite induziert. Dieses Tonsignal wird zum Verstärker übertragen.

C

Induktionshärten

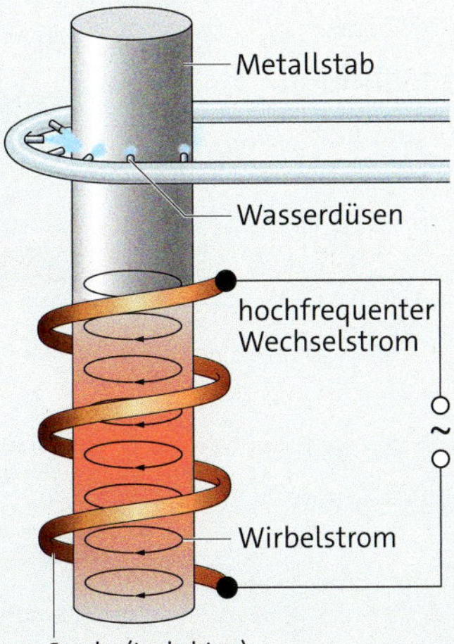

Metallstäbe lassen sich härten, indem man sie stark erhitzt und schlagartig wieder abkühlt. Beim Induktionshärten umgibt eine Spule den Metallstab. Ein hochfrequenter Wechselstrom in der Spule erzeugt ein magnetisches Wechselfeld, welches den Metallstab durchsetzt. Die induzierten starken Wirbelströme bringen das Metall zum Glühen. In kürzester Zeit wird nur der gewünschte Bereich erhitzt, sodass die zugeführte Energie effizient genutzt wird. Die Temperatur lässt sich über die Stromstärke steuern und die Tiefe der Einhärtung durch die Frequenz des Wechselstroms.

D

Induktionsschleife

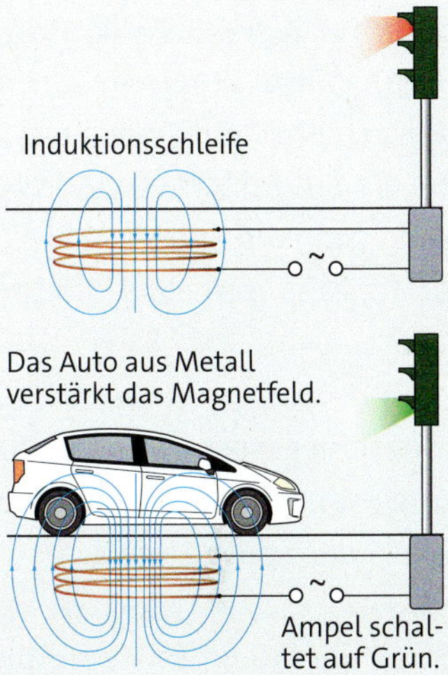

Mithilfe einer Induktionsschleife kann man z. B. eine Ampel steuern. Unter der Fahrbahn ist eine Schleife aus Kupferdraht verlegt. Ein Wechselstrom in der Drahtschleife verursacht ein magnetisches Wechselfeld. Wenn ein Auto über die Induktionsschleife fährt oder auf ihr steht, wird das magnetische Wechselfeld verstärkt – das Auto wirkt ähnlich wie ein Eisenkern. Diese Magnetfeldänderung bewirkt, dass an der Induktionsschleife selbst eine zusätzliche Spannung induziert wird. Die Ampelsteuerung registriert diese Spannungsänderung und löst einen Schaltvorgang aus.

E

Induktion

Zusammenfassung

Induktion in bewegten Leitern • Wenn ein Leiter im Magnetfeld senkrecht oder schräg zu den Feldlinien bewegt wird, werden die freien Elektronen in ihm durch die Lorentzkraft verschoben. Dadurch entsteht zwischen den Enden des Leiters eine Induktionsspannung. → 1 2
Wenn man die Enden des Leiters leitend verbindet, fließt in ihm ein Induktionsstrom.

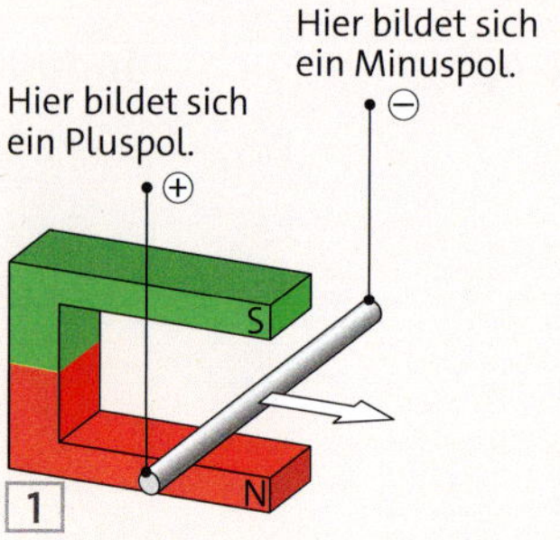

1

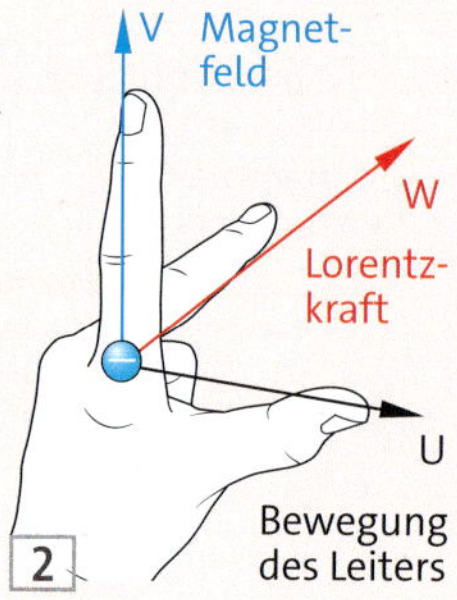

2

Induktionsgesetz • An einer Spule wird eine Spannung induziert, solange sich das Magnetfeld im Innern der Spule ändert. → 3 4

Betrag der Induktionsspannung • Die Induktionsspannung an der Spule ist umso größer,
- je stärker sich das Magnetfeld in der Spule in einer bestimmten Zeit ändert.
- je größer die Windungszahl der Spule ist.
- je größer die Querschnittsfläche der Spule ist.

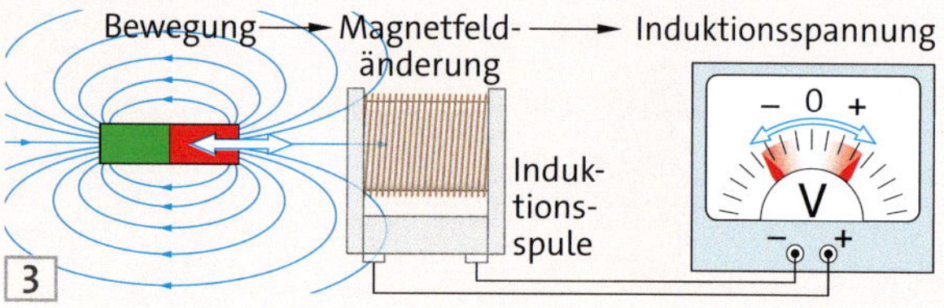

3

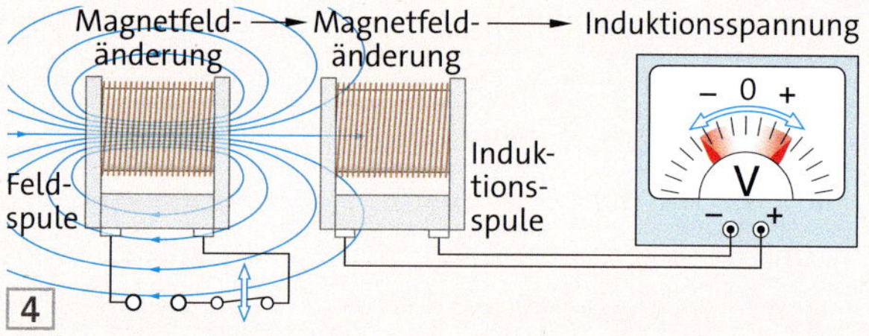

4

Lenzsche Regel • Der Induktionsstrom ist immer so gerichtet, dass das von ihm erzeugte Magnetfeld der Induktionsursache entgegenwirkt. → 5

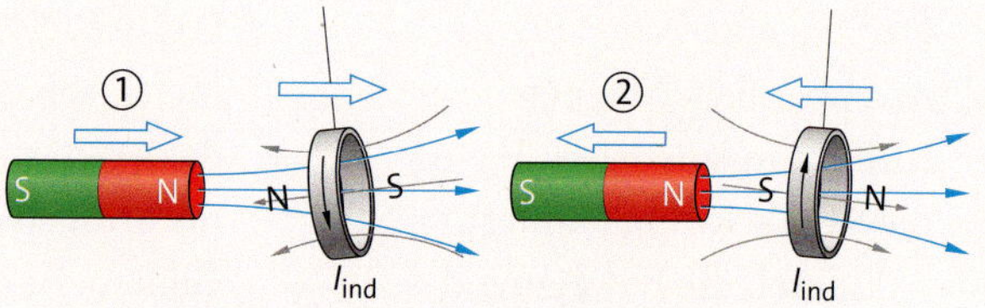

5 Das Magnetfeld des Induktionsstroms wirkt der Zunahme (1) oder Abnahme (2) des Magnetfelds, das die Ringfläche durchsetzt, entgegen.

Wirbelströme • Wenn sich das Magnetfeld in einem massiven Metallkörper ändert, werden in ihm Wirbelströme induziert. → 6 7 Sie erwärmen den Körper (Prinzip des Induktionskochfelds). Die Wirbelströme können z. B. dadurch entstehen, dass sich ein Metallkörper auf einen fest stehenden Magneten zu oder von ihm weg bewegt. → 7 Dann wird die Bewegung des Metallkörpers nach der lenzschen Regel gebremst (Prinzip der Wirbelstrombremse).

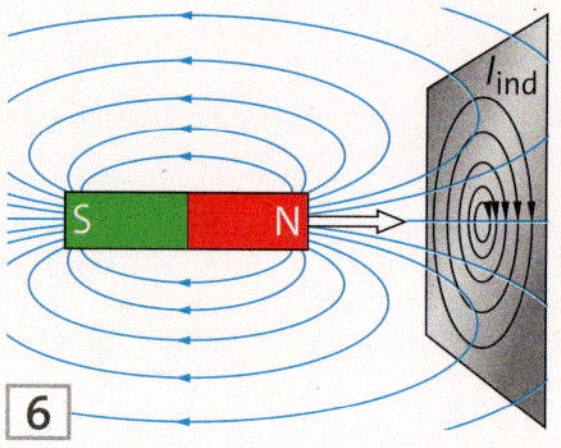

6

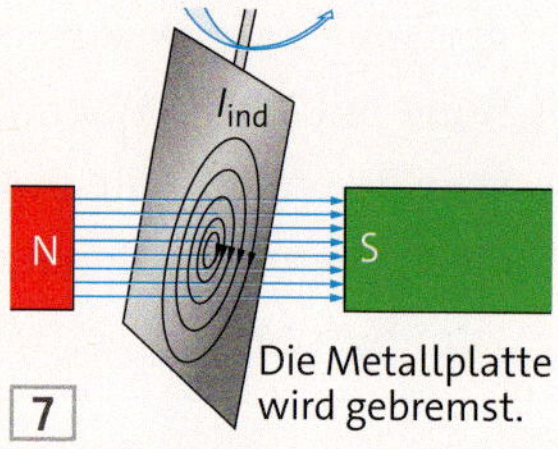

7

Aufgaben

1 Eine Eisenstange rollt auf zwei schräg gestellten Eisenstangen in einem Magnetfeld nach unten. → 8

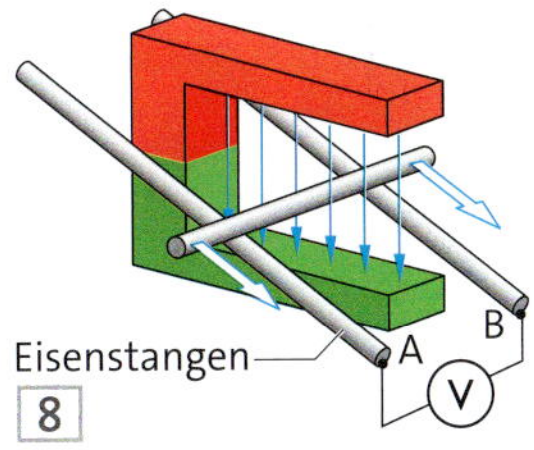

8

a Begründe, warum das Messgerät dabei eine Spannung anzeigt.
b Bestimme die Pole an den Enden A und B der Eisenstangen mithilfe der UVW-Regel.

2 Zeigt das Messgerät eine Induktionsspannung an? → 9 Begründe deine Antwort jeweils.

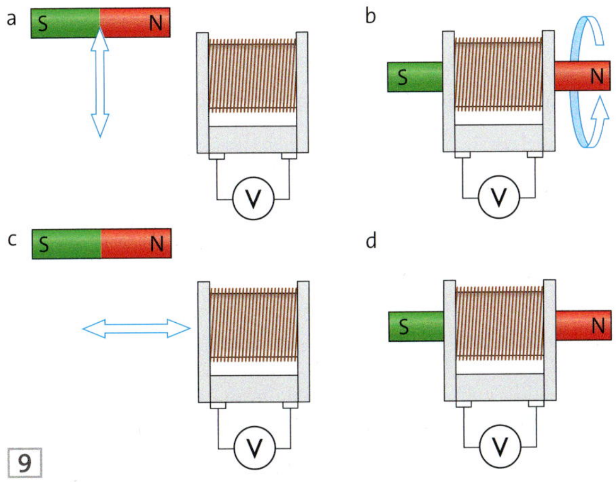

9

a Der Magnet wird vor der Spule bewegt.
b Der Magnet wird in der Spule gedreht.
c Die Spule wird neben dem Magneten bewegt.
d Der Magnet liegt in der Spule.

3 In einer Spule soll ohne Bewegung eine Spannung induziert werden.
a Skizziere einen geeigneten Versuchsaufbau.
b Beschreibe den Versuchsablauf.
c Nenne Größen, von denen in diesem Versuch der Betrag der Induktionsspannung abhängt.

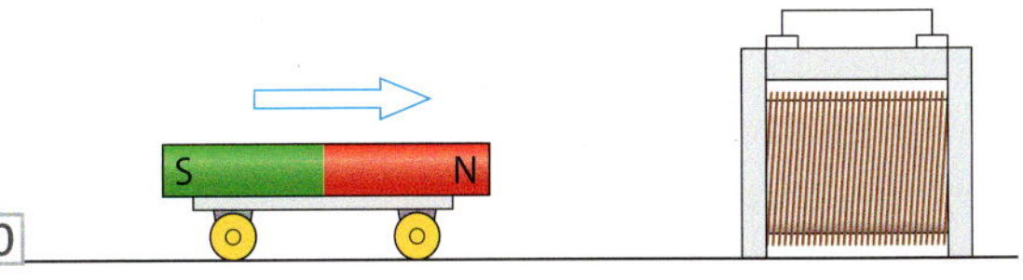

10

4 Der Wagen mit dem Magneten rollt reibungsfrei auf eine kurzgeschlossene Spule zu. → 10
a Bewegt sich der Wagen gleichförmig, beschleunigt oder verzögert? Begründe deine Antwort.
b Begründe an diesem Beispiel, dass folgende Aussage im Widerspruch zum Energieerhaltungssatz steht: „Der Induktionsstrom ist so gerichtet, dass das von ihm erzeugte Magnetfeld die Induktionsursache verstärkt."

5 Eine Aluminiumplatte pendelt zwischen den Polen eines Magneten. → 11
a Begründe, warum die Platte abgebremst wird.
b Der Versuch wird mit einer geschlitzten Aluminiumplatte wiederholt. Wird diese Platte auch abgebremst? Begründe deine Antwort.

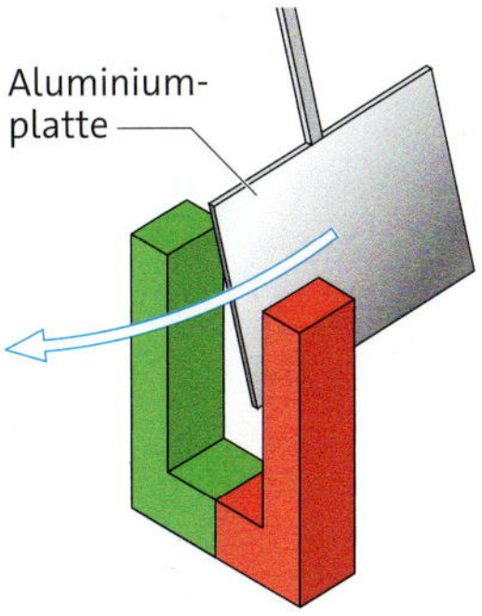

11

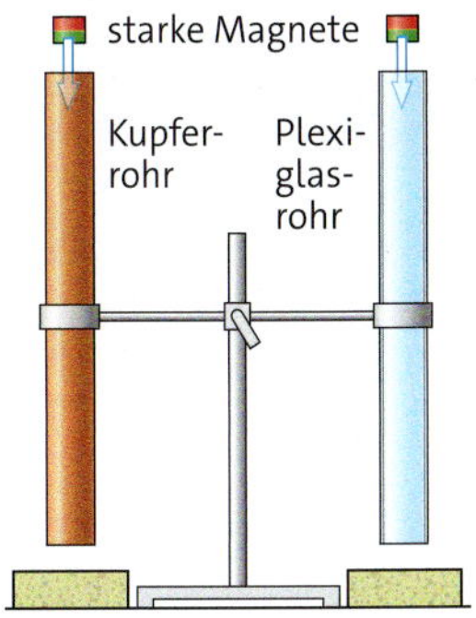

12

6 Zwei gleiche Magnete werden gleichzeitig durch ein Kupferrohr und ein Plexiglasrohr fallen gelassen. → 12 Beschreibe und erkläre, was man dabei beobachten kann.

Aufgaben

Aufgaben aus Abschlussprüfungen

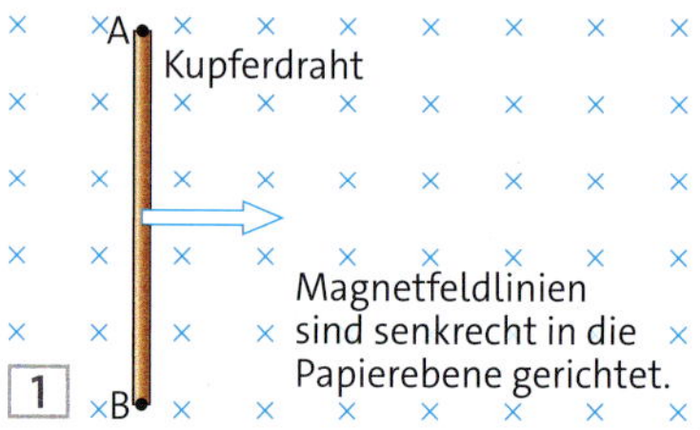

1

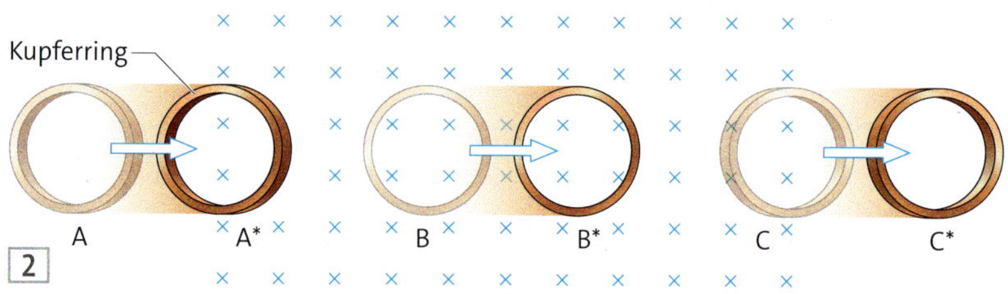

2

A1 Ein Kupferdraht wird senkrecht zu den Feldlinien eines homogenen Magnetfelds bewegt. → 1

a Geben sie an, welche Ladungszustände sich während der Bewegung des Kupferdrahts an den Drahtenden A und B ergeben. Erklären Sie die Entstehung dieser Ladungszustände mithilfe der UVW-Regel.

b Statt des Kupferdrahts wird diesmal ein geschlossener Kupferring senkrecht zu den magnetischen Feldlinien durch das Magnetfeld bewegt. → 2 Geben Sie an, welche Ladungsverschiebungen beim Eintauchen des Rings in das Magnetfeld (A → A*) und bei der Bewegung durch das Magnetfeld (B → B*) auftreten.

c Formulieren Sie die lenzsche Regel. Bestimmen Sie damit die Richtung des Induktionsstroms, der beim Herausziehen des Rings aus dem Magnetfeld (C → C*) auftritt.

A2 Eine kurzgeschlossene Spule wird mit konstanter Geschwindigkeit durch ein homogenes Magnetfeld bewegt. Die Querschnittsfläche der Spule steht senkrecht zur Richtung des Magnetfelds. → 3

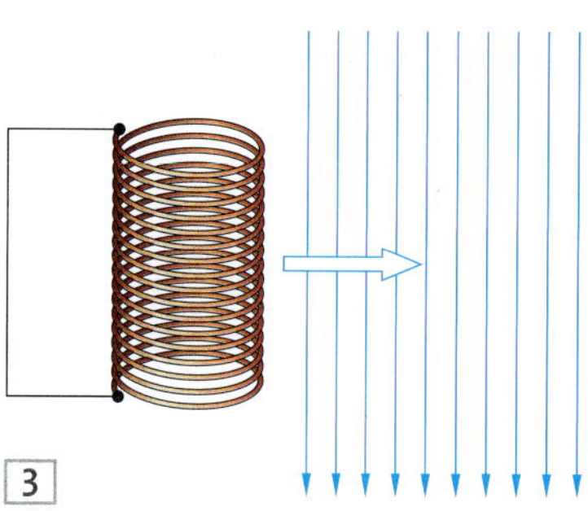
3

a Begründen Sie, dass beim Eintritt in das Magnetfeld ein Induktionsstrom in der Spule fließt. Bestimmen Sie mithilfe der lenzschen Regel die Richtung des Induktionsstroms.

b Von welchen Einflussgrößen hängt die Stärke des Induktionsstroms ab? Formulieren Sie diese Abhängigkeiten.

c Welche Aussage kann für den Fall gemacht werden, dass sich die Spule bei ihrer Bewegung vollständig im Magnetfeld befindet? Begründen Sie Ihre Antwort.

d Begründen Sie, warum eine Kraft aufgewendet werden muss, um die Spule aus dem Magnetfeld heraus zu bewegen.

A3 Die Skizze zeigt den prinzipiellen Aufbau eines Tauchspulmikrofons. → 4 Wenn Schallwellen auf die Membran treffen, wird die mit ihr fest verbundene Spule im Magnetfeld des Dauermagneten hin und her bewegt.

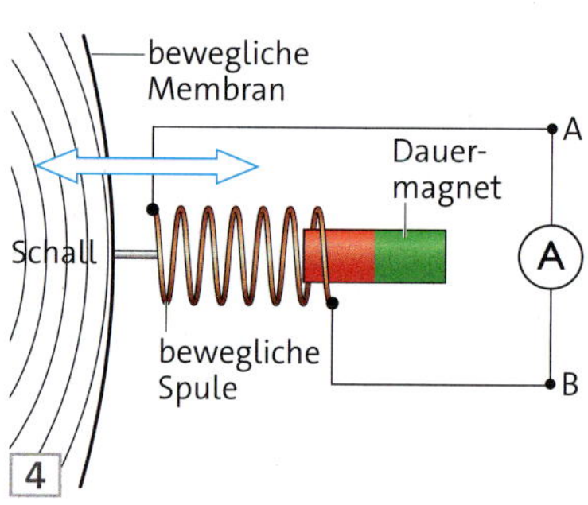

4

a Die Spule bewegt sich nach rechts. Begründen Sie, dass ein Induktionsstrom entsteht. Geben Sie mithilfe der lenzschen Regel die Elektronenstromrichtung zwischen A und B an.
b Geben Sie drei Möglichkeiten an, die Stärke des Induktionsstroms zu erhöhen.

A4 Der Wagen aus Kunststoff mit dem aufliegenden Stabmagneten rollt reibungsfrei auf die kurzgeschlossene Spule zu. → 5

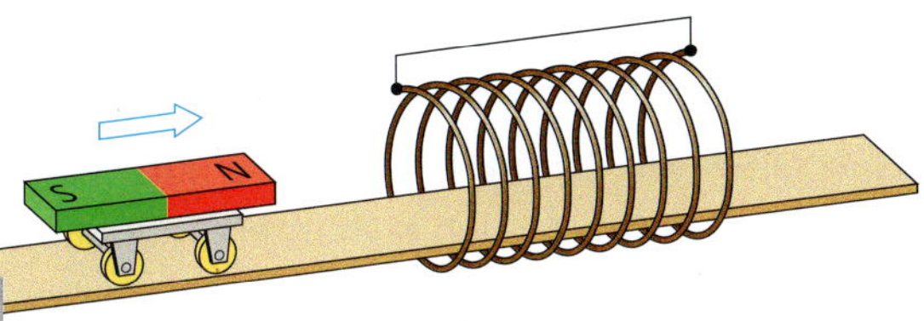

5

a Begründen Sie, warum der Wagen beim Annähern an die Spule abgebremst wird.
b Nennen Sie zwei Möglichkeiten, die Bremswirkung zu verstärken.
c Der Wagen rollt rechts aus der Spule heraus. Begründen Sie mit dem Energieerhaltungssatz, dass seine Geschwindigkeit abnimmt.

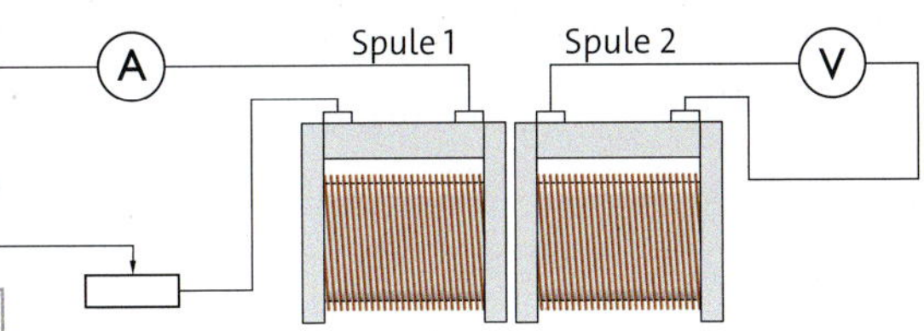

7

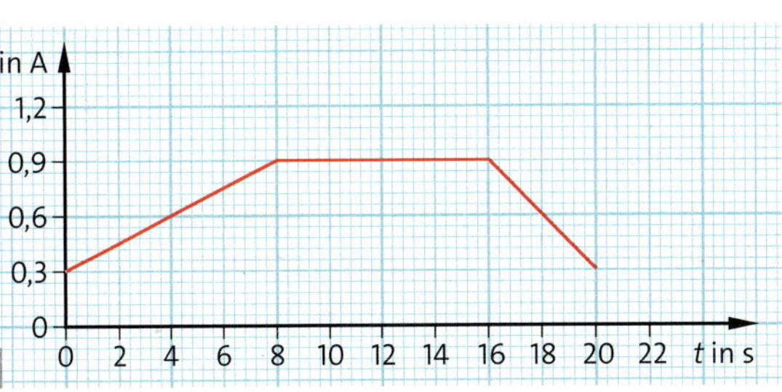

8

A5 Drei Spulen mit 300, 600 und 1200 Windungen werden in Reihe an ein Strommessgerät angeschlossen. Nacheinander wird der Nordpol eines Stabmagneten jeweils mit gleicher Geschwindigkeit in die Spulen eingeführt.
a Beschreiben Sie, welche Beobachtungen man dabei am Strommessgerät machen kann.
b Der Versuch wird nun mit höherer Geschwindigkeit des Stabmagneten wiederholt. Geben Sie an, welche Beobachtung man im Vergleich zum vorherigen Versuch machen kann.
c Die Spule mit 600 Windungen wird aus dem Versuch ausgebaut, kurzgeschlossen und mit einer Öffnung auf eine Digitalwaage gelegt. → 6 Der Stabmagnet wird mit dem Nordpol voran in die Spule hinein- und wieder herausbewegt. Beschreiben Sie, was man dabei an der Anzeige der Waage beobachten kann. Begründen Sie die Beobachtungen mithilfe der lenzschen Regel.

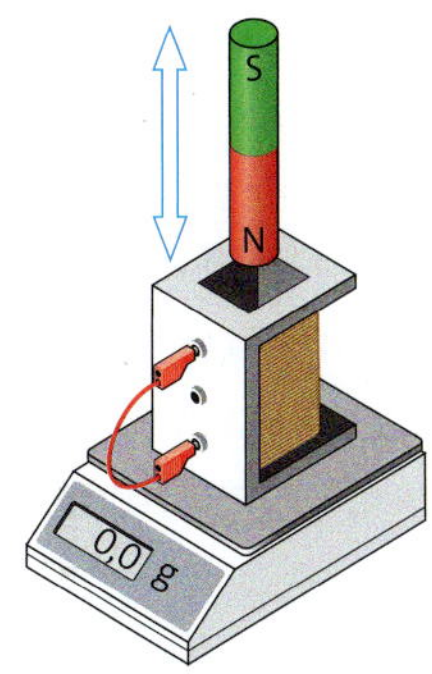

6

A6 Zwei Spulen sind nebeneinander angeordnet. → 7 Mithilfe eines Schiebewiderstands wird die Stromstärke in Spule 1 verändert. → 8
a In welchen Zeitintervallen wird jeweils eine Spannung am Spannungsmessgerät (Spule 2) angezeigt? Begründen Sie Ihre Antwort.
b In welchem Zeitintervall wird der Betrag der angezeigten Spannung am größten? Begründen Sie Ihre Antwort.
c Nennen Sie zwei bauliche Veränderungen an den Spulen, die die angezeigte Spannung erhöhen würden.

Generatoren

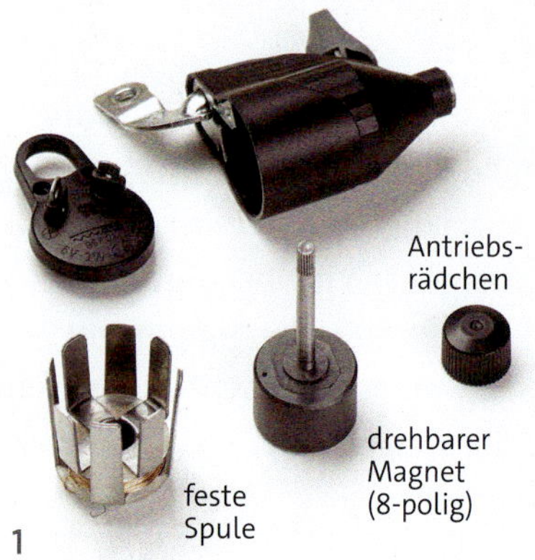

1

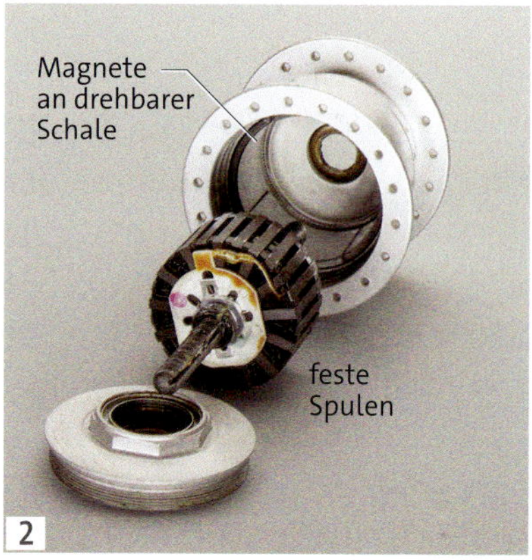

2

Bei diesen Fahrraddynamos drehen sich Dauermagnete in einer Spule oder um sie herum. Funktionieren die großen Generatoren in Kraftwerken nach dem gleichen Prinzip?

A Demoversuche

Wechselspannungen erzeugen und anzeigen

Material: Spule (500 oder 600 Windungen) mit Eisenkern, drehbar gelagerter Stabmagnet, Handgenerator (Wechselspannung), Kabel; Computer mit Messinterface und Auswertungssoftware

1 Der Stabmagnet wird neben der Spule gedreht. → 3
Die Spule ist über das Messinterface mit dem Computer verbunden. Auf dem Monitor ist eine Anzeige für die gemessene Spannung eingeblendet.

a Beschreibt und erklärt, wie sich die Spannung verändert, während sich der Magnet langsam dreht.

b Nennt mehrere Möglichkeiten, wie man die angezeigte Spannung erhöhen kann.

c Begründet, warum man von Wechselspannung spricht.

2 Jetzt ist ein Handgenerator über das Interface mit dem Computer verbunden. → 4
Während die Kurbel gedreht wird, wird das *t*-*U*-Diagramm aufgezeichnet.

a Beschreibt den Verlauf des Graphen.

b Lest im Diagramm die maximale Spannung ab.

c Bestimmt anhand des Diagramms die Anzahl der Spannungswechsel pro Sekunde.

d Jetzt wird die Kurbel unterschiedlich schnell gedreht. Beschreibt, wie sich dadurch der Graph ändert.

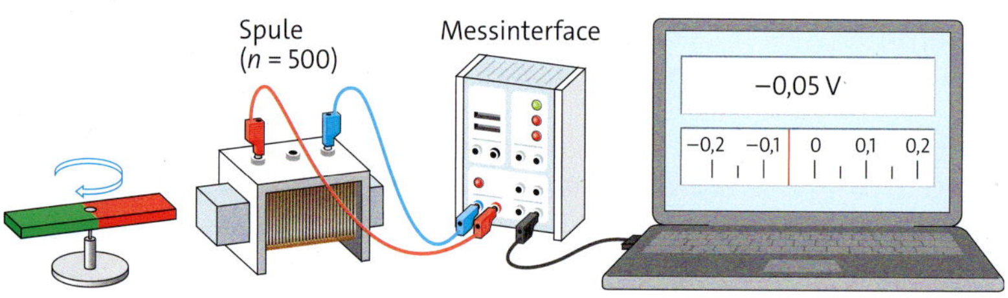

3 Versuch 1

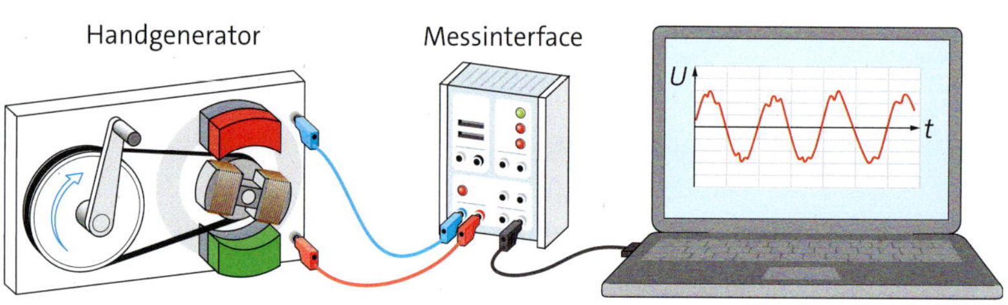

4 Versuch 2

B Versuch

Handgenerator

Material: Handgenerator, Tischklemme, 2 Glühlampen (6 V; 3 W) mit Fassung, Vielfachmessgerät, Kabel

1 Befestigt den Generator am Tisch und schließt eine der Glühlampen an. → 5

a Dreht die Kurbel am Generator, sodass die Lampe hell leuchtet.

b Schraubt die Lampe beim Kurbeln aus der Fassung. Beschreibt, wie sich dadurch das Kurbeln verändert.

c Schraubt die Lampe wieder in die Fassung und schaltet die zweite Lampe parallel. Dreht die Kurbel so schnell, dass beide Lampen hell leuchten. Vergleicht mit dem Kurbeln bei nur einer Lampe. Erklärt den Unterschied mithilfe der Energie.

d Nennt die auftretenden Energieformen. Zeichnet das Energieflussdiagramm (eine angeschlossene Lampe).

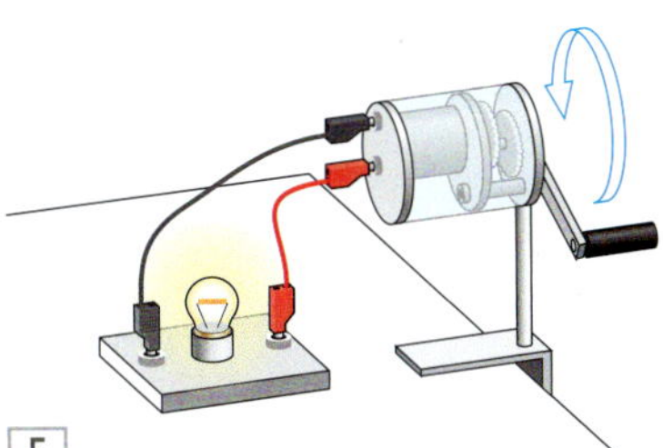
5

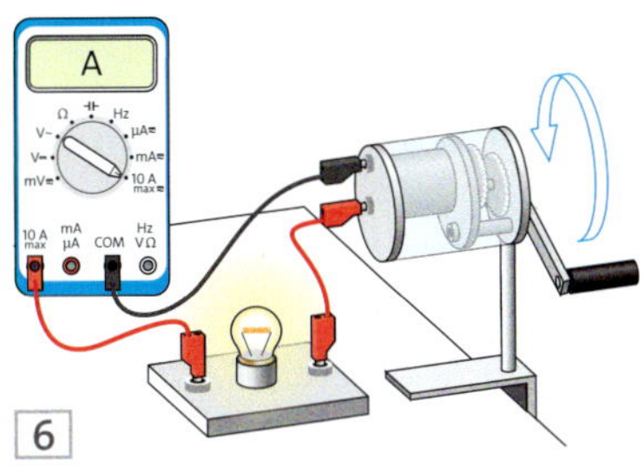

6

2 Messt die Stromstärke (Reihenschaltung). → 6

a Dreht die Kurbel erst in die eine Richtung und anschließend in die andere Richtung. Vergleicht die Stromstärken.

b Erklärt den Unterschied.

C Demoversuch

Generator als Energiewandler

Material: Handgenerator, Tischklemme, Glühlampe (6 V; 3 W) mit Fassung, Messgerät für elektrische Energie, Kabel, Wägestück (1,5 kg), Schnur, Schnurrolle, Bandmaß

1 Der Wirkungsgrad des Handgenerators soll im Versuch bestimmt werden. → 7

a Zuerst wird die Sinkstrecke h des Wägestücks mit dem Bandmaß gemessen.

b Dann wird ermittelt, wie viel elektrische Energie E_{el} beim Absinken des Wägestücks erzeugt wird.

c Berechnet die Energie E_{zu}, die dem Generator zugeführt wird. Sie ist gleich der potenziellen Energie E_{pot} des angehobenen Wägestücks: $E_{zu} = m \cdot g \cdot h$.

d Berechnet den Wirkungsgrad: $\eta = \frac{E_{el}}{E_{zu}}$. *Tipp:* 1 J = 1 Ws

e Vermutet Gründe, warum der Wirkungsgrad viel geringer als 100 % ist.

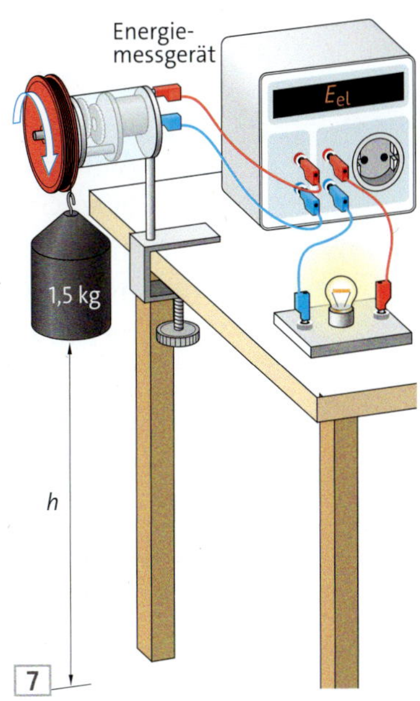

7

Generatoren

Grundlagen

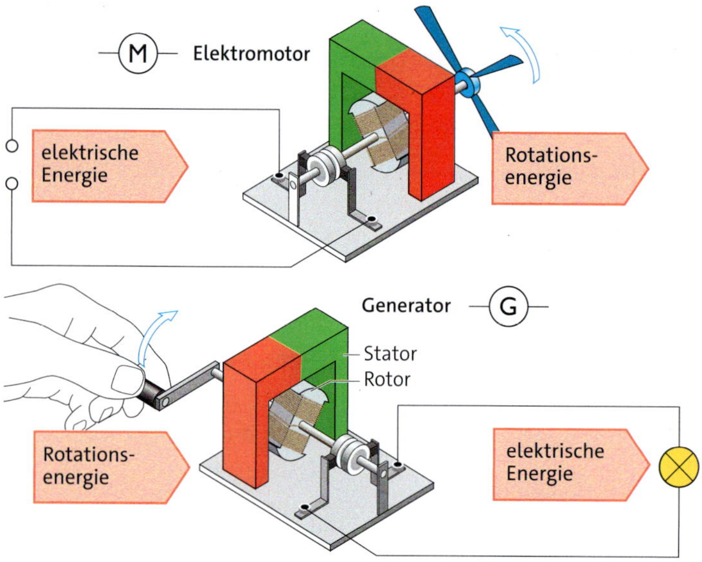

1 Vergleich zwischen Elektromotor und Generator

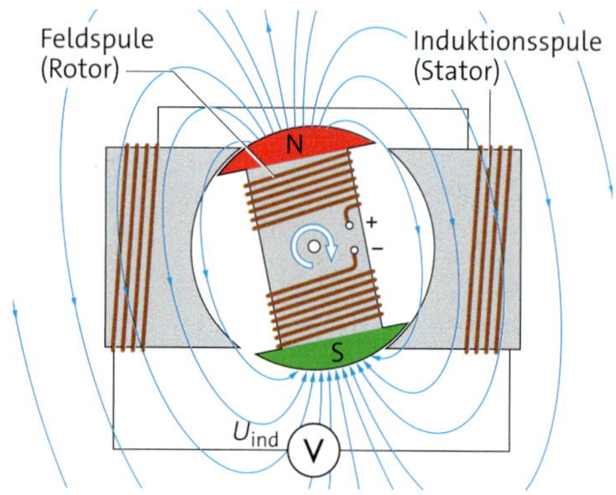

2 Generator (Elektromagnet als Rotor)

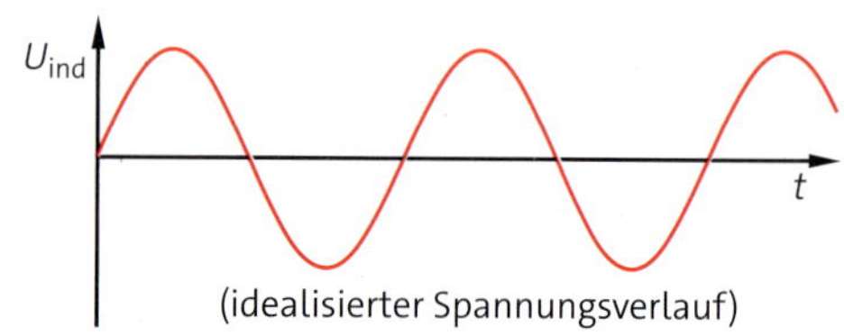

3 Induzierte Wechselspannung

Fahrraddynamos wandeln Rotationsenergie in elektrische Energie um. Allgemein werden solche Energiewandler Generatoren (lat. *generare:* erzeugen) genannt. Sie sind ähnlich wie Elektromotoren aufgebaut, aber funktionieren nach dem umgekehrten Prinzip. → 1

Aufbau • Die wichtigsten Bestandteile eines Generators sind der Magnet und die Induktionsspule. Wie beim Elektromotor bezeichnet man das feststehende Bauteil als Stator und das drehbare Bauteil als Rotor. Als Magnet kann ein Dauermagnet oder ein Elektromagnet verwendet werden. → 1 2

Funktionsweise • Generatoren funktionieren nach dem Prinzip der elektromagnetischen Induktion. Wenn sich z. B. ein Elektromagnet dreht, ändert sich die Richtung seines Magnetfelds ständig. → 2 Dadurch ändert sich die Stärke des Magnetfelds in der Induktionsspule andauernd und es wird eine Wechselspannung induziert. → 3 Ihr Maximalwert ist umso größer, je schneller sich der Rotor dreht.

Im Generator werden ein Magnet und eine Induktionsspule gegeneinander bewegt, sodass sich das Magnetfeld in der Spule ständig ändert. Dadurch wird in der Induktionsspule eine Wechselspannung induziert.

Unsere Steckdosen sind mit den Generatoren in Kraftwerken verbunden. Ihre Wechselspannung hat eine Frequenz von 50 Hertz (50 Hz) – ihre Polung wechselt 50-mal pro Sekunde von Plus zu Minus und wieder zurück.

der Generator
der Innenpolgenerator
der Außenpolgenerator

Arten von Generatoren • Bei Innenpolgeneratoren rotieren die Magnetpole innerhalb der fest stehenden Induktionsspulen. → 4 Die Induktionsspannung wird an den Enden der Spulen über feste Anschlüsse abgenommen. In der Technik werden meist Innenpolgeneratoren mit einem Elektromagneten als Rotor verwendet. → 2
Bei Außenpolgeneratoren dreht sich die Induktionsspule zwischen fest stehenden äußeren Magnetpolen. → 5 Die Induktionsspannung wird an der rotierenden Spule über Schleifkontakte abgenommen. Für hohe Spannungen werden Spulen mit großer Windungszahl benötigt, wodurch die Masse des Rotors und damit die Belastung der Lager zunimmt. Die Abgabe großer Ströme über Schleifkontakte erhöht unerwünschte Energieumwandlungen und den Materialverschleiß.

Bei Innenpolgeneratoren rotieren die Magnetpole innerhalb von Induktionsspulen.
Bei Außenpolgeneratoren befinden sich die Magnetpole außerhalb der rotierenden Induktionsspulen.

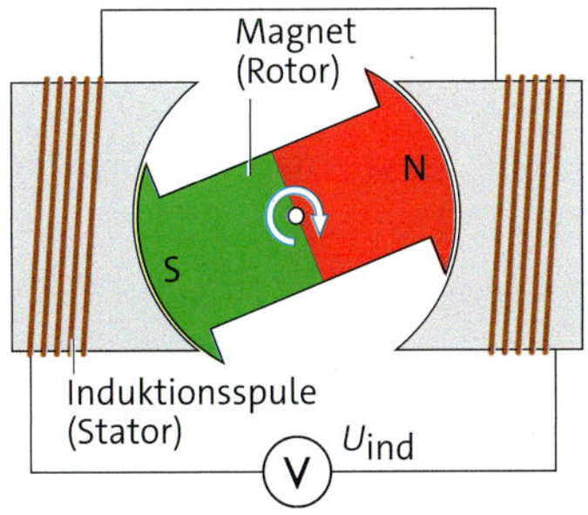

4 Innenpolgenerator

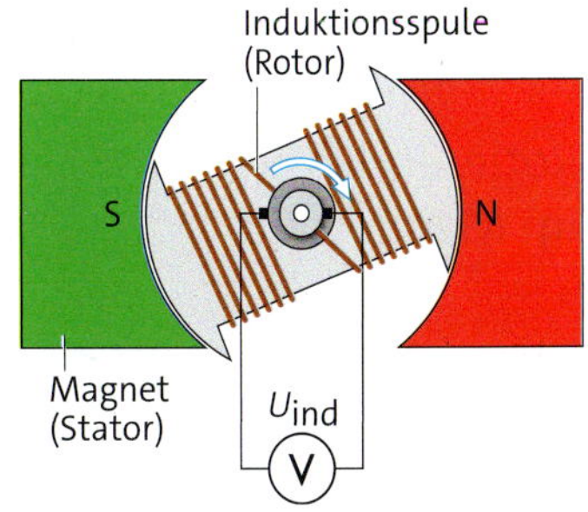

5 Außenpolgenerator

Energiebilanz • Die Kurbel eines Handgenerators lässt sich leicht drehen, wenn kein elektrisches Gerät angeschlossen ist (unbelasteter Generator). Sobald man z. B. eine Glühlampe anschließt (belasteter Generator), muss eine größere Kraft ausgeübt werden, um die nötige Energie zu übertragen. Je mehr elektrische Energie die angeschlossenen elektrischen Geräte benötigen, desto mehr Energie muss dem Generator mechanisch zugeführt werden. Er wandelt einen Teil der zugeführten Energie durch Reibung in den Lagern und an Schleifkontakten sowie durch Erwärmung der stromführenden Leitungen in innere Energie um und gibt sie thermisch ab. → 6 Wenn Wirbelströme entstehen, führen sie ebenfalls zu einer Erwärmung.

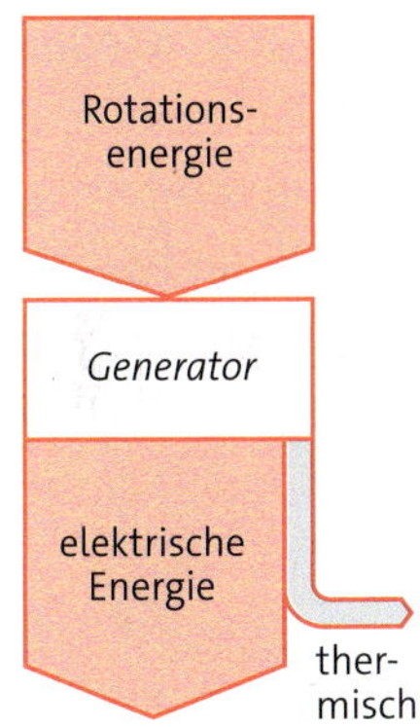

6

Ein Generator gibt stets weniger Energie elektrisch ab, als ihm mechanisch zugeführt wird:

$$\eta = \frac{E_{el}}{E_{zu}} < 1.$$

Kraftwerksgeneratoren haben einen Wirkungsgrad von bis zu 98 %, Handgeneratoren können rund 60 % erreichen.

Aufgaben

1 Beschreibe mit eigenen Worten, wie ein Generator funktioniert.

2 Nenne Nachteile eines Außenpolgenerators im Vergleich zu einem Innenpolgenerator.

Generatoren

D Aufgaben

Rotierende Leiterschleife im Magnetfeld

1 Um die Entstehung einer Wechselspannung zu erklären, betrachten wir eine Leiterschleife, die im Magnetfeld rotiert. → 1 Dabei lässt sich jeder Position der Leiterschleife ein Punkt im Diagramm zuordnen.

a Wie sind die Lorentzkräfte auf die eingezeichneten Elektronen in den Positionen ③ und ⑦ gerichtet? → 2 Bestimme es mithilfe der UVW-Regel.

b Gib für die Positionen ③ und ⑦ jeweils die Polung (+/–) an, die an den Anschlüssen A und B entsteht. Welcher Unterschied fällt dir auf?

c Begründe, dass in Position ⑤ keine Spannung induziert wird.

d Begründe mithilfe der Lorentzkraft, dass die induzierte Spannung während der Bewegung von Position ③ zu Position ⑤ kleiner wird.

2 Die Leiterschleife wird nun schneller gedreht, ihre Drehfrequenz (Anzahl der Umdrehungen pro Sekunde) nimmt zu.

a Beschreibe, wie sich dadurch der Maximalwert und die Frequenz der induzierten Wechselspannung verändern.

b Die Wechselspannung habe eine Frequenz von 50 Hz. Berechne, wie oft sich die Leiterschleife dabei pro Minute dreht.

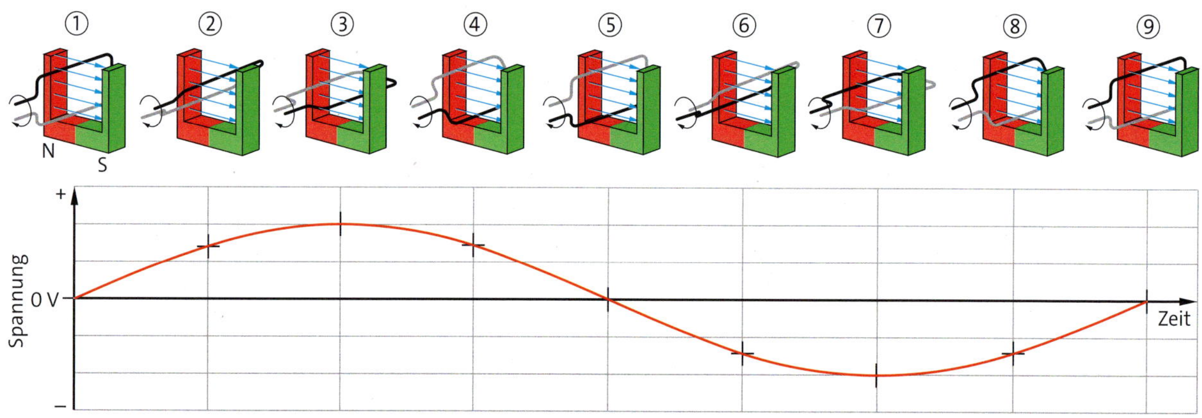

1 Induktionsspannung in Abhängigkeit von der Zeit bei einer vollen Umdrehung der Leiterschleife

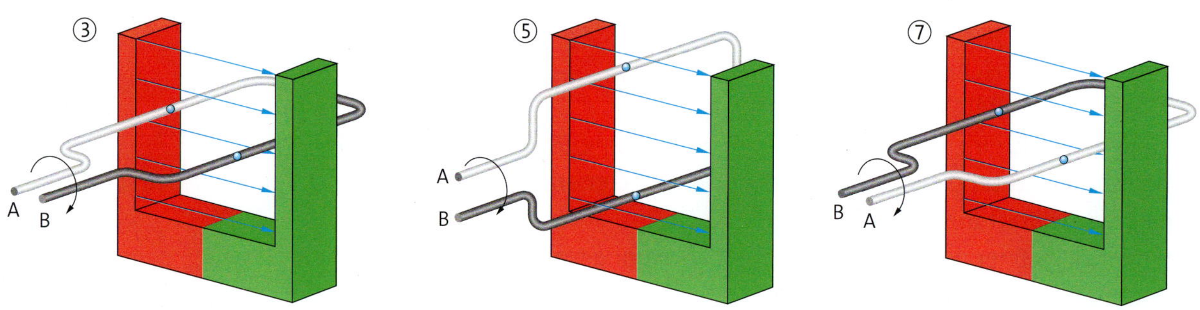

2 Leiterschleife in den Positionen 3, 5 und 7

Aus der Technik: Vom kleinen Fahrraddynamo zum großen Kraftwerksgenerator

3 Seitenläuferdynamo (Prinzipzeichnung)

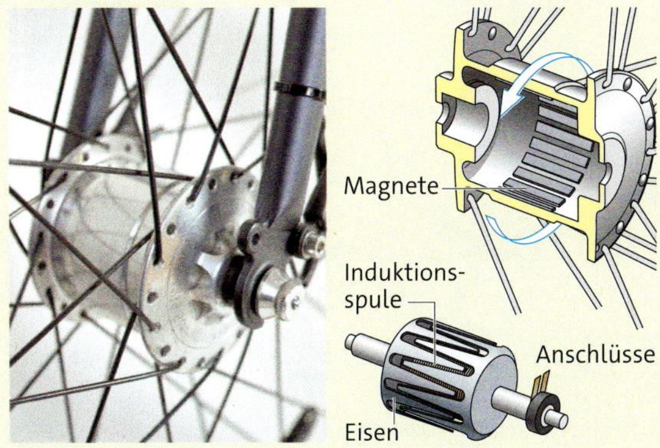

4 Nabendynamo (Prinzipzeichnung)

Fahrraddynamos • Früher hatten die meisten Fahrräder einen Seitenläuferdynamo. → 3 Sein Antriebsrad wird vom Reifen angetrieben. Im Dynamo rotiert ein mehrpoliger Dauermagnet über der Induktionsspule.
Heute haben Fahrräder in der Regel einen Nabendynamo. → 4 Die Induktionsspule ist fest mit der Achse des Vorderrads verbunden. Die Dauermagnete im Gehäuse drehen sich mit dem Rad um die Spule herum. Die Induktionsspannung beträgt ca. 6 V, die Leistung 3 W.

Kraftwerksgeneratoren • In modernen Kraftwerken werden Innenpolgeneratoren verwendet. → 5 In ihrem Inneren dreht sich kein Dauermagnet, sondern ein mehrpoliger Elektromagnet. Den Strom für den Elektromagneten liefert ein kleiner Generator (die Erregermaschine). Der Stator besteht aus mehreren Induktionsspulen, die in Reihe geschaltet sind. Die Induktionsspannung eines Kraftwerksgenerators kann bis zu 30 kV betragen, die elektrische Leistung bis zu 1,5 GW.

Aufgaben

1 Vergleiche Nabendynamo und Kraftwerksgenerator. Nenne Gemeinsamkeiten und Unterschiede.

2 In unseren Haushalten wird im Mittel eine elektrische Leistung von 0,17 kW pro Person genutzt. Berechne, wie viele Personen ein Kraftwerksgenerator mit 1,0 GW Leistung mit elektrischer Energie versorgen könnte.

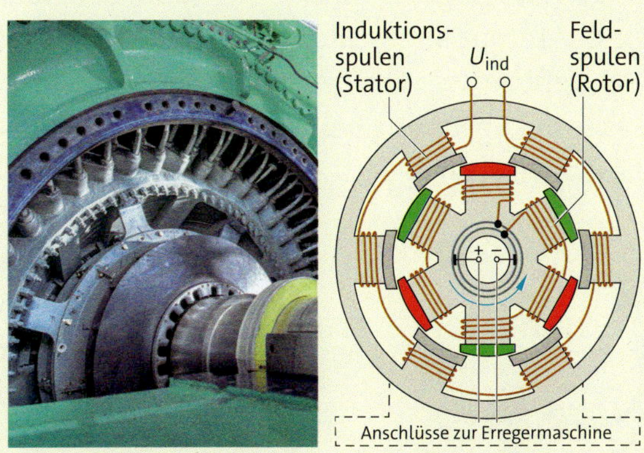

5 Kraftwerksgenerator (Prinzipzeichnung)

Transformatoren

1

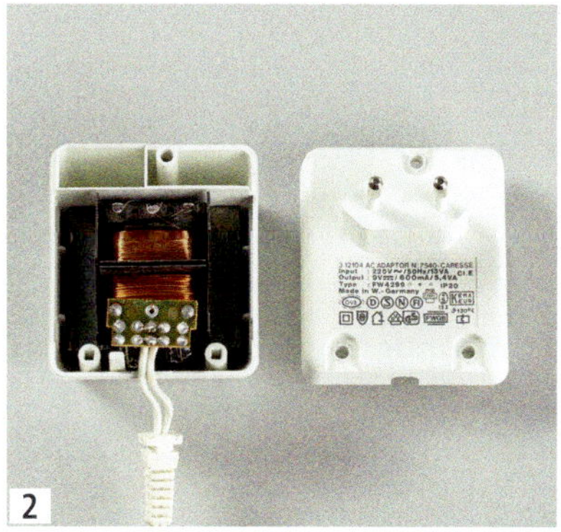

2

Computer, Smartphones, LED-Lampen und viele andere Elektrogeräte benötigen eine kleinere Spannung als die Netzspannung von 230 V. Sie wird deshalb im Netzteil gesenkt, das einen Transformator enthält. Wie ist ein Trafo aufgebaut und wie funktioniert er?

A Demoversuch

6-V-Lampe mit „Netzteil“

Material: Netzspule (500 Windungen), geschlossener Eisenkern, Glühlampe (6 V), langes Kabel

1 Die Netzspule auf der einen Seite des geschlossenen Eisenkerns wird an 230 V Wechselspannung angeschlossen. → 3 Um die andere Seite des Eisenkerns werden 10 Windungen des langen Kabels gelegt und die 6-V-Lampe angeschlossen. Gebt an, wie sich die Größe der Spannung bei diesem Versuch ändert.

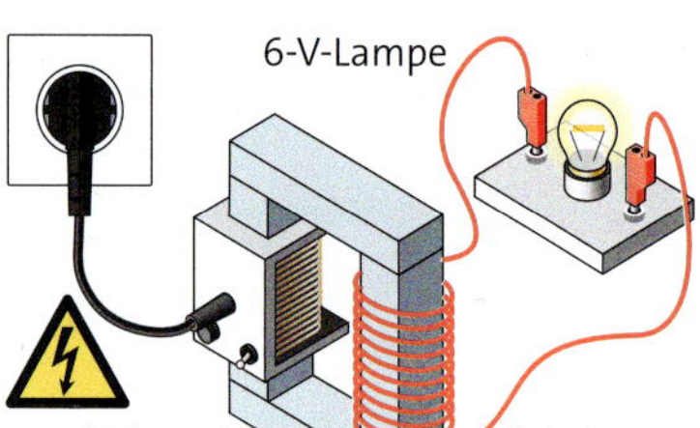

3

B Versuch

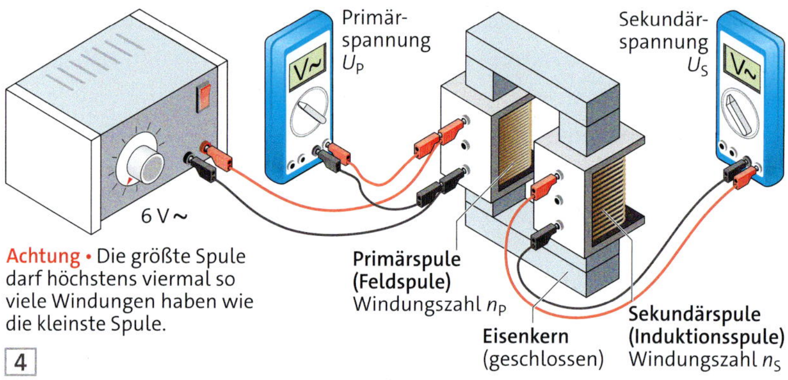

Achtung • Die größte Spule darf höchstens viermal so viele Windungen haben wie die kleinste Spule.

4

Spannungen ändern

Material: Netzgerät, Spulen (300, 600, 1200 Windungen), 2 Vielfachmessgeräte, geschlossener Eisenkern, Kabel

1 Stellt die Primärspannung U_P immer auf 6,0 V~ ein. → 4

a Messt für verschiedene Kombinationen von Windungszahlen n_P und n_S die Sekundärspannung U_S. → 5

b Formuliert einen Zusammenhang zwischen Spannungen und Windungszahlen.

2 Wie ließe sich die Spannung von 230 V auf 6,0 V senken? Nennt eine mögliche Kombination von Windungszahlen. Achtung • Nicht ausprobieren, Lebensgefahr! Ihr dürft keine Spule direkt an 230 V anschließen!

n_P	n_S	U_P in V	U_S in V
1200	300	6,0	?
1200	600	6,0	?
300	600	6,0	?
300	1200	6,0	?

5 Beispieltabelle: Spannung

C Demoversuch

Spannung erhöhen

Material: Netzgerät, Spule (500 Windungen), geschlossener Eisenkern, Glühlampe (230 V; 25 W), langes Kabel

1 Das lange Kabel wird mit 5 Windungen um eine Seite des geschlossenen Eisenkerns gelegt und an das Netzgerät mit $U = 2{,}0$ V angeschlossen. → 6
Auf der anderen Seite des Eisenkerns befindet sich die Spule mit 500 Windungen. Die 230-V-Lampe ist an diese Spule angeschlossen.
Um das Wievielfache wird die Spannung von 2,0 V für die Lampe erhöht? Begründet eure Antwort.

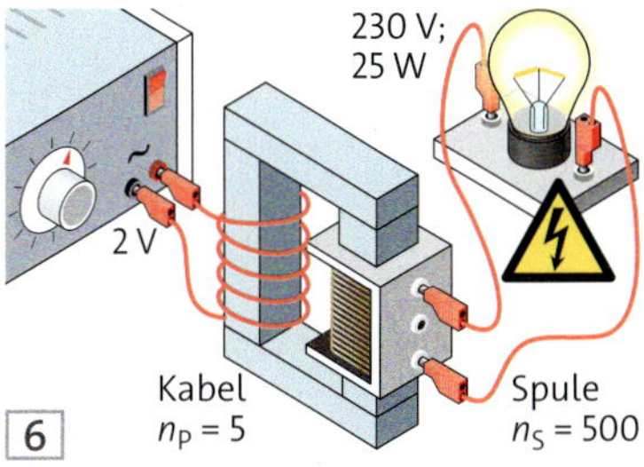

6

D Demoversuch

Primär- und Sekundärstrom

Material: Netzgerät, Spulen (300, 600, 1200 Windungen), geschlossener Eisenkern, Schiebewiderstand (100 Ω), 2 Vielfachmessgeräte, Kabel

1 An der Primärspule liegt eine Spannung von 10 V~ an. → 7

a Mithilfe des Schiebewiderstands wird die Sekundärstromstärke I_S (die „Belastung") schrittweise erhöht. Dabei wird die Primärstromstärke I_P in Abhängigkeit von der Sekundärstromstärke I_S gemessen.

b Beschreibt, wie sich die Primärstromstärke I_P mit zunehmender Sekundärstromstärke I_S verändert. → 8

2 Bei starker „Belastung" (R klein) wurden für verschiedene Kombinationen von Windungszahlen jeweils I_P und I_S gemessen. → 9

a Formuliert einen Zusammenhang zwischen den Stromstärken und den Windungszahlen.

b Vergleicht ihn mit dem Zusammenhang zwischen Spannungen und Windungszahlen. → B Versuch, 1b

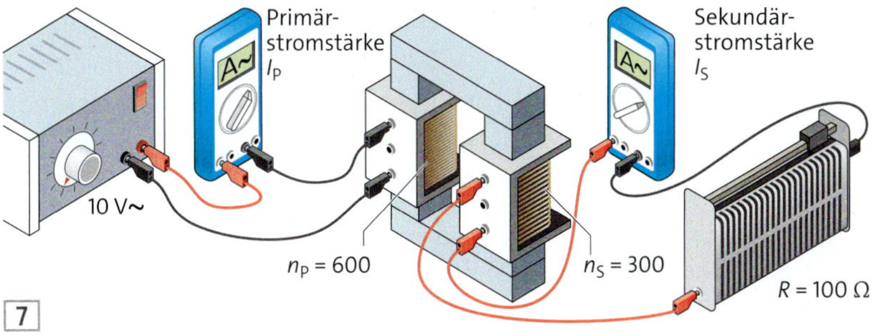

7

I_S in A	0,050	0,10	0,15	0,20	0,25	0,30	0,35	0,40
I_P in A	0,047	0,068	0,092	0,12	0,14	0,17	0,19	0,22

8 Beispieltabelle: Primärstrom in Abhängigkeit vom Sekundärstrom

n_P	n_S	I_P in A	I_S in A
300	300	0,16	0,15
600	300	0,11	0,20
1200	300	0,046	0,16
300	600	0,62	0,30

9 Beispieltabelle: Stromstärke

Transformatoren

Grundlagen

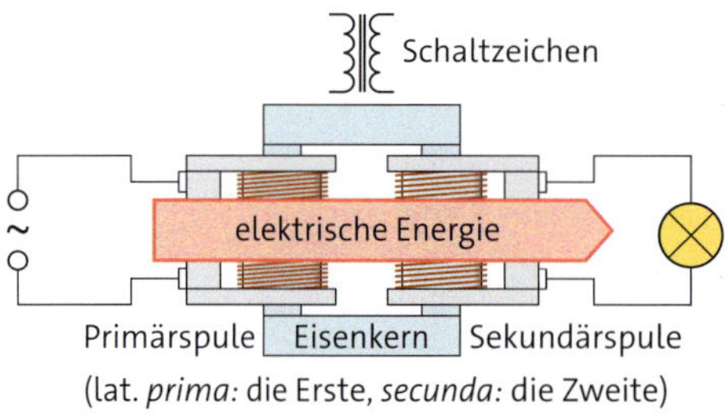

1 Transformator mit Eisenkern

Aufbau und Aufgaben • Mithilfe eines Transformators (Trafos) kann man z. B. eine Glühlampe für 6 V an das Stromnetz mit 230 V anschließen. → 1 Der Trafo besteht aus einer Primärspule, einer Sekundärspule und einem gemeinsamen Eisenkern. Die Spulen sind nicht leitend miteinander verbunden. Dennoch überträgt der Trafo elektrische Energie vom Stromnetz in den Lampenstromkreis und verändert dabei die Spannung (engl. *transform:* verändern). Ein idealer Transformator gibt dabei keine Energie ungenutzt ab.

Transformatoren übertragen elektrische Energie von einem Wechselstromkreis zum anderen und können dabei die Spannung verändern.

Funktionsweise • An die Primärspule des Trafos wird immer eine Wechselspannung angelegt. Der Wechselstrom in der Primärspule bewirkt ein Magnetfeld, das sich ständig ändert und durch den geschlossenen Eisenkern verstärkt wird. Dieses Magnetfeld durchdringt auch die Sekundärspule und induziert eine Wechselspannung an ihr.

Der Wechselstrom in der Primärspule des Transformators bewirkt ein magnetisches Wechselfeld im Eisenkern. An der Sekundärspule wird dadurch eine Wechselspannung induziert.

Die Primärspule wird auch als Feldspule bezeichnet, die Sekundärspule als Induktionsspule.

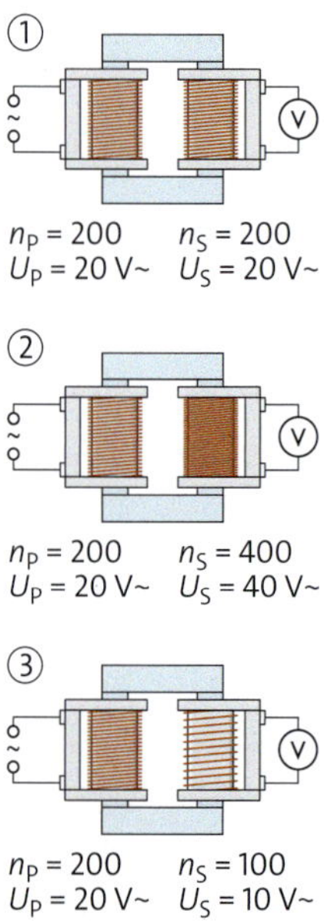

2 Spannungen am idealen, unbelasteten Trafo

Spannungen • Wir betrachten einen idealen, unbelasteten Trafo – an seine Sekundärspule ist kein Elektrogerät angeschlossen, es fließt kein Strom: → 2

- Wenn beide Spulen gleich viele Windungen haben, dann ist die Sekundärspannung genauso groß wie die Primärspannung. ①
- Wenn die Sekundärspule doppelt (dreimal) so viele Windungen hat wie die Primärspule, dann ist die Sekundärspannung doppelt (dreimal) so groß wie die Primärspannung. ②
- Wenn die Sekundärspule halb (ein Drittel) so viele Windungen hat wie die Primärspule, dann ist die Sekundärspannung halb (ein Drittel) so groß wie die Primärspannung. ③

Die Spannungen an den Spulen stehen jeweils im gleichen Verhältnis wie die Windungszahlen.

Beim unbelasteten Trafo gilt: An der Spule mit der kleineren Windungszahl liegt die kleinere Spannung an. Wenn die Sekundärspule weniger (mehr) Windungen hat als die Primärspule, wird die Spannung verringert (vergrößert).

der Transformator
der ideale Transformator
die Primärspule
die Sekundärspule

Stromstärken • Nun betrachten wir einen belasteten Trafo – an seine Sekundärspule ist ein Elektrogerät (z. B. eine Glühlampe) angeschlossen, im Sekundärstromkreis fließt ein Strom. → 3
Je mehr Glühlampen parallel an die Sekundärspule angeschlossen werden, desto größer wird die Sekundärstromstärke und desto mehr elektrische Energie wird im Sekundärstromkreis umgewandelt. Also muss der Primärstromkreis mehr elektrische Energie zur Verfügung stellen. Bei unveränderter Primärspannung U_P wird die größere Energie durch eine größere Primärstromstärke I_P erreicht:
$E_{el} = U_P \cdot I_P \cdot t$.
Die Veränderungen im Sekundärstromkreis wirken also auf den Primärstromkreis zurück.

Beim belasteten Trafo wächst mit zunehmender Sekundärstromstärke auch die Primärstromstärke.

Die Stromstärken hängen außerdem von den Windungszahlen ab.

Beim belasteten Trafo gilt: In der Spule mit der kleineren Windungszahl fließt der größere Strom. Wenn die Sekundärspule weniger (mehr) Windungen hat als die Primärspule, wird die Stromstärke vergrößert (verringert).

Bei großer Sekundärstromstärke (starker Belastung) gilt näherungsweise, dass sich die Stromstärken umgekehrt wie die Windungszahlen verhalten.

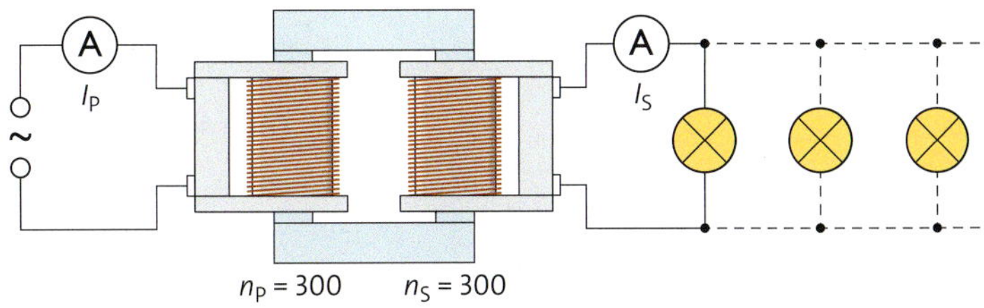

Anzahl Lampen	1	2	3
I_S in A	0,40	0,59	0,67
I_P in A	0,43	0,62	0,70

I_S nimmt zu.
↓
I_P nimmt zu.

3 Trafo mit zunehmender Belastung

Aufgaben

1 Beschreibe, wie ein Transformator aufgebaut ist, und erkläre, wie er funktioniert.

2 Ein idealer, unbelasteter Transformator besitzt eine Primärspule mit 1200 Windungen. Er soll die Netzspannung (230 V) auf 6,0 V senken. Gib die Windungszahl der Sekundärspule (ungefähr) an.

3 Gib die Sekundärspannung des unbelasteten Trafos an. → 4

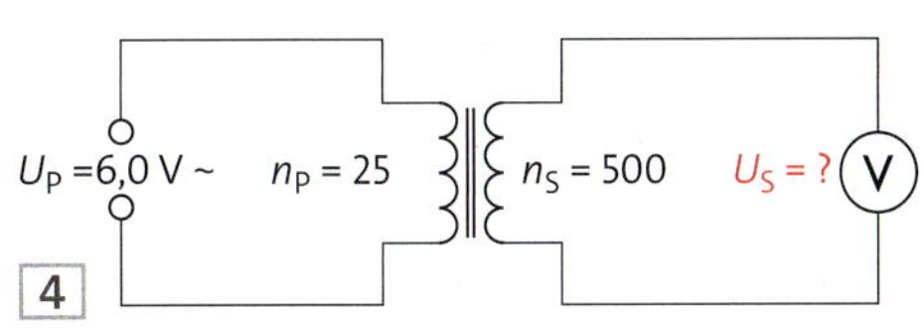

4

4 Ein spezieller Transformator soll die Stromstärke verringern.
a Beschreibe den Aufbau des Transformators.
b Vergleiche die Spannungen an den Spulen des Trafos.

Transformatoren

E Aufgaben

Niederspannungstrafo

Viele Elektrogeräte enthalten einen Transformator, der die Netzspannung (230 V) auf die benötigte niedrige Spannung heruntertransformieren soll.

1 Beschreibe, wie ein solcher Trafo aufgebaut sein muss. Nenne Elektrogeräte, die einen Niederspannungstrafo enthalten.

2 Ein Trafo soll die Spannung von 230 V auf 12 V senken. Seine Primärspule hat 500 Windungen. Gib an, wie viele Windungen seine Sekundärspule (ungefähr) haben muss. Begründe deine Angabe.

3 Bei einem regelbaren Niederspannungstrafo kann man die benötigte Spannung über einen Drehknopf einstellen. → 1 Beschreibe seine Funktionsweise.

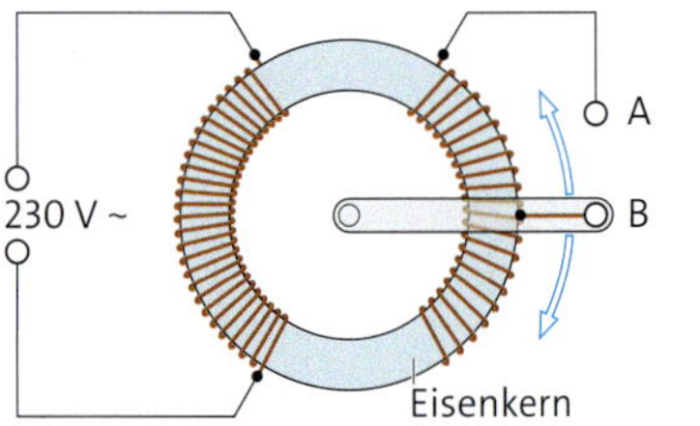

1 Regelbarer Niederspannungstrafo (Aufbau)

F Demoversuch

Hochspannungstrafo

Material: Netzspule (500 Windungen), Spule (23 000 Windungen), geschlossener Eisenkern, Hörnerelektroden mit Isolatorfüßen, Kabel

1 An die Sekundärspule des Trafos sind zwei Elektroden aus gebogenen Drähten angeschlossen. → 2
a Beschreibe, was du nach dem Einschalten der Netzspule beobachten kannst.
b Erkläre deine Beobachtung.

2 Bestimme anhand der Windungszahlen, wie groß die Spannung zwischen den Elektroden ungefähr ist. Begründe dein Ergebnis.

3 Vergleiche den Aufbau von Hochspannungstrafos und Niederspannungstrafos.

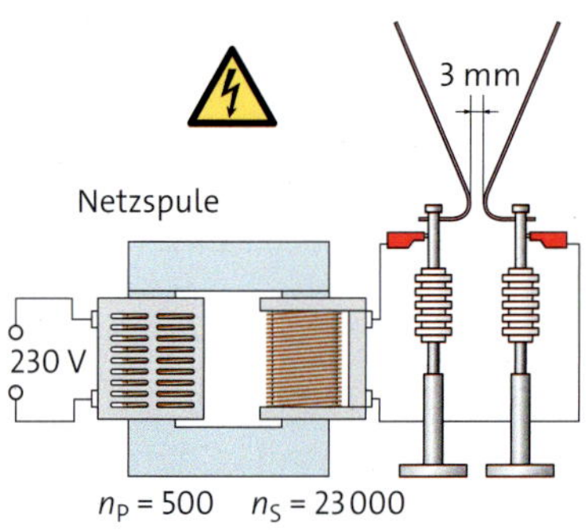

2 Hochspannungstrafo (Aufbau)

G Demoversuch

Hochstromtrafo

Material: Netzspule (500 Windungen), Punktschweißzange (Spule mit 5 Windungen), geschlossener Eisenkern, Kabel, langer Eisennagel

1 Die Spule der Punktschweißzange besteht aus einem sehr dicken Draht. Ihre Enden werden mit dem Eisennagel kurzgeschlossen. → 3
a Beschreibe, was du nach dem Einschalten der Netzspule beobachten kannst. Erkläre deine Beobachtung.
b Jetzt werden die durchgeschmolzenen Nagelenden bei eingeschalteter Netzspule kurz zusammengedrückt. Dann wird die Spule ausgeschaltet. Beschreibe deine Beobachtung.

2 Vergleiche den Aufbau von Hochstromtrafos und Niederspannungstrafos.

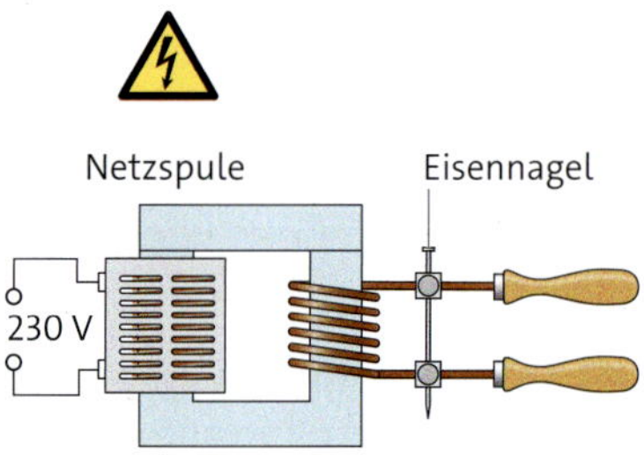

3 Hochstromtransformator (mit Punktschweißzange)

Im Fokus

Aus der Technik: Elektroautos induktiv aufladen

Elektroautos während der Fahrt aufladen – diese Vision verfolgen Wissenschaftler und Techniker derzeit. → 4 Auf kilometerlangen Strecken wollen sie induktive Ladesysteme in die Fahrbahn integrieren.

Induktiv aufladen • Beim induktiven Aufladen eines Akkus wird elektrische Energie berührungslos und ohne Kabel übertragen, ähnlich wie bei einem Transformator. → 5 Die beiden Spulen sind aber anders als beim Trafo nicht durch einen Eisenkern verbunden, was den Wirkungsgrad der Energieübertragung verringert. Der Wechselstrom in der Primärspule bewirkt ein sich ständig änderndes Magnetfeld, das auch die Sekundärspule durchsetzt, sodass in dieser eine Wechselspannung induziert wird. Zum Laden des Akkus wird der Wechselstrom im Sekundärstromkreis gleichgerichtet.

Anwendung beim Elektroauto • Nach diesem Prinzip lassen sich auch die Akkus von Elektroautos induktiv aufladen. → 6 Die Primärspule befindet sich im Boden und die Sekundärspule unten am Auto. Der Gleichrichter wandelt die induzierte Wechselspannung in die erforderliche Gleichspannung um. Bei einer Wechselspannungsfrequenz von fast 100 kHz können in einer Stunde mehrere Kilowattstunden an elektrischer Energie übertragen werden.

Weitere Anwendungen • Am weitesten verbreitet ist das induktive Laden bisher bei Smartphones und elektrischen Zahnbürsten.

4 Aufladen beim Fahren (Zukunftsvision)

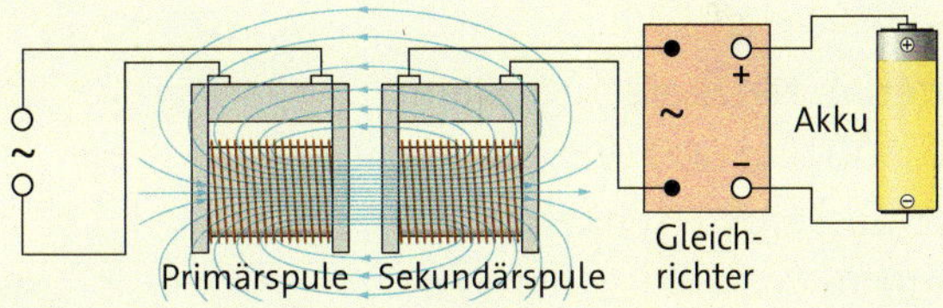

5 Induktives Aufladen (Prinzip)

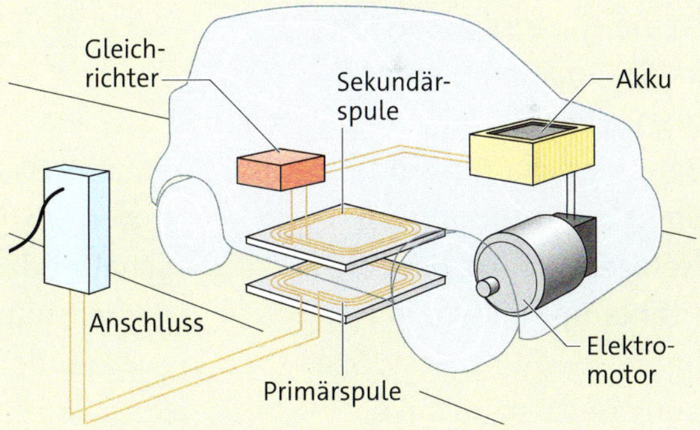

6 Induktives Ladesystem für ein Elektroauto

Aufgaben

1 Beschreibe, wie ein Elektroauto ohne Kabel aufgeladen werden kann.

2 Nenne Teile im Elektroauto, die für das induktive Aufladen notwendig sind.

Energiebilanz beim Transformator

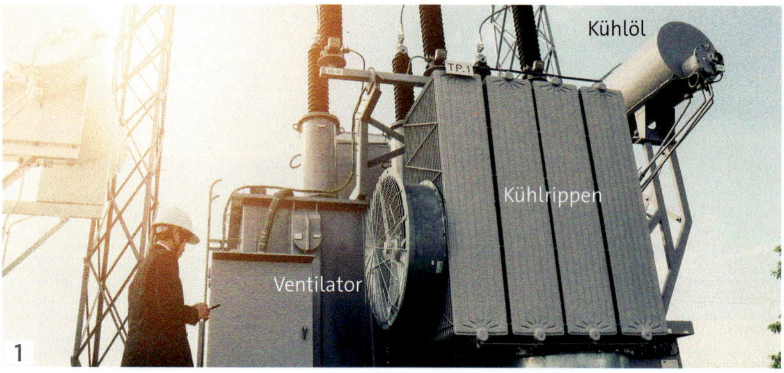

1

Große Transformatoren haben oft aufwendige Kühlsysteme. Warum ist das notwendig?

A Versuch

Wirkungsgrad eines Trafos

Material: Netzgerät, 2 Spulen (z. B. 300 und 600 Windungen), geschlossener Eisenkern, Glühlampe (6 V; 2,4 W), 2 Vielfachmessgeräte, Kabel

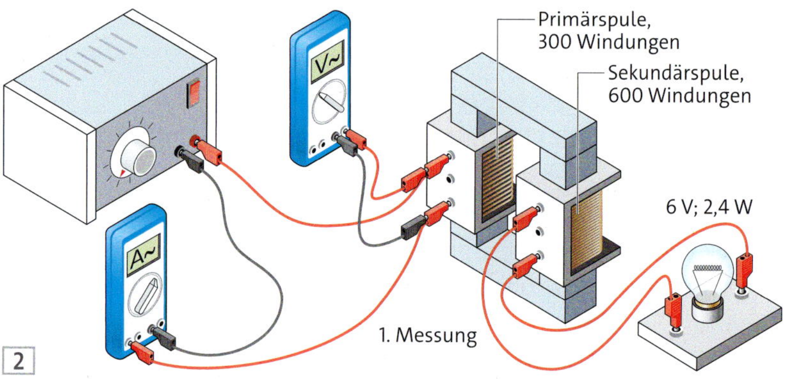

2

1 Ist die elektrische Leistung im Sekundärkreis so groß wie im Primärkreis? → 2

a Baut die Schaltung auf. Stellt die Spannung am Netzgerät so ein, dass die Glühlampe mit voller Helligkeit leuchtet. Messt Spannung und Stromstärke.

b Schaltet das Netzgerät aus, ohne die Spannung zu verändern. Baut die Messgeräte in den Sekundärkreis ein. Schaltet das Netzgerät wieder ein, ohne die Spannung zu verändern. Messt erneut Stromstärke und Spannung.

c Berechnet die elektrischen Leistungen im Primär- und im Sekundärkreis. Ermittelt daraus den Wirkungsgrad des Trafos. Warum ist er kleiner als 1? Nennt Ursachen.

2 Wiederholt den Versuch mit einem offenen Eisenkern. Erklärt den Unterschied.

B Aufgabe

Energieentwertung

1 Netzteile von Elektrogeräten werden im Betrieb oft warm.

a Beschreibt, welche Energieumwandlungen stattfinden, wenn die Temperatur des Netzteils im Betrieb steigt.

b Zeichnet das Energieflussdiagramm. Kennzeichnet darin die genutzte und die entwertete Energie.

Grundlagen

Idealer Transformator • Wir belasten einen Trafo, indem wir an seine Sekundärspule z. B. eine Glühlampe anschließen. Nun wird elektrische Energie vom Primärkreis zum Sekundärkreis übertragen. Sie wird dabei vom magnetischen Wechselfeld transportiert (die Stromkreise haben ja keine leitende Verbindung). Ein idealer Trafo gibt keine Energie ungenutzt ab, er hat einen Wirkungsgrad von 100 %.

Beim idealen Transformator ist die elektrische Leistung im Sekundärkreis genauso groß wie die elektrische Leistung im Primärkreis:
$P_S = P_P$
$U_S \cdot I_S = U_P \cdot I_P$

Energieentwertungen • In der Realität werden belastete Trafos oft warm und brummen leise. Sie wandeln also die zugeführte elektrische Energie zum Teil in ungenutzte innere Energie und in Schallenergie um. → 3 Die Gründe für diese Energieentwertungen sind:
- Die Spulendrähte erwärmen sich durch den elektrischen Strom.
- Das magnetische Wechselfeld verursacht Wirbelströme im Eisenkern und richtet die Elementarmagnete ständig neu aus. Beides trägt zur Erwärmung bei.
- Der Eisenkern vibriert infolge der schnellen Ummagnetisierungen.

Außerdem verlässt ein Teil des Magnetfelds den Eisenkern, ohne zur Induktion in der Sekundärspule beizutragen.

Energieentwertungen verringern • Für die Spulen verwendet man Drähte mit geringem Widerstand (z. B. Kupferdrähte mit großem Querschnitt). Wirbelströme werden durch „geblätterte" Eisenkerne vermindert: Sie bestehen aus vielen Blechen, die durch Lackschichten gegeneinander isoliert sind. → 4 Die Eisenlegierungen der Bleche sind leicht ummagnetisierbar. Manteltrafos und Ringkerntrafos senken die Magnetfeldverluste. → 5 6
Trafos mit großen Leistungen müssen trotzdem gekühlt werden. → 1

Wirkungsgrad • Reale Transformatoren geben weniger elektrische Energie ab, als ihnen zugeführt wird.

Der Wirkungsgrad η eines realen Trafos ist immer kleiner als 1:
$$\eta = \frac{P_{nutz}}{P_{zu}} = \frac{P_S}{P_P} = \frac{U_S \cdot I_S}{U_P \cdot I_P} < 1.$$

Die Transformatoren in Elektrizitätswerken und Umspannstationen erreichen Wirkungsgrade von fast 100 %.

Aufgaben

1 Nenne Ursachen für die Energieentwertungen beim Trafo und Maßnahmen, um sie zu vermindern.

2 Eine Glühlampe wird mithilfe eines Transformators ans Stromnetz angeschlossen. Berechne den Wirkungsgrad der Energieübertragung:
- $U_P = 230\,V$; $I_P = 0{,}29\,A$
- $U_S = 6{,}7\,V$; $I_S = 0{,}42\,A$

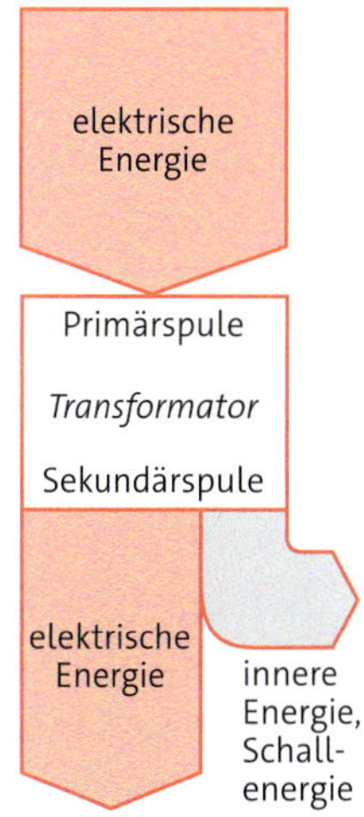

3 Realer Transformator

4 Trafo mit „geblättertem" Kern

5 Manteltrafo

6 Ringkerntrafo

Energiebilanz beim Transformator

Aufgaben

3 Auf dem Netzteil eines Smartphones steht „Output: 5,0 V; 2,0 A". Beim Anschluss an eine Steckdose (230 V) wird eine Primärleistung von 13,3 W gemessen.

a Berechne die Primärstromstärke. → 1

b Berechne den Wirkungsgrad des Ladevorgangs.

c Begründe, warum sich das Netzteil während des Ladevorgangs leicht erwärmt.

d Das Aufladen dauert 90 min. Berechne die Energiekosten. Rechne mit 0,30 $\frac{€}{\text{kWh}}$.

Der Akku eines Elektrogeräts wird über ein Netzteil geladen. Das Netzteil enthält einen Transformator und ist an die Steckdose (230 V) angeschlossen. Bei einer Sekundärspannung von 19 V („Ausgangsspannung") fließt ein Sekundärstrom von 1,7 A (der „Ladestrom"). Dabei wird eine Primärleistung von 38 W gemessen.

a Berechne die Primärstromstärke.

b Berechne den Wirkungsgrad des Netzteils.

c Der Ladevorgang dauert 135 min. Berechne die Energiekosten für eine vollständige Akkuladung. Rechne mit 0,30 $\frac{€}{\text{kWh}}$.

a Gegeben: $P_p = 38\,W = 38\,VA$; $U_p = 230\,V$ Gesucht: I_p

Gleichung und umformen: $P_p = U_p \cdot I_p$; $I_p = \frac{P_p}{U_p}$

Rechnung und runden auf 2 sinnvolle Ziffern: $I_p = \frac{38\,VA}{230\,V} = 0{,}17\,A$

Ergebnis: $I_p = 0{,}17\,A$

b Gegeben: $U_s = 19\,V$; $I_s = 1{,}7\,A$; $P_p = 38\,W = 38\,VA$ Gesucht: η

Gleichung: $\eta = \frac{P_s}{P_p} = \frac{U_s \cdot I_s}{P_p}$

Rechnung und runden auf 2 sinnvolle Ziffern: $\eta = \frac{19\,V \cdot 1{,}7\,A}{38\,VA} = 0{,}85$

Ergebnis: $\eta = 0{,}85 = 85\,\%$

c Gegeben: $P_p = 38\,W$; $t = 135\,min = 2{,}25\,h$; Preis: $0{,}30\,\frac{€}{kWh}$

Gesucht: Energiekosten

Gleichung: $E_{el} = P_{el} \cdot t$

Rechnung und runden auf 2 sinnvolle Ziffern:

$E_{el} = 38\,W \cdot 2{,}25\,h = 86\,Wh = 0{,}086\,kWh$; $0{,}086\,kWh \cdot 0{,}30\,\frac{€}{kWh} = 0{,}026\,€$

Ergebnis: Die Energiekosten betragen 0,026 € = 2,6 ct.

1

4 Das Ladegerät eines Akkubohrschraubers hat einen Wirkungsgrad von 86 %. Das Ladegerät wird an die Steckdose (230 V) angeschlossen. Beim Aufladen des Akkus wird eine Primärstromstärke von 0,14 A gemessen. Die Sekundärspannung beträgt 12 V („Ausgangsspannung").

a Berechne die Sekundärstromstärke („Ladestrom").

b Ermittle die Zeit zum vollständigen Aufladen des Akkus. Seine maximale Ladung beträgt $Q = 2{,}0$ Ah.

c Berechne die Energie, die im aufgeladenen Akku gespeichert ist.

5 Die Generatoren eines Wasserkraftwerks erzeugen eine elektrische Leistung von 18 MW und eine Spannung von 10 kV. Die Spannung wird durch einen Transformator auf 110 kV erhöht, dessen Wirkungsgrad 97 % beträgt.

Berechne:

a die Stromstärke im Primärkreis des belasteten Transformators

b die Leistung, die der Transformator dem Sekundärkreis zur Verfügung stellt

c die Stromstärke im Sekundärkreis

C Aufgabe

2

Lampen mit Trafos

1 Drei Strahler (jeweils 12 V; 3,0 W) sind über einen gemeinsamen 12-V-Trafo an die Netzspannung von 230 V angeschlossen. → 2

a Nenne die Schaltungsart und zeichne den Schaltplan.

b Gib die Art des Transformators an. → S. 120

c Der Wirkungsgrad des Trafos beträgt 92 %:
- Nenne mögliche Ursachen dafür, dass der Wirkungsgrad kleiner als 100 % ist.
- Berechne die Primärleistung und -stromstärke.

d Der Trafo wird durch einen Vorwiderstand ersetzt:
- Zeichne den Schaltplan.
- Berechne den Vorwiderstand (in Ω oder kΩ).
- Berechne die elektrische Leistung für den Betrieb der Schaltung (Vorwiderstand und 3 Strahler).
- Begründe, dass die Betriebskosten mit dem Vorwiderstand höher sind als mit dem Trafo.

D Aufgaben

Elektroschweißen

Beim Elektroschweißen benötigt man große Stromstärken. Sie werden vom Schweißtrafo zur Verfügung gestellt. → 3

3

1 Beschreibe, wie der Schweißtrafo aufgebaut sein muss.

2 Ein Schweißtrafo mit einem Wirkungsgrad von 85 % wird an die Netzspannung von 230 V angeschlossen. Bei einer Sekundärstromstärke von 75 A beträgt die Primärstromstärke 8,6 A. Berechne:

a die Primärleistung und die Sekundärleistung

b die Sekundärspannung

E Aufgabe

Induktionsschmelzen

Bei diesem Versuch dient eine Metallrinne als Sekundärspule (1 Windung) eines Transformators. → 4 In der Metallrinne befindet sich ein Streifen aus Zinn. Die Primärspule wird an die Netzspannung von 230 V angeschlossen.

1 Nach dem Einschalten beträgt die Stromstärke im Primärkreis 1,2 A.

a Schätze ab, wie groß die Stromstärke in der Metallrinne ist.

b Begründe, warum das Zinn schmilzt.

c Zeichne das Energieflussdiagramm.

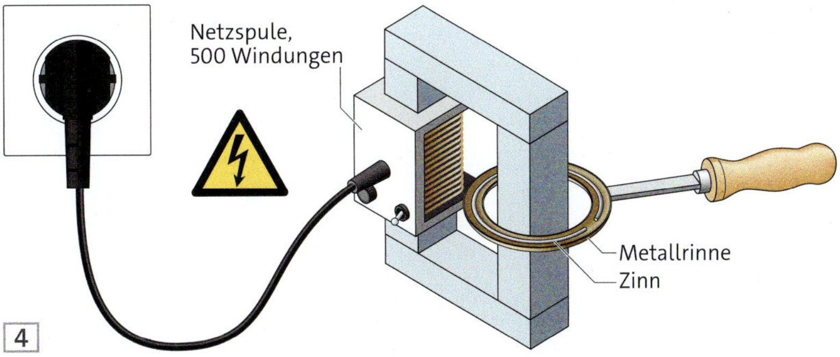

4

Energieübertragung mit Hochspannung

1

Fernleitungen und Umspannwerke stören das Landschaftsbild. Die Hochleistungstrafos sind sehr teuer. Und man darf den Leitungen nicht zu nahe kommen (auch nicht mit dem Drachen) – Lebensgefahr! Warum wird die elektrische Energie trotzdem mit Hochspannung vom Kraftwerk zum Nutzer übertragen?

A Demoversuch

Energieübertragung mit Hochspannung

Material: Glühlampe (6,0 V; 3,0 W), je 2 Spulen mit 125 Windungen und mit 1000 Windungen, 2 geschlossene Eisenkerne, 2 Konstantandrähte (2,00 m lang; 0,20 mm Durchmesser), Netzgerät, Vielfachmessgeräte, Isolatorfüße, Kabel

In diesen Modellversuchen werden die Fernleitungen durch zwei Konstantandrähte dargestellt. → 2 3

1 An der Lampe werden die Spannung und die Stromstärke gemessen. → 2 Begründet anhand der Messwerte, warum die Lampe nicht leuchtet.

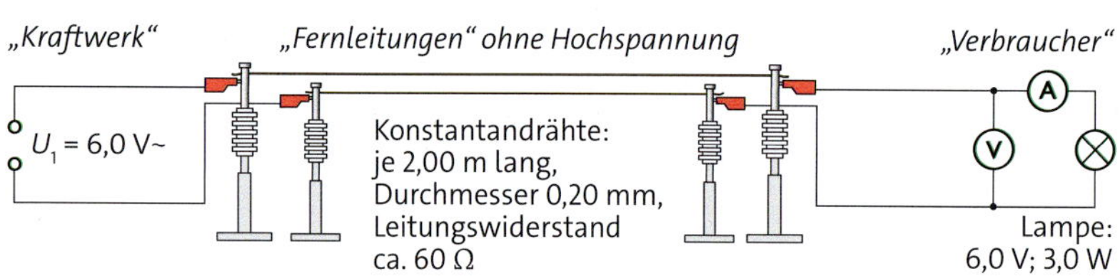

2 Elektrische Energieübertragung ohne Transformatoren

3 Elektrische Energieübertragung mit Transformatoren

2 Jetzt wird die Spannung am Anfang der „Fernleitungen“ hochtransformiert und an ihrem Ende wieder gesenkt. → 3 Spannungen und Stromstärken werden an verschiedenen Stellen gemessen.

a Vergleicht die Spannung U_2 mit der Spannung U_1 am Netzgerät. Begründet den Unterschied.

b Erklärt, warum die Spannung U_3 etwas geringer ist als die Spannung U_2.

c Begründet, warum die Stromstärke in den „Fernleitungen“ mit Hochspannung viel geringer ist als ohne Hochspannung. → 2

3 Erklärt, welchen Vorteil die viel geringere Stromstärke in den „Fernleitungen“ mit Hochspannung für die Energieübertragung hat.

die Verlustleistung
die Hochspannungsleitungen

Grundlagen

Thermische Leistung der Fernleitungen • Elektrische Energie wird oft über große Entfernungen vom Kraftwerk zu den Verbrauchern übertragen. In den Fernleitungen wird aufgrund ihres elektrischen Widerstands ein Teil der elektrischen Energie in innere Energie umgewandelt. Sie erwärmen sich und geben Energie thermisch ab.

Um die ungenutzte thermische Leistung (Verlustleistung) der Fernleitungen zu berechnen, betrachten wir als Modell einen einfachen Stromkreis. → 4 Der Widerstand der Fernleitungen wird in diesem Stromkreis durch einen Festwiderstand R_L dargestellt.

Für seine thermische Leistung P_{th} gilt:
$P_{th} = U_L \cdot I_L$.

Für die Teilspannung U_L am Festwiderstand gilt:
$U_L = R_L \cdot I_L$. (U_L ist kleiner als U!)

Einsetzen in die Gleichung für die thermische Leistung ergibt:
$P_{th} = U_L \cdot I_L = R_L \cdot I_L \cdot I_L$
$P_{th} = R_L \cdot I_L^2$.

> **Die thermische Verlustleistung P_{th} der Fernleitungen nimmt mit dem Quadrat der Stromstärke zu:**
> **$P_{th} = R_L \cdot I_L^2$.**

Bei einer Stromstärke von 100 A geben die Fernleitungen 10 000-mal so viel Energie thermisch ab wie bei 1 A!

Energieübertragungssystem • Für eine kleine thermische Verlustleistung der Fernleitung muss die Stromstärke gering sein. Um trotzdem sehr viel elektrische Energie $E_{el} = U \cdot I \cdot t$ transportieren zu können, muss die Spannung groß sein. Deshalb wird die Spannung am Kraftwerk hochtransformiert. → 5 Für das Ortsnetz wird die Spannung dann wieder heruntertransformiert. Zwar kommt es auch in den Trafos zu Energieentwertungen, ihr Wirkungsgrad beträgt aber bis zu 99 %. → 6 Zur Verringerung des Widerstands könnte man auch dickere Leitungen verwenden. Dadurch würden die Kabel aber schwerer und teurer werden.

> **Fernleitungen übertragen elektrische Energie mit Hochspannung, um die Stromstärke und damit die Verlustleistung zu verringern.**

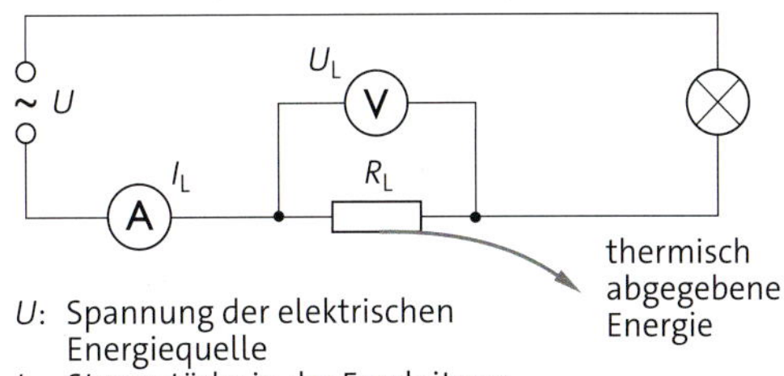

U: Spannung der elektrischen Energiequelle
I_L: Stromstärke in der Fernleitung
R_L: Widerstand der Fernleitung
U_L: Teilspannung an der Fernleitung ($U_L < U$)

thermische Leistung (Verlustleistung) der Fernleitung:
$P_{th} = U_L \cdot I_L$
$P_{th} = R_L \cdot I_L \cdot I_L$
$P_{th} = R_L \cdot I_L^2$

4 Thermische Leistung (Verlustleistung) der Fernleitung

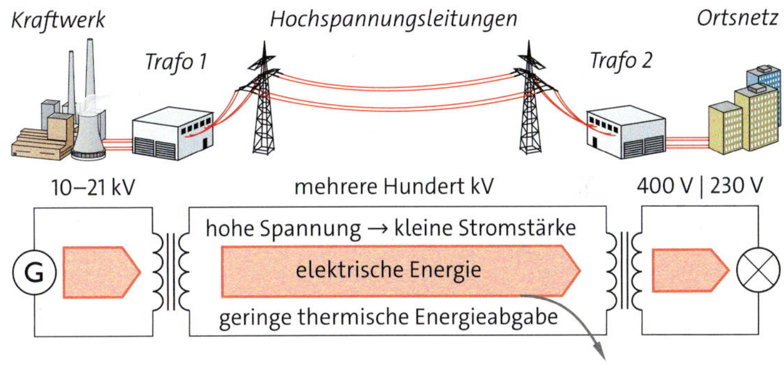

5 Energieübertragung mit Hochspannung

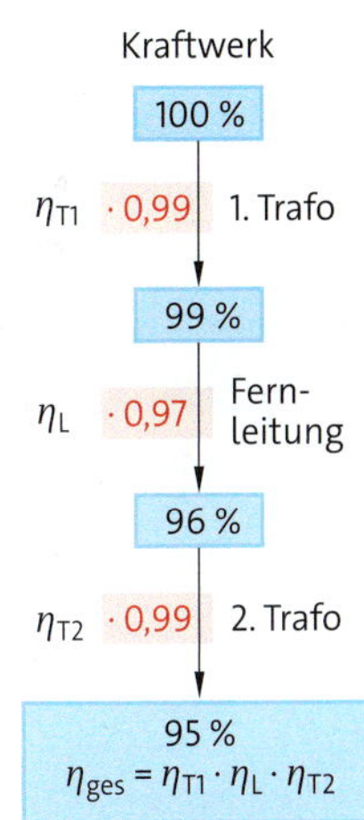

6 Berechnung des Gesamtwirkungsgrads

Energieübertragung mit Hochspannung

Der Generator eines Kraftwerks hat eine elektrische Leistung von 78 MW bei einer Spannung von 21 kV. Die Spannung wird mit Trafo 1 (η_1 = 98 %) auf 220 kV erhöht und für das Ortsnetz mit einem Trafo 2 (η_2 = 98 %) wieder gesenkt. Der Widerstand der Fernleitungen beträgt 13 Ω.

a Zeichne eine Schaltskizze für die Energieübertragung vom Kraftwerk bis zum Ortsnetz.

b Berechne die Sekundärleistung des Trafos 1.

c Berechne die Stromstärke in den Fernleitungen und die thermische Leistung (Verlustleistung).

d Berechne die Sekundärleistung, die der Trafo 2 dem Ortsnetz zur Verfügung stellt, sowie den Gesamtwirkungsgrad der Energieübertragung vom Generator bis zum Ortsnetz.

a

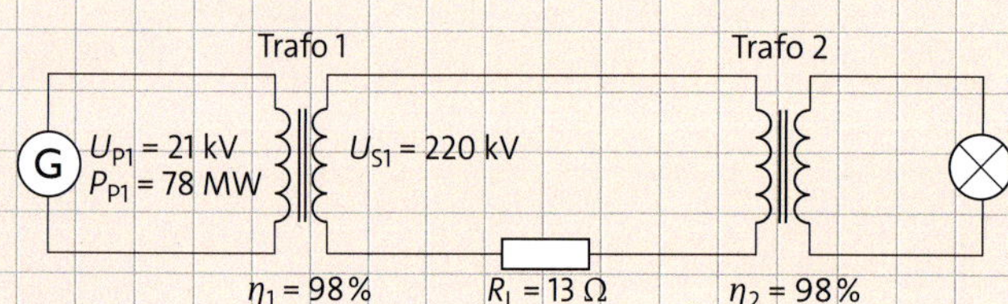

b Gegeben: $P_{P1} = 78\ \text{MW};\ \eta_1 = 0{,}98$ — Gesucht: P_{S1}

Gleichung: $P_{S1} = \eta_1 \cdot P_{P1}$

Rechnung (gerundet auf 2 sinnvolle Ziffern):

$P_{S1} = 0{,}98 \cdot 78\ \text{MW} = 76\ \text{MW}$

c Gegeben: $P_{S1} = 76\ \text{MW};\ U_{S1} = 220\ \text{kV};\ R_L = 13\ \Omega = 13\ \frac{\text{V}}{\text{A}}$

Gesucht: $I_L,\ P_{th}$

Gleichungen: $I_L = \frac{P_{S1}}{U_{S1}};\ P_{th} = R_L \cdot I_L^2$

Rechnungen (gerundet auf 2 sinnvolle Ziffern):

$$I_L = \frac{76 \cdot 10^6\ \text{VA}}{220 \cdot 10^3\ \text{V}} = 35 \cdot 10\ \text{A}$$

$$P_{th} = 13\ \frac{\text{V}}{\text{A}} \cdot (35 \cdot 10\ \text{A})^2 = 1{,}6 \cdot 10^6\ \text{VA} = 1{,}6\ \text{MW}$$

d Gegeben: $P_{S1} = 76\ \text{MW};\ P_{th} = 1{,}6\ \text{MW};\ \eta_2 = 0{,}98$

Gesucht: $P_{S2};\ \eta_{ges}$

Gleichungen: $P_{P2} = P_{S1} - P_{th};\ P_{S2} = \eta_2 \cdot P_{P2};\ \eta_{ges} = \frac{P_{S2}}{P_{P1}}$

Rechnungen (gerundet auf 2 sinnvolle Ziffern):

$P_{P2} = 76\ \text{MW} - 1{,}6\ \text{MW} = 74\ \text{MW};\ P_{S2} = 0{,}98 \cdot 74\ \text{MW} = 73\ \text{MW}$

$$\eta_{ges} = \frac{73\ \text{MW}}{78\ \text{MW}} = 0{,}94 = 94\ \%$$

1

Aufgaben

1 Erläutere, warum elektrische Energie über große Entfernungen mit Hochspannung übertragen wird.

2 Die Spannung von 220 kV an Fernleitungen ist fast 1000-mal so hoch wie die Spannung von 230 V an der Steckdose. Gib an, wie sich dadurch die Stromstärke und die thermische Leistung der Fernleitung verändern.

3 Ein Windpark hat eine elektrische Leistung von 83 MW. Die Spannung wird auf 380 kV hochtransformiert und im Versorgungsgebiet wieder heruntertransformiert. Die Fernleitungen haben einen Widerstand von 18 Ω, der Wirkungsgrad der Transformatoren beträgt jeweils 99 %.
Berechne den Gesamtwirkungsgrad der Energieübertragung. → 1

4 An einem Kraftwerk wird die Generatorspannung auf 380 kV hochtransformiert. Der Transformator hat einen Wirkungsgrad von 99 %, seine Sekundärleistung beträgt 317 MW.

a Berechne die Primärleistung, die vom Generator erzeugt wird.

b Die thermische Leistung (Verlustleistung) der Fernleitungen soll höchstens 2,5 % der vom Transformator bereitgestellten Sekundärleistung betragen. Berechne, wie groß der elektrische Widerstand der Fernleitungen höchstens sein darf.

B Aufgaben

Weitere Berechnungen zur Energieübertragung

1 Das Wasserkraftwerk Roßhaupten am Forggensee hat eine maximale Primärleistung von 45,5 MW. Die elektrische Energie wird über eine 24 km lange 110-kV-Leitung von Roßhaupten nach Schongau übertragen. Die Leitung hat einen Widerstand von 1,8 Ω.

a Berechne die Stromstärke in der Leitung und die thermische Leistung (Verlustleistung). Gehe von einem idealen Transformator aus.

b Die Spannung des Kraftwerksgenerators beträgt 21 kV. Berechne die thermische Leistung der Fernleitung, wenn die elektrische Energie bei dieser Spannung übertragen werden würde.

c Berechne für beide Übertragungsspannungen (21 kV und 110 kV), wie viel Prozent der Leistung, die der Generator zur Verfügung stellt, als thermische Leistung „verloren gehen“.

d Durch die Turbinen des Kraftwerks strömen bis zu 150 m³ Wasser pro Sekunde. Die Fallhöhe beträgt 35,4 m. Berechne den Wirkungsgrad des Kraftwerks.

2 Ein Kraftwerk hat eine elektrische Leistung von 54 MW. Es ist über eine insgesamt 70 km lange Fernleitung mit einem Industriegebiet verbunden.

a Berechne den Widerstand der Fernleitung. Nutze dafür die folgenden Werte:
- Querschnittsfläche des Leiterseils: $A = 261\ \text{mm}^2$
- Spezifischer Widerstand des Leitermaterials: $\varrho = 0{,}033\ \frac{\Omega \cdot \text{mm}^2}{\text{m}}$

b Die Spannung wird vor der Übertragung mit einem Trafo ($\eta_1 = 0{,}98$) auf 110 kV erhöht. Berechne die thermische Leistung (Verlustleistung) der Fernleitung.

c Im Industriegebiet wird die Spannung mit einem zweiten Trafo ($\eta_2 = 0{,}98$) wieder gesenkt. Berechne die Nutzleistung, die danach zur Verfügung steht.

d Berechne den Gesamtwirkungsgrad der Energieübertragung vom Kraftwerk bis ins Industriegebiet.

3 In dieser Aufgabe benötigt ein privater Haushalt zeitweise eine elektrische Leistung von 15 kW. Die elektrische Energie wird von einem Kraftwerk zum Haushalt übertragen.

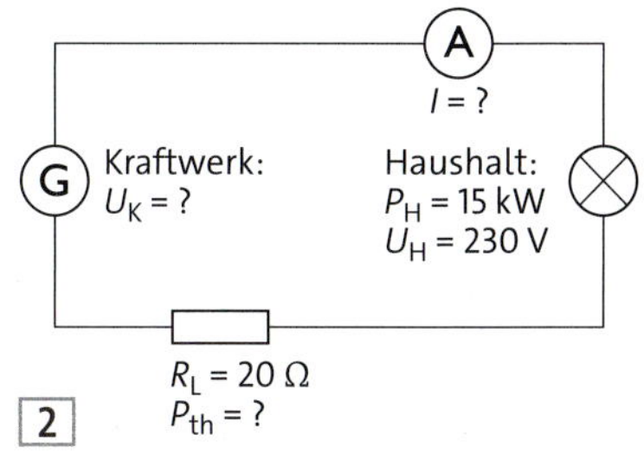

2

a Der Haushalt sei über eine Leitung ($R_L = 20\ \Omega$) zunächst direkt mit dem Kraftwerk verbunden. → 2 Die Glühlampe stellt die Elektrogeräte des Haushalts dar.
- Berechne die Stromstärke I in der Leitung. Rechne mit $P_H = 15\ \text{kW}$ und $U_H = 230\ \text{V}$.
- Berechne, wie groß die Spannung U_K am Kraftwerk sein müsste, damit die Spannung U_H am Haushalt 230 V beträgt.
- Ermittle die thermische Leistung P_{th} der Leitung.

b Nun werde die Spannung am Kraftwerk mit einem idealen Transformator auf 220 kV erhöht und vor dem Haushalt mit einem zweiten idealen Transformator auf 230 V verringert.
- Berechne wieder die thermische Leistung der Leitung ($R_L = 20\ \Omega$).
- Vergleiche diese Verlustleistung mit der Verlustleistung, die du im Teil a berechnet hast.

Energieübertragung mit Hochspannung

Im Fokus

Aus der Technik: Vom Kraftwerk zum Nutzer

Verbundnetz • Erzeuger und Abnehmer der elektrischen Energie sind in Deutschland über ein weitverzweigtes Leitungsnetz miteinander verbunden. → 1 Kraftwerksgeneratoren stellen die elektrische Energie meist mit einer Spannung von 10 kV bis 21 kV zur Verfügung. Ein Umspannwerk transformiert die Spannung z. B. auf 220 kV oder 380 kV herauf (Höchstspannung). Fernleitungen transportieren dann die elektrische Energie über weite Strecken. Freileitungen sind meist Verbundseile aus Aluminium und Stahl. → 2 3 Aluminium hat zwar einen größeren spezifischen Widerstand als Kupfer. Aufgrund seiner geringeren Dichte sind aber bei gleicher Masse größere Leiterquerschnitte möglich. Das Innenseil aus Stahl erhöht die Zugfestigkeit, sodass große Spannweiten zwischen den Masten möglich sind. Die Verbundseile haben einen Durchmesser bis zu 40 mm und sind für Stromstärken bis zu 1500 A ausgelegt!

In weiteren Umspannwerken wird die Spannung wieder z. B. auf 20 kV heruntertransformiert und über das Mittelspannungsnetz auf Städte, Gemeinden und Großbetriebe verteilt. → 4 Dort wird die Spannung schließlich auf 230 V bzw. 400 V verringert und über das Niederspannungsnetz an die Haushalte und Kleinbetriebe weitergeleitet.

Europäisches Verbundsystem • Viele europäische Länder sind durch ein Höchstspannungsnetz (220 kV, 380 kV) elektrisch miteinander verbunden. Wenn in einer Region gerade mehr elektrische Energie gebraucht wird, als die Kraftwerke dort bereitstellen können, wird elektrische Energie über das Verbundsystem aus anderen Regionen zugekauft. Umkehrt verkaufen Kraftwerke überschüssige elektrische Energie über das Verbundsystem. Diese Energie kann dann z. B. von Pumpspeicherkraftwerken aufgekauft und gespeichert werden. Und beim

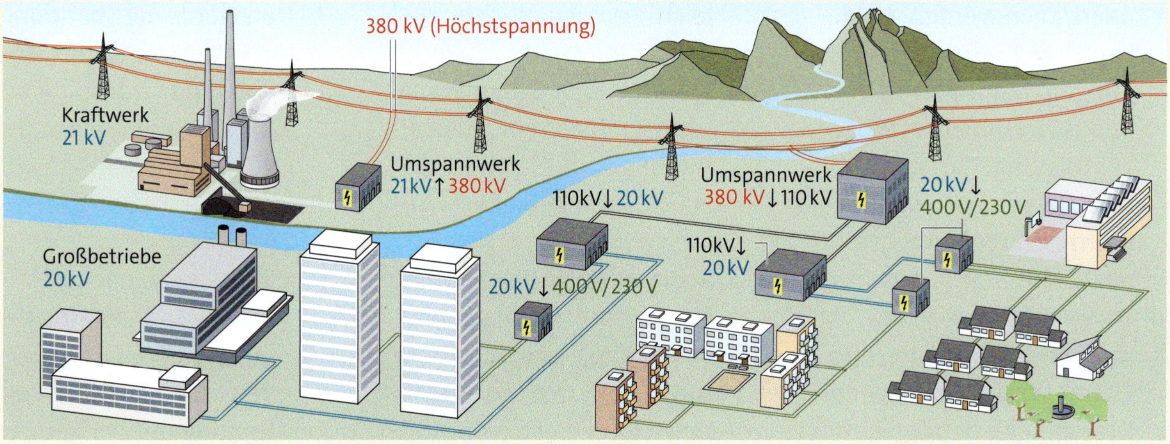

1 Teile unseres Verbundnetzes (vereinfacht) und verwendete Spannungen (Beispiele)

2 Freileitung (380 kV)

3 Verbundseil

4 Freileitung (33 kV)

5 Smart Meter

Ausfall eines Kraftwerks wird die elektrische Energieversorgung über das Verbundsystem aufrechterhalten.
Das Verbundsystem wird von Schaltzentralen überwacht, die Kraftwerke zu- oder abschalten und Energieströme steuern können.

Netzwerke der Zukunft • In Deutschland sind alle Kernkraftwerke abgeschaltet und auch die Kohlekraftwerke sollen nach und nach abgeschaltet werden. Als Ersatz entstehen sehr viele Wind- und Solarkraftwerke, die in das Verbundnetz integriert werden müssen. Sie liefern aber nur elektrische Energie, wenn der Wind weht oder die Sonne scheint. Deshalb werden zusätzliche Kraftwerke benötigt, die schnell auf steigenden Bedarf reagieren können – z. B. Gas- oder Pumpspeicherkraftwerke.
Das komplizierte Netzwerk wird nur störungsfrei funktionieren können, wenn der elektrische Energiebedarf ständig ermittelt wird und die Kraftwerksleistungen entsprechend angepasst werden. Dazu ist eine aufwendige digitale Steuerung durch neue Computernetzwerke nötig. Zur Beobachtung des Energiebedarfs werden unsere Haushalte allmählich mit digitalen Energiemessgeräten ausgestattet. → 5 „Smart Meter" (engl. *smart:* schlau, intelligent; *meter:* Messgerät) messen neben der elektrischen Energie auch die Nutzungszeit minutengenau und senden die Daten an die Netzbetreiber.

Hochspannungs-Gleichstrom-Übertragung • Die elektrische Energie wird von den Windparks im Meer nicht mit Wechselstrom zum Festland transportiert, weil die Übertragungsverluste zu groß wären. Stattdessen kommt die Hochspannungs-Gleichstrom-Übertragung (HGÜ) zum Einsatz. Sie soll auch für die sehr langen Überlandleitungen von den Küsten nach Süddeutschland genutzt werden. → S. 232/233

Aufgaben

1 Erkläre, warum die Hochspannungsleitungen Aluminiumseile enthalten, obwohl Kupfer den elektrischen Strom viel besser leitet.

2 Nenne Vorteile des Verbundnetzes.

3 Begründe, warum unser Verbundnetz in naher Zukunft erneuert werden muss.

Elektrische Energie bereitstellen und übertragen

Zusammenfassung

Induktion in einer rotierenden Leiterschleife • In der rotierenden Leiterschleife wirken Lorentzkräfte auf die freien Elektronen. → 1 Dadurch entsteht eine Spannung an den Enden der Leiterschleife. Der Betrag der Lorentzkräfte ändert sich ständig und damit auch der Betrag der Spannung. Bei jeder Umdrehung polt sich die Spannung an den Enden der Leiterschleife 2-mal um, es entsteht eine Wechselspannung. → 2

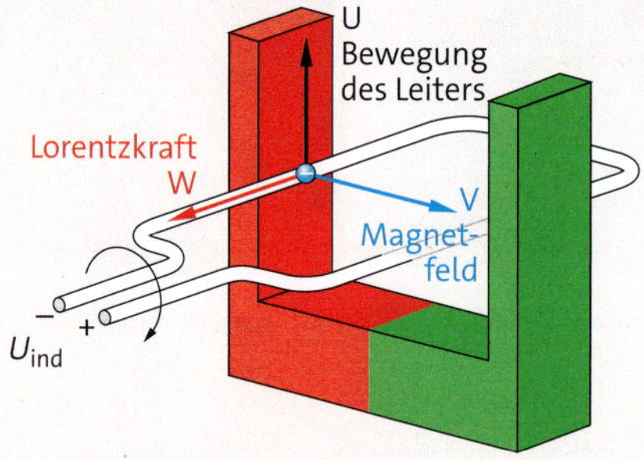

1

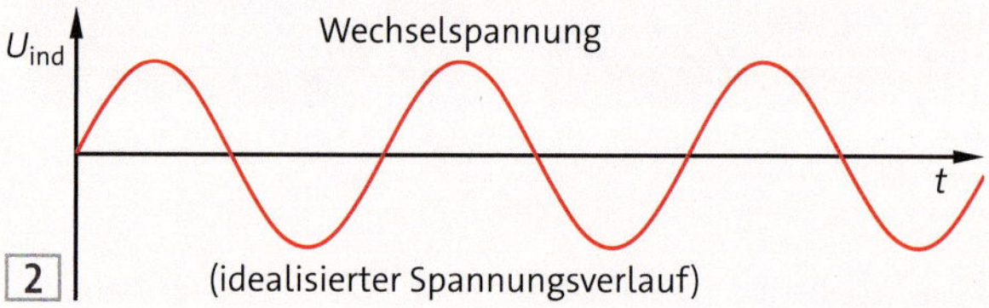

2

Generatoren • Die wichtigsten Bestandteile eines Generators sind ein Dauer- oder Elektromagnet und eine Induktionsspule. → 3
Magnet und Induktionsspule werden gegeneinander bewegt, sodass sich das Magnetfeld in der Induktionsspule ständig ändert. Dadurch wird in ihr eine Wechselspannung induziert.
Wir unterscheiden zwei Bauformen:

- Bei Innenpolgeneratoren rotieren die Magnetpole innerhalb der Induktionsspulen. → 4
  Die Induktionsspannung wird an den Enden der Induktionsspulen über feste Anschlüsse abgenommen.
- Bei Außenpolgeneratoren befinden sich die fest stehenden Magnetpole außerhalb der rotierenden Induktionsspule. → 5
  Die Induktionsspannung wird an der rotierenden Spule über Schleifkontakte abgenommen.

Je mehr elektrische Energie die Geräte benötigen, die an den belasteten Generator angeschlossen sind, desto mehr Rotationsenergie muss ihm zugeführt werden. Dabei wird immer ein Teil der zugeführten Energie in innere Energie umgewandelt und ungenutzt thermisch abgegeben. → 6

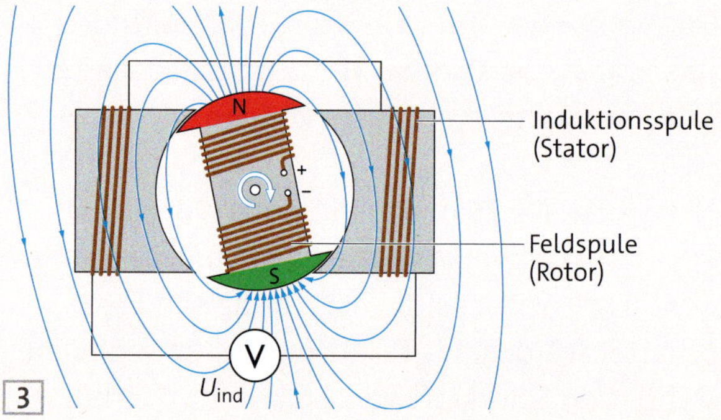

3

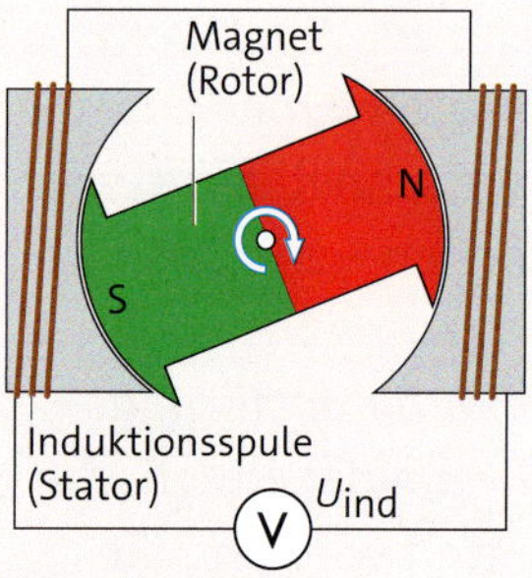

4 Innenpolgenerator

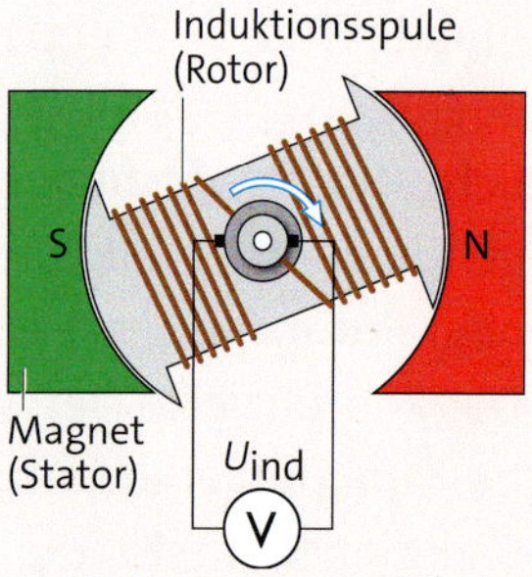

5 Außenpolgenerator

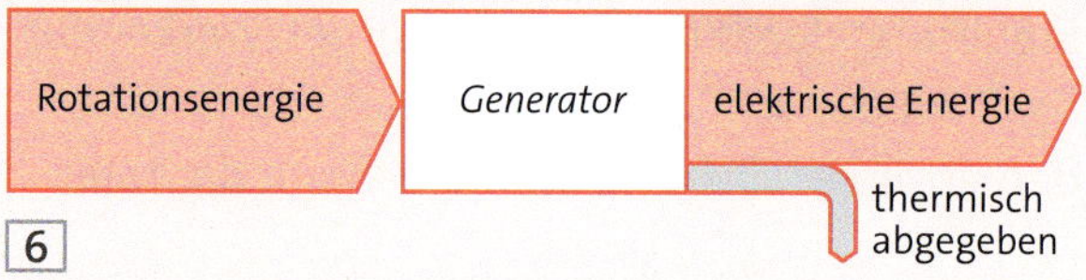

6

Transformatoren • Ein Transformator besteht aus einer Primärspule und einer Sekundärspule mit einem gemeinsamen Eisenkern. → 7
Ein Wechselstrom in der Primärspule bewirkt, dass sich das Magnetfeld im Eisenkern ständig ändert. Diese Magnetfeldänderungen induzieren in der Sekundärspule eine Wechselspannung. Mit zunehmender Sekundärstromstärke (Belastung) erhöht sich auch die Primärstromstärke. Für die Spannungen und Stromstärken gilt:

- Wenn die Sekundärspule mehr (weniger) Windungen hat als die Primärspule, dann ist die Sekundärspannung größer (kleiner) als die Primärspannung.
- Wenn die Sekundärspule mehr (weniger) Windungen hat als die Primärspule, dann ist die Sekundärstromstärke kleiner (größer) als die Primärstromstärke.

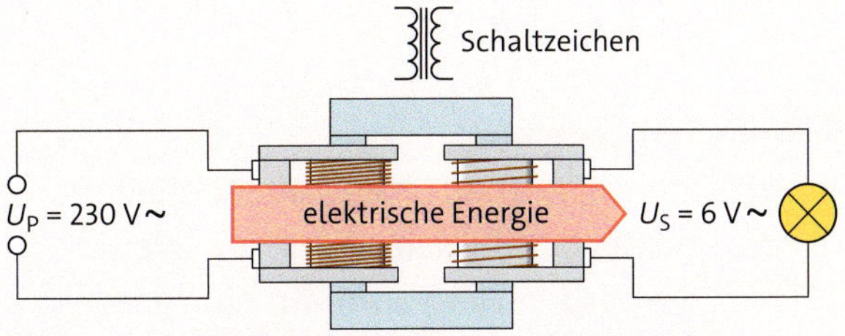

7

Transformatoren übertragen elektrische Energie von einem Wechselstromkreis zum anderen:

- Ein idealer Transformator hat einen Wirkungsgrad von 100 % und für die Leistungen gilt: $P_P = P_S$ bzw. $U_P \cdot I_P = U_S \cdot I_S$.
- Ein realer Transformator wandelt einen Teil der zugeführten Energie in innere Energie um, die thermisch abgegeben wird (Energieentwertung). → 8 Es gilt: $U_P \cdot I_P > U_S \cdot I_S$ und $\eta = \frac{P_{nutz}}{P_{zu}} = \frac{P_S}{P_P} = \frac{U_S \cdot I_S}{U_P \cdot I_P} < 1$.

Energieentwertungen beim realen Transformator	Gegenmaßnahmen
Erwärmung der Spulendrähte durch elektrischen Strom	Verringerung der Spulenwiderstände (z. B. durch Kühlen)
Erwärmung des Eisenkerns durch Wirbelströme und ständiges Ummagnetisieren	geblätterte Eisenkerne und Legierungen, die leicht ummagnetisierbar sind
Magnetfeldverluste	Mantel- und Ringkerntrafos

8

Energieübertragung mit Hochspannung • Die thermische Leistung P_{th} (Verlustleistung) von Leitungen nimmt mit dem Quadrat der Stromstärke stark zu:
$P_{th} = R_L \cdot I_L^2$.
Wenn Fernleitungen die elektrische Energie mit Hochspannung transportieren, genügt für die gleiche Menge an Energie eine geringere Stromstärke in den Leitungen. Dadurch wird die thermische Leistung (Verlustleistung) stark verringert und viel weniger Energie ungenutzt thermisch an die Umgebung abgegeben. → 9

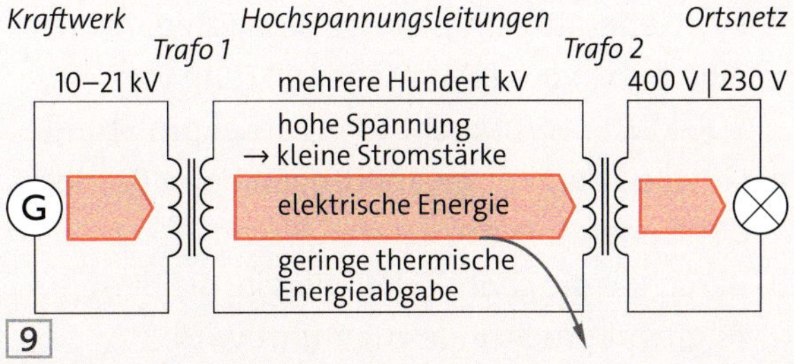

9

Elektrische Energie bereitstellen und übertragen

Aufgaben

Generatoren

1 Außenpolgenerator
a Skizziere den Aufbau eines Außenpolgenerators und beschreibe seine Funktionsweise.
b Skizziere das t-U-Diagramm für eine ganze Umdrehung des Rotors.
c Beschreibe die Energieumwandlungen in einem Generator.
d Nenne Ursachen für Energieentwertungen beim Betrieb des Generators.

2 Ein Handgenerator ist über einen Schalter mit einer Glühlampe verbunden. → 1 Begründe, warum man kräftiger an der Kurbel drehen muss, sobald der Schalter geschlossen wird.

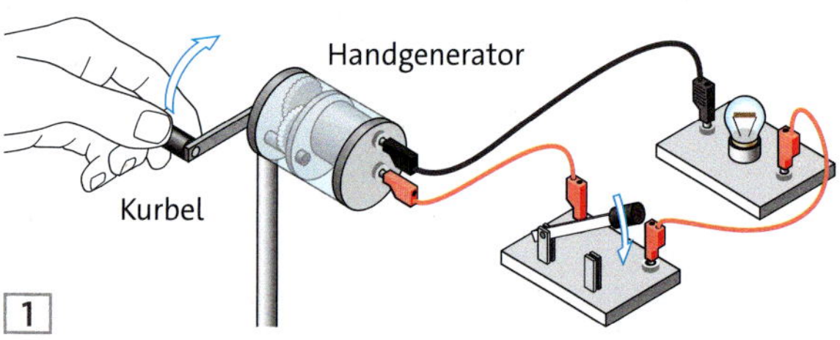

1

3 Nenne Beispiele aus Industrie und Technik, bei denen Generatoren eingesetzt werden. Gib jeweils die zugeführte Energieform an.

4 Der Generator eines Notstromaggregats hat eine maximale elektrische Leistung von 400 kW. Er verbraucht 104 l Diesel pro Stunde.
a Gib die Energieumwandlungen beim Betrieb des Generators an.
b Berechne die chemische Energie, die dem Aggregat pro Stunde zugeführt wird. Heizwert von Diesel: $H = 37\,\frac{\text{MJ}}{\text{l}}$
c Berechne den Wirkungsgrad des Notstromaggregats.

5 Eine Leiterschleife wird im homogenen Magnetfeld gleichmäßig gedreht. → 2 Die Spannung an der Leiterschleife wird gemessen.

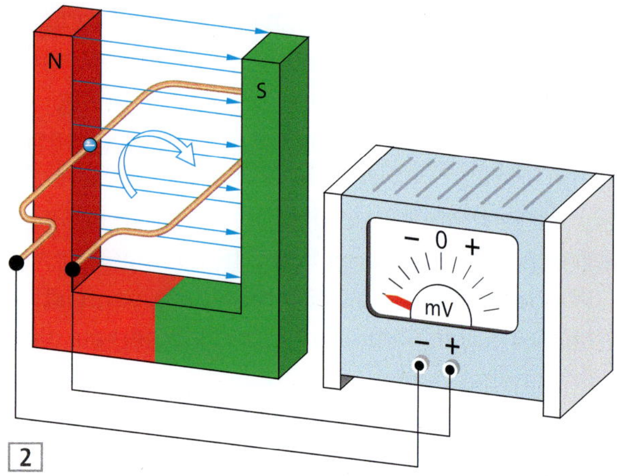

2

a Der Zeigerausschlag ist in der dargestellten Position maximal. Begründe dies mithilfe der Lorentzkraft auf das eingezeichnete Elektron.
b Beschreibe und erkläre, wie sich der Zeigerausschlag bei weiterer Drehung der Leiterschleife verändert.

6 Am Drei-Schluchten-Staudamm des Jangtsekiangs (China) befindet sich ein sehr großes Wasserkraftwerk. → S. 217 Die Generatoren haben eine maximale Leistung von 22,5 GW.
a Das Kraftwerk stellt pro Jahr eine elektrische Energie von $99 \cdot 10^9$ kWh zur Verfügung. Berechne seine durchschnittliche Leistung.
b Berechne, wie viele Kubikmeter Wasser pro Sekunde durch die Turbinen fließen müssen, um die maximale Leistung zu erreichen. Gehe von folgenden Werten aus:
- Das Wasserkraftwerk hat einen Wirkungsgrad von 90 %.
- Die Höhendifferenz beträgt 110 m.

Transformatoren

7 Bei diesem Transformator haben beide Spulen gleich viele Windungen. → 3 Erkläre, warum die Sekundärspannung nur 2,0 V beträgt.

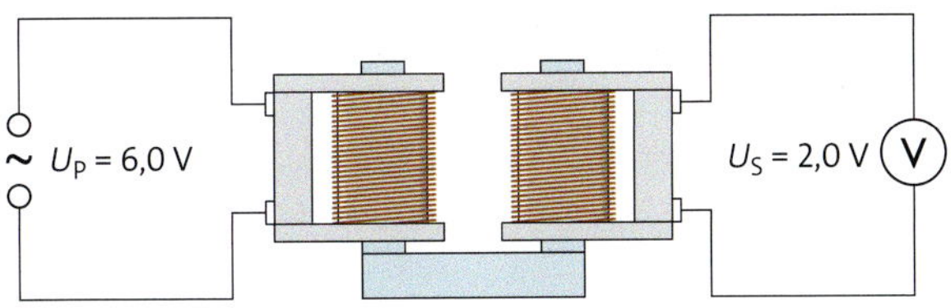

3

8 Darf man die 12-V-Glühlampe an die Sekundärspule des Trafos anschließen? → 4 Begründe deine Antwort.

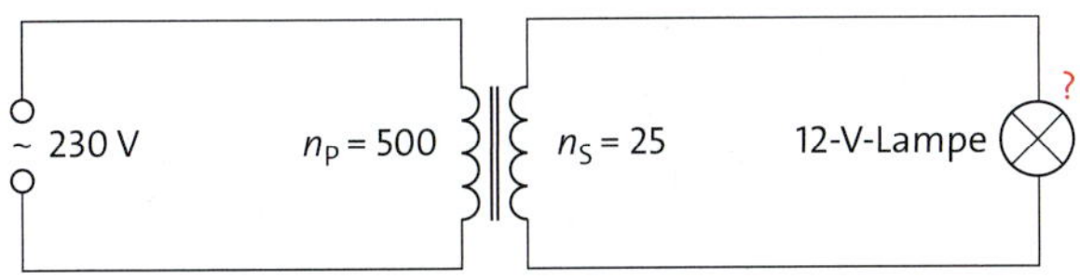

4

9 Der Transformator hat auf der Sekundärseite mehrere Anschlussmöglichkeiten. → 5

a Beschreibe, woran du erkennst, dass es sich um einen Niederspannungstrafo handelt.

b Erkläre, welchen Vorteil dieser Trafo hat.

Primärseite (2 Anschlüsse)

5 Sekundärseite (6 Anschlüsse)

10 Das Netzteil eines Druckers ist an eine Steckdose (230 V) angeschlossen, die Sekundärspannung beträgt 32 V. Der Wirkungsgrad des Netzteils beträgt 75 %.
Berechne die Primärstromstärke bei einer Sekundärstromstärke von 375 mA.

11 In einem Modellversuch wurde die Übertragung elektrischer Energie mithilfe von Fernleitungen untersucht. → S. 126

a Die Lampe leuchtet nicht. → 6 Berechne für die Energieübertragung ohne Transformator:
- die elektrische Leistung des Netzgeräts
- die Verlustleistung der Fernleitung
- die Betriebsleistung der Glühlampe

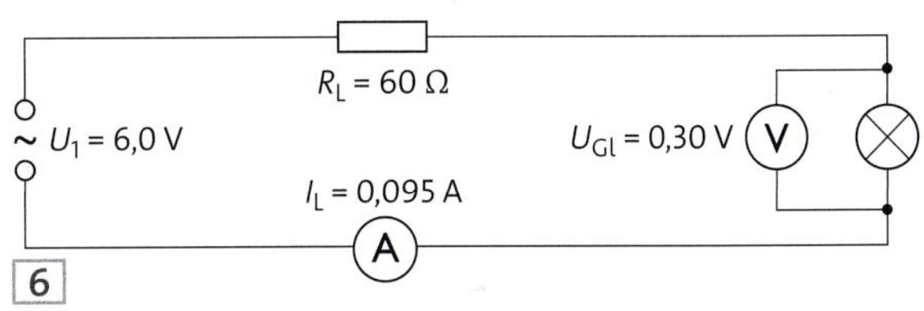

6

b Die Lampe leuchtet nun. → 7 Berechne für die Energieübertragung mit Transformator:
- die Leistung des Netzgeräts
- die Sekundärleistung des ersten Trafos
- die Verlustleistung der Fernleitung
- die Spannung (den „Spannungsabfall“) am Leitungswiderstand
- die Primärleistung des zweiten Trafos
- die Betriebsleistung der Glühlampe
- die Wirkungsgrade der Transformatoren

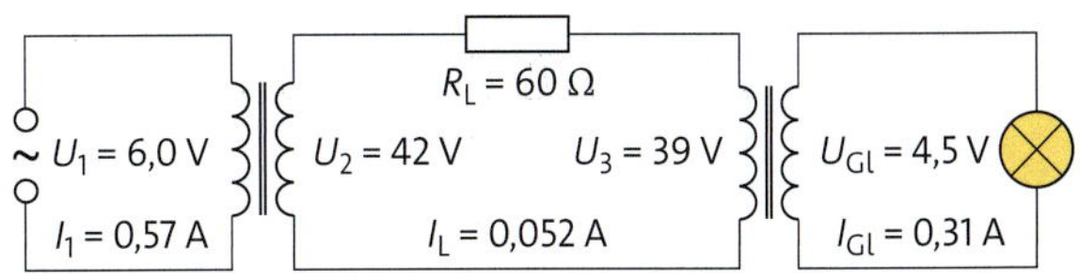

7

Aufgaben aus Abschlussprüfungen

Generatoren

A1 Eine Leiterschleife stellt eine Spule mit einer Windung dar. Sie drehe sich gleichmäßig in einem homogenen Magnetfeld. → 1 Dabei wird eine elektrische Spannung induziert.

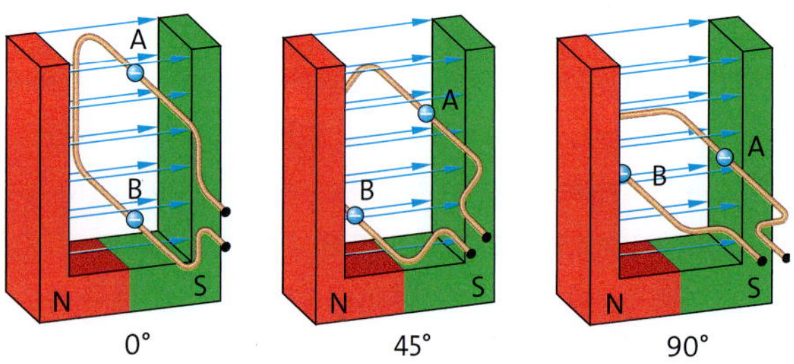

1 Rotierende Leiterschleife im Magnetfeld

a Während der dargestellten Drehung um 90° verändert sich der Wert der induzierten Spannung. Erklären Sie den Spannungsverlauf mithilfe der Lorentzkraft auf die Leitungselektronen in den Leiterstücken A und B. Gehen Sie dabei auf die drei Stellungen der Leiterschleife in der Zeichnung ein. → 1

b Zeichnen Sie ein qualitatives *t*-*U*-Diagramm für eine volle Umdrehung. Geben Sie die Bezeichnung für die dargestellte Spannung an.

c Nennen Sie Maßnahmen, durch die man die Induktionsspannung erhöhen kann.

d Beschreiben Sie den Aufbau eines Außenpolgenerators.

e Ein Außenpolgenerator (mit einem Doppel-T-Anker) soll eine Wechselspannung mit einer Frequenz von 50 Hz bereitstellen. Berechnen Sie die Anzahl der Umdrehungen der Induktionsspule pro Minute.

f In Großkraftwerken werden meist Innenpolgeneratoren eingesetzt. Nennen Sie zwei Vorteile gegenüber Außenpolgeneratoren.

A2 Innenpolgenerator

a Fertigen Sie eine beschriftete Skizze eines Innenpolgenerators an und beschreiben Sie seine Funktionsweise.

b Durch welche konstruktiven Maßnahmen können Generatoren mit einer möglichst großen elektrischen Leistung gebaut werden? Nennen Sie zwei Möglichkeiten.

c Generatoren in Großkraftwerken müssen gekühlt werden. Wie kommt es beim Betrieb eines Generators zur Wärmeentwicklung? Geben Sie drei Ursachen an.

Transformatoren

A3

2 Transformator als Elektroschweißgerät

a Beschreiben Sie die Funktionsweise eines Transformators.

b Bei Schweißtransformatoren werden sehr hohe Sekundärstromstärken benötigt. → 2 Geben Sie hierfür zwei bauliche Unterschiede zwischen Primär- und Sekundärspule an.

c Der Transformator wird primärseitig an das Netz ($U = 230$ V) angeschlossen. Beim Schweißen beträgt die Primärstromstärke 2,4 A, die Sekundärstromstärke 140 A. Der Schweißtransformator hat einen Wirkungsgrad von 76 %. Berechnen Sie die Sekundärspannung.

d Geben Sie drei Möglichkeiten zur Verbesserung des Wirkungsgrads eines Trafos an.

A4 Zwei Halogenlampen (12 V; 20 W) werden über einen Transformator an das Haushaltsnetz (230 V) angeschlossen. Die beiden Lampen sollen unabhängig voneinander ein- und ausgeschaltet werden können.

a Zeichnen Sie eine entsprechende Schaltskizze.

b Nennen Sie die Art des erforderlichen Transformators. Geben Sie qualitativ an, wie man die Windungszahlen wählen muss.

c Berechnen Sie die Primärstromstärke beim gleichzeitigen Betrieb der Halogenlampen, wenn der Wirkungsgrad des verwendeten Transformators 95 % beträgt.

d Nennen Sie zwei mögliche Gründe, warum sich der Trafo im Betrieb erwärmt.

A5 Die Zeichnung zeigt den prinzipiellen Aufbau der Energieversorgung einer elektrischen Zahnbürste mit Akkubetrieb. → 3
Zum Laden des Akkus wird das Handgerät auf die Ladestation gesetzt. Beschreiben Sie, wie der Ladestrom (Gleichstrom) im Handgerät zustande kommt.

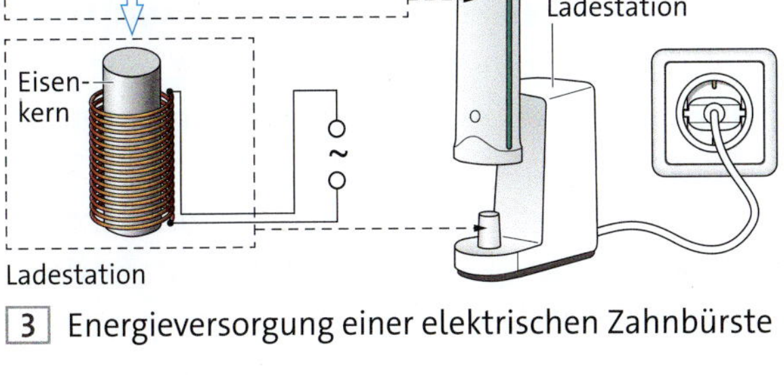

3 Energieversorgung einer elektrischen Zahnbürste

A6 Ein Kraftwerk stellt eine elektrische Leistung von 200 MW bei einer Spannung von 60 kV zur Verfügung. Es versorgt einen 20 km entfernten Ort mit elektrischer Energie. Die Fernleitung hat einen elektrischen Widerstand von 1,2 Ω.

a Berechnen Sie die elektrische Leistung, die das Kraftwerk dem Ort zur Verfügung stellt.

b Berechnen Sie den Wirkungsgrad der Energieübertragung.

c Geben Sie zwei Maßnahmen zur Verbesserung des Wirkungsgrads an.

A7 Ein Windpark stellt eine elektrische Leistung von 260 MW zur Verfügung. Die elektrische Energie soll über eine 300 km lange Fernleitung transportiert werden, die einen Widerstand von 25 Ω hat.

a Berechnen Sie den Wert der Hochspannung, bei der diese Energieübertragung stattfindet. Gehen Sie von folgenden Werten aus:
- Der Transformator hat einen Wirkungsgrad von 96,0 %.
- Die Stromstärke in der Fernleitung beträgt 658 A.

[Zwischenergebnis: P_S = 250 MW]

b Bestimmen Sie den Wirkungsgrad dieser Fernleitung durch Rechnung.

c Damit die nicht nutzbare thermische Leistung (Verlustleistung) möglichst gering ist, wird die Spannung für die Übertragung hochtransformiert. Begründen Sie, warum sich Wechselspannung für den Betrieb eines Transformators eignet.

d Bei einem Transformator ist der Wirkungsgrad stets kleiner als 100 %. Nennen Sie hierfür eine Ursache. Geben Sie eine Maßnahme an, um den Wirkungsgrad zu erhöhen.

Teste dich! (Lösungen im Anhang)

Reihen- und Parallelschaltungen

1 Im Zimmer leuchten vier Lampen. → 1
a Nenne die Schaltungsart der Lampen.
b Gib die Stromstärken an den Stellen A–G an.
c Berechne die Leistung, die die Elektrizitätsquelle (U = 230 V) zur Verfügung stellt.

2 An einem Netzgerät sollen unterschiedlich viele gleiche Glühlampen (6,0 V; 3,0 W) betrieben werden. → 2 Zeichne die Schaltungen und vervollständige die Tabelle in deinem Heft.

3 Aus einer Abschlussprüfung: Der Schiebewiderstand ist auf seinen maximalen Wert von 8,0 Ω eingestellt, das Spannungsmessgerät zeigt bei geöffnetem Schalter 20,0 V an. → 3
a Der Schalter wird geschlossen. Beschreiben Sie, was man am Spannungsmessgerät beobachtet. Begründen Sie die Beobachtung.
b Das Strommessgerät zeigt bei geschlossenem Schalter 2,00 A an. Berechnen Sie die Betriebsspannung U_B und den Innenwiderstand R_i der Elektrizitätsquelle. [Ergebnis: R_i = 2,0 Ω]
c Berechnen Sie die Kurzschlussstromstärke I_K und erstellen Sie ein I-U_B-Diagramm.
d Der Schiebewiderstand wird nun so eingestellt, dass das Strommessgerät 2,50 A anzeigt. Geben Sie an, welchen Wert das Spannungsmessgerät anzeigt. Berechnen Sie den eingestellten Wert des Schiebewiderstands.

Induktion und Generatoren

4 Beschreibe, wie du mit einem Stabmagneten und einer Spule eine Spannung erzeugen kannst. Erläutere, von welchen Größen der Betrag der Induktionsspannung abhängig ist.

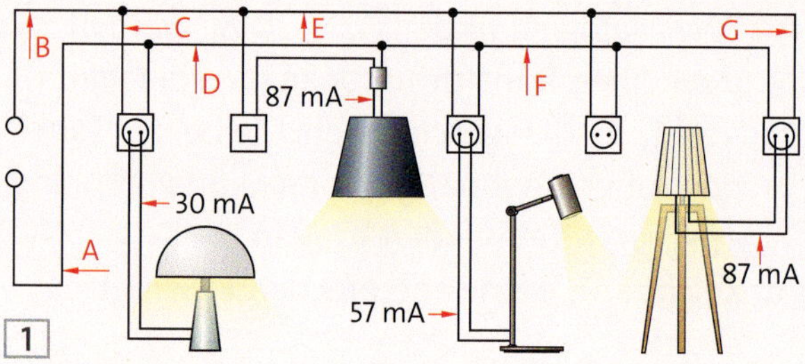

1

Lampen	P_{el} in W	U in V	I in A	R in Ω	Schaltung
1	3,0	6,0	?	?	einfacher Stromkreis
2	?	?	?	?	in Reihe
2	?	?	?	?	parallel
3	?	?	?	?	2 parallel, 1 in Reihe

2

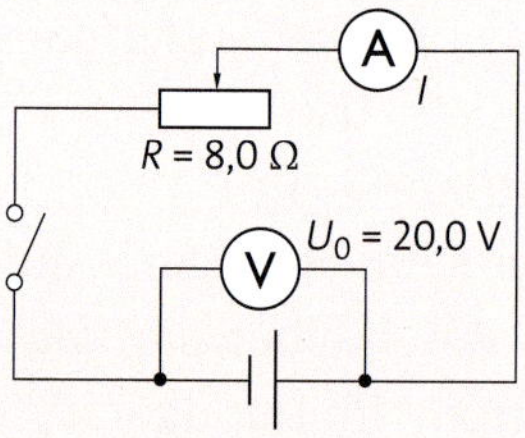

3

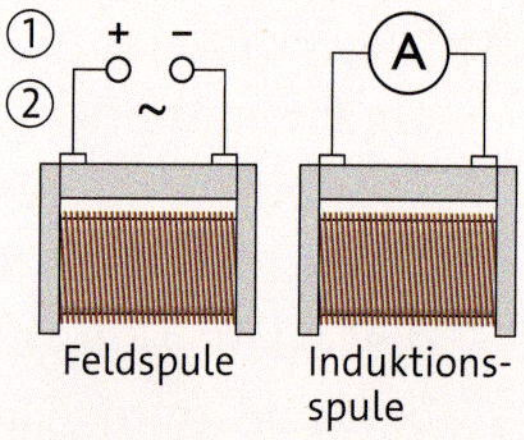

4

5 An der Feldspule liegt zuerst Gleichspannung an, dann Wechselspannung. → 4
Beschreibe und begründe jeweils, was man am Strommessgerät beobachtet.

6 Lenzsche Regel
a Beschreibe den Ringversuch mit Versuchsskizze, Durchführung und Beobachtung. → S. 96
b Erkläre die Beobachtung mit der lenzschen Regel.
c Begründe an diesem Versuch, dass die lenzsche Regel den Energieerhaltungssatz bestätigt.

7 Wirbelströme
a Ergänze: In einer Metallplatte werden Wirbelströme induziert, wenn ...
b Nenne zwei mögliche Wirkungen, die Wirbelströme haben können.
c Nenne zwei Anwendungsbeispiele, bei denen Wirbelströme erwünscht sind.
d Beim Transformator sind Wirbelströme unerwünscht. Erläutere, wie man hier die Entstehung von Wirbelströmen minimieren kann.

8 Das Kochfeld des Induktionsherds bleibt kalt, während die Pfanne erhitzt wird. → 5

5

a Erkläre, wie die Pfanne erhitzt wird. → S. 102 Wieso bleibt das eine Ei kalt?
b Auf das eingeschaltete Kochfeld wird ein wassergefülltes Gefäß aus hitzebeständigem Glas gestellt. Beschreibe und erkläre, was man am Wasser beobachten kann.
c Nenne drei Vorteile einer Induktionskochplatte gegenüber einem Elektroherd mit Heizplatte.

9 Innenpolgenerator – Außenpolgenerator
a Skizziere den Aufbau beider Generatorarten.
b Beschreibe die Funktionsweise des Innenpolgenerators. Begründe, warum man in der Technik meist Innenpolgeneratoren verwendet.
c Die Spule eines einfachen Außenpolgenerators besteht aus einer Leiterschleife. Während sie gedreht wird, misst man an ihren Enden eine Spannung. Erkläre mit der Lorentzkraft, wie die Induktionsspannung entsteht.
d Zeichne das Energieflussdiagramm eines Generators.
e Der Wirkungsgrad eines Generators ist stets kleiner als 1. Nenne Gründe für unerwünschte Energieentwertungen.

Transformatoren

10 Bei einem Transformator sind die Primärspule und die Sekundärspule nicht mit Kabeln verbunden. Erkläre, wie an der Sekundärspule dennoch eine Spannung entstehen kann.

11 Vergleiche jeweils Primär- und Sekundärspule und nenne ein Anwendungsbeispiel:
a Niederspannungstransformator
b Hochspannungstransformator
c Hochstromtransformator

12 Ein Elektrogerät wird über einen Trafo an 230 V angeschlossen. Bei einer Sekundärspannung von 24 V und einer Sekundärstromstärke von 2,5 A wird eine Primärstromstärke von 293 mA gemessen. Berechne den Wirkungsgrad der Energieübertragung.

13 Stelle in einer beschrifteten Schaltzeichnung dar, wie elektrische Energie vom Kraftwerk zum Nutzer übertragen wird. Begründe den Einsatz der Transformatoren.

14 Im Umspannwerk eines Kraftwerks wird die Generatorspannung auf 220 kV hochtransformiert. Der Fernleitung wird eine elektrische Leistung von 154 MW zur Verfügung gestellt.
a Berechne die Stromstärke in der Fernleitung.
b Die Verlustleistung der Fernleitung beträgt 2,4 % der elektrischen Leistung, die vom Umspannwerk bereitgestellt wird. Berechne den Widerstand der Fernleitung.

Atom- und Kernphysik

Die Kirschen werden nicht mit einem Mikrofon belauscht. Was misst der Geigerzähler wirklich?

Wann wurde diese Höhlenmalerei angefertigt – vor Jahrhunderten oder Jahrtausenden? Radioaktive Bestandteile der Farbstoffe ermöglichen eine Datierung.

In der Sonne und im Kernkraftwerk wird Kernenergie freigesetzt – aber auf ganz verschiedene Weise. Werden dabei Brennstoffe verbrannt?

Von Atomen bis zur Kernenergie

1

Unsere Welt besteht aus Atomen und Energie. Wie sind Atome aufgebaut, was ist Radioaktivität und wie kann man Kernenergie nutzen? Findet die Antworten im folgenden Kapitel!

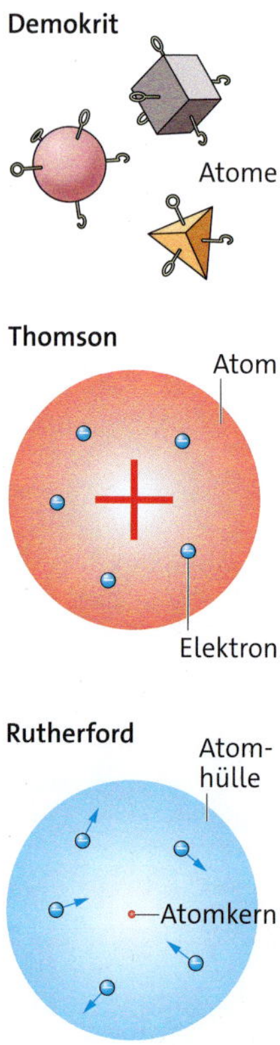

2 Atommodelle

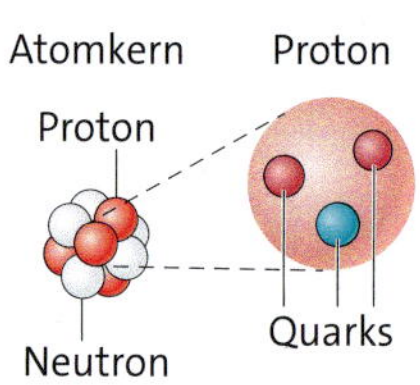

3 Atomkern und Proton (Modelle)

Was sind die kleinsten Bausteine der Materie? → S. 144–147

Schon um 400 v. Chr. gab es unter griechischen Philosophen wie Demokrit die Vorstellung, dass alle Stoffe aus kleinsten Teilchen bestehen, den Atomen (griech. *atomos:* unteilbar). → 2

Erst im 19. Jahrhundert n. Chr. ließen elektrische Phänomene Zweifel an der Unteilbarkeit des Atoms aufkommen. 1897 entdeckte der britische Physiker Joseph John Thomson das negativ geladene Elektron. 1903 stellte er das erste Modell vor, bei dem Atome aus noch kleineren Teilchen aufgebaut waren: Die besonders leichten und kleinen Elektronen waren im Atom eingebettet wie Rosinen im Kuchen.

Zeitgleich untersuchte der Neuseeländer Ernest Rutherford Strahlung aus Uransalzen. Sie teilte sich in drei Strahlungsarten auf: α-, β- und γ-Strahlung. Rutherford stellte fest, dass α- und β-Strahlung unterschiedlich geladene Teilchen enthalten. Er vermutete, dass sich Atome umwandeln und dabei die geladenen Teilchen abstrahlen.

Um Goldatome näher zu untersuchen, „beschoss" Rutherford Goldfolien mit α-Teilchen (1909). Er erwartete, dass die α-Teilchen die Atome durchdringen wie Pistolenkugeln einen Rosinenkuchen. Überraschenderweise prallten aber einige α-Teilchen ab! Rutherford schloss daraus, dass fast die ganze Masse des Atoms in einem positiv geladenen winzigen Kern konzentriert ist, den eine große, leichte Hülle aus umherschwirrenden Elektronen umgibt.

Heute hat man sogar eine Vorstellung vom Atomkern: Er besteht aus positiv geladenen Protonen und ungeladenen Neutronen – und beide aus noch kleineren Teilchen, den Quarks. → 3

Was ist Radioaktivität und wie wurde sie entdeckt? → S. 148–157

Ende 1895 entdeckte Wilhelm Conrad Röntgen eine neuartige Strahlung, als er freie Elektronen stark abbremste. Mit ihr kann man Bilder vom Inneren eines Menschen aufnehmen. → 4

Als Antoine Henri Becquerel diese Strahlung 1896 untersuchte, entdeckte er per Zufall, dass Uransalze von ganz alleine eine andere Strahlung aussenden. Marie und Pierre Curie untersuchten diese Strahlung genauer. Auf Marie Curie geht der Begriff radioaktiv zurück: Sie beschrieb damit Elemente, die wie Uran und Thorium von alleine Strahlung abgeben (lat. *radius:* der Strahl). Oft wird diese Strahlung selbst als radioaktive Strahlung bezeichnet.

Welche Gefahren sind mit der radioaktiven Strahlung verbunden? → S. 158–163

Radioaktive Strahlung ist sehr energiereich und kann Zellen im Körper verändern. Man vermutet, dass Henri Becquerel und Marie Curie Opfer ihrer Forschungen wurden. Becquerel soll Verbrennungen auf der Haut durch den Umgang mit radioaktiven Präparaten gehabt haben. Curie starb an einer Blutarmut, die vielleicht durch radioaktive Strahlung verursacht wurde.
Um radioaktive Strahlung in der Medizin trotzdem zu nutzen, muss man die Strahlenbelastung genau dosieren.
Auch Röntgenstrahlung ist nicht ungefährlich. Deshalb werden Körperteile, die bei einer Röntgenaufnahme nicht untersucht werden, durch dicke Bleischürzen vor der Strahlung geschützt.

Wie lässt sich die radioaktive Strahlung nutzen? → S. 164–173

Die zellverändernde Wirkung der radioaktiven Strahlung wird z. B. genutzt, um Krebstumore in Menschen oder schädliche Keime in und auf Lebensmitteln abzutöten.
Bei der Untersuchung der Schilddrüse wird dem Patienten ein radioaktives Präparat verabreicht, das sich in der Schilddrüse sammelt und von dort strahlt. Die Strahlung erzeugt ein Szintigramm der Schilddrüse. → 5 Für diese Untersuchung nutzt man ein radioaktives Präparat, dessen Strahlung rasch abklingt.
Aus dem Abklingen der Radioaktivität bestimmter Kohlenstoffatomkerne lässt sich berechnen, wann z. B. ein Mammut lebte, das im ewigen Eis gefunden wurde, oder wann Höhlenmalereien entstanden sind. → 6

Wie kann man die Kernenergie friedlich nutzen? → S. 176–189

In der Sonne verschmelzen ständig Atomkerne miteinander. Dabei wird so viel Energie aus den Kernen freigesetzt, dass die Temperatur im Zentrum der Sonne viele Millionen Grad Celsius beträgt. Seit Jahrzehnten wird erforscht, ob sich die Kernfusion auch für Kraftwerke auf der Erde nutzen lässt.
Dagegen werden in heutigen Kernkraftwerken Atomkerne gespalten, um Kernenergie freizusetzen und zu nutzen. → 7 Die Sicherheit der Kraftwerke ist dabei stets ein wichtiges Thema. Und der Standort eines sicheren Endlagers für den radioaktiven Abfall wird in Deutschland intensiv diskutiert.

Aufgaben

1 Informiere dich zu allen genannten Forscherinnen und Forschern: Wann haben sie gelebt? Wann haben sie einen Nobelpreis erhalten?

2 Gib an, was man unter radioaktiven Elementen und radioaktiver Strahlung versteht.

3 Notiere Fragen zur Atom- und Kernphysik, die dich interessieren. Suche auf den Seiten 142–192, ob sie Informationen dazu enthalten. Tausche dich dann mit deinem Nachbarn aus.

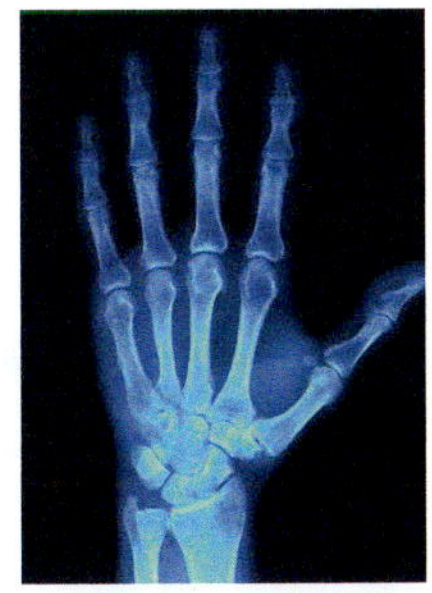

4 Röntgenbild

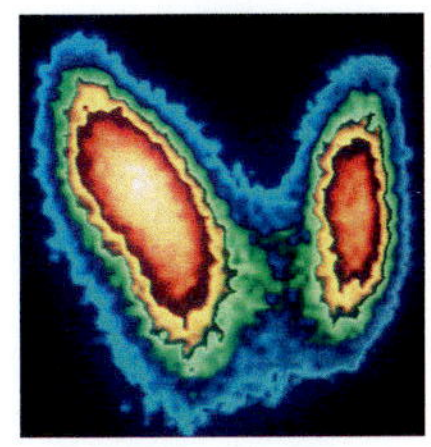

5 Szintigramm einer Schilddrüse

6 Wann lebte das Mammut?

7 Kernkraftwerk

Atome – genauer betrachtet

1

2

Um Iodmangel vorzubeugen, gibt es Speisesalz mit zugefügten Iodsalzen. Auch in dem Medizinfläschchen ist Iod enthalten. Die Warnzeichen verraten, dass es stark radioaktiv ist.
Wie kann es sein, dass Iod einmal radioaktiv ist und einmal nicht?

Grundlagen

Kern-Hülle-Modell • Die meisten Stoffe setzen sich aus mehreren chemischen Elementen zusammen. Kochsalz besteht z. B. hauptsächlich aus den miteinander gebundenen Elementen Natrium und Chlor, in kleinen Mengen kann es auch gebundenes Iod enthalten. Die Atome eines Elements sind nicht immer genau gleich aufgebaut, einige sind radioaktiv, andere nicht. Um den Aufbau von Atomen darzustellen, nutzen wir das Kern-Hülle-Modell: → 3

- Der Atomkern in der Mitte des Atoms hat einen Durchmesser von rund $1 \cdot 10^{-12}$ mm. Er setzt sich aus Protonen und Neutronen zusammen. Jedes Proton trägt eine positive elektrische Elementarladung *e*, Neutronen sind elektrisch neutral. Man nennt diese Kernbausteine auch Nukleonen (lat. *nucleus:* der Kern).
- Die Atomhülle wird von Elektronen gebildet, die jeweils eine negative elektrische Elementarladung *–e* tragen. Sie bewegen sich ständig um den Kern herum. Der Durchmesser der Atomhülle ist mit rund $1 \cdot 10^{-7}$ mm 100 000-mal so groß wie der Durchmesser des Atomkerns. Stelle dir vor, du wärst ein Atomkern: Dann würde deine Atomhülle fast 100 km in jede Richtung reichen – nach oben also bis zum Weltraum! In Zeichnungen stellen wir den Größenunterschied zwischen Kern und Hülle viel kleiner dar, als er in Wirklichkeit ist.

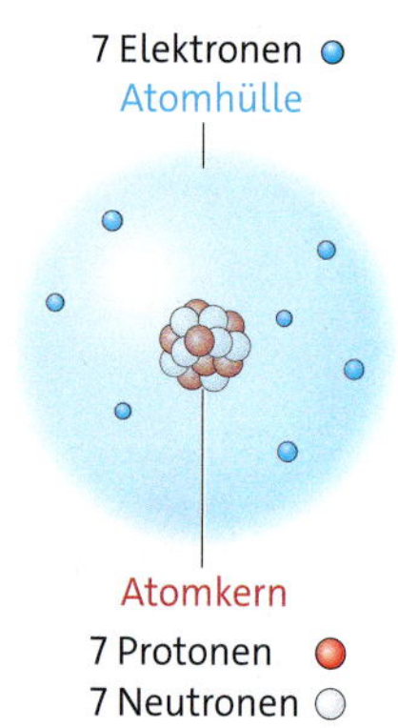

3 Kern-Hülle-Modell eines Atoms

Wir stellen uns vor, dass Atome im Zentrum einen sehr kleinen Kern aus Protonen und Neutronen besitzen, der von einer viel größeren Hülle aus Elektronen umgeben ist. Atome sind elektrisch neutral, weil sie gleich viele positive Protonen wie negative Elektronen enthalten.

Kernkraft • Die positiven Protonen in einem Atomkern stoßen sich gegenseitig elektrisch ab. Der Atomkern hält trotzdem zusammen, weil es eine stark anziehende Kraft zwischen Nukleonen gibt, wenn sie sich sehr nahe kommen. Wir bezeichnen sie als Kernkraft.

Zwischen benachbarten Nukleonen wirken sehr starke, anziehende Kernkräfte. Sie halten den Atomkern gegen die elektrische Abstoßung der Protonen zusammen.

das **Kern-Hülle-Modell**
die **Kernkraft**
das **Element**
das **Isotop**
das **Quark**

Elemente • Die Anzahl der Protonen bestimmt, zu welchem chemischen Element ein Atom gehört. Ein Atom mit 7 Protonen (und damit auch 7 Elektronen) ist ein Stickstoffatom. → 3
Stickstoff hat das Elementsymbol N. Im Periodensystem der Elemente (PSE) sind die Elemente nach ihrer Protonenzahl geordnet. Man spricht daher von der Ordnungszahl Z. → Anhang
Die Ordnungszahl wird zusammen mit der Anzahl aller Nukleonen (Protonen und Neutronen) für eine Kurzschreibweise der Atomkerne genutzt. → 4
Man bezeichnet sie als Nuklidschreibweise. Statt $^{14}_{7}$N schreibt man oft auch Stickstoff N-14, Stickstoff-14 oder N-14.
Zur Masse eines Atoms tragen praktisch nur die Nukleonen bei, ein Elektron wiegt nur 0,054 % eines Nukleons. Wenn man jedem Nukleon die Massenzahl 1 zuordnet, ist die Massenzahl eines Atoms gleich der Nukleonenzahl.

Isotope • Die Atome eines Elements haben stets dieselbe Protonenzahl, können aber unterschiedlich viele Neutronen besitzen. → 5 Die Nukleonenzahlen sind dann verschieden. Solche Atome eines Elements heißen Isotope (griech. *isos:* gleich, *topos:* Ort, Stelle). Das Stickstoff-Isotop N-16 unterscheidet sich aber nicht nur in der Neutronenzahl von N-14. Der Kern von N-16 ist instabil, er kann sich von alleine in den Kern eines anderen Elements umwandeln. Dabei wird energiereiche Strahlung abgegeben. Man spricht von einem radioaktiven Zerfall. Der Kern von N-14 ist dagegen stabil.

Die Isotope eines Elements haben alle dieselbe Ordnungszahl Z (Protonenzahl). Sie unterscheiden sich aber in der Nukleonenzahl A.

Quarks • Um Protonen genauer zu untersuchen, hat man sie mit Elektronen „beschossen", die fast Lichtgeschwindigkeit hatten. Die Elektronen drangen in die Protonen ein und wurden dort von drei noch kleineren Bausteinen der Protonen abgelenkt. Diese Bausteine nannte man Quarks (sprich: Kworks). Ein Proton besteht aus zwei Up-Quarks, die jeweils die elektrische Ladung $\frac{2}{3}e$ tragen, und einem Down-Quark mit der Ladung $-\frac{1}{3}e$. → 6 Auch Neutronen bestehen aus insgesamt drei Up- und Down-Quarks.

Nukleonen bestehen aus jeweils drei elektrisch geladenen Quarks.

Aufgaben

1 Zwei Isotope von Iod
a Erläutere den Begriff Isotop am Beispiel von Iod I-127 und I-131.
b I-127 ist stabil, I-131 ist radioaktiv. Erkläre, was man darunter versteht.
c Vermute, welches Iod-Isotop im Speisesalz und welches im Medizinfläschchen enthalten ist. → 1 2

2 Beschreibe, wie ein Proton aufgebaut ist. → 6 Vermute, wie ein Neutron aufgebaut sein könnte. Es gibt nicht nur zwei Arten von Quarks. Informiere dich.

Kern eines häufigen Stickstoffatoms

4 Nuklidschreibweise (N-14)

Kern eines seltenen Stickstoffatoms

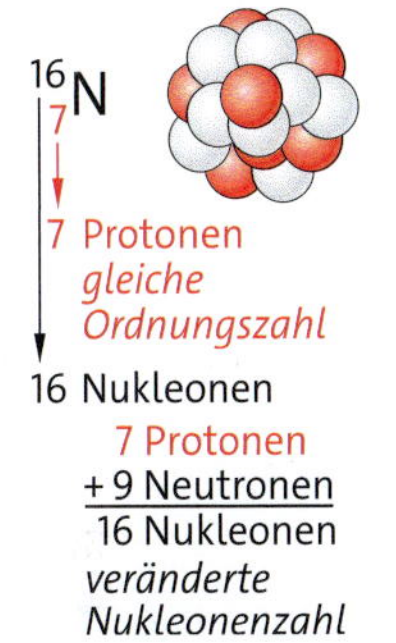

5 Stickstoff-Isotop N-16

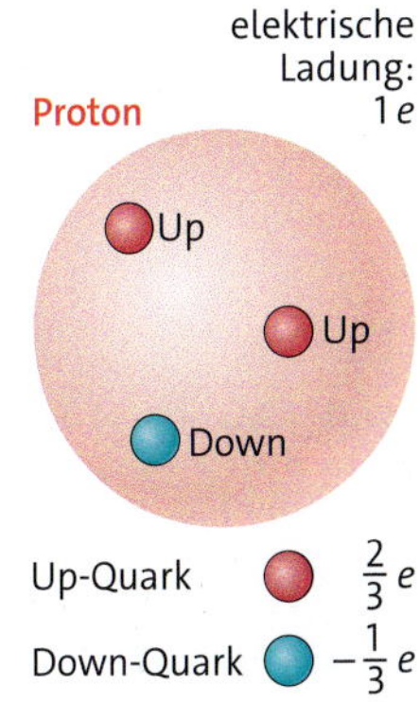

6 Proton: Modell aus 3 Quarks

Atome – genauer betrachtet

Aufgaben (Fortsetzung)

3 Die Atomkerne von verschiedenen Isotopen ein und desselben Elements unterscheiden sich in ihrem Aufbau. → 1

a Nenne das Element, zu dem die Isotope gehören. → PSE im Anhang

b Schreibe für jedes Isotop die Nukleonenzahl und die Ordnungszahl auf.

c Gib die drei Isotope in Kurzschreibweise an: $^{?}_{?}?$.

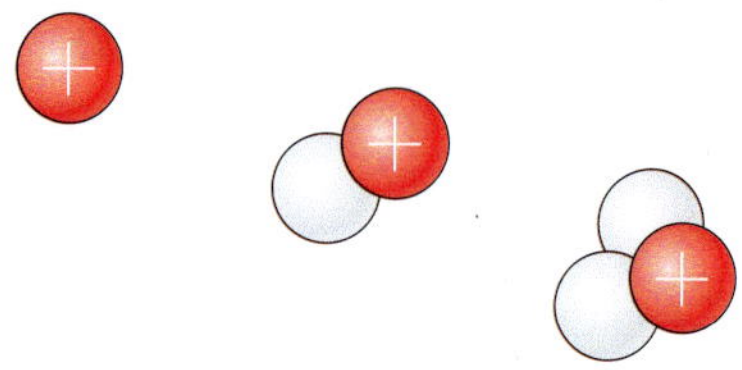

1 Drei Isotope eines Elements

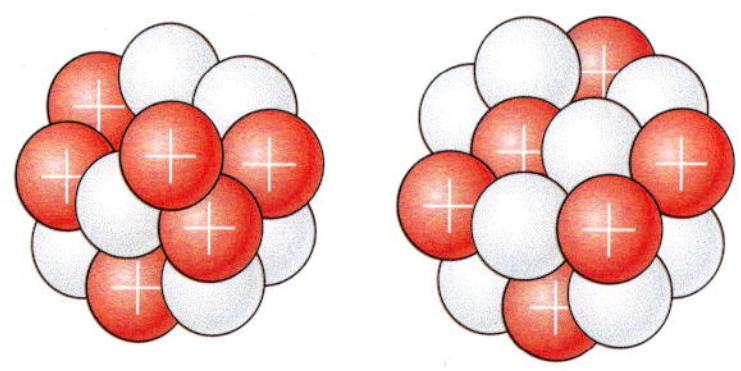

3 Zwei Kohlenstoff-Isotope

4 Bild 2 zeigt links den Aufbau eines Heliumatoms. Entscheide und begründe, um welches Element es sich rechts handelt.

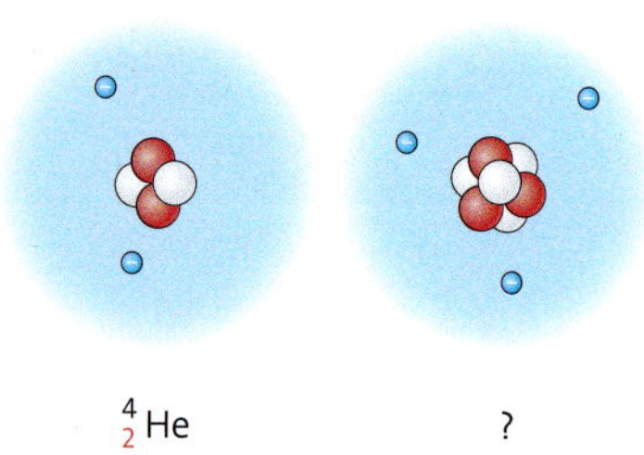

2 Helium und ?

5 Bild 3 zeigt zwei Isotope des Elements Kohlenstoff C.

a Schreibe jeweils die Nukleonenzahl und die Ordnungszahl der Atomkerne auf.

b Gib die beiden Isotope in Kurzschreibweise an: $^{?}_{?}C$.

c Recherchiere, welches Isotop in der Natur häufiger vorkommt.

6 Übertrage die Tabelle mit den fünf Isotopen in dein Heft und ergänze. → 4

	$^4_2$He	$^{12}_6$C	$^{20}_9$F	$^{238}_{92}$U	?
Element	Helium	?	?	?	?
Elektronen	2	?	?	?	?
Protonen	2	?	?	?	82
Neutronen	2	?	?	?	?
Ordnungszahl	2	?	?	?	?
Nukleonenzahl	4	?	?	?	206

4 Fünf Isotope – näher betrachtet

A Aufgaben

Massenzahlen im PSE – genauer betrachtet

Wenn man Protonen und Neutronen jeweils die Massenzahl 1 zuordnet, ist die Massenzahl eines Isotops gleich der Nukleonenzahl. Die Massenzahlen der Elemente im PSE sind aber fast immer „Kommazahlen". Wie kommt es dazu?

1 Beschreibe, wie sich die Chlor-Isotope $^{35}_{17}Cl$ und $^{37}_{17}Cl$ unterscheiden.

2 Im PSE hat Chlor die Massenzahl 35,45. → 5 Erkläre, wie es dazu kommt. → 6

5 Eintrag für Chlor im PSE

Chlor kommt in der Natur zu 75,77 % als Cl-35 und zu 24,23 % als Cl-37 vor. Seine mittlere Massenzahl ist daher 35,48:

$$\frac{75{,}77}{100} \cdot 35 + \frac{24{,}23}{100} \cdot 37 = 35{,}48$$

Das ist (fast genau) die Massenzahl für Chlor im PSE.

6 Mittlere Massenzahl

B Aufgaben

Ein heißer Kandidat für den Physik-Nobelpreis!

Henri Becquerel (* 1852) untersuchte im Jahr 1896 das Nachleuchten von Urangesteinen, die er mit Licht bestrahlt hatte. „Dies ist mit dem Leuchten von Leuchtziffern auf Uhren vergleichbar“, betont Becquerel. Er wollte feststellen, ob die Steine beim Nachleuchten außer sichtbarem Licht auch die neuartige Röntgenstrahlung aussenden. Henri Becquerel erklärt: „Diese unsichtbare Strahlung war gerade von meinem geschätzten Kollegen Wilhelm Röntgen entdeckt worden, der dafür den ersten Nobelpreis in Physik bekommen hat. Sie durchdringt Stoffe wie Haut, Muskeln und Papier und kann Filme belichten.“

Becquerel packte am 26.02.1896 in einer Dunkelkammer eine unbelichtete Fotoplatte in dickes schwarzes Papier ein. Anschließend wollte er einen uranhaltigen Stein von der Sonne bestrahlen lassen und sehen, ob er nachleuchtete und die Fotoplatte belichtete. Wegen schlechten Wetters musste Becquerel den Versuch abbrechen. Er verstaute Platte und Stein im Schrank. Erst am 1. März war wieder geeignetes Wetter. Becquerel führte den Versuch mit einer neuen Fotoplatte durch und zog die alte zur Kontrolle heran. „Ich war völlig überrascht, dass auf der alten Filmplatte der Umriss des Steins, den ich auf der Platte abgelegt hatte, zu erkennen war. Mir war klar – der Stein musste von ganz alleine gestrahlt haben!“, so Becquerel.

Becquerels Strahlung durchdringt Stoffe und belichtet Fotoplatten ähnlich wie Röntgenstrahlung. Sie kommt aber aus Gestein und nicht aus künstlichen Apparaten. Mit dieser Entdeckung ist Henri Becquerel ein heißer Kandidat für den nächsten Nobelpreis.

7 „Extrablatt“ von 1902

Die Entdeckung der Radioaktivität

1 Beantworte die Fragen mithilfe des „Extrablatts“. → 7

a Wer erhielt den ersten Nobelpreis für Physik? Wofür?

b Wann entdeckte Becquerel „seine“ neuartige Strahlung?

c Wie führte Becquerel seinen Versuch durch?

2 Recherchiere die Antworten zu weiteren wichtigen Ereignissen der Atomphysik.

a Wann erhielt Henri Becquerel den Nobelpreis?

b Für welche Leistung und in welchem Jahr erhielten Marie Curie und ihr Mann Pierre den Physik-Nobelpreis?

c Welchen besonderen Erfolg erzielten Marie Curie und nur vier weitere Personen?

d Mit wem erfand Hans Geiger den „Geigerzähler“? Bei welchem Nobelpreisträger war er vorher Assistent?

8 Antoine Henri Becquerel

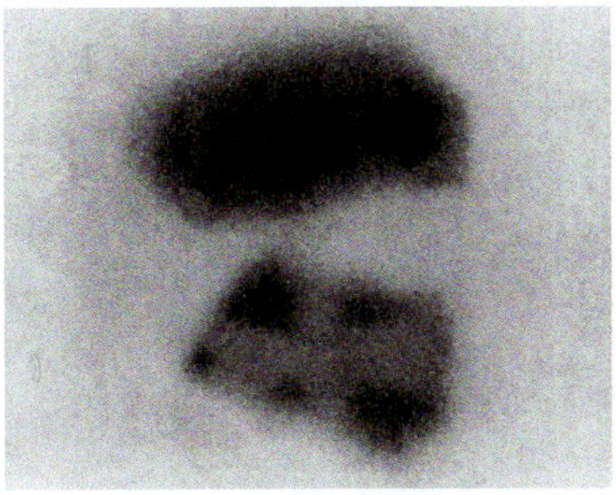

9 Becquerels berühmtes Bild

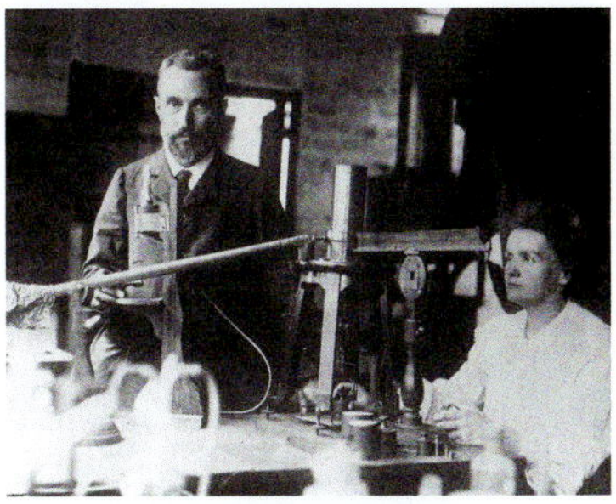

10 Pierre und Marie Curie

Radioaktivität nachweisen

[1] Messung der Radioaktivität bei einer Schutzübung

In der Nähe stark radioaktiver Stoffe ist darauf zu achten, wo Strahlung auftritt und wie stark sie ist. Wie lässt sich die Strahlung nachweisen und messen?

Grundlagen

Ionisierende Wirkung • Radioaktive Strahlung ist so energiereich, dass sie Elektronen aus Atomhüllen herausschlagen kann. → [2] Die Atome sind dann nicht länger elektrisch neutral, sondern positiv geladene Ionen. Wenn sich die herausgelösten Elektronen an andere Atome anlagern, werden diese zu negativ geladenen Ionen.
Alle Nachweismethoden für Radioaktivität nutzen die ionisierende Wirkung:

- Im Geiger-Müller-Zähler wird ein Gas durch radioaktive Strahlung leitend, sodass ein Stromkreis geschlossen wird. → [1] [3]
- Bei der Fotomethode werden Filme durch die Strahlung belichtet. → [4]
- In der Nebelkammer erzeugt die Strahlung Nebelspuren. → [5]

Wenn radioaktive Strahlung auf Materie trifft, werden Ionen erzeugt. Die Strahlung lässt sich durch ihre ionisierende Wirkung nachweisen.

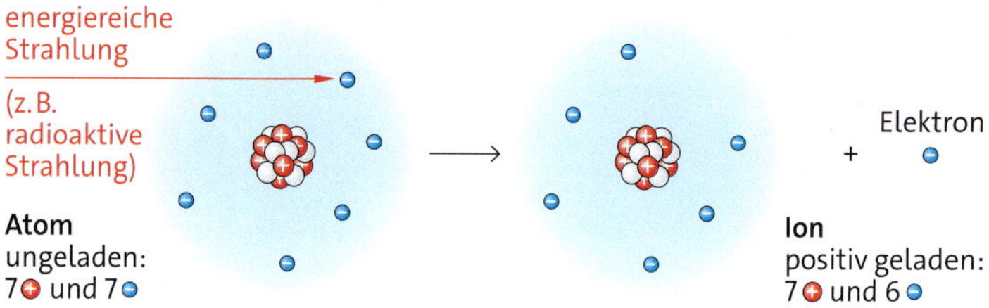

[2] Ionisierung durch radioaktive Strahlung

Aufgaben

1 Beschreibe und erkläre stichpunktartig die Funktion der Nebelkammer. → [5]

2 Vergleiche die Nachweismethoden für Radioaktivität unter folgenden Fragestellungen: → [3] – [5]

a Wie erkennt der Nutzer der Nachweismethode, dass radioaktive Strahlung vorhanden ist?

b Woran erkennt der Nutzer, wie stark die radioaktive Strahlung ist?

3 Geiger-Müller-Zähler → [3]

a Erläutere die Begriffe „ionisierend" und „Nulleffekt" am Beispiel des Geiger-Müller-Zählers.

b Der Zähler misst ohne ein radioaktives Präparat in der Nähe 20 Impulse in 30 s. Mit radioaktivem Präparat werden in einer Minute 450 Impulse gemessen. Vergleiche die beiden Impulsraten (*Tipp:* gleiche Zeit).

der Geiger-Müller-Zähler
die Impulsrate
der Nulleffekt

Geiger-Müller-Zähler (Geigerzähler)
Das Zählrohr besteht aus einem Metalldraht, einem Metallrohr und einer Folie, die die Öffnung verschließt. Das Gas im Rohr ist unter normalen Umständen nicht leitend, der Stromkreis ist zwischen Draht und Rohr unterbrochen. Wenn radioaktive Strahlung von außen durch die Folie dringt, wird das Gas im Rohr ionisiert und damit kurzzeitig leitend. Für einen Moment fließt ein elektrischer Strom. Dieser Stromimpuls wird am Widerstand von einem elektronischen Zähler erfasst und oft über einen Lautsprecher hörbar gemacht.

Impulsrate
Bei vielen Geigerzählern lässt sich die Messdauer einstellen, z. B. auf 10 s. Wenn dann bei einem radioaktiven Präparat 48 Impulse in 10 s gezählt werden, sagt man: Das Präparat hat die Impulsrate 48 pro 10 s. Ein Präparat mit der Impulsrate 240 pro 10 s ist noch stärker radioaktiv.

Nulleffekt
Der Geiger-Müller-Zähler zeigt auch Impulse an, wenn kein radioaktives Präparat in der Nähe ist (Nulleffekt) – in unserer Umgebung gibt es ständig eine natürliche radioaktive Strahlung.

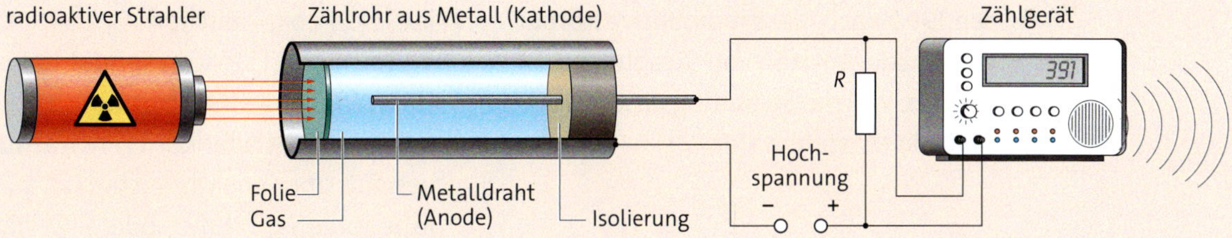

3

Fotomethode
In fotografischen Filmen löst die Ionisation durch radioaktive Strahlung dieselben chemischen Prozesse aus wie eine Belichtung. → S. 147
Im Filmdosimeter wird ein Film durch die Strahlung zunehmend geschwärzt. Damit lässt sich die Belastung von Personen in strahlentechnischen Anlagen überwachen.

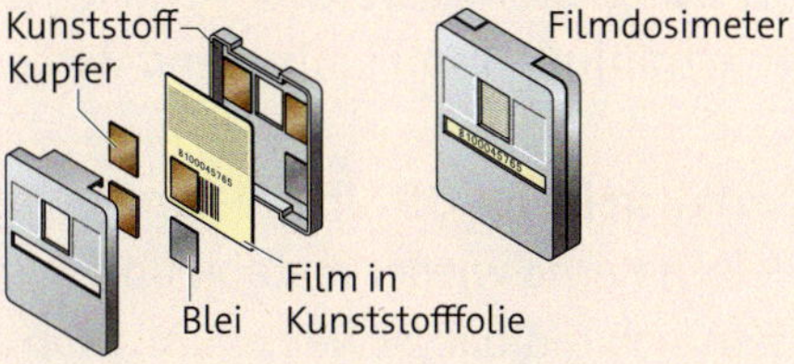

4

Nebelkammer
In einer durchsichtigen Kammer verdampft Alkohol. Die Luft in der Kammer wird dann unter die Kondensationstemperatur des Dampfs gekühlt, er kondensiert aber nicht von alleine.
Wenn nun radioaktive Strahlung in die Kammer eintritt, erzeugt sie auf ihrem Weg Ionen, an denen sich viele Alkoholmoleküle anlagern, sodass feine Tröpfchen entstehen. Sie bilden die sichtbaren „Nebelspuren“.

5

Strahlungsarten

1 Ernest Rutherford (rechts) und sein Assistent Hans Geiger

Ernest Rutherford und Hans Geiger wiesen 1909 nach, dass radioaktive Körper verschiedene Arten von Strahlung aussenden. Welche Strahlungsarten gibt es und wie entstehen sie?

Grundlagen

Entstehung von radioaktiver Strahlung • Die meisten Elemente haben Isotope, bei denen die stark anziehenden Kernkräfte die Atomkerne fest zusammenhalten. Diese Kerne sind stabil. Daneben gibt es Isotope, deren Nukleonen in einem ungünstigen Verhältnis zueinander stehen. Dies ist z. B. bei Elementen mit hoher Ordnungszahl wie Uran oder Thorium oft der Fall. Die relativ hohe Anzahl an positiv geladenen Protonen macht diese Kerne instabil. Sie können sich spontan in Atomkerne eines anderen Elements umwandeln und dabei Strahlung aussenden. Man nennt diese Isotope daher auch Radionuklide. Die Energie der ausgesendeten Strahlung war vorher im Atomkern gespeichert. Wir bezeichnen den Vorgang als radioaktive Kernumwandlung oder als Kernzerfall. Der Zeitpunkt der Kernumwandlung lässt sich weder vorhersagen noch beeinflussen.

Strahlungsarten • Bei den Kernzerfällen werden verschiedene Strahlungsarten ausgesandt: → 2

- α-Strahlung: Der Kern strahlt bei der Umwandlung einen positiv geladenen Heliumkern ab (α-Teilchen).
- β-Strahlung: Der Kern strahlt bei der Umwandlung ein negativ geladenes Elektron ab (β-Teilchen).
- γ-Strahlung: Der Kern sendet bei der Umwandlung eine Strahlung aus, die sich wie Licht oder Röntgenstrahlung verhält, aber energiereicher ist. γ-Zerfälle folgen oft auf α- oder β-Zerfälle.

γ-Strahlung wird erst durch dicke Blei- oder Betonblöcke abgeschirmt, bei α-Strahlung genügt ein Blatt Papier. → 3

Einige Atomkerne können sich spontan in Atomkerne anderer Elemente umwandeln und dabei α-, β- und/oder γ-Strahlung aussenden.

Röntgenstrahlung entsteht nicht im Atomkern, sondern beispielsweise, wenn sehr schnelle Elektronen schlagartig abgebremst werden. Auch Röntgenstrahlung kann ionisierend wirken.

Zerfallsreihen • Oft sind die umgewandelten Kerne wieder instabil und wandeln sich radioaktiv weiter um. Man spricht dann von Zerfallsreihen. → 4

- der Kernzerfall
- die α-Strahlung
- die β-Strahlung
- die γ-Strahlung
- die Röntgenstrahlung
- die Zerfallsreihe

	Beispiel für eine Kernumwandlung	Kernzerfallsgleichung (allg.)
α-Strahlung	Bei der Umwandlung von Uran U-238 in Thorium Th-234 strahlt der Urankern einen Heliumkern He-4 ab, der aus zwei Protonen und zwei Neutronen besteht. Die Ordnungszahl verringert sich also um 2, die Nukleonenzahl um 4. 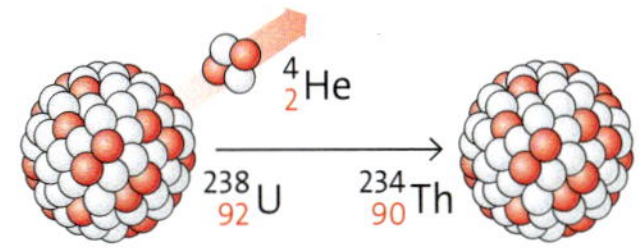 $^{238}_{92}U \rightarrow {}^{234}_{90}Th + {}^{4}_{2}He$	α-Zerfall: $^{A}_{Z}X \rightarrow {}^{A-4}_{Z-2}Y + {}^{4}_{2}He$
β-Strahlung	Bei der Umwandlung von Thorium Th-234 in Protactinium Pa-234 strahlt der Thoriumkern ein Elektron ab. Eines der Neutronen im Kern hat sich nämlich in ein Proton und ein Elektron umgewandelt: $^{1}_{0}n \rightarrow {}^{1}_{1}p + {}^{0}_{-1}e$. Während das Proton im Kern bleibt, wird das Elektron abgestrahlt. Die Nukleonenzahl bleibt gleich, aber die Ordnungszahl nimmt um 1 zu. 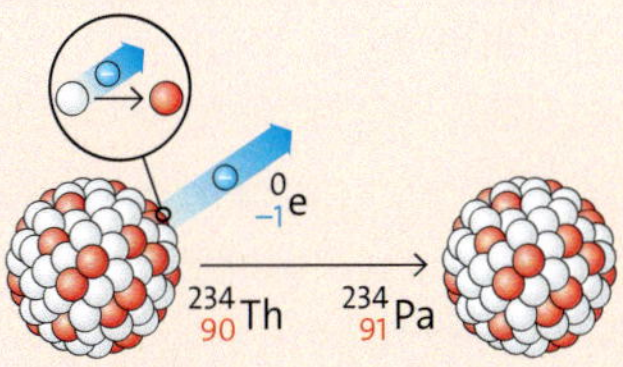 $^{234}_{90}Th \rightarrow {}^{234}_{91}Pa + {}^{0}_{-1}e$	β-Zerfall: $^{A}_{Z}X \rightarrow {}^{A}_{Z+1}Y + {}^{0}_{-1}e$
γ-Strahlung	Nach dem β-Zerfall von Caesium Cs-137 besitzt der neue Kern Barium Ba-137 überschüssige Energie. Er ist in einem Übergangszustand, der als metastabil bezeichnet wird: $^{137}_{56}Ba^{m}$. Ba-137^{m} gibt diese Energie über γ-Strahlung ab. Sie ist ähnlich wie Licht oder Röntgenstrahlung. Ordnungs- und Nukleonenzahl bleiben gleich. 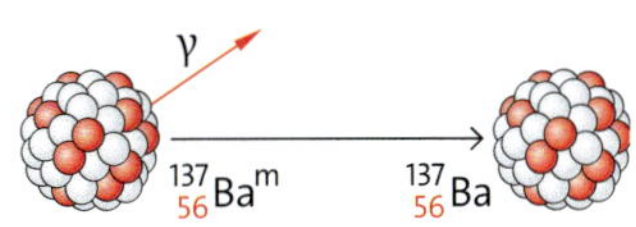 $^{137}_{56}Ba^{m} \rightarrow {}^{137}_{56}Ba + \gamma$	γ-Zerfall: $^{A}_{Z}X^{m} \rightarrow {}^{A}_{Z}X + \gamma$
Bei allen Kernzerfallsgleichungen gilt:	• Die Summe der Nukleonenzahlen ist vor und nach der Kernumwandlung gleich groß. • Die Summe der Ordnungszahlen ist vor und nach der Kernumwandlung gleich groß.	

2 Strahlungsarten und Kernumwandlungen

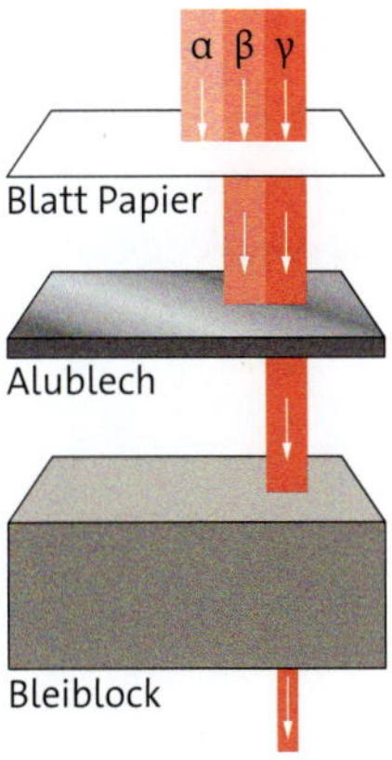

3 Abschirmung

Aufgaben

1 Gib an, wie sich γ-Strahlung von α- und β-Strahlung unterscheidet.

2 Thorium Th-230 wandelt sich in einem Schritt radioaktiv in Radium Ra-226 um.
a Welche Strahlungsart wird ausgesandt? Begründe deine Antwort.
b Gib die Kernzerfallsgleichung für die Umwandlung an.

3 Blei Pb-214 wandelt sich in einem Schritt in Bismut Bi-214 um.
a Gib zwei Gründe an, weshalb es sich bei dieser Kernumwandlung um einen β-Zerfall handeln muss.
b Beschreibe, wie das β-Teilchen (Elektron) entsteht.
c Gib die Kernzerfallsgleichung an.

4 Gib die Kernzerfallsgleichungen für Caesium Cs-137 und für Polonium Po-218 an. → 2 4

$^{238}_{92}U$ →	$^{234}_{90}Th$ →	$^{234}_{91}Pa$ →	$^{234}_{92}U$ →	$^{230}_{90}Th$ →	$^{226}_{88}Ra$ →	$^{222}_{86}Rn$ →	$^{218}_{84}Po$ →	$^{214}_{82}Pb$ →	$^{214}_{83}Bi$ →	$^{210}_{81}Tl$ →	$^{210}_{82}Pb$ →	$^{210}_{83}Bi$ →	$^{210}_{84}Po$ →	$^{206}_{82}Pb$
	+ $^{4}_{2}He$	+ $^{0}_{-1}e$	+ $^{0}_{-1}e$	+ $^{4}_{2}He$	+ $^{4}_{2}He$	+ $^{4}_{2}He$	+ $^{4}_{2}He$	+ $^{4}_{2}He$	+ $^{0}_{-1}e$	+ $^{4}_{2}He$	+ $^{0}_{-1}e$	+ $^{0}_{-1}e$	+ $^{0}_{-1}e$	+ $^{4}_{2}He$

4 Uran-Radium-Zerfallsreihe (Ausschnitt)

Strahlungsarten

Methode

Kernzerfälle im Z-A-Diagramm

1. Erstelle das Koordinatensystem Lege zunächst das Achsenkreuz an: → 1
- waagerechte Achse: Ordnungszahl Z
- senkrechte Achse: Nukleonenzahl A

Das Koordinatensystem muss nicht vom Ursprung aus starten. Die waagerechte Achse soll bei β-Zerfällen etwas weiter gehen als bis zur Ordnungszahl des Isotops, das sich umwandelt. Die senkrechte Achse braucht nur bis zur Nukleonenzahl des Anfangsisotops zu reichen. Teile sie in Zweierschritten ein.
Beispiel: Für den α-Zerfall von Polonium Po-212 und den β-Zerfall von Blei Pb-214 zeichnen wir die waagerechte Achse bis Z = 86 und die senkrechte Achse bis A = 214.

2. Zeichne den Zerfall ein Trage das Anfangsisotop als Kreuz im Diagramm ein. Zeichne von dort aus einen Vektorpfeil für den Kernzerfall:
- Gehe bei einem α-Zerfall 2 Schritte nach links (Z – 2) und 4 Schritte nach unten (A – 4).
- Gehe bei einem β-Zerfall nur 1 Schritt nach rechts (Z + 1).

Zeichne ein Kreuz für das Endisotop.

3. Identifiziere das Zerfallsprodukt Lies die Ordnungs- und Nukleonenzahl des Zerfallsprodukts ab. Informiere dich, welches Element zu dieser Ordnungszahl gehört.
Beispiel: Nach dem α-Zerfall von $^{212}_{84}Po$ erhalten wir Z = 82 und A = 208.
Das Zerfallsprodukt ist Blei Pb-208: $^{208}_{82}Pb$.
Nach dem β-Zerfall von $^{214}_{82}Pb$ erhalten wir Z = 83 und A = 214.
Das Zerfallsprodukt ist Bismut Bi-214: $^{214}_{83}Bi$.

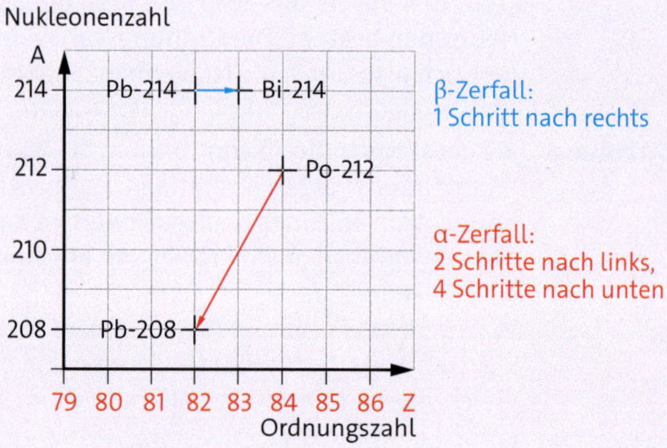

1 Zerfälle im Z-A-Diagramm

Aufgaben

1 Stelle den α-Zerfall von Uran U-235 und den β-Zerfall von Protactinium-233 im Z-A-Diagramm dar. Bestimme die Zerfallsprodukte.

2 Stelle im Z-A-Diagramm dar:
$^{244}_{94}Pu \rightarrow {}^{240}_{?}U \rightarrow {}^{240}_{?}Np \rightarrow {}^{240}_{94}? \rightarrow {}^{236}_{92}U$.

3 Beschreibe die Zerfälle von Radium Ra-228 bis Polonium Po-216. → 2 Gib zwei Wege für die Umwandlung von Po-216 zu Bi-212 an.

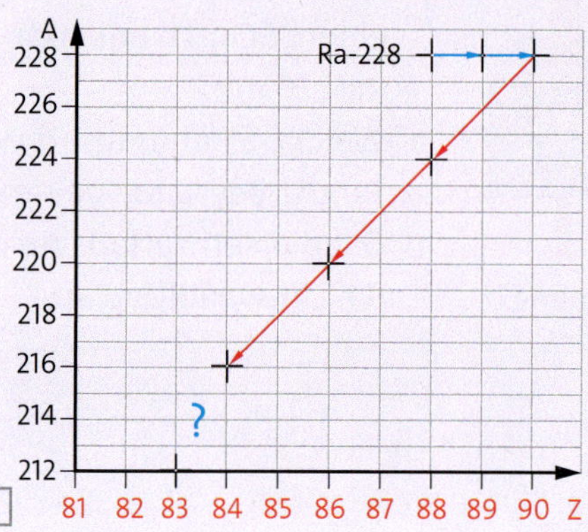

2

Aufgaben

Anzahl an Kernumwandlungen bestimmen

1 Wie viele α- und β-Zerfälle sind zur Umwandlung von Blei Pb-214 zu Pb-206 nötig?

a Zeichne im Heft eine mögliche Reihe von Zerfällen im Z-A-Diagramm. → 3

b Bestimme die Anzahl der Zerfälle rechnerisch. → 4

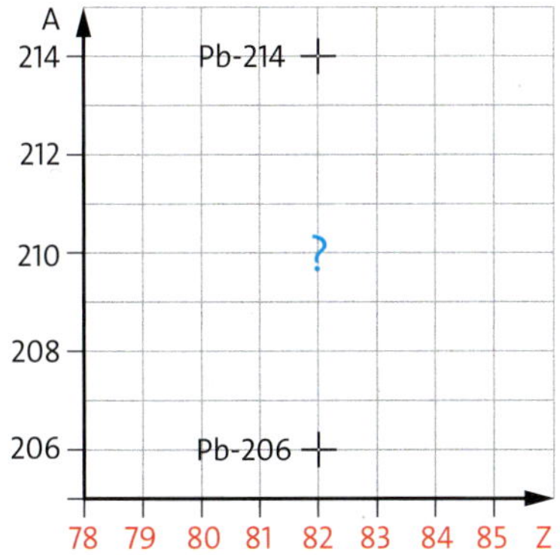

3 Pb-214 → ? → Pb-206

2 Bestimme rechnerisch, wie viele α- und β-Zerfälle bei den Zerfällen von Neptunium Np-237 bis zum Blei Pb-209 erfolgen. → 4

3 Bestimme rechnerisch die Anzahl an α- und β-Zerfällen, um von Thorium Th-232 zum stabilen Blei Pb-208 zu kommen. → 4

Thorium $^{232}_{90}$Th wandelt sich in mehreren Schritten in Radon $^{220}_{86}$Rn um. Bestimme rechnerisch die Anzahl an α- und β-Zerfällen.

1. Bestimmung der Anzahl der α-Zerfälle

Die Verringerung der Nukleonenzahl A ist nur durch α-Zerfall möglich.

Die Differenz der Nukleonenzahlen beträgt: $\Delta A = 232 - 220 = 12$.

Die Nukleonenzahl A ändert sich bei jedem α-Zerfall um 4.

Also gilt für die Anzahl der α-Zerfälle: $\frac{\Delta A}{4} = 3$.

2. Bestimmung der Anzahl der β-Zerfälle

Bei jedem α-Zerfall nimmt die Ordnungszahl um 2 ab, bei 3 α-Zerfällen also um 6. Die Ordnungszahl sinkt auf $90 - 6 = 84$. Das ist um 2 niedriger als die gewünschte Ordnungszahl 86. Bei jedem β-Zerfall nimmt die Ordnungszahl um 1 zu. Für eine Zunahme um 2 müssen somit 2 β-Zerfälle erfolgen.

Ergebnis: Für die Umwandlung von Th-232 in Rn-220 sind 3 α-Zerfälle und 2 β-Zerfälle erforderlich.

4

A Aufgabe

Computertomografie (CT)

1 Beschreibe das Prinzip der Computertomografie. → 5 Stelle die Kernzerfallsgleichung für das Kontrastmittel Iod I-131 (β-Zerfall) auf.

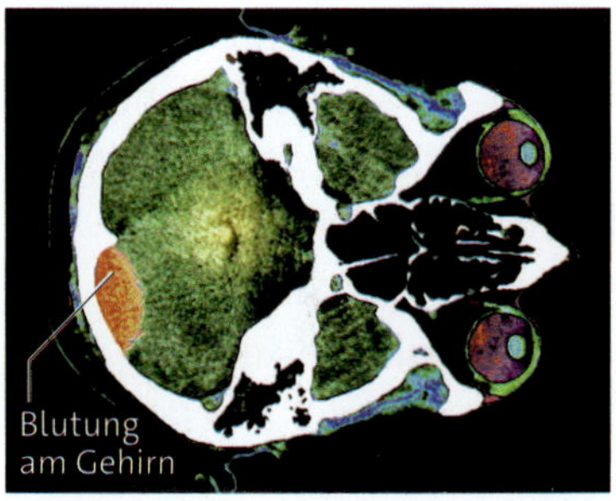

Die Computertomografie stellt z. B. Brüche und Blutungen im Körperinneren dar. Dabei wird der Patient „scheibchenweise“ nach und nach von allen Seiten mit Röntgenstrahlung bestrahlt. Organe, Bindegewebe, Knochen oder Blut absorbieren die Strahlung unterschiedlich stark. Anhand der Verteilung der durchgelassenen Strahlung erstellt ein Computer ein Bild vom Körperinneren. Um es noch aussagekräftiger zu machen, kann ein radioaktives Kontrastmittel verabreicht werden, das sich in dem zu untersuchenden Organ anreichert.

5

Strahlungsarten

Aufgaben

Eigenschaften der drei Strahlungsarten

Du kennst bereits drei Strahlungsarten bei radioaktiven Zerfällen. Finde nun mehr zu ihren Eigenschaften heraus. Vielleicht kannst du deine Ergebnisse vor der Klasse präsentieren. Verwende dazu nur Bilder (Mindmap, Atommodell, Versuchsskizze ...).

1 Ablenkung in Feldern

a Die drei Strahlungsarten durchlaufen ein elektrisches Feld. → 1 Gib jeweils an, um welche Strahlungsart es sich handelt. Begründe deine Zuordnung.

b Die drei Strahlungsarten durchlaufen ein magnetisches Feld: → 2
- Begründe die Ablenkung der β-Strahlung mithilfe der UVW-Regel.
- Vermute, um welche Strahlungsarten es sich in den beiden anderen Fällen handelt. Begründe jeweils.

c Die α-Strahlung wird in den Feldern weniger stark abgelenkt als die β-Strahlung. → 1 2 Vermute Gründe dafür.

2 Durchdringungsfähigkeit

a Die drei Strahlungsarten treffen auf Schichten aus verschiedenen Materialien. → 3 Formuliere Aussagen über die Durchdringsfähigkeit der Strahlungsarten: „Die β-Strahlung durchdringt ..., aber nicht ...“

b Mit einem Geiger-Müller-Zähler wurde die Impulsrate eines Radiumpräparats hinter verschiedenen Materialien gemessen: → 4
- Sendet das Präparat α-Strahlung aus? Begründe deine Antwort.
- Stelle für Aluminium die Impulsrate in Abhängigkeit von der Schichtdicke grafisch dar.
- Vergleiche die Abschirmung durch die verschiedenen Metallbleche.

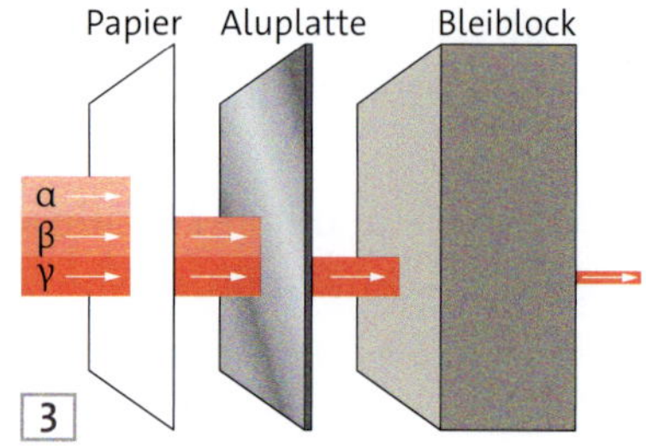

3

Material	Dicke in mm	Impulse pro min
Luft	0,1	6102
Papier	0,1	4948
Aluminium	0,5	1108
	1,0	533
	2,0	223
	3,0	135
	4,0	96
	5,0	88
	7,0	81
Blei	1,0	80
Eisen	1,0	112
Kupfer	1,0	93
Zink	1,0	123

4

Abstand in cm	Impulse pro min
3,0	67 350
6,0	16 858
9,0	7 474

5

3 Die Impulsrate eines radioaktiven Strahlers wurde in Abhängigkeit vom Abstand gemessen. → 5 Gilt ein proportionaler Zusammenhang? Stelle eine Vermutung auf und überprüfe sie.

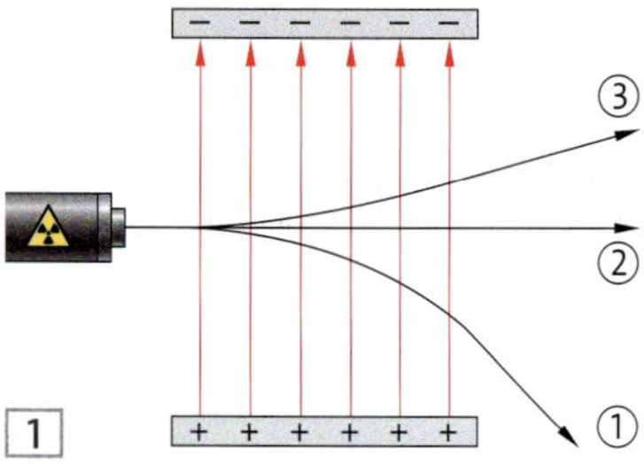

1

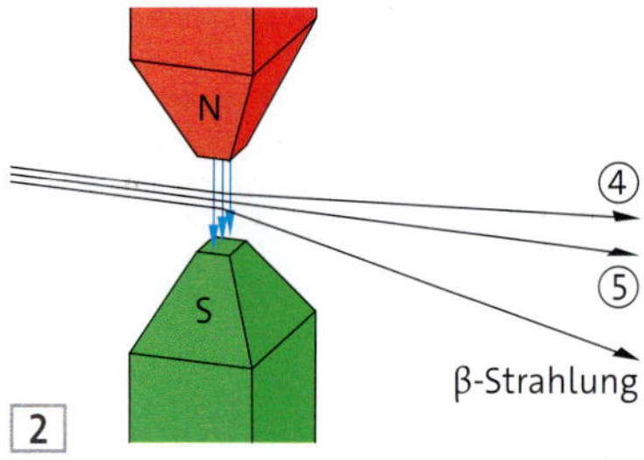

2

6

In der Nebelkammer ist die α-Strahlung an kurzen, dicken und recht geraden Nebelspuren zu erkennen. Die schweren α-Teilchen fliegen mit 10 000–20 000 $\frac{km}{s}$ aus dem Kern heraus, ihre kinetische Energie ist sehr groß. Die α-Strahlung eines Radiumpräparats ionisiert auf 1,0 cm Strecke zwischen 20 000 und 40 000 Gasmoleküle. Dabei geben die α-Teilchen ihre gesamte kinetische Energie ab. Danach „fangen" sie zwei Elektronen ein und werden zu Heliumatomen.
Nebelspuren der β-Strahlung sind dünner und länger als die Spuren der α-Strahlung, sie können stark gekrümmt sein. Die leichteren und kleineren β-Teilchen verlassen den Kern mit einer Geschwindigkeit zwischen null und nahezu Lichtgeschwindigkeit. Beim Auftreffen auf Gasmoleküle bewirken sie nur 10–100 Ionisationen pro 1,0 cm Strecke. Weniger Ionisationen pro cm bedeuten, dass die β-Teilchen eine längere Strecke zurücklegen, bis sie ihre kinetische Energie abgegeben haben. Zusätzlich werden die β-Teilchen bei Wechselwirkungen mit anderen Elektronen abgebremst und umgelenkt. Ein Teil der Energie kann dabei in γ- oder Röntgenstrahlung umgewandelt werden.
Die γ-Strahlung lässt sich in der Nebelkammer nicht nachweisen, weil sie praktisch keine Gasmoleküle ionisiert. Sie breitet sich mit Lichtgeschwindigkeit aus, ihre Reichweite ist sehr groß.

7

4 Das Nebelkammerbild zeigt Spuren radioaktiver Strahlung. → 6

a Ordne den Spuren Strahlungsarten zu. Begründe mithilfe der Informationen im grauen Kasten. → 7

b Vergleiche für die drei Strahlungsarten:
- das Ionisationsvermögen
- die Ausbreitungsgeschwindigkeit
- die Reichweite

Fertige eine Tabelle an.

B Aufgabe

Anwendungen radioaktiver Strahlung

1 Die unterschiedliche Durchdringungsfähigkeit der radioaktiven Strahlungsarten lässt sich technisch nutzen. Beschreibe jeweils, wie das Verfahren funktionieren könnte und welche Strahlungsart sich dafür eignet.

a Um zu prüfen, ob ein Abwasserrohr beschädigt ist, wird ein radioaktives Gas in das Rohr eingeleitet. Von außen lässt sich dann über einen Geiger-Müller-Zähler feststellen, ob und wie viel Strahlung austritt.

b Bei der Produktion von Alufolie wird die Folie auf Risse überprüft. Dabei wird ein radioaktiver Strahler von oben auf die Folie gerichtet. Unter der Folie ist ein Detektor.

c Zur Prüfung, ob genügend Saft in den Karton gefüllt wurde, wird ein radioaktiver Strahler eingesetzt. → 8

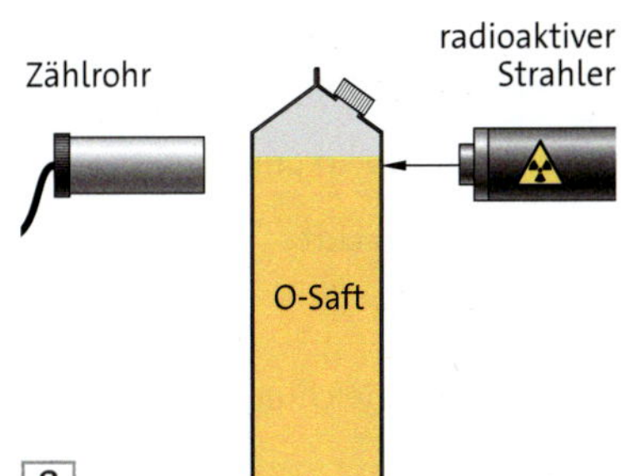

8

Strahlung aus Atomkernen

Zusammenfassung

Aufbau von Atomen und Atomkernen • Wir stellen uns vor, dass Atome einen sehr kleinen Kern aus Protonen und Neutronen besitzen, der von einer viel größeren Hülle aus Elektronen umgeben ist (Kern-Hülle-Modell). → 1 Atome sind elektrisch neutral, weil sie gleich viele positive Protonen wie negative Elektronen enthalten.

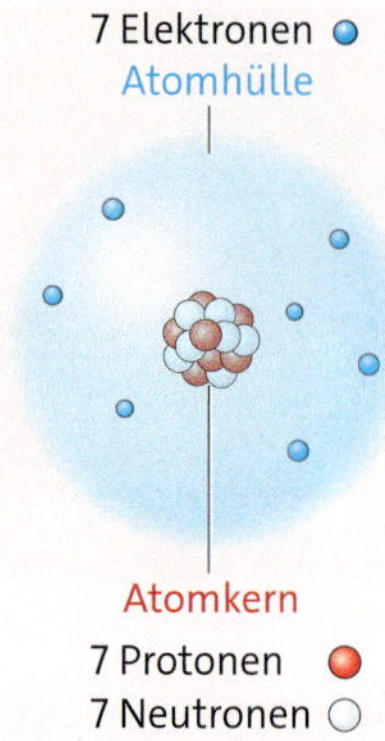

1 Stickstoffatom

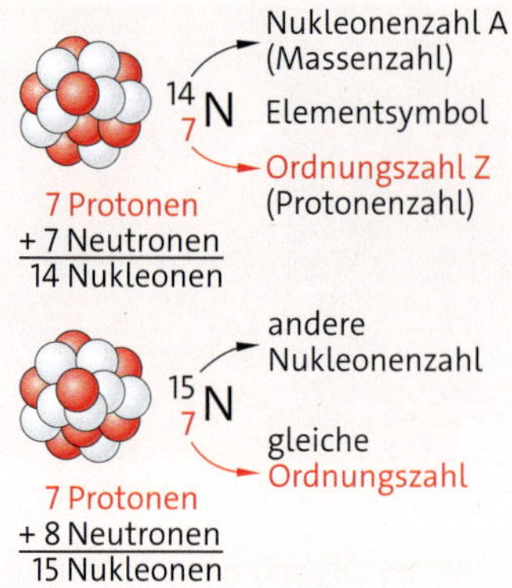

2 Zwei Stickstoff-Isotope

Elemente und Isotope • Isotope desselben chemischen Elements haben alle dieselbe Ordnungszahl Z (Protonenzahl). Sie unterscheiden sich in der Nukleonenzahl A (Massenzahl). → 2

Quarks • Protonen und Neutronen setzen sich jeweils aus drei noch kleineren Bausteinen zusammen, den Quarks. → 3

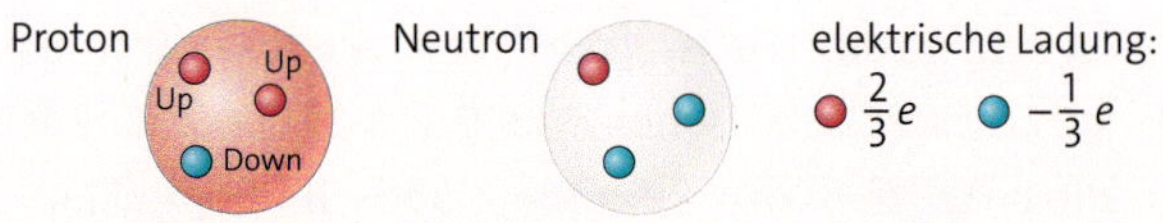

3 Aufbau der Nukleonen aus Up- und Down-Quarks

Radioaktivität nachweisen • Radioaktive Strahlung kann Atome ionisieren. → 4 Beim Geigerzähler ionisiert sie Gasatome im Zählrohr, sodass es zu kurzen Stromimpulsen kommt.

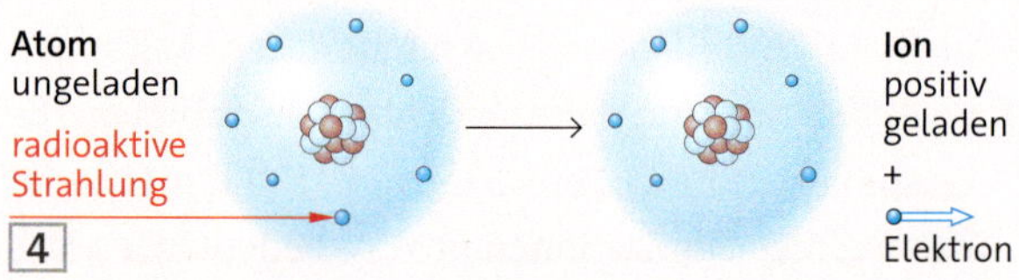

4

Radioaktive Zerfälle • Kerne einiger Isotope zerfallen unter Aussenden von α-, β- und/oder γ-Strahlung spontan in Kerne anderer Elemente. → 5 6

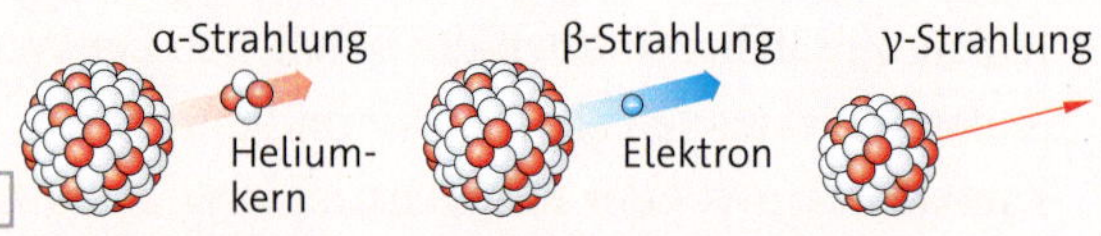

5

	α-Strahlung	β-Strahlung	γ-Strahlung
Struktur	Heliumkern	Elektron	wie Licht
Masse im Vergleich	groß	sehr klein	keine
Elektrische Ladung	positiv ($2 \cdot e$)	negativ ($-e$)	keine
Ionisierende Wirkung	stark	weniger stark	schwach
Reichweite in Luft	einige Zentimeter	einige Meter	viele Hundert Meter
Abschirmung	Papier, Haut	4–5 mm Alublech	dicker Bleiblock
Kernzerfallsgleichung	$^{A}_{Z}X \rightarrow {}^{A-4}_{Z-2}Y + {}^{4}_{2}He$	$^{A}_{Z}X \rightarrow {}^{A}_{Z+1}Y + {}^{0}_{-1}e$	$^{A}_{Z}X^{m} \rightarrow {}^{A}_{Z}X + \gamma$

6 Radioaktive Kernzerfälle und Strahlungsarten

Aufgaben

1 Das Element Eisen kommt in der Natur als Mischung folgender Isotope vor:
$^{54}_{26}Fe$, $^{56}_{26}Fe$, $^{57}_{26}Fe$ und $^{58}_{26}Fe$.
- a Nenne jeweils die Anzahl der Protonen, Neutronen und Elektronen.
- b Vergleiche, wie Protonen und Neutronen aufgebaut sind.

2 Das Blei-Isotop $^{210}_{82}Pb$ kann sich unter Aussendung von α- oder β-Strahlung umwandeln.
- a Gib den Aufbau des Isotops an.
- b Notiere die beiden Kernzerfallsgleichungen.

3 Ein radioaktives Präparat sendet alle drei Strahlungsarten in eine Richtung aus. Skizziere und beschreibe zwei Möglichkeiten, wie man die Strahlungsarten durch Ablenkung voneinander trennen kann.

4 Eine Gesteinsprobe enthält ein radioaktives Isotop, bei dessen β-Zerfall $^{87}_{38}Sr$ entsteht.
- a Ermittle das radioaktive Isotop.
- b Beschreibe und erkläre, woher das abgestrahlte β-Teilchen (Elektron) kommt.
- c Nenne vier Eigenschaften der β-Strahlung.
Tipp: Ablenkung in Feldern, Durchdringungsfähigkeit, Ionisierungsvermögen

5 Geiger-Müller-Zähler
- a Beschreibe das Funktionsprinzip des Geigerzählers anhand einer Skizze.
- b Bei einer Probe A werden nach Abzug des Nulleffekts 129 Impulse in 120 s gemessen, bei einer Probe B 75 Impulse in 90 s. Vergleiche die beiden Impulsraten.
- c Ein Geigerzähler zeigt keinen Nulleffekt an. Was lässt sich daraus schließen? Begründe deine Antwort.

6 Das Zählrohr eines Geigerzählers wird für einige Zeit direkt an einen α-Strahler gehalten.
- a Beschreibe und erkläre, was man am Zählgerät beobachtet.
- b Beschreibe und erkläre jeweils, was bei folgenden Veränderungen am Versuch passiert:
  - Der Strahler wird 10 cm weiter entfernt.
  - Zwischen den Strahler und das Zählrohr wird ein Blatt Papier bzw. ein Alublech gehalten.
- c Was würde geschehen, wenn man einen β-Strahler einsetzt, der die gleiche Aktivität hat wie der α-Strahler? Beschreibe und erkläre.

7 Marie und Pierre Curie untersuchten die Ionisierungsfähigkeit radioaktiver Materialproben.
- a Beschreibe ihr Versuchsprinzip. → 7
- b Erkläre, wie sich erkennen ließ, dass die Strahlung der einen Probe stärker ionisierend wirkte als die Strahlung einer anderen Probe.

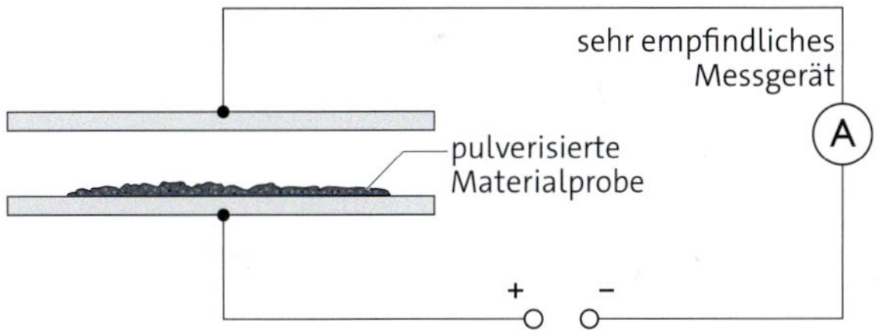

7 Curiescher Versuch (prinzipieller Aufbau)

8 Thorium $^{232}_{90}Th$ wandelt sich in mehreren Schritten zu $^{212}_{83}Bi$ um. Bestimme rechnerisch die Anzahl der erforderlichen Zerfälle.

9 In der Uran-Actinium-Reihe treten folgende Isotope in der angegebenen Reihenfolge auf:
$^{235}_{92}U$, $^{231}_{90}Th$, $^{231}_{91}Pa$, $^{227}_{89}Ac$, $^{223}_{87}Fr$, $^{223}_{88}Ra$, $^{219}_{86}Rn$, $^{215}_{84}Po$, $^{211}_{82}Pb$, $^{211}_{83}Bi$, $^{207}_{81}Tl$, $^{207}_{82}Pb$.
- a Notiere die einzelnen Kernzerfallsgleichungen.
- b Stelle die Zerfallskette im Z-A-Diagramm dar.

Strahlungsquellen und Strahlenschutz

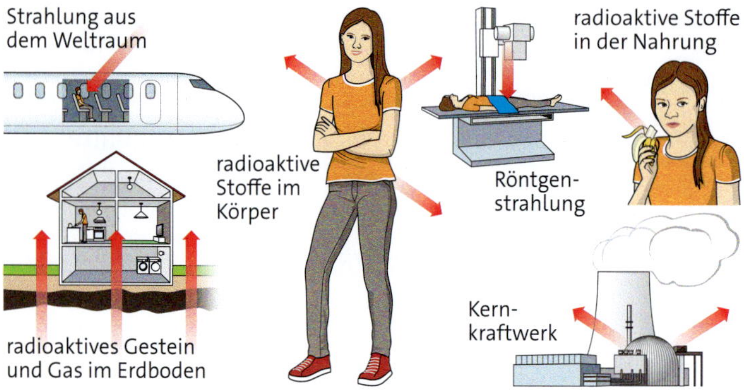

1 Ionisierende Strahlung in unserer Umwelt

Ionisierende Strahlungen werden in Technik und Medizin genutzt. Sie treten aber nicht nur dort auf. Somit stellt sich auch die Frage nach ihren Gefahren. Welche sind das und wie kann man sich vor ihnen schützen?

Grundlagen

Natürliche Strahlungsquellen • Ein eingeschalteter Geigerzähler zeigt immer eine schwache Strahlung an (Nulleffekt). Wir sind ständig von natürlicher Strahlung umgeben, die in uns eindringen kann. Dazu gehört die kosmische Strahlung: Sie kommt von der Sonne, der Milchstraße und fernen Galaxien und besteht überwiegend aus schnellen Protonen. Wenn sie auf die Lufthülle der Erde trifft, werden auch β- und γ-Strahlung hervorgerufen. Die Gesamtheit dieser Strahlungen wird oft Höhenstrahlung genannt. Ein Teil davon gelangt zur Erdoberfläche, den Rest absorbiert die Luft. Flugpersonal und Menschen in Höhenlagen sind dieser Strahlung besonders ausgesetzt.

Terrestrische Strahlung (lat. *terra:* die Erde) geht vor allem von Gesteinen und Baustoffen der Häuser aus. Natürliche Strahlungsquellen liegen z. B. im Erzgebirge oder im Bayerischen Wald, wo besonders viel Uran, Radium oder Thorium im Gestein vorhanden sind. Als Zerfallsprodukt der radioaktiven Isotope entsteht auch radioaktives Radon, ein α-Strahler. Wenn Radongas eingeatmet wird, kann die α-Strahlung in der Lunge und den angrenzenden Organen infolge ihres großen Ionisationvermögens starke Schäden auslösen.

Künstliche Strahlungsquellen • Bei Röntgenuntersuchungen und CTs, der Diagnose und Therapie von Tumoren oder in der zerstörungsfreien Materialprüfung werden Strahlungsquellen eingesetzt, die vom Menschen „künstlich" hergestellt wurden.
Bei Atombombenexplosionen und Unfällen in Atomkraftwerken wurden radioaktive Stoffe in die Umwelt abgegeben. So belastete Regen, der infolge des Reaktorunfalls von Tschernobyl (26.04.1986) große Mengen an radioaktivem Caesium Cs-137 enthielt, weite Teile Europas. Dies lässt sich noch heute bei Wildschweinen und Pilzen in unseren Wäldern nachweisen.

Wir sind ständig ionisierenden Strahlungen von natürlichen und künstlichen Strahlungsquellen ausgesetzt.
Bei der natürlichen Strahlung unterscheidet man zwischen Höhenstrahlung und terrestrischer Strahlung.

die kosmische Strahlung
die Höhenstrahlung
die terrestrische Strahlung
die somatischen Schäden
die genetischen Schäden
die 5 A-Regeln

Strahlenschäden • Wenn ionisierende Strahlung in den Menschen eindringt, kann der Körper geschädigt werden. Man spricht von somatischen Schäden (griech. *soma:* der Körper). → 2 Sie reichen von direkt einsetzenden Hautrötungen, Kopfschmerzen und Übelkeit bis zu Veränderungen des Blutbilds. Eine Schädigung von Knochenmarkszellen kann langfristig zu Krebs führen. Bei Schwangeren kann auch der Embryo durch Strahlung erkranken und Langzeitschäden davontragen.

Ionisierende Strahlung kann neben somatischen auch genetische Schäden hervorrufen. DNA-Molekülstränge der Keimzellen in Hoden und Eierstöcken können durch Ionisationen irreparabel beschädigt werden. Die Kinder der Geschädigten und sogar deren Nachkommen können dadurch mit schweren körperlichen Schäden geboren werden und leichter an Krebs erkranken.

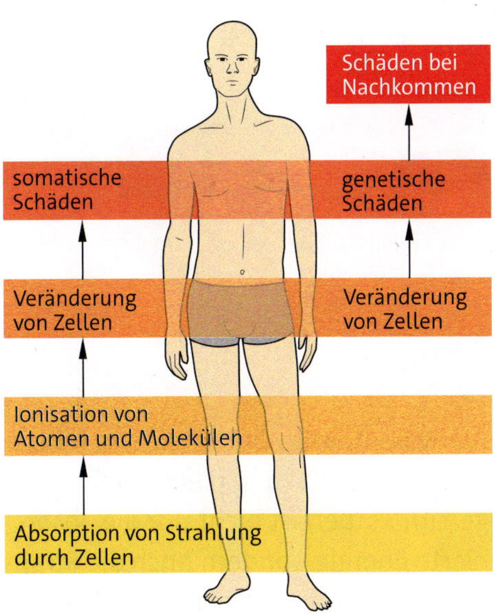

2 Arten von Strahlenschäden

Vor allem kurzzeitige hohe Strahlenbelastungen können zu großen Schäden führen. Aber auch eine geringe Strahlenbelastung über lange Zeit ist gesundheitsgefährdend.

Ionisierende Strahlung kann somatische Schäden und genetische Schäden verursachen.

Strahlenschutz • Zum Schutz sollte man die fünf A-Regeln einhalten: → 3

- **Abstand vergrößern**
- **Abschirmung optimieren**
  Beispiele: Schutzanzüge, Trennwände
- **Aufenthaltsdauer kurz halten**
  Beispiele: kurze Bestrahlungsdauer; Ärztin verlässt beim Röntgen den Raum; in Kernreaktoren computergesteuert von außen arbeiten
- **Aktivität verringern**
  Beispiel: Die Radioaktivität gespritzter Kontrastmittel bei einer Computertomografie lässt rasch nach.
- **Aufnahme in den Körper vermeiden**
  Beispiel: Einatmen von radioaktivem Radongas vermeiden, mit Radongas belastete Kellerräume oft lüften.

Aufgaben

1 Unterscheide natürliche und künstliche Strahlungsquellen z. B. mithilfe einer Mindmap.

2 Nenne zwei Arten von Strahlenschäden und gib jeweils ein Beispiel an.

3 Nenne die 5 A im Strahlenschutz.

3 Die 5 A-Regeln im Strahlenschutz

Strahlenbelastung

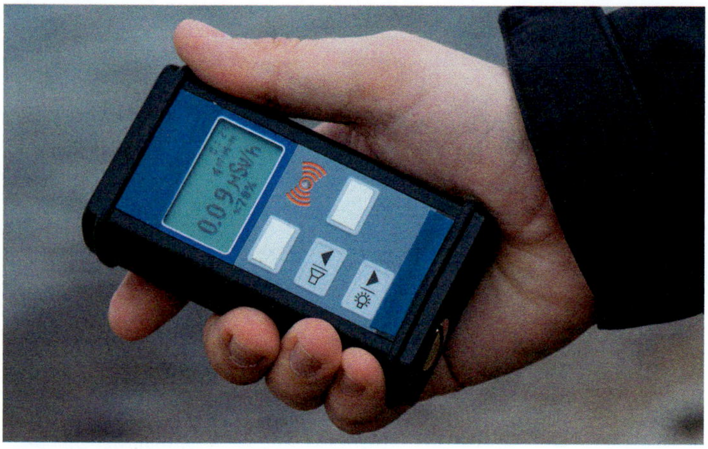

1 Messung der Strahlenbelastung

In Japan können große Gebiete seit dem Reaktorunglück in Fukushima 2011 nicht sicher betreten werden. In Bayern sind Teile der Tier- und Pflanzenwelt wegen der Reaktorkatastrophe in Tschernobyl 1986 immer noch radioaktiv belastet. Wie bestimmt man, ob eine ionisierende Strahlung so stark ist, dass sie die Gesundheit gefährdet?

Grundlagen

Aktivität • Wenn sich ein Atomkern radioaktiv umwandelt, gibt er ionisierende Strahlung ab. Je mehr Kerne in einem radioaktiven Körper in einer bestimmten Zeitspanne zerfallen, desto größer ist seine Aktivität *A*:

$$\text{Aktivität} = \frac{\text{Zerfälle}}{\text{Zeit}}.$$

Die Aktivität *A* wird in der Einheit Becquerel (Bq) gemessen:

$$1\,\text{Becquerel} = \frac{1\,\text{Zerfall}}{1\,\text{Sekunde}};\ 1\,\text{Bq} = \frac{1}{\text{s}}.$$

Die Aktivität sagt noch nichts darüber aus, wie energiereich und wie schädlich eine ionisierende Strahlung ist. Um das Gefahrenpotenzial besser einschätzen zu können, verwendet man daher andere Strahlungsgrößen.

Energiedosis • Wenn radioaktive Strahlung oder Röntgenstrahlung in Materie eindringt, kann sie dort Atome und Moleküle ionisieren. Für jede Ionisation ist Energie erforderlich. Deshalb ist die Energie, die 1 kg Materie durch ionisierende Strahlung aufnimmt, ein erstes Maß für die Wirkung der Strahlung. Sie wird Energiedosis *D* genannt. → 2

$$\text{Energiedosis} = \frac{\text{absorbierte Energie}}{\text{Masse}}$$

$$D = \frac{E}{m}$$

Die Einheit der Energiedosis ist 1 Gray (1 Gy): $1\,\text{Gy} = 1\,\frac{\text{J}}{\text{kg}}$.

Louis Harold Gray war ein britischer Physiker (1905–1965).

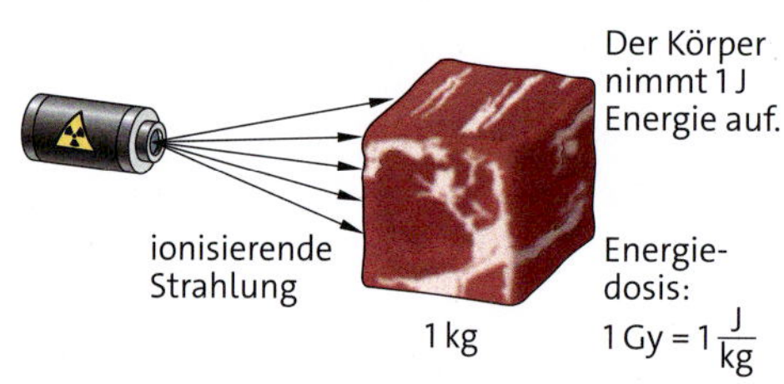

2 Energiedosis

Äquivalentdosis • Entscheidend für die biologische Wirkung (Zellveränderungen im Körper) ist nicht nur die absorbierte Energie, sondern auch die Strahlungsart. Bei gleicher Energiedosis hat die α-Strahlung eine 20-mal höhere

die Aktivität
das Becquerel (Bq)
die Energiedosis
das Gray (Gy)
die Äquivalentdosis
das Sievert (Sv)

biologische Gefährlichkeit als β- oder γ-Strahlung! → 3 Der Faktor 20 für α-Strahlung ist experimentell ermittelt worden. Man spricht vom Bewertungsfaktor *q* (Qualitätsfaktor). → 4

Die Äquivalentdosis *H* ist das Maß für die biologische Wirkung ionisierender Strahlung. Gleich große Äquivalentdosen bedeuten gleich starke biologische Wirkungen.
Es gilt: $H = q \cdot D$.
Die Einheit der Äquivalentdosis ist 1 Sievert (1 Sv): $1\,\text{Sv} = 1\,\frac{\text{J}}{\text{kg}}$.

Rolf Sievert (1896–1966) war ein schwedischer Physiker.
In Deutschland beträgt die natürliche Strahlenbelastung einer Person im Mittel 2,1 mSv pro Jahr. Für künstliche Strahlenbelastung (ohne medizinische Anwendungen) gilt ein Grenzwert von 1,0 mSv pro Jahr. Wer beruflich mit ionisierender Strahlung zu tun hat, sollte höchstens 20 mSv pro Jahr erhalten.

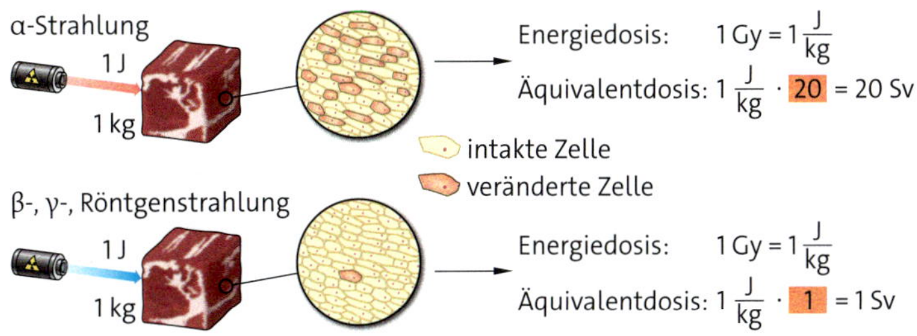

3 Äquivalentdosis

Aufgaben

1 Berechne, ob die jährliche Äquivalentdosis bei 0,090 µSv pro Stunde unter 4,0 mSv liegt. → 1

2 Nimm Stellung zu der Aussage: „Je mehr Energie ein Körper durch radioaktive Strahlung absorbiert, desto schädlicher ist die Strahlung."

3 Ein Mensch (78 kg) wird mit langsamen Neutronen ($q = 5$) bestrahlt, die Energiedosis beträgt $D = 1{,}7 \cdot 10^{-5}$ Gy. Berechne die aufgenommene Energie und die Äquivalentdosis.

Strahlung	*q*
β-Strahlung, γ-Strahlung, Röntgenstrahlung	1
langsame Neutronen	2–5
schnelle Neutronen, Protonen	10
α-Strahlung	20

4 Bewertungsfaktor (Qualitätsfaktor)

Ein Kind (15 kg) wird geröntgt und absorbiert dabei eine Energie von 0,090 J. Berechne die Äquivalentdosis in mSv.

Gegeben: $m = 15\,\text{kg};\ E = 0{,}090\,\text{J};\ q = 1$

Gesucht: H in mSv

Gleichungen: $D = \frac{E}{m};\ H = q \cdot D = q \cdot \frac{E}{m}$

Rechnung: $H = 1 \cdot \frac{0{,}090\,\text{J}}{15\,\text{kg}} = 0{,}0060\,\text{Sv}$

Ergebnis (2 sinnvolle Ziffern):
$H = 6{,}0\,\text{mSv}$

5 Beispielaufgabe A

In einer Region hat 1,0 l Trinkwasser eine Äquivalentdosis von $1{,}4 \cdot 10^{-7}$ Sv. Berechne, wie viel von diesem Wasser eine Person in einem Jahr trinken darf, bis der örtlich festgesetzte Grenzwert von 0,10 mSv erreicht ist.

Gegeben: $\frac{H}{V} = 1{,}4 \cdot 10^{-7}\,\frac{\text{Sv}}{\ell};\ H_{grenz} = 0{,}10\,\text{mSv} = 1{,}0 \cdot 10^{-4}\,\text{Sv}$

Gesucht: V in ℓ

Gleichung: $V = \frac{H_{grenz}}{\frac{H}{V}}$

Rechnung: $V = \frac{1{,}0 \cdot 10^{-4}\,\text{Sv}}{1{,}4 \cdot 10^{-7}\,\frac{\text{Sv}}{\ell}} = 0{,}714286 \cdot 10^{3}\,\ell$

Ergebnis (2 sinnvolle Ziffern): $V = 71 \cdot 10\,\ell$ (ca. 1,9 ℓ täglich)

6 Beispielaufgabe B

Strahlenbelastung

A Aufgaben

Strahlenexponierte Berufe

In strahlenexponierten Berufen ist man verstärkt mit ionisierender Strahlung in Kontakt, sodass die Gefahr von Strahlenschäden zunimmt. Als Grenzwert für Personen, die beruflich mit ionisierender Strahlung zu tun haben, sind in Deutschland 20 mSv pro Jahr festgesetzt. Im gesamten Berufsleben dürfen 400 mSv nicht überschritten werden.

1 Vergleiche die durchschnittliche jährliche Äquivalentdosis. → 1 Recherchiere für die ersten 5 Zeilen jeweils einen konkreten Beruf und beschreibe ihn kurz.

2 In einem sehr uranhaltigen Gebiet in Brasilien beträgt die jährliche Strahlenbelastung 200 mSv.

a Berechne, wie viele Arbeitstage (8,0 h) eine Person dort arbeiten dürfte, bis der deutsche Grenzwert von 20 mSv erreicht ist.

b Mache Vorschläge, wie man die brasilianischen Uranarbeiter schützen könnte.

3 Die Strahlenbelastung beträgt bei einer Röntgenaufnahme 2,0 mSv, beim Rauchen einer Zigarette 1,2 µSv.

a Berechne, wie viele Zigaretten die gleiche Äquivalentdosis bewirken wie eine Röntgenaufnahme.

b Was ist bei gleicher Äquivalentdosis gefährlicher? Begründe deine Antwort.

4 Ein Arbeiter im Kernkraftwerk ist einer Äquivalentdosis von 0,40 µSv pro Stunde ausgesetzt. Berechne, wie viele Jahre sich der Arbeiter ohne Unterbrechung im Kernkraftwerk aufhalten dürfte, bis die Maximaldosis von 400 mSv erreicht ist.

5 Bei einem Langstreckenflug beträgt die Strahlenbelastung z. B. 100 µSv. Nach der Reaktorkatastrophe in Fukushima wurden Reparaturarbeiter kurzzeitig einer Äquivalentdosis von 500 mSv ausgesetzt.

a Berechne die Anzahl an Langstreckenflügen, die zusammen eine Äquivalentdosis von 500 mSv ergeben.

b Gib an, welche Strahlenschäden bei einer kurzzeitigen Belastung mit 500 mSv drohen. → 2

c Erkläre, weshalb für die Flugbesatzungen geringere Strahlenschäden zu erwarten sind als für die Reparaturarbeiter in Fukushima.

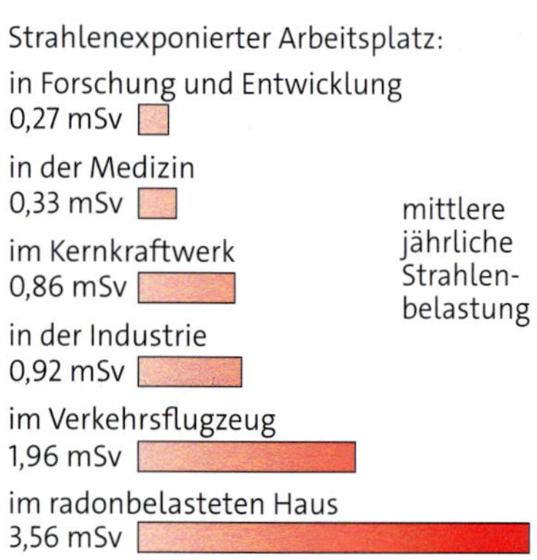

1 Berufliche Strahlenbelastung

H in Sv	Mögliche Strahlenschäden
0,25–0,50	Veränderungen im Blutbild, Schäden an Embryos
1,0	akute Gefahr für die Gesundheit, beginnende Strahlenkrankheit (Übelkeit, Erbrechen, Haarausfall)
2,0	Strahlenkrankheit, Hautschäden, ca. 10 % Todesfälle
3,0	Blutungen, schwere Veränderungen im Blutbild, ca. 20 % Todesfälle
4,0	schwere Entzündungen, 50 % Todesfälle binnen 5 Wochen
ab 6,0	mehr als 90 % Todesfälle, selbst bei Transplantation von Knochenmark stirbt die Mehrzahl der Verletzten

2 Strahlenschäden bei kurzzeitiger Belastung

B Aufgabe

Strahlenbelastung

1 Unsere Strahlenbelastung entsteht durch verschiedene Strahlungsquellen. → 3

a Sortiere die Strahlungsquellen nach der Strahlenbelastung.

b Erkläre jeweils, was man unter den Begriffen versteht:
- künstliche/natürliche Strahlungsquellen
- Höhenstrahlung/terrestrische Strahlung

Strahlenbelastung durch natürliche Strahlungsquellen 55 %

Höhenstrahlung 0,3 mSv
Sie beruht auf der ionisierenden Strahlung, die aus dem Weltall auf die Erde trifft.

Terrestrische Strahlung 1,5 mSv
Die radioaktive Strahlung ist vor allem dort erheblich, wo Radium, Uran oder Thorium in den Gesteinsschichten vorkommen (z. B. im Schwarzwald oder Erzgebirge). Nach Kernzerfällen entsteht radioaktives Radongas, das eine besonders hohe Belastung bewirkt (1,1 mSv von 1,5 mSv), wenn man es einatmet.

Innere Strahlung 0,3 mSv
Auch im Inneren unseres Körpers entsteht Strahlung. Sie geht vor allem von Kalium und Kohlenstoff in unserer Nahrung aus.

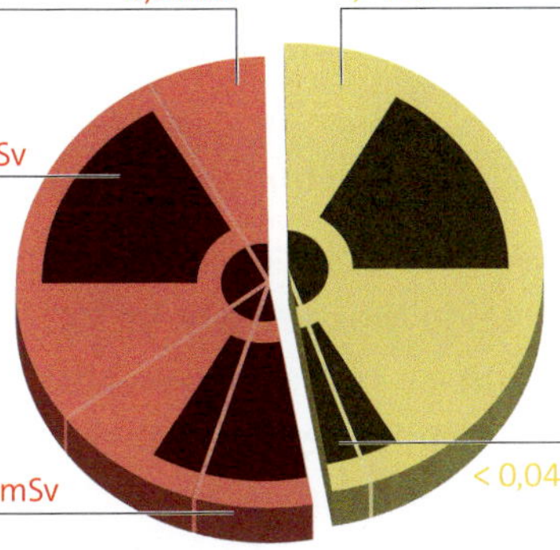

Strahlenbelastung durch künstliche Strahlungsquellen 45 %

Medizinische Strahlung 1,7 mSv
Dazu trägt im Wesentlichen die Röntgenstrahlung bei, besonders in Computertomografen (CT). Die Belastung ist von Person zu Person unterschiedlich. Sie soll möglichst gering gehalten werden. Um überflüssiges Röntgen zu vermeiden, gibt es z. B. einen Röntgenpass, in den jeder Röntgenvorgang eingetragen werden soll.

Strahlung durch Kernkraftwerke, Folgen des Unfalls von Tschernobyl und Sonstige < 0,04 mSv
Die Belastung durch Kernkraftwerke ist relativ gering – wenn diese störungsfrei arbeiten und ihre radioaktiven „Abfälle" sicher gelagert werden.

3 Durchschnittliche jährliche Strahlenbelastung in Deutschland – und woher sie kommt

C Aufgabe

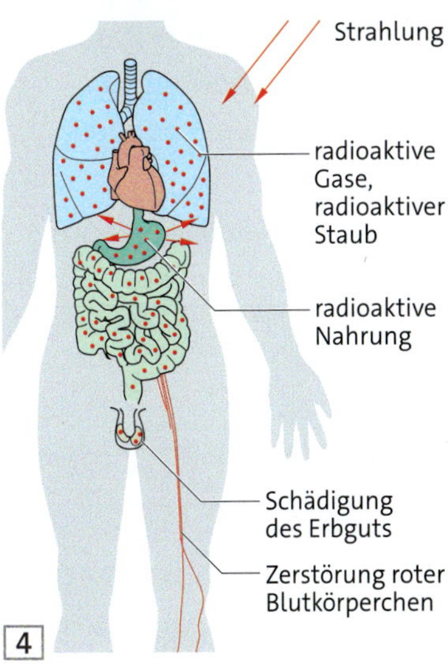

4

Strahlung von außen und von innen

1 Die Wirkung ionisierender Strahlung auf uns kann sehr unterschiedlich sein – je nachdem, wo die Strahlung auftritt.

a Nenne Quellen ionisierender Strahlung, die auf uns einwirken können. → 3 4

b Ergänze die Tabelle. → 5

c „Radioaktiver Staub und radioaktive Nahrung sind besonders gefährlich für uns." Erkläre diese Aussage.

Strahlung	Wirkung der Strahlung
Höhenstrahlung	Zellveränderungen in der Haut
?	?

5 Beispieltabelle

Halbwertszeit

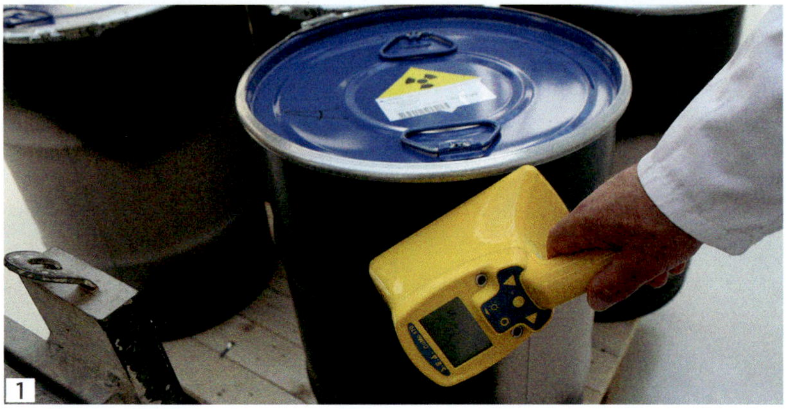

1

In den Fässern befinden sich radioaktive Abfälle. Ihre Aktivität nimmt mit der Zeit ab – aber wie schnell? Wie lange müssen die Abfälle in einem Endlager sicher eingeschlossen werden?

A Versuch

„Zerfall" von Münzen

Bei diesem Versuch stellen viele gleiche Münzen die Atomkerne dar: Wenn die Zahl oben liegt, ist der „Kern" im Anfangszustand, sonst im umgewandelten Zustand. Führt den Versuch in Gruppen durch.

Material: Schuhkartons mit je 100 gleichen Münzen (z. B. 1 ct)

1 100 Münzen liegen mit der Zahl nach oben im Karton.

a Schließt den Karton, schüttelt ihn und öffnet ihn wieder. Entfernt alle Münzen, die nicht mehr die Zahl zeigen. Notiert die Anzahl n der verbliebenen Münzen. → 2

b Wiederholt den Versuch, bis keine Münze mehr im Karton ist. Notiert jeweils die Anzahl n der verbleibenden Münzen.

c Wertet eure Messreihe grafisch aus. → 3

d Vergleicht für die ersten vier Durchgänge die Anzahl n_{nach} der Münzen, die nach einem Schütteln Zahl zeigen, mit der Anzahl n_{vor} der Münzen, die vor dem Durchgang Zahl zeigten. Berechnet jeweils den Prozentsatz $\frac{n_{nach}}{n_{vor}} \cdot 100\,\%$. Was fällt euch auf?

Durchgang	1	2	3
Anzahl *n* Münzen	100	52	?

2 Beispieltabelle

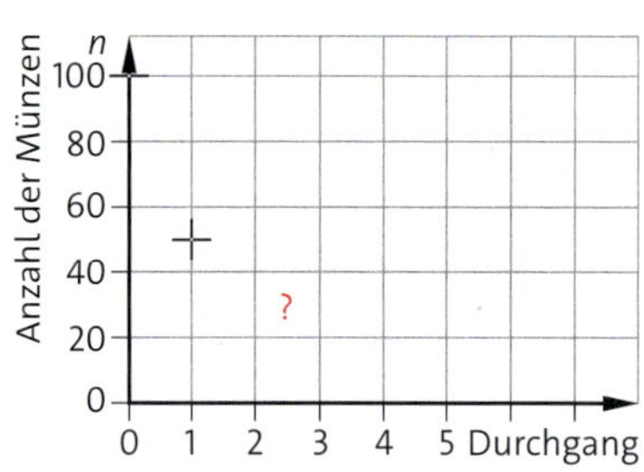

3 Grafische Auswertung

B Aufgabe

Ohne Nulleffekt

1 Die Impulsrate eines radioaktiven Strahlers wurde in Abhängigkeit von der Zeit gemessen. → 4

a Rechnet den Nulleffekt von 30 Impulsen pro 60 s aus den Messwerten heraus und erstellt eine neue Tabelle. Wertet sie grafisch aus.

b Lest ab, wann die Impulsrate noch 50 % bzw. 25 % des Startwerts beträgt. Vergleicht die Zeitspannen.

t in s	Impulse pro 30 s
0	615
60	467
120	355
180	266
240	203
300	149
360	114

4 Radioaktiver Strahler

die Halbwertszeit
das Zerfallsgesetz

Grundlagen

Halbwertszeit • Ein radioaktiver Körper strahlt mit der Zeit immer schwächer, weil in ihm immer weniger Kerne vorhanden sind, die noch zerfallen können. Wir betrachten als Beispiel den β-Zerfall von Fluor $^{20}_{9}F$: → 5
Nach 11,16 s ist die Hälfte (50 %) der Anfangskerne noch vorhanden, nach weiteren 11,16 s davon noch die Hälfte (25 %) usw. Man sagt: Die Halbwertszeit von Fluor F-20 beträgt 11,16 s.
Jedes radioaktive Isotop hat eine charakteristische Halbwertszeit T. → 6
Sie beschreibt nicht, wann ein einzelner Kern zerfällt, sondern wie lange es dauert, bis die Hälfte einer sehr großen Anzahl dieser Kerne zerfallen ist.

Die Halbwertszeit *T* ist der Zeitraum, nach dem sich jeweils die Hälfte der Atomkerne eines radioaktiven Isotops umgewandelt hat.

Zerfallsgesetz • Wie lässt sich der radioaktive Zerfall von $^{20}_{9}F$ mathematisch beschreiben? Um die Antwort zu finden, starten wir mit $N_0 = 1000$ Kernen. → 7 Mit jedem Ablauf der Halbwertszeit T halbiert sich die Anzahl nicht umgewandelter Kerne $^{20}_{9}F$. Nach n Halbwertszeiten gilt:
$N_n = N_0 \cdot (\frac{1}{2})^n$ (N_0: Kerne zu Beginn).
Für beliebige Zeiten t ergibt sich die Anzahl $N(t)$ der nicht umgewandelten Kerne $^{20}_{9}F$ aus der folgenden Exponentialfunktion mit der Basis $\frac{1}{2}$:

$N(t) = N_0 \cdot (\frac{1}{2})^{\frac{t}{T}}$ (T: Halbwertszeit).

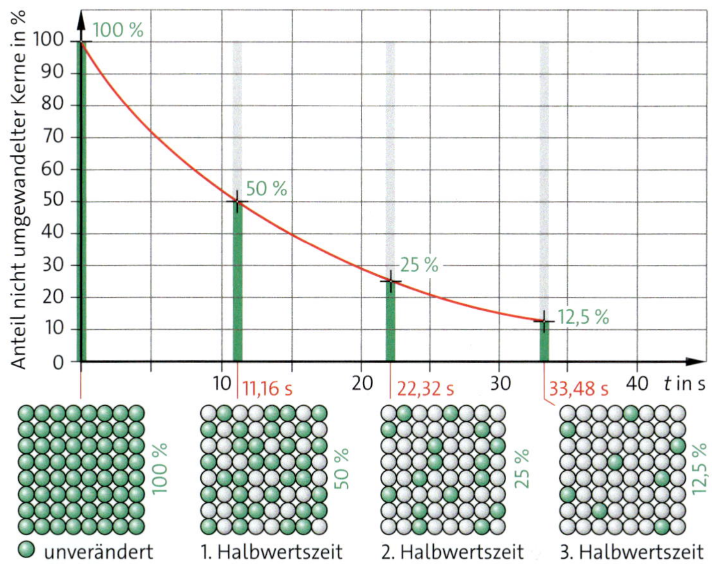

5 Fluor F-20: Abnahme des Anteils nicht umgewandelter Kerne

Isotop	T
$^{216}_{84}Po$	0,15 s
$^{137}_{56}Ba^m$	2,6 min
$^{131}_{53}I$	8,0 d
$^{238}_{92}U$	$4{,}5 \cdot 10^9$ a

6 Halbwertszeit

Zeit	Anzahl der Kerne von Fluor F-20
0 T	$N_0 = 1000$ (N_0: Kerne zu Beginn)
1 T	$N_1 = 500 = N_0 \cdot \frac{1}{2} = N_0 \cdot (\frac{1}{2})^1$
2 T	$N_2 = 250 = N_0 \cdot \frac{1}{2} \cdot \frac{1}{2} = N_0 \cdot (\frac{1}{2})^2$
3 T	$N_3 = 125 = N_0 \cdot \frac{1}{2} \cdot \frac{1}{2} \cdot \frac{1}{2} = N_0 \cdot (\frac{1}{2})^3$

7 F-20: Der Weg zum Zerfallsgesetz

Die Anzahl *N* der Kerne radioaktiver Isotope nimmt exponentiell mit der Zeit *t* ab. Es gilt das Zerfallsgesetz:

$N(t) = N_0 \cdot (\frac{1}{2})^{\frac{t}{T}}$. N_0: Anzahl Kerne zu Beginn; T: Halbwertszeit des Isotops

Für die Masse *m* und die Aktivität *A* des Isotops in einer Probe gilt:

$m(t) = m_0 \cdot (\frac{1}{2})^{\frac{t}{T}}$ und $A(t) = A_0 \cdot (\frac{1}{2})^{\frac{t}{T}}$.

Aufgabe

1 Es liegen $N_0 = 3000$ Kerne Iod I-131 vor. Berechne N nach 12 d. → 6

Halbwertszeit

Aufgaben aus Abschlussprüfungen

Zerfallsdiagramme

A1 Durch einen Unfall verunreinigt radioaktives Tellur Te-133 (T = 12,5 min) den Boden. Die Messung einer Bodenprobe ergibt eine Aktivität von 800 MBq.

a Stellen Sie die Aktivität im $A(t)$-Diagramm (s. Bild 1) für vier Halbwertszeiten dar.

b Entnehmen Sie dem Diagramm, wann die Aktivität um 25 % nachgelassen hat.

c Bestimmen Sie grafisch, wann die Aktivität um 300 MBq abgenommen hat.

d Entnehmen Sie dem Diagramm, nach welcher Zeit die Aktivität auf 20 % gesunken ist.

e Geben Sie mithilfe des Diagramms an, welche Aktivität die Bodenprobe nach 18 min noch hat. → 1

A2 Für das Sauerstoff-Isotop O-15 wird die Impulsrate in Abhängigkeit von der Zeit registriert. → 2

a Werten Sie die Messreihe grafisch aus.

b Ermitteln Sie grafisch, wie viel Prozent des Isotops nach 250 s noch übrig sind.

c Bestimmen Sie anhand des Diagramms die Halbwertszeit von O-15.

Zur Bestimmung der Halbwertszeit wurde die Aktivität von Bismut Bi-210 in Abhängigkeit von der Zeit gemessen:

t in d	0	2	4	6	8	10
A in kBq	66,0	51,1	39,5	30,6	23,6	18,3

a Werten Sie die Messreihe grafisch aus.
b Ermitteln Sie grafisch die Aktivität der Probe nach 7,0 d.
c Bestimmen Sie die Halbwertszeit von Bi-210 im Diagramm.

a

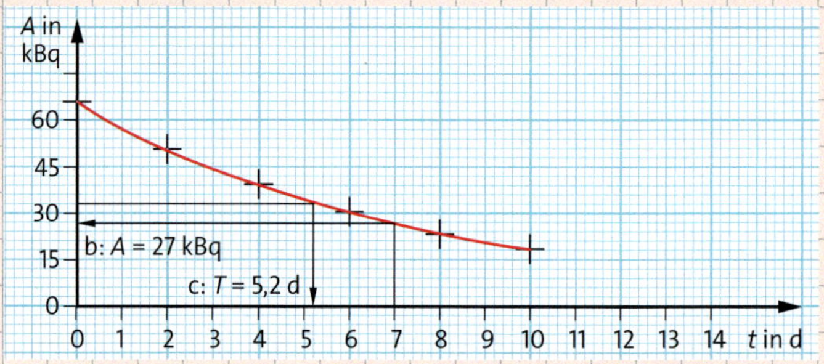

b Nach 7,0 d hat die Probe noch eine Aktivität von 27 kBq.

c Eine Aktivität von 33 kBq ist nach 5,2 d erreicht: T = 5,2 d.

1

t in s	0	60	120	180	240	300
Impulsrate in $\frac{1}{s}$	600	429	307	219	157	112

2 Zerfall von O-15 (Messreihe für Aufgabe A2)

t in h	0	24	48	72	96	120	144
Impulsrate in $\frac{1}{30\,s}$	1032	864	721	608	509	425	357

3 Zerfall von Rn-222 (Messreihe für Aufgabe A3)

A3 Für Radon Rn-222 wurde die Impulsrate abhängig von der Zeit gemessen. → 3

a Erstellen Sie eine neue Tabelle ohne den Nulleffekt von 30 Impulsen pro Minute. Werten Sie die neue Tabelle grafisch aus.

b Ermitteln Sie grafisch die Halbwertszeit von Rn-222.

Zerfallsgesetz

A4 Pilze aus dem Bayerischen Wald beinhalten das radioaktive Caesium Cs-137. 1992 ergab eine lebensmitteltechnische Untersuchung eine Aktivität von 2250 Bq. Eine Messung von 2020 zeigte an, dass die Aktivität noch 1183 Bq beträgt. Ermitteln Sie die Halbwertszeit für Cs-137. → 4

A5 Eine Probe Thallium Tl-208 (T = 3,0 min) hat anfangs eine Impulsrate von 400 pro Sekunde. Berechnen Sie, wann die Impulsrate nur noch 15 % beträgt. → 5

A6 Im Laborversuch wurden 50 g radioaktives Bismut Bi-212 untersucht. Nach 34 min sind 16 g in das stabile Blei-Isotop Pb-208 zerfallen.

a Berechnen Sie die Halbwertszeit von Bi-212.

b Berechnen Sie, wann noch 20 % Bi-212 vorhanden sind.

A7 In einem Kernkraftwerk entsteht Neptunium Np-237 ($T = 2{,}144 \cdot 10^6$ a) als radioaktiver Abfall. Ermitteln Sie rechnerisch, nach welcher Zeit 10 % davon zerfallen sind.

Die Aktivität einer Probe Bismut Bi-210 beträgt 66,0 kBq. Eine zweite Messung nach 9,0 d ergibt eine Aktivität von 19,0 kBq. Bestimmen Sie rechnerisch die Halbwertszeit.

Gegeben: $A_0 = 66{,}0$ kBq

$A(t) = 19{,}0$ kBq; $t = 9{,}0$ d

Gesucht: T

Gleichung und umformen:

$$A(t) = A_0 \cdot \left(\tfrac{1}{2}\right)^{\frac{t}{T}} \quad | : A_0$$

$$\frac{A(t)}{A_0} = \left(\tfrac{1}{2}\right)^{\frac{t}{T}} \quad | \log_{0,5}$$

$$\log_{0,5}\left(\frac{A(t)}{A_0}\right) = \frac{t}{T} \quad | \cdot T$$

$$T \cdot \log_{0,5}\left(\frac{A(t)}{A_0}\right) = t$$

$$T = \frac{t}{\log_{0,5}\left(\frac{A(t)}{A_0}\right)}$$

Einsetzen und runden auf 2 sinnvolle Ziffern:

$$T = \frac{9{,}0\text{ d}}{\log_{0,5}\left(\frac{19{,}0}{66{,}0}\right)} = 5{,}0\text{ d}$$

4

In einer Probe sind 30 g Radon Rn-219 (T = 4,0 s) enthalten. Ermitteln Sie rechnerisch, nach welcher Zeit nur noch 10 % des ursprünglichen Radons vorhanden sind.

Gegeben: $T = 4{,}0$ s

$$\frac{m(t)}{m_0} = 10\,\% = 0{,}10$$

Gesucht: t

Gleichung und umformen:

$$m(t) = m_0 \cdot \left(\tfrac{1}{2}\right)^{\frac{t}{T}} \quad | : m_0$$

$$\frac{m(t)}{m_0} = \left(\tfrac{1}{2}\right)^{\frac{t}{T}} \quad | \log_{0,5}$$

$$\log_{0,5}\left(\frac{m(t)}{m_0}\right) = \frac{t}{T} \quad | \cdot T$$

$$t = T \cdot \log_{0,5}\left(\frac{m(t)}{m_0}\right)$$

Einsetzen und runden auf 2 sinnvolle Ziffern:

$$t = 4{,}0\text{ s} \cdot \log_{0,5}(0{,}10) = 13\text{ s}$$

5

A8 Um medizinische Produkte keimfrei zu machen, kann man sie radioaktiv bestrahlen. Dafür verwendet man z. B. Cobalt Co-60.

a Bestimmen Sie mithilfe der Messwerttabelle rechnerisch die Halbwertszeit von Cobalt Co-60. → 6

b Zeigen Sie rechnerisch, dass nach 14 Jahren nur noch 16 % Co-60 verbleiben.

c Berechnen Sie die Aktivität nach 20 Jahren.

t in a	0	2,00	4,00	6,00	8,00	10,0
A in kBq	3,50	2,69	2,07	1,60	1,23	0,95

6 Zerfall von Co-60 (Messreihe für Aufgabe A8)

Nutzung ionisierender Strahlungen

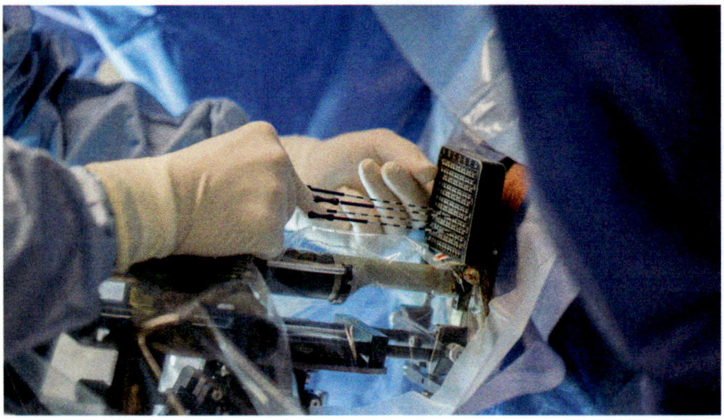

1 Brachytherapie bei der Behandlung eines Krebspatienten

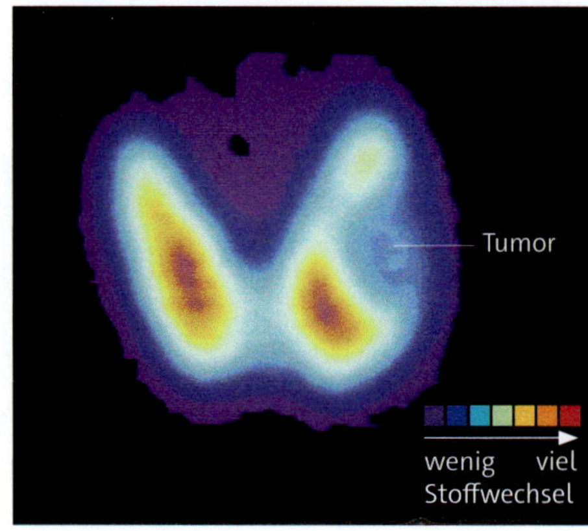

2 Szintigramm einer Schilddrüse

Radioaktive Strahlung hilft, Krankheiten zu behandeln und zu erkennen – und sie kann noch mehr.

Grundlagen

Medizin • Krebs bedeutet, dass sich Zellen im Körper unnatürlich und ungebremst vermehren. Sie überwuchern dabei gesundes Gewebe. Bei der Brachytherapie bringt man radioaktive Stoffe direkt in die Krebstumore ein (altgriech. *brachys:* kurz, nah). → 1 Die energiereiche radioaktive Strahlung zerstört dann dort Krebszellen.

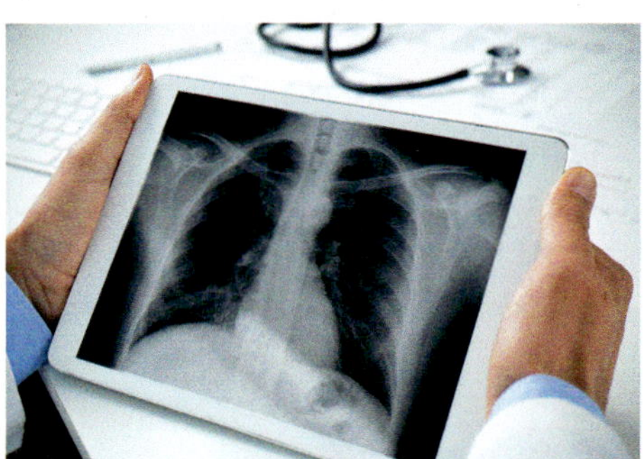

3 Röntgenbild

Mithilfe eines Szintigramms wird die Schilddrüse untersucht. → 2 Den Patienten wird dabei ein radioaktives Präparat verabreicht, das von der Schilddrüse aufgenommen wird. Dann wird der zeitliche Verlauf der Strahlung gemessen. Dadurch lässt sich feststellen, wie viel des Präparats aufgenommen wurde und ob der Stoffwechsel der Schilddrüse richtig funktioniert. Da die radioaktive Strahlung selbst Krebs hervorrufen kann, werden Präparate verwendet, deren Strahlung rasch abklingt. So verwendet man heute oft den γ-Strahler Technetium Tc-99^{m} (T = 6,01 h) statt des früher üblichen Iods I-131 (T = 8,02 d).

Bilder vom Körperinneren kann man auch mit Röntgenstrahlung erzeugen. → 3 Sie wird von Körperbereichen geringer Dichte (z. B. Muskeln, Fett) fast ungehindert durchgelassen, von Bereichen höherer Dichte (z. B. Knochen) dagegen kaum. Ein Detektor registriert die durchgelassene Strahlung. Im Computer entsteht daraus ein Bild, auf dem die Knochen sichtbar sind.

Lebensmittel • Radioaktive Strahlung kann eingesetzt werden, um schädliche Keime oder Bakterien abzutöten. So werden ganze Paletten von Lebensmitteln der γ-Strahlung von Cobalt Co-60 ausgesetzt. Sie dringt ungehindert durch die Verpackung der Lebensmittel und sorgt für das Absterben der Keime. Dadurch gelingt die Konservierung der Nahrung. Sie wird dabei nicht radioaktiv und ist somit beim Verzehr auch nicht gesundheitsgefährdend. In Deutschland ist der Einsatz radioaktiver Strahlung nur zum Haltbarmachen von Gewürzen erlaubt. Der Einsatz dieser Technik wird mit dem Radura-Symbol auf der Verpackung gekennzeichnet. → 4

Zur Züchtung neuer Getreidesorten kann man Saatgetreide radioaktiver Strahlung aussetzen, um in kurzer Zeit viele Mutationen der Erbinformationen hervorzurufen. Vielleicht ist bei diesen Mutationen eine dabei, die das Getreide besonders widerstandsfähig gegen Schädlinge macht.

Materialprüfung • Fehler in Schweißnähten von Pipelines lassen sich von außen nur schwer aufspüren. Dann kann man die Schweißnähte z. B. mit γ- oder Röntgenstrahlung bestrahlen. → 5 Die durchgelassene Strahlung belichtet einen Film. Risse oder Lufteinschlüsse verraten sich durch abweichende Helligkeit.
Bei einem besonderen Test von neuen Verbrennungsmotoren werden den Kraftstoffen radioaktive Substanzen zugesetzt. Dadurch können die Verbrennungsvorgänge im Motor mithilfe außen angebrachter Detektoren untersucht werden.

Radioaktive Strahlung und Röntgenstrahlung können genutzt werden, um Bilder vom Inneren eines Körpers zu erstellen. Beim Verändern oder Abtöten von Zellen wird das Ionisierungsvermögen der Strahlungen genutzt.

4 Radura-Symbol

Aufgaben

1 Gib je zwei Beispiele für den Einsatz radioaktiver Strahlung in den Bereichen Medizin, Lebensmittel und Materialprüfung an.

2 Die Schilddrüse wird mit radioaktiven Präparaten untersucht. → 2
a Beschreibe das Verfahren kurz.
b Nenne die Eigenschaft der Strahlung, die hier verwendet wird.
c Gib an, weshalb Iod I-131 von Technetium Tc-99^m abgelöst wurde.

3 Beschreibe, wie Schweißnähte mit radioaktiver Strahlung überprüft werden. → 5 Ist α-Strahlung dafür geeignet? Begründe deine Antwort.

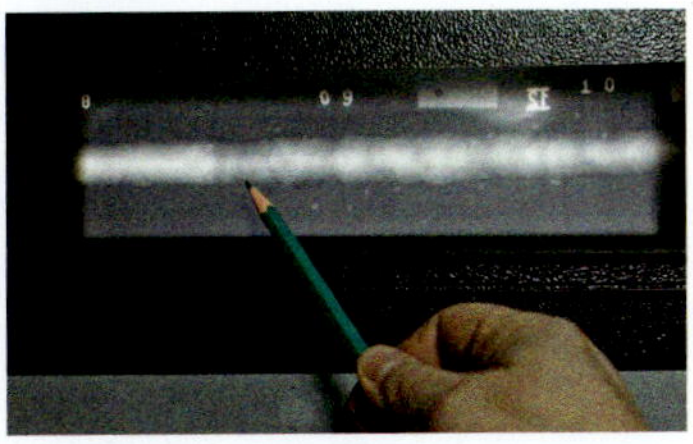

5 Die Schweißnaht einer Pipeline wird durchstrahlt.

Nutzung ionisierender Strahlungen

A Aufgabe

Ein Radionuklid zur Krebsdiagnose und -therapie

1 Beschreibe, wie Lutetium Lu-177 eingesetzt wird: → 1
- zur Diagnose von Tumoren
- zur Therapie von Tumoren

Gib jeweils an, welche Eigenschaft der Strahlungsarten genutzt wird.

Das radioaktive Lutetium Lu-177 (β- und γ-Strahlung) kann gegen bösartige Tumore der Prostata eingesetzt werden. Ein Präparat mit Lu-177 wird dem Patienten gespritzt und lagert sich an den Krebszellen an. Die γ-Strahlung kann von Detektoren registriert werden und zeigt dann an, wo sich der Tumor befindet (Diagnose). Die β-Strahlung zerstört die Krebszellen (Therapie). Die stark ionisierende β-Strahlung schädigt aber auch gesunde Zellen. Mit einer Halbwertszeit von 6,64 d belastet Lu-177 den Körper allerdings nicht sehr lange.

1

B Aufgaben

Computertomografie

1 Vergleiche die Computertomografie mit einer Röntgenuntersuchung. → 2

2 Bewerte die Aussage: „Ich lasse lieber eine Computertomografie machen. Röntgen ist mir viel zu gefährlich."

Bei der Computertomografie (CT) werden viele Röntgenaufnahmen von einzelnen Querschnitten des Körpers aus verschiedenen Richtungen gemacht (altgriech. *tomé:* Schnitt). Diese Aufnahmen werden am Computer zu dreidimensionalen Bildern zusammengefügt. Jede Röntgenaufnahme belastet den Körper. Beim CT ist die Strahlenbelastung besonders hoch, weil viele Einzelbilder gemacht werden. Bei einem CT des Bauchraums kann sie bis zu 20 mSv betragen.

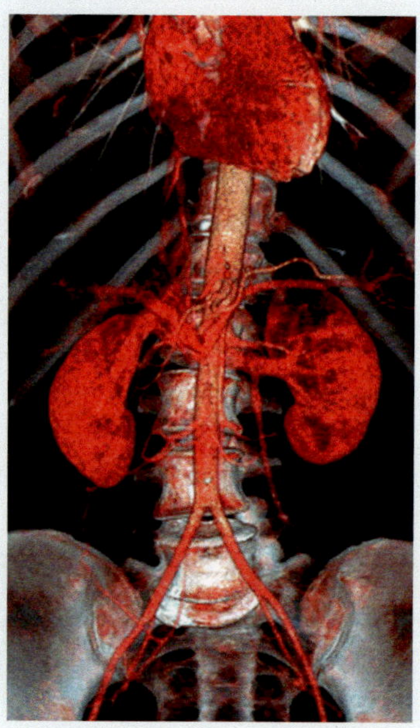

2

C Aufgabe

Pflanzen züchten

1 Beschreibe, wie man ionisierende Strahlung zur Pflanzenzucht einsetzt. → 3

Kartoffeln und Äpfel waren vor 100 Jahren kleiner und krankheitsanfälliger als heute. Nur nach jahrzehntelangen Züchtungen wurden sie größer und robuster. Dazu wählte man immer wieder Pflanzen aus, die zufällig besser geeignet waren, und vermehrte sie.
Heute kann man das Erbgut von Pflanzen mit einer einzigen Bestrahlung vielfältig verändern und auf diese Weise viel schneller neue Sorten züchten.

3

D Aufgaben

Ionisationsrauchmelder

1 Beschreibe, wie der Rauchmelder funktioniert. → 4

2 Informiere dich über das verwendete radioaktive Isotop Am-241: Halbwertszeit, Strahlungsart, Erzeugung.

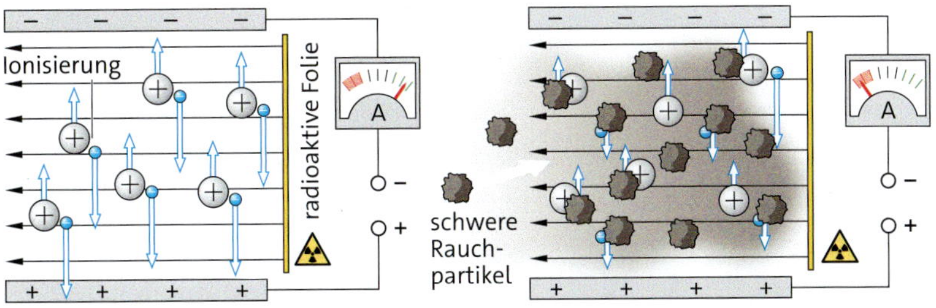

4 Ionisationsrauchmelder (Prinzip)

E Aufgabe

Düngemittel

1 Radioaktive Präparate werden genutzt, um den Einsatz von Düngemitteln in der Landwirtschaft zu untersuchen. → 5

a Erkläre stichpunktartig, wie die Radioaktivität eingesetzt wird.

b Erkläre, warum die Nutzung von radioaktivem Phosphor P-32 geduldet wird, das Vorkommen von Uran im Phosphatdünger jedoch ein Problem darstellt.
Tipp: Recherchiere und vergleiche die Halbwertszeiten und auch die abgegebenen Strahlungsarten.

Durch die Markierung von Düngemitteln mit radioaktivem Phosphor P-32 kann die Aufnahme von Dünger aus dem Boden in die Pflanzen genau verfolgt werden. Damit lässt sich der beste Düngezeitpunkt ermitteln und die Umwelt vor Überdüngung schützen.
Gleichzeitig ist der Einsatz von Phosphatdünger nicht unproblematisch, weil er zu rund 0,2 Tausendsteln giftiges, radioaktives Uran enthält. Wenn dieses Uran ins Grundwasser eindringt und die Nutzpflanzen schädigt, kann es auch uns Menschen gefährden.

5

F Aufgabe

Technische Anwendungen

1 Informiere dich über die abgebildeten drei Anwendungen der Radioaktivität und beschreibe jeweils das Funktionsprinzip. → 6 – 8
Finde weitere technische Anwendungen.

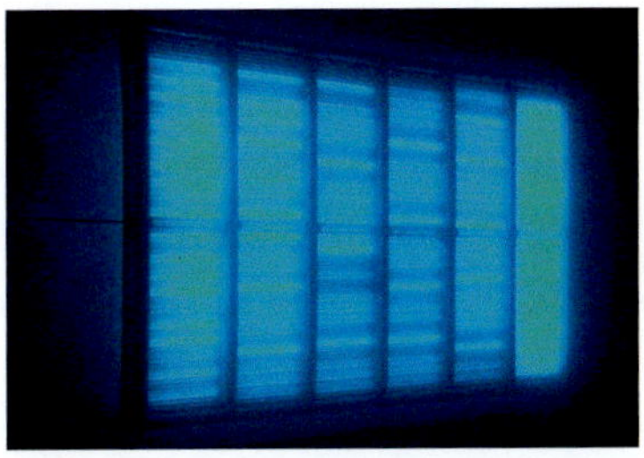

6 Strahlungsquelle für die Gamma-Sterilisation

7 Alte Uhr: Das grüne Leuchten beruht auf radioaktiven Stoffen.

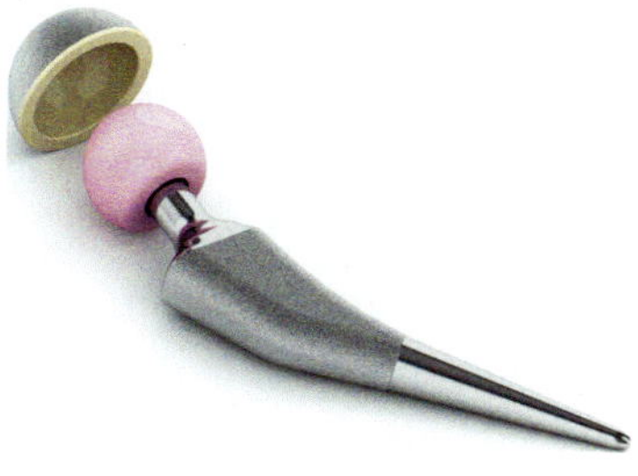

8 Gehärtete Hüftprothese

Nutzung ionisierender Strahlungen

Im Fokus

Aus der Geschichte: Wie alt ist „Ötzi“?

Wann starb der Steinzeitmensch, dessen mumifizierte Leiche 1991 in den Ötztaler Alpen gefunden wurde? → [1] Die Antwort liefert die Radiokarbonmethode (C-14-Methode).

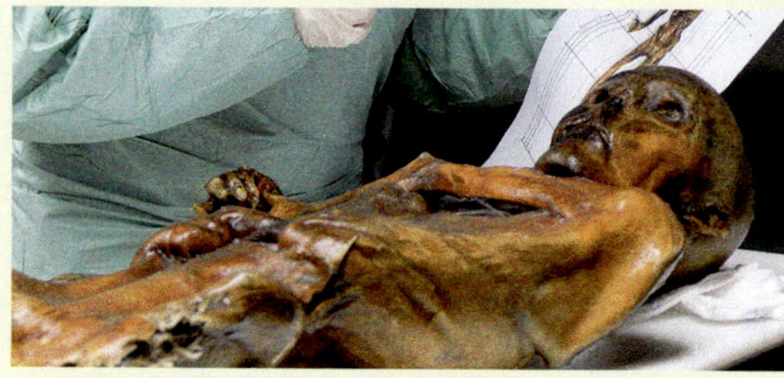

[1] Mumifizierte Leiche aus der Steinzeit („Ötzi“)

Zwei Kohlenstoff-Isotope • Kohlenstoff (lat. *carbo:* die Kohle) enthält neben dem stabilen Isotop $^{12}_{6}C$ in sehr geringen Mengen das radioaktive Isotop $^{14}_{6}C$. Es zerfällt mit der Halbwertszeit $T = 5730\,a$ unter Aussendung von β-Strahlung. C-14 entsteht in der Atmosphäre aber auch ständig neu: Kosmische Strahlung setzt beim Aufprall auf Atomkerne Neutronen frei. Einige davon werden von Stickstoffatomkernen $^{14}_{7}N$ in der Luft aufgenommen, die sich daraufhin unter Aussendung eines Protons zu Kohlenstoff $^{14}_{6}C$ umwandeln. Zerfall und Neuentstehung von C-14 haben ein seit Jahrtausenden stabiles Verhältnis bewirkt: Ein C-14-Atom kommt auf eine Billion C-12-Atome!

Radiokarbonmethode • Kohlenstoff und damit auch in sehr geringen Mengen C-14 wird von Pflanzen und Tieren aus der Luft (und von Tieren auch aus der Nahrung) aufgenommen und über den Stoffwechsel zum Teil wieder abgegeben. Der Anteil an C-14 im Organismus ist zu Lebzeiten praktisch immer gleich groß. Nach dem Tod sind Aufnahme und Abgabe von Kohlenstoff beendet. Der Anteil an C-14 im Körper verringert sich durch Kernzerfälle. Der Anteil an C-12 bleibt dagegen konstant. Der Quotient aus C-14- zu C-12-Atomen wird daher mit der Zeit immer geringer, nach 5730 a ist er z. B. nur noch halb so groß wie zum Todeszeitpunkt. Die Aktivität *A* des Körpers nimmt im gleichen Maß ab. Durch den Quotienten „C-14 zu C-12“ oder die Aktivität lässt sich ermitteln, wann ein Organismus gestorben ist. So bestimmte man das Alter von „Ötzi“ auf 5100–5400 Jahre. Mit der C-14-Methode lassen sich organische Proben von einigen Tausend Jahren datieren. Viel ältere Proben enthalten dagegen nicht mehr genügend C-14. Für kurze Zeiträume wie z. B. 10 Jahre ist die Methode ungeeignet, weil der C-14-Anteil im Körper wegen der großen Halbwertszeit zu langsam abnimmt.

Aufgaben

1 Fasse die C-14-Methode in Stichpunkten zusammen. Erkläre, wieso sie nur für ein bestimmtes Zeitintervall geeignet ist.

2 2,0 g Kohlenstoff aus dem Gewebe eines lebenden Tiers haben eine Aktivität von 28 Bq. Bei einem Mammut aus dem ewigen Eis sind es nur noch 6,0 Bq.

a Gib die Kernzerfallsgleichung von C-14 an.

b Bestimme, vor wie vielen Jahren das Mammut gestorben ist.

Aus der Raumfahrt: Atombatterie

2 Marsrover Perseverance

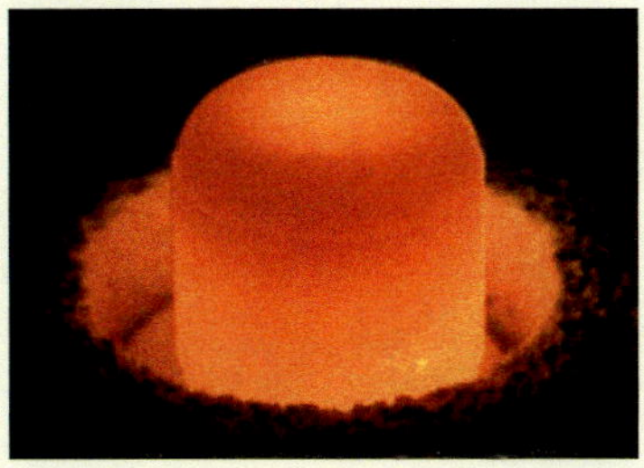

3 Glühende Plutoniumkapsel

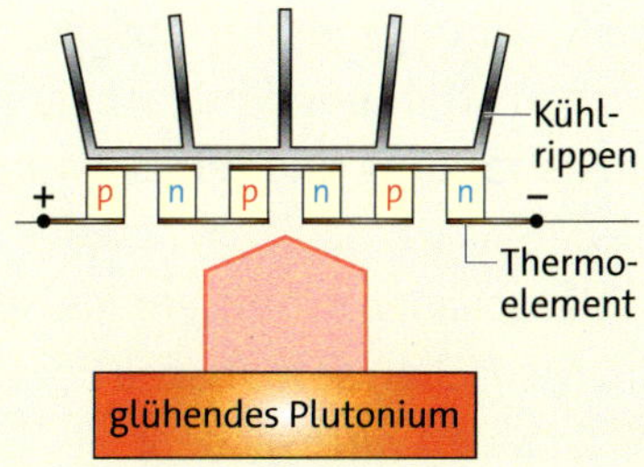

4 Atombatterie (Prinzip)

Radioisotopengenerator • Der Marsrover Perseverance erhält seine elektrische Energie nicht von Solarmodulen, sondern von einem Radioisotopengenerator. → 2 Dieser Generator nutzt die Energie radioaktiver Strahlung, um elektrische Energie bereitzustellen, und wird auch als Atombatterie bezeichnet.

Funktionsweise • Im Inneren der Atombatterie befinden sich Kapseln aus Plutoniumdioxid PuO_2. → 3 Pu-238 ist ein α-Strahler mit einer Halbwertszeit von 87,74 a, es lässt sich in einigen Kernkraftwerken erzeugen. In den Plutoniumkapseln finden ständig so viele Kernzerfälle statt, dass die Energie der α-Strahlung die Kapseln zum Glühen bringt. Die abgegebene Wärme strömt durch ein Thermoelement hindurch in die Umgebung und wird dabei mit einem Wirkungsgrad von rund 5,5 % in elektrische Energie umgewandelt. → 4

Leistung und Lebensdauer • Die Atombatterie des Marsrovers hat derzeit eine elektrische Leistung von 110 W. Die Leistung nimmt zusammen mit der Aktivität der Plutoniumkapseln zeitlich ab, weil infolge der Zerfälle immer weniger Pu-238 vorhanden ist. Erst nach einigen Jahrzehnten werden Spannung und Leistung so gering sein, dass der Rover nicht mehr ausreichend elektrische Energie erhält.

Aufgaben

1 Das Wort Radio|isotopen|generator setzt sich aus drei Bestandteilen zusammen. Erkläre jeweils, was mit ihnen in diesem Zusammenhang gemeint ist.

2 Mit einem Thermoelement kann man einen Solarmotor antreiben. → 5 Dazu braucht man zwei Gläser (mit Blechdeckel) voll Wasser.

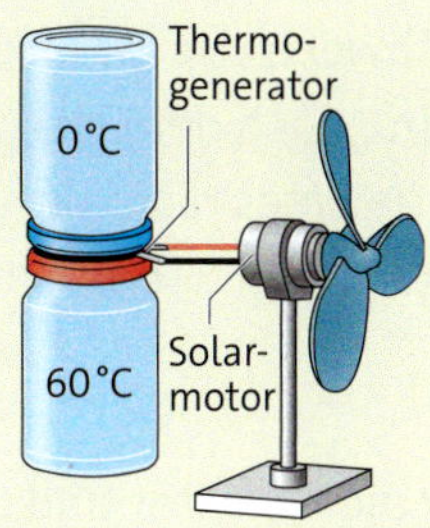

5

a Vergleiche den Aufbau mit der Atombatterie. → 4 Welche Teile entsprechen sich?

b Wenn euch der Versuch zur Verfügung steht: Bestimmt die elektrische Leistung des Thermoelements. Vergleicht mit der Leistung der Atombatterie des Marsrovers.

Strahlenschutz und Halbwertszeit

Zusammenfassung

Strahlungsquellen • Wir sind ständig ionisierenden Strahlungen von natürlichen und künstlichen Strahlungsquellen ausgesetzt. Bei der natürlichen Strahlung unterscheidet man zwischen Höhenstrahlung und terrestrischer Strahlung.

Strahlenschäden • Ionisierende Strahlung kann beim Menschen somatische Schäden und genetische Schäden verursachen.

Strahlenschutz • Zum Schutz vor ionisierender Strahlung und radioaktiven Stoffen gibt es die fünf A-Regeln:
Abstand vergrößern, Abschirmung optimieren, Aufenthaltsdauer kurz halten, Aktivität verringern und Aufnahme in den Körper vermeiden.

Strahlengrößen • Die Aktivität A gibt an, wie viele radioaktive Zerfälle in einem Körper pro Sekunde stattfinden.
Einheit der Aktivität: 1 Becquerel, $1\,\text{Bq} = \frac{1}{\text{s}}$

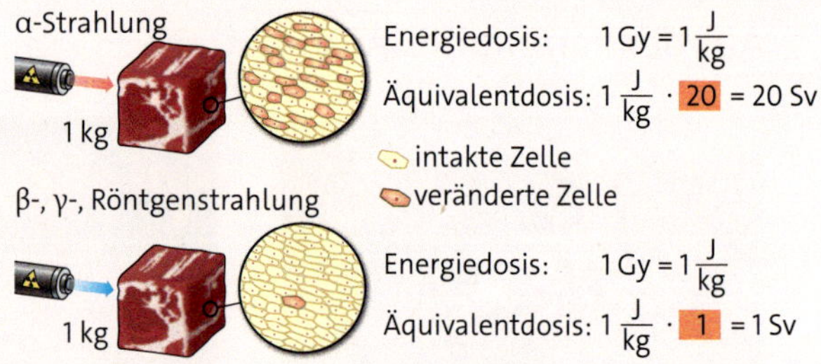

1 Energiedosis und Äquivalentdosis

Die Energiedosis D gibt an, wie viel Energie ein Körper pro kg durch ionisierende Strahlung absorbiert: → 1
$D = \frac{E}{m}$.
Einheit der Energiedosis: 1 Gray, $1\,\text{Gy} = 1\,\frac{\text{J}}{\text{kg}}$

Die Äquivalentdosis H ist das Maß für die biologische Wirkung ionisierender Strahlung. Gleich große Äquivalentdosen bedeuten gleich starke biologische Wirkungen. Es gilt: → 1
$H = q \cdot D$ (q: Bewertungsfaktor).
Einheit der Äquivalentdosis: 1 Sievert, $1\,\text{Sv} = 1\,\frac{\text{J}}{\text{kg}}$

Halbwertszeit • Die Halbwertszeit T ist der Zeitraum, nach dem sich jeweils die Hälfte der Atomkerne eines radioaktiven Isotops umgewandelt hat. → 2 Für das Isotop gilt das Zerfallsgesetz:
$N(t) = N_0 \cdot \left(\frac{1}{2}\right)^{\frac{t}{T}}$.

Für die Aktivität und die Masse dieses Isotops in einer Probe gilt:
$A(t) = A_0 \cdot \left(\frac{1}{2}\right)^{\frac{t}{T}}$ und $m(t) = m_0 \cdot \left(\frac{1}{2}\right)^{\frac{t}{T}}$.

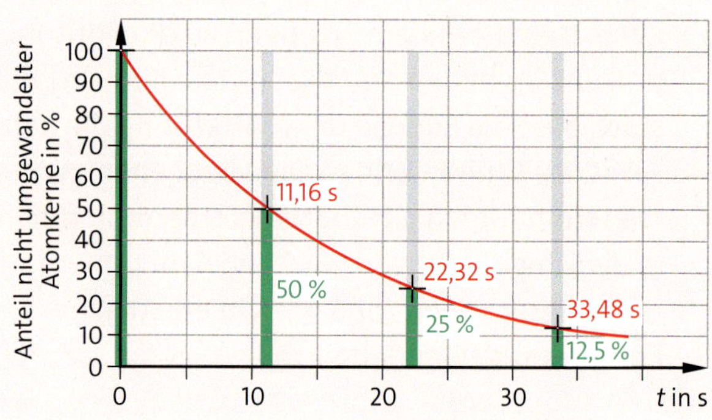

2 Die zeitliche Umwandlung von Fluor F-20

Nutzung ionisierender Strahlungen • Radioaktive Strahlung und Röntgenstrahlung können genutzt werden, um Bilder vom Inneren eines Körpers zu erstellen. Beim Verändern oder Abtöten von Zellen wird das Ionisierungsvermögen der Strahlung genutzt.

Aufgaben

1 Radioaktiver Kohlenstoff C-14 mit einer Halbwertszeit von 5730 Jahren entsteht in der Erdatmosphäre infolge der kosmischen Strahlung.

a Beschreibe die C-14-Methode, mit der auf das Alter eines archäologischen Fundes geschlossen werden kann.

b In einer Höhle wurde Holzkohle gefunden. Bei einer Untersuchung von 15,0 g dieser Holzkohle wurde eine Aktivität von 3,13 Bq ermittelt. Im Holz lebender Pflanzen beträgt die Aktivität von C-14 im Mittel 15,3 Zerfälle pro Minute und Gramm Kohlenstoff. Ermittle das Alter der gefundenen Holzkohle.

c Stelle den zeitlichen Verlauf der Aktivität eines frischen Stücks Holzkohle mit A_0 = 48 Bq für die ersten vier Halbwertszeiten in einem Diagramm dar.

2 Kurz nach dem Unfall im Kernkraftwerk von Tschernobyl wurde aufgrund der freigesetzten radioaktiven Stoffe in 1 l Milch eine relativ hohe Aktivität durch Iod-131 und eine etwas geringere Aktivität durch Caesium-137 gemessen. Vier Wochen später waren die Iodwerte viel geringer als die Caesiumwerte. Begründe dies.

3 Erkläre, was das Messgerät anzeigt. → 3 Berechne, ob die Belastung 1,0 mSv pro Jahr übersteigt.

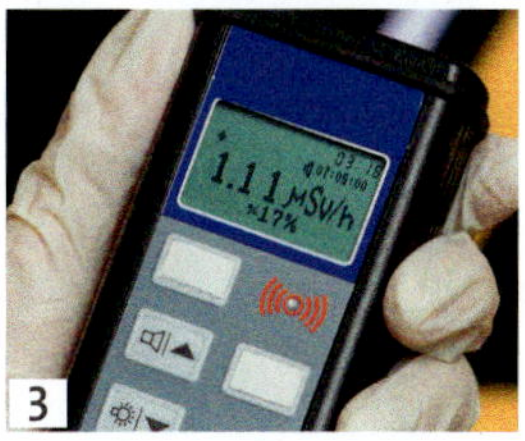

3

4 Eine Person nimmt eine Energiedosis von 0,50 Gy durch α-Strahlung auf, eine andere eine Energiedosis von 1,0 Gy durch β-Strahlung. Berechne die Äquivalentdosen und vergleiche die Strahlenbelastung.

5 Mithilfe von Tabletten, die das radioaktive Thallium Tl-201 enthalten, und speziellen Messgeräten kann die Durchblutung des Herzens bildlich dargestellt werden.

a Der Patient nimmt durch die Tablette eine Energiedosis von 42 mGy auf. Bestimme die absorbierte Energie für einen Erwachsenen (70 kg) und die Äquivalentdosis bei einem Bewertungsfaktor (Qualitätsfaktor) von 1.

b Nach 9,0 Tagen hat die Aktivität des aufgenommenen Thalliums um 87 % abgenommen. Berechne die Halbwertszeit von Tl-201.

c Bei falscher Verabreichung kann das Medikament schnell zum Tod führen. Nenne zwei Kategorien von Strahlenschäden und gib je ein Beispiel dazu an.

6 Ein Gerät der Nuklearmedizin wurde 1986 bei einem Unfall zerstört. Der Abfall enthält Caesium Cs-137 und muss sicher gelagert werden, bis seine Aktivität um 98,5 % abgeklungen ist.

a Berechne das Jahr, bis zu dem der radioaktive Abfall sicher verwahrt bleiben muss. → S. 262

b Bei dem Unfall wurde eine Person (m = 85 kg) radioaktiver Strahlung ausgesetzt und absorbierte dabei eine Energie von 0,46 kJ innerhalb eines kurzen Zeitraums. Beurteile für q = 1 die Gefährdung dieser Person. → 4

H in mSv	Auswirkungen
500	akute Hautrötung
1000	Auftreten von Strahleneffekten wie Übelkeit
3000–4000	ohne medizinische Hilfe nur 50 % Überlebenschance
> 8000	nur geringe Überlebenschancen ohne medizinische Hilfe

4 Folgen kurzzeitiger Strahlenbelastung

Kernspaltung und Kettenreaktionen

1

Der Eisbrecher Yamal besitzt ein Kernkraftwerk, das täglich 300 g Uran braucht. Hätte das Schiff einen Dieselmotor, würde es 350 t Treibstoff pro Tag verbrauchen! Wie lässt sich so viel Energie aus nur 300 g Uran gewinnen?

Grundlagen

Kernspaltung • Die „Brennelemente" der meisten Kernkraftwerke enthalten Uran U-235, das eine hohe Nukleonenzahl hat. In den Atomkernen ist viel Energie gespeichert. Um einen großen Anteil davon freizusetzen, spaltet man die Atomkerne: → 2

- Die Urankerne werden mit „langsamen" Neutronen „beschossen", die nur wenig kinetische Energie besitzen. Die neutralen Neutronen werden von den positiv geladenen Protonen nicht elektrisch abgestoßen. ①
- Der U-235-Kern nimmt das Neutron und seine Energie auf. ②
- Die absorbierte Energie führt dazu, dass sich die Abstände von einigen benachbarten Nukleonen im Kern vergrößern. ③ Zwischen ihnen wirken nun die stark anziehenden Kernkräfte mit ihrer kurzen Reichweite praktisch nicht mehr. Der Urankern teilt sich deshalb in zwei Bruchstücke, wie z. B. Barium Ba-144 und Krypton Kr-89. ③ Es können aber auch zwei andere Elemente entstehen.
- Die positiv geladenen Bruchstücke stoßen sich mit großer elektrischer Kraft gegenseitig ab und bewegen sich mit hoher Geschwindigkeit voneinander weg. ④ Zugleich werden auch z. B. drei Neutronen abgestrahlt.

Die Kernreaktionsgleichung für diese Kernspaltung lautet:

$^{1}_{0}n + ^{235}_{92}U \rightarrow ^{144}_{56}Ba + ^{89}_{36}Kr + 3\,^{1}_{0}n.$

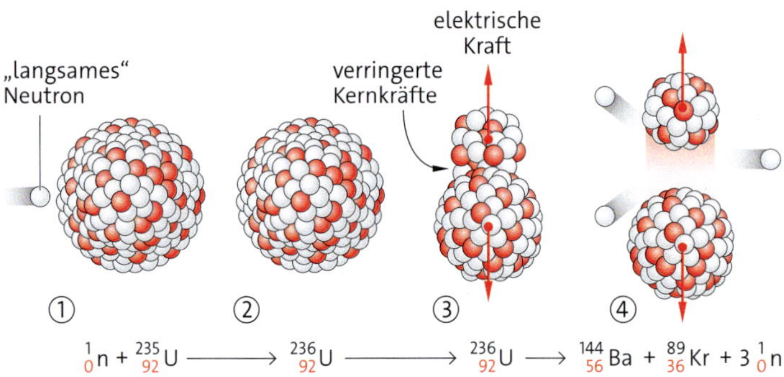

2 Kernspaltung von Uran U-235

Atomkerne z. B. von Uran U-235 lassen sich durch „langsame" Neutronen spalten. Dabei entstehen zwei kleinere Atomkerne und freie Neutronen, die sich alle mit großer kinetischer Energie voneinander entfernen. Durch die Spaltung von 1,0 kg Uran U-235 wird eine Energie von $24 \cdot 10^6$ kWh freigesetzt.

Zum Vergleich: Durch Verbrennen von 1,0 kg Diesel wird nur eine Energie von 12 kWh freigesetzt.

die Kernspaltung
die Kettenreaktion

Unkontrollierte Kettenreaktion • Ein „langsames" Neutron kann die Spaltung eines Uran-235-Kerns auslösen. Dabei werden zwei oder drei Neutronen abgestrahlt, die neue Kernspaltungen verursachen können. → 3 Bei jeder dieser Kernspaltungen werden zwei oder der drei Neutronen abgestrahlt, die weitere Kernspaltungen ... Es setzt eine Kettenreaktion ein.

Bei einer unkontrollierten Kettenreaktion steigt die Anzahl der Kernspaltungen lawinenartig an. Dabei wird sehr viel Energie explosionsartig freigesetzt.

Eine unkontrollierte Kettenreaktion wird bei der Zündung einer Atombombe ausgelöst.

Kontrollierte Kettenreaktion • Im Kernkraftwerk löst von den zwei oder drei abgestrahlten Neutronen nach einer Kernspaltung jeweils genau ein Neutron eine neue Kernspaltung aus. Dazu tragen zwei Maßnahmen bei: → 4

- Die überzähligen Neutronen werden von Steuerstäben absorbiert.
- Die Neutronen werden von einem Moderator (z. B. Wasser) abgebremst, damit das übrig bleibende Neutron „langsam" genug ist, um eine Kernspaltung auszulösen.

Bei einer kontrollierten Kettenreaktion bleibt die Anzahl der Kernspaltungen zeitlich konstant, sodass die Energie gleichmäßig freigesetzt wird.

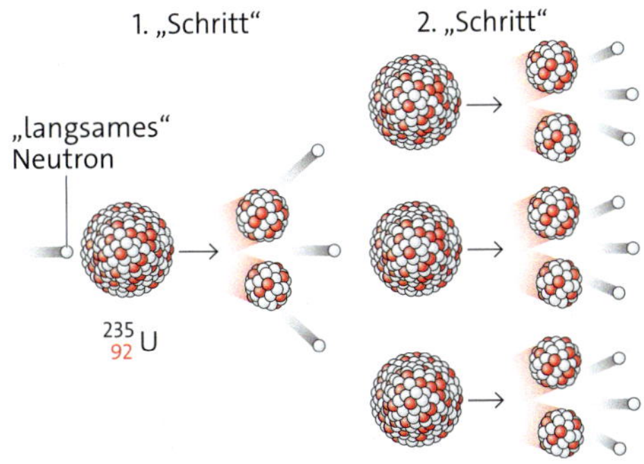

3 Unkontrollierte Kettenreaktion

Aufgaben

1 Beschreibe die Kernspaltung von U-235 in Ba-144 und Kr-89. → 2 Gib die Kernreaktionsgleichung an.

2 „Bei der Spaltung von 1,0 kg U-235 wird ... so viel Energie freigesetzt wie beim Verbrennen von 1,0 kg Diesel." Berechne den fehlenden Wert.

3 Kettenreaktionen

a Erkläre, was man unter einer unkontrollierten Kettenreaktion versteht. → 3 Bestimme, wie viele Neutronen beim 3., 4., 5. und 6. „Schritt" abgestrahlt werden.

b Gib an, wie man aus einer unkontrollierten Kettenreaktion eine kontrollierte machen kann. → 4

c Nenne je ein Beispiel für die beiden Kettenreaktionen.

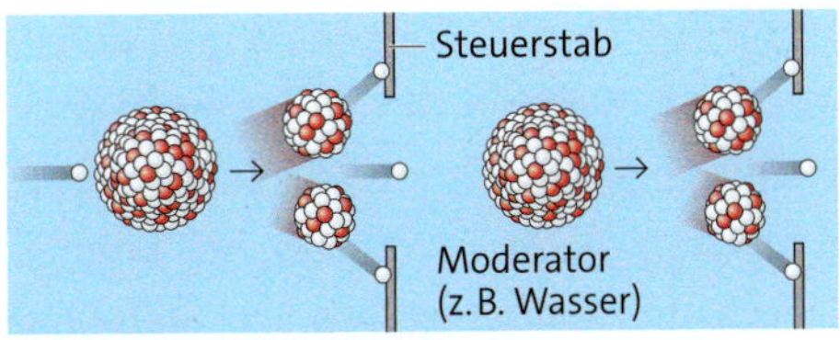

4 Kontrollierte Kettenreaktion

Kernspaltung und Kettenreaktionen

A Aufgaben

Die Entdeckung der Kernspaltung

1 Lies den Text und beantworte folgende Fragen: → 1
- Wann, wo und von wem wurde die Kernspaltung entdeckt?
- Wie war Otto Hahn an der Entdeckung beteiligt und wie Lise Meitner?

2 Fertige Steckbriefe der drei Entdecker an. Gehe dabei auch auf Nobelpreise ein.

Berlin, am späten Abend des 19. 12. 1938: Hinter einigen Fenstern der radiochemischen Abteilung des Kaiser-Wilhelm-Instituts für Chemie brennt noch Licht. Otto Hahn, Direktor des Instituts, setzt sich an seinen Schreibtisch. Er ist müde, doch erst in einer halben Stunde wird ihn sein Mitarbeiter Fritz Straßmann ablösen. Bis zur nächsten Messung ist noch Zeit. Wie schon so oft in den letzten Stunden sieht sich Hahn sein Versuchsprotokoll an. Er kann nicht glauben, dass das Ergebnis seiner Messungen stimmt: Völlig reines Uran hat er mit Neutronen „beschossen" – und nun lassen sich im Uran winzige Mengen von Barium nachweisen. Aus Uran mit 92 Protonen im Kern kann doch nicht auf einmal Barium werden, das nur 56 Protonen besitzt! Nach allem, was der Chemiker Hahn von Kernphysik weiß, ist das unmöglich. Kann er seinen Messungen überhaupt trauen?
Hahn schreibt der Physikerin Lise Meitner in Schweden. Bis zum Sommer 1938 haben sie noch gemeinsam geforscht. Nun ist die Jüdin auf der Flucht vor den Nazis. Am 3. 1. 1939 kommt ihre Antwort: „Ich bin jetzt ziemlich sicher, daß Ihr wirklich eine Zertrümmerung zum Ba(rium) habt, und finde das ein wirklich wunderschönes Ergebnis, wozu ich Dir und Straßmann sehr herzlich gratuliere." Sie schlägt vor, im mit Neutronen beschossenen Uran auch nach Krypton zu suchen. Tatsächlich lässt sich Krypton finden. Damit ist die Spaltung von Urankernen in zwei große Bruchstücke (einen Barium- und einen Kryptonkern) bewiesen. Auch andere Elemente werden nachgewiesen. Bei der Spaltung kann also ein Urankern auch in andere Stücke zerbrechen, z. B. in Selen und Cer oder in Strontium und Xenon. Lise Meitner errechnet, dass bei der Kernspaltung gewaltige Energien frei werden: Wenn man in 1 g Uran alle Atomkerne spalten könnte, würde so viel Energie frei wie beim Verbrennen von 2,3 t Steinkohle!

1

B Demoversuch

Kettenreaktionen (Modellversuch)

Material: Zündhölzer, Nägel, Tonklumpen

Achtung • Versuch hinter einer Schutzscheibe durchführen, Schutzbrille aufsetzen!

1 Der Tonklumpen wird auf den Tisch gestellt und mit Zündhölzern besteckt. → 2

a Das unterste Zündholz wird entzündet. Beschreibt eure Beobachtung.

b Diesmal wird jedes dritte Zündholz, beim nächsten Mal jedes zweite Zündholz durch einen Nagel ersetzt. Dann wird wieder das unterste Streichholz entzündet. Beobachtet und vergleicht.

c Vergleicht den Modellversuch mit Kettenreaktionen in Uran U-235. Beschreibt Gemeinsamkeiten und Unterschiede.

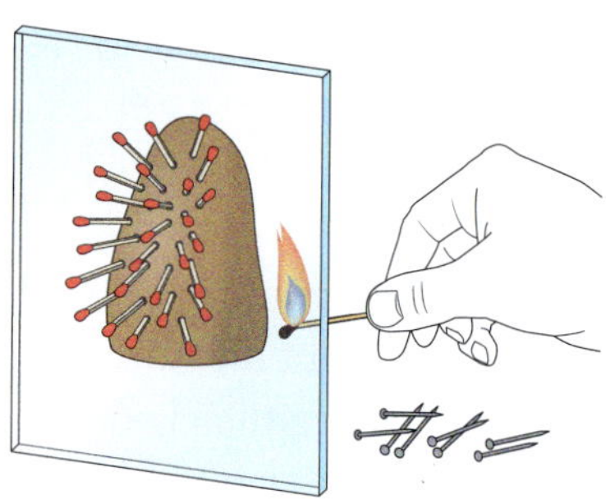

2

C Aufgaben

Nur das Uran-Isotop U-235 ist leicht spaltbar. In natürlichem Uran gehören von 1000 Atomen aber bloß 7 zu U-235 – zu wenig für eine Kettenreaktion. Freie Neutronen werden von den viel häufigeren Kernen U-238 eingefangen, ohne diese Kerne zu spalten.
In Kernkraftwerken wird deshalb angereichertes Uran eingesetzt. Von 1000 Atomen gehören rund 30 zu U-235.
Der russische Eisbrecher Yamal verwendet hochangereichertes Uran. Von 1000 Atomen gehören mehr als 900 zu U-235.

3

Natürliches und angereichertes Uran

1 Vergleiche natürliches, angereichertes und hochangereichertes Uran. → 3

2 Erkläre, warum es in natürlichem Uran nicht zur Kettenreaktion kommt.

D Aufgaben

Die Atombombe von Hiroshima

Bei Atombomben sollen extrem viele Atomkerne von Uran U-235 in einer unkontrollierten Kettenreaktion ganz schnell gespalten werden. Dafür wird hochangereichertes Uran verwendet. Außerdem braucht man viel mehr U-235 als im Kernkraftwerk. Die mindestens nötige Masse an reinem U-235 beträgt rund 50 kg. Man spricht von der kritischen Masse.
Die Atombombe von Hiroshima enthielt an einer Seite einen Stift und an der anderen Seite eine passende Röhre aus U-235. Weder der Stift noch die Röhre hatten die kritische Masse, sodass die Bombe gefahrlos zusammengebaut und transportiert werden konnte. Beim Zünden der Bombe explodierte etwas Sprengstoff. Dadurch wurde die Röhre auf den Stift geschossen. Röhre und Stift wogen nun zusammen 64 kg – die kritische Masse war überschritten. Die Neutronenquelle am vorderen Ende der Bombe lieferte „langsame" Neutronen und die unkontrollierte Kettenreaktion setzte ein.

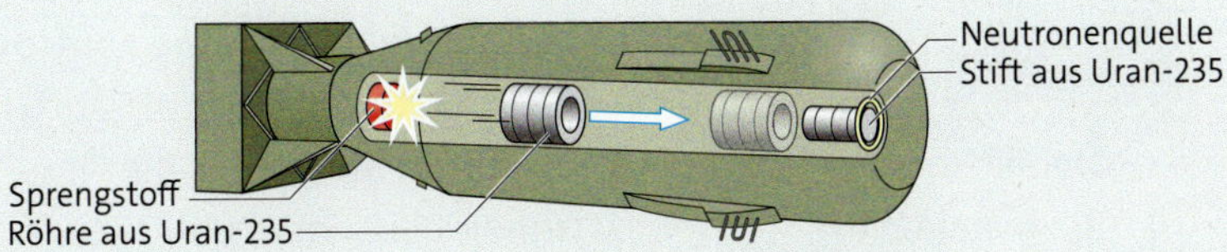

4

Kernenergie wird in Kernkraftwerken friedlich genutzt – sie kann jedoch auch zerstören. 1945 ließen die USA eine Atombombe über der japanischen Stadt Hiroshima explodieren. Dabei wurde nicht einmal 1 kg Uran U-235 gespalten. Trotzdem zerstörte die freigesetzte Energie Hiroshima fast völlig. Rund 80 000 Menschen starben sofort.

1 Beschreibe den Aufbau der Atombombe mit eigenen Worten. → 4

2 Beschreibe, was man bei Atombomben unter der kritischen Masse versteht.

3 Begründe, dass ein Kernkraftwerk nicht explodieren kann wie eine Atombombe.

Kernspaltung und Kettenreaktionen

Im Fokus

Aus der Technik: Wie funktioniert ein Kernkraftwerk?

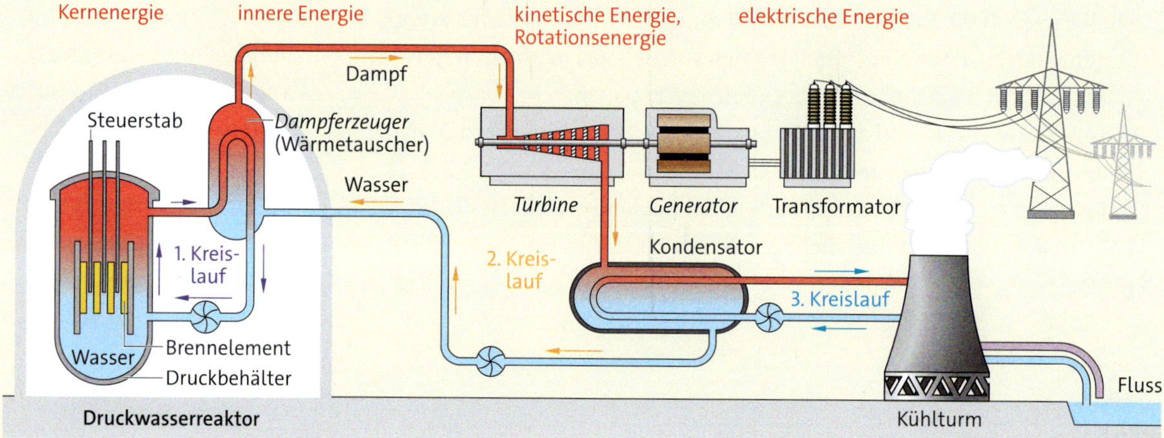

1 Aufbau eines Kernkraftwerks

Kernreaktor • Viele Kernkraftwerke in Deutschland hatten einen Druckwasserreaktor. → 1 Im Reaktor wird Energie durch Spaltung von Urankernen U-235 freigesetzt. Die Bruchstücke der Kerne und die freigesetzten Neutronen geben einen Großteil ihrer kinetischen Energie an die Wasserteilchen im Reaktor ab, sodass deren kinetische Energie stark zunimmt. Dadurch steigt die Wassertemperatur auf über 330 °C an. Im Druckbehälter herrscht ein Druck von 150 bar, damit das heiße Wasser nicht siedet.

Die Brennelemente bestehen jeweils aus 200 Brennstäben voller Urantabletten. → 2 Dieses Uran ist vorher „angereichert“ worden: Es enthält 3,0 % U-235 (und 97 % U-238), während natürliches Uran nur 0,7 % U-235 enthält. Die Brennelemente tauchen vollständig in Wasser ein. Es erfüllt drei Aufgaben:

- Das erhitzte Wasser transportiert innere Energie zum Dampferzeuger.
- Das Wasser kühlt die Brennelemente, damit sie nicht schmelzen.
- Das Wasser bremst die Neutronen, sodass eine Kettenreaktion ermöglicht wird.

Die Steuerstäbe absorbieren einen Großteil der freigesetzten Neutronen, damit eine kontrollierte Kettenreaktion abläuft. Cadmium absorbiert die Neutronen besonders gut. Je tiefer

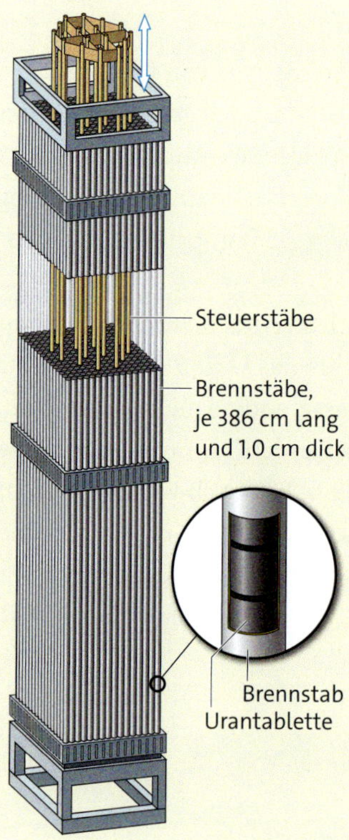

2 Brennelement

die Steuerstäbe zwischen die Brennelemente geschoben werden, desto stärker wird die Kettenreaktion gehemmt. Zur Einleitung der Kettenreaktion dient eine Neutronenquelle.

Bereitstellung elektrischer Energie • Das erhitzte Wasser wird vom Druckbehälter in den Dampferzeuger und wieder zurück gepumpt (1. Kreislauf). Im Wärmetauscher gibt es innere Energie an das Wasser im 2. Kreislauf ab, sodass dieses verdampft. Der Dampf treibt die Turbine an. Der angekoppelte Generator wandelt die Rotationsenergie in elektrische Energie um und gibt diese über einen Trafo an das Hochspannungsnetz ab. Der Dampf wird im Kondensator so weit gekühlt, dass er kondensiert. Das Wasser wird dann wieder in den Wärmetauscher geleitet.

Schutzmaßnahmen • Vielfältige Maßnahmen sollen verhindern, dass radioaktive Stoffe oder Strahlung aus dem Reaktor entweichen: → 3

- Die Brennelemente sind in gasdichten Hüllrohren eingeschlossen.
- Der 25 cm dicke Druckbehälter aus Stahl hält sehr großem Druck stand.
- Eine dicke Betonmauer umgibt den Druckbehälter und schirmt radioaktive Strahlung ab.
- Der kugelförmige Sicherheitsbehälter aus Stahl hält (nicht nur) radioaktive Stoffe zurück.
- Das Wasser im Sicherheitsbehälter wird von den Brennelementen nicht nur erhitzt, sondern auch radioaktiv belastet. Es verlässt den Reaktor nicht (1. Kreislauf).
- Zuletzt wird der Reaktor vom Reaktorgebäude aus dickem Stahlbeton nach außen geschützt.

Restrisiken • Trotz aller Schutzmaßnahmen können Technik und Mensch versagen. Wenn z. B. das Hauptkühlsystem im Reaktor ausfällt, schmelzen die Brennstäbe, wodurch Barrieren zerstört werden und große Mengen radioaktiver Stoffe entweichen (Fukushima, 2011).
Die Bruchstücke aus Kernspaltungen sind meist radioaktiv und geben oft noch lange Zeit viel Energie ab („Nachwärme"). Deshalb müssen die Brennelemente über viele Jahre nach Abschalten des Kraftwerks zuverlässig gekühlt werden.

Aufgaben

1 Nenne die drei wichtigsten Bestandteile eines Druckwasserreaktors und ihre Aufgaben.

2 Das Kernkraftwerk hat einen Wirkungsgrad von ca. 35 % – wo bleibt der Rest der Energie?

3 Beschreibe die Schutzmaßnahmen im Reaktor. Nenne auch Restrisiken.

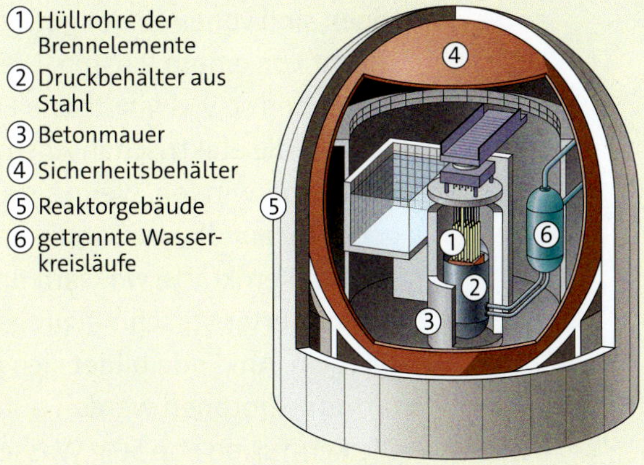

3 Schutzmaßnahmen im Reaktor

Kernfusionen

1

In der Sonne werden gewaltige Mengen an Energie freigesetzt. Das gelingt aber nicht durch Kernspaltungen – die häufigsten Elemente in der Sonne sind Wasserstoff und Helium!

Grundlagen

Kernfusion in der Sonne • Im Zentrum der Sonne herrschen durch Kernfusionen Temperaturen von rund $15 \cdot 10^6$ °C. Wasserstoffatome halten dabei nicht mehr zusammen, Elektronen und Protonen sind voneinander getrennt. Man spricht von einem Plasma. Die Protonen haben so viel kinetische Energie, dass sie die elektrischen Abstoßungskräfte überwinden, wenn sie sich gegenseitig annähern. Dann werden die starken Kernkräfte wirksam und ein komplizierter Verschmelzungsprozess setzt ein. Am Ende bildet sich ein Heliumkern, Protonen werden ausgesandt. Die Kernfusion von 50 g Wasserstoff zu Helium setzt so viel Energie frei wie die Verbrennung von 350 t Diesel.

Kernfusion im Kraftwerk • Seit Jahrzehnten wird geforscht, um die Kernfusion in Kraftwerken nutzbar zu machen. Die Kernfusion von Protonen in der Sonne benötigt sehr viel Zeit. Die Fusion der schwereren Wasserstoff-Isotope Deuterium $^2_1$H und Tritium $^3_1$H läuft schneller ab und setzt ebenfalls sehr viel Energie frei. → 2
Bevor die Fusionen einsetzen, muss ein Plasma mit einer Temperatur von rund $100 \cdot 10^6$ °C erzeugt werden. Das soll durch besonders starke magnetische Wechselfelder geschehen. Sie sorgen auch dafür, dass Lorentzkräfte das extrem heiße Plasma von den Reaktorwänden fernhalten, die sonst sofort zerstört würden.

Energie kann durch die Fusion (Verschmelzung) von Kernen mit kleiner Nukleonenzahl freigesetzt werden.

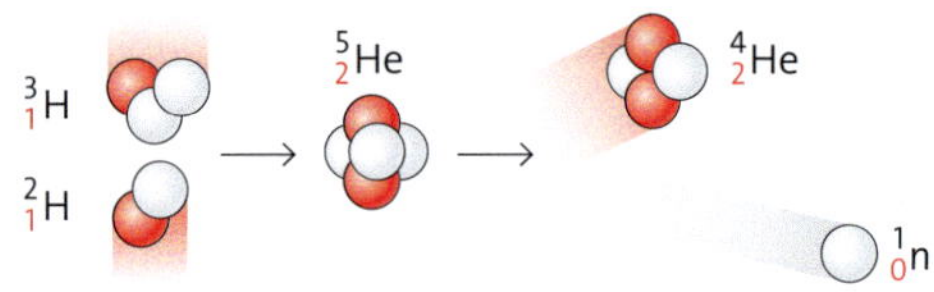

2 Kernfusion für ein Kraftwerk

Aufgaben

1 In der Sonne kommen sich Protonen trotz elektrischer Abstoßung sehr nahe. Erkläre, wie das möglich ist.

2 Vergleiche die Kernfusionen in der Sonne und im Kraftwerk.

3 Vergleiche Kernspaltung und -fusion.

A Aufgabe

Komplizierter Verschmelzungsprozess in der Sonne

1 Die Fusion von Wasserstoff zu Helium in der Sonne lässt sich in drei Schritten beschreiben. → 3

a Ordne jedem Schritt das passende Bild zu. → A – C
b Informiere dich über das Positron und das Neutrino.

1. Die Protonen im Zentrum der Sonne haben so viel kinetische Energie, dass sie sich trotz der elektrischen Abstoßung verbinden. Ihre Verbindung ist aber instabil. Erst durch Umwandlung eines Protons (Kern von Wasserstoff ${}^{1}_{1}$H) in ein Neutron entsteht ein stabiler Kern von Wasserstoff ${}^{2}_{1}$H. Dabei werden ein Positron (${}^{0}_{1}$e, positives Elektron) und ein Neutrino (ν) abgestrahlt.
2. Aus einem Kern von Wasserstoff ${}^{2}_{1}$H entsteht durch Einfang eines weiteren Protons ein Kern von Helium ${}^{3}_{2}$He.
3. Zwei Kerne von Helium ${}^{3}_{2}$He verschmelzen zu einem Kern von Helium ${}^{4}_{2}$He. Zwei Protonen werden dabei abgestrahlt.

3

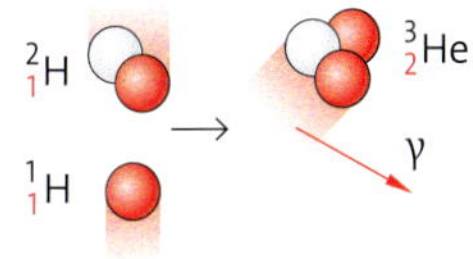

A

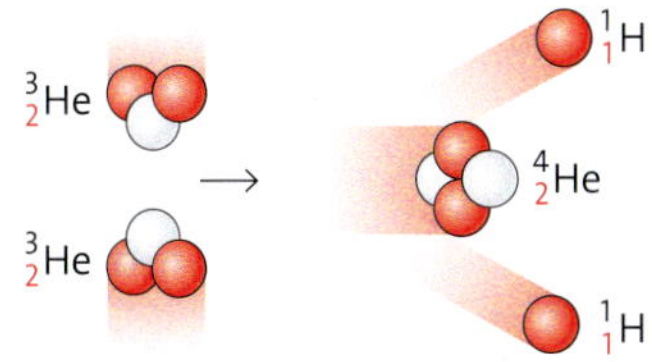

B

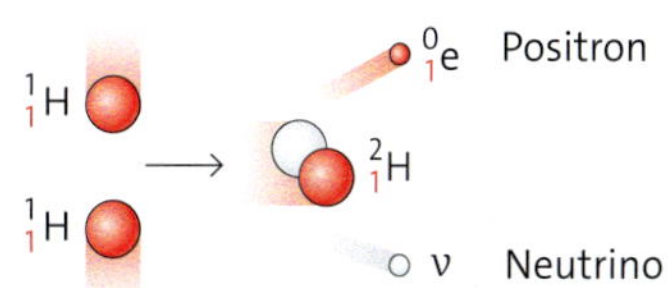

C

B Aufgabe

Im Fusionsreaktor

1 Erkläre, wie Magnetfelder im Fusionsreaktor für den Schutz der Brennkammer und das Aufheizen des Plasmas sorgen. → 4 5

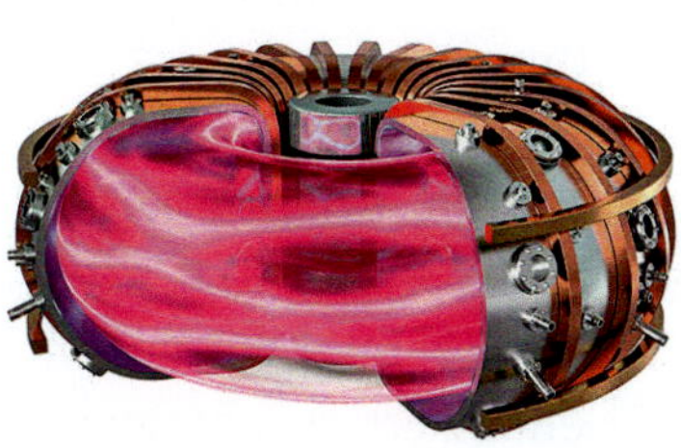

4 Brennkammer mit Plasma

Der Fusionsreaktor enthält ein Gemisch aus Deuterium und Tritium. Bei vielen Millionen Grad Celsius sind die Hüllenelektronen von den Kernen getrennt, man spricht von einem Plasma. Es darf nicht an die Reaktorwände gelangen, weil sie den hohen Temperaturen nicht standhalten würden. Die Brennkammer ist deshalb von supraleitenden Spulen umgeben, die sehr starke Magnetfelder erzeugen. Die positiv geladenen Atomkerne werden durch Lorentzkräfte so abgelenkt, dass sie von den Wänden ferngehalten werden. Die Atomkerne kreisen stattdessen in der Brennkammer umher. Sie wirken wie die Induktionsspule eines Hochstromtrafos. Die supraleitenden Spulen wirken als Feldspule, in ihnen fließen sehr große Wechselströme. Der Induktionsstrom hat eine Stromstärke von mehr als $1 \cdot 10^6$ A! Er heizt das Plasma auf $100 \cdot 10^6$ °C auf – und die Fusionen können beginnen.

5

Massendefekt und Bindungsenergie

1

Albert Einstein stellte die vielleicht berühmteste Gleichung der Physik auf. Danach besitzt jeder Körper Energie schon alleine wegen seiner Masse!

Grundlagen

Massendefekt und Energie • Wenn man die Gesamtmasse der Teilchen vor und nach einer Kernfusion oder Kernspaltung miteinander vergleicht, stellt man etwas Überraschendes fest: → 2
Die Gesamtmasse nimmt jeweils ab:
$m_{nach} < m_{vor}$.
Man spricht vom Massendefekt. Defekt bedeutet hier, dass etwas fehlt.
Nach Einstein entspricht die Massendifferenz Δm einer Energiedifferenz ΔE:
$\Delta E = \Delta m \cdot c^2$ (c: Lichtgeschwindigkeit).
Da $\Delta m = m_{nach} - m_{vor}$ kleiner als null ist, ist auch $\Delta E = E_{nach} - E_{vor}$ kleiner als null. Die Energie, die die Kerne alleine infolge ihrer Masse haben, nimmt also bei Kernspaltungen und -fusionen ab. Die Energiedifferenz wird abgegeben und z. B. in kinetische Energie der Teilchen umgewandelt. Es gilt:
$E_{ab} = -\Delta E$.

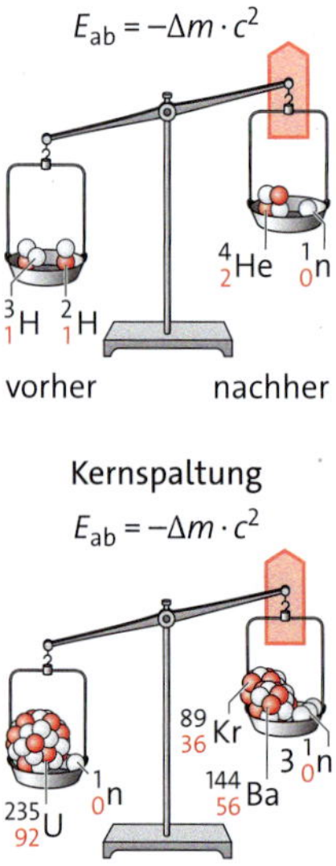

2 Massendefekt

Nach einer Kernfusion oder Kernspaltung ist die Gesamtmasse der Teilchen geringer als vorher. Die Massendifferenz Δm entspricht der abgegebenen Energie E_{ab}:
$E_{ab} = -\Delta m \cdot c^2$
$E_{ab} = (m_{vor} - m_{nach}) \cdot c^2$

Bindungsenergie • Wie lässt sich die Energiedifferenz erklären? Bei der Antwort spielt die Bindungsenergie eine entscheidende Rolle. Im Atomkern sind die Nukleonen durch die starken Kernkräfte gebunden. Um ein Nukleon aus seiner Bindung zu lösen, muss ihm Energie zugeführt werden. Diese Energie nennen wir Bindungsenergie.
Wenn man das Nukleon wieder in den Kern einfügt, wird genauso viel Energie abgegeben, wie man dem Kern zuführen musste, um das Nukleon zu lösen. Die abgegebene Energie ist also genauso groß wie die Bindungsenergie.
In Heliumkernen ^4_2He sind die Nukleonen besonders stark gebunden, die mittlere Bindungsenergie pro Nukleon ist sehr hoch. In Deuteriumkernen ^2_1H oder Tritiumkernen ^3_1H sind die Nukleonen viel schwächer gebunden, die mittlere Bindungsenergie pro Nukleon ist viel kleiner als bei Heliumkernen.
Die Fusion von Deuterium und Tritium zu Helium führen wir nun in Gedanken in zwei Schritten aus:
- Wir lösen die Nukleonen des Deuteriumkerns und des Tritiumkerns alle voneinander.
- Wir fügen die einzelnen Nukleonen zu einem Heliumkern zusammen, ein Neutron bleibt frei.

Weil die mittlere Bindungsenergie pro Nukleon bei Deuterium und Tritium viel geringer ist als bei Helium, muss zum Lösen der Nukleonen viel weniger Energie zugeführt werden, als beim Zusammenfügen abgegeben wird. In der Bilanz wird also Energie abgegeben. Bei Kernspaltungen gelten die gleichen Überlegungen, aber die Zahl der Nukleonen ist viel größer.

Aufgaben

1 Erkläre, was man unter Massendefekt und Bindungsenergie versteht.

2 Berechne die Energie, die bei den Kernspaltungen abgegeben wird. Gehe wie in der Beispielaufgabe vor, nutze die Tabellenwerte. → 3 4

a Uran $^{235}_{92}U$ wird mit einem Neutron $^{1}_{0}n$ beschossen und spaltet sich in Rubidium $^{96}_{37}Rb$, Caesium $^{137}_{55}Cs$ und drei Neutronen.

b Stickstoff $^{14}_{7}N$ absorbiert ein Neutron $^{1}_{0}n$ und spaltet sich in Tritium $^{3}_{1}H$ und Kohlenstoff $^{12}_{6}C$.

3 Kernfusion von Deuterium $^{2}_{1}H$ und Tritium $^{3}_{1}H$ zu Helium $^{4}_{2}He$ → 2

a Berechne die Energie, die bei der Kernfusion abgegeben wird. *Tipp:* Vergiss das Neutron $^{1}_{0}n$ nicht.

b Vergleiche mit der abgegebenen Energie bei der Kernspaltung von Uran in Krypton und Barium. → 3

c Teile jeweils die abgegebene Energie durch die Anzahl der beteiligten Nukleonen und vergleiche wieder.

Durch den Beschuss mit einem Neutron $^{1}_{0}n$ spaltet sich Uran $^{235}_{92}U$ in Krypton $^{89}_{36}Kr$, Barium $^{144}_{56}Ba$ und drei freie Neutronen. Berechne die Energie, die dabei abgegeben wird. Rechne mit $c = 299\,792\,458\ \frac{m}{s}$.

Gegeben: vorher $^{1}_{0}n + ^{235}_{92}U$; nachher $^{89}_{36}Kr + ^{144}_{56}Ba + 3\ ^{1}_{0}n$; c

Gesucht: ΔE

Lösung:

Die Massen der Isotope entnehme ich der Tabelle 4.

Vorher:

$m_{vor} = m_U + m_n$

$m_{vor} = 235{,}043\,93\ u + 1{,}008\,665\ u = 236{,}052\,595\ u$

Nachher:

$m_{nach} = m_{Kr} + m_{Ba} + 3 \cdot m_n$

$m_{nach} = 88{,}917\,63\ u + 143{,}922\,95\ u + 3 \cdot 1{,}008\,665\ u$

$m_{nach} = 235{,}866\,575\ u$

Berechnung des Massendefekts:

$\Delta m = m_{nach} - m_{vor}$

$\Delta m = 235{,}866\,575\ u - 236{,}052\,595\ u$

$\Delta m = -0{,}186\,020\ u$

Umrechnung in kg, runden auf 6 sinnvolle Ziffern:

$\Delta m = -0{,}186\,020\ u \cdot 1{,}660\,54 \cdot 10^{-27}\ \frac{kg}{u}$

$\Delta m = -0{,}308\,894 \cdot 10^{-27}\ kg$

Berechnung der abgegebenen Energie, runden auf 6 sinnvolle Ziffern:

$E_{ab} = -\Delta m \cdot c^2$

$E_{ab} = 0{,}308\,894 \cdot 10^{-27}\ kg \cdot (299\,792\,458\ \frac{m}{s})^2$

$E_{ab} = 2{,}776\,20 \cdot 10^{-11}\ J$

3

Teilchen	$^{1}_{0}n$	$^{2}_{1}H$	$^{3}_{1}H$	$^{4}_{2}He$
Masse in u	1,008 665	2,014 102	3,016 493	4,002 603
Teilchen	$^{235}_{92}U$	$^{89}_{36}Kr$	$^{144}_{56}Ba$	$^{96}_{37}Rb$
Masse in u	235,043 93	88,917 63	143,922 95	95,934 27
Teilchen	$^{137}_{55}Cs$	$^{14}_{7}N$	$^{12}_{6}C$	–
Masse in u	136,907 09	14,003 07	12,000 000	–
$1\ u = 1{,}660\,54 \cdot 10^{-27}$ kg (unified atomic mass unit)				

4 Teilchen und ihre Massen (in der atomaren Masseneinheit u)

Massendefekt und Bindungsenergie

Methode

Vollständige Kernreaktionsgleichungen bestimmen

Bei der Kernspaltung teilt sich ein Atomkern in Bruchstücke (Spaltprodukte) und freie Neutronen auf. In vielen Aufgaben ist eines der Bruchstücke unbekannt und soll bestimmt werden. *Beispiel:* Uran U-235 wird mit einem Neutron beschossen. Es zerfällt in Barium Ba-144, ein weiteres Spaltprodukt und drei Neutronen. Wie heißt das weitere Spaltprodukt? Wie lautet die vollständige Kernreaktionsgleichung?

1. Stelle eine unvollständige Kernreaktionsgleichung auf Setze alle bekannten Informationen ein.
Beispiel:
- absorbierte Neutronen: 1
- gespaltenes Isotop: Uran U-235
- bekanntes Spaltprodukt: Barium Ba-144
- freigesetzte Neutronen: 3

Unvollständige Kernreaktionsgleichung:
$^{1}_{0}n + ^{235}_{X}U \rightarrow ^{144}_{Y}Ba + ^{A}_{Z}? + 3\,^{1}_{0}n$

2. Ergänze die Ordnungszahlen der bekannten Elemente Du findest die Ordnungszahlen aller Elemente z. B. im PSE. → Anhang
Beispiel:
U-235: X = 92; Ba-144: Y = 56
$^{1}_{0}n + ^{235}_{92}U \rightarrow ^{144}_{56}Ba + ^{A}_{Z}? + 3\,^{1}_{0}n$

3. Bestimme die Nukleonenzahl des unbekannten Spaltprodukts
Beispiel:
$1 + 235 = 144 + A + 3 \cdot 1$
$236 = 147 + A$
$A = 236 - 147 = 89$
Die Nukleonenzahl beträgt 89.

4. Bestimme die Ordnungszahl des unbekannten Spaltprodukts
Beispiel:
$0 + 92 = 56 + Z + 3 \cdot 0$
$Z = 92 - 56 = 36$
Die Ordnungszahl beträgt 36.

5. Finde im PSE das Element zur Ordnungszahl
Beispiel: Krypton Kr hat die Ordnungszahl 36.

6. Vervollständige die Kernreaktionsgleichung
Beispiel: $^{1}_{0}n + ^{235}_{92}U \rightarrow ^{144}_{56}Ba + ^{89}_{36}Kr + 3\,^{1}_{0}n$

Aufgaben

1 Xenon Xe-137 kann sich durch Kernspaltung aus Uran U-235 bilden, nachdem dieses ein langsames Neutron absorbiert hat. Gib dafür die vollständige Kernreaktionsgleichung an, wenn bei der Spaltung auch drei Neutronen freigesetzt werden.

2 Strontium Sr-94 kann bei der Kernspaltung von Uran U-233 durch Beschuss mit einem langsamen Neutron entstehen. Dabei treten neben einem weiteren Spaltprodukt noch drei Neutronen auf. Formuliere für diesen Prozess die vollständige Kernreaktionsgleichung.

3 In einem Kernreaktor absorbiert Plutonium Pu-239 ein langsames Neutron und spaltet sich in Zirconium Zr-103, einen weiteren Kern sowie in drei freie Neutronen. Bestimme die vollständige Kernreaktionsgleichung.

Aus der Geschichte: Albert Einstein

Von der Geburt bis zum Nobelpreis • Albert Einstein wurde 1879 in Ulm geboren. Er besuchte ein Gymnasium in München. Seine besondere Begabung in Mathematik und Physik zeigte sich früh, aber auch seine Ablehnung von überzogener Strenge. Sein Verhältnis zu den Lehrkräften und zur Schule war daher angespannt. So verließ er das Gymnasium in der vorletzten Klasse ohne Abschluss.
Nach kurzem Italienaufenthalt ging er in die Schweiz und besuchte dort die Kantonalschule in Aarau. Es folgte ein Studium der Mathematik und Physik an der Technischen Hochschule in Zürich. Von 1902 bis 1909 war er Gutachter am Patentamt in Bern. 1905 veröffentlichte er drei bahnbrechende Arbeiten in den „Annalen der Physik". Eine davon wurde unter dem Namen „spezielle Relativitätstheorie" bekannt und machte ihn als Physiker weltberühmt. Die darin vertretenen Gedanken waren zum Teil so revolutionär, dass sie von vielen Physikern nicht akzeptiert wurden.
Von 1909 an stieg er die Erfolgsleiter steil nach oben: Lehrtätigkeit in Zürich, Prag, wieder Zürich und ab 1914 in Berlin. Hier wurde er zum Mitglied der Preußischen Akademie der Wissenschaften gewählt. 1921 erhielt er für „die Entdeckung des Gesetzes zum photoelektrischen Effekt" den Physik-Nobelpreis.

Leben in schwierigen Zeiten • Einstein wurde hochgeehrt – und war Ziel von Hetzkampagnen und heftiger Ablehnung. Als Jude war er vielen Deutschen suspekt. Obwohl überzeugter Pazifist, griff er unbewusst entscheidend in das Geschehen des Zweiten Weltkriegs ein. Otto Hahn und Fritz Straßmann hatten in Deutschland die Kernspaltung entdeckt. Mit seiner Unterschrift auf einem Brief an den US-Präsidenten Roosevelt bestätigte Einstein, dass durch Kernspaltung der Bau einer neuartigen Bombe möglich sei. Daraufhin intensivierten die USA die Entwicklung der Atombombe, allerdings ohne Einsteins Beteiligung.

1 Einstein und seine erste Frau Mileva (1912)

Weltbürger • 1896 legte Einstein auf seinen ausdrücklichen Wunsch die deutsche Staatsbürgerschaft ab. 1901 wurde er Schweizer Staatsbürger. Bei seiner Berufung 1914 nach Berlin bestand er darauf, Schweizer Staatsbürger zu bleiben. Nach der Machtergreifung Hitlers kehrte Einstein von einem Amerikabesuch nicht zurück. 1941 wurde er amerikanischer Staatsbürger. 1955 starb Einstein in den USA.

Aufgabe

1 Gestalte einen Zeitstrahl mit den wichtigsten Eckdaten von Einsteins Leben.

Nutzen und Risiken der Kernenergie

1

In Deutschland hat die friedliche Nutzung der Kernenergie keine Zukunft. Vorteile und Nachteile wurden gegeneinander abgewogen und bewertet.

Grundlagen

Vorteile • Kernkraftwerke können viel elektrische Energie bereitstellen. Ihre Energieträger haben eine sehr hohe Energiedichte. So setzt die vollständige Spaltung von 1 kg Uran U-235 so viel Energie frei wie das Verbrennen von 2,5 Millionen Kilogramm Steinkohle! Kraftwerke, die Kohle, Öl oder Gas verbrennen, erzeugen große Mengen des Treibhausgases Kohlenstoffdioxid. In Kernkraftwerken wird dagegen nichts verbrannt, sodass kaum CO_2 entsteht. Viele Länder überlegen, ihren wachsenden elektrischen Energiebedarf durch neue Kernkraftwerke zu decken. Bau und Betrieb sind mit der Schaffung und dem Erhalt von Arbeitsplätzen verbunden. Trotz gewaltiger Baukosten können Kernkraftwerke bei langer Laufzeit für wirtschaftlichen Aufschwung und damit für politische Stabilität sorgen.

Nachteile • Beim Betrieb entstehen im Kernkraftwerk hochradioaktive Spaltprodukte und die Reaktorteile werden stark radioaktiv belastet. Dadurch entstehen große Mengen an radioaktivem Abfall. Er wird derzeit zwischengelagert, verbrauchte Brennelemente müssen wegen ihrer „Nachwärme" zuverlässig gekühlt werden. Nach einem geologisch sicheren Endlager wird noch gesucht. Es wird Milliarden Euro kosten, die Wahl des Standorts sorgt für heftige politische Diskussionen. Kernkraftwerke haben hohe Baukosten und können nicht einfach wieder abgerissen werden. So hat der Bau des Kraftwerks Würgassen 4 Jahre gedauert und 200 Millionen Euro gekostet. Der Rückbau dauerte 17 Jahre und kostete mehr als eine Milliarde Euro. Durch Naturkatastrophen oder Terroranschläge kann es trotz aller Sicherheitsmaßnahmen zu Reaktorunfällen mit verheerenden Folgen kommen.

Kernkraftwerke könnten einen großen Teil des elektrischen Energiebedarfs decken und dabei nur wenig CO_2 erzeugen. Große Mengen an radioaktivem Abfall müssen in einem zukünftigen Endlager sicher aufbewahrt werden. Reaktorkatastrophen lassen sich nie völlig ausschließen.

Aufgabe

1 Stelle Vorteile und Nachteile der friedlichen Nutzung der Kernenergie in einer Tabelle gegenüber.

A Projekt

Bewertung des Einsatzes von Kernenergie

1 Auf Seite 188 werden einige Vor- und Nachteile von Kernkraftwerken im Allgemeinen genannt. Ordne sie nach diesen Aspekten: Energie, Umwelt, Sicherheit, Politik und Geld. → 2

	Vorteile	Nachteile
Energie	?	?
Umwelt	?	?
Sicherheit	?	?
Politik	?	?
Geld	?	?

2

2 Es gibt viele spezielle Richtungen, auf die Kernenergie zu schauen. *Beispiele:*
- zukünftige Kernkraftwerke (Stichworte: Generation IV, Small Modular Reactors)
- Fusionsreaktor
- Endlager
- Abkommen zur Verwendung radioaktiver Stoffe
- militärischer Einsatz von Kernenergie

Recherchiere zu einem der genannten Beispiele (oder einem eigenen Beispiel):
- Wie funktioniert es?
- Wofür kann es eingesetzt werden?
- Worin liegen die Vorteile?
- Welche Nachteile, Risiken und Gefahren sind damit verbunden?

Tipp: Bei der Recherche wirst du viele Fakten finden, aber auch viele „Fake News“. Die Seiten 190/191 sollen dir bei der Unterscheidung helfen.

3 Wäge Vor- und Nachteile bei deinem Beispiel ab. Bewerte für dich, ob die Vorteile oder die Nachteile überwiegen. Gib mindestens zwei Gründe an, um deine Entscheidung zu untermauern.

4 Präsentiere deine Erkenntnisse deiner Klasse. Erstelle z. B. ein Lapbook, eine digitale Präsentation, ein Lernplakat, eine Mindmap ... Erkläre dabei, zu welcher Bewertung du gekommen bist.

B Aufgabe

Woher soll die elektrische Energie kommen?

1 Lisa schnappt in der Stadt einen Gesprächsfetzen auf: „Ohne Kernkraft kann die Kohle nicht ersetzt werden.“ Sie weiß nicht, was sie von dieser Aussage halten soll. Nimm anhand des „Strommixes“ von 2010 und 2020 Stellung zur Aussage. → 3 Begründe deine Meinung.

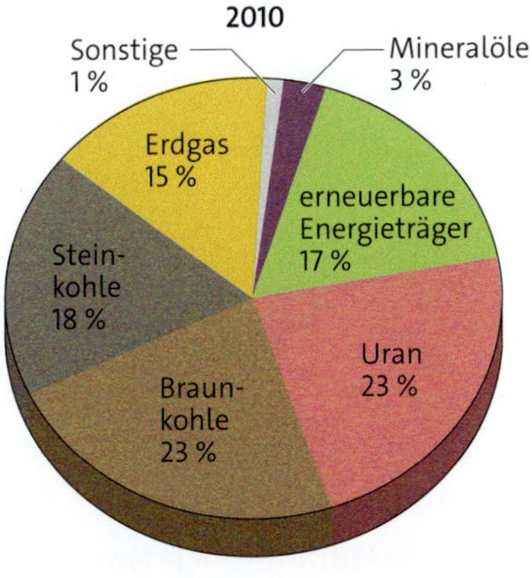

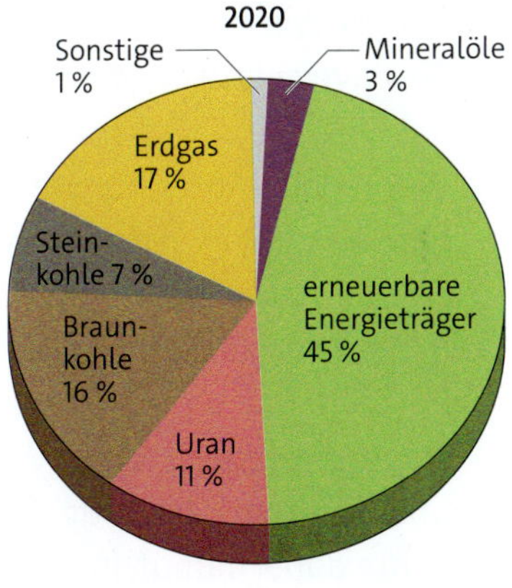

3 Bereitstellung elektrischer Energie in Deutschland nach Energieträgern

Nutzen und Risiken der Kernenergie

Methode

Fake News erkennen

Im Internet erscheinen täglich unzählige News, Posts, Videos und Tweets. Hier kommen einige Anhaltspunkte, um Fake News zu erkennen:

Gestaltungsmerkmale Achte auf den Schreibstil der Meldung. Ist sie reißerisch oder sehr emotional geschrieben? Wird mit vielen Frage- oder Ausrufezeichen gearbeitet? → 1 Dadurch wird versucht, Interessenten anzulocken und vom Inhalt abzulenken. Propaganda und Profit stehen hier meist im Vordergrund.

Quellen Sei misstrauisch, wenn gar keine Quelle genannt ist. Oft wird auch der Name von bekannten Quellen verwendet und nur leicht abgeändert, um Vertrauen zu schaffen. → 1
Prüfe, ob die genannten Internetadressen überhaupt existieren. Suche ebenso nach dem Impressum der Seite – es ist in Deutschland Pflicht. Wenn es fehlt, ist die Meldung gefälscht.

Autor Überprüfe, wie lange der Autor der Meldung bereits registriert ist. Wie viele Follower hat er? Wer und wie viele Leute haben seine Beiträge geteilt? Hat er z. B. einen Verifizierungshaken?
Wenn beim Autor nur wenige Kommentare stehen, handelt es sich nicht selten um einen Social Bot – also um ein Programm, das selbst Nachrichten verfasst und weiterleitet.

Quellenvergleich Ziehe weitere Quellen zurate, um die Situation richtig einschätzen zu können. Achte dabei darauf, in welchem Zusammenhang und Zeitraum die Texte und Bilder noch verwendet werden. Verwende dazu auch fremdsprachige Quellen, weil manchmal einfach nur Übersetzungsfehler zu Falschinformationen führen.
Tippe Schlagwörter der Meldung in deine Suchmaschine ein (*Beispiel:* Nordkorea, Atomwaffentests, Deutscher Bundesrat). So kannst du zum einen sehen, ob diese Meldung noch in anderen, größeren Medien auftaucht. Zum anderen kannst du erkennen, ob es zu der Meldung bereits Warnhinweise gibt.

Achtung!!! Neue #Atomwaffentests in #Nordkorea. Unitet States sind alarmiert. Wann wird #Deutscher Bundesrat Truppen schicken?

Oeffentlich Richtliche www.nachrichter.example
11.55 AM · 06 August 2022

1 Echt oder Fake?

Bildursprung Oft verwenden Fake News Bilder, die zu ganz anderen Ereignissen gehören. In Suchmaschinen kann man ein Bild zur Überprüfung hochladen. Die Suchergebnisse geben dann Hinweise darauf, wo das Bild erstmals verwendet wurde.

Erstelldatum Prüfe, ob der Text, das Bild oder das Video ein Erstelldatum hat. Ist das Ereignis aktuell oder wurde die Meldung nur nochmals hochgeladen?

Zur Identifizierung von Fake News gibt es außerdem Portale und Apps, die Hilfe anbieten. Du kannst sie meist kostenfrei nutzen, solltest aber immer vorher prüfen, ob der Schutz deiner Daten gewährleistet ist.

Aufgaben

1 Liste die verschiedenen Punkte auf, nach denen du eine Meldung im Internet überprüfen kannst.

2 Finde im Internet Seiten, mit denen du einen Faktencheck vornehmen kannst:
a für Texte
b für Bilder
c Überprüfe das Bild der Atombombenexplosion. → 1 Welches Ereignis wird tatsächlich gezeigt?

3 Einige Begriffe tauchen immer wieder beim Thema „Fake News" auf:
alternative Fakten, Hoax, Clickbaiting, Filterblase, Populismus, Meme, Satire.
Erkläre jeweils, was die einzelnen Begriffe bedeuten.

4 Ein Freund erzählt: „In den Kernkraftwerken kümmern sich die Betreiber um ihre Mitarbeiter. Die bekommen sogar Behandlungen zur Gesundheit erstattet." Dazu zeigt er dir eine Meldung auf seinem Handy: „Kerngesund: *#AKW-Mitarbeiter* erhalten ständig *#Strahlentherapie* – sat&ire.yu.
a Gib zwei Möglichkeiten an, wie du die Meldung überprüfen könntest.
b Bewerte Aussage und Meldung.

5 Überprüfe die Nachricht im Kasten auf ihren Wahrheitsgehalt (ggf. mithilfe einer App). → 2 Gib fünf Punkte an, wie du zu deiner Beurteilung gekommen bist.

Wie viel Strahlung steckt in deinem Müsli?

Das Bundesministerium Landwirtschaft hat der Lebensmittelindustrie weitere 10 Jahre erlaubt, unsere Nahrung zu bestrahlen. Bisher wurden Füllstände von Verpackungen durch radioaktive Strahlung ermittelt. Die Industrie sagt natürlich, dass dies „keine Auswirkungen auf die Nahrung" hat. Wer es glaubt! Auch Keime werden mit Strahlung abgetötet. Einer schwedischen Studie nach gilt dies aber auch für alle Vitamine. Super! Wenn du auch gegen diese Bestrahlung bist, dann unterschreibe hier.
Von Adompilzz · www.adompilzz.invalid

2

Energie aus Atomkernen

Zusammenfassung

Kernspaltung • Viele Atomkerne mit großen Nukleonenzahlen lassen sich spalten. Bei der Kernspaltung von Uran U-235 durch „langsame" Neutronen entstehen zwei kleinere Atomkerne und freie Neutronen, die sich alle mit großer Energie voneinander entfernen. → 1

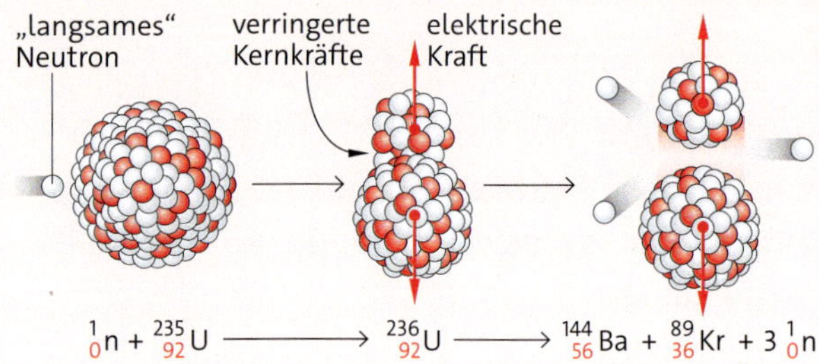

1 Kernspaltung von Uran U-235

Kettenreaktionen • Bei unkontrollierten Kettenreaktionen löst (fast) jedes Neutron, das bei einer Kernspaltung abgestrahlt wird, eine weitere Kernspaltung aus. → 2 Die Anzahl der Kernspaltungen – und damit die freigesetzte Energie – nimmt lawinenartig zu. Voraussetzung ist eine genügend große Menge an Uran-235.

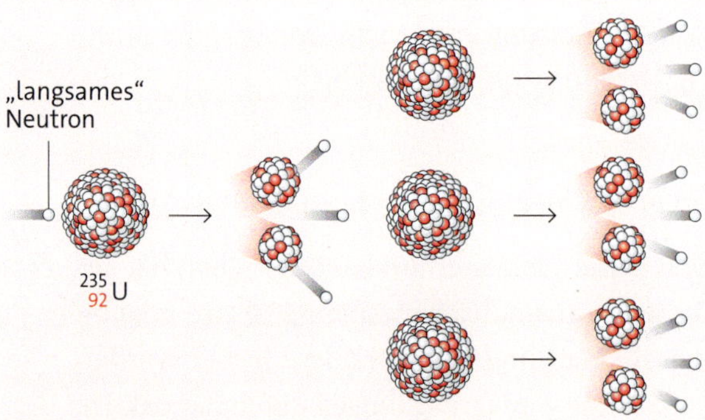

2 Unkontrollierte Kettenreaktion

Unkontrollierte Kettenreaktionen finden bei Atombombenexplosionen statt.

Bei kontrollierten Kettenreaktionen löst immer nur eines der abgestrahlten Neutronen eine neue Kernspaltung aus. → 3 Die Anzahl der Kernspaltungen bzw. die dabei freigesetzte Energie bleibt zeitlich konstant. Im Kernreaktor absorbieren Steuerstäbe überzählige Neutronen, ein Moderator (z. B. Wasser) bremst die Neutronen ab.

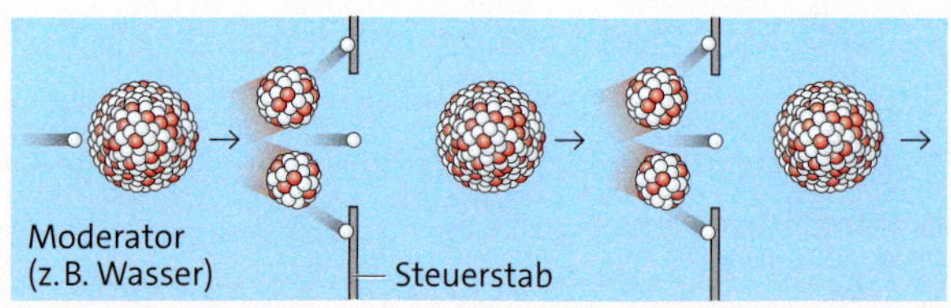

3 Kontrollierte Kettenreaktion

Kernfusion • Energie kann nicht nur durch die Spaltung von Kernen mit großer Nukleonenzahl, sondern auch durch Verschmelzung (Fusion) von Kernen mit kleiner Nukleonenzahl freigesetzt werden. → 4

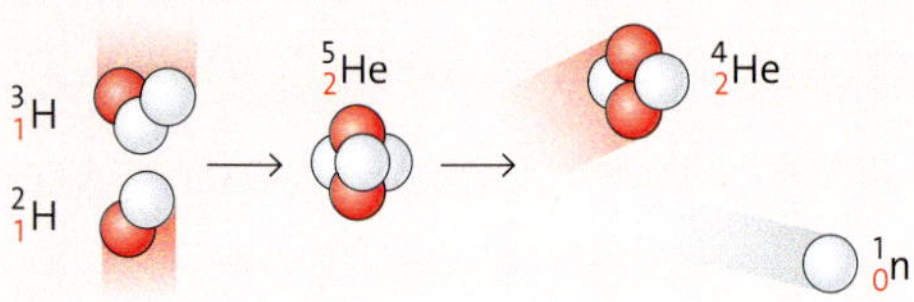

4 Kernfusion für ein Fusionskraftwerk

Massendefekt und Bindungsenergie • Nach Kernreaktionen ist die Gesamtmasse der Teilchen geringer als vorher. → 5 Die Massendifferenz Δm entspricht der abgegebenen Energie E_{ab}.

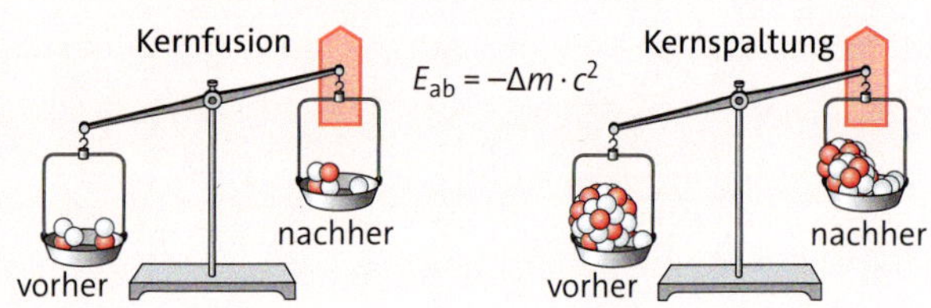

5 Massendefekt und abgegebene Energie

Aufgaben

1 In Druckwasserreaktoren läuft eine kontrollierte Kettenreaktion ab.

a Erkläre, was man unter Druckwasserreaktoren und einer kontrollierten Kettenreaktion versteht.

b Beantworte die Fragen kurz:
- Welchen „Brennstoff" haben die Druckwasserreaktoren in Deutschland enthalten?
- Welche Aufgaben hat das Wasser in einem Druckwasserreaktor?
- Wozu dienen die Steuerstäbe?

2 In einem Kernkraftwerk nutzt man die Spaltung von Uran U-235 zur Umwandlung von Kernenergie in elektrische Energie.

a Bei der Spaltung eines U-235-Kerns durch ein „langsames" Neutron entstehen Tellur Te-133, ein weiterer Kern und zwei freie Neutronen. Bestimme das unbekannte Spaltprodukt. Erstelle die vollständige Kernreaktionsgleichung. Beschreibe die Vorgänge bei der Spaltung im Kern.

b In einem verbrauchten Brennelement findet man unter anderem radioaktives Plutonium Pu-241 mit einer Halbwertszeit von 14,3 a. Wie lange dauert es, bis die Aktivität dieses Plutonium-Isotops auf ein Zehntel der Aktivität gesunken ist, die bei der Entnahme aus dem Kernreaktor gemessen wurde? Bestimme die Zeit zuerst grafisch mithilfe eines *t*-*A*-Diagramms und bestätige danach dein Ergebnis rechnerisch.

3 In einem Fusionsreaktor sollen Atomkerne der beiden Wasserstoff-Isotope Deuterium H-2 und Tritium H-3 miteinander verschmelzen.

a Vergleiche den Aufbau der beiden Wasserstoff-Isotope.

b Bei der Fusion entsteht ein neuer Atomkern und ein Neutron wird freigesetzt. Formuliere die vollständige Kernreaktionsgleichung.

c Die Kernfusionen im Kraftwerk benötigen eine Temperatur von rund 100 Millionen Grad Celsius. Erkläre mithilfe der auftretenden Kräfte, warum sich die Wasserstoffkerne nur bei so hoher Temperatur verschmelzen lassen.

4 Durch Beschuss mit einem Neutron wird ein Uran-233-Kern gespalten. Dabei entstehen ein Krypton-89-Kern, ein weiterer Kern und es werden 3 Neutronen abgestrahlt.

a Stelle die Kernreaktionsgleichung auf.

b Bei der Kernspaltung wird folgende Energie abgegeben:
$E_{ab} = 2{,}809\,176 \cdot 10^{-11}$ J.
Die Massen nach der Spaltung betragen:
- $m_{Kr} = 88{,}917\,63\,u$
- $m_{Ba} = 141{,}916\,45\,u$
- $m_n = 1{,}008\,665\,u$

Berechne die Masse (in u) des Uran-233-Kerns. Rechne mit $c = 299\,792\,458\,\frac{m}{s}$.

5 Berechne die Energie, die bei dieser Fusion abgegeben wird: ${}^{4}_{2}He + {}^{12}_{6}C \rightarrow {}^{16}_{8}O$.
Die Massen der Atomkerne betragen:
- $m_{He} = 4{,}002\,603\,u$
- $m_C = 12{,}000\,000\,u$
- $m_O = 15{,}994\,915\,u$

6 Durch Kernfusionen gibt die Sonne eine Energie von $3{,}86 \cdot 10^{26}$ J in jeder Sekunde ab.

a Berechne, wie viel Masse die Sonne dadurch pro Sekunde verliert.

b Berechne, wie viele Jahre die Sonne den Masseverlust bei konstanter Energieabstrahlung „verkraften" könnte ($m_{Sonne} = 1{,}99 \cdot 10^{30}$ kg).

Teste dich! (Lösungen im Anhang)

1 Im Regenwasser sind Spuren von radioaktivem Wasserstoff Tritium H-3 enthalten.
a Wenn ein Stickstoffatom der Atmosphäre ein Neutron absorbiert, zerfällt es in Tritium und einen zusätzlichen Atomkern. Stelle die vollständige Kernreaktionsgleichung auf.
b Tritium ist ein β-Strahler. Stelle dafür die Kernzerfallsgleichung auf.

2 Thorium-232 zerfällt in einen Kern, der wiederum zerfällt usw. Insgesamt treten sechs α- und vier β-Zerfälle auf, bis ein stabiler Kern entsteht. Bestimme, um welches Element es sich am Schluss handelt.

3 Im Jahr 2005 wurde im Permafrostboden ein Säbelzahntiger entdeckt. Aus dem Gewebe wurden 4,0 g Kohlenstoff entnommen, die Aktivität betrug 12 Bq. Berechne, vor wie vielen Jahren der Tiger lebte. Gehe davon aus, dass die radioaktiven Zerfälle von Kohlenstoff C-14 in lebendem Gewebe eine Aktivität von 14 Bq je 1,0 g Kohlenstoff bewirken.

4 Berechne jeweils die abgegebene Energie:
a $^{235}_{92}U + ^{1}_{0}n \rightarrow ^{143}_{54}Xe + ^{90}_{38}Sr + 3\,^{1}_{0}n$
$m_U = 235{,}043\,93\,u$; $m_{Xe} = 142{,}935\,11\,u$
$m_{Sr} = 89{,}907\,74\,u$; $m_n = 1{,}008\,665\,u$
b $^{8}_{4}Be + ^{4}_{2}He \rightarrow ^{12}_{6}C$
$m_{Be} = 8{,}005\,305\,u$; $m_{He} = 4{,}002\,603\,u$
$m_C = 12{,}000\,000\,u$

Aufgaben aus Abschlussprüfungen

A1 Bei einem Päckchen Trockenpilze wurde am 01.01.1998 eine Aktivität von 2140 Bq gemessen. Am 01.07.2000 betrug die Aktivität nur noch 2020 Bq. Bei dem für die Strahlung verantwortlichen Radionuklid handelt es sich um Caesium Cs-137, einen β-Strahler.
a Formulieren Sie die Kernreaktionsgleichung für den Zerfall von Cs-137.
b Erklären Sie, warum mit der Angabe der Aktivität allein keine Bewertung der radioaktiven Belastung möglich ist.
c Bestimmen Sie die Halbwertszeit von Cs-137.
d Das Radionuklid Cs-137 entsteht bei einer Kernspaltung von U-235 durch ein „langsames“ Neutron, wobei neben einem weiteren Spaltprodukt noch drei Neutronen auftreten. Formulieren Sie für diesen Prozess die vollständige Kernreaktionsgleichung.

A2 Nennen Sie:
a fünf Vorsichtsmaßnahmen, um die Strahlenbelastung von Personen gering zu halten.
b jeweils drei Möglichkeiten, radioaktive Strahlung in Technik und Medizin zu nutzen.

A3 Im Folgenden ist ein Ausschnitt aus der Uran-Actinium-Zerfallsreihe dargestellt:
$^{235}_{92}U \rightarrow ^{231}_{90}Th \rightarrow ^{231}_{91}Pa \rightarrow ^{227}_{89}Ac \rightarrow ^{227}_{90}Th$.
a Stellen Sie den angegebenen Ausschnitt aus der Zerfallsreihe in einem Z-A-Diagramm dar. Geben Sie im Diagramm zu jedem der einzelnen Zerfallsschritte jeweils die Art der dabei auftretenden radioaktiven Strahlung an.
b Beschreiben Sie, wie man Isotope eines Elements in einem Z-A-Diagramm erkennt.

A4 Der Reaktorunfall in Tschernobyl am 26.04.1986 wurde durch Fehlbedienungen ausgelöst. Dabei geriet der Moderator Graphit in Brand und Radionuklide gelangten ins Freie. In Bayern wurde davon unter anderem Caesium Cs-137 nachgewiesen.

a Beschreiben Sie die Aufgaben eines Moderators in einem Kernreaktor.
b Beschreiben Sie, wie sich die Kettenreaktion in einem Reaktor kontrollieren lässt.
c Welche zwei prinzipiellen Arten von Schädigungen können beim Menschen durch radioaktive Strahlung auftreten? Geben Sie jeweils ein Beispiel an.

A5 Um mit einem Geiger-Müller-Zählrohr Neutronen registrieren zu können, beschichtet man das Rohr innen mit dem Bor-Isotop B-10.
a Beschreiben Sie, wie sich die Bor-Isotope B-10 und B-12 im Aufbau unterscheiden.
b Wenn ein Neutron auf ein Bor-Isotop B-10 trifft, wird ein α-Teilchen ausgesandt. Geben Sie die Kernzerfallsgleichung an.
c Das folgende Bild zeigt den prinzipiellen Aufbau eines Geiger-Müller-Zählers. → 1
Beschreiben Sie dessen Funktionsweise.

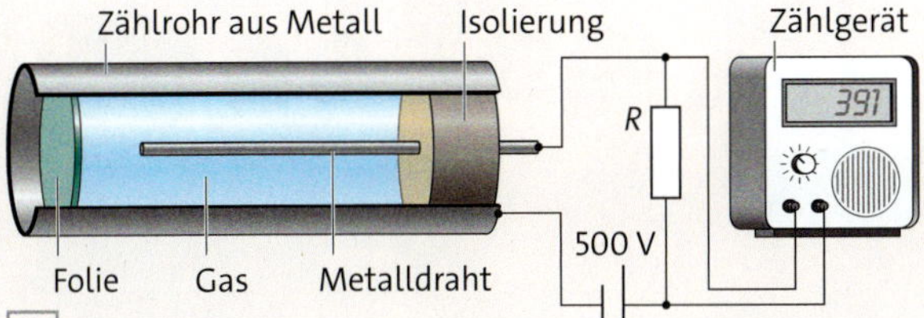

1

A6 In einem Experiment wird für das Isotop Protactinium Pa-234^{m} die Impulsrate in Abhängigkeit von der Zeit ermittelt: → 2
a Der Nulleffekt beträgt 24 Impulse pro Minute. Beschreiben Sie, wodurch er entsteht.
b Korrigieren Sie die Messreihe in einer neuen Tabelle um den Nulleffekt. Stellen Sie die korrigierte Messreihe im Diagramm dar.
c Bestimmen Sie anhand des Diagramms aus Teil b die Halbwertszeit von Pa-234^{m}.

A7 Den Hauptanteil an der Belastung durch natürliche Radioaktivität erhält man in Gebäuden durch das radioaktive Edelgas Radon Rn-222. Rn-222 ist ein α-Strahler.
a Welches Körperorgan ist durch Rn-222 am stärksten gefährdet? Begründen Sie Ihre Antwort.
b Die mittlere Äquivalentdosis eines Erwachsenen mit der Masse m = 80 kg beträgt pro Jahr 20 mSv. Berechnen Sie die Energie, die der Erwachsene dabei pro Jahr durch die Strahlung aufnimmt.

A8 Ein Raucher mit einer Masse von 80 kg absorbiert bei 30 Zigaretten täglich eine Strahlungsenergie von 0,20 J pro Jahr durch den α-Zerfall von Polonium Po-210 im Rauch.
Bei einem Röntgenbild der Lunge wird durchschnittlich eine Äquivalentdosis von 0,20 mSv absorbiert.
a Geben Sie die Kernzerfallsgleichung für Polonium Po-210 an.
b Berechnen Sie, wie viele Röntgenaufnahmen der Lunge in einem Jahr angefertigt werden könnten, bis die gleiche Strahlenbelastung wie die des Rauchers erreicht würde.
c Durch das Rauchen setzt man sich einer vermeidbaren Strahlenbelastung aus. Geben Sie zwei radioaktive Strahlenquellen an, denen jeder Mensch dagegen zwangsläufig ausgesetzt ist.

t in s	0	15	30	45	60
Impulse pro 5,0 s	402	349	301	260	225

t in s	75	90	105	120	135
Impulse pro 5,0 s	195	168	145	125	109

2 Impulsrate einer Probe von Pa-234^{m}

Energieversorgung

Woher kommt unsere elektrische Energie? Wie sieht unser Strommix heute aus – und wie in 30 Jahren? Lässt sich die elektrische Energie in Zukunft klimaneutral bereitstellen?

Elektrische Energie soll zu jeder Zeit an jedem Ort verfügbar sein. Wie wird sie im großen Maßstab über weite Strecken transportiert?

Wenn Solar- und Windkraftwerke zu viel elektrische Energie bereitstellen – wie kann man dann die überschüssige Energie speichern?

Bereitstellung elektrischer Energie

1

Rund 8 Milliarden Menschen leben in den 2020er-Jahren auf unserer Erde. Nach einer Prognose der UNO könnte es 2050 noch eine Milliarde mehr sein. Allein deshalb wird der Bedarf an elektrischer Energie steigen. Wie lässt sie sich nachhaltig bereitstellen? Ansätze dafür findet ihr im folgenden Kapitel.

Grundlagen

Vom Energieträger zur elektrischen Energie → S. 198–227

Die Menschen nutzen den Wind seit Jahrtausenden. Schon vor etwa 4000 Jahren wurde ein einfaches Windrad erfunden, mit dessen Hilfe Wasser auf die Felder befördert wurde. Die kinetische Energie des Winds wurde in potenzielle Energie des Wassers umgewandelt.

In Mitteleuropa standen um 1900 ungefähr 60 000 Windmühlen mit einer Gesamtleistung von 800 MW. Sie nutzten die Energie des Winds meist zum Antrieb von Mühlsteinen, mit denen Getreide zu Mehl gemahlen wurde. Heutige Windkraftwerke wandeln die kinetische Energie des Winds in elektrische Energie um. Sie kann vielfältig genutzt und über weite Strecken transportiert werden.

Neben Windkraftwerken gibt es zur Bereitstellung elektrischer Energie weitere Arten von Kraftwerken. Entsprechend der eingesetzten Energieträger spricht man z. B. von Kohlekraftwerken, Solarkraftwerken und Wasserkraftwerken. → 2 – 6

Alle Kraftwerke sind Energiewandler. Sie wandeln die Energie, die mit dem Energieträger zugeführt wird, zu einem großen Teil in elektrische Energie um, die von uns genutzt werden kann.

2 Kohlekraftwerk

3 Solarthermisches Kraftwerk

4 Solarkraftwerk (Fotovoltaik)

die fossilen Energieträger
die regenerativen Energieträger
das Kraftwerk

Kraftwerke geben immer einen Teil der zugeführten Energie ungenutzt an die Umgebung ab, meist als „Abwärme". Diese Energie ist kaum noch verwertbar, sie ist entwertet.
Kraftwerke haben Auswirkungen auf die Umwelt. Kohlekraftwerke geben z. B. viel klimaschädliches CO_2 ab, rotierende Windräder können Vögel gefährden und Anwohner stören.

Fossil – regenerativ • Die Energieträger, die zur Bereitstellung der elektrischen Energie verwendet werden, lassen sich in Gruppen einteilen:

Fossile Energieträger wie Kohle, Erdgas und Erdöl liegen in der Erde und sind vor vielen Hundert Millionen Jahren entstanden (lat. *fossilis:* ausgegraben). Sie sind nicht erneuerbar, ihre Vorräte sind begrenzt.
Regenerative Energieträger wie Sonnenstrahlung, Wind, Wasser und Biomasse stehen uns immer wieder neu zur Verfügung (lat. *regeneratio:* Wiedergeburt).

Das Uran für Kernkraftwerke ist ein nicht regenerativer Energieträger.

Wärmekraftwerke • In den meisten Wärmekraftwerken wird heißer Dampf mit sehr hohem Druck erzeugt. Er strömt durch eine Turbine, wobei seine große innere Energie in Rotationsenergie der Turbinenräder umgewandelt wird. Diese Energie wird über die gemeinsame Achse auf einen Generator übertragen, der sie in elektrische Energie umwandelt. In Kohle- und Gaskraftwerken werden fossile Energieträger verbrannt, um das Wasser zu verdampfen, in Biomassekraftwerken Pflanzenreste, also ein erneuerbarer Energieträger. Wärmekraftwerke mit Verbrennung bezeichnen wir auch kurz als Verbrennungskraftwerke.
Regenerative Energieträger werden auch in Wärmekraftwerken ohne Verbrennung eingesetzt: Solarthermische Kraftwerke nutzen die Wärmestrahlung der Sonne zum Verdampfen von Wasser, Geothermiekraftwerke die innere Energie des heißen Erdinneren.
In Blockheizkraftwerken wird sogar die „Abwärme" verwendet, sie heizt z. B. Häuser. Solche gekoppelten Kraftwerkssysteme nutzen einen besonders großen Teil der zugeführten Energie, sodass ihr Wirkungsgrad sehr hoch ist.

5 Wasserkraftwerk

6 Windkraftwerke auf dem Meer

Bereitstellung elektrischer Energie

Versorgungssicherheit → S. 228–235
Die Sonne scheint nicht immer, nachts erhalten wir keine Solarenergie. Winde wehen fast nur in Küstenregionen zuverlässig und stark. Erdöl und Erdgas werden in absehbarer Zeit viel teurer werden. Wie lässt sich dennoch eine gleichmäßige Versorgung mit elektrischer Energie sicherstellen?

Um den Klimawandel nicht weiter „anzuheizen“, müssen regenerative Energieträger verstärkt genutzt werden. Auf fossile Energieträger sollte nur bei Engpässen zurückgegriffen werden. Je mehr verschiedene Energieträger genutzt werden, desto besser können die zeitlichen und regionalen Schwankungen ausgeglichen werden. Die Zusammenstellung der Energieträger für die elektrische Energieversorgung wird oft als „Strommix“ bezeichnet. → 1

Bei einem zeitlichen Überangebot an Solar- oder Windenergie ist es wichtig, dass die im Überschuss bereitgestellte elektrische Energie gespeichert wird, um sie später – z. B. nachts oder an windstillen Tagen – nutzen zu können. Als Energiespeicher eignen sich Akkumulatoren, Pumpspeicherseen oder Wasserstoff, der mithilfe der überschüssigen elektrischen Energie gewonnen wurde („grüner“ Wasserstoff). Das Speichern elektrischer Energie ist oft mit größeren Verlusten verbunden.

Oft werden große Mengen elektrischer Energie gar nicht an den Orten benötigt, wo die elektrische Energie bereitgestellt oder gespeichert wird. Dann muss sie zum Teil über viele Hundert Kilometer transportiert werden. Dabei dürfen unerwünschte Energieabgaben nicht allzu groß werden. Zu diesem Zweck werden Höchstspannungsnetze und Gasnetze, in denen z. B. „grüner“ Wasserstoff transportiert werden könnte, ausgebaut. In Europa wird die elektrische Energie durch Verbundsysteme grenzüberschreitend verteilt.

Für die Versorgungssicherheit mit elektrischer Energie müssen viele verschiedene Energieträger, Energiespeicher und Energietransporttechniken eingesetzt werden.

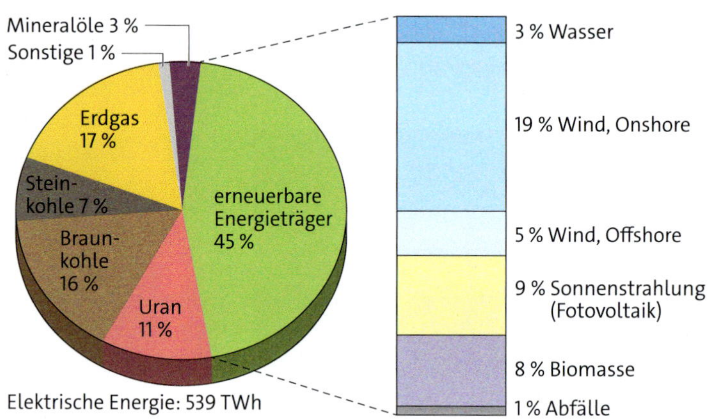

1 „Strommix“ in Deutschland (2020)

Große Vielfache der Energieeinheit 1 Joule (1 J)
Megajoule: 1 MJ = $1 \cdot 10^6$ J
Gigajoule: 1 GJ = $1 \cdot 10^9$ J
Terajoule: 1 TJ = $1 \cdot 10^{12}$ J
Petajoule: 1 PJ = $1 \cdot 10^{15}$ J
Exajoule: 1 EJ = $1 \cdot 10^{18}$ J
Kilowattstunde: 1 kWh = 3,6 MJ
Steinkohleneinheit: 1 SKE = 29,3 MJ
(Energie, die beim Verbrennen von 1 kg Steinkohle umgewandelt wird)

Elektrische Energie pro Kopf und Sekunde
Die Privathaushalte in Deutschland nutzen im Jahr ca. $4{,}6 \cdot 10^2$ PJ elektrische Energie. Verteilt auf 83 Mio. Einwohner ergibt sich pro Kopf ein Energiebedarf von $1{,}8 \cdot 10^2$ J pro s ($1{,}8 \cdot 10^2$ W).

2 Zahlen zur Energie

der „Strommix“
der „grüne“ Wasserstoff

Nachhaltigkeit → S. 236/237
Elektrische Energie kann unser Leben auch in Zukunft komfortabel gestalten. Technischer Fortschritt benötigt ebenfalls elektrische Energie. Bereitstellung und Nutzung elektrischer Energie haben aber auch Schattenseiten, z. B. gravierende Eingriffe in die Umwelt. Unser Umgang mit elektrischer Energie und Energieträgern muss daher stets auf Nachhaltigkeit überprüft werden. Das betrifft das Handeln jedes Einzelnen und das kritische Verfolgen politischer Diskussionen.

Aufgaben

1 Erläutere die Aussage: „Alle Kraftwerke sind Energiewandler.“

2 Zeichne die Mindmap in dein Heft und ersetze die Fragezeichen durch passende Begriffe. → 3

3 Lege für das Kapitel eine Tabelle mit Kraftwerkstypen an. → 4 Ergänze im Lauf des Kapitels Vor- und Nachteile der Kraftwerkstypen – auch mithilfe eigener Recherchen.

4 Beschreibe, was du unter entwerteter Energie verstehst.

5 Stelle die Energieumwandlungen in einem Kohlekraftwerk in einem Energieflussdiagramm dar.

6 Nenne einen Vorteil von gekoppelten Kraftwerkssystemen.

7 Winde wehen unregelmäßig, die Sonne scheint nicht immer. Wie lässt sich die elektrische Energieversorgung mit erneuerbaren Energieträgern trotzdem sicherstellen? Beschreibe erforderliche Maßnahmen anhand von Beispielen.

8 „Strommix“
a Wie groß war der Anteil regenerativer Energieträger am „Strommix“ in Deutschland im Jahr 2020? → 1 Gib den Anteil auch in TWh an.
b Gib die 2020 insgesamt in Deutschland bereitgestellte elektrische Energie in MJ an.
c Vermute, wie sich unser „Strommix“ in den kommenden Jahrzehnten verändern wird. Gehe dabei auf die einzelnen Energieträger ein.

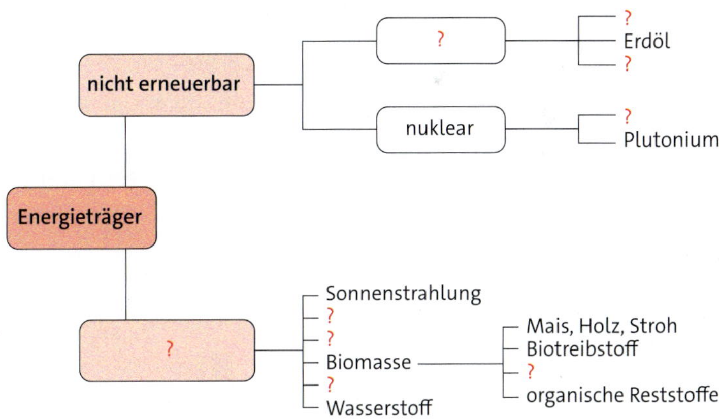

3 Übersicht von Energieträgern

Kraftwerkstyp	Vorteile	Nachteile
Verbrennungskraftwerk	?	?
?	?	?
?	?	?

4 Vergleich der Kraftwerkstypen (Beispieltabelle)

Verbrennungskraftwerke

1

Dieses Kraftwerk verbrennt Steinkohle als Energieträger. Es stellt elektrische Energie bereit – und erzeugt CO_2.

Grundlagen

Verbrennungskraftwerke • In diesen Wärmekraftwerken werden zum Verdampfen des Wassers die Energieträger Kohle, Erdgas oder Biomasse verbrannt. Zur Bereitstellung der elektrischen Energie dienen im Prinzip immer die gleichen Bauteile: Dampferzeuger, Turbine und Generator. → 2

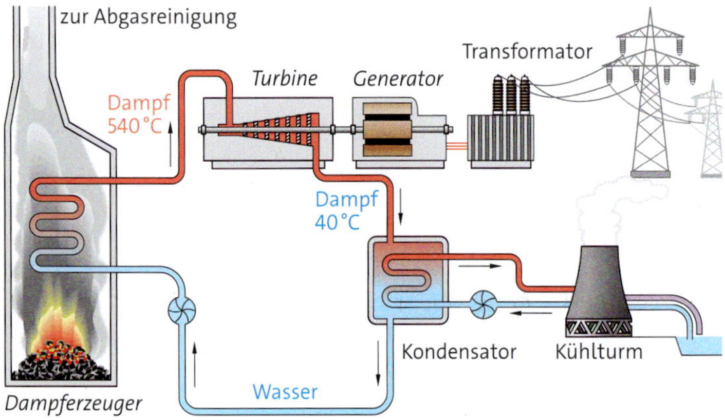

2 Aufbau eines Verbrennungskraftwerks

Energieumwandlungen • In einem Verbrennungskraftwerk finden nacheinander verschiedene erwünschte Energieumwandlungen statt: → 3

- Chemische Energie des Brennstoffs wird im Dampferzeuger in innere Energie des heißen Wasserdampfs umgewandelt.
- Die innere Energie des Dampfs wird in Rotationsenergie der Turbine umgewandelt.
- Die Rotationsenergie wird im Generator schließlich in elektrische Energie umgewandelt.

Wirkungsgrad und Energieentwertung • Bei den Energieumwandlungen im Kraftwerk wird immer nur ein Teil der Energie weiter genutzt. → 3 Der Rest wird thermisch abgegeben („Abwärme"). Der größte Teil davon erwärmt einen Fluss oder entweicht im warmen Nebel aus dem Kühlturm. Die erhöhte innere Energie der Umgebung kann von uns kaum noch genutzt werden, sie hat ihren Wert verloren. Man spricht von Energieentwertung.

Für den elektrischen Wirkungsgrad η_{el} moderner Kohlekraftwerke gilt:

$$\eta_{el} = \frac{E_{el}}{E_{zu}};\ \eta_{el} \approx 45\,\%.$$

Mehr als die Hälfte der zugeführten Energie wird bei den Umwandlungen nicht genutzt, sondern als „Abwärme" an die Umgebung abgegeben. Diese Energie kann praktisch nicht mehr zur Bereitstellung elektrischer Energie verwendet werden, sie ist entwertet.

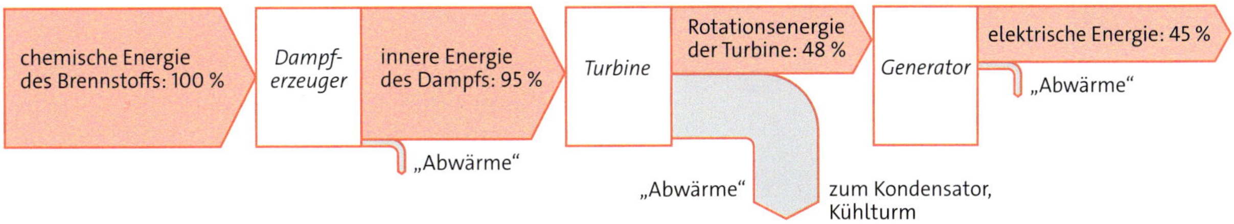

3 Energieumwandlungen in einem modernen Kohlekraftwerk

Spezifischer Heizwert • Die Brennstoffe geben verschieden viel Energie pro Kilogramm beim Verbrennen thermisch ab – Steinkohle mehr als Braunkohle, aber weniger als Erdgas. → 4 Der spezifische Heizwert *H* der Brennstoffe ist verschieden groß:

$H = \frac{W_{th}}{m}$ (W_{th}: Wärme).

Abgase • Beim Verbrennen der Brennstoffe entsteht viel Kohlenstoffdioxid (CO_2). Dieses Gas verstärkt den Treibhauseffekt der Atmosphäre, wodurch die mittlere Temperatur der Erde steigt. Die Kraftwerke stoßen je nach Brennstoff unterschiedlich viel CO_2 pro kWh elektrischer Energie aus. → 4
Biomassekraftwerke sind in Bezug auf CO_2 vorteilhaft. Sie geben beim Verbrennen nur so viel CO_2 ab, wie die pflanzlichen Energieträger vorher beim Wachsen aus der Luft aufgenommen haben. Wenn man Wachsen und Verbrennen zusammen betrachtet, belasten Biomassekraftwerke die Atmosphäre also nicht mit CO_2, ihr Einsatz ist CO_2-neutral.
Bei der Verbrennung in Kraftwerken entstehen weitere Schadstoffe wie Staub, Feinstaub, Stickoxide und Schwefeldioxid. Sie können aus den Abgasen weitgehend entfernt werden.

Brennstoff	Spezifischer Heizwert *H*	CO_2-Ausstoß
Braunkohle	$10\ \frac{MJ}{kg}$	$0{,}98\ \frac{kg}{kWh}$
Steinkohle	$27\ \frac{MJ}{kg}$	$0{,}79\ \frac{kg}{kWh}$
Erdgas	bis $45\ \frac{MJ}{kg}$	$0{,}64\ \frac{kg}{kWh}$

4 Fossile Brennstoffe für Kraftwerke im Vergleich

Kraftwerkstyp	Vorteile	Nachteile
Verbrennungskraftwerk (fossile Energieträger)	• hochwertige Technologie und Infrastruktur vorhanden • Energieträger mit hohem Heizwert und gut speicherbar	• Freisetzung von viel CO_2 • Vorkommen der Energieträger begrenzt, Förderung wird immer aufwendiger, Umweltrisiken bei Förderung und Transport
Biomassekraftwerk	• hochwertige Technologie und Infrastruktur vorhanden • neutrale CO_2-Bilanz (aus Wachsen und Verbrennen) • Energieträger regenerativ, relativ kurze Transportwege	• Energieträger mit geringerem Heizwert • Anbau von Energiepflanzen benötigt große Anbauflächen (Konkurrenz zu Nahrungspflanzen), unberührte Natur und Lebensräume werden umgewandelt • Energieaufwand für die Bereitstellung

5 Einige Vor- und Nachteile von Verbrennungskraftwerken

Verbrennungskraftwerke

Aufgaben

1 Notiere Gemeinsamkeiten aller Verbrennungskraftwerke.

2 Fossile Energieträger – Biomasse: Nenne je einen Vor- und Nachteil bei ihrem Einsatz in Verbrennungskraftwerken.

3 Gib an, wo in Verbrennungskraftwerken am meisten Energie entwertet wird.

4 Ein Steinkohlekraftwerk hat eine elektrische Leistung von 1,8 GW.
- a Gib die erwünschten Energieumwandlungen im Kraftwerk an.
- b Berechne die Energie, die dem Kraftwerk (η_{el} = 41 %) pro Sekunde zugeführt wird.
- c Berechne die elektrische Energie, die das Kraftwerk jährlich abgibt. → 1
- d Berechne die Masse der Kohle, die jährlich verbrannt wird. → 1

5 Im Jahr 2020 benötigte der Haushalt einer Beispielsfamilie eine elektrische Energie von $3{,}2 \cdot 10^3$ kWh. 20 % dieser Energie wurden von Steinkohlekraftwerken bereitgestellt.
- a Berechne die elektrische Energie, die 2020 von Steinkohlekraftwerken für den Haushalt bereitgestellt wurde.
- b Berechne, wie viel CO_2 eingespart worden wäre, wenn man diese elektrische Energie im Biomassekraftwerk bereitgestellt hätte. *Tipp:* Rechne für die Steinkohlekraftwerke mit 0,79 kg CO_2 pro kWh. → 1

Ein kleines Braunkohlekraftwerk hat eine durchschnittliche elektrische Leistung von 62,8 MW.

1 Berechne die elektrische Energie, die das Kraftwerk jährlich abgibt.

Gegeben: $P_{el} = 62{,}8\ \text{MW};\ t = 365\ \text{d}$ Gesucht: E_{el}

Gleichung und Umformen: $P_{el} = \frac{E_{el}}{t};\ E_{el} = P_{el} \cdot t$

Einsetzen und rechnen:

$E_{el} = 62{,}8\ \text{MW} \cdot 365\ \text{d} = 62{,}8\ \text{MW} \cdot 365 \cdot 24\ \text{h} = 550\,128\ \text{MWh}$

Runden: Die gegebenen Größen haben 3 sinnvolle Ziffern.

Ergebnis: $E_{el} = 550\ \text{GWh}$

2 Berechne die Masse der jährlich verbrannten Braunkohle. Rechne mit einem Wirkungsgrad des Kraftwerks von 37 % und einem Heizwert der Braunkohle von 16 $\frac{\text{MJ}}{\text{kg}}$.

Gegeben: $\eta = 37\,\%;\ H = 16\ \frac{\text{MJ}}{\text{kg}};\ E_{el} = 550\ \text{GWh}$ Gesucht: m

Gleichungen: $E_{el} = \eta \cdot W_{th,\,zu};\ H = \frac{W_{th,\,zu}}{m};\ 1\ \text{kWh} = 3{,}6\ \text{MJ}$

Umformen: $W_{th,\,zu} = \frac{E_{el}}{\eta};\ m = \frac{W_{th,\,zu}}{H} = \frac{E_{el}}{\eta \cdot H}$

Einsetzen und rechnen:

$$m = \frac{550\ \text{GWh}}{0{,}37 \cdot 16\ \frac{\text{MJ}}{\text{kg}}} = \frac{550 \cdot 10^6\ \text{kWh}}{0{,}37 \cdot 16\ \frac{\text{MJ}}{\text{kg}}} = \frac{550 \cdot 10^6 \cdot 3{,}6\ \text{MJ}}{0{,}37 \cdot 16\ \frac{\text{MJ}}{\text{kg}}} = 334{,}459 \cdot 10^6\ \text{kg}$$

Runden: η und H sind mit 2 sinnvollen Ziffern gegeben.

Ergebnis: $m = 33 \cdot 10^7\ \text{kg} = 33 \cdot 10^4\ \text{t}$

3 Berechne die Masse an CO_2, die jährlich vom Kraftwerk emittiert wird. Rechne mit 0,98 kg CO_2 pro kWh elektrischer Energie.

Gegeben: $P_{el} = 550\ \text{GWh};\ \frac{m_{CO_2}}{\text{kWh}} = 0{,}98\ \frac{\text{kg}}{\text{kWh}}$ Gesucht: $m_{CO_2,\,Jahr}$

Gleichung: $m_{CO_2,\,Jahr} = E_{el} \cdot \frac{m_{CO_2}}{\text{kWh}}$

Einsetzen und rechnen:

$$m_{CO_2,\,Jahr} = 550\ \text{GWh} \cdot 0{,}98\ \frac{\text{kg}}{\text{kWh}} = 550 \cdot 10^6\ \text{kWh} \cdot 0{,}98\ \frac{\text{kg}}{\text{kWh}}$$

$m_{CO_2,\,Jahr} = 539 \cdot 10^6\ \text{kg}$

Runden: $\frac{m_{CO_2}}{\text{kWh}}$ ist mit 2 sinnvollen Ziffern gegeben.

Ergebnis: $m_{CO_2,\,Jahr} = 54 \cdot 10^7\ \text{kg} = 54 \cdot 10^4\ \text{t}$

1

Im Fokus

Aus der Forschung: CO_2 – der neue Energieträger?

Herausforderung • Klimaziele erreichen? Treibhauseffekt verringern? Erderwärmung in Grenzen halten? All das kann nur gelingen, wenn der Ausstoß von CO_2 weltweit stark verringert wird. Weniger Kohlekraftwerke, mehr Elektroautos, der Handel mit CO_2-Rechten oder das Pflanzen von Bäumen werden vielleicht nicht genügend CO_2 einsparen. Wir brauchen weitere Lösungsansätze.

2 Luftfilteranlage für CO_2 (bei Zürich)

Besondere Luftfilter • Pflanzen nehmen CO_2 ganz natürlich aus der Luft auf. Technisch gelingt das auch – mit Luftfilteranlagen unter großem Energieaufwand (DAC: Direct Air Capture). → 2 Die Anlagen müssen sehr groß sein, weil die Luft nur zu 0,04 % CO_2 enthält. Wenn das Herausfiltern gelungen ist, stellt sich die nächste Frage: Wohin mit dem CO_2?

Gasspeicher • Man könnte das CO_2 in unterirdischen Gasspeichern lagern. Diese Möglichkeit ist bereits erforscht (CCS: Carbon Dioxide Capture and Storage). Sie ist bei uns in der Öffentlichkeit umstritten: Aus undichten Gasspeichern könnte CO_2 austreten und die Atmung von Menschen und Tieren gefährden.

Treibstoff • Lässt sich das Gas vielleicht wieder nutzbar machen – recyceln statt speichern? Tatsächlich gibt es Verfahren, um aus CO_2 Treibstoff herzustellen. Dazu benötigt man zusätzlich Wasserstoff, der unter Energieaufwand hergestellt werden muss. Dafür könnte man regenerative Energieträger einsetzen. Bei der Verbrennung des Treibstoffs in Fahrzeugen oder Kraftwerken würde dann nur so viel CO_2 ausgestoßen, wie zur Bildung des Treibstoffs der Luft entnommen wurde. → 3 Dieser Recyclingtreibstoff wäre also CO_2-neutral.

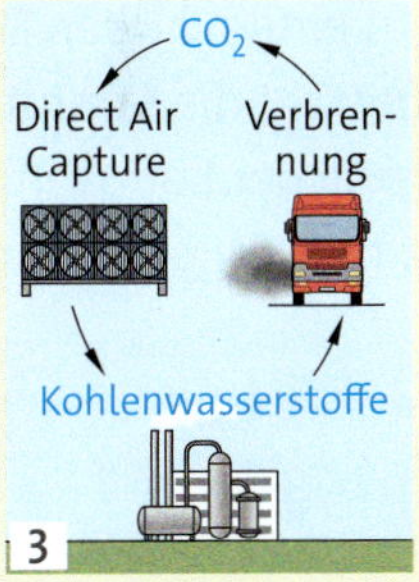

3

Aufgaben

1 Gib einen Grund an, warum die CO_2-Luftfilter so groß sein müssen. → 2

2 Recycling von CO_2

a Skizziere den technischen CO_2-Kreislauf vereinfacht im Heft. → 3 Ergänze, an welchen Stellen Energie zugeführt werden muss und wo Energie freigesetzt wird.

b Informiere dich über den natürlichen CO_2-Kreislauf. Skizziere ihn ebenfalls und vergleiche mit dem technischen CO_2-Kreislauf.

3 Begründe, warum es sinnvoll sein könnte, Treibstoff aus CO_2 herzustellen.

Solarkraftwerke

1

Die Sonne strahlt ständig Energie ab. Wie viel können wir davon nutzen?

A Aufgabe

Energie von der Sonne

1 An einem klaren Sommertag beträgt die Strahlungsleistung der Sonne in Bayern bis zu 1,0 kW pro Quadratmeter.

a Erläutert anhand einer Skizze, was damit gemeint ist.

b Ein Tank ist mit 1,0 m³ Wasser von 15 °C gefüllt. Auf seine Oberfläche von 2,0 m² scheint die Sonne 1,0 h lang mit 1,0 $\frac{kW}{m^2}$. Berechnet, wie viel Energie dem Tank zugeführt wird.

c Berechnet, ob die zugeführte Energie das Wasser auf 100 °C erhitzen könnte.

B Versuch

Elektrische Leistung einer einfachen Solaranlage

Material: Solarmodul, Solarmotor (oder Handgenerator als Motor), Halogenlampe, Bindfaden, Wägestück, 2 Vielfachmessgeräte, Kabel

1 Bestimmt die Leistung eures Solarmoduls. → 2

a Messt die Spannung U und die Stromstärke I. Berechnet die elektrische Leistung P_{el}.

b Die Solaranlage eines Hauses hat z. B. eine Leistung von 4,0 kW. Vergleicht mit der einfachen Solaranlage.

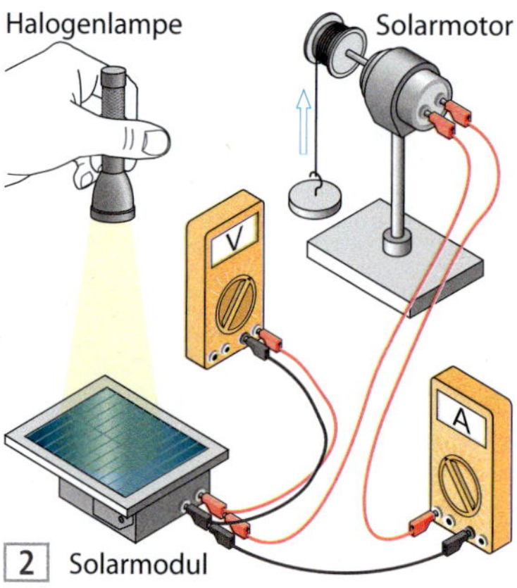

2 Solarmodul

2 In einem Versuch wurde das beleuchtete Solarmodul mit einem Schiebewiderstand unterschiedlich belastet, Spannung und Stromstärke wurden gemessen. → 3

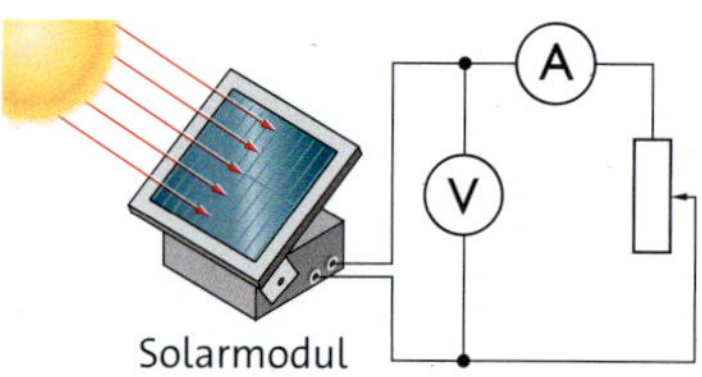

U in V	2,98	2,90	2,76	2,36
I in mA	0	40	72	110
U in V	1,96	1,43	0,72	0
I in mA	130	145	110	160

3

a Berechnet jeweils die elektrische Leistung P_{el} des Moduls. Bleibt sie konstant?

b Zeichnet das U-P_{el}-Diagramm. Bestimmt die maximale Leistung des Moduls.

C Versuch

Parabolspiegel

Material: 2 Parabolspiegel, einer mit Glühlampe (6 V; 5 A) im Brennpunkt; elektronisches Thermometer, Papierstreifen

1 Stellt die Spiegel auf gleicher Höhe genau gegenüber auf. → 4 Findet mit dem Papierstreifen die Stelle nahe vor dem Hohlspiegel ohne Lampe, wo der Lichtfleck am kleinsten ist („Brennpunkt").
  a Messt genau im „Brennpunkt" die Temperatur.
  b Verändert die Position des Temperaturfühlers und messt wieder die Temperatur.
  c Erklärt, weshalb die Temperatur im „Brennpunkt" besonders hoch ist. → 5

2 Beim „Solarkochen" lenkt ein Parabolspiegel Sonnenstrahlung auf einen Topf. → 6
  a Beschreibt, wie man Spiegel und Topf optimal aufstellt.
  b Mit dem kleineren Spiegel (rechts) würde das Kochen länger dauern. Erklärt dies.
  c Nennt weitere Faktoren, die die Heizleistung beim „Solarkochen" beeinflussen.

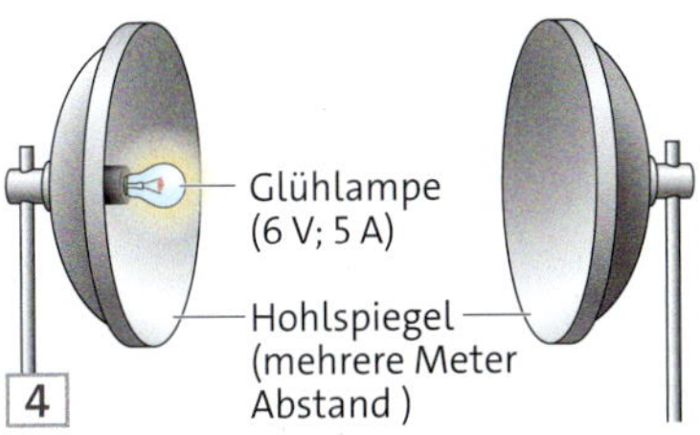

4

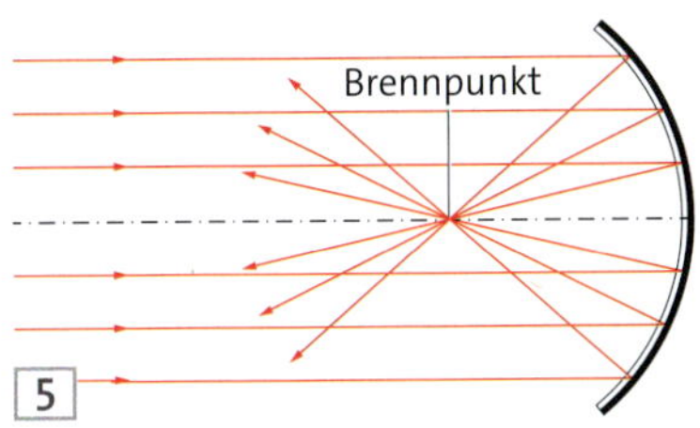

5

6

D Aufgaben

Sonnenschein – ungleich verteilt

1 Welche Gebiete Deutschlands kommen am ehesten zur Nutzung von Sonnenenergie in Frage?
  a Beschreibt die Verteilung
    - der jährlichen Sonnenscheindauer → 7
    - der Strahlungsenergie, die pro m^2 am Erdboden eintrifft → 8
  b Vergleicht die Verteilungen.
  c Beantwortet die Eingangsfrage.

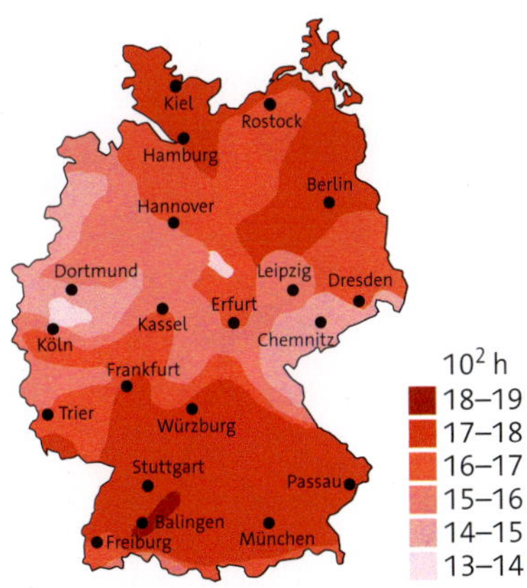

7 Jährliche Sonnenstunden

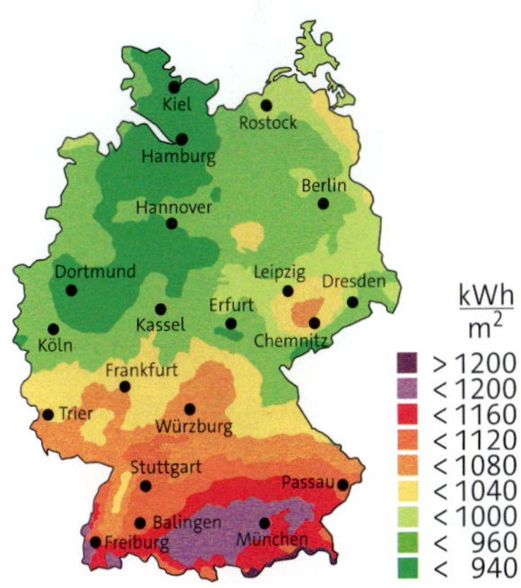

8 Jährliche Strahlungsenergie

2 Informiert euch, wie die Solarnutzung in Deutschland aktuell verteilt ist. Vergleicht mit den Strahlungskarten. → 7 8 Vermutet Gründe für die Unterschiede.

Solarkraftwerke

Grundlagen

Energie von der Sonne • Die Sonne versorgt unsere Erde ständig mit so viel Energie, dass der Energiebedarf der Menschheit ungefähr 11 000-mal gedeckt werden könnte. Die Strahlungsenergie erwärmt die Erde, sie treibt z. B. den Wasserkreislauf und die Fotosynthese der Pflanzen an. Sonnenkollektoren, Solarmodule und Solarkraftwerke nutzen die Sonnenenergie technisch.

Sonnenkollektoren • Das Wasser im Gartenschlauch wird erwärmt, wenn der Schlauch in der Sonne liegt. Sonnenkollektoren nutzen dasselbe Prinzip. → [1] [2] Sonnenstrahlung erwärmt den Kollektor, die innere Energie des flüssigen Wärmetransportmittels im Kupferrohr nimmt zu. Im Wärmetauscher wird damit das Wasser für den Haushalt erwärmt.
Sonnenkollektoren mit Parabolspiegeln unter den Rohren konzentrieren die Sonnenstrahlung auf die Rohre und haben einen höheren Wirkungsgrad.

[1]

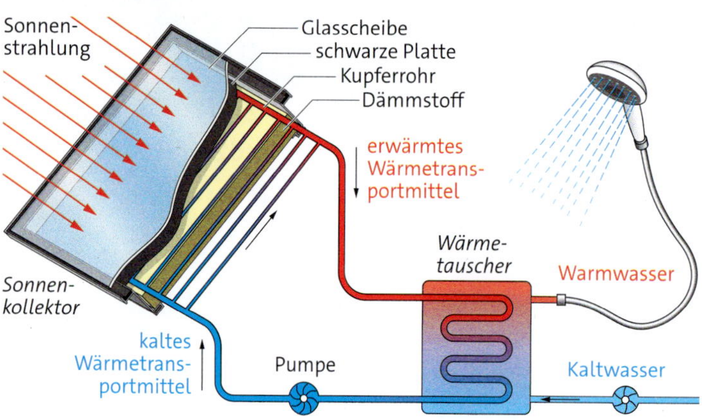

[2] Solaranlage mit Sonnenkollektor und Wärmetauscher

Sonnenkollektoren wandeln Strahlungsenergie in innere Energie eines Wärmetransportmittels um. Der Wirkungsgrad liegt im Alltag oft zwischen 50 % und 70 %.

Solarthermische Kraftwerke • Sie gehören zu den Wärmekraftwerken. → [3] Sonnenstrahlung wird mit Spiegeln konzentriert und erhitzt ein flüssiges Wärmetransportmittel auf viele Hundert Grad Celsius. Im Dampferzeuger gibt es innere Energie ab, um heißen Wasserdampf mit hohem Druck zu erzeugen. Der Dampf treibt eine Turbine an und diese einen Generator.
Wir unterscheiden zwei Arten von solarthermischen Kraftwerken:

- In Parabolrinnenkraftwerken reflektieren Parabolspiegel die Strahlung zu Rohren („Rinnen"), in denen das Wärmetransportmittel fließt. → [4]
- In Solarturmkraftwerken reflektieren Tausende Spiegel die Sonnenstrahlung auf einen Strahlungsabsorber, durch den die Rohre führen. → [5]

In solarthermischen Kraftwerken wird Strahlungsenergie der Sonne erst in innere Energie eines Wärmetransportmittels und dann in elektrische Energie umgewandelt.

[5] Solarturmkraftwerk

der Sonnenkollektor
das solarthermische Kraftwerk
die Solarzelle
die Fotovoltaik

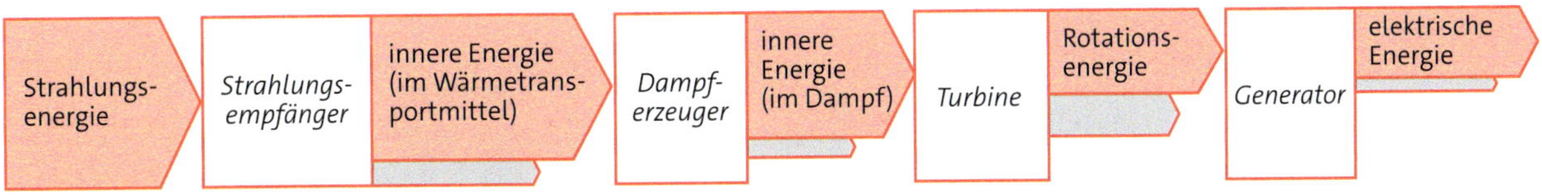

3 Energieumwandlungen in solarthermischen Kraftwerken (grau: „Abwärme“)

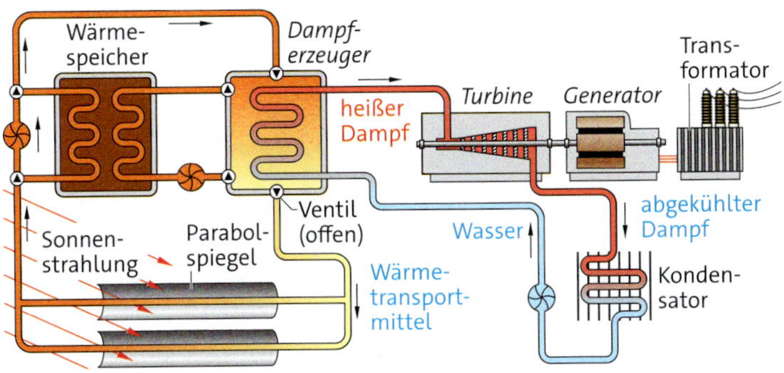

4 Parabolrinnenkraftwerk (Prinzip)

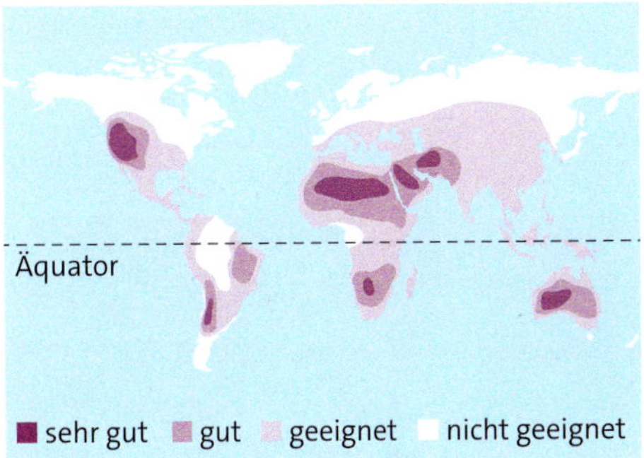

6 Gebiete für solarthermische Kraftwerke

Mit überschüssiger innerer Energie, die gerade nicht zum Bereitstellen elektrischer Energie benötigt wird, kann ein Wärmespeichermittel (z. B. geschmolzenes Salz) in einem Wärmespeicher erwärmt werden. → 4 Nachts gibt es seine innere Energie im Dampferzeuger ab, sodass fortlaufend elektrische Energie zur Verfügung gestellt wird.
Der Bau solarthermischer Kraftwerke lohnt sich besonders in Gebieten mit hoher Sonneneinstrahlung und geringer Luftfeuchtigkeit. Diese Gebiete können von Regionen mit hohem Energiebedarf weit entfernt sein. → 6

Fotovoltaik • Die Solarmodule auf unseren Hausdächern oder Feldern bestehen aus vielen Solarzellen. → 7

Solarzellen wandeln Strahlungsenergie direkt in elektrische Energie um (Fotovoltaik). Ihr Wirkungsgrad liegt meist unter 20 %.

7 Solarmodule

Kraftwerkstyp	Vorteile	Nachteile
Solarthermisches Kraftwerk	• Energieträger unerschöpflich und im Überfluss vorhanden • beim Betrieb keine Schadstoffemissionen (kein CO_2)	• abhängig von Wetter, Tages- und Jahreszeit • nicht überall genug Sonneneinstrahlung • oft Energietransport über weite Strecken
Fotovoltaikkraftwerk	• Energieträger unerschöpflich und im Überfluss vorhanden • beim Betrieb keine Schadstoffemissionen (kein CO_2)	• abhängig von Wetter, Tages- und Jahreszeit • nicht an allen Standorten wirtschaftlich • geringer Wirkungsgrad • großer Flächenbedarf

8 Einige Vor- und Nachteile von Solarkraftwerken

Solarkraftwerke

Aufgaben

1 Ordne den Diagrammen jeweils den richtigen Begriff zu: Sonnenkollektor, Solarzelle. → 1 2

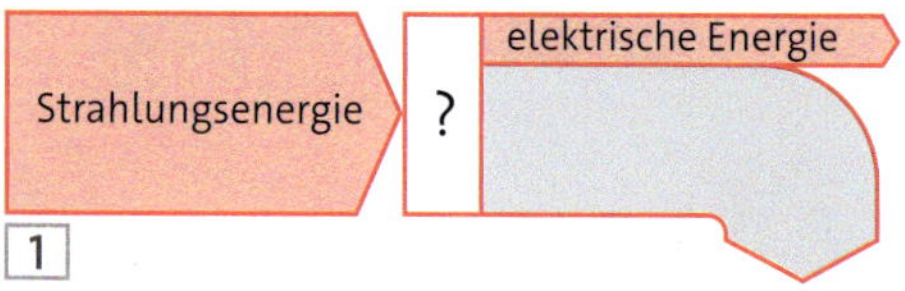

1

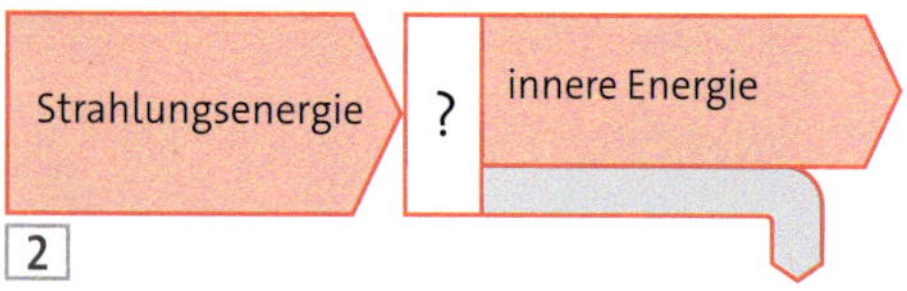

2

2 Eine Sonnenkollektoranlage hat eine Fläche von 6,0 m^2 und einen Wirkungsgrad von 60 %. Damit werden 300 l Wasser in einem Tank erwärmt. Die Strahlungsleistung der Sonne beträgt $1{,}0\,\frac{kW}{m^2}$.

a Berechne die Temperaturzunahme des Wassers im Tank innerhalb von 90 min. → 3

b Das Wasser im Tank hatte eine Temperatur von 35 °C. Berechne die Temperatur nach 90 min Erwärmung.

c Berechne, wie viel CO_2 eine Ölheizung ausstoßen würde, um 300 l Wasser wie bei Teil a zu erwärmen. Rechne mit einem Ausstoß von 0,31 kg CO_2 pro kWh.

3 Eine Fotovoltaikanlage (A = 11 m^2) stellt jährlich eine elektrische Energie von $4{,}2 \cdot 10^3$ kWh bereit. Berechne den Wirkungsgrad der Anlage. Die jährliche Sonnenscheindauer beträgt $1{,}7 \cdot 10^3$ h und die Strahlungsleistung 1,0 kW pro m^2. → 3

1 Eine Sonnenkollektoranlage mit $A = 4{,}5\,m^2$ erwärmt 100 kg Wasser ($c = 4{,}19\,\frac{kJ}{kg \cdot °C}$) in 1,0 h von 15 °C auf 38 °C. Die Strahlungsleistung der Sonne beträgt P = 1,0 kW pro m^2. Berechne den Wirkungsgrad der Anlage.

Gegeben:

$A = 4{,}5\,m^2;\ m = 100\,kg;\ t = 1{,}0\,h;\ \Delta\vartheta = 23\,°C;\ \frac{P}{m^2} = 1{,}0\,\frac{kW}{m^2}$

Schritt 1: vom Wasser aufgenommene Wärme $W_{th} = E_{nutz}$

Gleichung: $W_{th} = c \cdot m \cdot \Delta\vartheta$

Einsetzen und runden auf 2 sinnvolle Ziffern:

$W_{th} = 4{,}19\,\frac{kJ}{kg \cdot °C} \cdot 100\,kg \cdot 23\,°C = 9637\,kJ;\ W_{th} = 9{,}6\,MJ = E_{nutz}$

Schritt 2: Strahlungsenergie E_{zu} in $t = 1{,}0\,h$ auf $A = 4{,}5\,m^2$

Gleichungen: $E_{zu} = \frac{P}{m^2} \cdot A \cdot t;\ 1\,kWh = 3{,}6\,MJ$

Einsetzen und runden auf 2 sinnvolle Ziffern:

$E_{zu} = 1{,}0\,\frac{kW}{m^2} \cdot 4{,}5\,m^2 \cdot 1{,}0\,h = 4{,}5\,kWh = 16{,}2\,MJ;\ E_{zu} = 16\,MJ$

Schritt 3: Wirkungsgrad η

Gleichung, einsetzen und runden auf 2 sinnvolle Ziffern:

$\eta = \frac{E_{nutz}}{E_{zu}};\ \eta = \frac{9{,}6\,MJ}{16\,MJ} = 0{,}60 = 60\,\%$

2 Solarzellen (η = 19 %) geben $3{,}7 \cdot 10^3$ kWh elektrische Energie ab. Berechne ihre Fläche. Rechne mit $1{,}7 \cdot 10^3$ h Sonnenschein und 1,0 kW Strahlungsleistung pro m^2.

Gegeben: $\eta = 0{,}19;\ E_{el} = 3{,}7 \cdot 10^3\,kWh;\ t = 1{,}7 \cdot 10^3\,h;\ \frac{P}{m^2} = 1{,}0\,\frac{kW}{m^2}$

Schritt 1: Strahlungsenergie E_{zu} für die Solarzellen

Gleichung, einsetzen und runden auf 2 sinnvolle Ziffern:

$E_{zu} = \frac{E_{nutz}}{\eta};\ E_{zu} = \frac{3{,}7 \cdot 10^3\,kWh}{0{,}19} = 19{,}474 \cdot 10^3\,kWh;\ E_{zu} = 19 \cdot 10^3\,kWh$

Schritt 2: einfallende Strahlungsenergie E pro 1,0 m^2

Gleichung, einsetzen und runden auf 2 sinnvolle Ziffern:

$\frac{E}{m^2} = \frac{P}{m^2} \cdot t;\ \frac{E}{m^2} = 1{,}0\,\frac{kW}{m^2} \cdot 1{,}7 \cdot 10^3\,h = 1{,}7 \cdot 10^3\,\frac{kWh}{m^2}$

Schritt 3: Solarzellenfläche A

Gleichung, einsetzen und runden auf 2 sinnvolle Ziffern:

$A = \frac{E_{zu}}{\frac{E}{m^2}};\ A = \frac{19 \cdot 10^3\,kWh}{1{,}7 \cdot 10^3\,\frac{kWh}{m^2}} = 11{,}176\,m^2;\ A = 11\,m^2$

3

E Aufgaben

Aufwindkraftwerk

1 Wie funktioniert ein Aufwindkraftwerk? → 4
a Ordne die Sätze richtig.
b Das Kraftwerk läuft auch nachts. Vermute die Ursache dafür.

2 Ein Aufwindkraftwerk hat 50 000 m^2 Glasfläche. Die mittlere Strahlungsleistung der Sonne beträgt 250 W pro m^2.
a Berechne die Strahlungsenergie, die dem Kraftwerk in 8500 h zugeführt wird.
b Das Kraftwerk stellt in dieser Zeit 55 MWh elektrische Energie bereit. Berechne den Wirkungsgrad.

3 Bisher wurden weltweit nur zwei Aufwindkraftwerke gebaut. Informiere dich über sie. Gib Gründe an, warum nicht noch mehr Aufwindkraftwerke gebaut wurden.

- Die strömende Luft treibt das Windrad an.
- Die Luft unter der Glasfläche wird durch die Strahlungsenergie von der Sonne und vom Boden erwärmt.
- Das Windrad treibt den Generator an.
- Der dunkle Erdboden wird von der Sonnenstrahlung erwärmt.
- Die erwärmte Luft strömt im Turm nach oben.
- Sonnenstrahlung durchdringt die Glasfläche.
- Der Generator gibt elektrische Energie ab.
- Der erwärmte dunkle Erdboden gibt viel Wärmestrahlung ab.

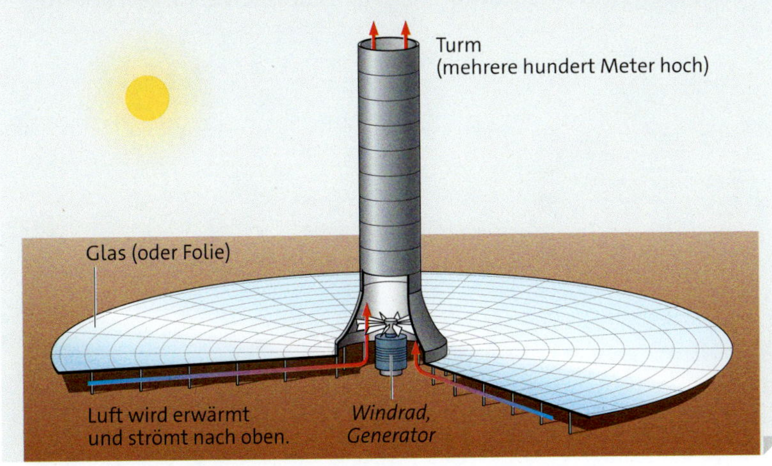

4 Aufwindkraftwerk

F Aufgabe

Solarenergie für München

1 Im Großraum München wird sehr viel elektrische Energie benötigt. Wo würdest du Solarkraftwerke bauen, um diesen Bedarf zu decken?
a Gib jeweils an, ob die folgenden Aussagen zutreffen:
- Solarkraftwerke brauchen sehr große Flächen.
- Die Grundstückspreise in München und Umgebung sind gering.
- Die Böden in Münchens Umgebung sind ungeeignet für die Landwirtschaft.
- In München fällt jährlich genauso viel Sonnenenergie ein wie in der Wüste Marokkos.
- In der Wüste Marokkos steht viel mehr Sonnenenergie zur Verfügung, als dort benötigt wird.
- Elektrische Energie kann nur 100 km weit transportiert werden, dann werden die Verluste zu groß.
- Fernleitungen über viele Hundert Kilometer sind sehr teuer.

b „Solarkraftwerke für München sollten in der Wüste Marokkos gebaut werden." Nimm Stellung zu dieser Aussage. Verwende dabei auch Punkte aus Teil a.

Wasserkraftwerke

1

Der Staudamm ist über 80 m hoch. Wieso wird bei manchen Wasserkraftwerken das Wasser so hoch aufgestaut?

A Aufgaben

Anteile der Wasserkraft

1 Wasserkraftwerke waren 2019 in Deutschland zu 3,5 % an der elektrischen Energieversorgung beteiligt, in Österreich zu 57 %. → 2 Vermutet eine Erklärung dafür.

2 Der Anteil der Wasserkraftwerke an der elektrischen Energieversorgung ist in verschiedenen Ländern sehr unterschiedlich. → 2 Versucht Erklärungen zu finden.

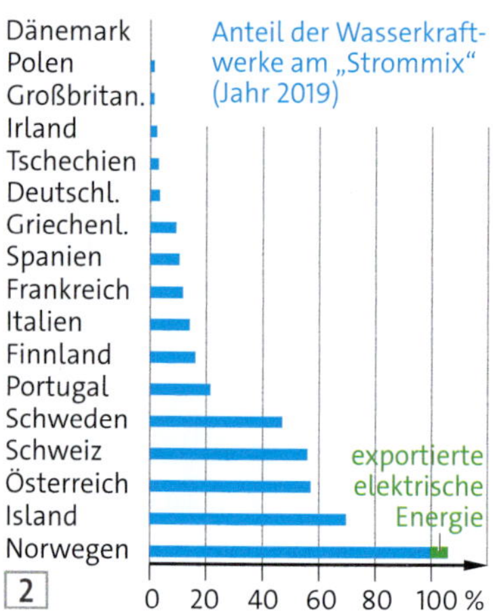

2

B Aufgabe

Walchenseekraftwerk

1 Seit rund 100 Jahren liefert das Walchenseekraftwerk zuverlässig elektrische Energie. → 3 Wasser strömt vom Walchensee zum Kochelsee hinunter. Der Höhenunterschied zwischen den beiden Seen beträgt 200 m. Auf dem Weg treibt das strömende Wasser im Kraftwerk Turbinen an und diese wiederum die angeschlossenen Generatoren.

a Ordnet den Ziffern in der Zeichnung diese Begriffe zu: Generator, Walchensee, Kochelsee, Turbine, Fallrohr.

b Beschreibt die Energieumwandlungen im Kraftwerk.

c Informiert euch über die elektrische Leistung des Walchenseekraftwerks.

d Wir nutzen im Mittel eine elektrische Leistung von $1{,}8 \cdot 10^2$ W pro Kopf. Berechnet, wie viele Personen das Kraftwerk mit elektrischer Energie versorgen könnte.

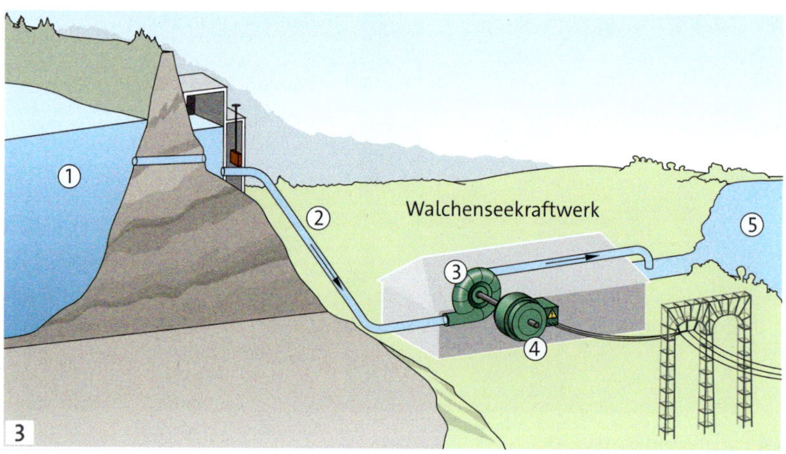

3

C Aufgaben

Wasserkraftwerke → 4

1 Berechnet die elektrische Leistung des Kraftwerks Jochenstein. Geht davon aus, dass es pro Jahr 6400 h in Betrieb ist.

2 Wasserkraftwerk Frauenau

a Berechnet, wie lange die Turbine des Wasserkraftwerks im Jahr in Betrieb ist.

b Berechnet, wie viel Energie 1,0 m³ Wasser des Speichersees an eine Turbine des Kraftwerks abgeben kann.

c Begründet, warum dieses Kraftwerk nicht für einen Dauerbetrieb geeignet ist.

3 Das Kraftwerk Hohenwarte II kann 6,5 h ohne Unterbrechung in Betrieb sein. Dann muss der Speichersee aufgefüllt werden.

a Berechnet, wie viel Energie im Oberbecken gespeichert werden kann. Rechnet mit $P_{el, max}$ = 320 MW.

b Berechnet, wie viel Wasser (in m³) das Speicherbecken mindestens fassen kann.

4 Ordnet den Begriffen Speicherkraftwerk, Pumpspeicherkraftwerk und Laufwasserkraftwerk jeweils eines der Kraftwerke zu.

Die potenzielle und kinetische Energie von Wasser kann auf unterschiedliche Weise in elektrische Energie umgewandelt werden:

- Beim Kraftwerk Jochenstein an der Donau fließt enorm viel Wasser – 2050 m³ pro s – über eine Fallhöhe von 10 m. Das Kraftwerk stellt eine elektrische Energie von $850 \cdot 10^6$ kWh jährlich bereit.
- Das Kraftwerk am Stausee Frauenau kann nicht ständig Energie liefern. Bei voller Leistung strömt mehr Wasser vom Stausee durch die Turbinen, als über die Flüsse Kleiner Regen und Hirschbach zufließt. Man setzt das Kraftwerk daher nur ein, wenn kurzzeitig viel elektrische Energie benötigt wird. In der restlichen Zeit wird der Speichersee wieder aufgefüllt. Jede der beiden Turbinen liefert bei einer Fallhöhe von 74 m und einer Leistung von 346 kW eine elektrische Energie von $2{,}1 \cdot 10^6$ kWh pro Jahr.
- Das Kraftwerk Hohenwarte II liefert nur dann elektrische Energie, wenn hoher Bedarf besteht. Steht dagegen im Netz überschüssige elektrische Energie zur Verfügung, füllen Pumpen das künstlich angelegte Oberbecken auf. Wenn dann das nächste Mal elektrische Energie benötigt wird, lässt man das Wasser 300 m aus dem Speicherbecken nach unten stürzen und die Turbinen antreiben.
- In den Meeren steckt sehr viel Energie. Gezeitenkraftwerke nutzen den Höhenunterschied zwischen Ebbe und Flut. Wellenkraftwerke wandeln die Energie der Wellen in elektrische Energie um.

4

Wasserkraftwerke

Grundlagen

Gewässer als Energieträger • Auf der Erde verdunsten alle 100 s rund 200 Milliarden Liter Wasser – so viel, wie der Chiemsee enthält. Das verdunstete Wasser gelangt als Niederschlag auf die Erde zurück und füllt z. B. Seen. Flüsse transportieren es „bergab" in die Meere. Da der Wasserkreislauf durch die Energie der Sonne angetrieben wird, liegt die Ursache der kinetischen und potenziellen Energie des Wassers in der Strahlungsenergie der Sonne.

Wasserkraftwerke wandeln kinetische Energie strömenden Wassers mithilfe von Turbinen und Generatoren in elektrische Energie um. Ihr Wirkungsgrad beträgt bis zu 90 %.

Laufwasserkraftwerke • Das strömende Wasser z. B. eines Flusses treibt Turbinen mit angeschlossenen Generatoren an. → 1 Durch Staustufen oder Wehre wird oft ein kleiner Höhenunterschied zwischen Zu- und Abfluss erzielt. Durch die Turbinen läuft ständig so viel Wasser, wie vom Fluss nachgeliefert wird – also oft sehr viel.

1

Laufwasserkraftwerke nutzen die kinetische Energie des strömenden Wassers in Flüssen. → 1 2

Speicherkraftwerke • Als Wasserspeicher dient z. B. ein hoch gelegener See oder ein Stausee mit hoher Staumauer. Das Wasser strömt in Fallrohren aus großer Höhe zu den Turbinen.

Speicherkraftwerke nutzen potenzielle Energie von Wasser, das in großer Höhe gespeichert wurde. Die potenzielle Energie des Wassers wird beim Herabströmen in kinetische Energie umgewandelt. → 3 4

Wenn ein Speicherkraftwerk bei voller Leistung in Betrieb ist, kann es sein, dass mehr Wasser aus dem Speicher durch die Turbinen strömt, als in gleicher Zeit zufließt. Dann betreibt man das Kraftwerk nicht ständig, sondern nur in Zeiten mit sehr großem Bedarf an elektrischer Energie. In den restlichen Zeiten stehen die Turbinen still und der Speicher wird durch den natürlichen Wasserzulauf wieder aufgefüllt. In Norwegen mit seinen wasserreichen Gebirgen stellen die Speicherkraftwerke sogar mehr elektrische Energie bereit als nötig. Diese elektrische Energie wird in andere Länder exportiert. Eine Sonderform des Speicherkraftwerks ist das Gezeitenkraftwerk. Aufgrund von Ebbe und Flut stellen sich unterschiedliche Wasserstände auf beiden Seiten der Staumauer ein.

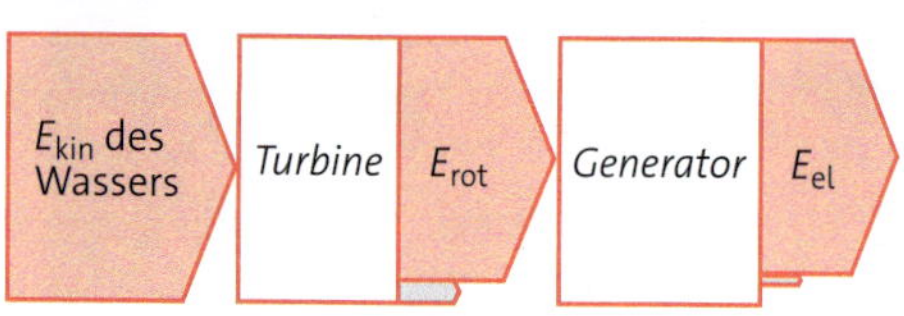

2 Laufwasserkraftwerk

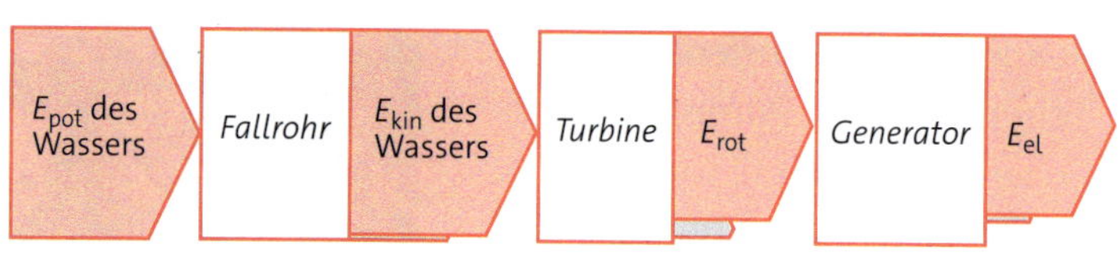

3 Speicherkraftwerk

das Wasserkraftwerk
das Laufwasserkraftwerk
das Speicherkraftwerk
das Pumpspeicherkraftwerk

Pumpspeicherkraftwerke • Weit oberhalb dieser Kraftwerke befindet sich ein (künstlich angelegtes) Speicherbecken, in das meist nur wenig Wasser auf natürlichem Zulauf gelangt. → 5 Mit überschüssiger elektrischer Energie aus dem Stromnetz wird Wasser aus einem See oder Fluss in das Speicherbecken gepumpt. Dabei werden die Generatoren des Kraftwerks als Elektromotoren betrieben, um die Pumpen anzutreiben. Bei hohem elektrischen Energiebedarf lässt man das Wasser aus dem Speicherbecken wieder nach unten zu den Turbinen strömen.

Bei Pumpspeicherkraftwerken wird elektrische Energie in potenzielle Energie des Wassers umgewandelt, in dieser Form gespeichert und bei großem Bedarf wieder in elektrische Energie zurückgewandelt.

Umwelt • Wasserkraftwerke und ihr Bau greifen stark in Gewässer und den natürlichen Lebensraum ein. Es sollte unter anderem darauf geachtet werden, dass jederzeit eine ausreichende Wassermenge für den weiteren Flussverlauf abfließt und Fische z. B. in Fischtreppen passieren können.

Aufgaben

1 Nenne je zwei Vor- und Nachteile der Nutzung von Wasserkraftwerken zur Bereitstellung elektrischer Energie.

2 Formuliere eine Gemeinsamkeit und einen Unterschied von Speicher- und Laufwasserkraftwerken.

3 Zeichne ein Energieflussdiagramm für ein Pumpspeicherkraftwerk.

4 Speicherkraftwerk

5 Pumpspeicherkraftwerk

Kraftwerkstyp	Vorteile	Nachteile
Laufwasserkraftwerk	• regenerativer Energieträger • keine Schadstoffemissionen (kein CO_2) • hoher Wirkungsgrad • ständig nutzbar • geringe Betriebskosten	• Schädigung von Wasserlebewesen durch Turbinen • Leistung abhängig vom Wasserstand (Durchflussmenge)
Speicherkraftwerk	• regenerativer Energieträger • keine Schadstoffemissionen (kein CO_2) • hoher Wirkungsgrad • Hochwasserschutz durch Kontrolle der Abflussmenge • schnell zu- oder abschaltbar • Stauseen als Trinkwasserspeicher und Erholungsgebiet	• Schädigung von Wasserlebewesen durch Turbinen • Leistung abhängig vom Wasserstand • Beeinträchtigung des natürlichen Lebensraums z. B. durch das Fluten bestehender Land- und Ortschaften beim Aufstauen oder durch zu geringen Wasserablauf • Regionales Klima kann sich ändern.
Pumpspeicherkraftwerk	• regenerativer Energieträger (zugeführte elektr. Energie regenerativ bereitgestellt) • keine Schadstoffemissionen (kein CO_2) • schnell zu- oder abschaltbar	• Leistung abhängig vom Wasserstand • Elektrische Energie geht beim Hochpumpen zum Teil verloren. • natürlicher Lebensraum beeinträchtigt

6 Einige Vor- und Nachteile von Wasserkraftwerken

Wasserkraftwerke

Aufgaben aus Abschlussprüfungen

A1 In Bamberg befindet sich an der Regnitz das Laufwasserkraftwerk „Obere Mühlen". → 1 Das Besondere an diesem Kraftwerk ist, dass es sich für Besucher der Weltkulturerbe-Stadt kaum sichtbar unter der Wasseroberfläche befindet. Durch die vier Turbinen strömen pro Sekunde durchschnittlich insgesamt 27,5 m³ Wasser. Die elektrische Leistung beträgt 300 kW. Das Wasserkraftwerk hat einen Wirkungsgrad von 85 %.

a Berechnen Sie die Fallhöhe des Wassers beim Durchströmen der Turbinen.

b Berechnen Sie die elektrische Energie, die das Laufwasserkraftwerk pro Jahr zur Verfügung stellt.
[Ergebnis: $E_{el} = 2{,}63$ GWh]

c Bestimmen Sie bei einem durchschnittlichen jährlichen Bedarf von 3800 kWh pro Haushalt, wie viele Haushalte von diesem Laufwasserkraftwerk mit elektrischer Energie versorgt werden können.

d Beschreiben Sie die Energieumwandlungen in einem Laufwasserkraftwerk bis zur Übergabe in das Verbundnetz.

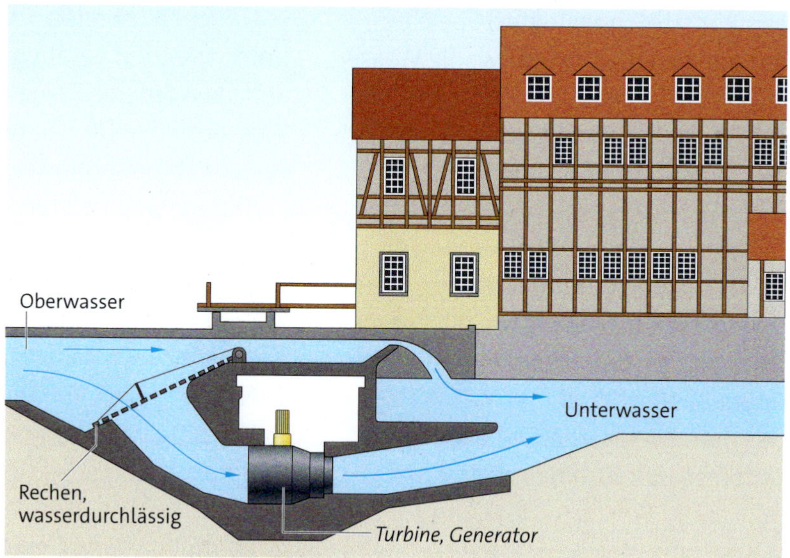

1 Kraftwerk „Obere Mühlen"

e Nennen Sie zwei Vorteile eines Laufwasserkraftwerks gegenüber einem Braunkohlekraftwerk.

A2 In einem Pumpspeicherkraftwerk wird nachts Wasser in einen 298 m höher gelegenen Speichersee gepumpt. Über Rohrleitungen wird dieses Wasser später einer Turbine zugeleitet. Dann stellt das Kraftwerk eine elektrische Leistung von 155 MW zur Verfügung.

a Berechnen Sie die potenzielle Energie des Wassers, wenn der Speichersee mit $1{,}4 \cdot 10^6$ m³ Wasser voll gefüllt ist.
[Ergebnis: $E_{pot} = 4{,}1 \cdot 10^{12}$ J]

b Der Speichersee ist in 3 h 10 min zur Hälfte leer gelaufen. Berechnen Sie den Wirkungsgrad.

c Eine Pumpe mit $1{,}7 \cdot 10^5$ kW elektrischer Leistung benötigt 3 h 55 min, um den Speichersee wieder aufzufüllen. Berechnen Sie die elektrische Energie zum Hochpumpen des Wassers.
[Ergebnis: $E_{zu} = 2{,}4 \cdot 10^{12}$ Ws]

d Berechnen Sie den gesamten Wirkungsgrad des Kraftwerks.

e Auf den ersten Blick scheint das Betreiben von Pumpspeicherkraftwerken widersinnig. Begründen Sie, dass es sinnvoll ist, ein solches Kraftwerk einzusetzen.

D Aufgaben

Große Speicherkraftwerke

Weltweit gibt es viele eindrucksvolle Staudämme.

1 Ergänze durch Berechnung oder Recherche die fehlenden Angaben für die vier Quartettkarten rechts.

2 Das Fußballfeld in der Münchner Arena hat eine Fläche von 7140 m^2. Vergleiche mit der Fläche des jeweiligen Stausees auf den vier Quartettkarten.

3 Diskutiert über die Vor- und Nachteile der einzelnen Staudammprojekte.

4 Welche großen Staudämme gibt es noch?

a Recherchiere weitere Beispiele.

b Sammle Vor- und Nachteile für eines deiner Beispiele. Überwiegen die Vorteile oder die Nachteile? Nimm begründet Stellung.

c Ergänzt mit den gefundenen Informationen das Quartett um weitere Karten.

d Spielt das Quartett, wenn ihr Zeit habt. Legt vorher fest, wie ihr mit den Informationen über negative Auswirkungen umgeht.

1A Europa

Grande-Dixence-Staudamm, Schweiz

Höhe Staumauer: 285 m
Länge Staumauer: 695 m
Fläche Stausee: 3,65 km^2
elektrische Leistung: 1,26 GW (2019)
elektrische Energie: 2,2 TWh (2019)
Einsparung CO_2: $1{,}7 \cdot 10^9$ kg (2019)
(im Vergleich zum Steinkohlekraftwerk mit 0,79 kg CO_2 pro kWh)

Negative Auswirkungen:
unkontrolliertes Ausfließen einer großen Wassermenge im Jahr 2000 mit Todesfällen, Verwüstung der Landschaft, Gebäudeschäden

2A Asien

3-Schluchten-Staudamm, China

Höhe Staumauer: ? m
Länge Staumauer: 2300 m
Fläche Stausee: ? km^2
elektrische Leistung: 22,5 GW
elektrische Energie: 102 TWh (2018)
Einsparung CO_2: ? kg (2018)
(im Vergleich zum Steinkohlekraftwerk mit 0,79 kg CO_2 pro kWh)

Negative Auswirkungen:
1,4 Millionen Menschen umgesiedelt; fruchtbare Böden vom 663 km langen Stausee überflutet; Erdrutsche an Ufern; Stausee versandet

2B Asien

Atatürk-Staudamm, Türkei

Höhe Staumauer: ? m
Länge Staumauer: 1614 m
Fläche Stausee: 800 km^2
elektrische Leistung: ? GW
elektrische Energie: ? TWh pro a
Einsparung CO_2: $7{,}0 \cdot 10^9$ kg pro a
(im Vergleich zum Steinkohlekraftwerk mit 0,79 kg CO_2 pro kWh)

Negative Auswirkungen:
Menschen umgesiedelt; Hunderte Ortschaften und historische Stätten überflutet; Konflikte mit Nachbarländern wegen Kürzung des Wasserabflusses

3A Amerika

Grand-Coulee-Talsperre, USA

Höhe Staumauer: 168 m
Länge Staumauer: ? m
Fläche Stausee: 337 km^2
elektrische Leistung: ? GW
elektrische Energie: 21 TWh pro a
Einsparung CO_2: ? kg pro a
(im Vergleich zum Steinkohlekraftwerk mit 0,79 kg CO_2 pro kWh)

Negative Auswirkungen:
Zerstörung von Land und Kultur der ansässigen Ureinwohner; Störung der Fischwanderung und Vernichtung von Laichplätzen

Wasserkraftwerke

Im Fokus

Aus der Technik: Besondere Wasserkraftwerke

1 Schachtkraftwerk an der Loisach

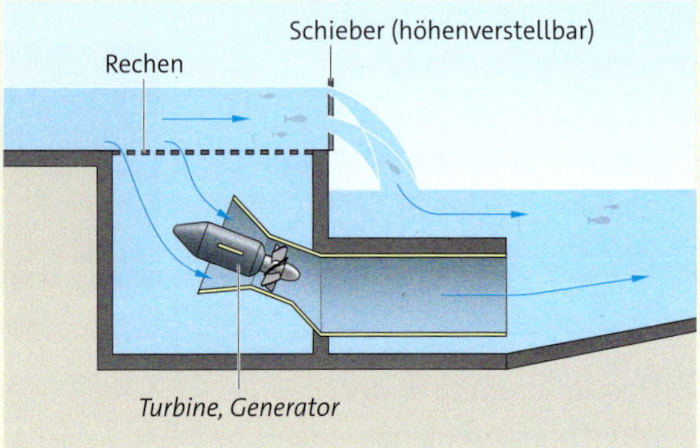

2 Schachtkraftwerk (Prinzip)

Schachtkraftwerk • Dieses Kraftwerk wurde für kleine Fließgewässer entwickelt. → 1 Turbine und Generator liegen jeweils in einem Schacht unterhalb eines feinen Gitters (Rechen). → 2 Ein Teil des Wassers und Fische können über dem Rechen abwärts passieren. Das Gleiche gilt für Steine, die vom Fluss mitgenommen werden. In den Uferbereich wird nur wenig eingegriffen. Der Fluss behält dadurch seine natürlichen Eigenschaften weitgehend bei.

Gezeitenkraftwerk • In der Nähe von Saint-Malo (Frankreich) trennt eine 750 m lange Staumauer das Meer von der Mündung des Flusses Rance. → 3 Bei beginnender Flut schließen Schieber die Durchlassöffnungen, bis ein großer Höhenunterschied zwischen Meer und Fluss erreicht ist. → 4 Dann werden die Schieber herausgezogen, Wasser strömt durch die Öffnungen und treibt die Turbinen an. Bei Ebbe geschieht das Gleiche, nur in umgekehrter Richtung.

3 Gezeitenkraftwerk bei Saint-Malo (Frankreich)

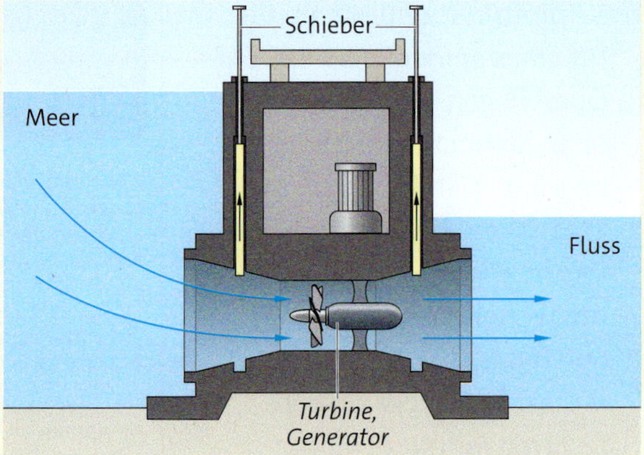

4 Gezeitenkraftwerk während der Flut (Prinzip)

Da der Damm eines Gezeitenkraftwerks ein erheblicher Eingriff in die Natur ist, wurden inzwischen Wasserkraftwerke mit sehr großen Rotoren entwickelt, die Strömungen im Meer ohne Damm nutzen. → 5

5 Turbinen für den Meeresboden

Aufgaben

1 Nenne Vorteile des Schachtkraftwerks im Vergleich zu „herkömmlichen" Laufwasserkraftwerken. → 2

2 Beschreibe die Energieumwandlungen, wenn bei Flut Wasser durch die Turbinen des Gezeitenkraftwerks in der Mündung des Flusses Rance fließt. → 4

3 Informiere dich über weitere besondere Wasserkraftwerke. Notiere ihre Namen und beschreibe eines davon.

Aus einer Abschlussprüfung

A1 In einem Gezeitenkraftwerk wird die Energie der Meeresströmung in elektrische Energie umgewandelt. → 6 7 Bei einer mittleren Höhendifferenz von 7,5 m strömen täglich $3{,}0 \cdot 10^8\ \text{m}^3$ Wasser durch 10 Turbinen.

a Beschreiben Sie die Energieumwandlungen bei einem Gezeitenkraftwerk.

b Zeigen Sie durch Rechnung, dass das Wasser im Gezeitenkraftwerk täglich eine Energie von $22 \cdot 10^{12}$ J zur Verfügung stellt.

c Berechnen Sie die Anzahl der Haushalte, die von diesem Gezeitenkraftwerk mit elektrischer Energie versorgt werden können, wenn ein Haushalt jährlich im Mittel 3800 kWh elektrische Energie benötigt. Der Wirkungsgrad des Kraftwerks beträgt 80 %. [Zwischenergebnis: $E_{\text{nutz}} = 6{,}4 \cdot 10^{15}$ J]

d Diese Haushalte werden momentan durch ein Erdgaskraftwerk versorgt. Dieses Kraftwerk nutzt Erdgas mit einem Heizwert von $38\ \frac{\text{MJ}}{\text{m}^3}$ bei einem Wirkungsgrad von 60 %. Bei der Verbrennung von einem Kubikmeter Erdgas entstehen 2,0 kg Kohlenstoffdioxid. Berechnen Sie die durch die Umstellung auf das Gezeitenkraftwerk jährlich eingesparte Masse an Kohlenstoffdioxid.

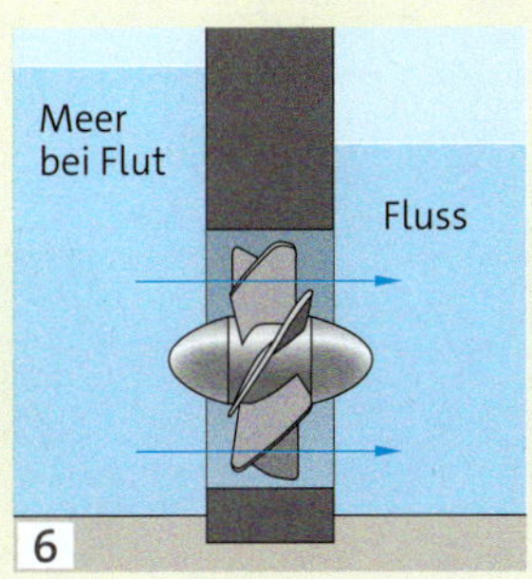

6

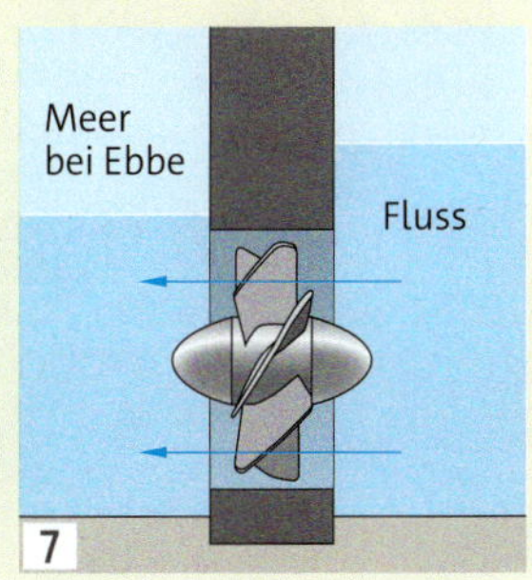

7

Windkraftwerke

1

2

Riesige Windkraftwerke werden immer häufiger im Meer gebaut. Wieso macht man das?

A Aufgabe

Wind in Europa

1 Für die Karte des „Windatlas" wurden Windgeschwindigkeiten mit einem Wettermodell berechnet. → 3

a Gebt an, wo die Windgeschwindigkeit besonders hoch ist.

b Vergleicht die Windgeschwindigkeit in Bayern mit anderen Gebieten auf der Karte.

c Vermutet anhand der Karte, wieso in der Nordsee Offshore-Windkraftwerke gebaut werden (*Offshore:* entfernt von der Küste). → 2

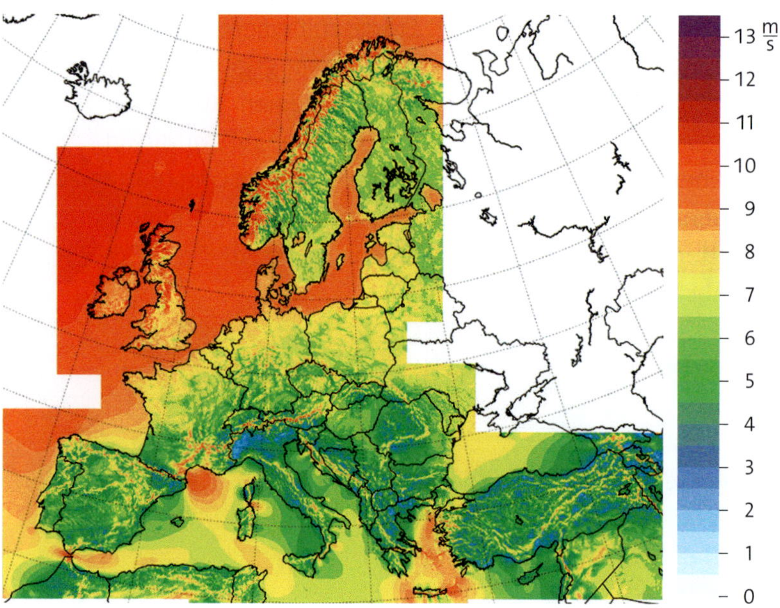

3 Langjährige mittlere Windgeschwindigkeiten in 100 m Höhe

B Aufgabe

Für und Wider

1 Nennt Vor- und Nachteile von Windkraftwerken. → 4

Die Energie von Wind lässt sich relativ einfach in elektrische Energie umwandeln. Da sie regenerativ und kostenfrei ist, ist ihr Anteil an der elektrischen Energieversorgung Deutschlands hoch. Windkraftwerke stoßen kein CO_2 oder sonstige schädliche Abgase aus.
Trotzdem gibt es Kritik: Anwohner befürchten Betriebsgeräusche und Schattenschlag, auch der Tier- und Artenschutz äußert Bedenken. Die Unesco spricht sich aus Denkmalschutzgründen gegen Windkraftwerke nahe der berühmten Wieskirche in Oberbayern aus.

4

das Windkraftwerk
die Offshore-Anlage

Grundlagen

Windkraftwerke • Sie können über 50 m lange Rotorblätter besitzen und mehr als 200 m hoch sein. Windkraftwerke bestehen im Wesentlichen aus einem Rotor und einem Generator. → 5

Der Rotor wandelt kinetische Energie des Winds in Rotationsenergie um und der Generator anschließend in elektrische Energie. Der Wirkungsgrad beträgt bis zu 45 %.

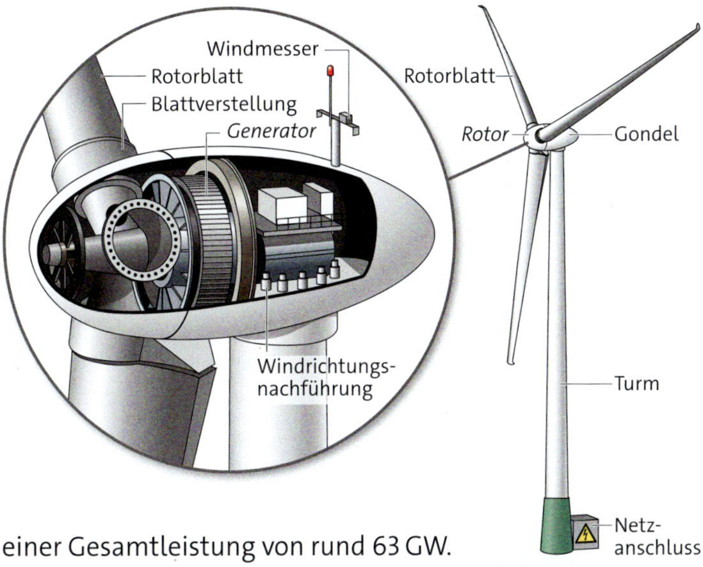

5 Windkraftwerk

Der Bau von Windkraftwerken lohnt sich nur, wo die Windgeschwindigkeit im Mittel mindestens 5,0 $\frac{m}{s}$ in 130 m Höhe beträgt. Doppelte Geschwindigkeit bedeutet achtfache Energie, die die strömende Luft pro Sekunde transportiert (s. roter Kasten). Bei Geschwindigkeiten über 25 $\frac{m}{s}$ werden die Kraftwerke zu ihrem Schutz abgeschaltet.

Leistung • Bei optimalem Wind haben große Windkraftwerke eine Leistung z. B. von 6 MW und versorgen $15 \cdot 10^3$ bis $20 \cdot 10^3$ Zweipersonenhaushalte mit elektrischer Energie. Im Vergleich zu einem Verbrennungskraftwerk mit 1 GW Leistung ist das nicht viel. Daher benötigt man sehr viele Windkraftwerke. So gab es im Jahr 2020 in Deutschland mehr als 31 000 Windkraftwerke mit einer Gesamtleistung von rund 63 GW. Gegen noch mehr Windkraftwerke gab es Widerstand, z. B. wegen Gefahren für Vögel, wegen Geräuschen, Schattenschlag und Landschaftsveränderungen. → 6 Deshalb und wegen der im Mittel höheren Windgeschwindigkeiten werden zunehmend Windkraftwerke auf See gebaut. 2020 waren es vor deutschen Küsten 1500 Offshore-Anlagen mit 8 GW Gesamtleistung.

Aufgaben

1 Zeichne das Energieflussdiagramm für ein Windkraftwerk.

2 Nenne Gründe, wieso Windparks verstärkt auf See errichtet werden.

Kraftwerkstyp	Vorteile	Nachteile
Windkraftwerk	• regenerativer Energieträger • keine Schadstoffemissionen • hoher Wirkungsgrad • geringe Betriebskosten	• Wind weht unzuverlässig • Gefahr für Vögel, Fledermäuse, Insekten • Landschaftsveränderung • Geräusche, Schattenschlag

6

In der Zeitspanne Δt strömt Luft mit der Masse m durch die Kreisfläche A:

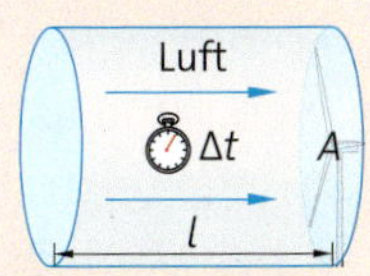

$m = \varrho \cdot V = \varrho \cdot A \cdot l$
(ϱ: Luftdichte).

Bei der Windgeschwindigkeit v beträgt die kinetische Energie dieser Luft:

$E_{kin} = \frac{1}{2} \cdot m \cdot v^2$

$E_{kin} = \frac{1}{2} \cdot \varrho \cdot A \cdot l \cdot v^2$

Daraus folgt für die Energie E, die mit der Luft pro Zeitspanne Δt zur Fläche A strömt:

$\frac{E}{\Delta t} = \frac{1}{2} \cdot \frac{\varrho \cdot A \cdot l \cdot v^2}{\Delta t}$

$\frac{E}{\Delta t} = \frac{1}{2} \cdot \varrho \cdot A \cdot v^2 \cdot \frac{l}{\Delta t}$

$\frac{E}{\Delta t} = \frac{1}{2} \cdot \varrho \cdot A \cdot v^2 \cdot v$

$\frac{E}{\Delta t} = \frac{1}{2} \cdot \varrho \cdot A \cdot v^3$

Also gilt: 2-fache Geschwindigkeit → 2^3-fache Energie pro Sekunde!

Windkraftwerke

C Aufgabe

Schwankende Windenergie

1 Das Diagramm zeigt, wie viel elektrische Energie durch Windkraftwerke in Deutschland in den Jahren 2019/20 zur Verfügung gestellt wurde. → 1

a Nenne für beide Jahre jeweils die zwei Monate mit der höchsten und mit der niedrigsten bereitgestellten elektrischen Energie und gib die Energien jeweils an.

b Beurteile deine Erkenntnisse im Hinblick auf die Versorgungssicherheit.

c Überlege, wie man mit den Schwankungen umgehen könnte.

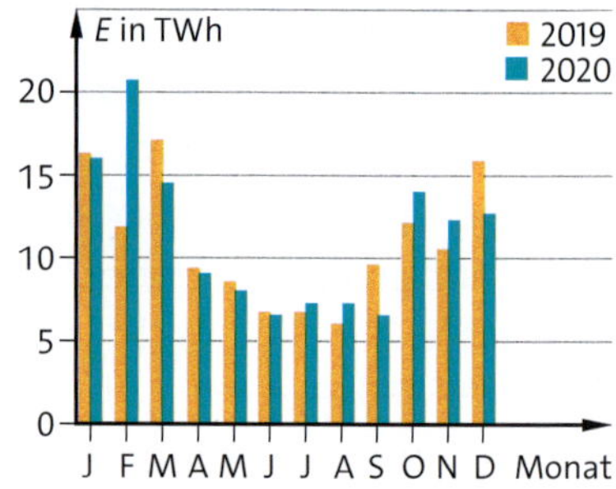

1 Elektrische Energie aus Windkraftwerken in Deutschland

D Aufgabe

Mehr Wind – mehr Leistung?

1 Die Drehgeschwindigkeit der Rotoren eines Windkraftwerks und damit die elektrische Leistung lässt sich durch Verdrehen der Rotorblätter regeln. So kann verhindert werden, dass sich die Rotoren (Durchmesser über 100 m) zu schnell drehen und die Anlage Schaden nimmt. Die Rotoren eines Windkraftwerks beginnen sich andererseits erst ab einer bestimmten Windgeschwindigkeit zu drehen. → 2
Beschreibe und begründe den Verlauf des Graphen.

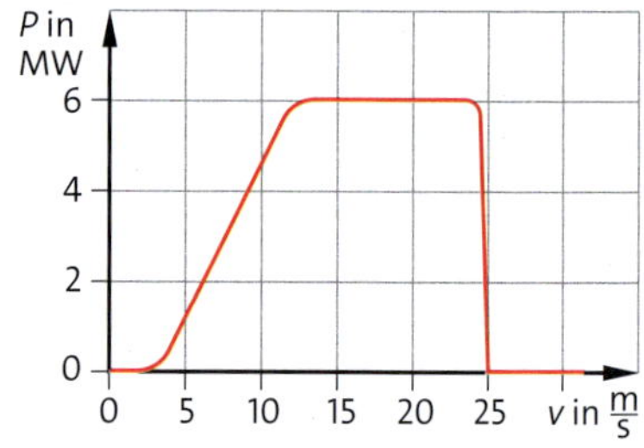

2 Elektrische Leistung eines Windkraftwerks in Abhängigkeit von der Windgeschwindigkeit

E Aufgabe

Onshore-Windpark

1 In Hamburg wurde ein kleiner Windpark auf dem Festland („Onshore") errichtet. Die beiden Windkraftwerke sind jeweils 200 m hoch.

a Pro Jahr wird mit 5500 Betriebsstunden gerechnet. Die Generatoren haben einen Wirkungsgrad von 95 %. Die mittlere Leistung des Winds beträgt 3,2 MW. Berechne, wie viel elektrische Energie (in MWh) der Windpark jährlich abgibt.

b Ein Drei-Personen-Haushalt benötigt jährlich im Mittel 3,5 MWh elektrische Energie. Berechne, wie viele dieser Haushalte vom Windpark versorgt werden könnten.

c Das benachbarte Steinkohlekraftwerk liefert 11,5 TWh elektrische Energie pro Jahr. Berechne, wie viele Windkraftwerke mit den beschriebenen Daten nötig wären, um das Kohlekraftwerk zu ersetzen.

Im Fokus

Aus der Technik: Offshore-Windparks in der Nordsee

Günstige Bedingungen • Die Nordsee ist gut für den Betrieb von Windparks geeignet. Auf dem Meer sind die Windgeschwindigkeiten im Mittel meist höher als an Land und der Wind weht beständiger. Die geringen Wassertiefen in der Nordsee erlauben es, die Windkraftwerke relativ einfach am Meeresboden zu verankern.

Herausforderungen • Windkraftwerke und Verankerungen müssen wegen des salzigen Meerwassers besonders korrosionsbeständig sein. Sie müssen nicht nur dem Wind, sondern auch den Wellen standhalten. Windkraftwerke sind auf See schwerer zu erreichen als an Land. Ihre Wartung ist daher aufwendiger und sollte möglichst selten notwendig sein. Die Offshore-Anlagen sind daher sehr robust gebaut und teurer als Onshore-Anlagen. Man versucht deshalb, pro Offshore-Anlage möglichst viel elektrische Energie zu erhalten, was nur mit sehr großen Windkraftwerken erreicht werden kann. Rotordurchmesser von 200 m sind keine Seltenheit mehr (zum Vergleich: Die Türme der Frauenkirche in München sind 99 m hoch).

Energietransport • Nicht nur die Anlagen sind eine große Herausforderung: Die elektrische Energie muss an Land gebracht werden. Dazu werden teure Seekabel aufwendig verlegt. Um die Verlustleistung gering zu halten, nutzt man neben Wechselspannung auch die Hochspannungs-Gleichstrom-Übertragung (HGÜ). Oder es kann mit der elektrischen Energie vor Ort Wasserstoff hergestellt werden, der dann als Energieträger flexibel zur Verfügung steht.

3 Rotorblatt mit einer Länge von 94 m

Große Windparks • Je mehr Windkraftwerke in einem Offshore-Park gebündelt sind, desto wirtschaftlicher ist er. Ein Beispiel ist der Windpark „Hollandse Kust Zuid" mit 140 Windkraftwerken. Die Rotoren haben jeweils einen Durchmesser von 193 m und eine Rotorfläche von 29 300 m^2 (ca. 4 Fußballfelder). → 3 Bei optimalem Wind beträgt die elektrische Leistung des Windparks 1,5 GW (Nennleistung).

Aufgaben

1 Hollandse Kust Zuid

a Berechne die Nennleistung eines einzelnen Windkraftwerks in diesem Windpark.

b Berechne, wie viel elektrische Energie (in kWh) jährlich zu erwarten ist. Rechne dazu mit 4000 h optimalem Wind jährlich.

2 Nenne besondere Herausforderungen, die ein Offshore-Windpark mit sich bringt.

3 Informiere dich z. B. über das Projekt „North Sea Wind Power Hub" und gib an, welche Leistung installiert werden soll.

Gekoppelte Kraftwerkssysteme

1

Dieses Heizkraftwerk nutzt Holzschnitzel als Energieträger. Es wandelt rund 22 % der zugeführten chemischen Energie in elektrische Energie um. Sein Wirkungsgrad beträgt aber 89 %!

Grundlagen

Heizkraftwerke • In Heizkraftwerken (HKW) wird ein Teil des Dampfs vorzeitig aus den Turbinen abgeführt und seine innere Energie z. B. zum Heizen von Häusern genutzt. Es wird also nicht nur elektrische Energie zur Verfügung gestellt, sondern auch Wärme. → 2 Man spricht von Kraft-Wärme-Kopplung. Weil der Dampf auch zum Heizen genutzt wird, ist der elektrische Wirkungsgrad des Heizkraftwerks (22 %) geringer als der eines modernen Kohlekraftwerks (45 %). Insgesamt wird aber ein größerer Teil der zugeführten Energie genutzt, sodass das Heizkraftwerk einen viel höheren Gesamtwirkungsgrad hat als das Kohlekraftwerk.

Bei der Kraft-Wärme-Kopplung wird die zugeführte Energie in elektrische Energie und in Wärme zum Heizen umgewandelt. Dadurch ergibt sich zusammengenommen ein sehr hoher Wirkungsgrad.

Blockheizkraftwerke • Die Kraft-Wärme-Kopplung wird auch im Blockheizkraftwerk (BHKW) genutzt. → 3 Hier treibt z. B. ein Verbrennungsmotor den Generator an. Kühlwasser und Abgase erwärmen im Wärmetauscher Wasser, das zum Heizen verwendet wird. Der elektrische Wirkungsgrad liegt im Beispiel bei 30 % (bei BHKWs mit Brennstoffzellen sind 60 % möglich) und der Gesamtwirkungsgrad bei bis zu 90 %. Besonders effektiv sind BHKWs, wenn die Wärme nicht über weite Strecken transportiert werden muss, weil es dann kaum zu Verlusten kommt.

2 Energieflussdiagramm des Heizkraftwerks von Bild 1

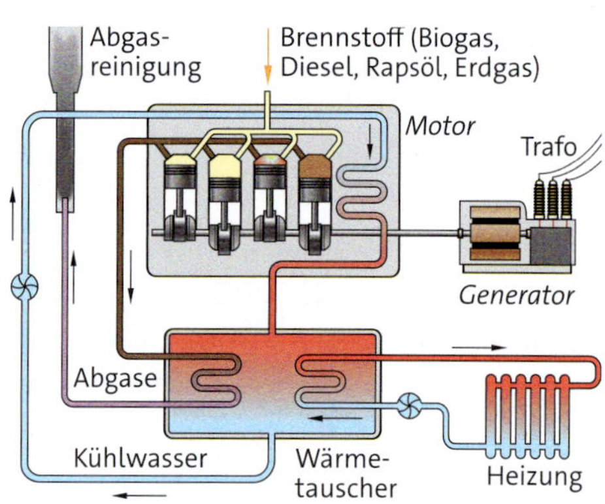

3 Blockheizkraftwerk (z. B. mit Motor)

das Heizkraftwerk
die Kraft-Wärme-Kopplung
das Blockheizkraftwerk
das Gas-und-Dampf-Kraftwerk

Gas-und-Dampf-Kraftwerke • Bei GuD-Kraftwerken wird z. B. Erdgas in eine Gasturbine geleitet und dort verbrannt. → 4 Die Verbrennungsgase sind bis zu 1600 °C heiß, stehen unter hohem Druck und treiben die Gasturbine an, die wiederum einen ersten Generator antreibt. Das Abgas verlässt die Turbine mit einer Temperatur von 650 °C und besitzt immer noch sehr viel innere Energie. Sie wird genutzt, um Wasser zu verdampfen. Der heiße Dampf treibt eine Dampfturbine an und diese einen zweiten Generator.

Wirkungsgrade berechnen • Bei einem Heizkraftwerk haben Dampferzeuger und Generator z. B. jeweils einen Wirkungsgrad von 95 %, die Turbine gibt 38 % der ihr zugeführten Energie an den Generator ab. Den elektrischen Wirkungsgrad des HKW kann man damit so berechnen: → 5

- Der Dampferzeuger gibt von 100 % zugeführter Energie 95 % an die Turbine ab: 1,00 · 0,95 = 0,95 = 0,95 %.
- Die Turbine gibt von 95 % Energie 38 % an den Generator ab: 0,95 · 0,38 = 0,36 = 36 %.
- Der Generator gibt von 36 % Energie 95 % als elektrische Energie ab: 0,36 · 0,95 = 0,34 = 34 % = η_{el}.

Diese drei Rechnungen kann man zu einer Rechnung zusammenfassen:
$\eta_{el} = 1{,}00 \cdot 0{,}95 \cdot 0{,}38 \cdot 0{,}95 = 0{,}34 = 34\,\%$.
Für den thermischen Wirkungsgrad η_{th} des HKW berechnet man: → 5
$\eta_{th} = 1{,}00 \cdot 0{,}95 \cdot 0{,}60 \cdot 0{,}95 = 0{,}54 = 54\,\%$.
Der Gesamtwirkungsgrad beträgt also:
$\eta_{ges} = \eta_{el} + \eta_{th}$; $\eta_{ges} = 34\,\% + 54\,\% = 88\,\%$.

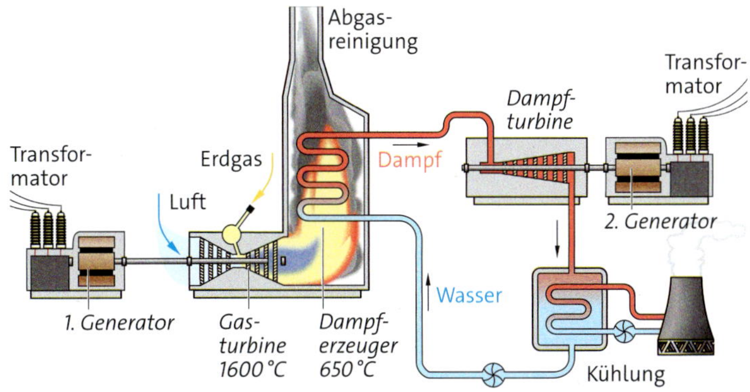

4 Gas-und-Dampf-Kraftwerk (GuD-Kraftwerk)

Aufgaben

1 Blockheizkraftwerk → 3

a Das Blockheizkraftwerk hat einen größeren Wirkungsgrad als der Motor. Erkläre den Unterschied.

b Für ein Blockheizkraftwerk gilt: $\eta_{el} = 59\,\%$ und $\eta_{ges} = 85\,\%$. Berechne den thermischen Wirkungsgrad η_{th}.

2 Bei einem Heizkraftwerk hat der Dampferzeuger einen Wirkungsgrad von 95 %, die Turbine von 45 % (elektrisch) und der Generator von 94 %.

a Berechne den elektrischen Wirkungsgrad.

b Berechne den Gesamtwirkungsgrad des Heizkraftwerks bei einem thermischen Wirkungsgrad von 48 %.

3 Erkläre, warum GuD-Kraftwerke einen viel größeren Wirkungsgrad haben als Kohlekraftwerke. → 4

4 Notiere Vor- und Nachteile der Kraftwerkstypen auf dieser Doppelseite.

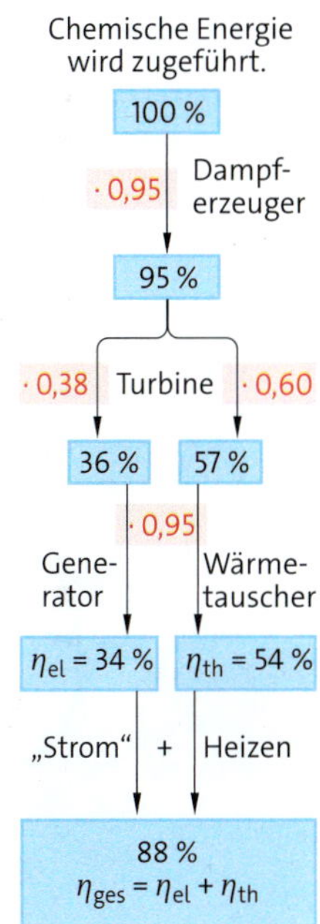

5 Genutzte Energieanteile (HKW)

Gekoppelte Kraftwerkssysteme

A Aufgaben

Biogasanlage → 1

1 Rohstoffe

a Nenne die Ausgangsstoffe einer Biogasanlage.

b Beschreibe die Entstehung von Biogas in der Anlage.

c Mit 1,0 ha Mais versorgt eine Biogasanlage 5,0 Haushalte mit elektrischer Energie für ein Jahr. Berechne die Anbaufläche für die 40 Mio. Haushalte Deutschlands.

d Deutschland besitzt insgesamt etwa $17 \cdot 10^6$ ha Anbaufläche. Vergleiche mit dem Ergebnis aus Teil c und ziehe Schlüsse daraus.

e Der Einsatz von Biogasanlagen ist umstritten. Informiere dich über Gründe dafür. Nenne unproblematische Rohstoffe.

2 Eine Biogasanlage stellt jährlich 14,4 GWh elektrische Energie bereit. Berechne die Anzahl der 3-Personen-Haushalte, die damit versorgt werden könnten. Rechne mit 3500 kWh elektrischer Energie pro Haushalt und Jahr.

3 Strom, Wärme und ...

a Die Biogasanlage nutzt Kraft-Wärme-Kopplung. Um die Energie aus der Biomasse noch flexibler nutzen zu können, gibt es eine zusätzliche Einsatzmöglichkeit für das Biogas. Nenne sie.

b Informiere dich über Herstellung und Nutzung von verflüssigtem Biogas.

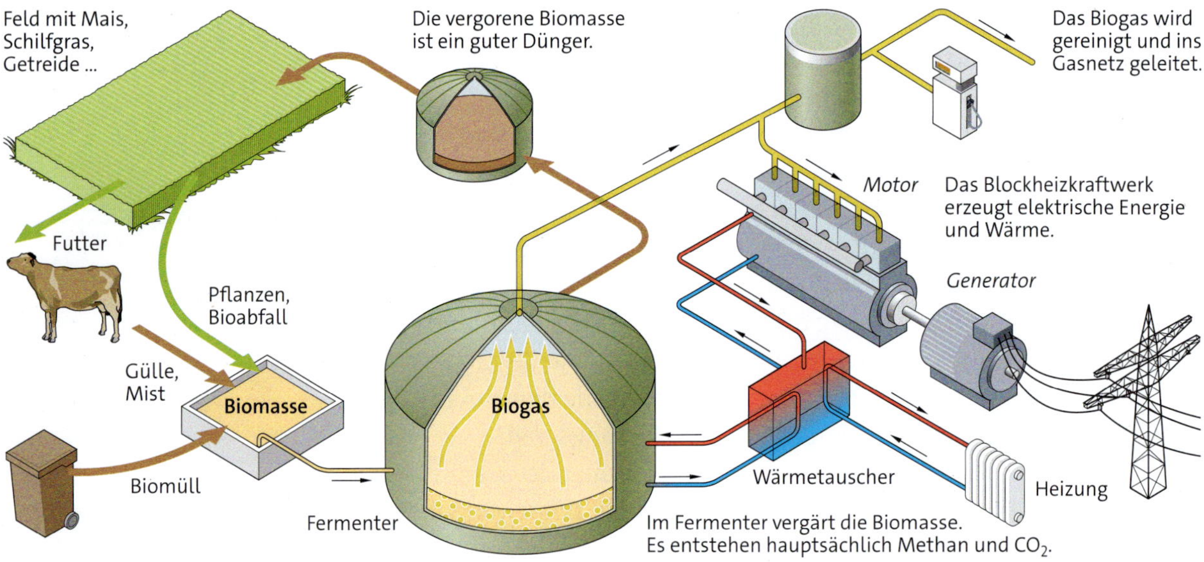

Aus Pflanzen- und Tierresten sowie organischen Abfällen entsteht in Biogasanlagen mithilfe von Bakterien unter Ausschluss von Sauerstoff Biogas mit einem hohen Anteil Methan (CH_4). Es dient oft als Treibstoff für den Motor eines Blockheizkraftwerks. Der elektrische Wirkungsgrad beträgt rund 35 %. Ein Teil des Biogases wird häufig in das Gasnetz eingespeist oder verflüssigt und Treibstoffen zugesetzt.

1 Biogasanlage

Aus der Technik: Geothermiekraftwerke

Prinzip • Geothermiekraftwerke gehören zu den Wärmekraftwerken mit Kraft-Wärme-Kopplung. Sehr heißes Wasser wird aus den Tiefen der Erde über eine Förderbohrung nach oben gepumpt. → 2 Über den ersten Wärmetauscher und den Dampferzeuger gibt es Wärme an eine Flüssigkeit (z. B. Isobutan) ab, die dadurch verdampft. Der Dampf treibt die Turbine und diese den Generator an. In einem zweiten Wärmetauscher gibt das immer noch warme Wasser Wärme zum Heizen ab. Das abgekühlte Wasser wird schließlich über eine Injektionsbohrung zurück in die Tiefe geleitet.

Tiefbohrungen • In vulkanischen Gebieten findet man bereits in Tiefen von 100 m ausreichend heißes Wasser. In Deutschland muss deutlich tiefer gebohrt werden: In Holzkirchen wurde z. B. 5 km tief gebohrt, um 157 °C heißes Wasser zu erreichen. Aufwendige Voruntersuchungen sollen die Gefahr ausschließen, durch die Bohrungen lokale Erdbeben auszulösen.

Aufgaben

1 Im Geothermiekraftwerk spielen vier Kreisläufe eine Rolle. → 2 Beschreibe sie.

2 Im Jahr 2020 betrug die mittlere thermische Leistung des Geothermiekraftwerks in Holzkirchen 1,5 MW und die durchschnittliche elektrische Leistung 3,6 MW.

a Das Kraftwerk lieferte 30 GWh elektrische Energie im Jahr 2020. Berechne, wie viele Stunden es in diesem Jahr in Betrieb war.

b Berechne, wie viel Fernwärme an die angeschlossenen 600 Haushalte geliefert wurde.

c Berechne, wie viele Liter Heizöl zum Heizen und wie viel CO_2 in diesem Zeitraum mindestens eingespart werden konnten. Rechne mit einem Heizwert des Öls von $37\,\frac{\text{MJ}}{\text{l}}$ und einem CO_2-Ausstoß von $2{,}9\,\frac{\text{kg}}{\text{l}}$.

3 Prüfe, ob an deinem Wohnort ein Geothermiekraftwerk sinnvoll wäre. → 3

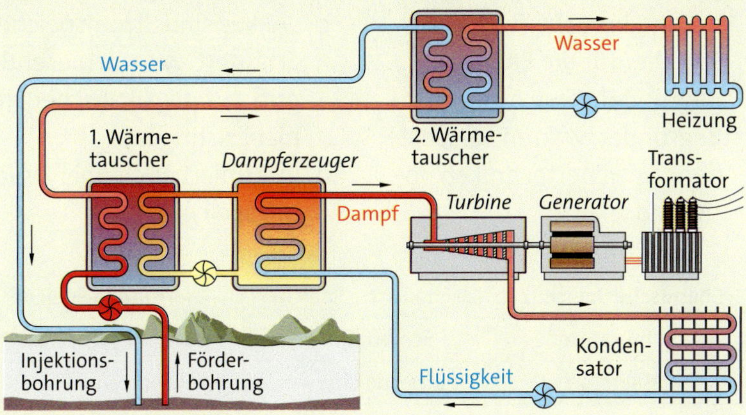

2 Geothermiekraftwerk (Prinzip)

3

Überschüssige Energie speichern

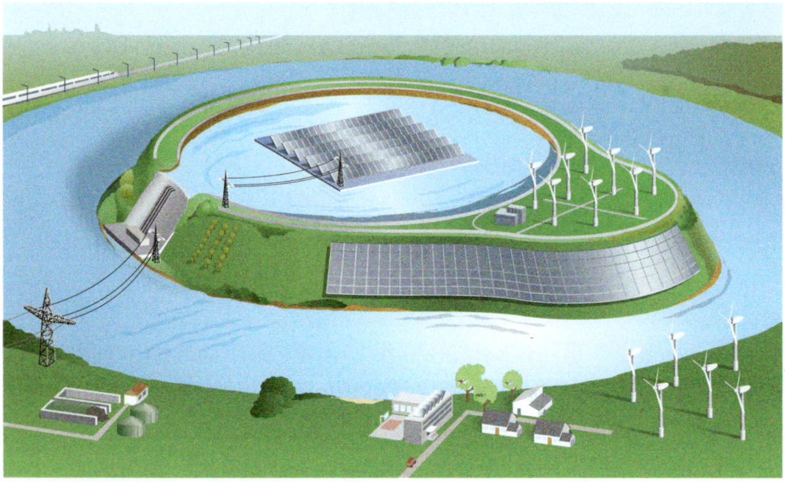

1 „Energiespeicherlandschaft" der Zukunft?

Ein künstlich angelegter See mit einer ungewöhnlichen Insel – ließe sich elektrische Energie auf diese Weise sinnvoll speichern? Welche Möglichkeiten gibt es, einen Überschuss an elektrischer Energie zu speichern, bis man sie braucht?

A Aufgaben

Fachleute aus Wissenschaft und Politik diskutierten über „regenerative Energien und Speichermöglichkeiten". Sie kamen zum Schluss, dass ein Stromsystem auf Grundlage erneuerbarer Energieträger ohne ausreichende Speicher für elektrische Energie nicht zuverlässig funktionieren kann. Die Speicher stellen einen wesentlichen Baustein dar, um mit dem zeitlich schnell veränderlichen Angebot an elektrischer Energie umzugehen. Verschiedene Technologien sind notwendig, weil die Energie kurz- und langfristig zwischengespeichert werden muss.

2 Bericht von einer Diskussion

Speichertechniken

1 Elektrische Energie wird in Zukunft verstärkt mithilfe erneuerbarer Energieträger bereitgestellt werden. Das zieht andere Veränderungen nach sich. → 2

a „Ein Stromnetz, das auf regenerativen Energieträgern beruht, braucht Zwischenspeicher für die Energie." Begründet diese Aussage.

b Begründet, warum verschiedene Speichertechniken nötig sind.

2 Welche Speichermöglichkeiten gibt es für elektrische Energie? → 3

a Nennt die Energieformen, in denen elektrische Energie zwischengespeichert werden kann.

b Erklärt, zu welcher Möglichkeit die „Energiespeicherlandschaft" gehört. → 1

c „Akkus sind Stromspeicher." Erläutert, warum dieser Begriff aus physikalischer Sicht nicht richtig ist.

d Informiert euch über Druckluftspeicher.

Chemische Speicher	Mechanische Speicher	Thermische Speicher
Akkumulatoren	Schwungrad	erwärmte Flüssigkeit
Wasserstoff	Pumpspeichersee	geschmolzener Feststoff
Methan/Methanol	Druckluftspeicher	–

3 Einige Möglichkeiten, elektrische Energie zwischenzuspeichern

Grundlagen

Chemische Speicher • Akkumulatoren (Akkus) speichern elektrische Energie als chemische Energie. Trotz hoher Wirkungsgrade stehen sie wegen der benötigten Materialien und ihrer „Entsorgung“ in der Kritik.
Wasser lässt sich mit elektrischer Energie in Wasserstoff und Sauerstoff zerlegen (Elektrolyse). Wasserstoff lässt sich lange speichern. Man kann ihn z. B. in Brennstoffzellen zur Bereitstellung elektrischer Energie einsetzen oder als Brennstoff für Gasmotoren in BHKWs. CO_2 lässt sich mit Wasserstoff unter Energieeinsatz zu Methan synthetisieren und ins Erdgasnetz einspeisen. Weiter verarbeitet zu Flüssigkraftstoff könnte sogar die heutige Tankstelleninfrastruktur genutzt werden.

Mechanische Speicher • Elektrische Energie wird in Pumpspeicherkraftwerken als potenzielle Energie gespeichert. Ihr Wirkungsgrad ist hoch. Große Pumpspeicherkraftwerke eignen sich als Langzeitspeicher. Kritisch gesehen wird hier der hohe Flächenbedarf.
In Schwungradspeichern bringt ein Elektromotor z. B. eine tonnenschwere Stahlscheibe auf eine hohe Umdrehungsgeschwindigkeit, elektrische Energie wird als Rotationsenergie gespeichert. Schwungradspeicher sind Kurzzeitspeicher. Sie können sehr viel Energie in sehr kurzer Zeit abgeben.
In Druckluftspeichern wird Luft durch elektrische Pumpen verdichtet, elektrische Energie wird als innere Energie der komprimierten Luft gespeichert. In dichten Tanks lässt sich Druckluft lange speichern. Sie kann Turbinen antreiben und diese wiederum Generatoren.

Thermische Speicher • In einigen solarthermischen Kraftwerken wird überschüssige Strahlungsenergie am Tage gespeichert, indem sie Salz in einem Tank schmilzt und erhitzt. Nachts gibt das Salz dann innere Energie zum Verdampfen von Wasser ab. Der Dampf treibt eine Turbine mit Generator an. Thermische Speicher benötigen oft eine sehr aufwendige Wärmedämmung, um innere Energie länger zu speichern.

Energieentwertung • Beim Speichern elektrischer Energie und bei der Nutzung der gespeicherten Energie wird zweimal Energie entwertet. Dadurch wird der Wirkungsgrad reduziert.

Regenerative Energieträger stehen meist unregelmäßig zur Verfügung. Im Überschuss bereitgestellte elektrische Energie lässt sich chemisch, mechanisch oder thermisch für den späteren Bedarf speichern.

Aufgaben

1 Nenne drei Beispiele für die Speicherung von überschüssiger elektrischer Energie. Zeichne ein Energieflussdiagramm zu einem Beispiel.

2 Beschreibe Beispiele für die Nutzung von Wasserstoff als Energieträger.

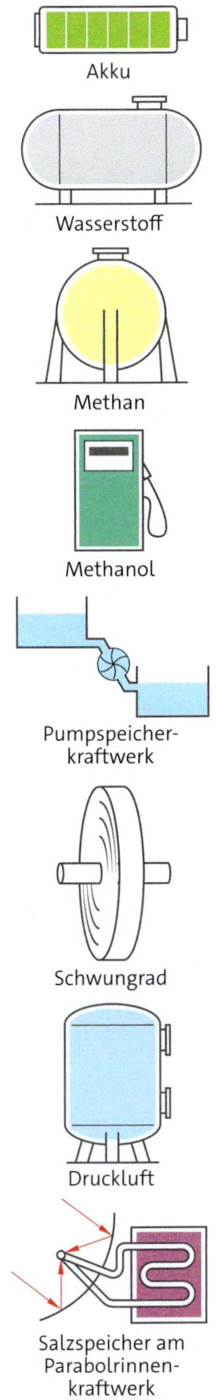

4 Speicher für überschüssige elektrische Energie

Überschüssige Energie speichern

B Aufgaben

Pumpspeicher

1 Pumpspeicherkraftwerke könnte es in Zukunft nicht nur im Bergland geben. → 1

a Beschreibe zwei Beispiele.

b Zeichne das Energieflussdiagramm eines Pumpspeicherkraftwerks.

2 Bei einem Pumpspeicherkraftwerk werden 60 m^3 Wasser pro Sekunde in das 250 m höher gelegene Oberbecken gepumpt. Der Wirkungsgrad der Pumpen beträgt 90 %.

a Berechne, wie viel Wasser in 3,0 h hochgepumpt wird und um wie viel seine potenzielle Energie zunimmt.

b Berechne die elektrische Leistung der Pumpen.

c Wenn das Wasser wieder herunterströmt, dienen die Pumpen als Generatoren (η = 90 %). Zeige, dass der Wirkungsgrad der gesamten Energieumwandlungskette 81 % beträgt.

Pumpspeicherkraftwerke wandeln die elektrische Energie um, mit der die Pumpen angetrieben werden, und speichern sie als potenzielle Energie des nach oben gepumpten Wassers. Bei Bedarf wird mit diesem Wasser eine Turbine mit Generator angetrieben und somit wieder elektrische Energie bereitgestellt – allerdings nur rund 80 % der zum Pumpen verwendeten Energie.
Im Bergland lässt sich das technisch relativ einfach umsetzen.
Im Flachland könnten alte Bergwerke genutzt werden. Der Speichersee befindet sich dann über dem Bergwerk. Wasser strömt bei Bedarf in die oft über 1000 m tiefen Stollen nach unten und treibt dabei Turbinen an. Bei einem Überschuss an elektrischer Energie wird das Wasser später wieder zur Erdoberfläche gepumpt. Vorteile der Bergwerksspeicher sind zum einen der geringere Landschaftsverbrauch. Zum anderen treibt das Wasser wegen der großen Fallhöhe die Turbinen mit sehr großer Energie an, sodass im Vergleich zu Pumpspeicherkraftwerken in den Bergen weniger Wasser nötig ist.
Bei der „Energiespeicherlandschaft" (S. 228) soll die bis zu 200 m hohe Insel mit dem Aushub aus dem unteren See aufgeschüttet werden. Wasser kann aus dem unteren See in den oberen See gepumpt werden und bei Bedarf wieder nach unten zurückströmen.

1

C Aufgabe

Gravitationsspeicher

1 Gravitationsspeicherkraftwerke sind spezielle Pumpspeicherkraftwerke. → 2

a Die Energie wird in einem sehr großen und schweren Zylinder aus Beton gespeichert. Wasser bewegt den Zylinder und umgekehrt. Beschreibe, wie das Kraftwerk funktioniert. → 2

b Berechne, wie weit der Zylinder (m = 100 t) in 1,0 h absinkt, während das Kraftwerk eine elektrische Leistung von 1,0 kW bereitstellt. Rechne mit einem Wirkungsgrad von 90 %.

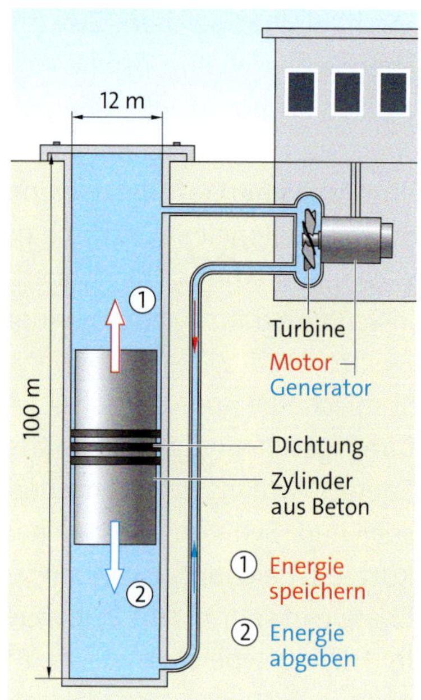

2 Gravitationsspeicherkraftwerk

D Aufgabe

„Grüner“ Wasserstoff

1 Wasserstoff ist ein Energieträger mit Zukunft.

a Nenne Gründe, warum die EU auf Wasserstoff setzt. → 3 Erkläre dabei den Begriff „grüner“ Wasserstoff.

b Bestätige durch Rechnung den Gesamtwirkungsgrad von 36 % bei der Bereitstellung elektrischer Energie im Fahrzeug. → 3

c Aus Wasserstoff lässt sich flüssiger Treibstoff herstellen. Erläutere, wieso das sinnvoll sein kann.

d Erstelle eine Mindmap zum Thema „Wasserstoff – Energieträger der Zukunft“.

Im Mai 2021 hat sich das EU-Parlament für Wasserstoff (H_2) als einen zentralen Energieträger der Zukunft ausgesprochen. Wasser kann durch Elektrolyse in Wasserstoff und Sauerstoff gespalten werden. Wenn die elektrische Energie dafür aus regenerativen Quellen stammt, spricht man von „grünem“ Wasserstoff. Mit ihm lässt sich überschüssige elektrische Energie speichern („Power-to-Gas“). Wasserstoff kann ohne Verluste über lange Zeit in Druckbehältern oder unterirdisch gespeichert werden. Er steht dann flexibel als Energieträger zur Verfügung: In Fahrzeugen können Brennstoffzellen seine Energie in elektrische Energie umwandeln und damit den Elektromotor antreiben. Oder man betreibt damit den Gasmotor eines Blockheizkraftwerks. Die mehrfachen Energieumwandlungen sind mit erhöhten Verlusten verbunden: So können Elektrolyse und Brennstoffzellen jeweils Wirkungsgrade von bis zu 60 % erreichen, was einen Gesamtwirkungsgrad von 36 % bedeutet. Möglich ist es auch, H_2 mit CO_2 unter weiterem Energieeinsatz zu Methan zu verbinden. Diesem Gas steht die bereits vorhandene Infrastruktur zum Speichern und Verteilen von Erdgas zur Verfügung.

3

E Aufgaben

Große Akkumulatoren

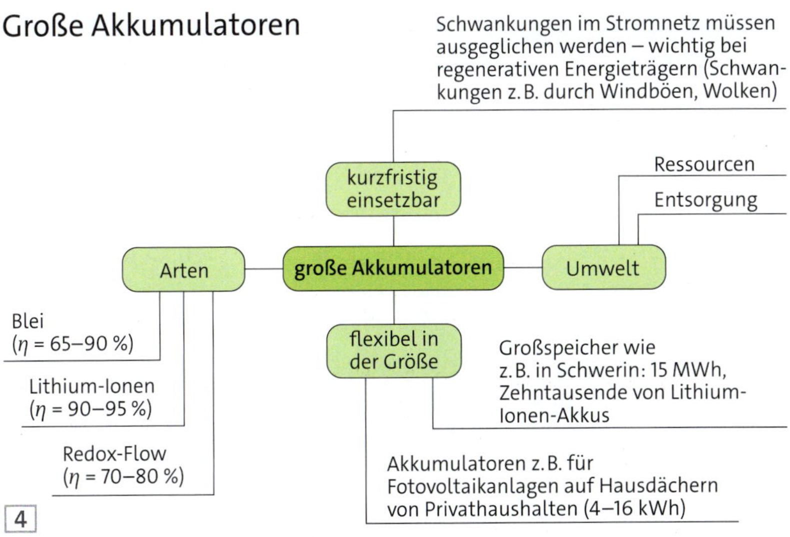

4

1 Stelle die Informationen in einem kurzen Text dar. → 4 Gehe auf Vor- und Nachteile der großen Akkus ein.

2 Der Großspeicher in Schwerin kann 15 MWh Energie speichern. Wie viele „Hausdach-Akkus“ mit 10 kWh müssten dafür zusammengeschaltet werden? Vermute, wieso der Großspeicher meistens nur zur Hälfte geladen wird.

Energieübertragungstechniken

1 „Insel“ mit Konverterstation von Wechsel- zu Gleichstrom

Wie kommt die Energie am besten von den Windparks in der Nordsee zu den Kunden in Süddeutschland? Mit Wechselstrom oder mit Gleichstrom oder ...

Grundlagen

Übertragung mit Wechselstrom • Unser Verbundnetz überträgt elektrische Energie bisher überwiegend mit Wechselspannungen und -strömen. Trafos können Wechselspannungen ohne große Verluste hoch- und heruntertransformieren. Beim Transport elektrischer Energie durch Wechselströme kommt es aus mehreren Gründen zu Verlusten an die Umgebung:

- Die Fernleitungen werden durch die Ströme erwärmt und geben Energie thermisch ab. Die Stromstärke hat sehr großen Einfluss auf die unerwünschte thermische Energieabgabe. Um viel elektrische Energie bei kleiner Stromstärke zu übertragen, sind sehr hohe Spannungen nötig.
- Wechselströme bauen in rascher Abfolge immer wieder magnetische Felder um sich herum auf. Dabei wird elektrische Energie umgewandelt.
- Bei Seekabeln hat der ständige Wechsel der Stromrichtung Effekte mit unerwünschter Energieabgabe zur Folge (die wir hier nicht darstellen können).

Übertragung mit Gleichstrom • Auch bei Gleichstrom geben die erwärmten Leitungen Energie thermisch ab. Es lassen sich aber viel höhere Spannungen einsetzen und das ständige Aufbauen von Magnetfeldern entfällt. Fernleitungen können bei Hochspannungs-Gleichstrom-Übertragung (HGÜ) mit 800 kV und 8,0 GW Leistung bis zu 2000 km lang sein, ohne dass zu viel Energie unerwünscht abgegeben wird! Eine HGÜ besteht aus der Gleichstromleitung und zwei Konverterstationen am Anfang und Ende der Leitung. In den Stationen wandeln Halbleitermodule Gleich- und Wechselspannung ineinander um. → 1 Unterwegs gibt es keine weiteren Stationen zum Entnehmen elektrischer Energie. Bei der Spannungskonvertierung wird nämlich ein Teil der elektrischen Energie umgewandelt und thermisch abgegeben – und die Stationen sind teuer. Wegen dieser Nachteile der Stationen ist die HGÜ über kurze Strecken an Land nicht rentabel. Erst ab ca. 600 km überwiegen die geringeren Leitungsverluste die Nachteile. HGÜs von der Nordsee nach Süddeutschland sind in Planung. → 2 HGÜ mit Seekabeln im Meer ist dagegen schon ab 70 km rentabel.

die Hochspannungs-Gleichstrom-Übertragung (HGÜ)

Wasserstoff • In 1 kg Wasserstoff ist viel mehr Energie gespeichert als in 1 kg Benzin: 33 kWh im Vergleich zu 12 kWh. Wasserstoff muss aber unter großem Energieaufwand hergestellt werden ($\eta \approx 40\,\%$). Wo jedoch Strahlungsenergie im Überfluss verfügbar ist (z. B. in Nordafrika), fällt der Energieaufwand beim Herstellen von „grünem" Wasserstoff kaum ins Gewicht. Dieser kann in Pipelines oder mit Tankschiffen transportiert werden, bei uns lässt sich das Erdgas-Fernleitungsnetz nutzen. → [3] Zudem kann Wasserstoff zu flüssigen Treibstoffen verarbeitet und über weite Strecken transportiert werden.

Zum Übertragen elektrischer Energie über weite Entfernungen nutzt man Wechsel- oder Gleichstrom (HGÜ) bei sehr hohen Spannungen. Alternativ bietet sich auch der Transport von Wasserstoff an.

HGÜ (gestrichelt: Trassen müssen noch festgelegt werden)

Wechselspannungsnetz (vereinfacht)

[2] Höchstspannungsnetz – ein Szenario für 2040

Fernleitungen

Gasspeicher

[3] Erdgas-Fernleitungsnetz (2017)

Aufgaben

1 Energieübertragung mit HGÜ

a Nenne je einen Vor- und Nachteil.

b Bei einer HGÜ werden 3,0 % Energie auf 1000 km unerwünscht abgegeben, bei 380 kV Wechselspannung sind es 1,0 % auf 100 km. Berechne für 800 km Leitungslänge und 8,0 GW Übertragungsleistung jeweils, wie viel Energie pro Sekunde unerwünscht abgegeben wird.

2 Prüfe, ob dein Wohnort dicht an den Fernleitungsnetzen liegt. → [2] [3]

Energieübertragungstechniken

Im Fokus

Aus der Technik: Zukünftige elektrische Energieversorgungssysteme

Ausgleich von Angebot und Nachfrage • Wind- und Solarkraftwerke nehmen an Bedeutung zu. Regenerative Energieträger stehen aber nicht an jedem Standort jederzeit ausreichend zur Verfügung. Daher werden hohe Anforderungen an ein stabiles Verteilungsnetz regenerativ bereitgestellter Energie gestellt. Um sie zu erfüllen, braucht man eine leistungsstarke, großräumige Vernetzung zwischen regenerativen Kraftwerken, Energiespeichern und Nutzern.

Früher war es relativ einfach – die elektrische Energie floss in einer „Einbahnstraße" vom zentralen Kraftwerk durch das Stromnetz bis zum Nutzer. Heute gibt es „Gegenverkehr": Die Energie fließt nicht nur in eine Richtung, weil ein Nutzer auch zum Anbieter elektrischer Energie werden kann, wenn z. B. die Fotovoltaikanlage auf seinem Hausdach überschüssige elektrische Energie ins Stromnetz abgibt. Wenn die Sonne nicht mehr scheint, wird der Anbieter wieder nur zum Nutzer.

Ein Großteil der riesigen Energiemenge von Offshore-Windparks muss über weite Strecken bis nach Süddeutschland transportiert werden. Dafür sind geeignete Leitungen nötig.

Stabile Stromnetze erfordern außerdem kurz- und langfristige Energiespeicher, um Schwankungen auszugleichen. Dazu gibt es z. B. Pumpspeicher. Auch Einzelpersonen können mit dem Akku in ihrem E-Auto etwas elektrische Energie speichern.

Es ist schwierig, alles unter einen Hut zu bringen: riesige Energiemengen von Windparks und kleine von der privaten Fotovoltaikanlage, große Entfernungen quer durch Europa und kleine im eigenen Haushalt, Angebot je nach Wind und Sonnenschein. Dafür braucht man intelligente Energieversorgungssysteme.

Regionale „Smart Grids" • Computergesteuerte Verteilstationen fassen im Umkreis von rund 30 km Anbieter (Windparks, Solarkraftwerke, Biogasanlagen ...), Speicher (Pumpspeicher, große Akkus bei Windkraftwerken ...) und Nutzer zu einem intelligenten Versorgungsnetz zusammen. Man spricht vom „Smart Grid". → [1] Die Verteilstation ist das „Gehirn" des Smart Grids. Das Versorgungsnetz hat kein zentrales Kraftwerk, sondern viele kleinere Kraftwerke, die von der Verteilstation zu einem „virtuellen Kraftwerk" zusammengeschaltet sind. Bei Windstille wird z. B. automatisch ein Pumpspeicherkraftwerk eingeschaltet. Bei starkem Wind wird Wasser ins Oberbecken gepumpt. Intelligente Energiezähler („Smart Meter") bei den Nutzern melden der Station laufend den Bedarf. Sie steuert Bereitstellung, Speicherung und Transport elektrischer Energie entsprechend. Es kann aber passieren, dass das virtuelle Kraftwerk in einer Region nicht zur Versorgung mit elektrischer Energie ausreicht. Dann muss elektrische Energie von außerhalb kommen.

Überregionaler Energietransport • In der Nordsee steht Windenergie im Überfluss zur Verfügung, im „Sonnengürtel" der Erde ist es die Strahlungsenergie der Sonne. Offshore-Windparks in der Nordsee und Solarkraftwerke z. B. in Marokko machen diese Energien verfügbar. Für die Übertragung der großen Energiemengen

das Smart Grid
das virtuelle Kraftwerk

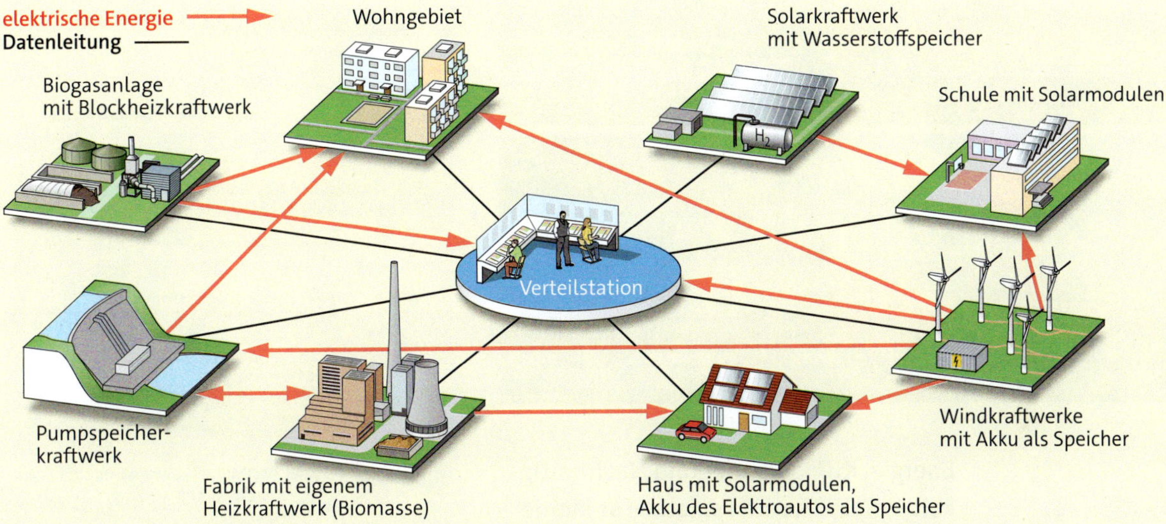

1 Smart Grid (die Kraftwerke sind zu einem „virtuellen Kraftwerk“ zusammengeschaltet)

kommt z. B. die HGÜ in Frage, mit der elektrische Energie von der Nordsee nach Süddeutschland transportiert wird. Die überschüssige Energie aus den Solarkraftwerken in Marokko kann genutzt werden, um „grünen“ Wasserstoff zu erzeugen, der dann z. B. von Tankschiffen nach Rotterdam transportiert und von dort über Pipelines verteilt wird. → 2

2 Wasserstoff-Leitungsnetz – ein Szenario für 2040

Aufgaben

1 Beschreibe, was du unter einem Smart Grid und einem virtuellen Kraftwerk verstehst. Begründe, wieso die Verteilstation als „Gehirn“ des Smart Grids bezeichnet wird.

2 Beschreibe verschiedene Möglichkeiten, regenerativ bereitgestellte Energie über weite Entfernungen zu transportieren.

Verantwortbare Entscheidungen treffen

1

Energie, Klimawandel und Nachhaltigkeit – diese Themen spielen für kleine und große Entscheidungen eine immer wichtigere Rolle. Wie kommt man zu einer verantwortbaren Entscheidung?

In der Familie von Paul und Leonie steht ein Autokauf an. Die Zwillinge haben in der Schule in Physik viel zum Thema Energie gelernt und möchten nun ihr Wissen über Autos als Energiewandler nutzen.
Ihre Eltern haben bisher nur Autos mit Verbrennungsmotoren gehabt und fragen ihre Kinder deshalb, was sie über Elektroautos wissen. Erfreut tauschen sich Leonie und Paul zum Thema aus. → 2 Dann recherchieren sie genauer. Ein paar Tage später führen die Geschwister ein ausführliches Gespräch mit ihren Eltern und beraten sie gründlich.
Zu welchem Auto würdet ihr euren Eltern raten?

Kaum zu glauben: Unsere Eltern wollen ein neues Auto kaufen!

Was meinst du: Verbrenner oder Elektro?

Beim Verbrenner ist der Wirkungsgrad grottig.

Und der CO_2-Ausstoß krass.

Da sind E-Autos auch nicht besser, denk nur an die Braunkohlekraftwerke.

Wir haben doch Solarstrom vom Dach!

Und unterwegs? Schnellladestationen sind selten.

Bis zum Meer sind es 500 Kilometer – könnte knapp werden.

Wir brauchen ein Auto mit ordentlich Reichweite.

Beim Verbrenner wäre das kein Problem.

Ich wüsste ja schon, wie man energiesparend fährt.

Woran müssen wir noch alles denken?

Die Akkus machen wohl beim Herstellen Umweltprobleme.

Und hinterher geht's ab in den Sondermüll.

Hoffentlich sind die Akkus nicht nach zwei Jahren platt, so wie bei meinem Handy.

Wie viel wollen unsere Eltern eigentlich mit dem Wagen fahren?

Und wie viel wollen sie ausgeben?

Fragen über Fragen ...

Na denn man los!

2 Gespräch zwischen Paul und Leonie

Methode

Informationen für eine Entscheidung sammeln und bewerten

Vor jeder größeren Entscheidung solltest du dich gut informieren. Oft ist es schwierig, aus der Flut von Informationen zu einer vernünftigen Einschätzung zu kommen. Da helfen dir vier Schritte, vorgestellt am Beispiel „Welches Auto für meine Eltern?".

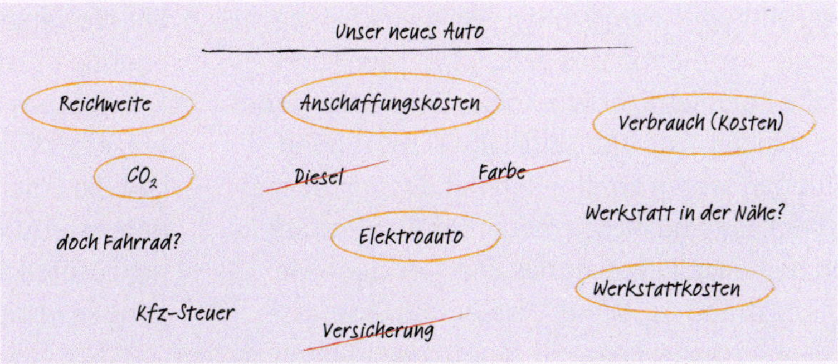

3 Gedankensammlung zum Autokauf

1. In das Thema einarbeiten Verschaffe dir einen Überblick über verschiedene Möglichkeiten, die deine Eltern beim Autokauf haben, und wo du dich genauer informieren kannst.

2. Entscheidungskriterien sammeln Notiere in Stichpunkten deine Gedanken zur Fragestellung, auch wenn dir einige zunächst nicht wichtig erscheinen. → 3 Suche gezielt nach weiteren Kriterien, die für die Entscheidung interessant sind. Da helfen z. B. das Internet, Fachpersonal in der Werkstatt oder vertraute Personen. → 2 Ergänze damit bei Bedarf deine Gedankensammlung.

3. Wichtigste Kriterien auswählen Prüfe die Gedankensammlung: Hebe besonders Bedeutsames hervor und streiche für deine Eltern Unwichtiges durch. → 3

4. Möglichkeiten nach den wichtigsten Kriterien bewerten Unterziehe die in Frage kommenden Autos einem Check nach den wichtigsten Kriterien. Beachte dabei die Folgen der möglichen Entscheidung im Sinne der Nachhaltigkeit.

A Lernaufgaben

1 Beratung zum Autokauf

a Erstelle eine eigene Gedankensammlung zur Frage „Welches Auto für meine Eltern?". → 3

b Bewerte die Kriterien deiner Gedankensammlung. Was ist besonders wichtig?

c Notiere Stichpunkte, die du bei der Beratung deiner Eltern verwenden willst.

d Führe mit deinen Eltern das Beratungsgespräch anhand der Stichpunkte (auch wenn gerade kein Autokauf ansteht).

e Reflektiert in der Klasse eure Beratungsgespräche.

2 Beratung zur Energie
Bereitet eine Beratung vor, z. B.: „Welchen Stromanbieter wollen wir für unsere Wohnung nehmen?"

Zusammenfassung

Bereitstellung elektrischer Energie • Kraftwerke wandeln die Energie, die mit dem Energieträger zugeführt wird, zum großen Teil in elektrische Energie um, die von uns genutzt werden kann. Fossile Energieträger wie Kohle, Erdgas und Erdöl liegen in der Erde und sind vor vielen Hundert Millionen Jahren entstanden (lat. *fossilis:* ausgegraben). Sie sind nicht erneuerbar, ihre Vorräte sind begrenzt. Regenerative Energieträger wie Sonnenstrahlung, Wind, Wasser und Biomasse stehen uns dagegen immer wieder neu zur Verfügung (lat. *regeneratio:* Wiedergeburt).
Für die Versorgungssicherheit mit elektrischer Energie müssen viele verschiedene Energieträger, Energiespeicher und Energietransporttechniken eingesetzt werden.
Um die Erderwärmung zu begrenzen, darf bei der Bereitstellung elektrischer Energie möglichst wenig zusätzliches CO_2 z. B. aus Verbrennungsvorgängen in die Atmosphäre gelangen.

Verbrennungskraftwerke • In vielen Wärmekraftwerken werden Brennstoffe verbrannt. → 1 Chemische Energie wird in innere Energie der Verbrennungsgase umgewandelt. → 2 Diese wird genutzt, um heißen Dampf zu erzeugen, der eine Turbine mit Generator antreibt. Meistens wird mehr als die Hälfte der zugeführten Energie als „Abwärme" abgegeben, sie ist entwertet. Wenn regenerativ erzeugte Brennstoffe (z. B. Biogas) eingesetzt werden, ist das beim Verbrennen erzeugte CO_2 Teil eines Kreislaufs, sodass es nicht zur Erderwärmung beiträgt.

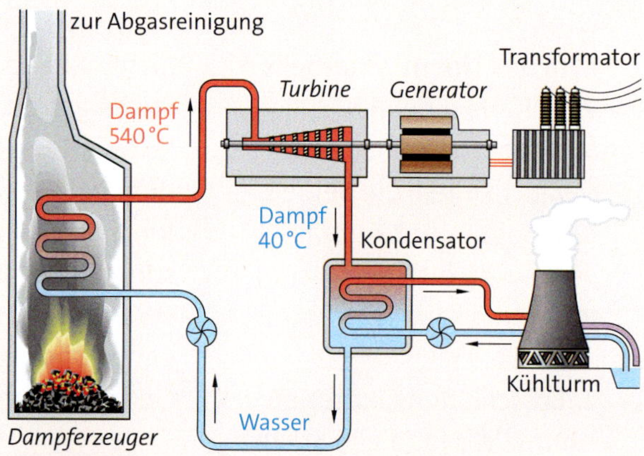

1 Wärmekraftwerk mit Verbrennung

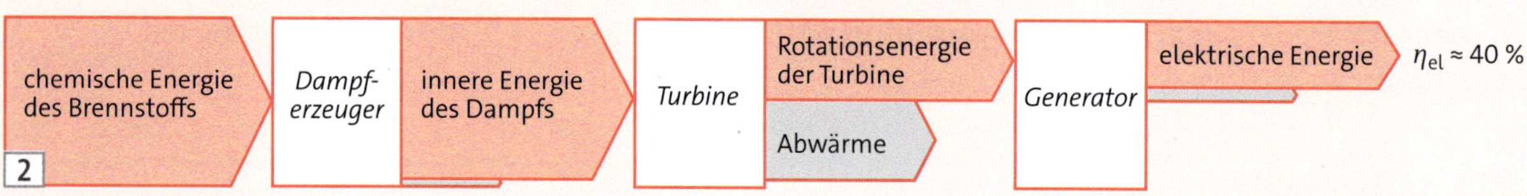

2

Solarthermische Kraftwerke • Diese Wärmekraftwerke setzen die Strahlungsenergie der Sonne statt der chemischen Energie von Brennstoffen für die Erzeugung von Wasserdampf ein. → 2 Ihr elektrischer Wirkungsgrad liegt meist unter 20 %. Während des Betriebs wird kein CO_2 ausgestoßen.

Fotovoltaikkraftwerke • Solarzellen wandeln Strahlungsenergie direkt in elektrische Energie um. → 3 Dabei wird kein CO_2 ausgestoßen.

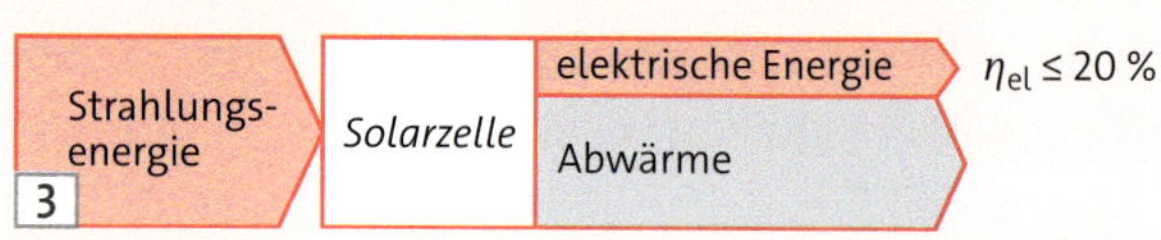

3

Wasserkraftwerke • Turbinen und Generatoren wandeln kinetische Energie strömenden Wassers in elektrische Energie um. → 4 Während des Betriebs wird kein CO_2 ausgestoßen.

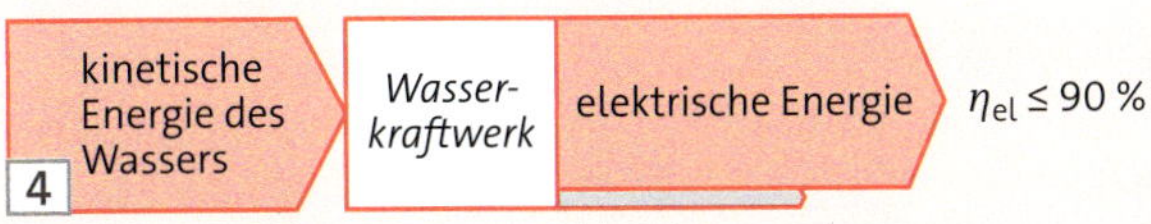

Windkraftwerke • Rotoren und Generatoren wandeln kinetische Energie des Winds in elektrische Energie um. → 5 Während des Betriebs wird kein CO_2 ausgestoßen.

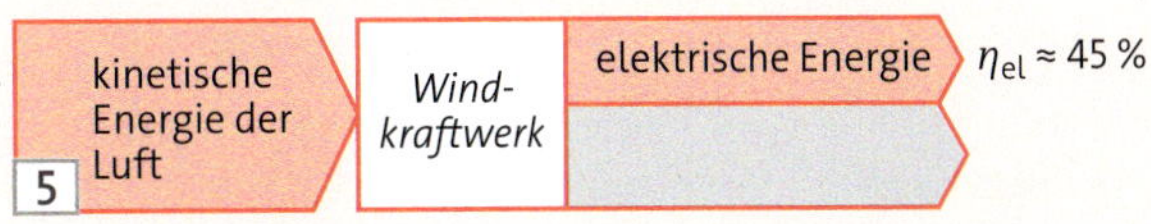

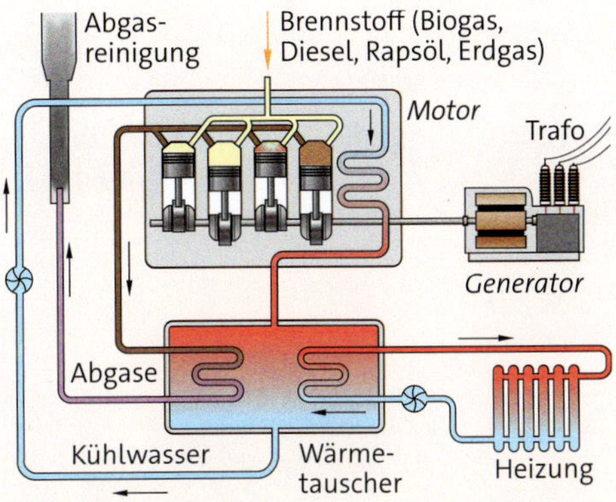

6 Blockheizkraftwerk (z. B. mit Motor)

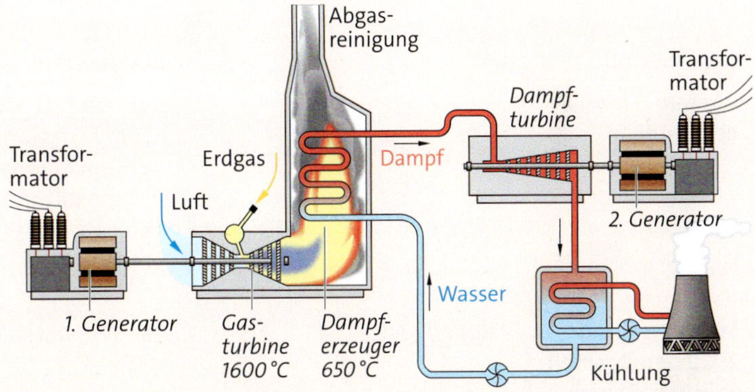

8 Gas-und-Dampf-Kraftwerk (GuD-Kraftwerk)

Gekoppelte Kraftwerkssysteme • Heizkraftwerke und Blockheizkraftwerke wandeln die zugeführte Energie in elektrische Energie und in Wärme zum Heizen um. → 6 Die Kraft-Wärme-Kopplung bewirkt einen hohen Gesamtwirkungsgrad. → 7

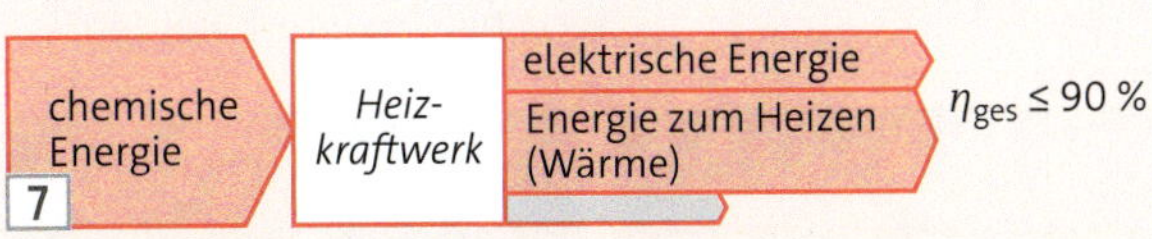

In GuD-Kraftwerken wird z. B. Erdgas verbrannt. → 8 Die sehr heißen Verbrennungsgase treiben eine Gasturbine an und diese einen ersten Generator. Das immer noch heiße Abgas wird zum Verdampfen von Wasser genutzt. Der heiße Dampf treibt eine Dampfturbine an und diese einen zweiten Generator.
GuD-Kraftwerke erreichen elektrische Wirkungsgrade von 60 %.

Energiespeichertechniken • Im Überschuss bereitgestellte elektrische Energie lässt sich für den späteren Bedarf speichern: chemisch (z. B. Wasserstoff), mechanisch (z. B. Pumpspeicherkraftwerk) oder thermisch (z. B. geschmolzenes Salz).

Energieübertragungstechniken • Zum Übertragen elektrischer Energie über weite Entfernungen nutzt man Wechsel- oder Gleichstrom (HGÜ) bei sehr hohen Spannungen. Alternativ bietet sich der Transport von gespeichertem Wasserstoff an.

Energieversorgung

	Wärmekraftwerke mit Verbrennung (fossil)	Wärmekraftwerke mit Verbrennung (regenerativ)	Solarthermische Kraftwerke und Fotovoltaikkraftwerke
Energieumwandlung	zugeführt: chemische Energie (Kohle, Erdöl, Erdgas) genutzt: elektrische Energie, Wärme (z. B. Heizkraftwerk)	zugeführt: chemische Energie (Holz, Biomasse, Biogas) genutzt: elektrische Energie, Wärme (z. B. Heizkraftwerk)	zugeführt: Strahlungsenergie der Sonne genutzt: elektrische Energie
Wirkungsgrad	$\eta_{el} \approx 45\,\%$ (Kohlekraftwerk) $\eta_{el} \approx 60\,\%$ (GuD-Kraftwerk) $\eta_{ges} \approx 85\,\%$ (HKW, BHKW)	$\eta_{el} \approx 30\,\%$ $\eta_{ges} \approx 85\,\%$ (HKW, BHKW)	$\eta_{el} \leq 20\,\%$
Standortbedingungen	• gute Verkehrsanbindungen • Lagerflächen • Gewässer zur Kühlung • bei Fernwärme: Haushalte in nicht zu großer Entfernung	• gute Verkehrsanbindungen • Lagerflächen • Gewässer zur Kühlung • dezentral in ländlichen Strukturen möglich	• ganzjährig intensive Sonnenstrahlung, wenig Bewölkung
CO_2-Ausstoß	groß	CO_2-neutral	keiner
Weitere Umweltbelastungen		• großer Flächenbedarf für „Energiepflanzen" mit Eingriffen in Lebensräume • Monokulturen: intensiver Einsatz von Pflanzenschutzmitteln und Düngern	• großer Flächenbedarf für Solarparks mit Eingriffen in Lebensräume
In Deutschland 2020 bereitgestellte elektr. Energie	232 TWh; Anteil: 43 %	43 TWh; Anteil: 7,9 %	Fotovoltaik: 47 TWh; Anteil: 8,8 %
Aussichten für die Zukunft	schlecht: • hoher CO_2-Ausstoß • Kohleausstieg (Deutschland) • begrenzte Vorräte an fossilen Energieträgern mittel: • GuD-Kraftwerke zur Ergänzung regenerativer Kraftwerke (Versorgungssicherheit)	mittel: • begrenzt wegen des großen Flächenbedarfs • „Energiepflanzen" in Konkurrenz zu Nahrungspflanzen • Einsatz von Pflanzenschutzmitteln und Düngern muss reduziert werden.	mittel: • Deutschland liegt nicht im Sonnengürtel der Erde, aber Ausbau der Fotovoltaik unterstützt Energiewende. gut: • z. B. in Wüsten Nordafrikas; Speicher- und Transportmöglichkeiten der Energie müssten aber erweitert werden.

1

2 Kohlekraftwerk

3 Biomassekraftwerk

4 Solartherm. Kraftwerk

5 Fotovoltaikkraftwerk

	Geothermiekraftwerke	Wasserkraftwerke	Windkraftwerke
Energieumwandlung	zugeführt: innere Energie der Erde genutzt: elektrische Energie, Wärme zum Heizen	zugeführt: kinetische Energie des Wassers genutzt: elektrische Energie	zugeführt: kinetische Energie der Luft genutzt: elektrische Energie
Wirkungsgrad	$\eta_{el} \approx 10\,\%$ $\eta_{ges} \approx 80\,\%$	$\eta_{el} \leq 90\,\%$	$\eta_{el} \leq 45\,\%$
Standortbedingungen	• heißes Wasser (> 100 °C) oder heiße Gesteinsschichten nicht zu tief unter der Erdoberfläche • stabiles Gestein im Untergrund	• Laufwasserkraftwerke: ganzjährig genügend großer Wasserdurchfluss • Speicherkraftwerke: großer Höhenunterschied zwischen Speichersee und Kraftwerk; genügender Wasserzulauf	• Wind mit geeigneter Geschwindigkeit (zwischen $5\,\frac{m}{s}$ und $25\,\frac{m}{s}$) und möglichst gleichmäßig • Abstand zu Ortschaften
CO_2-Ausstoß	keiner	keiner	keiner
Weitere Umweltbelastungen	• in seltenen Fällen: leichte Erdbeben, Gesteinsveränderungen durch austretendes Wasser	• großer Flächenbedarf für Speicherseen • Eingriffe in Lebensräume, z. B. Beeinträchtigung von Fischen • veränderter Wasserhaushalt im Gewässerverlauf	• bewegter Schattenwurf • laute Geräusche • Eingriff in Lebensräume, z. B. Gefahr für Vögel, Fledermäuse und Insekten
In Deutschland 2020 bereitgestellte elektr. Energie	vernachlässigbar	18 TWh; Anteil: 3,3 %	Onshore/Offshore: 102 TWh; Anteil: 19 % 26 TWh; Anteil: 4,8 %
Aussichten für die Zukunft	mittel: • in Deutschland nur wenige Gebiete mit günstigen Standortbedingungen gut: • in Regionen wie Island mit vulkanischem Untergrund	mittel: • in Deutschland kaum noch Zuwachs im großen Maßstab möglich gut: • in Regionen wie Norwegen mit wasserreichen Gebirgen	mittel: • geringe Akzeptanz des Ausbaus Onshore in Deutschland, aber unterstützt die Energiewende gut: • Offshore-Windparks in küstennahen Gebieten mit günstigem Wind und geringer Wassertiefe

6 Geothermiekraftwerk

7 Laufwasserkraftwerk

8 Speicherkraftwerk

9 Windkraftwerke

Teste dich! (Lösungen im Anhang)

1 Beschreibe, was man unter fossilen bzw. regenerativen Energieträgern versteht. Nenne jeweils mindestens drei Beispiele.

2 In einem Kraftwerk werden täglich 1500 t Steinkohle verbrannt. Es hat einen elektrischen Wirkungsgrad von 40 %.

a Berechne die an einem Tag bereitgestellte elektrische Energie in kWh.

b Berechne die elektrische Leistung.

3 Laufwasserkraftwerk

a Gib die Energieumwandlungen des Kraftwerks an. Gehe davon aus, dass das Wasser vor dem Wehr nahezu still steht.

b „Auch Laufwasserkraftwerke nutzen im Prinzip Sonnenenergie.“ Erkläre diese Aussage.

c Schätze die Stauhöhe des Wehrs ab. Die Umwandlung der potenziellen Energie des Wassers in Rotationsenergie der Turbine erfolgt mit einem Wirkungsgrad von 80 %.

4 Im Wasserkraftwerk Mühltal an der Isar stürzen 80 m^3 Wasser pro Sekunde über ein Gefälle von 17,4 m auf die Turbinen. Das Kraftwerk hat einen Wirkungsgrad von 85 %. Berechne die elektrische Leistung des Kraftwerks.

5 Die Turbinen eines Wasserkraftwerks haben eine Leistung von 170 kW bei einem Wasserdurchfluss von 12 m^3 pro s. Im Jahr stellt das Kraftwerk 820 MWh elektrische Energie bereit.

a Berechne, wie viel elektrische Energie das Kraftwerk im Jahr maximal abgeben würde, wenn die Turbinen rund um die Uhr laufen und ihre Bewegungsenergie zu 100 % in elektrische Energie umgewandelt wird. Vergleiche mit den tatsächlich abgegebenen 820 MWh.

b Der Bau des Kraftwerks hat 2,0 Mio. Euro gekostet. Berechne, ob das Kraftwerk die Baukosten innerhalb von 10 Jahren einnimmt, wenn es für eine Kilowattstunde 0,25 € bekommt.

6 Eine Sonnenkollektoranlage von 10 m^2 liefert im Jahr 4000 kWh Energie zum Heizen.

a Berechne, wie viele Liter Heizöl sich im Jahr mit der Anlage einsparen lassen. Beim Verbrennen von 1,0 kg Heizöl werden 43 MJ Energie freigesetzt, die sich zu 80 % nutzen lassen. Die Dichte des Heizöls beträgt 0,85 $\frac{kg}{l}$.

b Schätze den Wirkungsgrad der Anlage ab. Gehe von einer mittleren täglichen Sonnenscheindauer von 2,5 h und der Strahlungsleistung 1,0 kW pro m^2 aus. Gib an, welche Verluste einen höheren Wirkungsgrad verhindern.

7 Bei Sonnenschein und senkrechtem Lichteinfall treffe eine Strahlungsenergie von 1,0 kJ pro Sekunde (1,0 kW) auf eine Fläche von 1,0 m^2.

a Berechne, wie viel Strahlungsenergie während eines sonnigen Tags mit 7,0 h Sonnenschein auf eine Fläche von 20 m^2 fällt, wenn diese stets auf die Sonne ausgerichtet wird.

b Berechne, wie viel Geld man für genauso viel elektrische Energie bei einem Preis von 0,35 € pro kWh bezahlen müsste.

c Die Strahlungsenergie werde von Solarzellen in elektrische Energie umgewandelt, der Wirkungsgrad beträgt 10 %. Berechne, wie viel elektrische Energie ein „Hausdachkraftwerk“ mit 20 m^2 Solarzellenfläche bei einer mittleren Sonnenscheindauer von 2,5 h täglich „liefert“.

d Berechne die Solarzellenfläche für eine elektrische Leistung von 1,0 GW (großes Kohlekraftwerk). Rechne mit einer Strahlungsleistung von 1,0 $\frac{kW}{m^2}$ und einem Wirkungsgrad von 10 %.

e Der mittlere jährliche elektrische Energiebedarf eines Vier-Personen-Haushalts im Mehrfamilienhaus liegt bei $3{,}0 \cdot 10^3$ kWh. Der elektrische Energiebedarf Deutschlands pro Person beträgt $6{,}6 \cdot 10^3$ kWh im Jahr. Berechne jeweils die erforderlichen Solarzellenflächen. Rechne mit 2,5 h täglicher Sonnenscheindauer, 1,0 $\frac{kW}{m^2}$ Strahlungsleistung und 10 % Wirkungsgrad.

f Bestimme rechnerisch, welche Fläche erforderlich wäre, um den gesamten elektrischen Energiebedarf Deutschlands (83 Millionen Menschen) mithilfe von Solarzellen zu decken. Vergleiche mit der Gesamtfläche von Deutschland: $350 \cdot 10^3$ km^2.

Aufgaben aus Abschlussprüfungen

A1 In einem Schulzentrum werden pro Jahr und pro m^2 Fläche 140 kWh Energie zum Heizen benötigt. Die Erdgas-Heizungsanlage besitzt einen Wirkungsgrad von 95 %, der Heizwert von Erdgas beträgt 34 MJ pro m^3.

a Berechnen Sie, welches Volumen an Erdgas für ein 55 m^2 großes Klassenzimmer jährlich benötigt wird.

b Durch die Installation einer Einzelraumtemperaturregelung ergibt sich eine Senkung des Bedarfs an Energie zum Heizen auf 107 kWh pro Jahr und m^2 Fläche. Berechnen Sie die jährliche Ersparnis für das Klassenzimmer, wenn 1,0 m^3 Erdgas 0,70 € kostet.

c Die Klasse in diesem Klassenzimmer spart nach der Installation der Einzeltemperaturregelung durch Absenken der Temperatur um 1,0 °C nochmals 6,0 % der Energie. Berechnen Sie die damit verbundene jährliche Verringerung des CO_2-Ausstoßes, wenn durch die Verbrennung von 1,0 m^3 Erdgas 1,8 kg CO_2 freigesetzt werden.

d Im Schulzentrum soll ein kleines Kraftwerk mit Kraft-Wärme-Kopplung installiert werden. Dabei beträgt der elektrische Wirkungsgrad 40 %. Die Abwärme dient dazu, in einem Wärmetauscher mit einem Wirkungsgrad von 75 % Brauch- und Heizwasser zu erwärmen. Berechnen Sie den Gesamtwirkungsgrad dieser Kraft-Wärme-Kopplung und vergleichen Sie ihn mit dem Wirkungsgrad eines modernen Kohlekraftwerks.

e Begründen Sie, warum eine Kraft-Wärme-Kopplung sinnvoll ist.

A2 Der Offshore-Windpark BARD 1 in der Nordsee besteht aus 80 einzelnen Windkraftwerken.

a Beschreiben Sie die bei einem Windkraftwerk auftretenden Energieumwandlungen.

b Die Betreiber der Anlage rechnen pro Jahr mit 4400 Betriebsstunden. Dabei hat jeder einzelne Generator im Offshore-Windpark eine Eingangsleistung von 5,3 MW und einen Wirkungsgrad von 94 %. Bestätigen Sie, dass der Windpark unter diesen Bedingungen pro Jahr eine elektrische Energie von $1{,}8 \cdot 10^6$ MWh abgibt.

c Das Kernkraftwerk Grafenrheinfeld gab jährlich rund $11 \cdot 10^6$ MWh elektrische Energie ab. Berechnen Sie, wie viele Windkraftwerke – baugleich mit den Anlagen im Windpark BARD 1 – notwendig sind, um diese elektrische Energie bereitzustellen.

d Nennen Sie zwei Vorteile des Einsatzes von Windkraftwerken.

e Geben Sie zwei Gründe an, warum man zur Deckung des Energiebedarfs für Deutschland nicht nur Windkraftwerke verwenden sollte.

Anhang

Lösungen der Testaufgaben

Mechanik – Seite 66–69

1 a Der Körper bleibt in Ruhe oder er bewegt sich mit unveränderter Geschwindigkeit geradeaus weiter (also geradlinig gleichförmig).
b Der Körper bewegt sich beschleunigt geradeaus, seine Geschwindigkeit nimmt zu.
c Der Körper bewegt sich verzögert geradeaus, seine Geschwindigkeit nimmt ab.

2 a Korrigiert: Ohne Kraft keine Bewegungsänderung.
b Korrigiert: Bei gleicher Kraft wird der Körper mit der größeren Masse weniger beschleunigt.
c Korrigiert: Bei gleicher Kraft ist die Beschleunigung umso größer, je geringer die Masse des Körpers ist („je leichter der Körper ist").
d Richtiger Merksatz: Beschleunigung gleich Kraft durch Masse.

3 a Der in 3 s zurückgelegte Weg ist 9-mal so groß wie der Weg, den das Auto in 1 s zurücklegt.
Zurückgelegter Weg: $s = \frac{1}{2} \cdot a \cdot t^2$
b Die in 3 s erreichte Geschwindigkeit ist 3-mal so groß wie die Geschwindigkeit, die das Auto in 1 s erreicht. Geschwindigkeit: $v = a \cdot t$

4 Der Betrag der beschleunigenden Kraft kann mithilfe der kinetischen Energie berechnet werden.
Kinetische Energie: $E = F \cdot s$ und $E = \frac{1}{2} \cdot m \cdot v^2$

Umformen: $F = \frac{E}{s}$ Umrechnen: $v = 180\,\frac{\text{km}}{\text{h}} = 50{,}0\,\frac{\text{m}}{\text{s}}$

$$F = \frac{\frac{1}{2} \cdot 0{,}058\,\text{kg} \cdot (50{,}0\,\frac{\text{m}}{\text{s}})^2}{0{,}10\,\text{m}} = 725\,\text{kg} \cdot \frac{\text{m}}{\text{s}^2} = 725\,\text{N}$$

$F = 7{,}3 \cdot 10^2\,\text{N}$ (2 sinnvolle Ziffern)

5 a Das Motorrad beschleunigt bei gleicher Antriebskraft schneller als ein Auto, weil die Masse des Motorrads geringer ist als die Masse des Autos.
Beschleunigung: $a = \frac{F}{m}$

b Beschleunigung: $a = \frac{v}{t}$; $a = \frac{\frac{100}{3{,}6}\,\frac{\text{m}}{\text{s}}}{3{,}0\,\text{s}} = 9{,}\overline{259}\,\frac{\text{m}}{\text{s}^2}$

$a = 9{,}3\,\frac{\text{m}}{\text{s}^2}$ (2 sinnvolle Ziffern)

Zurückgelegte Strecke: $s = \frac{1}{2} \cdot a \cdot t^2$

$s = \frac{1}{2} \cdot 9{,}3\,\frac{\text{m}}{\text{s}^2} \cdot (3{,}0\,\text{s})^2 = 41{,}85\,\text{m}$; $s = 42\,\text{m}$ (2 s. Z.)

6 a Zurückgelegte Strecke: $s = \frac{1}{2} \cdot a \cdot t^2$

$s = \frac{1}{2} \cdot 5{,}0\,\frac{\text{m}}{\text{s}^2} \cdot (20\,\text{s})^2 = 1000\,\text{m}$; $s = 1{,}0\,\text{km}$ (2 s. Z.)

Die Startbahn sollte also 1,6 km lang sein.

b Geschwindigkeit: $v = a \cdot t$
$v = 5{,}0\,\frac{\text{m}}{\text{s}^2} \cdot 20\,\text{s} = 100\,\frac{\text{m}}{\text{s}} = 360\,\frac{\text{km}}{\text{h}}$
$v = 3{,}6 \cdot 10^2\,\frac{\text{km}}{\text{h}}$ (2 sinnvolle Ziffern)

c *t*-*s*-Diagramm

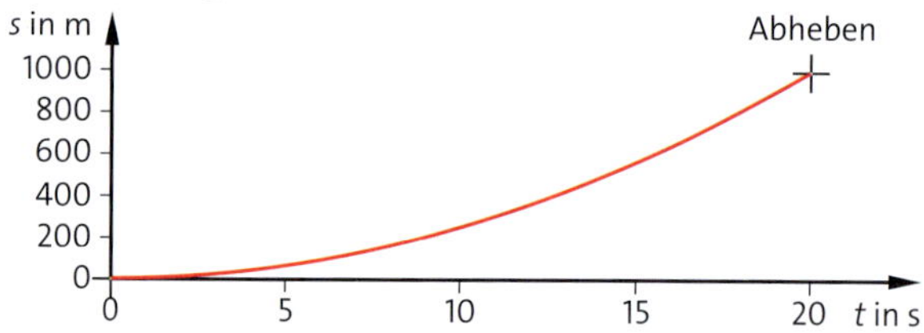

t-*v*-Diagramm

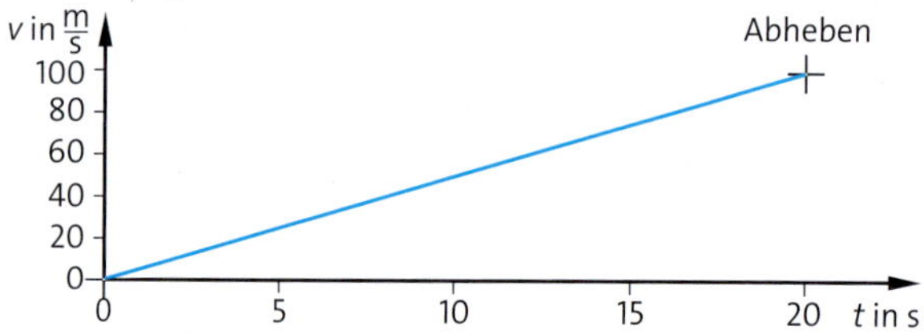

7 a Von 0 s bis 10 s beschleunigt der Körper gleichmäßig aus dem Stand auf $4{,}0\,\frac{\text{m}}{\text{s}}$. Von 10 s bis 25 s bewegt sich der Körper mit konstanter Geschwindigkeit gleichförmig weiter. Von 25 s bis 40 s verzögert der Körper gleichmäßig bis zum Stillstand.
b Die Strecken beim Beschleunigen und Verzögern lassen sich besonders einfach mithilfe der jeweiligen Durchschnittsgeschwindigkeit berechnen:
$s = v_D \cdot \Delta t = \frac{1}{2} \cdot v \cdot \Delta t$.

0–10 s: $s = \frac{1}{2} \cdot 4{,}0\,\frac{\text{m}}{\text{s}} \cdot 10\,\text{s} = 20\,\text{m}$

10–25 s: $s = v \cdot \Delta t$; $s = 4{,}0\,\frac{\text{m}}{\text{s}} \cdot 15\,\text{s} = 60\,\text{m}$

25–40 s: $s = \frac{1}{2} \cdot 4{,}0\,\frac{\text{m}}{\text{s}} \cdot 15\,\text{s} = 30\,\text{m}$

0–40 s: $s_{ges} = 110\,\text{m}$; $v_D = \frac{s_{ges}}{t_{ges}}$, $v_D = \frac{110\,\text{m}}{40\,\text{s}} = 2{,}8\,\frac{\text{m}}{\text{s}}$ (2 s. Z.)

c Beschleunigung: $a = \frac{v}{\Delta t}$; $a = \frac{4{,}0\,\frac{\text{m}}{\text{s}}}{10\,\text{s}} = 0{,}40\,\frac{\text{m}}{\text{s}^2}$

Verzögerung: $a_B = -\frac{v}{\Delta t}$; $a_B = -\frac{4{,}0\,\frac{\text{m}}{\text{s}}}{15\,\text{s}} = -0{,}2\overline{6}\,\frac{\text{m}}{\text{s}^2}$

$a_B = -0{,}27\,\frac{\text{m}}{\text{s}^2}$ (2 sinnvolle Ziffern)

d $a = 3{,}0\,\frac{\text{m}}{\text{s}^2}$: Die Geschwindigkeit des Körpers nimmt in jeder Sekunde um $3{,}0\,\frac{\text{m}}{\text{s}}$ zu.

$a_B = -5{,}0\,\frac{\text{m}}{\text{s}^2}$: Die Geschwindigkeit des Körpers nimmt in jeder Sekunde um $5{,}0\,\frac{\text{m}}{\text{s}}$ ab.

8 a Diagramm 4 stellt das Rennen dar.
Zur Startzeit sind die Fahrer am selben Ort ($s = 0$ m). Der Radfahrer fährt mit konstanter Geschwindigkeit, im Diagramm durch die rote Ursprungshalbgerade dargestellt. Der Motorradfahrer beschleunigt gleichmäßig, im Diagramm durch den blauen Parabelast dargestellt.
b Diagramm 1: Nur der „blaue Fahrer" befindet sich zur Startzeit am Startort, der „rote Fahrer" ist schon weiter voraus. Auch der blaue Fahrer bewegt sich gleichförmig (Ursprungshalbgerade).
Diagramm 2: Nur der „blaue Fahrer" befindet sich zur Startzeit am Startort, der „rote Fahrer" ist schon weiter voraus.
Diagramm 3: Beide Fahrer bewegen sich gleichmäßig beschleunigt, im Diagramm erkennbar an den Parabelästen.

9 a Kinetische Energie: $E = \frac{1}{2} \cdot m \cdot v^2$

Umrechnung: $v = 50\,\frac{\text{km}}{\text{h}} = \frac{50}{3{,}6}\,\frac{\text{m}}{\text{s}}$

$E = \frac{1}{2} \cdot 1270\text{ kg} \cdot \left(\frac{50}{3{,}6}\,\frac{\text{m}}{\text{s}}\right)^2 = 122\,492\text{ J}$

$E = 1{,}2 \cdot 10^5\text{ J}$ (2 sinnvolle Ziffern)

Genutzte Leistung: $P = \frac{E}{t}$; $P = \frac{1{,}2 \cdot 10^5\text{ J}}{1{,}9\text{ s}} = 63\,158\text{ W}$

$P = 63\text{ kW}$ (2 sinnvolle Ziffern)

b Beschleunigung: $a = \frac{v}{t}$; $a = \frac{\frac{50}{3{,}6}\,\frac{\text{m}}{\text{s}}}{1{,}9\text{ s}} = 7{,}309\,94\,\frac{\text{m}}{\text{s}^2}$

$a = 7{,}3\,\frac{\text{m}}{\text{s}^2}$ (2 sinnvolle Ziffern)

Beschleunigende Kraft: $F = m \cdot a$

$F = 1270\text{ kg} \cdot 7{,}3\,\frac{\text{m}}{\text{s}^2} = 9271\text{ N}$; $F = 9{,}3\text{ kN}$ (2 s. Z.)

10 a Endgeschwindigkeit: $v = 2 \cdot v_D = 2 \cdot \frac{s_{ges}}{t}$

$v = 2 \cdot \frac{20\text{ m}}{300\text{ s}} = 0{,}13\overline{3}\,\frac{\text{m}}{\text{s}}$; $v = 0{,}13\,\frac{\text{m}}{\text{s}}$ (2 sinnvolle Ziffern)

b Kinetische Energie: $E = \frac{1}{2} \cdot m \cdot v^2$

$E = \frac{1}{2} \cdot 23\,000 \cdot 10^3\text{ kg} \cdot \left(0{,}13\,\frac{\text{m}}{\text{s}}\right)^2 = 194{,}35\text{ kJ}$

$E = 1{,}9 \cdot 10^2\text{ kJ}$ (2 sinnvolle Ziffern)

c Beschleunigende Gesamtkraft (Betrag): $F = \frac{E}{s}$

$F = \frac{1{,}9 \cdot 10^2\text{ kJ}}{20\text{ m}} = 9{,}5\text{ kN}$

d Jeder der 1000 Menschen müsste mit einer Kraft von 9,5 N ziehen. Diese Kraft ist etwa so groß wie die Kraft von rund 10 N, mit der man einen 1-kg-Körper hebt, kann also leicht ausgeübt werden.

11 a Reaktionsweg: $s_R = v \cdot t_R$

$s_R = \frac{130}{3{,}6}\,\frac{\text{m}}{\text{s}} \cdot 0{,}80\text{ s} = 28{,}8\overline{8}\text{ m}$; $s_R = 29\text{ m}$ (2 s. Z.)

b Bremszeit: $a_B = -\frac{v}{t}$; $t = -\frac{v}{a_B}$

$t = \frac{\frac{130}{3{,}6}\,\frac{\text{m}}{\text{s}}}{6{,}0\,\frac{\text{m}}{\text{s}^2}} = 6{,}0\overline{185}\text{ s}$; $t = 6{,}0\text{ s}$ (2 sinnvolle Ziffern)

c Bremsweg: $s_B = -\frac{1}{2} \cdot a_B \cdot t^2$

$s_B = \frac{1}{2} \cdot 6{,}0\,\frac{\text{m}}{\text{s}^2} \cdot (6{,}0\text{ s})^2 = 108\text{ m}$; $s_B = 1{,}1 \cdot 10^2\text{ m}$ (2 s. Z.)

d Anhalteweg: $s_A = s_R + s_B$
Einsetzen: $s_A = 29\text{ m} + 1{,}1 \cdot 10^2\text{ m} = 1{,}4 \cdot 10^2\text{ m}$

12 Fallhöhe: $h = \frac{1}{2} \cdot \frac{v^2}{g}$; $h = \frac{1}{2} \cdot \frac{\left(\frac{15}{3{,}6}\,\frac{\text{m}}{\text{s}}\right)^2}{9{,}81\,\frac{\text{m}}{\text{s}^2}} = 0{,}884\,868\text{ m}$

$h = 0{,}88\text{ m}$ (2 sinnvolle Ziffern)

13 a Geschwindigkeit: $v = g \cdot t$

$v = 9{,}81\,\frac{\text{m}}{\text{s}^2} \cdot 2{,}0\text{ s} = 19{,}62\,\frac{\text{m}}{\text{s}}$; $v = 20\,\frac{\text{m}}{\text{s}}$ (2 s. Z.)

Durchschnittsgeschwindigkeit: $v_D = \frac{1}{2} \cdot v$

$v_D = \frac{1}{2} \cdot 20\,\frac{\text{m}}{\text{s}} = 10\,\frac{\text{m}}{\text{s}}$

Fallhöhe: $h = v_D \cdot t$; $h = 10\,\frac{\text{m}}{\text{s}} \cdot 2{,}0\text{ s} = 20\text{ m}$

b Falldauer: $v = g \cdot t$; $t = \frac{v}{g}$

$t = \frac{4{,}5\,\frac{\text{m}}{\text{s}}}{9{,}81\,\frac{\text{m}}{\text{s}^2}} = 0{,}458\,715\text{ s}$; $t = 0{,}46\text{ s}$ (2 sinnvolle Ziffern)

Fallhöhe: $h = \frac{1}{2} \cdot g \cdot t^2$

$h = \frac{1}{2} \cdot 9{,}81\,\frac{\text{m}}{\text{s}^2} \cdot (0{,}46\text{ s})^2 = 1{,}038\text{ m}$; $h = 1{,}0\text{ m}$ (2 s. Z.)

14 a Falldauer: $h = \frac{1}{2} \cdot g \cdot t^2$; $t = \sqrt{2 \cdot \frac{h}{g}}$

$h_1 = 3{,}40\text{ m}$: $t_1 = \sqrt{2 \cdot \frac{3{,}40\text{ m}}{9{,}81\,\frac{\text{m}}{\text{s}^2}}} = 0{,}833\text{ s}$ (3 s. Z.)

$h_2 = 4{,}70\text{ m}$: $t_2 = \sqrt{2 \cdot \frac{4{,}70\text{ m}}{9{,}81\,\frac{\text{m}}{\text{s}^2}}} = 0{,}979\text{ s}$ (3 s. Z.)

Zeitspanne: $\Delta t = t_2 - t_1$; $\Delta t = 0{,}979\text{ s} - 0{,}833\text{ s} = 0{,}146\text{ s}$
b Falldauerberechnung wie in Teil a:

$h_3 = 2{,}80\text{ m}$: $t_3 = \sqrt{2 \cdot \frac{2{,}80\text{ m}}{9{,}81\,\frac{\text{m}}{\text{s}^2}}} = 0{,}76\text{ s}$ (2 s. Z.)

Falldauer des 2. Apfels: $t_4 = t_3 + 0{,}12\text{ s} = 0{,}88\text{ s}$

Fallhöhe: $h = \frac{1}{2} \cdot g \cdot t^2$

$h_4 = \frac{1}{2} \cdot 9{,}81\,\frac{\text{m}}{\text{s}^2} \cdot (0{,}88\text{ s})^2 = 3{,}8\text{ m}$ (2 s. Z.)

15 a Geschwindigkeit des Gewehrs:

$m_G \cdot v_G = -m_K \cdot v_K;\ v_G = -\frac{m_K \cdot v_K}{m_G}$

$v_G = -\frac{0{,}015\ \text{kg} \cdot \frac{3564}{3{,}6}\ \frac{\text{m}}{\text{s}}}{7{,}25\ \text{kg}} = -2{,}048\,276\ \frac{\text{m}}{\text{s}};\ v_G = -2{,}0\ \frac{\text{m}}{\text{s}}$

(2 sinnvolle Ziffern)

b Betrag der Kraft auf den Schützen:

$F = m \cdot a = m \cdot \frac{v_G}{t}$

$F = 7{,}25\ \text{kg} \cdot \frac{2{,}0\ \frac{\text{m}}{\text{s}}}{0{,}10\ \text{s}} = 145\ \text{N};\ F = 1{,}5 \cdot 10^2\ \text{N}$ (2 s. Z.)

c Geschwindigkeit (Betrag) u von Platte und Kugel direkt nach dem Eindringen der Kugel:

$m_K \cdot v_K = (m_K + m_P) \cdot u;\ u = \frac{m_K \cdot v_K}{m_K + m_P} \cdot v_K$

Einsetzen: $u = \frac{0{,}015\ \text{kg} \cdot \frac{3564}{3{,}6}\ \frac{\text{m}}{\text{s}}}{0{,}015\ \text{kg} + 0{,}500\ \text{kg}} = 28{,}834\,951\ \frac{\text{m}}{\text{s}}$

$u = 29\ \frac{\text{m}}{\text{s}}$ (2 sinnvolle Ziffern)

Höhe h_{max}, um die die Platte beim Pendeln nach rechts maximal ansteigen könnte:

$h_{max} = \frac{1}{2} \cdot \frac{v^2}{g};\ h_{max} = \frac{1}{2} \cdot \frac{(29\ \frac{\text{m}}{\text{s}})^2}{9{,}81\ \frac{\text{m}}{\text{s}^2}} = 42{,}864\,424\ \text{m}$

$h_{max} = 43\ \text{m}$ (2 sinnvolle Ziffern)

16 Masse der Kugel 2:

$m_1 \cdot v_1 = m_1 \cdot u_1 + m_2 \cdot u_2;\ m_2 = \frac{m_1 \cdot v_1 - m_1 \cdot u_1}{u_2}$

$m_2 = \frac{3{,}0\ \text{kg} \cdot 10\ \frac{\text{m}}{\text{s}} - 3{,}0\ \text{kg} \cdot (-5{,}0\ \frac{\text{m}}{\text{s}})}{5{,}0\ \frac{\text{m}}{\text{s}}} = 9{,}0\ \text{kg}$

17 a Impulsänderung: $\Delta p = F \cdot \Delta t$

Wagen 1: $\Delta p_1 = -6{,}0\ \text{kN} \cdot 0{,}15\ \text{s} = -0{,}90\ \text{kN} \cdot \text{s}$

Wagen 2: $\Delta p_2 = 6{,}0\ \text{kN} \cdot 0{,}15\ \text{s} = 0{,}90\ \text{kN} \cdot \text{s}$

Geschwindigkeit nach dem Stoß:

$m \cdot u - m \cdot v = \Delta p;\ u = \frac{\Delta p + m \cdot v}{m}$

Wagen 1:

$u_1 = \frac{-0{,}90 \cdot 10^3\ \text{N} \cdot \text{s} + 400\ \text{kg} \cdot 2{,}0\ \frac{\text{m}}{\text{s}}}{400\ \text{kg}}$

$u_1 = \frac{-0{,}90 \cdot 10^3\ \text{kg} \cdot \frac{\text{m}}{\text{s}} + 0{,}80 \cdot 10^3\ \text{kg} \cdot \frac{\text{m}}{\text{s}}}{400\ \text{kg}} = \frac{-0{,}10 \cdot 10^3\ \text{kg} \cdot \frac{\text{m}}{\text{s}}}{400\ \text{kg}}$

$u_1 = -0{,}25\ \frac{\text{m}}{\text{s}}$

Wagen 2:

$u_2 = \frac{0{,}90 \cdot 10^3\ \text{N} \cdot \text{s} - 320\ \text{kg} \cdot 1{,}5\ \frac{\text{m}}{\text{s}}}{320\ \text{kg}}$

$u_2 = \frac{0{,}90 \cdot 10^3\ \text{kg} \cdot \frac{\text{m}}{\text{s}} - 0{,}48 \cdot 10^3\ \text{kg} \cdot \frac{\text{m}}{\text{s}}}{320\ \text{kg}} = \frac{0{,}42 \cdot 10^3\ \text{kg} \cdot \frac{\text{m}}{\text{s}}}{320\ \text{kg}}$

$u_2 = 1{,}3\ \frac{\text{m}}{\text{s}}$ (2 sinnvolle Ziffern)

b Kinetische Energie vor dem Stoß:

$E_{vor} = \frac{1}{2} \cdot m_1 \cdot v_1^2 + \frac{1}{2} \cdot m_2 \cdot v_2^2$

$E_{vor} = \frac{1}{2} \cdot 400\ \text{kg} \cdot (2{,}0\ \frac{\text{m}}{\text{s}})^2 + \frac{1}{2} \cdot 320\ \text{kg} \cdot (1{,}5\ \frac{\text{m}}{\text{s}})^2$

$E_{vor} = 800\ \text{J} + 360\ \text{J} = 1160\ \text{J};\ E_{vor} = 1{,}2\ \text{kJ}$ (2 s. Z.)

Kinetische Energie nach dem Stoß:

$E_{nach} = \frac{1}{2} \cdot m_1 \cdot u_1^2 + \frac{1}{2} \cdot m_2 \cdot u_2^2$

$E_{nach} = \frac{1}{2} \cdot 400\ \text{kg} \cdot (0{,}25\ \frac{\text{m}}{\text{s}})^2 + \frac{1}{2} \cdot 320\ \text{kg} \cdot (1{,}3\ \frac{\text{m}}{\text{s}})^2$

$E_{nach} = 12{,}5\ \text{J} + 270{,}4\ \text{J} = 282{,}9\ \text{J};\ E_{nach} = 0{,}28\ \text{kJ}$ (2 s. Z.)

$E_{nach} < E_{vor}$: Der Stoß ist nicht elastisch.

A1 a Die Messwertpaare liegen im Rahmen der Messgenauigkeit auf einer Ursprungsstrecke. Folglich ist der zurückgelegte Weg s direkt proportional zur benötigten Zeit t: $s \sim t$. Es handelt sich also um eine gleichförmige Bewegung.

b Geschwindigkeit: $v = \frac{s}{t}$

Ablesen aus dem Diagramm: $t = 75\ \text{s};\ s = 300\ \text{cm}$

$v = \frac{300\ \text{cm}}{75\ \text{s}} = 4{,}0\ \frac{\text{cm}}{\text{s}}$ (2 sinnvolle Ziffern)

Zeit t für $s = 7{,}0\ \text{m} = 7{,}0 \cdot 10^2\ \text{cm}$:

$t = \frac{s}{v};\ t = \frac{7{,}0 \cdot 10^2\ \text{cm}}{4{,}0\ \frac{\text{cm}}{\text{s}}} = 1{,}8 \cdot 10^2\ \text{s}$ (2 sinnvolle Ziffern)

c Im Diagramm muss für die zweite Lokomotive mit halber Geschwindigkeit eine zweite Ursprungsstrecke ergänzt werden, deren Steigung halb so groß wie die der ersten Lokomotive ist.

A2 a Grafische Auswertung

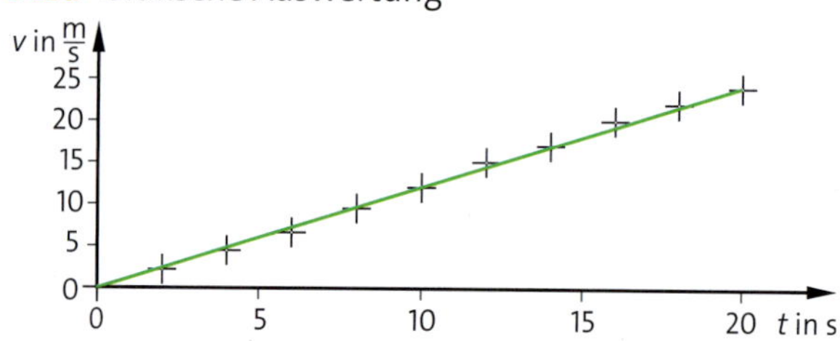

Rechnerische Auswertung:

t in s	0	2,0	4,0	6,0	8,0	10	12	14	16	18	20
v in $\frac{\text{m}}{\text{s}}$	0	2,2	4,4	6,6	9,4	12	15	17	20	22	24
$\frac{v}{t}$ in $\frac{\text{m}}{\text{s}^2}$	–	1,1	1,1	1,1	1,2	1,2	1,3	1,2	1,3	1,2	1,2

b Die Messwertpaare liegen im Rahmen der Messgenauigkeit auf einer Ursprungsstrecke. Der Quotient $\frac{v}{t}$ ist im Rahmen der Messgenauigkeit konstant. Folglich ist die erreichte Geschwindigkeit v direkt proportional zur benötigten Zeit t: $v \sim t$. Es handelt sich also um eine gleichmäßig beschleunigte Bewegung.

c Beschleunigung: $a = \frac{v}{t}$
Ablesen aus dem Diagramm: $t = 15\,\text{s}$; $v = 18\,\frac{\text{m}}{\text{s}}$

$a = \frac{18\,\frac{\text{m}}{\text{s}}}{15\,\text{s}} = 1{,}2\,\frac{\text{m}}{\text{s}^2}$ (2 sinnvolle Ziffern)

Alternativ kann der Mittelwert gebildet werden:

$\overline{a} = \frac{1{,}1 + 1{,}1 + 1{,}1 + 1{,}2 + 1{,}2 + 1{,}3 + 1{,}2 + 1{,}3 + 1{,}2 + 1{,}2}{10}\,\frac{\text{m}}{\text{s}^2} = 1{,}2\,\frac{\text{m}}{\text{s}^2}$

d $v = 60\,\frac{\text{km}}{\text{h}} \approx 17\,\frac{\text{m}}{\text{s}}$ (2 sinnvolle Ziffern)
Diese Geschwindigkeit wird laut Diagramm nach etwa 14 s erreicht.

e Rechnerische Überprüfung: $t = \frac{v}{a}$

$t = \frac{\frac{60}{3{,}6}\,\frac{\text{m}}{\text{s}}}{1{,}2\,\frac{\text{m}}{\text{s}^2}} = 13{,}\overline{8}\,\text{s}$; $t = 14\,\text{s}$ (2 sinnvolle Ziffern)

f Zurückgelegte Strecke bis $60\,\frac{\text{km}}{\text{h}}$: $s = \frac{1}{2} \cdot a \cdot t^2$

$s = \frac{1}{2} \cdot 1{,}2\,\frac{\text{m}}{\text{s}^2} \cdot (14\,\text{s})^2 = 117{,}6\,\text{m}$; $s = 1{,}2 \cdot 10^2\,\text{m}$ (2 s. Z.)

g Betrag der beschleunigenden Kraft: $F = m \cdot a$

$F = 120 \cdot 10^3\,\text{kg} \cdot 1{,}2\,\frac{\text{m}}{\text{s}^2} = 144 \cdot 10^3\,\text{N}$

$F = 1{,}4 \cdot 10^5\,\text{N}$ (2 sinnvolle Ziffern)

h Kinetische Energie $60\,\frac{\text{km}}{\text{h}}$: $E = \frac{1}{2} \cdot m \cdot v^2$

$E = \frac{1}{2} \cdot 120 \cdot 10^3\,\text{kg} \cdot \left(\frac{60}{3{,}6}\,\frac{\text{m}}{\text{s}}\right)^2 = 16{,}\overline{6}\,\text{MJ}$; $E = 17\,\text{MJ}$ (2 s. Z.)

i Genutzte Leistung: $P = \frac{E}{t}$

$P = \frac{17\,\text{MJ}}{14\,\text{s}} = 1{,}214\,\text{MW}$; $P = 1{,}2\,\text{MW}$ (2 sinnvolle Ziffern)

A3 a Skizze des Zusammenstoßes

Auto A Auto B

$v_A = 50\,\frac{\text{km}}{\text{h}}$ $v_B = 0\,\frac{\text{km}}{\text{h}}$ $u_{AB} = ?$

$m_A = 880\,\text{kg}$ $m_B = 1{,}12\,\text{t}$ $m_A + m_B = 2{,}00\,\text{t} = 2{,}00 \cdot 10^3\,\text{kg}$

b Impulserhaltungssatz mit $v_B = 0\,\frac{\text{m}}{\text{s}}$:
$m_A \cdot v_A = m_A \cdot u_{AB} + m_B \cdot u_{AB}$
$m_A \cdot v_A = (m_A + m_B) \cdot u_{AB}$
$u_{AB} = \frac{m_A \cdot v_A}{m_A + m_B}$

c $u_{AB} = \frac{880\,\text{kg} \cdot 50\,\frac{\text{km}}{\text{h}}}{880\,\text{kg} + 1{,}12 \cdot 10^3\,\text{kg}} = 0{,}440 \cdot 50\,\frac{\text{km}}{\text{h}} = 22\,\frac{\text{km}}{\text{h}}$

d Bremsverzögerung: $a_B = \frac{\Delta v}{\Delta t}$

$a_B = \frac{\frac{22}{3{,}6}\,\frac{\text{m}}{\text{s}} - \frac{50}{3{,}6}\,\frac{\text{m}}{\text{s}}}{0{,}40\,\text{s}} = -19{,}\overline{4}\,\frac{\text{m}}{\text{s}^2}$; $a_B = -19\,\frac{\text{m}}{\text{s}^2}$ (2 s. Z.)

Betrag der Bremskraft durch die Gurte: $F = m \cdot |a_B|$
$F = 70\,\text{kg} \cdot 19\,\frac{\text{m}}{\text{s}^2} = 1330\,\text{N}$; $F = 1{,}3\,\text{kN}$ (2 s. Z.)

e Kinetische Energie der Autos nach dem Zusammenstoß: $E_{kin} = \frac{1}{2} \cdot (m_A + m_B) \cdot {u_{AB}}^2$

Maximal erreichbare potenzielle Energie:
$E_{pot} = E_{kin}$
$(m_A + m_B) \cdot g \cdot h_{max} = \frac{1}{2} \cdot (m_A + m_B) \cdot {u_{AB}}^2$
$h_{max} = \frac{1}{2} \cdot \frac{{u_{AB}}^2}{g}$

$h_{max} = \frac{1}{2} \cdot \frac{\left(\frac{22}{3{,}6}\,\frac{\text{m}}{\text{s}}\right)^2}{9{,}81\,\frac{\text{m}}{\text{s}^2}} = 1{,}903\,\text{m}$; $h_{max} = 1{,}9\,\text{m}$ (2 s. Z.)

Elektrizitätslehre – Seite 138/139

1 a Die Lampen sind in einer Parallelschaltung an das Stromnetz (die Steckdose) angeschlossen.

b A: $I_{ges} = 261\,\text{mA}$; B: $I_{ges} = 261\,\text{mA}$; C: $I_C = 30\,\text{mA}$
D: $I_D = 87\,\text{mA} + 57\,\text{mA} + 87\,\text{mA} = 231\,\text{mA}$
E: $I_E = 57\,\text{mA} + 87\,\text{mA} = 144\,\text{mA}$; F, G: $I_F = I_G = 87\,\text{mA}$

c Elektrische Leistung der Elektrizitätsquelle:
$P_{el} = U \cdot I_{ges}$; $P_{el} = 230\,\text{V} \cdot 0{,}261\,\text{A} = 60{,}03\,\text{W}$
$P_{el} = 60{,}0\,\text{W}$ (3 sinnvolle Ziffern)

2 Schaltzeichnungen:

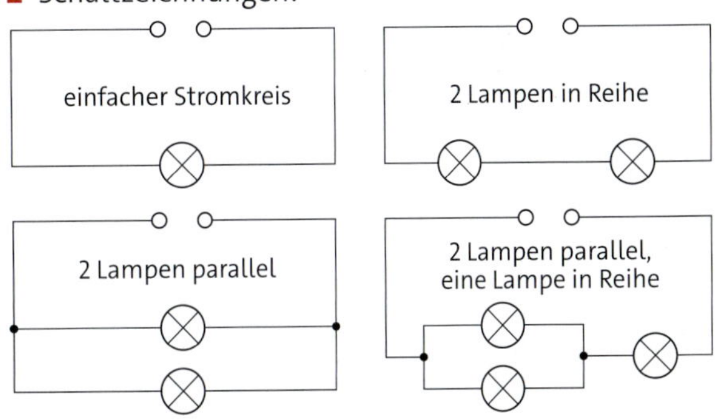

Tabelle:

Lampen	P_{el} in W	U in V	I in A	R in Ω	Schaltung
1	3,0	6,0	0,50	12	einfacher Stromkreis
2	6,0	12	0,50	24	in Reihe
2	6,0	6,0	1,0	6,0	parallel
3	9,0	12	0,75	16	2 parallel, 1 in Reihe

3 a Beobachtung: Das Spannungsmessgerät zeigt eine geringere Spannung als 20,0 V an.
Begründung: Bei geschlossenem Schalter fließt auch in der Elektrizitätsquelle ein elektrischer Strom. Der Innenwiderstand R_i der Elektrizitätsquelle verringert die Stromstärke. Durch die Reihenschaltung des Außenwiderstands mit dem Innenwiderstand der Elektrizitätsquelle teilt sich die Ruhespannung U_0 auf. Für die Betriebsspannung U_B gilt: $U_B = U_0 - R_i \cdot I$.

b Betriebsspannung: $U_B = R \cdot I$
$U_B = 8{,}0\,\Omega \cdot 2{,}00\,\text{A} = 16\,\text{V}$ (2 sinnvolle Ziffern)

Innenwiderstand: $R_i = R_{ges} - R$

$R_i = \frac{20{,}0\,V}{2{,}00\,A} - 8{,}0\,\Omega = 2{,}0\,\Omega$

c Im Kurzschlussfall gilt: $R = 0\,\Omega$ und $U_0 = I_K \cdot R_i$. Daraus folgt für die Kurzschlussstromstärke I_K:

$I_k = \frac{U_0}{R_i}$; $I_k = \frac{20{,}0\,V}{2{,}0\,\Omega} = 10\,A$ (2 sinnvolle Ziffern)

I-U_B-Diagramm:

d Bei $I = 2{,}50\,A$ liest man im Diagramm $U_B = 15\,V$ ab. Damit gilt für den Wert R des Schiebewiderstands:

$R = \frac{U_B}{I}$; $R = \frac{15\,V}{2{,}50\,A} = 6{,}0\,\Omega$ (2 sinnvolle Ziffern).

4 Der Magnet kann z. B. in die Spule hinein- und herausbewegt werden oder vor ihrer Öffnung rotieren. Die Induktionsspannung ist umso größer,
- je schneller der Magnet bewegt wird.
- je größer die Windungszahl der Spule ist.
- je größer die Querschnittsfläche der Spule ist.
- je stärker das Magnetfeld des Stabmagneten ist.

5 Gleichspannung: Das Messgerät zeigt keinen Induktionsstrom an. Begründung: Die Gleichspannung bewirkt einen Gleichstrom in der Feldspule, sodass diese von einem unveränderlichen Magnetfeld umgeben ist, das auch die Induktionsspule durchsetzt. Ohne Veränderung des Magnetfelds wird in der Induktionsspule keine Spannung induziert, sodass im angeschlossenen Stromkreis kein Strom fließt. Wechselspannung: Das Messgerät zeigt einen Induktionsstrom an (wenn es auf Wechselstrom eingestellt ist). Begründung: Die Wechselspannung bewirkt einen Wechselstrom in der Feldspule, sodass diese von einem veränderlichen Magnetfeld umgeben ist, das auch die Induktionsspule durchsetzt. Wegen der ständigen Veränderungen des Magnetfelds wird in der Induktionsspule eine Wechselspannung induziert, sodass im angeschlossenen Stromkreis ein Wechselstrom fließt.

6 a Versuchsskizze: Siehe Seite 96, Bild 2.
Durchführung: Der Stabmagnet wird in den geschlossenen Aluminiumring hineinbewegt.
Beobachtung: Der Aluminiumring bewegt sich vom Magneten weg, der Ring wird abgestoßen.

b Wenn man den Magneten auf den Ring zubewegt, nimmt die Stärke des Magnetfelds im Ring zu. Dadurch wird im Ring ein Strom induziert. Der Strom erzeugt ein Magnetfeld, das nach der lenzschen Regel so gerichtet ist, dass es der Zunahme des Magnetfelds im Ring entgegenwirkt. Dadurch wirken abstoßende Kräfte zwischen Ring und Magnet: Der Ring wird vom Magneten weg beschleunigt und der Magnet wird abgebremst.

c Der Induktionsstrom im Ring bedeutet, dass beim Annähern des Magneten elektrische Energie auftritt. Wenn die kinetische Energie des Magneten unverändert wäre, würde die Gesamtenergie des Systems aus Ring und Magnet zunehmen. Da aber der Magnet vom Ringmagnetfeld infolge der lenzschen Regel abgebremst wird, nimmt die kinetische Energie des Magneten ab. Die Gesamtenergie des Systems aus Ring und Magnet bleibt also konstant.

7 a In einer Metallplatte werden Wirbelströme induziert, wenn sich das Magnetfeld in ihr ändert.

b Zwei Wirkungen von Wirbelströmen: Erwärmung und Abbremsung

c 2 Beispiele für erwünschte Wirbelströme: Induktionsherd, Wirbelstrombremse

d Beim Transformator sind Wirbelströme in den Eisenkernen der Spulen unerwünscht. Deshalb bestehen die Eisenkerne aus vielen dünnen Eisenblechen, die durch Lackschichten gegeneinander isoliert sind.

8 a Unter dem Kochfeld befindet sich eine Spule, die an Wechselstrom mit hoher Frequenz angeschlossen ist. Der Wechselstrom verursacht ein schnell veränderliches Magnetfeld um die Spule herum. Dadurch ändert sich auch das Magnetfeld im elektrisch leitenden Pfannenboden ständig, sodass in ihm Wirbelströme induziert werden. Diese führen zur Erhitzung der Pfanne. Im Kochfeld können keine Wirbelströme entstehen, weil es elektrisch nicht leitend ist. Deshalb wird das Ei außerhalb der Pfanne nicht gebraten.

b Das Wasser im Gefäß bleibt kalt. Im Boden des Glases können keine Wirbelströme induziert werden, weil Glas den elektrischen Strom nicht leitet.

c Vorteile einer Induktionskochplatte gegenüber einem Elektroherd mit Heizplatte:
- höherer Wirkungsgrad (Energieeinsparung)
- reagiert schneller auf Einstellungsänderungen
- Sobald man den Topf entfernt, wird die Wärmeentwicklung unterbrochen (höhere Sicherheit).
- Die Kochstelle wird nur unter dem Topf warm.

9 a Skizzen siehe S. 113, Bilder 4 und 5.

b Die Magnetpole rotieren innerhalb der fest stehenden Induktionsspulen. An den Enden der Induktionsspulen wird die Induktionsspannung über feste Anschlüsse abgenommen.
Bei Außenpolgeneratoren wird die Spannung an der rotierenden Spule über Schleifkontakte abgenommen, wodurch die unerwünschten Energieumwandlungen und der Materialverschleiß steigen.
Für hohe Spannungen werden Spulen mit großer Windungszahl benötigt, wodurch die Masse des Rotors und damit die Belastung der Lager zunimmt.

c Im Draht der rotierenden Leiterschleife werden die freien Elektronen mitbewegt. Wenn die Bewegungsrichtung nicht parallel zur Magnetfeldrichtung ist, werden die freien Elektronen durch die Lorentzkraft im Draht verschoben, sodass an den Enden der Leiterschleife eine Spannung entsteht.

d Energieflussdiagramm siehe S. 113, Bild 6.

e Gründe für unerwünschte Energieentwertung:
- Reibung in den Lagern und an Schleifkontakten
- Erwärmung der stromführenden Leitungen
- Wirbelströme in Metallteilen

10 Der Wechselstrom in der Primärspule bewirkt ein sich ständig änderndes Magnetfeld in der Spule und im gemeinsamen Eisenkern. Diese Magnetfeldänderungen induzieren in der Sekundärspule eine Wechselspannung.

11 a Niederspannungstrafo: Die Sekundärspule hat viel weniger Windungen als die Primärspule. Beispiel: Netzteil vom PC

b Hochspannungstrafo: Die Sekundärspule hat viel mehr Windungen als die Primärspule. Beispiel: Trafo im Umspannwerk eines Kraftwerks

c Hochstromtrafo: Die Sekundärspule hat viel weniger Windungen als die Primärspule. Der Draht der Sekundärspule hat einen sehr großen Durchmesser. Beispiel: Schweißtrafo

12 Wirkungsgrad der Energieübertragung:

$\eta = \frac{P_S}{P_P} = \frac{U_S \cdot I_S}{U_P \cdot I_P}$; $\eta = \frac{24\,\text{V} \cdot 2{,}5\,\text{A}}{230\,\text{V} \cdot 0{,}293\,\text{A}} = 0{,}89 = 89\,\%$ (2 s. Z.)

13 Schaltzeichnung: S. 133, Bild 9. Die Generatorspannung wird zunächst hochtransformiert. Dadurch reduziert sich die Stromstärke in der Fernleitung, sodass die Verlustleistung stark (mit dem Quadrat der Stromstärke) abnimmt. Für das Ortsnetz wird die Spannung wieder heruntertransformiert.

14 a Stromstärke in der Fernleitung:

$I_L = \frac{P_{el}}{U}$; $I_L = \frac{154 \cdot 10^6\,\text{VA}}{220 \cdot 10^3\,\text{V}} = 700\,\text{A}$

b Verlustleistung: $P_{th} = 0{,}024 \cdot 154\,\text{MW} = 3{,}7\,\text{MW}$
(gerundet auf 2 sinnvolle Ziffern)
Widerstand der Fernleitung: $P_{th} = R_L \cdot I_L^2$; $R_L = \frac{P_{th}}{I_L^2}$

$R_L = \frac{3{,}7 \cdot 10^6\,\text{VA}}{(700\,\text{A})^2} = 7{,}6\,\frac{\text{V}}{\text{A}} = 7{,}6\,\Omega$ (2 sinnvolle Ziffern)

Atom- und Kernphysik – Seite 194/195

1 a Tritium-Entstehung: ${}^{14}_{7}\text{N} + {}^{1}_{0}\text{n} \rightarrow {}^{3}_{1}\text{H} + {}^{12}_{6}\text{C}$

b Tritium-Zerfall: ${}^{3}_{1}\text{H} \rightarrow {}^{3}_{2}\text{He} + {}^{0}_{-1}\text{e}$

2 Thorium-232: ${}^{232}_{90}\text{Th}$
6 α-Zerfälle:
- Nukleonenzahl: A = 232 – 6 · 4 = 208
- Ordnungszahl: Z = 90 – 6 · 2 = 78

4 β-Zerfälle:
- Nukleonenzahl: A = 208
- Ordnungszahl: Z = 78 – 4 · (–1) = 82

Thorium ${}^{232}_{90}\text{Th}$ zerfällt in stabiles Blei ${}^{208}_{82}\text{Pb}$.

3 Gegeben: $A(t) = 12\,\text{Bq}$; $A_0 = 4{,}0\,\text{g} \cdot 14\,\frac{\text{Bq}}{\text{g}} = 56\,\text{Bq}$
$T = 5730\,\text{a}$
Gesucht: t
Zerfallsgesetz nach t auflösen und Werte einsetzen:

$$A(t) = A_0 \cdot \left(\tfrac{1}{2}\right)^{\frac{t}{T}} \quad | : A_0$$
$$\frac{A(t)}{A_0} = \left(\tfrac{1}{2}\right)^{\frac{t}{T}} \quad | \log$$
$$\log_{\frac{1}{2}} \frac{A(t)}{A_0} = \frac{t}{T} \quad | \cdot T$$
$$\log_{\frac{1}{2}} \frac{A(t)}{A_0} \cdot T = t$$
$$t = \log_{\frac{1}{2}} \frac{12\,\text{Bq}}{56\,\text{Bq}} \cdot 5730\,\text{a} = 2{,}222\,392 \cdot 5730\,\text{a} = 12\,734\,\text{a}$$
$$t = 13 \cdot 10^3\,\text{a} \text{ (2 sinnvolle Ziffern)}$$

4 a $m_{vor} = m_U + m_n$
$m_{vor} = 235{,}043\,93\,u + 1{,}008\,665\,u = 236{,}052\,595\,u$
$m_{nach} = m_{Xe} + m_{Sr} + 3 \cdot m_n$
$m_{nach} = 142{,}935\,11\,u + 89{,}907\,74\,u + 3 \cdot 1{,}008\,665\,u$
$m_{nach} = 235{,}868\,845\,u$
$\Delta m = m_{nach} - m_{vor}$
$\Delta m = 235{,}868\,845\,u - 236{,}052\,595\,u = -0{,}183\,750\,u$
$\Delta m = -0{,}183\,750\,u \cdot 1{,}660\,54 \cdot 10^{-27}\,\frac{\text{kg}}{u}$
$\Delta m = -0{,}305\,124 \cdot 10^{-27}\,\text{kg}$
$E_{ab} = -\Delta m \cdot c^2$
$E_{ab} = 0{,}305\,124 \cdot 10^{-27}\,\text{kg} \cdot \left(299\,792\,458\,\frac{\text{m}}{\text{s}}\right)^2$
$E_{ab} = 2{,}742\,32 \cdot 10^{-11}\,\text{J}$

b $m_{vor} = m_{Be} + m_{He}$
$m_{vor} = 8{,}005\,305\,u + 4{,}002\,603\,u = 12{,}007\,908\,u$
$m_{nach} = m_C = 12{,}000\,000\,u$
$\Delta m = m_{nach} - m_{vor}$
$\Delta m = 12{,}000\,000\,u - 12{,}007\,908\,u = -0{,}007\,908\,u$

$\Delta m = -0{,}007\,908\ u \cdot 1{,}660\,54 \cdot 10^{-27}\ \frac{\text{kg}}{u}$
$\Delta m = -1{,}313 \cdot 10^{-29}$ kg
$E_{ab} = -\Delta m \cdot c^2$
$E_{ab} = 1{,}313 \cdot 10^{-29}\ \text{kg} \cdot (299\,792\,458\ \frac{\text{m}}{\text{s}})^2$
$E_{ab} = 0{,}1180 \cdot 10^{-11}$ J

A1 a Betazerfall von Cs-137: ${}^{137}_{55}\text{Cs} \rightarrow {}^{137}_{56}\text{Ba} + {}^{0}_{-1}\text{e}$
b Die radioaktive Belastung ist auch von der Strahlungsart und der Masse des bestrahlten Körpers abhängig. Beides ist nicht in der Aktivität enthalten.
c Halbwertszeit von Cs-137
Gegeben: $A_0 = 2140$ Bq; $A(t) = 2020$ Bq; $t = 2{,}50$ a
Gesucht: T
Zerfallsgesetz nach T auflösen, Werte einsetzen:

$A(t) = A_0 \cdot (\frac{1}{2})^{\frac{t}{T}} \quad | : A_0$

$\frac{A(t)}{A_0} = (\frac{1}{2})^{\frac{t}{T}} \quad | \log$

$\log_{\frac{1}{2}} \frac{A(t)}{A_0} = \frac{t}{T} \quad | \cdot T$

$\log_{\frac{1}{2}} \frac{A(t)}{A_0} \cdot T = t \ | : \log_{\frac{1}{2}} \frac{A(t)}{A_0}$

$T = \frac{t}{\log_{\frac{1}{2}} \frac{A(t)}{A_0}}$

$T = \frac{2{,}50\ \text{a}}{\log_{\frac{1}{2}} \frac{2020\ \text{Bq}}{2140\ \text{Bq}}} = 2{,}50\ \text{a} \cdot 12{,}011\,146$

$T = 30{,}0$ a (3 sinnvolle Ziffern)
d Vollständige Kernreaktionsgleichung:
${}^{235}_{92}\text{U} + {}^{1}_{0}\text{n} \rightarrow {}^{137}_{55}\text{Cs} + {}^{96}_{37}\text{Rb} + 3 \cdot {}^{1}_{0}\text{n}$

A2 a 5 A-Regeln: Abstand vergrößern, Abschirmung optimieren, Aktivität verringern, Aufnahme vermeiden, Aufenthaltsdauer verringern.
b Beispiele für Nutzung in der Medizin: Szintigramm, Strahlentherapie von Tumoren, Abtöten von Keimen auf OP-Bestecken
Beispiele für Nutzung in der Technik: Härten von Metallen, Kontrolle von Schweißnähten, Abtöten von Keimen bei Gewürzen

A3 a Z-A-Diagramm siehe rechts.
b Die Isotope eines Elements haben alle dieselbe Ordnungszahl Z, jedoch eine andere Nukleonenzahl A. Sie liegen daher im Z-A-Diagramm übereinander, z. B. die Thorium-Isotope im Diagramm.

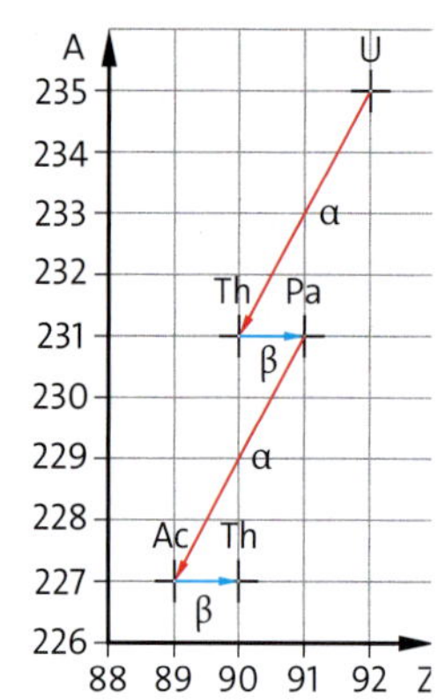

A4 a Aufgaben des Moderators im Kernreaktor:
- Abbremsen der freigesetzten Neutronen
- Kühlen der Brennelemente
- Transport innerer Energie zum Wärmetauscher

b Kontrolle der Kettenreaktion im Reaktor: Steuerstäbe werden zwischen die Brennelemente geschoben und absorbieren einen Teil der freigesetzten Neutronen. Je tiefer die Steuerstäbe eingeschoben werden, desto mehr Neutronen werden absorbiert.
c Somatische Schäden: Verbrennungen, Krebs
Genetische Schäden: Mutationen beim Embryo

A5 a Die Bor-Isotope haben dieselbe Ordnungszahl, also jeweils dieselbe Anzahl an Protonen (5) und Elektronen (5). Ihre Nukleonenzahl ist verschieden: B-12 hat 2 Neutronen mehr als B-10.
b Kernzerfallsgleichung: ${}^{10}_{5}\text{B} + {}^{1}_{0}\text{n} \rightarrow {}^{7}_{3}\text{Li} + {}^{4}_{2}\text{He}$
c Zwischen Metalldraht und -hülle des Zählrohrs ist eine hohe Spannung angelegt. Es fließt aber kein Strom, weil Draht und Hülle durch eine Isolierung und das Gas im Zählrohr gegeneinander isoliert sind. Wenn radioaktive Strahlung durch die Folie in das Zählrohr eindringt, wird das Gas ionisiert und dadurch kurzfristig leitend. Jetzt fließt kurzzeitig ein Strom im Stromkreis. Dieser Stromimpuls wird am Widerstand vom elektronischen Zähler erfasst und oft über einen Lautsprecher hörbar gemacht.

A6 a Der Nulleffekt entsteht dadurch, dass Höhenstrahlung und terrestrische Strahlung in das Messgerät eindringt und zu eigenen Zählimpulsen führt.
b Der Nulleffekt beträgt 2 Impulse pro 5,0 s.
Korrigierte Tabelle und Diagramm:

***t* in s**	0	15	30	45	60
Impulse pro 5,0 s	400	347	299	258	223

***t* in s**	75	90	105	120	135
Impulse pro 5,0 s	193	166	143	123	107

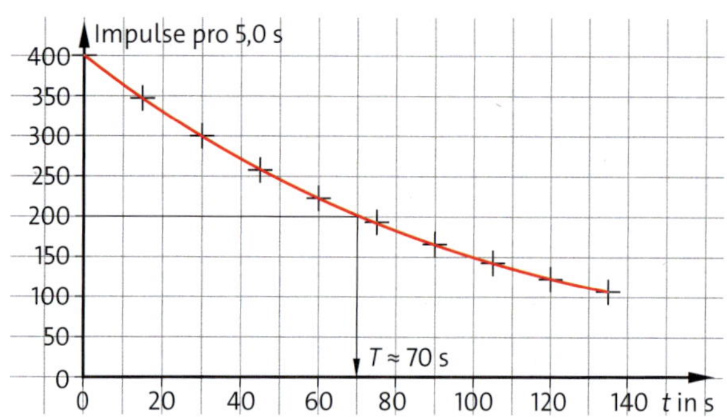

Abgelesene Halbwertszeit von Pa-234[m]: $T \approx 70$ s

A7 a Das Edelgas kann eingeatmet werden. Somit besteht eine große Gefährdung der Lunge. Da Radon ein α-Strahler ist, kann die Schädigung besonders groß sein ($q = 20$).
b Gegeben: $m = 80$ kg; $H = 20$ mSv; $q = 20$
Gesucht: jährlich aufgenommene Energie E

Gleichung: $H = \frac{E}{m} \cdot q$; $E = \frac{H \cdot m}{q}$

$E = \frac{0{,}020 \text{ Sv} \cdot 80 \text{ kg}}{20} = 0{,}080 \text{ J} = 80 \text{ mJ}$

A8 a Kernzerfallsgleichung für Polonium Po-210:
$^{210}_{84}\text{Po} \rightarrow {}^{206}_{82}\text{Pb} + {}^{4}_{2}\text{He}$
b Gegeben: $m = 80$ kg; $E_{Po} = 0{,}20$ J; $q = 20$;
$H_{\text{rönt}} = 0{,}20$ mSv
Gesucht: Anzahl n der Röntgenaufnahmen mit der gleichen Strahlenbelastung

Gleichungen: $H = \frac{E}{m} \cdot q$; $n = \frac{H_{Po}}{H_{\text{rönt}}}$

$H_{Po} = \frac{0{,}20 \text{ J}}{80 \text{ kg}} \cdot 20 = 0{,}050 \text{ Sv} = 50 \text{ mSv}$

$n = \frac{50 \text{ mSv}}{0{,}20 \text{ mSv}} = 250$

250 Röntgenaufnahmen würden eine gleich große Strahlenbelastung ergeben wie das Rauchen von 30 Zigaretten täglich (jeweils in einem Jahr).
c Natürliche radioaktive Strahlung: Höhenstrahlung (kosmische Strahlung mit eingeschlossen) und terrestrische Strahlung

Energieversorgung – Seite 242/243

1 Fossile Energieträger liegen in der Erde und sind vor vielen Hundert Millionen Jahren entstanden. Sie sind nicht erneuerbar, ihre Vorräte sind begrenzt.
Beispiele: Kohle, Erdgas, Erdöl
Regenerative Energieträger stehen uns immer wieder neu zur Verfügung. Beispiele: Sonnenstrahlung, Wind, Wasser und Biomasse

2 a Zugeführte Energie in 24 h: $E_{zu} = H \cdot m$

$E_{zu} = 29{,}3 \frac{\text{MJ}}{\text{kg}} \cdot 1500 \cdot 10^3 \text{ kg} = 43\,950\,000 \text{ MJ}$

$E_{zu} = 44{,}0 \cdot 10^6 \text{ MJ} = 12{,}2 \cdot 10^6 \text{ kWh}$ (3 s. Z.)
Genutzte elektrische Energie: $E_{el} = E_{zu} \cdot \eta$
$E_{el} = 12{,}2 \cdot 10^6 \text{ kWh} \cdot 0{,}40 = 4{,}9 \cdot 10^6 \text{ kWh}$ (2 s. Z.)

b Elektrische Leistung: $P_{el} = \frac{E_{el}}{t}$

$P_{el} = \frac{4{,}9 \cdot 10^6 \text{ kWh}}{24 \text{ h}} = 0{,}20417 \cdot 10^6 \text{ kW} = 0{,}20 \text{ GW}$ (2 s. Z.)

3 a Vor dem Wehr hat das Wasser kinetische und potenzielle Energie. Wenn es zur Turbine strömt, nimmt seine potenzielle Energie ab und die kinetische Energie nimmt zu. In der Turbine wird die kinetische Energie in Rotationsenergie der Turbinenachse umgewandelt. Der Generator, der auf derselben Achse sitzt, wandelt die Rotationsenergie in elektrische Energie um.
b Die Strahlungsenergie von der Sonne bewirkt das Aufsteigen des Wassers durch Verdunstung, sodass sich Wolken bilden können, die dann im Quellgebiet des Flusses abregnen.

4 Zugeführte Energie in 1,0 s: $E_{pot} = m \cdot g \cdot h$

$E_{pot} = 80 \cdot 10^3 \text{ kg} \cdot 9{,}81 \frac{\text{m}}{\text{s}^2} \cdot 17{,}4 \text{ m}$

$E_{pot} = 13\,656 \cdot 10^3 \text{ kg} \cdot \frac{\text{m}}{\text{s}^2} \cdot \text{m} = 14 \cdot 10^6 \text{ Nm}$

$E_{pot} = 14 \text{ MJ}$ (2 sinnvolle Ziffern)

Leistung: $P = \frac{E_{pot}}{t}$; $P = \frac{14 \text{ MJ}}{1{,}0 \text{ s}} = 14 \text{ MW}$

Elektrische Leistung: $P_{el} = E_{pot} \cdot \eta$
$P_{el} = 14 \text{ MW} \cdot 0{,}85 = 12 \text{ MW}$ (2 sinnvolle Ziffern)

5 a Maximale elektrische Energie in einem Jahr:
$E_{max} = 170 \text{ kW} \cdot 24 \text{ h} \cdot 365 = 1{,}5 \cdot 10^6 \text{ kWh}$
$E_{max} = 1{,}5 \cdot 10^3 \text{ MWh}$
Die tatsächlich bereitgestellte elektrische Energie ist etwa halb so groß wie die maximale Energie.
b Einnahmen in 10 Jahren bei 820 MWh elektrischer Energie pro Jahr:
$10 \cdot 820 \cdot 10^3 \text{ kWh} \cdot 0{,}25 \frac{€}{\text{kWh}} = 2{,}1 \cdot 10^6$ € (2 s. Z.)

Die Einnahmen sind nach 10 Jahren größer als die Baukosten von 2,0 Millionen Euro.
c Potenzielle Energie des Wassers, damit die Turbinen eine Energie von 170 kJ zur Verfügung stellen:
$E_{pot} = \frac{170 \text{ kJ}}{0{,}80} = 2{,}1 \cdot 10^5 \text{ J}$ (2 sinnvolle Ziffern)

Stauhöhe: $E_{pot} = m \cdot g \cdot h$; $h = \frac{E_{pot}}{m \cdot g}$

$h = \frac{2{,}1 \cdot 10^5 \text{ J}}{12 \cdot 10^3 \cdot 9{,}81 \text{ kg} \cdot \frac{\text{m}}{\text{s}^2}} = 1{,}8 \frac{\text{Nm}}{\text{N}} = 1{,}8 \text{ m}$ (2 sinn. Ziffern)

6 a Heizwert des Heizöls in $\frac{\text{kWh}}{\text{kg}}$: $H = 43 \frac{\text{MJ}}{\text{kg}} = \frac{43}{3{,}6} \frac{\text{kWh}}{\text{kg}}$

Masse des Heizöls, die verbrannt werden muss, um eine nutzbare Energie von 4000 kWh zu erhalten:

$E_{nutz} = H \cdot m_{\text{Öl}} \cdot \eta$; $m_{\text{Öl}} = \frac{E_{nutz}}{H \cdot \eta}$

$m_{\text{Öl}} = \frac{4000 \text{ kWh}}{\frac{43}{3{,}6} \frac{\text{kWh}}{\text{kg}}} \cdot 0{,}80 = 2{,}7 \cdot 10^2 \text{ kg}$ (2 sinn. Ziffern)

Volumen des Heizöls: $\varrho_{\text{Öl}} = \frac{m_{\text{Öl}}}{V_{\text{Öl}}}$; $V_{\text{Öl}} = \frac{m_{\text{Öl}}}{\varrho_{\text{Öl}}}$

$V_{\text{Öl}} = \frac{2{,}7 \cdot 10^2 \text{ kg}}{0{,}85 \frac{\text{kg}}{\text{l}}} = 3{,}2 \cdot 10^2 \text{ l}$ (2 sinnvolle Ziffern)

b Wirkungsgrad der Kollektoranlage: $\eta = \frac{E_{nutz}}{E_{zu}}$

$\eta = \frac{4000 \text{ kWh}}{365 \cdot 2{,}5 \text{ h} \cdot 10 \text{ kW}} = 0{,}44 = 44\,\%$ (2 s. Z.)

Verluste: Reflexion an den Abdeckscheiben, Abstrahlung in die Umgebung, Wärmeleitung im Absorber usw.

7 a Einfallende Strahlungsenergie an einem Tag:

$E_{Str} = \frac{1{,}0\ kW}{1{,}0\ m^2} \cdot 20\ m^2 \cdot 7{,}0\ h = 1{,}4 \cdot 10^2\ kWh$ (2 s. Z.)

b Preis für $1{,}4 \cdot 10^2$ kWh elektrische Energie:

$1{,}4 \cdot 10^2\ kWh \cdot 0{,}35 \frac{€}{kWh} = 49\ €$

c Elektrische Energie, die das „Hausdachkraftwerk" am Tag zur Verfügung stellt:

$E_{el} = \frac{1{,}0\ kW}{1{,}0\ m^2} \cdot 20\ m^2 \cdot 2{,}5\ h \cdot 0{,}10 = 5{,}0\ kWh$

d Solarzellenfläche für 1,0 GW elektrische Energie:

$A = \frac{1{,}0 \cdot 10^6\ kW}{1{,}0 \frac{kW}{m^2} \cdot 0{,}10} = 10 \cdot 10^6\ m^2 = 10\ km^2$

e Solarzellenfläche für einen 4-Personen-Haushalt:

$A = \frac{3{,}0 \cdot 10^3\ kWh}{1{,}0 \frac{kW}{m^2} \cdot 2{,}5\ h \cdot 365 \cdot 0{,}10} = 33\ m^2$ (2 sinnvolle Ziffern)

Solarzellenfläche für eine Person:

$A = \frac{6{,}6 \cdot 10^3\ kWh}{1{,}0 \frac{kW}{m^2} \cdot 2{,}5\ h \cdot 365 \cdot 0{,}10} = 72\ m^2$ (2 sinnvolle Ziffern)

f Solarzellenfläche für 83 Millionen Personen:
$A = 72\ m^2 \cdot 83 \cdot 10^6 = 6{,}0 \cdot 10^9\ m^2 = 6{,}0 \cdot 10^3\ km^2$
Anteil an der Fläche Deutschlands:

$\frac{6{,}0 \cdot 10^3\ km^2}{350 \cdot 10^3\ km^2} = 0{,}017 = 1{,}7\ \%$ (2 sinnvolle Ziffern)

A1 a Benötigte Energie in einem Jahr:

$E = \frac{140 \frac{kWh}{m^2} \cdot 55\ m^2}{0{,}95} = 8{,}1 \cdot 10^3\ kWh$ (2 sinnvolle Ziffern)

Benötigtes Erdgasvolumen in einem Jahr:

$V = \frac{8{,}1 \cdot 10^3\ kWh}{\frac{34}{3{,}6} \frac{kWh}{m^3}} = 8{,}6 \cdot 10^2\ m^3$ (2 sinnvolle Ziffern)

b Verringertes Erdgasvolumen in einem Jahr:

$V = \frac{107}{140} \cdot 8{,}6 \cdot 10^2\ m^3 = 6{,}6 \cdot 10^2\ m^3$ (2 sinn. Ziffern)

Eingesparte Kosten in einem Jahr:
$(8{,}6 - 6{,}6) \cdot 10^2\ m^3 \cdot 0{,}70 \frac{€}{m^3} = 1{,}4 \cdot 10^2\ €$ (2 s. Z.)

c Zusätzlich eingespartes Erdgasvolumen:
$V = 0{,}060 \cdot 6{,}6 \cdot 10^2\ m^3 = 40\ m^3$ (2 sinnvolle Ziffern)
Verringerung des CO_2-Ausstoßes in einem Jahr:

$m = 40\ m^3 \cdot 1{,}8 \frac{kg}{m^3} = 72\ kg$

d Gesamtwirkungsgrad: $\eta_{ges} = \eta_{el} + \eta_{th}$
$\eta_{ges} = 0{,}40 + 060 \cdot 0{,}75 = 0{,}85 = 85\ \%$ (2 sinn. Ziffern)
Der Gesamtwirkungsgrad ist fast doppelt so groß wie der (elektrische) Wirkungsgrad eines modernen Kohlekraftwerks.

e Bei der Kraft-Wärme-Kopplung wird die Abwärme genutzt, sodass zum Heizen weniger zusätzliche Energie eingesetzt werden muss. Das spart Energie, Geld und CO_2 (wenn das Verbrennen fossiler Energieträger verringert wird).

A2 a Kinetische Energie des Winds wird zunächst in Rotationsenergie des Rotors und seiner Achse umgewandelt. Diese Energie wird vom angekoppelten Generator in elektrische Energie umgewandelt.

b Elektrische Energie, die ein einzelnes Windkraftwerk im Jahr liefert: $E_{el} = P \cdot \eta \cdot t$
$E_{el} = 5{,}3\ MW \cdot 0{,}94 \cdot 4400\ h = 22 \cdot 10^3\ MWh$ (2 s. Z.)
Elektrische Energie des gesamten Windparks:
$E_{ges} = 80 \cdot 22 \cdot 10^3\ MWh = 1{,}8 \cdot 10^6\ MWh$

c Anzahl der Windkraftwerke, um $11 \cdot 10^6$ MWh elektrische Energie bereitzustellen:

$n = \frac{11 \cdot 10^6\ MWh}{22 \cdot 10^3\ MWh} = 5{,}0 \cdot 10^2$ (2 sinnvolle Ziffern)

d Vorteile (Beispiele): Windkraftwerke nutzen einen regenerativen Energieträger. Im Betrieb wird kein CO_2 erzeugt. Es werden keine Rohstoffe verbraucht. Der Bau von Windkraftwerken kann Arbeitsplätze in Deutschland schaffen bzw. sichern.

e Winde wehen unregelmäßig, sodass elektrische Energie zeitlich schwankend und nicht planbar bereitgestellt wird. Windkraftwerke müssen bei zu großen Windstärken abgeschaltet werden. Bisher gibt es kaum Speichermöglichkeiten, wenn Windkraftwerke mehr elektrische Energie liefern, als gerade benötigt wird. Onshore-Windkraftwerke können negative Auswirkungen auf Tiere (z. B. Vögel, Fledermäuse und Insekten) und Anwohner haben. Offshore-Windkraftwerke sind weit von den Nutzern entfernt, sodass die elektrische Energie mit Fernleitungen (die oft als störend empfunden werden) übertragen werden muss.

Bild- und Textquellenverzeichnis

Titelbild o.: mauritius images/alamy stock photo/Prisma Bildagentur AG | Titelbild u.: stock.adobe.com/kreatorex | Origami-Vogel: Sofarobotnik GbR, Augsburg

Fotos
akg-images/Science Source: 147/9, 173/3, 184/o.r. | bpk: 147/8 | Bridgeman Images: 150/10, 217/3A | Cornelsen/Jochim Lichtenberger: 40/2 | Cornelsen/Markus Gaa Fotodesign: 12/o.r., 110/1, 116/2, 123/5 | Cornelsen/Martin Zimmer, bearbeitet von Volker Minkus: 149/5 | Cornelsen/Volker Minkus: 90/1, 92/1, 110/2, 125/2 | Diehl, Bardo: 26/4 | dpa Picture-Alliance: ASSOCIATED PRESS/AP Content: 31/5, Pelamis Wave Power: 213/4 u.r., Phanie: 168/1 | ESA: A. Gerst: 42/2, NASA: 42/1, CC BY-SA 3.0 IGO: 56/4 | Frank Brecht/TUM: 218/1 | imago: Sportfotodienst GmbH: GEPA pictures: 47/3 | Imago Stock & People GmbH: blickwinkel: 131/2, imago images/VWPics: 164/1, Ritzau Scanpix/Henning Bagger: 223/3, Science Photo Library: 170/m.u., StockTrek Images/Leonello Calvetti/Stocktrek Images VET200079S: 198/1 | Markus Osterhoff: 155/6 | mauritius images: age fotostock: 141/l., alamy stock photo/agrofruti: 135/5, alamy stock photo/BSIP SA: 143/5, alamy stock photo/CBW: 187/1, alamy stock photo/ColsTravel: 217/1A, alamy stock photo/Combine Harvester: 143/3, alamy stock photo/Global Warming Images: 198/3, alamy stock photo/Jochen Tack: 144/1, alamy stock photo/KPixMining: 123/6, alamy stock photo/Michael Roper: 219/5, alamy stock photo/Mihajlo Maricic: 4/u.l.+140, alamy stock photo/Nigel Cattlin: 31/6, alamy stock photo/Oliver Wood Photography: 131/4, alamy stock photo/Orjan Ellingvag: 205/2, alamy stock photo/Panther Media GmbH: 136/2, alamy stock photo/parkerphotography: 3/o.l.+14, alamy stock photo/Peter Adams Photography: 241/9, alamy stock photo/PjrStudio: 102/1, alamy stock photo/Rob Arnold: 232/1, alamy stock photo/Robert Gray: 171/7, alamy stock photo/Science Lab: 182/1, alamy stock photo/Stockimo/DigitalEffects: 206/1, alamy stock photo/Zoonar GmbH: 169/u.r., Alamy/Jerónimo Alba: 240/4, Christian Ohde/Chromorange: 49/5, Hans Blossey: 214/1, 215/5, Hans-Peter Merten: 198/2, 202/1, 240/2, Harry Koerber: 126/1, Image Source: 34/1, 115/5l., imageBroker/FELLOW: 208/1, imageBroker/Olaf Döring: 125/3, imageBroker/Ulrich Niehoff: 115/4l., Jochen Tack: 224/1, Masterfile RM: 217/2B, Pitopia: 213/4u.m., Science Photo Library: 153/m.r., Science Source: 190/1, Ulrich Niehoff: 71/m., Westend61: 213/Jochenstein, 241/8, 241/7 | NASA: Joel Kowsky: 15/m.r., JPL-Caltech/MSSS: 173/2 | sciencephotolibrary: DEPT. OF NUCLEAR MEDICINE, CHARING CROSS HOSPITAL: 168/2, Claus Lunau: 183/4, Morgan, Hank: 171/6 | Shutterstock.com: Ballygally View Images: 207/6, Brian A Jackson: 59/7, Egoreichenkov Evgenii: 160/1, 175/3, Images by Dr. Alan Lipkin: 58/1, Jason Winter: 197/r., JaysonPhotography: 15/l., Koptyaev Igor: 176/1, LuYago: 143/4, Natali_Mis: 142/1, New Africa: 116/1, nito: 168/3, Oliver Hoffmann: 143/7, pang_oasis: 144/2, Pincasso: 38/1, ronstik: 72/1, SARIN KUNTHONG: 131/3, Scharfsinn: 121/4, Sergey Nivens: 54/5, Smit: 198/4+240/5, tutti-frutti: 31/4, Yury Kosourov: 71/r. | stock.adobe.com: (C) 1987–1996 Adobe Systems Incorporated All Rights Reserved: 169/4, Alexey Kuznetsov: 25/8, Andrei Merkulov: 240/3, antoine2k: 218/3, Alexander Rochau: 220/1, bht2000: 171/8, bietau: 213/Frauenau, Bildagentur-o: 209/7, Bryan Busovicki: 212/1, Christian Schwier/www.ChristianSchiwer.de: 141/r., cunaplus: 78/1, dima_pics: 115/3 l., Ein Qi-Wang/Sweet: 4/o.l. +70/m., Elnur: 5/m.l.+196/m., ErsErg: 139/5, Fokke: 199/6+220/2, Giuma/giulio martino: 241/6, Kampan: 122/1, Klodien/Claudine Van Massenhove/nfin-mas.com: 217/2A, Mateusz Łopuszyński: 215/4, motive56: 49/6, phonlamaiphoto: 63/4, Proxima Studio: 131/5, scaliger: 197/l., STOCKSTUDIO: 208/5, Sergey Sergeev/berkut_34: 169/5l., TebNad: 148/1, timyee: 188/1, traveldia/Arndt: 199/3, Yulia Sugarbox: 98/1 | Südtiroler Archäologiemuseum – www.iceman.it: 172/1

Grafiken und Illustrationen
CartoonStock/Marian Kamensky: 236/1 | Cornelsen/Inhouse: 7m.r. | Cornelsen/Mathias Pflügner: 28/1, 44/1, 51/5+6, 57/5 | Cornelsen/Rainer Götze: 6, 7u.r., 8–11, 12/Grafik, 13, 16–24, 25/6+7, 26/1, 27, 28/2+3, 29+30, 32–33, 34/2+3, 35–37, 38/2+3, 39, 40/1, 41, 42/3+4, 43, 44/2, 45, 47/2, 48, 49/7, 50, 51/7, 52+53, 54/3+4, 56/1–3, 58/2+3, 59/5, 60, 62/2+3, 64–69, 72/2–5, 73–77, 79–89, 90/2+3, 91, 92/2+3, 93–97, 98/2–4, 99–101, 102/2+3, 103–109, 110/3+4, 111–114, 115/3r.+4r.+5r., 116/3+4, 117–120, 121/5+6, 122/2, 123/3, 125/4, 126/2+3, 127–130, 132–134, 135/3+4+6+7, 136/1, 137+138, 142/1–3, 144/3, 145+146, 148/2, 149/3+4, 151+152, 153/3, 154, 155/8, 156–159, 160/2, 161–163, 164/3, 165+166, 171/4, 173/4+5, 174, 176/2, 177–181, 182/2, 183/A–C, 184/2, 189/3, 192, 195, 200+201, 202/2, 203, 205/3, 206/2+3, 207/4+5, 207/7+8 (Datenbasis: Deutscher Wetterdienst, eigene Elemente ergänzt), 208/2, 209/3+4+6, 210+211, 212/2 (Datenbasis: Eurostat, Share of energy from renewable sources in gross electricity consumption, 2004–2019), 212/3, 214/2+3, 216, 218/2+4, 219/6+7, 220/3 Skala, 222/1 (Datenbasis: Bundesverband WindEnergie e.V.), 221/2, 222, 224/2+3, 225–231, 233/2 (www.bmwi.de, Fernleitungsnetzbetreiber), 233/3 (Netzentwicklungsplan Strom 2035 [2021], zweiter Entwurf), 235/1, 235/2 (European Hydrogen Backbone initiative 2021), 236/2, 237–239, 244, 246–248, 250, 258+259, 263

Text
Lise Meitner an Otto Hahn, 3. Januar 1939, in: Otto Hahn, Erlebnisse und Erkenntnisse, hgg. von Dietrich Hahn, Düsseldorf 1975, S. 85: 178/1

Hinweis: Fett gedruckte Begriffe sind Lernwörter.

A

B

C

D

E

F

Periodensystem der Elemente

- Metall
- Halbmetall
- Nichtmetall
- Zuordnung noch nicht bestätigt

Periode	I. Hauptgruppe	II. Hauptgruppe	III. Nebengruppe	IV. Nebengruppe	V. Nebengruppe	VI. Nebengruppe	VII. Nebengruppe	VIII. Nebengruppe	VIII. Neber grupp
1	Wasserstoff 1,01 2,2 H 1								
2	Lithium 6,94 1,0 Li 3	Beryllium 9,01 1,6 Be 4							
3	Natrium 22,99 0,9 Na 11	Magnesium 24,31 1,3 Mg 12							
4	Kalium 39,01 0,8 K 19	Calcium 40,08 1,0 Ca 20	Scandium 44,96 1,4 Sc 21	Titan 47,87 1,6 Ti 22	Vanadium 50,94 1,6 V 23	Chrom 52,00 1,7 Cr 24	Mangan 54,94 1,6 Mn 25	Eisen 55,84 1,8 Fe 26	Cob 58,93 Co 27
5	Rubidium 85,47 0,8 Rb 37	Strontium 87,62 1,0 Sr 38	Yttrium 88,91 1,2 Y 39	Zirconium 91,22 1,3 Zr 40	Niob 92,91 1,6 Nb 41	Molybdän 95,95 2,2 Mo 42	Technetium [98] 1,9 Tc* 43	Ruthenium 101,07 2,2 Ru 44	Rhodi 102,91 Rh 45
6	Caesium 132,91 0,8 Cs 55	Barium 137,33 0,9 Ba 56	La–Lu 57–71	Hafnium 178,49 1,3 Hf 72	Tantal 180,95 1,5 Ta 73	Wolfram 183,84 2,4 W 74	Rhenium 186,21 1,9 Re 75	Osmium 190,23 2,2 Os 76	Iridi 192,22 Ir 77
7	Francium [223] 0,7 Fr* 87	Radium 226,03 0,9 Ra* 88	Ac*–Lr* 89–103	Rutherfordium [267] Rf* 104	Dubnium [268] Db* 105	Seaborgium [271] Sg* 106	Bohrium [272] Bh* 107	Hassium [270] Hs* 108	Meitneri [276] Mt* 109

Elemente der Lanthanreihe (Lanthanoide)

Lanthan 138,91 1,1 La 57	Cer 140,12 1,1 Ce 58	Praseodym 140,91 1,1 Pr 59	Neodym 144,24 1,2 Nd 60	Promethium [145] 1,2 Pm* 61	Samariu 150,36 Sm 62

Elemente der Actiniumreihe (Actinoide)

Actinium 227,03 1,1 Ac* 89	Thorium 232,04 1,3 Th* 90	Protactinium 231,04 1,5 Pa* 91	Uran 238,03 1,4 U* 92	Neptunium [237] 1,3 Np* 93	Plutoniu [244] Pu* 94

Sauerstoff 16,00 3,4 O 8

- relative Atommasse in *u* (16,00)
- Name des Elements (Sauerstoff)
- Elektronegativitätswert (3,4)
- Elementsymbol (O)
- Ordnungszahl (8)

schwarz = Feststoff
blau = Flüssigkeit
rot = Gas
* radioaktives Element

Die Atommassen in den eckigen Klammern beziehen sich auf das längstlebige gegenwärtig bekannte Isotop des betreffenden Elements.

VIII. Nebengruppe	I. Nebengruppe	II. Nebengruppe	III. Hauptgruppe	IV. Hauptgruppe	V. Hauptgruppe	VI. Hauptgruppe	VII. Hauptgruppe	VIII. Hauptgruppe	Periode
								Helium 4,00 He 2	1
			Bor 10,81 2,0 B 5	Kohlenstoff 12,01 2,6 C 6	Stickstoff 14,01 3,0 N 7	Sauerstoff 16,00 3,4 O 8	Fluor 19,00 4,0 F 9	Neon 20,18 Ne 10	2
			Aluminium 26,98 1,6 Al 13	Silicium 28,09 1,9 Si 14	Phosphor 30,97 2,2 P 15	Schwefel 32,06 2,6 S 16	Chlor 35,45 3,2 Cl 17	Argon 39,95 Ar 18	3
Nickel ,69 1,9 Ni 3	Kupfer 63,55 1,9 Cu 29	Zink 65,38 1,6 Zn 30	Gallium 69,72 1,8 Ga 31	Germanium 72,63 2,0 Ge 32	Arsen 74,92 2,2 As 33	Selen 78,97 2,6 Se 34	Brom 79,90 3,0 Br 35	Krypton 83,80 Kr 36	4
Palladium 6,42 2,2 Pd 6	Silber 107,87 1,9 Ag 47	Cadmium 112,41 1,7 Cd 48	Indium 114,82 1,8 In 49	Zinn 118,71 2,0 Sn 50	Antimon 121,76 2,0 Sb 51	Tellur 127,60 2,1 Te 52	Iod 126,90 2,7 I 53	Xenon 131,29 Xe 54	5
Platin 5,08 2,2 Pt 3	Gold 196,97 2,4 Au 79	Quecksilber 200,59 1,9 Hg 80	Thallium 204,38 1,8 Tl 81	Blei 207,2 1,8 Pb 82	Bismut [209] 1,9 Bi 83	Polonium [209] 2,0 Po* 84	Astat [210] 2,2 At* 85	Radon [222] Rn* 86	6
armstadtium 82] Ds* 0	Roentgenium [280] Rg* 111	Copernicium [285] Cn* 112	Nihonium [287] Nh* 113	Flerovium [285] Fl* 114	Moscovium [291] Mc* 115	Livermorium [293] Lv* 116	Tenness [292] Ts* 117	Oganesson [293] Og* 118	7

Europium 1,96 1,2 Eu 3	Gadolinium 157,25 1,2 Gd 64	Terbium 158,93 1,1 Tb 65	Dysprosium 162,50 1,2 Dy 66	Holmium 164,93 1,2 Ho 67	Erbium 167,26 1,2 Er 68	Thulium 168,93 1,2 Tm 69	Ytterbium 173,05 1,1 Yb 70	Lutetium 174,97 1,3 Lu 71
Americium 43] 1,1 Am* 5	Curium [247] 1,3 Cm* 96	Berkelium [247] 1,3 Bk* 97	Californium [251] 1,3 Cf* 98	Einsteinium [252] 1,3 Es* 99	Fermium [257] 1,3 Fm* 100	Mendelevium [258] 1,3 Md* 101	Nobelium [259] 1,3 No* 102	Lawrencium [262] 1,3 Lr* 103

Größe	Symbol	Einheit		Weitere Einheiten		Beziehungen
Länge	l	Meter	1 m	Zoll	1″	1″ = 2,54 cm
Fläche	A	Quadratmeter	$1\,m^2$	Hektar	1 ha	$1\,ha = 10\,000\,m^2$
Volumen	V	Kubikmeter	$1\,m^3$	Liter	1 l	$1\,m^3 = 1000\,l$
Masse	m	Kilogramm	1 kg	Tonne	1 t	1 t = 1000 kg
Dichte	ϱ	Kilogramm pro Kubikmeter	$1\,\frac{kg}{m^3}$	Gramm pro Kubikzentimeter	$1\,\frac{g}{cm^3}$	$1\,\frac{g}{cm^3} = 1000\,\frac{kg}{m^3}$
Zeit	t	Sekunde	1 s	Minute Stunde	1 min 1 h	1 min = 60 s 1 h = 60 min = 3600 s
Frequenz	f	Hertz	1 Hz			$1\,Hz = \frac{1}{s}$
Geschwindigkeit	v	Meter pro Sekunde	$1\,\frac{m}{s}$	Kilometer pro Stunde	$1\,\frac{km}{h}$	$1\,\frac{m}{s} = 3{,}6\,\frac{km}{h}$
Impuls	p	Kilogramm mal Meter pro Sekunde	$1\,kg \cdot \frac{m}{s}$	Newton mal Sekunde	1 Ns	$1\,kg \cdot \frac{m}{s} = 1\,Ns$
Beschleunigung	a	Meter pro Sekunde zum Quadrat	$1\,\frac{m}{s^2}$			
Kraft	F	Newton	1 N	Kilogramm mal Meter pro Sekunde zum Quadrat	$1\,kg \cdot \frac{m}{s^2}$	$1\,N = 1\,kg \cdot \frac{m}{s^2}$
Druck	p	Pascal	1 Pa	Bar	1 bar	$1\,Pa = 1\,\frac{N}{m^2}$ $1\,bar = 10\,\frac{N}{cm^2} = 10^5\,Pa$
Energie Arbeit, Wärme	E W, W_{th}	Joule	1 J	Kilowattstunde	1 kWh	1 J = 1 Nm = 1 Ws 1 kWh = 3,6 MJ
Leistung	P P_{el}, P_{th}	Watt	1 W			$1\,W = 1\,\frac{J}{s} = 1\,\frac{Nm}{s}$ 1 W = 1 VA
Wirkungsgrad	η					
Temperatur	T, ϑ	Kelvin	1 K	Grad Celsius	1 °C	0 °C ≙ 273,15 K
spezifische Wärmekapazität	c	Joule pro Kilogramm und Grad Celsius	$1\,\frac{J}{kg \cdot °C}$	Kilojoule pro Kilogramm und Grad Celsius	$1\,\frac{kJ}{kg \cdot °C}$	
spezifischer Heizwert	H	Joule pro Kilogramm	$1\,\frac{J}{kg}$	Megajoule pro Kilogramm	$1\,\frac{MJ}{kg}$	
Ladung	Q	Coulomb	1 C	Elementarladung	$1\,e$	$1\,e = 1{,}602 \cdot 10^{-19}\,C$
Stromstärke	I	Ampere	1 A			$1\,A = 1\,\frac{C}{s}$
Spannung	U	Volt	1 V			$1\,V = 1\,\frac{W}{A} = 1\,\frac{J}{C}$
Widerstand	R	Ohm	$1\,\Omega$			$1\,\Omega = 1\,\frac{V}{A}$
spezifischer Widerstand	ϱ	Ohm mal Quadratmillimeter pro Meter	$1\,\frac{\Omega \cdot mm^2}{m}$			
Leitwert	G	Siemens	S			$1\,S = 1\,\frac{A}{V}$
Aktivität	A	Becquerel	1 Bq			$1\,Bq = \frac{1}{s}$
Energiedosis	D	Gray	1 Gy			$1\,Gy = 1\,\frac{J}{kg}$
Äquivalentdosis	H	Sievert	1 Sv			$1\,Sv = 1\,\frac{J}{kg}$

1 Physikalische Größen und ihre Einheiten (*kursiv:* Basisgrößen des Internationalen Einheitensystems SI)

Größe	Gleichung
Geschwindigkeit	$v = \frac{\Delta s}{\Delta t}$
Beschleunigung	$a = \frac{\Delta v}{\Delta t}$
Impuls	$p = m \cdot v$
Ortsfaktor	$g = \frac{F_G}{m}$
Dichte	$\varrho = \frac{m}{V}$
Energie, Arbeit	$E = F \cdot s, W = F \cdot s$
potenzielle Energie Hubarbeit	$E_{pot} = F_G \cdot h = m \cdot g \cdot h$ $W_{Hub} = F_G \cdot h = m \cdot g \cdot h$
kinetische Energie	$E_{kin} = \frac{1}{2} \cdot m \cdot v^2$
Leistung	$P = \frac{E}{t}; P = \frac{W}{t}$
Wirkungsgrad	$\eta = \frac{E_{nutz}}{E_{zu}}; \eta = \frac{W_{nutz}}{W_{zu}}; \eta = \frac{P_{nutz}}{P_{zu}}$
Druck	$p = \frac{F}{A}$
Schweredruck	$p = \varrho \cdot g \cdot h$
Auftriebskraft	$F_A = \varrho \cdot g \cdot V$

Gesetz	Gleichung
Gesetz von Hooke	$F = D \cdot \Delta l$
Grundgleichung der Mechanik	$F = m \cdot a$
Weg-Zeit-Gesetz	$s = \frac{1}{2} \cdot a \cdot t^2$ (a konst.)

2 Größen und Gesetze aus der Mechanik

Größe	Gleichung
spezifische Schmelzwärme	$w_s = \frac{W_s}{m}$
spezifische Verdampfungswärme	$w_v = \frac{W_v}{m}$
spezifischer Heizwert	$H = \frac{W_{th}}{m}$

Gesetz	Gleichung
allgemeine Gasgleichung	$\frac{p_1 \cdot V_1}{T_1} = \frac{p_2 \cdot V_2}{T_2}$
Gesetz von Boyle-Mariotte	$p_1 \cdot V_1 = p_2 \cdot V_2$ (T konst.)
Gesetz von Gay-Lussac	$\frac{V_1}{T_1} = \frac{V_2}{T_2}$ (p konst.)
Erwärmungsgesetz	$W_{th} = c \cdot m \cdot \Delta\vartheta$

3 Größen und Gesetze aus der Wärmelehre

Größe	Gleichung
elektrische Stromstärke	$I = \frac{Q}{t}$
elektrische Spannung	$U = \frac{P_{el}}{I}$ $U = \frac{E_{el}}{Q}$
elektrische Leistung	$P_{el} = \frac{E_{el}}{t}$ $P_{el} = U \cdot I$
thermische Leistung	$P_{th} = R \cdot I^2$
elektrische Energie	$E_{el} = P_{el} \cdot t$
elektrischer Leitwert	$G = \frac{I}{U}$
elektrischer Widerstand	$R = \frac{U}{I}$

Gesetz	Gleichung
Gesetz von Ohm	$I \sim U$ und $R = \frac{U}{I}$ = konst.
Widerstandsgesetz	$R = \varrho \cdot \frac{l}{A}$
unverzweigte Stromkreise (Reihenschaltungen)	$U_{ges} = U_1 + U_2 + \ldots$ $I = I_1 = I_2 = \ldots$ $R_{ges} = R_1 + R_2 + \ldots$ $\frac{R_1}{R_2} = \frac{U_1}{U_2}$
verzweigte Stromkreise (Parallelschaltungen)	$U = U_1 = U_2 = \ldots$ $I_{ges} = I_1 + I_2 + \ldots$ $\frac{1}{R_{ges}} = \frac{1}{R_1} + \frac{1}{R_2} + \ldots$ $\frac{R_1}{R_2} = \frac{I_2}{I_1}$

4 Größen und Gesetze aus der Elektrizitätslehre

Größe	Gleichung
Aktivität	$A = \frac{n}{t}$
Energiedosis	$D = \frac{E}{m}$
Äquivalentdosis	$H = q \cdot D$

Gesetz	Gleichung
Zerfallsgesetz	$N(t) = N_0 \cdot (\frac{1}{2})^{\frac{t}{T}}$

5 Größen und Gesetz aus der Atom- und Kernphysik

Fester Stoff	ϱ in $\frac{g}{cm^3}$
Aluminium	2,70
Blei	11,34
Diamant	3,51
Eis (bei 0 °C)	0,917
Gold	19,32
Kupfer	8,93
Platin	21,45
Plexiglas	1,2
Silber	10,50
Silicium	2,328
Stahl (V2A)	7,9
Titan	4,51
Uran	19,16
Zink	7,13
Zinn	7,29
Flüssiger Stoff	
Benzin	0,78
Diesel	0,87
Ethanol	0,789
Quecksilber	13,546
Spiritus	0,83
Wasser bei 20 °C Wasser bei 4 °C	0,998 1,00

1 Dichte bei 20 °C

Gasförmiger Stoff	ϱ in $\frac{g}{dm^3}$
Chlor	3,214
Erdgas	0,60
Helium	0,1785
Kohlenstoffdioxid	1,9769
Luft	1,2923
Propan	2,0096
Sauerstoff	1,429
Stickstoff	1,251
Wasserdampf (100 °C)	0,768
Wasserstoff	0,0899

2 Dichte bei 0 °C und 1013 hPa

Stoff (bei 20 °C)	c in $\frac{kJ}{kg \cdot °C}$
Aluminium	0,896
Blei	0,129
Eis (bei 0 °C)	2,1
Eisen	0,452
Ethanol	2,42
Glas	0,78
Gold	0,129
Kupfer	0,382
Luft (bei 1013 mbar)	1,005
Messing	0,384
Milch	3,9
Olivenöl	1,9
Sand	0,7 bis 0,9
Silber	0,235
Spiritus	2,42
Stein	0,7 bis 0,9
Wasser	4,182

3 Spezifische Wärmekapazität

Brennstoff	H in $\frac{MJ}{kg}$
Benzin	42
Braunkohle	16
Diesel	43
Erdgas	bis 45
Hausmüll	10
Heizöl	43
Holzpellets	18
Holz, trocken	15
Papier	15
Propan	46
Spiritus	30
Stadtgas	16
Steinkohle	27
Wasserstoff	120

4 Spezifischer Heizwert

Isotop	T
Caesium Cs-137	30,08 a
Cobalt Co-60	5,2711 a
Iod I-131	8,0228 d
Kalium K-40	$1{,}248 \cdot 10^9$ a
Kohlenstoff C-14	5730 a
Phosphor P-32	14,268 d
Plutonium Pu-239	$2{,}411 \cdot 10^4$ a
Polonium Po-210	138,38 d
Radium Ra-226	1600 a
Radon Rn-220	55,6 s
Radon Rn-222	3,825 d
Strontium Sr-90	9,96 min
Thorium Th-232	$1{,}405 \cdot 10^{10}$ a
Tritium H-3	12,312 a
Uran U-235	$7{,}038 \cdot 10^8$ a
Uran U-238	$4{,}468 \cdot 10^9$ a

5 Halbwertszeit

Strahlungsart	q
Röntgenstrahlung β-Strahlung γ-Strahlung	1
langsame Neutronen	2–5
schnelle Neutronen Protonen	10
α-Strahlung	20

6 Bewertungsfaktor (Qualitätsfaktor)

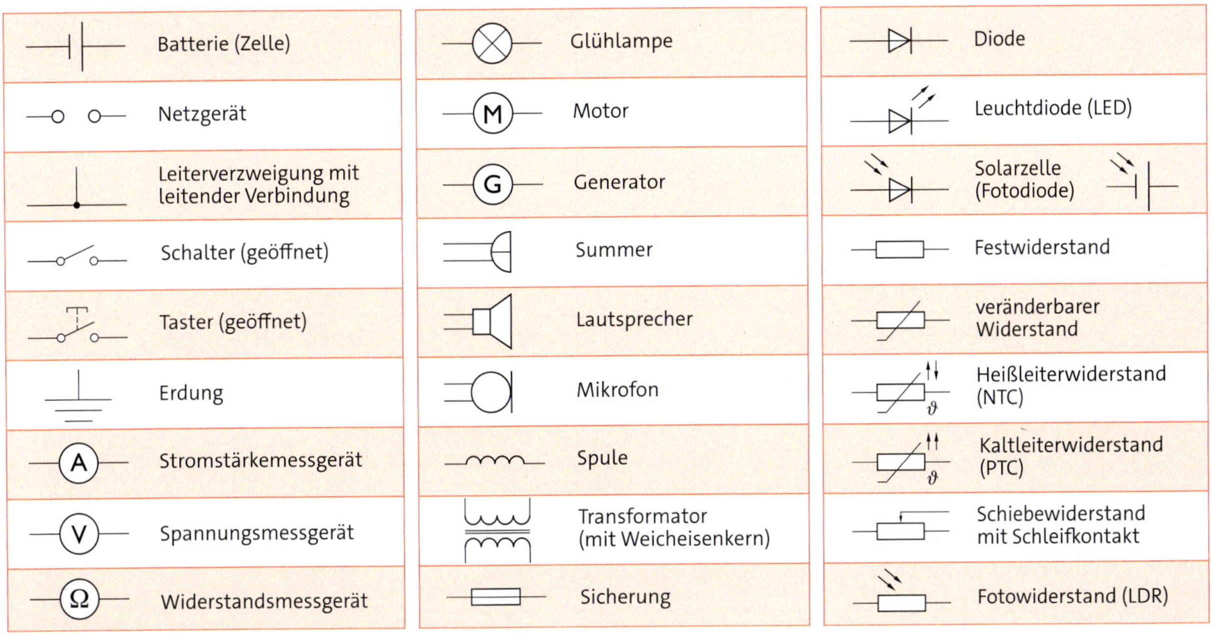

7 Einige Schaltzeichen (Schaltsymbole)

Ringfarbe	1. Ring (1. Ziffer)	2. Ring (2. Ziffer)	3. Ring (Multiplikator)		4. Ring (Toleranz)
Schwarz	0	0			
Braun	1	1	0	10^1	±1 %
Rot	2	2	00	10^2	±2 %
Orange	3	3	000	10^3	
Gelb	4	4	0000	10^4	
Grün	5	5	00000	10^5	
Blau	6	6	000000	10^6	
Violett	7	7	0000000	10^7	
Grau	8	8			
Weiß	9	9			
Gold					±5 %
Silber					±10 %
keine					±20 %

Dieser Festwiderstand hat 1000 Ω ±5 %:
Braun Schwarz Rot Gold
1 0 00 ±5 %
Der Widerstand liegt zwischen 950 Ω und 1050 Ω.

8 Farbcode für Festwiderstände

Stoff (bei 20 °C)	ϱ in $\frac{\Omega \cdot mm^2}{m}$
Aluminium	0,027
Blei	0,208
Blut	$1{,}6 \cdot 10^6$
Eisen	0,10
Gold	0,022
Graphit	8,00
Hartgummi	$1 \cdot 10^{19}$
Kohle (Bürsten)	40
Konstantan	0,50
Kupfer	0,0172
Leitungswasser	$2 \cdot 10^7$
Meerwasser	$5 \cdot 10^5$
Platin	0,107
Quarzglas	$7{,}5 \cdot 10^{23}$
Silber	0,016
Silicium	$1{,}2 \cdot 10^7$
Wolfram	0,055
Zink	0,061
Zinn	0,11

9 Spezifischer Widerstand

Tabellen

Vorsatz	Zeichen	Faktor	
Deka-	D	10	10^{1}
Hekto-	h	100	10^{2}
Kilo-	k	1 000	10^{3}
Mega-	M	1 000 000	10^{6}
Giga-	G	1 000 000 000	10^{9}
Tera-	T	1 000 000 000 000	10^{12}
Peta-	P	1 000 000 000 000 000	10^{15}
Exa-	E	1 000 000 000 000 000 000	10^{18}

1 Vielfache von Einheiten

Vorsatz	Zeichen	Faktor	
Dezi-	d	0,1	10^{-1}
Zenti-	c	0,01	10^{-2}
Milli-	m	0,001	10^{-3}
Mikro-	µ	0,000 001	10^{-6}
Nano-	n	0,000 000 001	10^{-9}
Piko-	p	0,000 000 000 001	10^{-12}
Femto-	f	0,000 000 000 000 001	10^{-15}
Atto-	a	0,000 000 000 000 000 001	10^{-18}

2 Teile von Einheiten

Operator	Das sollst du tun:
Nenne Gib an	Notiere Namen oder Begriffe. Verwende Fachwörter.
Beschreibe	Formuliere etwas so genau und ausführlich mit Fachwörtern, dass ein anderer es sich gut vorstellen kann.
Erkläre	Verstehe, wie etwas funktioniert oder aufgebaut ist. Führe die Funktionsweise und den Aufbau auf Regeln und Gesetze zurück.
Begründe	Gib die wichtigen Gründe oder Ursachen an.
Erläutere	Erkläre ausführlich anhand von einem oder mehreren Beispielen.
Vergleiche	Stelle Gemeinsamkeiten und Unterschiede zum Beispiel in einer Tabelle dar.
Skizziere	Fertige ein ganz einfaches Bild an, das auf den ersten Blick verständlich ist.
Zeichne Konstruiere	Fertige ein genaues und vollständiges Bild an. Verwende ein Lineal oder Geodreieck.
Berechne	Stelle den Rechenweg dar und gib das Ergebnis an.
Ermittle Bestimme	Komme durch eine Rechnung, eine Zeichnung oder einen Versuch zu einem Ergebnis.
Untersuche	Erforsche einen Zusammenhang mit einem oder mehreren Versuchen. Mache dir vorher einen Plan. Dokumentiere dein Vorgehen und die Ergebnisse.
Nimm Stellung Bewerte	Entscheide dich, ob du einer Aussage zustimmst oder sie ablehnst. Begründe dann deine Entscheidung. Führe sie auf Regeln und Gesetze zurück.

3 Operatoren im Physikunterricht und ihre Bedeutung